W0359884

Tristram Hunt

FRIEDRICH ENGELS

Tristram Hunt

FRIEDRICH ENGELS

Der Mann, der den Marxismus erfand

Aus dem Englischen von
Klaus-Dieter Schmidt

Propyläen

Die Originalausgabe erschien 2009
unter dem Titel *The Frock-Coated Communist.
The Revolutionary Life of Friedrich Engels*
bei Allen Lane, London.

2. Auflage 2012

Propyläen ist ein Verlag der Ullstein Buchverlage GmbH
www.propylaeen-verlag.de

ISBN 978-3-549-07378-0

© Tristram Hunt, 2009
© der deutschsprachigen Ausgabe
Ullstein Buchverlage GmbH, Berlin 2012
Lektorat: Rainer Wieland
Alle Rechte vorbehalten
Gesetzt aus der Aldus
Satz: LVD GmbH, Berlin
Druck und Bindearbeiten: GGP Media GmbH, Pößneck
Printed in Germany

INHALT

Für D. W. H. H.

EINFÜHRUNG

Am 30. Juni 1869 beendete Friedrich Engels, ein Fabrikbesitzer aus Manchester, nach fast zwanzig Jahren seine Tätigkeit im Familienunternehmen. Vor seinem kleinen Haus im Vorort Chorlton erwarteten ihn seine Geliebte Lizzy Burns und der Hausgast Eleanor Marx, die Tochter seines alten Freundes Karl Marx. Sie sei bei Engels gewesen, als er die »Zwangsarbeit« in seinem Kontor hinter sich ließ, erzählte Eleanor Marx später über seinen letzten Arbeitstag und fuhr fort:

> ... und da erkannte ich, was das all die Jahre hindurch für ihn bedeutet hatte. Ich werde niemals das triumphierende »zum letzten Mal« vergessen, das er ausrief, als er seine Röhrenstiefel am Morgen anzog, um zum letzten Mal seinen Weg zum Geschäft zu nehmen. Einige Stunden später, als wir am Tore standen, auf ihn wartend, sahen wir ihn über das kleine Feld gegenüber seinem Wohnhause daherkommen. Er schwang seinen Stock in der Luft und sang und lachte mit dem ganzen Gesicht. Dann tafelten wir festlich und tranken Champagner und waren glücklich.[1]

Friedrich Engels war Textilmagnat und leidenschaftlicher Fuchsjäger, Mitglied der Börse von Manchester, Präsident der dortigen Schiller-Anstalt und ein draufgängerischer, lebensfroher, dem Alkohol zugeneigter Liebhaber der schönen Dinge im Leben: Hummersalat, Château Margaux, Pilsner und kostspielige Frauen. Daneben unterstützte er aber auch seit vierzig Jahren Karl Marx, kümmerte sich um dessen Kinder, besänftigte seine Launen und bildete als Mitautor des *Kommunistischen Manifests* und Mitbegründer jener Lehre, die Marxismus genannt werden sollte, die eine Hälfte der wohl berühmtesten ideologischen Partnerschaft der Geschichte. Im 20. Jahrhundert sollte ein Drittel der Menschheit – vom China des Vorsitzenden Mao über den Stasistaat DDR und den antiimperialistischen Kampf in Afrika bis zur Sowjetunion selbst – in den Schatten verschiedener Spielarten dieser bestechenden Lehre geraten. Und nicht selten beriefen sich die Führer der sozialistischen Welt mehr auf Engels als auf Marx, wenn es darum ging, ihre Politik zu erklären, ihre Exzesse zu rechtfertigen und ihre Regime abzusichern. So wurde der viktorianische Baumwoll-Lord im Gehrock durch häufig an den Haaren herbeigezogene Interpretationen und durch Zitate, die dies oftmals ebenfalls waren, zu einem der Hauptarchitekten des Weltkommunismus.

Heute kann, wer will, *nach* Engels fahren. Die Reise beginnt im Moskauer Pawelezki-Bahnhof, einem schäbig-romantischen Bahnhof aus der Zarenzeit, von dem sich um Mitternacht ein rostiger Schlafwagenzug in Bewegung setzt. Sein Ziel ist die Hunderte von Kilometern weiter südlich gelegene Wolgaebene. Nach vierzehnstündiger Fahrt mit unzähligen quietschenden Zwischenstopps, deren Trostlosigkeit nur durch das gluckernde Geräusch des Samowars im Schaffnerabteil gedämpft wird, erreicht man schließlich Saratow mit seinen breiten Alleen und seinem verblichenen Glanz.

Von diesem prosperierenden Provinzzentrum gelangt man auf einer löchrigen, sechsspurigen Autobahn über die mächtige Wolga in die ungeliebte Schwesterstadt Engels, das nichts von Saratows Eleganz besitzt. Engels ist ein gottvergessener, heruntergekommener Ort, der von Eisenbahnverladestationen und maroden Industrieanlagen geprägt ist. Im Stadtzentrum befindet sich der Engelsplatz, ein öder Paradeplatz, der von Wohnblöcken, einer armseligen Einkaufszeile mit Sportkneipen, Spielotheken und DVD-Geschäften und einem von Ladas, Sputniks und merkwürdigen Fords verstopften Kreisverkehr umgeben ist. Dies ist das postkommunistische Russland des Hyperkapitalismus und kopierter Americana in seiner ganzen bedrückenden Tristesse. Und inmitten dieser Anti-Utopie der freien Marktwirtschaft erhebt sich eine Statue von Friedrich Engels; fünf Meter hoch, auf einem Marmorsockel stehend und mit einem gepflegten Blumenbeet zu seinen Füßen, bietet er einen prachtvollen Anblick in seinem Trenchcoat, ein zusammengerolltes Exemplar des *Kommunistischen Manifests* in der Hand.

Überall in der früheren UdSSR und im ehemaligen Ostblock hat man die Statuen von Marx (zusammen mit denen von Lenin, Stalin und Berija) abgerissen und ihre enthaupteten und verstümmelten Reste zur ironischen Erbauung von Kulturtouristen auf den Spuren des Kalten Krieges auf Denkmalfriedhöfen versammelt. Engels hat man unerklärlicherweise verschont, so dass er immer noch über die Stadt, die seinen Namen trägt, zu herrschen scheint. In Gesprächen mit Einwohnern der Stadt, die am frühen Abend über den Engelsplatz spazieren, stellt sich indes heraus, dass seine Anwesenheit weder auf Zuneigung noch auf Bewunderung zurückzuführen ist. Man empfindet aber auch keine spezielle Abneigung gegen den Mitbegründer des Kommunismus, sondern lediglich eine müde Apathie und nonchalante Gleichgültigkeit gegenüber der unverwüstlichen Figur, an der man jeden Tag vorbeigeht. Wie die Generäle und längst vergessenen Sozialreformer aus dem 19. Jahrhundert, deren Statuen die Plätze westeuropäischer Hauptstädte zieren, ist Engels zu einem weitgehend unbekannten und kaum noch wahrgenommenen Teil des Stadtbildes geworden.

In Wuppertal, zu dem seine Geburtsstadt Barmen heute gehört, ist das Interesse an ihm kaum größer. Zwar tragen eine Straße und eine Allee seinen Namen, aber nichts deutet darauf hin, dass die Stadt sich besonders bemühte, an ihren berühmtesten Sohn zu erinnern. Der Platz, an dem sein Geburtshaus stand, das 1943 bei einem britischen Luftangriff zerstört wurde, ist ein unwirtlicher Ort. Nur ein schmutziger Gedenkstein, auf dem er schamhaft als »Mitbegründer des wissenschaftlichen Sozialismus« bezeichnet wird, weist auf die Tatsache hin, dass Engels hier das

Licht der Welt erblickte. Von Stechpalmen und Efeu umgeben, steht er in einer schattigen Ecke eines verwahrlosten Parks, von dem man auf rostige Baucontainer und eine verschandelte Telefonzelle schaut.

Im heutigen Russland und Deutschland, von Spanien, England und Amerika ganz zu schweigen, ist Engels in die grauen Gefilde der Geschichte zurückgesunken. War sein Name einst in aller Munde – als Mitkämpfer von Marx, Autor von *Die Entwicklung des Sozialismus von der Utopie zur Wissenschaft* (der Bibel des Weltkommunismus), Theoretiker des dialektischen Materialismus, von revolutionären Aufständischen und linken Stadträten mit Vorliebe bemühter Namensgeber von Straßen und Plätzen sowie bärtiges ikonisches Gesicht auf Geldscheinen, Lehrbüchern und (neben Marx, Lenin und Stalin) riesigen Fahnen und sozialistisch-realistischen Plakaten bei Paraden am ersten Mai –, wird er heute im Osten wie im Westen kaum noch erwähnt. 1970 konnten die Autoren einer in der DDR erschienenen offiziellen Biographie noch schreiben, man finde »kaum einen Winkel mehr auf unserer Erde, in dem Engels' Name und die Bedeutung seines Werkes nicht bekannt« seien.[2] Heute ist er so nichtssagend, dass man sich nicht einmal die Mühe macht, seine Statue umzustürzen.

Für seinen Mitstreiter Karl Marx gilt dies nicht. Zwei Jahrzehnte nach dem Fall der Berliner Mauer und Francis Fukuyamas voreiliger Verkündigung des »Endes der Geschichte« erlebt sein Ansehen eine bemerkenswerte Renaissance. In den letzten Jahren ist er in den Augen vieler vom Monstrum, das für die Killing Fields in Kambodscha und die Arbeitslager in Sibirien verantwortlich ist, zum scharfsinnigsten Analytiker des modernen Kapitalismus mutiert. »Marx' Aktie steigt auf 150-Jahres-Hoch«, bemerkte die *New York Times* anlässlich des hundertfünfzigsten Jahrestages der Veröffentlichung des *Kommunistischen Manifests* – eines Texts, der klarer als jeder andere »die unaufhaltsame, Reichtum schaffende Macht des Kapitalismus erkannte, voraussagte, dass er die Welt erobern würde, und davor warnte, dass diese unvermeidliche Globalisierung der nationalen Wirtschaften und Kulturen entzweiende, schmerzliche Folgen haben würde«.[3] Während westliche Regierungen, Unternehmen und Banken an der Wende zum 21. Jahrhundert die bittere Ernte des marktwirtschaftlichen Fundamentalismus einfuhren – finanzielle Zusammenbrüche in Mexiko und Asien, die rasante Industrialisierung Chinas und Indiens, die Dezimierung der Mittelschicht in Russland und Argentinien, Massenmigration und eine weltweite »Krise des Kapitalismus« in den Jahren 2007 bis 2009 –, hallte die an Kassandra gemahnende Stimme von Marx erneut über die Jahrzehnte hinweg wider. Die neoliberale Ordnung, die man nach 1989 – Fukuyamas Endpunkt der ideologischen Evolution der Menschheit – auf den historischen Ruinen des Kommunismus errichten wollte, schien zu zerbrechen. Und in den Kulissen wartete Karl Marx. »Er ist zurück«, verkündete die *Times* im Herbst 2008, als die Börsenkurse purzelten, Banken reihenweise verstaatlicht wurden und der französische Präsident Nicolas Sarkozy beim Durchblättern des *Kapitals* (das in Deutschland zum Bestseller avancierte) fotografiert wurde. Sogar Papst Benedikt XVI. fühlte sich genötigt, Marx' »große analytische Fähigkeiten« zu rühmen.[4]

Der britische Ökonom Meghnad Desai hat das Phänomen 2002 im Titel einer Studie, die Teil einer wahren Flut von Literatur über Marx ist, als dessen »Rache« bezeichnet und von der »Wiederauferstehung des Kapitalismus und dem Tod des Staatssozialismus« gesprochen. Denn jetzt galt es als universelle Wahrheit, dass Marx als Erster das unerbittliche, ruhelose, zwanghaft ikonoklastische Wesen des Kapitalismus beschrieben habe. »Die Bourgeoisie, wo sie zur Herrschaft gekommen«, heißt es im *Kommunistischen Manifest,* »hat alle feudalen, patriarchalischen, idyllischen Verhältnisse zerstört. Sie hat die buntscheckigen Feudalbande, die den Menschen an seinen natürlichen Vorgesetzten knüpften, unbarmherzig zerrissen und kein anderes Band zwischen Mensch und Mensch übrig gelassen als das nackte Interesse, als die gefühllose ›bare Zahlung‹. Sie hat die heiligen Schauer der frommen Schwärmerei, der ritterlichen Begeisterung, der spießbürgerlichen Wehmut in dem eiskalten Wasser egoistischer Berechnung ertränkt.« Marx enthüllte, dass der Kapitalismus Sprachen, kulturelle Traditionen und sogar

Nationen zerstörte. »Mit einem Wort, [die Bourgeoisie als dessen Träger] schafft sich eine Welt nach ihrem eigenen Bilde«, schrieb er, lange bevor »Globalisierung« gleichbedeutend mit »Amerikanisierung« wurde.[5] Der französische Politiker und ehemalige Bankier Jacques Attali entdeckt in Marx den ersten großen Theoretiker der Globalisierung. Nach seiner Ansicht war er ein »erstaunlich moderner Denker, denn er hat keine Theorie darüber geschrieben, wie ein organisiertes sozialistisches Land sein sollte, sondern dargelegt, wie der Kapitalismus in Zukunft sein wird ... er war überzeugt, dass der Kapitalismus erst enden würde, wenn er zur globalen Kraft geworden wäre ... wenn Nationen verschwinden würden und die Technologie in der Lage wäre, das Leben eines Landes grundlegend zu verändern.«[6] Selbst der *Economist*, der allwöchentlich das neoliberale Dogma verbreitet, gestand Marx unter der Überschrift »Marx nach dem Kommunismus« das Verdienst zu, »die überwältigende produktive Kraft des Kapitalismus vorhergesehen« zu haben. »Er erkannte«, heißt es in dem Artikel weiter, »dass der Kapitalismus die Innovation in zuvor unvorstellbarem Ausmaß vorantreiben würde. Er hatte recht, dass riesige Unternehmen die Industrien der Welt dominieren würden.«[7] Zur gleichen Zeit trug Attalis Buch ebenso wie Francis Weens populäre Biographie, die Marx als Journalist und Schlitzohr zeigt, dazu bei, dass dieser als am Hungertuch nagender Autor und liebevoller Vater, der schändlicherweise von den Autoritäten verfolgt wurde, in ein vorteilhaftes Licht getaucht wurde. Seit den 1960er Jahren und Louis Althussers »Entdeckung« des »epistemologischen Bruchs« zwischen dem jungen und dem reifen Marx – zwischen den um Entfremdung und Moral kreisenden *Ökonomisch-philosophischen Manuskripten* und dem späteren materialistischen Ansatz – wusste man bereits um Marx' frühen philosophischen Humanismus. Jetzt kam das biographische Pendant in Form einer gereiften, engagierten und verblüffend zeitgenössischen Persönlichkeit hinzu.

Aber wie passt Friedrich Engels in dieses neue, wohlwollende Bild? Er wurde, mangels einer ähnlichen Häufung von Biographien (die letzte wirklich populäre Darstellung seines Leben in englischer Sprache war die Übersetzung von Gustav Mayers bahnbrechendem Werk von 1920/34) und vielleicht auch aufgrund bewussten Vergessens in der Phase nach 1989, aus dem öffentlichen Gedächtnis gestrichen.[8] Oder, was noch schlimmer war, man machte ihn, zumindest in gewissen ideologischen Kreisen, für die furchtbaren Exzesse des Marxismus-Leninismus des 20. Jahrhunderts verantwortlich. Denn während Marx' Aktie stieg, fiel diejenige von Engels. Es wurde Mode, Marx und Engels voneinander zu trennen und den einen als ethisch und humanistisch zu ehren, während man den anderen als Mann des Apparats und wissenschaftsgläubig abtat und ihm vorwarf, die Staatsverbrechen der kommunistischen Regime in Russland, China und Südostasien legitimiert zu haben. Schon Mitte der 1970er Jahre bemerkte E. P. Thompson die Neigung, »den späten Engels zum Prügelknaben zu machen und ihm jede beliebige Sünde der nachfolgenden Marxismen anzuhängen«. Er konnte »die Plädoyers nicht akzeptieren, die Marx und Lenin immer für unschuldig erklären und Engels allein auf die Anklagebank setzen«.[9] Ganz ähnlich stellt Richard N. Hunt fest, dass es in jüngster Zeit in manchen Kreisen üblich geworden sei, Engels »als Mülleimer des klassischen Marxismus zu behandeln, als bequemes Behältnis, in das jeder unansehnliche Abfall des Systems entsorgt werden kann«, und daher könne er »auch die Schuld für alles tragen, was anschließend schiefgelaufen ist«.[10] So wird der verbissene Engels des *Anti-Dühring* mit dem attraktiven Marx der Pariser Notizbücher verglichen und ihm entgegengesetzt. Der marxistische Gelehrte Norman Levine etwa ist überzeugt, dass der »Engelismus [*sic!*] ... in direkter Linie zum dialektischen Materialismus der Stalinära« führte. »Indem er versicherte, dass es in der Geschichte einen festen Entwicklungsweg gebe«, fährt Levine fort, »und dass eine vorbestimmte historische Entwicklung in den Sozialismus münde, ließ der Engelismus Sowjetrussland als Erfüllung der Geschichte erscheinen, da es den Sozialismus bereits erreicht hatte ... Was die Welt während der Stalinära als Marxismus verstand, war in Wirklichkeit Engelismus.« Fast über Nacht wurde Engels zum

Vater des ideologischen Extremismus des 20. Jahrhunderts, während man Marx zum akzeptablen, postpolitischen Seher des globalen Kapitalismus umdeutete.

Natürlich trifft es zu, dass wir Engels vor allem wegen seiner Zusammenarbeit mit Marx kennen und deshalb an ihm interessiert sind, einer Partnerschaft, in welcher der treu ergebene Engels stets darauf achtete, in der Rolle desjenigen zu erscheinen, der die »zweite Violine« spielt. »Marx«, befand er nach dem Tod seines Freundes abschließend, »war ein Genie, wir andern höchstens Talente. Ohne ihn wäre die Theorie heute bei weitem nicht das, was sie ist. Sie trägt daher auch mit Recht seinen Namen.« Ebenso zutreffend ist, dass sich im 20. Jahrhundert die offizielle Ideologie des Marxismus-Leninismus weitgehend auf Elemente der durch Engels später vorgenommenen Kodifizierung des Marxismus stützte. Aber genauso, wie es heute, da sich der Staub der nach 1989 geführten Polemiken legt und der Sozialismus von Marx und Engels nicht mehr automatisch durch den langen leninistischen Schatten der Sowjetunion verdunkelt wird, möglich ist, einen neuen Blick auf Marx zu werfen, kann man sich auch Engels wieder unvoreingenommen nähern. »Der Kommunismus hat das radikale Erbe verunreinigt und ausgeplündert«, schreibt Tony Judt über die »diktatorische Verirrung«, die seine pervertierte Anwendung im 20. Jahrhundert gewesen sei. »Wenn wir es heute mit einer Welt zu tun haben, in der es keine große Vision des sozialen Fortschritts, kein politisch plausibles Projekt der sozialen Gerechtigkeit gibt, dann liegt es zum großen Teil daran, dass Lenin und seine Erben die Quelle vergiftet haben.« Da sich die historische Flut endlich zurückzuziehen beginnt, ist es jetzt möglich und lohnend, sich erneut mit dem Leben und Werk der »alten Londoner« zu beschäftigen, um in ihrem Kanon nach Elementen zu suchen, die in einer Welt, in der die meisten sozialistischen Experimente des 20. Jahrhunderts ausgespielt haben, in neuem Licht erscheinen könnten. Denn ihre Schriften enthalten nicht nur eine scharfsichtige Kritik des weltweiten Kapitalismus, sondern eröffnen auch neue Perspektiven auf das Wesen von Modernität und Fortschritt, Religion und Ideologie,

Kolonialismus und »liberalem Interventionismus«, globalen Finanzkrisen, Stadttheorie, Feminismus und sogar Darwinismus und Fortpflanzungsethik.

Zu all dem hat Engels bedeutende Beiträge geleistet. Als Mitarbeiter und Teilhaber eines Baumwollunternehmens im mittelviktorianischen Manchester, der täglich mit der Wertschöpfungskette des Welthandels zu tun hatte, die sich von den Plantagen in den amerikanischen Südstaaten über die Fabriken in Lancashire bis nach Britisch-Indien erstreckte, kannte er die Funktionsweise des globalen Kapitalismus, und *seine* Erfahrungen auf diesem Gebiet waren es, die Eingang zwischen die Buchdeckel von Marx' *Kapital* fanden, ebenso wie es *seine* Erfahrungen mit der Fabrikarbeit, dem Leben in Elendsvierteln, bewaffneten Aufständen und dem politischen Aktionismus der Straße waren, welche die Entwicklung der kommunistischen Doktrin voranbrachten. Zudem ging er mit weit mehr Wagemut als Marx daran, die Konsequenzen der von ihnen entwickelten Ideen für die Familienstruktur, die naturwissenschaftlichen Methoden, die Militärtheorie und die Befreiung der Kolonien zu ziehen. Während sich Marx in der zweiten Hälfte des 19. Jahrhunderts immer tiefer in die ökonomische Theorie und den russischen Kommunismus versenkte, beschäftigte sich Engels mit einer breiten Palette von Fragen in Bezug auf Politik, Umwelt und Demokratie, wobei er Gedanken von überraschender Aktualität äußerte. Wenn Marx' Stimme heute wieder gehört wird, dann ist es auch an der Zeit, Engels seine Bescheidenheit zu nehmen und seine umwälzenden Ideen über die Erinnerung an Marx hinaus zur Geltung kommen zu lassen.

Zu einem faszinierenden Gegenstand biographischer Erkundungen wird Engels indes durch den persönlichen Hintergrund seiner philosophischen Kraft, durch den tiefen Widerspruch und die grenzenlose Opferbereitschaft, die sein langes Leben kennzeichneten. Darüber hinaus war es ein Leben in einer großen revolutionären Epoche: Engels war sowohl bei den Chartisten in Manchester als auch auf den Barrikaden von 1848/49; er unterstützte die Pariser Kommunarden von 1871 und war in den 1890er Jahren Zeuge der schwierigen Geburt der britischen Arbeiterbewegung. Er glaubte an die Praxis und wollte seine Theorie des revolutionären Kommunismus mit Leben erfüllen. Zu seiner grenzenlosen Enttäuschung bekam er jedoch selten Gelegenheit dazu, denn seit er Marx kannte, stand für ihn fest, dass er seine eigenen Ambitionen zugunsten seines genialen Freundes und der größeren kommunistischen Sache opfern musste. Zwanzig lange Jahre führte er in der Blüte seines Lebens in Manchester voller Selbstverleugnung das Leben eines Fabrikanten, damit Marx die nötigen Mittel und die Muße hatte, um das *Kapital* zu vollenden. Die für das kommunistische Selbstverständnis so zentrale Idee des persönlichen Opfers spielte also schon bei der Entstehung der Bewegung eine Rolle.

Diese außergewöhnliche Unterordnung unter Marx' Geist machte lange Phasen von Engels' erwachsenem Leben zu Zeiten schmerzlicher Zerrissenheit. Bezeichnenderweise bildet genau diese Dynamik des Widerspruchs, das heißt die Wechselwirkung von Gegensätzen und die Negation der Negation, durch welche die Entwicklung von Natur und Gesellschaft voranschreitet, den Kern der marxistischen Theorie des dialektischen Materialismus. Seit seiner Bekehrung zum Kommunismus lebte Engels, der Sohn einer wohlhabenden preußisch-kalvinistischen Kaufmannsfamilie, persönlich ganz offenkundig in diesem Widerspruch. Deshalb erinnert diese Biographie auch an einen Mann, der an Fuchsjagden teilnahm, an einen Frauenhelden und Champagner schlürfenden Kapitalisten, der zum Mitbegründer einer Lehre wurde, die im Gegensatz zu seinen eigenen Klasseninteressen stand und sich im Lauf der Jahrzehnte in einen dumpfen, puritanischen Glauben verwandeln sollte, der ganz und gar nicht zu den Charakteren seiner Gründer passte. Engels gestand niemals ein, dass zwischen seinem Lebensstil, der einem englischen Gentleman entsprach, und seinen egalitären Ideen ein Widerspruch bestand. Doch seine Kritiker hielten es ihm damals vor, und sie tun es heute umso mehr.

Vielleicht enthält jede personalisierte Darstellung eines einzelnen Marxisten notwendigerweise diese Art von Widerspruch, da man, wie viele marxistische Historiker einwenden würden, sein Augenmerk nicht auf die Biographie eines Einzelnen, sondern auf die Geschichte der Massen richten sollte. Doch damit würde man sich einem sehr beschränkten Verständnis des Marxismus beugen und das reizvoll undoktrinäre Denken von Engels vernachlässigen. Er war nicht nur selbst stets an Biographien interessiert (insbesondere an solchen von britischen Armeegenerälen), sondern auch überzeugt, dass die Menschen »ihre Geschichte machen«, »indem jeder seine eignen, bewusst gewollten Zwecke verfolgt«; die »Resultante dieser vielen in verschiedenen Richtungen agierenden Willen und ihrer mannigfachen Einwirkung auf die Außenwelt« sei »eben die Geschichte«. Insofern sei die Geschichte zum Teil auf individuelle Wünsche zurückzuführen:

> Der Wille wird bestimmt durch Leidenschaft oder Überlegung. Aber die Hebel, die wieder die Leidenschaft oder die Überlegung unmittelbar bestimmen, sind sehr verschiedener Art. Teils können es äußere Gegenstände sein, teils ideelle Beweggründe, Ehrgeiz, »Begeisterung für Wahrheit und Recht«, persönlicher Hass oder auch rein individuelle Schrullen aller Art ... Andrerseits fragt es sich weiter, welche treibenden Kräfte wieder hinter diesen Beweggründen stehn, welche geschichtlichen Ursachen es sind, die sich in den Köpfen der Handelnden zu solchen Beweggründen umformen?[14]

Absicht der vorliegenden Biographie ist es, diese Leidenschaften und Wünsche, persönlichen Hassgefühle und individuellen Launen eines Mannes, der seine »eigene Geschichte gemacht« hat und fortfährt, die unsere mitzugestalten, offenzulegen sowie die ihnen zugrunde liegenden Triebkräfte und historischen Ursachen aufzuspüren.

SIEGFRIED IN ZION

> Freue Dich mit mir, innigst geliebter Karl, der liebe Gott hat unser Gebet erhört und uns am verflossnen Dienstagabend, den 29. *[sic!]* Nov. abends um 9 Uhr ein Kindlein, und zwar einen gesunden, wohlgestalteten Knaben geschenkt. Ihm sei Lob und Preis aus unsern vollen Herzen gebracht für dieses Kind und für die gnädige Hilfe und Bewahrung, welche wir bei der Entbindung für Mutter und Kind erfahren haben![1]

Mit diesen Worten teilte der rheinländische Kaufmann Friedrich Engels seinem Schwager Karl Snethlage Anfang Dezember 1820 nach der schweren Entbindung seiner Frau hocherfreut die – in Wahrheit am 28. November erfolgte – Geburt seines ersten Sohnes mit, der als Stammhalter seinen eigenen Vornamen tragen sollte. In Sorge um das spirituelle Wohl des Neugeborenen fügte er hinzu, er hoffe, der Herr werde ihm die Weisheit geben, »es gut und in Seiner Furcht zu erziehen und ihm durch unser Beispiel die beste Lehre zu geben«. Diese Bitte sollte auf spektakuläre Weise unerfüllt bleiben.

Klein Friedrich wurde in eine Familie und eine Kultur hineingeboren, wo nichts auf künftige revolutionäre Neigungen hindeutete – die zu verleugnen man sich dann auch nach Kräften bemühen sollte. Es gab kein kaputtes Zuhause, keinen frühen Verlust des Vaters, keine einsame Kindheit, keinen Schuldruck, sondern liebende Eltern, nachsichtige Großeltern, eine große Verwandtschaft, beständigen Wohlstand sowie einen Sinn für geordnete familiäre Verhältnisse und Ziele. »Wohl nie«, bemerkte Eleanor Marx 1890, als die Wunden des Engels-Clans noch frisch waren, »wurde in einem solchen Hause ein Sohn geboren, der mehr aus der Art schlug. Friedrich muss der Familie wohl als ›hässliches Entlein‹ erschienen sein. Vielleicht verstehen sie auch jetzt noch nicht, dass das ›Entlein‹ ein ›Schwan‹ war.«[2]

Engels wuchs im rheinländischen Barmen in einem sicheren, abgeschiedenen Viertel auf, das fast einem Familienanwesen glich. Auf der anderen Straßenseite stand das spätbarocke vierstöckige Haus, in dem sein Vater zur Welt gekommen war (und das heute das Engels-Museum beherbergt); ganz in der Nähe befanden sich die Häuser seiner Onkel Johann Caspar III. und August, und dazwischen lagen die dampfenden, stinkenden Garnbleichen, mit denen sie ihre protzigen Herrenhäuser finanziert hatten. Fabrikgebäude, Arbeiterunterkünfte und Kaufmannshäuser bildeten eine Art frühindustrielles Musterdorf. Friedrich Engels war sozusagen mitten in den Schmelzofen des 19. Jahrhunderts hineingeboren worden. Bei seiner Geburt waren die historischen Umwälzungen, mit denen er sich sein Leben lang beschäftigen sollte – Urbanisierung, Industrialisierung, Klassengeschichte und technische Entwicklung – bereits im Gang. »Die Fabrik- und Wohnhäuser der höchst achtungswerten Familie Caspar Engels bilden mit den Bleichplätzen für sich beinahe eine kleine halbkreisförmige Stadt«, heißt es in einem Bericht aus dem Jahr 1816 über die Wohnsituation in Barmen.[3] Dieses bis zur Wupper reichende feuchte, sumpfige Gebiet hieß amtlich »Brucher Rotte«, wurde Anfang des 19. Jahrhunderts aber allgemein »Engels' Bruch« genannt.

Die Wurzeln der Familie Engels reichten zurück bis zu rheinischen Bauern des späten 16. Jahrhunderts. Zu Wohlstand gelangt war sie indes erst in der zweiten Hälfte des 18. Jahrhunderts im Wuppertal durch Engels' Urgroßvater Johann Caspar I. (1715–1787), der die Landwirtschaft zugunsten der Industrie aufgab und ans Ufer der Wupper zog, die mit kalkfreiem Wasser und den Reichtümern lockte, die man mit dem Bleichen von Flachsfasern erwerben konnte. Mit nur 25 Talern in der Tasche und einer Kiepe auf dem Rücken (wie es die Familienlegende will), ließ er sich im winzigen, an den Hängen des Hochtals der Wupper gelegenen Barmen nieder. Als emsiger Unternehmer baute er einen erfolgreichen Garnhandel, samt eigener Bleicherei, und später eine Fabrik für die mechanische Herstellung von Spitze auf, bahnbrechend in ihrer Art. Als er das Unternehmen seinen Söhnen übergab, gehörte es zu den größten in Barmen.

Doch das kommerzielle Ethos der Firma Caspar Engels und Söhne umfasste mehr als nur das Geldverdienen. In einer Ära, in der die Unterschiede zwischen Arbeitern und Herren feiner waren, als es die umfassende Industrialisierung später zuließ, verbanden die Engels Profit und Paternalismus und waren dafür bekannt, dass sie Kinderarbeit ablehnten. Im Lauf der Generationen stellten sie ihren Arbeitern Wohnhäuser, Gärten und sogar Schulen zur Verfügung, und zur Vorsorge für Lebensmittelknappheiten gründeten sie einen »Kornverein«. So kam es, dass sich Engels in seiner Kindheit wie selbstverständlich unter Bandwebern, Schreinern und anderen Handwerkern bewegte, wodurch er eine unbefangene Haltung ohne Klassendünkel erwarb, die ihm später in den Slums von Salford und den kommunistischen Klubs von Paris zugute kommen sollte.

Johann Caspars Söhne führten das Familienunternehmen fort und expandierten, indem sie auch die Produktion von Seidenbändern aufnahmen. Als der Patriarch 1787 starb, hatte die Familie mit ihrer Verbindung von wirtschaftlichem Erfolg und hochgesinnter Menschenfreundlichkeit eine herausragende Stellung in der Barmener Gesellschaft erlangt. Engels' Großvater, Johann Caspar II., wurde 1808 zum Stadtrat ernannt und war Mitbegründer der unitarischen Barmener Kirchengemeinde.[4] Nach der Übergabe an die dritte Generation – Engels' Vater und Onkel – geriet die Familiendynamik ins Stolpern, und nachdem es wiederholt zu Streitigkeiten gekommen war, ließen die Brüder im Jahr 1837 das Los darüber entscheiden, wer von ihnen die Firma übernehmen würde. Friedrich Engels sen. verlor und gründete daraufhin zusammen mit zwei holländischen Brüdern, Gottfried und Peter Ermen, ein neues Unternehmen, in dem er rasch seine großen unternehmerischen Fähigkeiten bewies. Die Firma Ermen & Engels erweiterte ihr Tätigkeitsfeld, indem sie neben dem Flachsbleichen das Baumwollspinnen aufnahm und zunächst in Manchester und 1841 auch in Barmen und im nahe gelegenen Engelskirchen Nähgarnfabriken errichtete.

In dieser Welt von Fabrikanten, einer Mischung aus Produzenten und Kaufleuten, wuchs Engels auf, inmitten von Industrie und Handel, bürgerlichen Pflichten und Familienloyalität. Vor den hässlichen Auswirkungen der Industrialisierung waren reiche Familien wie die Engels – die, wie angemerkt worden ist, in »geräumigen, luxuriösen Häusern lebten, die häufig Fassaden aus Haustein besaßen und im besten Architekturstil entworfen waren«[5] – weitgehend geschützt. Aber auch sie entkamen ihnen nicht ganz, denn Zehntausende von Arbeitern waren, gewissermaßen in Johann Caspars Fußstapfen, die Wupper entlanggewandert, weil sie wie er ihre Hoffnungen auf die Industrie setzten.

Die Einwohnerzahl von Barmen wuchs zwischen 1810 und 1840 von 16 000 auf über 40 000. In Barmen und dem Nachbarort Elberfeld lebten um 1840 zusammengenommen über 70 000 Menschen. Die Arbeiterschaft im Wuppertal setzte sich zusammen aus 1100 Färbern, 2000 Spinnern, 12 500 Webern (verschiedener Stoffe) sowie 16 000 Bandwebern und Bortenmachern. Die meisten übten ihre Arbeit in bescheidenen Häusern und kleinen Werkstätten aus, aber es entstanden immer mehr größere Bleichplätze und Baumwollspinnereien: In den 1830er Jahren gab es im Wuppertal fast 200 Fabriken. »Es ist eine lang auseinandergezogene Stadt, die sich auf beiden Seiten des Flusses erstreckt«, beschrieb ein Besucher in den 1840er Jahren seinen Eindruck. »Einige Viertel sind gut gebaut und anständig gepflastert, aber der größte Teil der Stadt besteht aus äußerst unregelmäßigen und sehr schmalen Straßen … Der Fluss selbst ist ein widerliches Ding, ein offenes Auffanggefäß für sämtliche Abwässer, in dem sich die verschiedenen Tinkturen, welche die

Färbereien beitragen, zu einer einzigen undurchsichtigen dunklen Brühe vermischen, deren Anblick den Fremden schaudern lässt.«[6]

Was einst mit anmutigen ländlich-industriellen Mischsiedlungen wie den Fabrikstädten in den Pennines und im Derwent Valley in Derbyshire verglichen werden konnte – wo ebenfalls klare, schnell fließende Flüsse, die anfangs die Wasserkraft für Fabriken und Werkstätten lieferten, ihr Bett in von Feldern und Wäldern bedeckte Hochtäler gegraben hatten –, glich bald einem verschmutzten, übervölkerten »deutschen Manchester«. »Der schmale Fluss«, beschrieb Engels seine Geburtsstadt später, »ergießt bald rasch, bald stockend seine purpurnen Wogen zwischen rauchigen Fabrikgebäuden und garnbedeckten Bleichen hindurch; aber seine hochrote Farbe rührt nicht von einer blutigen Schlacht her, … sondern einzig und allein von den vielen Türkischrot-Färbereien.«[7] Seit frühester Kindheit hatte Engels den beißenden Geruch von Fabriken und Bleichplätzen in der Nase. Wie alle anderen, von den extrem Armen bis zu den protzig Reichen, war er dem Hexengebräu der Industrialisierung ausgesetzt: einer Umweltverschmutzung, die die Augen tränen und die Nase bluten ließ. Dem empfindsamen Jungen prägten sich diese Eindrücke tief ins Gedächtnis ein.

Außer der Industrie bemerkten Besucher des Wuppertals noch etwas anderes: »Sowohl in Barmen als auch in Elberfeld herrschen starke religiöse Gefühle vor. Die Kirchen sind groß und gut besucht, und in beiden Orten gibt es eigene Bibel-, Missions- und Traktatgesellschaften.«[8] Zeitgenössische Skizzen zeigen einen Wald von Kirchtürmen, die sich mit den Fabrikschloten um den Luftraum streiten. In Engels' Augen war das Wuppertal nicht weniger als das »Zion der Obskuranten«[9]. In Barmen und Elberfeld gab eine aggressive Form des Pietismus den Ton an. Diese im späten 17. Jahrhundert entstandene Bewegung innerhalb des deutschen Protestantismus verlangte eine »intensivere, persönlichere und praktischere Form der christlichen Glaubensausübung«.[10] Im Laufe seiner Entwicklung und Aufspaltung distanzierte sich der Pietismus häufig von den formalen Strukturen und der Theologie der lutherischen Kirche. Im Wuppertal vertrat er eine kalvinistische Ethik, die von der Allgegenwart der Sünde ausging, aber persönliche Erlösung versprach und die Entsagung von der Welt predigte.

Auf der einen Seite war der Pietismus also eine Religion der Innerlichkeit, wie der Briefwechsel zwischen Engels' Eltern belegt. Als seine Mutter, Elise Engels, 1835 ihren im Sterben liegenden Vater pflegte, spendete ihr Ehemann ihr Trost, indem er auf Gottes allmächtige Gnade verwies. »Ich freu mich und danke Gott dafür, dass Du die Krankheit des lieben Vaters mit so gefasstem Gemüte betrachtest«, schrieb er ihr aus Barmen. »Wir haben auch wirklich alle Ursache, Gott für die bisherige Führung zu danken … Der Vater [von Elise Engels] … hat ein im Allgemeinen heiteres Leben voller Gesundheit und Kraft genossen, und nun scheint der liebe Gott den alten Mann schmerzlos zu sich nehmen zu wollen. Was kann der sterbliche Mensch mehr verlangen?« Gottes Wille war mit genügend Mut zur Überhöhung auch in den trivialsten Dingen zu erkennen. »Mit Deinen Kartoffeln, liebe Elise, sieht es traurig aus«, schrieb Engels sen. an seine zur Erholung in Ostende weilende Frau, »sie standen so herrlich und sind nun auch von der herrschenden Krankheit angesteckt …, die man zuvor nie in dieser Weise kannte und die nun wie eine wahre Landplage fast in allen Ländern sich zeigt.« Die Lehre lag auf der Hand: »Es ist fast, als wenn Gott in dieser gottvergessnen Zeit den Menschen zeigen wollte, wie abhängig von Ihm und wie sehr in Seiner Hand sie sind.«[11]

In typisch protestantischer Manier glaubten die Pietisten an der Wupper an die Priesterschaft aller Gläubigen, die sich der schwierigen Aufgabe der Deutung der Heiligen Schrift zuwenden und im direkten individuellen Gebet Erlösung finden sollten. Die Kirchen besaßen eine nützliche religiöse Funktion, erfüllten ihre Mission jedoch weniger durch die Feier der Eucharistie als durch brüderliche Gemeinschaft und Moralpredigten. Die Barmener Fabrikanten befolgten eine puritanische

Sittlichkeit, die auf Askese, Fleiß, individueller Rechtschaffenheit und persönlicher Zurückhaltung beruhte. Die Sprödigkeit des Charakters von Friedrich Engels sen. ist vor allem auf diesen zutiefst persönlichen und häufig maßlosen Glauben zurückzuführen. Und sein ältester Sohn teilte ihn, zumindest am Anfang. Engels wurde in der Kirche der evangelisch-reformierten Gemeinde von Elberfeld getauft, die »wohlbekannt [war] als beispielhafte reformierte Kirche, kalvinistisch in ihrer Lehre, versiert in der Schrift und ehrfürchtig im Gottesdienst«.[12] 1837 beging Engels seine Konfirmation mit einem angemessen evangelikalen Gedicht:

> Herr Jesu Christe, Gottes Sohn,
> o steig herab von Deinem Thron,
> und rette meine Seele!
> O komm mit Deiner Seligkeit,
> Du Glanz der Vaterherrlichkeit,
> gib, dass ich Dich nur wähle![13]

Im Gegensatz zu solchen evangelikalen Nettigkeiten stand die andere Seite des Pietismus, das rücksichtslose Eingreifen in die materiellen Realitäten der Welt, das sich auf die kalvinistische Idee der Prädestination stützte. Danach hatte Gott am Anfang der Zeiten die Erlösten und die Verdammten gekennzeichnet, und obwohl niemand seiner Zugehörigkeit zu der einen oder anderen Gruppe sicher sein konnte, galt irdischer Erfolg als das sicherste Anzeichen für Auserwähltheit. In den Kirchen und Fabriken im Wuppertal herrschten die protestantische Ethik und der Geist des Kapitalismus vor, ganz so, wie Max Weber es später beschrieben hat. Fleiß und Wohlstand wurden als Zeichen göttlicher Gnade angesehen, und die glühendsten Pietisten waren häufig auch die erfolgreichsten Geschäftsleute – unter ihnen Johann Caspar II., dessen Umsicht und Nüchternheit sowohl sein religiöses als auch sein geschäftliches Ethos bestimmten. »Wir müssen besonders im Geistlichen allewege auf unsern eignen

Vorteil sehen«, erklärte er 1813 seinem Sohn Friedrich sen., »auch in diesem Stück bin ich Kaufmann und trachte nach den meisten Prozenten, weil mir kein Mensch, dem ich zu gefallen eine Stunde in gleichgültigen Dingen verschwenden wollte, davon eine Minute wiedergeben kann.«[14]

Wenn die Zeit stets Gottes Zeit und eine Minute zu vergeuden eine Sünde war, dann war das Leben sicherlich nicht zum Vergnügen und gesellschaftlichen Umgang mit anderen da. Laut Engels' erstem Biographen, Gustav Mayer, intervenierten die evangelischen Gemeinden von Elberfeld-Barmen Anfang des 19. Jahrhunderts bei der Regierung, um die Errichtung eines Theaters in ihrer Stadt zu verhindern, weil sich die Verlockungen der Bühne angeblich nicht mit der Betriebsamkeit im Wuppertal vertrugen. Für die Pietisten waren Vergnügungen heidnische Gotteslästerungen.[15] Der Dichter Ferdinand Freiligrath nannte Barmen »ein vermaledeites Nest, prosaisch, kleinstädtisch, dünkelhaft und verketzernd, wie kein anderes«,[16] und Engels erinnerte sich als Erwachsener stets mit Schaudern an das öde öffentliche Leben in der Stadt. »[W]ir philiströsen Wuppertaler, für uns war Düsseldorf immer ein Klein-Paris, wo sich die frommen Herren von Barmen und Elberfeld ihre Mätressen hielten, ins Theater gingen, sich königlich amüsierten«, schrieb er dem Sozialdemokraten Theodor Cuno, um bissig hinzuzufügen: »Aber wo man seine reaktionäre Familie sitzen hat, ist's immer bleierner Himmel.«[17] Die puritanische Moral war das Produkt einer engen Verbindung von politischer Macht und kirchlicher Autorität, denn die Ältesten der Kirchengemeinden hatten auch in den städtischen Institutionen das Sagen. Ihr Wort galt sowohl im spirituellen als auch im säkularen Reich.

Dabei nahmen Macht und Einfluss der Kirche weiter zu. Im Zuge einer Agrarkrise und eines Wirtschaftsabschwungs in den 1830er Jahren wurde die pietistische Lehre doktrinärer, mystischer und sogar chiliastisch. Im Wuppertal griff ein Erweckungsglaube um sich, dessen Hauptvertreter der charismatische Prediger Friedrich Wilhelm Krummacher war. »Seine Deklamation«, schrieb der junge Engels über seine Predigten, »ist ... zuweilen ... über alle Begriffe manieriert und abgeschmackt. Dann rennt er in allen Richtungen auf der Kanzel umher, beugt sich nach allen Seiten, schlägt auf den Rand, stampft wie ein Schlachtross und schreit dazu, dass die Fenster klirren und die Leute auf der Straße zusammenfahren. Da beginnen denn die Zuhörer zu schluchzen; zuerst weinen die jungen Mädchen, die alten Weiber fallen mit einem herzzerschneidenden Sopran ein, die entnervten Branntweinpietisten ... vollenden die Dissonanz mit ihren Jammertönen, und dazwischen tönt seine gewaltige Stimme durch all das Heulen hin, mit der er der ganzen Versammlung unzählige Verdammungsurteile oder diabolische Szenen vormalt.«[18]

Solch glühende Protestanten waren die Engels nicht. Tatsächlich nahm der religiöse Aufschwung derartige Formen an, dass viele führende Barmener Familien in den 1840er Jahren ihre Mitarbeit in der Kirche einstellten und sich nur noch um Heim und Herd kümmerten. Wie die evangelikale Erweckungsbewegung in England den viktorianischen Lobpreis von Patriarchat und Häuslichkeit nach sich zog, so besann man sich auch in den pittoresken Kaufmannshäusern von Barmen auf den Wert enggeknüpfter Familienbande. Diese neue, emphatische Betonung familiärer Werte kam in einer beinah vorstädtisch zu nennenden Ethik zum Ausdruck: in dem gutbürgerlichen Wunsch, die Vorhänge zu schließen, um die Verderbtheit der Außenwelt abzuhalten und in den einfachen Vergnügungen familiärer Rituale – Lektüre, Stickerei, Klavierspiel, Weihnachts- und Geburtstagsfeiern – geistige Erbauung zu suchen. »Es ist wirklich äußerst bequem mit so einem Klavier!«, verkündete Engels' Vater voller Stolz.[19] In den folgenden Jahren wurde diese Salonkultur unter dem abfälligen Begriff Biedermeier subsumiert, in dem das Anstand und Rechtschaffenheit bezeichnende Attribut »bieder« mit dem verbreiteten Nachnamen »Meier« verbunden wurde, um den Bildstil, die Literatur und die Werte des Bürgertums der damaligen Zeit zu charakterisieren.[20]

Trotz aller späteren Geringschätzung bildete diese bespöttelte Welt eine sichere und liebevolle, wenn auch nicht immer vergnügliche Umgebung für Engels sowie seine drei Brüder und vier Schwestern. Vor allem hatten die Eltern ein inniges Verhältnis zueinander. »Ja, Du magst es nun glauben oder nicht, Ihr lagt mir den ganzen Tag im Kopfe; und nichts wollte mir hier im Hause behagen«, beteuerte Friedrich sen. seiner Frau, die zu Besuch zu ihren Eltern nach Hamm gefahren war, um mit »einigen zärtlichen Worten« für sie zu schließen: »Sieh einmal, ich komme mir plötzlich wieder wie ein Sterblich-Verliebter vor. In allem Ernst fühle ich schon wieder ein sehnsüchtiges Fleckchen unter der verschossenen Weste ... Ich glaube nicht, dass ich die 4 Wochen aushalten werde.« In den Briefen, die Friedrich sen. Anfang der 1820er Jahre an seine Frau schrieb, wimmelt es von leidenschaftlichen Liebesbekundungen. »Aufrichtig gesagt, liebe Elise«, heißt es in einem von ihnen, »verlangt mich herzlich darnach [dem Zusammensein], denn ich fühle es wirklich bei jeder Veranlassung, dass es mir Bedürfnis geworden ist, alles mit Dir zu teilen.«[21]

Engels' Mutter, die aus einer eher intellektuell als kommerziell geprägten Familie stammte (unter den van Haars waren Schuldirektoren und Philologen), hatte ein weit großzügigeres, humorvolleres Wesen als ihr Ehemann. Gelegentlich blitzte sogar ein subversiver Zug auf, etwa, als sie Friedrich jun. zu Weihnachten einmal einen Gedichtband von Goethe schenkte, obwohl dieser in Barmens Bürgerkreisen als »gottloser Mann« verdammt wurde.[22] Für Engels war er dagegen der »größte Deutsche«.[23] Von Elise Engels' Vater, dem Pastor Gerhard van Haar, wurde der Enkel unterdessen in die antike Mythologie eingeführt, die er mit seiner starken Vorstellungskraft begeistert aufnahm. »O Du lieber Großvater«, dichtete Engels zum Dank,

der immer uns gütig begegnet,
Der Du immer uns halfst, wenn's mit den Arbeiten gehapert!
Der so schöne Geschichten mir, wenn Du hier warst, erzähltest,

Vom Cercyon und Theseus, vom hundertäugigen Argus;
Vom Minotaur, Ariadn', von dem ertrunkenen Aegeus;
Von dem goldenen Vließ, von den Argonauten und Jason …[24]

Vor dem Hintergrund dieser behaglichen Umgebung wird Friedrich Engels sen., nicht zuletzt aufgrund des bitteren Urteils, das sein Sohn später über ihn fällte, traditionell als unglücklicher, strengreligiöser, geldhungriger Philister dargestellt. »Philister« war übrigens ein beliebtes Schimpfwort, das Engels von Goethe übernommen hatte: »Was ist ein Philister?/ Ein hohler Darm,/von Furcht und Hoffnung ausgefüllt,/dass Gott erbarm!«[25] Die Briefe von Friedrich Engels sen. an seine Frau zeigen ihn jedoch von einer ganz anderen Seite: sicherlich als geschäftstüchtigen, patriotischen und gottesfürchtigen Mann, aber auch als liebenden Sohn, in seine Kinder vernarrten Vater und treu ergebenen Ehemann, der zahlreiche geschäftliche Entscheidungen mit seiner Frau besprach und häufig ihren Rat suchte. Trotz seines puritanischen Rufs war er ein Musikliebhaber, der selbst Klavier, Cello und Fagott spielte und kaum etwas mehr genoss als Hauskonzerte. Dennoch sagte sich Engels im Streit von seinem Vater los, während er seiner Mutter weiterhin nahestand. »Wär's nicht um meiner Mutter willen, die einen schönen menschlichen Fonds … hat, und die ich wirklich liebe«, schrieb er einige Jahre später, »so würde es mir keinen Augenblick einfallen, meinem fanatischen und despotischen Alten auch nur die elendste Konzession zu machen.«[26] Aber auch wenn ihm das Gewicht von Geschäft und Frömmigkeit gelegentlich das Atmen erschwerte, erlebte er seine Kindheit doch überwiegend in einer von Musik, Heiterkeit und Liebe geprägten Atmosphäre.

»Friedrich hat mittelmäßige Zeugnisse in voriger Woche gebracht. Im Äußern ist er, wie Du weißt, manierlicher geworden, aber trotz der frühern strengen Züchtigungen scheint er selbst aus Furcht vor Strafe keinen unbedingten Gehorsam zu lernen«, beklagte sich Engels sen. im August 1835 bei seiner Frau, die wiederum nach Hamm gereist war, um ihren sterbenden Vater zu pflegen. »So hatte ich heute wieder den Kummer, ein schmieriges Buch aus einer Leihbibliothek, eine Rittergeschichte aus dem dreizehnten Jahrhundert, in seinem Sekretär zu finden. Merkwürdig ist seine Sorglosigkeit, mit welcher er solche Bücher in seinem Schranke lässt. Gott wolle sein Gemüt bewahren, oft wird mir bange um den übrigens trefflichen Jungen.«[27]

Zum Leidwesen seines Vaters begann Engels schon in frühen Jahren an den pietistischen Fesseln der Barmener Lebenseinstellung zu zerren. In der Stadtschule Barmen, die er zunächst besuchte, wurden intellektuelle Ambitionen grundsätzlich nicht unterstützt.[28] Mit vierzehn Jahren wechselte er auf das liberalere Gymnasium in Elberfeld, bei dessen provisorischem Direktor, einem Lutheraner, er als Pensionär wohnte. In dem Gymnasium, das in dem Ruf stand, eine der besten Schulen Preußens zu sein, wurde Engels' Sprachentalent gefördert, und sein Deutsch- und Geschichtslehrer Johann Christoph Clausen – »der einzige, der den Sinn für Poesie in den Schulen zu wecken weiß, den Sinn, der sonst elendiglich verkümmern müsste unter den Philistern des Wuppertales«[29] – bestärkte ihn in seinem wachsenden Interesse an der Literatur und Sagenwelt des deutschen Mittelalters. Im Abgangszeugnis des Gymnasiums wurde ihm denn auch bescheinigt, dass er für »die Geschichte der deutschen National-Literatur und die Lektüre der deutschen Klassiker … ein rühmliches Interesse an den Tag« gelegt habe.[30]

Tatsächlich gehörte ein romantischer Patriotismus zu den frühesten intellektuellen Einflüssen, die den jungen Engels beeindruckten. Obwohl er später ungerechterweise häufig als langweiliger, mechanistischer Marxist charakterisiert werden sollte – ähnlich wie der Marxismus insgesamt als reduktionistischer Ableger der Aufklärung beschrieben wurde –, lagen die Anfänge seiner philosophischen Entwicklung in den großen idealistischen Schriften des westlichen Kulturkanons. Als Reaktion auf die politischen Exzesse der Französischen Revolution und den universalistischen Rationalismus der Aufklärung blühte überall in Europa die Romantik. Das Leitprinzip der Aufklärung – wie es der französische Philosoph Condorcet in seinem unterkühlten *Entwurf einer historischen Darstellung der Fortschritte des menschlichen Geistes* dargelegt hatte, in dem er eine unendliche menschliche Entwicklung voraussagte – wurde als verstiegene Anmaßung verspottet. Bei allen nationalen Unterschieden waren sich die Aufklärer – von Immanuel Kant über David Hume und Jeremy Bentham bis zu Voltaire und den französischen Enzyklopädisten – einig in der Verehrung der universalen menschlichen Vernunft. Ihr Apostel war Isaac Newton, der durch seine Entdeckung der Gravitation Gott als Mathematiker und das Universum als Uhrwerk entlarvt hatte. Aufgrund dieses ehernen wissenschaftlichen Kalküls waren die nationalen und kulturellen Eigenheiten und mit ihnen der Wert der hergebrachten Autorität, Religion und Tradition in dem neuen, mechanistischen Zeitalter hinfällig. Nach diesem kosmopolitischen Konsens waren die Menschen an allen Orten und zu allen Zeiten grundsätzlich gleich, und Aufgabe des Gesetzgebers – Friedrichs des Großen in Preußen, Josephs II. in Österreich-Ungarn und Katharinas der Großen in Russland – war es, durch die Befreiung der Vernunft die menschliche Selbstverwirklichung zu ermöglichen.

Von Beginn an hatte sich Widerstand gegen dieses aufklärerische Ideal geregt, aber kaum jemand vertrat die Reaktion mit mehr Verve als der britische Whig-Politiker und konservative Philosoph Edmund Burke.[31] »[W]ir sind nicht Voltaires Schüler«, verkündete er seinen britischen Landsleuten und stellte in seinen *Betrachtungen über die Französische Revolution,* noch bevor der Schinderkarren durch die Straßen von Paris polterte, einen Zusammenhang her zwischen der schrecklichen Rationalität der Aufklärung und dem Blutdurst der Französischen Revolution. Die Aufständischen von 1789 hätten die Erfahrung verachtet »als die Weisheit ungelehrter Menschen« und die Menschen »in bloße Zahlpfennige verwandelt«. Nach ihrer Ansicht hätte man allein mit Vernunft eine Staatengemeinschaft aufbauen können. Die sogenannten »Rechte des Menschen« seien kein Ersatz für das Mysterium des langsamen, naturhaften Wachstums eines Staates und einer bürgerlichen Gesellschaft über Generationen hinweg. »Aber die Zeiten der Rittersitte sind dahin«, klagte Burke. »Das Jahrhundert der Sophisten, der Ökonomisten und der Rechenmeister ist an ihre Stelle getreten, und der Glanz von Europa ist ausgelöscht auf ewig.«[32]

Doch ebendieses Zeitalter der Rittersitte schwebte den Romantikern vor. Seit dem Ende des 18. Jahrhunderts wurden überall in Europa Besonderheiten von Sprache, Kultur, Tradition und Sitten gepflegt. In Schottland stand der keltische Mythenbildner James MacPherson an der Spitze der Bewegung, gefolgt von Walter Scott, dem Autor der Waverly-Romane. In Frankreich trat Chateaubriand mit seinem Buch über den *Geist des Christentums* zur Ehrenrettung der vielgescholtenen katholischen Kirche an, während Joseph de Maistre der Aufklärung ihr flaches Menschenbild vorwarf. Und in England beschworen William Blake, William Wordsworth und Samuel Taylor Coleridge in ihren Gedichten die einzigartigen Aspekte der nationalen Tradition; so stellte etwa Coleridges »Ballade vom alten Seemann«, mit der er die englische Romantik einläutete, einen bewussten Affront gegen die kosmopolitische Idee einer allgemein menschlichen Kultur, Sprache und Vernunft dar. »In England, Deutschland, Spanien gelangten alte einheimische Traditionen zu neuer Kraft und neuem Ansehen«, bemerkt Hugh Trevor-Roper dazu. »Die alten, gewohnten Organe der Gesellschaft, die alten etablierten Glaubenssätze, die den Rationalisten der Enzyklopädie so verachtenswert erschienen waren, gelangten wieder zu Ansehen.«[33]

Für kein Land traf dies mehr zu als für Deutschland. Als ästhetische, kulturelle und politische Bewegung, die sich über mehrere Jahrzehnte erstreckte und gleichzeitig komplementäre und einander widersprechende Formen annahm, lässt sich die Romantik nur schwer auf einen gemeinsamen Begriff bringen. Dennoch gilt, dass sie im Gegensatz zur Aufklärung, die eine gleichförmige, vorhersehbare Natur des Menschen annahm, dessen irrationale, emotionale, phantasievolle und ruhelose Seite hervorhob und den Wunsch ihrer Anhänger ausdrückte, der engen, prosaischen Gegenwart zu entfliehen.[34] In Deutschland finden sich ihre Anfänge in den Werken des Sturm und Drang und in Goethes bemerkenswertem Roman einer leidenschaftlichen Selbstversenkung, *Die Leiden des jungen Werthers* von 1774. Ihre geistigen Wurzeln reichen zu den Schriften von Johann Gottfried Herder und Johann Georg Hamann aus der Mitte des 18. Jahrhunderts zurück, in denen der aufgeklärten französischen Zivilisiertheit die bodenständige deutsche Sprache und ihre Bedeutung für die Entwicklung der Nationalkultur entgegengesetzt wurde. Herder verglich die Sprache in seiner 1772 erschienenen *Abhandlung über den Ursprung der Sprache* mit einer Lyra mit eigenem Klang und betrachtete die Nationalsprachen als besondere Hervorbringung des jeweiligen Volks. Als solche konnten sie auf die einfachen Volkssagen, Lieder und Erzählungen der jeweiligen Nation zurückgeführt werden, ein eigentümlich demokratischer Gedanke, der mit dazu beitrug, dass ein wachsendes Interesse an der deutschen Vergangenheit, insbesondere am Mittelalter, geweckt wurde. Das hochgotische Straßburger Münster, die vorreformatorische katholische Kirche, uralte Märchen und die Kunst Dürers wurden zu einzigartigen Wahrzeichen der gemeinschaftlichen Größe Deutschlands. Madame de Staël merkte in ihrem Bestseller *Über Deutschland* an, dass die germanischen Völker, da sie nie von den Römern erobert worden waren, direkt von der Barbarei zum mittelalterlichen Christentum übergegangen seien. Deshalb würden ihre »lebendigsten Erinnerungen« in »die Ritterzeiten, in den Geist des Mittelalters« fallen. »Ihre Einbildungskraft verweilt gern in alten Schlössern und Türmen, mitten unter Kriegern, Hexen und Gespenstern; tiefe, einsame Träumereien sind die Grundfarbe, der Hauptreiz ihrer Dichtungen.«[35]

Friedrich Schiller hat diesen romantischen Impuls in seiner 1795 erschienenen Abhandlung »Über die ästhetische Erziehung des Menschen« ästhetisiert, indem er Kunst und Kultur eine herausragende Rolle in der menschlichen Bildung einräumte. Nach seiner Auffassung konnte die Auflösung des organischen Zusammenhalts der mittelalterlichen Gesellschaft – die Herder verehrt und deren Zersetzung Burke im revolutionären Paris nachgespürt hatte – nur durch eine umfassende Ethik der Schönheit und des Schöpfertums rückgängig gemacht werden. Diese Forderung nahmen die Brüder Schlegel 1798 auf, als sie in Jena mit der Herausgabe der Zeitschrift *Athenäum* das goldene Zeitalter der deutschen Romantik einläuteten. Auf deren Seiten betrat der romantische Maler, Dichter, Wanderer und Mystiker die Bühne, der als Verkörperung des Zeitgeistes zugleich mit der furchtbaren Angst zu kämpfen hatte, die sein eigener hoher Anspruch in ihm auslöste. Caspar David Friedrichs stimmungsvolle Gemälde von heroischen Einzelnen in der Konfrontation mit weiten Wäldern oder schroffen Gebirgen, E. T. A. Hoffmanns schwer fassbare, transzendente Partituren, Schillers Dichtungen von Freiheit, Rebellion und Verrat: sie alle waren Ausdruck dieses nach innen gerichteten romantischen Geists, dem das individuelle Erlebnis alles war.

Während Schiller und die Schlegels den Anspruch des Künstlers formulierten, die sozialen Bindungen zu erneuern, bemühten sich ihre Zeitgenossen, der Philosoph Johann Gottlieb Fichte und der Dichterphilosoph Novalis, die protonationalistischen Ideen Herders wiederzubeleben. Dessen patriotischer Volksbegriff – »das unsichtbare, verborgene Medium, das Geister durch Gedanken, Herzen durch Neigungen und Triebe, die Sinne durch Eindrücke und Formen, bürgerliche Gesellschaften durch Gesetze und Anstalten … knüpft«[36] – erwies sich nach der Niederlage Preußens gegen die Franzosen unter Napoleon Bonaparte in der Schlacht bei Jena und Auerstedt als besonders hellsichtig.[37] Trotz der im Allgemeinen aufgeklärten Art der sich anschließenden französischen Herrschaft – der *Code Civil* garantierte eine größere Redefreiheit, mehr verfassungsmäßige Freiheiten und mehr Rechte für die Juden, als die Hohenzollernmonarchie in Preußen gewährt hatte – wurde sie als Fremdherrschaft gesehen und stärkte bei den Deutschen ein nationales Identitätsgefühl. Fichte fachte dieses Gefühl in einer Reihe von *Reden an die deutsche Nation,* die er 1807/08 an der Berliner Akademie der Wissenschaften hielt, weiter an. In ihnen hob er Herders Volksbegriff auf neue emotionale Höhen, indem er erklärte, nur in einem Nationalstaat und als Angehöriger von dessen Volk könne der Einzelne seine volle Freiheit verwirklichen, und die Nation selbst als schöne, organische Einheit mit *einer* Seele und *einem* Zweck darstellte.

Die Folge war eine Neubelebung des Interesses an der volkstümlichen deutschen Überlieferung, wie es die berühmtesten Philologen und Märchenliebhaber des Landes, die Brüder Jacob und Wilhelm Grimm, verkörperten. Nachdem sie bereits eine der deutschen Sprache sowie deutschen Bräuchen und Gesetzen gewidmete Zeitschrift herausgegeben hatten, die *Altdeutschen Wälder,* richteten sie 1815 einen Aufruf an die Öffentlichkeit: »Es hat sich eine Gesellschaft gestiftet, welche durch ganz Deutschland ausgebreitet werden soll, und zum Ziele nimmt, alles, was unter dem gemeinen deutschen Landvolke von Lied und Sage vorhanden ist, zu retten und zu sammeln.«[38] Es war ein Akt des »imaginären Staatsaufbaus«, denn durch ihre Tätigkeit fügten die Brüder Grimm, obwohl viele der von ihnen gesammelten Sagen und Volksmärchen, die sie in den *Kinder- und Hausmärchen* veröffentlichten, von bürgerlichen Frauen mit französisch-hugenottischen Wurzeln stammten, eine neue, die Phantasie anregende Schicht in die nationale deutsche Tradition ein.[39]

Hinter den Gedichten und Volksmärchen, den Opern und Romanen rumorte die rigorose Politik der Romantik. Als 1815 nach Napoleons Niederlage in Waterloo und dem anschließenden diplomatischen Gerangel auf dem Wiener Kongress endlich Frieden in Europa einkehrte, war aus dem französischen Rheinland eine preußische Provinz geworden. Über die freidenkende, industrielle, städtische Welt am Rhein herrschte von nun an die Berliner Hohenzollernmonarchie mit ihrem trockenen Junkerethos, das Hierarchie und Autorität allen demokratischen Anmutungen vorzog. Doch überall in Preußen fanden sich – ebenso wie in den anderen Königreichen, Fürstentümern und Freien Städten, die später zum vereinten Deutschland gehören sollten – fortschrittliche Patrioten zusammen, die mit der Dichtung des Novalis und Fichtes Philosophie aufgewachsen waren und ein geeintes und freieres Deutschland forderten. Von den Legenden und der Sprache einer erfundenen Tradition angeregt, wollten die Radikalen durch die Belebung des Nationalgefühls die Erinnerung an die französische Besatzung und die Hybris der Aufklärung löschen.

Nach 1815 begannen sich studentische Burschenschaften für konstitutionelle Reformen auf der Grundlage der Idee einer deutschen *patria* einzusetzen. Sie schmückten sich mit den Farben Schwarz, Rot, Gold der Freiwilligen des Lützowschen Freikorps – überwiegend Studenten und Intellektuelle –, die sich 1813 in der Völkerschlacht bei Leipzig so tapfer geschlagen hatten, und leisteten einen Treueid auf das Vaterland – statt auf den entschlusslosen preußischen König Friedrich Wilhelm III., der das Vorhaben einer Verfassungsreform fallenließ. Ausdruck des neuen patriotischen Kults waren auch die 150 Turnvereine und die rund 100 000 Mitglieder zählenden Gesangsvereine, die überall in Preußen gegründet wurden, um Balladen zu singen und Feste zu organisieren zum Preis des Vaterlands. Ihren Höhepunkt erreichte diese Bewegung im Oktober 1817, als sich Studenten aus ganz Deutschland auf der Wartburg – wo Martin Luther das Neue Testament ins Deutsche übertragen hatte – versammelten, um den dreihundertsten Jahrestag der Reformation und den vierten Jahrestag der Völkerschlacht zu begehen. Preußens Krieg gegen Napoleon war durch eine radikale politische Kultur, die sich um wirkmächtige patriotische Symbole rankte, mit der umfassenderen Geschichte der sich herausbildenden deutschen Nationalstaatlichkeit verknüpft.[40]

All dies war für die Herrscher und Minister Habsburgs und des Deutschen Bundes, die nicht an Nation und Demokratie, sondern an Dynastie und Monarchie glaubten, zutiefst beunruhigend. Sie reagierten im August 1819 mit den Karlsbader Beschlüssen, die die Burschenschaften verboten, alle Verfassungsdiskussionen beendeten, die Universitäten unter Polizeiüberwachung stellten und die Pressezensur verschärften. In den 1820er Jahren folgte eine Kampagne zugunsten der Königshäuser, die der deutschen Romantik den Radikalismus austreiben sollte; ihr Architekt war der machiavellistische österreichische Staatskanzler Klemens Wenzel Fürst von Metternich, dessen unermüdliche Angstmacherei großen Einfluss auf die preußischen Behörden hatte.

Wie viel war nun in Barmen, diesem »Zion der Obskuranten«, von dieser romantischen Bewegung zu spüren? Hier verabscheute man Goethe, wie erwähnt, als »gottlosen Mann«. Dennoch wurde die Einbildungskraft des jungen Engels, von seinem Lehrer Dr. Clausen und der eigenen Lektüre angeregt, durch die Belebung des deutschen Nationalgefühls beflügelt. 1836 verfasste er ein Gedicht, das weit weniger gottesfürchtig war als seine Konfirmationsode, denn es pries solch romantische Helden wie »Tell ..., den Schützen«, »Bouillon den edlen Degen« und Siegfried, den Drachentöter aus dem mittelalterlichen Nibelungenlied.[41] Er schrieb Artikel, in denen er sich für die demokratische Tradition deutscher Volksbücher und die Arbeit der Brüder Grimm einsetzte. »Sie haben für mich einen außerordentlichen, poetischen Reiz, diese alten Volksbücher mit ihrem altertümlichen Ton, mit ihren Druckfehlern und schlechten Holzschnitten«, verkündete er blasiert; »sie versetzen mich aus unsern geschraubten, modernen ›Zuständen, Wirren und feinen Bezügen‹ in eine Welt, die der Natur weit näher liegt.«[42] Es folgten weitere Gedichte, beispielsweise über das Leben des deutschen Nationalhelden und Vaters der Druckkunst, Johannes Gutenberg, und sogar pantheistische Beschreibungen des göttlichen Glanzes deutscher Landschaften: »Steht ihr auf dem Drachenfels oder auf dem Rochusberg bei Bingen und schaut ihr hin über das rebenduftende Rheintal, … da senkt sich der Himmel mit seinem Licht auf die Erde und spiegelt sich in ihr, der Geist versenkt sich in die Materie, das Wort wird Fleisch …«[43] Während seines gesamten langen Lebens sollte Engels diesen jugendlichen Kulturpatriotismus niemals aufgeben. Selbst dann noch, als er die internationale Solidarität des Proletariats verfocht und bei Strafe der Hinrichtung aus seinem Vaterland verbannt war, sollte er eine unerwartet emotionale Zuneigung zur heroischen Welt von Siegfried bezeigen und zu dem epischen Schicksal, das er verkörperte.

Sein Vater teilte diese Neigung nicht. Entgegen dem Wunsch seines Sohnes und trotz der überschwänglichen Beurteilungen, die dieser vom provisorischen Schuldirektor Johann Hantschke erhielt, nahm er ihn 1837 vom Gymnasium und stellte ihn im Familienunternehmen an. Hatten ihn bereits die literarischen Grillen seines Sohnes und dessen mangelnder Respekt beunruhigt, so zögerte er nun nicht, ihn aus dem nonkonformistischen intellektuellen Kreis um Dr. Clausen zu entfernen. Engels' Hoffnung, Jura zu studieren und später vielleicht einmal in den Staatsdienst einzutreten oder sogar Dichter zu werden, zerplatzte. Beide Möglichkeiten deutete Hantschke im Abgangszeugnis seines Pensionärs an, das er mit den »besten Segenswünschen« für seinen »lieben Schüler« schloss, der sich »veranlasst« gesehen habe, »statt früher beabsichtigten Studiums als seinen äußeren Lebensberuf« das Geschäftsleben zu wählen.[44] Zwölf Monate lang wurde er nun in die glanzlosen Mysterien von Leinen und Baumwolle, Spinnen und Weben, Bleichen und Färben eingeweiht. Im Sommer 1838 begaben sich Vater und Sohn auf eine Geschäftsreise nach England, um in Manchester Seidenverkäufe und in London Rohseide-Einkäufe abzuschließen sowie die Tätigkeiten der Firma Ermen & Engels zu kontrollieren. Bei der Rückkehr machten sie in Bremen Station, wo Engels die nächste Phase seiner Handelslehre durchlaufen sollte: einen Crashkurs in internationalem Kapitalismus.

Die vom Seewind durchlüftete Freie Stadt Bremen mit ihrer

hanseatischen Tradition passte besser zu Engels als das neblige Barmen. Selbstverständlich achtete man auch dort auf Frömmigkeit – »Die Herzen sind gescheuert mit der Lehre von Johann Calvin«, beklagte sich ein Einwohner über seine Mitbürger[45] –, aber als eine der größten Hafenstädte Deutschlands war Bremen zugleich ein Zentrum nicht nur des kommerziellen, sondern auch des geistigen Austauschs. Als Lehrling bei dem Leinenexporteur und sächsischen Konsul Heinrich Leupold arbeitete Engels im Kontor des Handelshauses und logierte bei Pastor Georg Gottfried Treviranus, einem freundlichen, umgänglichen Mann, in dessen Haus eine vergleichsweise entspannte Atmosphäre herrschte, die für Engels nach der erdrückenden Biedermeiervornehmheit von Barmen eine wahre Erlösung war. Über ein Sonntagnachmittagsvergnügen berichtete er einer seiner Schwestern:

> … vorgestern … machten wir einen Ring in eine Obertasse voll Mehl und spielten das bekannte Spiel, ihn mit dem Munde herauszuholen. Wir kamen alle dran, die Frau Pastorin, die Mädchen, der Maler und ich auch, während der Pastor in der Ecke auf dem Sofa saß und beim Dampf einer Zigarre das Hokuspokus mit ansah. Die Frau Pastorin konnte dann das Lachen nicht lassen, wenn sie ihn herauskriegen sollte, und machte sich über und über voll Mehl … Nachher warfen wir uns einander das Mehl ins Gesicht, ich machte mich mit einem Korkstopfen schwarz, da lachten sie alle, und wenn ich dann auch an zu lachen fange, dann müssen sie immerfort immer toller, immer toller lachen …[46]

Dies war einer von vielen Briefen an seine jüngere Schwester Marie, von ihm auch »Gans« oder »Gänschen« genannt, die ihm von seinen Geschwistern am nächsten stand. Sie enthüllen Charakterzüge, die über die Jahre hinweg erhalten bleiben sollten: einen spitzbübischen, klatschhaften, gelegentlich auch maliziösen Humor (in Karl Marx sollte er auch in dieser Hinsicht einen Gleichgesinnten finden) und eine unkomplizierte Lebenslust.

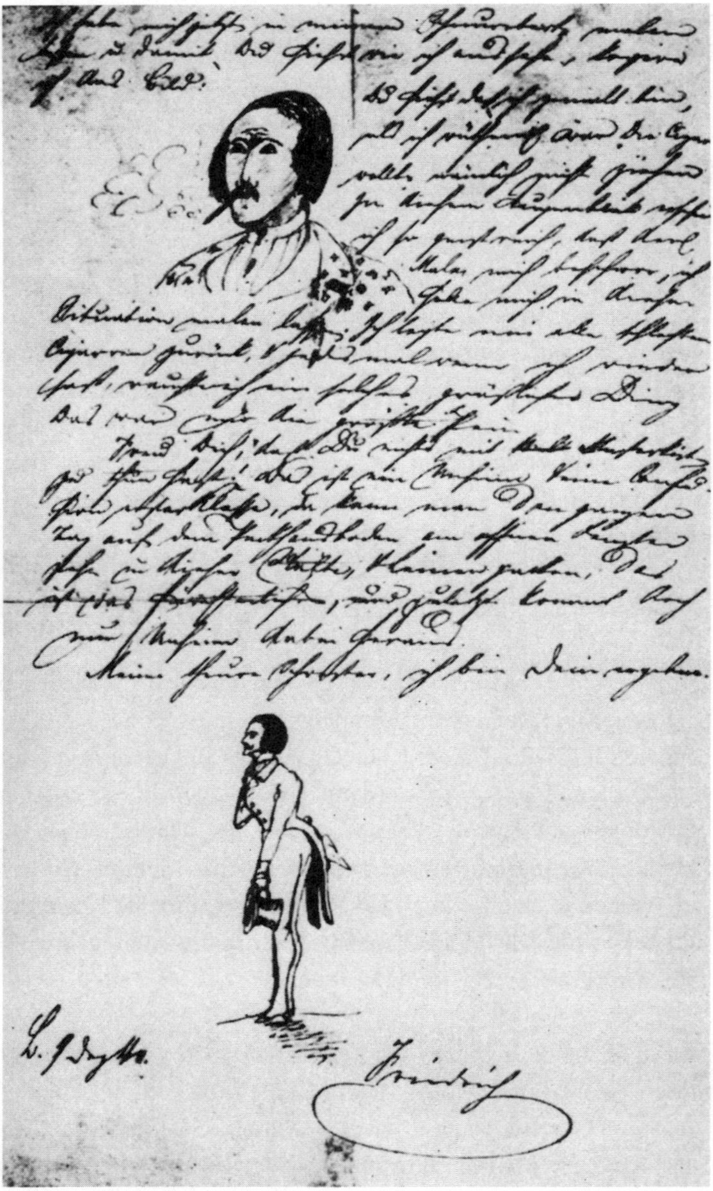

Engels' Briefe aus Bremen waren ein Gemisch aus Zeichnungen, Wortspielen und Selbstbezogenheit. Hier ein Brief an seine Schwester Marie vom 6.–9. Dezember 1840.

Seine Briefe sind voller Spitznamen und Wortspiele, eingestreuter Skizzen und sogar Noten sowie Berichten über verfehlte Romanzen, alkoholische Standfestigkeit und verübte Streiche. Im Gegensatz zu Marx, der in regelmäßigen Abständen von Niedergeschlagenheit erfasst wurde, war Engels selten bedrückt oder mutlos. Physisch und geistig war er ein typisch viktorianischer Mann der Tat, der wenig auf emotionale Reflexion gab. Ob er nun eine neue Sprache erlernte, ganze Bibliotheken verschlang oder seinem teutonischen Wandertrieb nachgab, er musste stets in Bewegung sein und verwandte seine rastlose Energie darauf, das Beste aus der jeweiligen Situation zu machen. Wie der englische Radikale George Julian Harney anmerkte, hatte er »nichts von Hochmut oder Zurückhaltung an sich ... Er liebte das Lachen, und sein Lachen war ansteckend. Er verbreitete Frohsinn und brachte seine ganze Umgebung dazu, seine gute Laune zu teilen.«[47]

Engels' Arbeit in Bremen bestand überwiegend aus der Erledigung der internationalen Korrespondenz: Es ging um Päckchen nach Havanna, Briefe nach Baltimore, Schinkensendungen in die Karibik und Lieferungen von »Domingo-Kaffee« aus Haiti – der »von blassgraugrüner Farbe« war »und wovon das Pfund aus fünfzehn Lot guten, zehn Lot schwarzen Bohnen und sieben Lot Staub, Steinchen und anderem Unrat besteht«.[48] Durch die Lehre in einer Handelsfirma lernte er das Exportgeschäft, den Währungshandel und Einfuhrzölle von Grund auf kennen und erwarb dabei ein detailliertes Wissen über die Mechanismen des Kapitalismus, das ihm in späteren Jahren sowohl als Geschäftsmann wie auch als Kommunist von großem Nutzen sein sollte. Aber für einen sehnsuchtsvollen jungen Romantiker wie ihn war es eine nervtötende Tätigkeit, und sein Vater ermahnte ihn sicherlich, dass Müßiggang aller Laster Anfang sei. »Auf unsrem Comptoir«, prahlte er gegenüber seiner Schwester, »haben wir jetzt ein komplettes Bierlager, unterm Tisch, hinterm Ofen, hinter dem Schrank, überall stehen Bierflaschen ...« Anderthalb Monate später fügte er hinzu: »Unser Comptoir hat eine wesentliche Verbesserung erhalten. Es war nämlich bisher immer sehr langweilig, nach dem Essen gleich ans Pult zu stürzen, wenn man doch so schauderhaft faul ist, und da haben wir, um diesem Übelstande abzuhelfen, auf dem Packhaussoller zwei sehr schöne Hängematten errichtet, in welchen wir uns nach Tische, eine Zigarre rauchend, schaukeln und zuweilen auch einen kleinen Dusel halten.«[49]

Aber Engels genoss nicht nur die entspanntere Arbeitsatmosphäre, sondern beteiligte sich auch am liberaleren gesellschaftlichen Leben von Bremen. Er nahm Tanzstunden, durchstöberte die Buchhandlungen der Stadt (und half bei der Einfuhr von politisch anrüchigen Schriften), ritt und schwamm bis zu viermal hintereinander quer durch die Weser. Außerdem beteiligte er sich an der testosterongesteuerten Praxis des studentischen Mensurschlagens. Als jemand, der schnell beleidigt und noch schneller bereit war, die Ehre von Freunden, seine Familie oder politische Ideale zu verteidigen, genoss Engels das Fechten. »Zwei Duelle hab' ich hier in den letzten vier Wochen gehabt«, berichtete er in einem Brief voller Stolz, »der erste hat revoziert, nämlich den dummen Jungen, den er mir, nachdem ich ihn geohrfeigt, aufbrummte …; mit dem zweiten hab' ich mich gestern geschlagen und ihm einen famosen Abschiss über die Stirn beigebracht, so recht von oben herunter, eine ausgezeichnete Prime.«[50]

Aber er konnte seine Kampfeslust auch zügeln, etwa, wenn er Kammermusikkonzerte besuchte, eigene musikalische Versuche aufführte oder in der Bremer Singakademie mitwirkte – um sei-

nen Bariton zu üben, aber auch, um junge Frauen kennenzulernen. Denn er war ein freundlicher, stattlicher, auf raue Art sogar gutaussehender junger Mann: gut 1,80 Meter groß, mit »hellen klaren Augen«, glattem dunklen Haar und einem »fast knabenhaft jungen Gesicht«. Der Kommunist Friedrich Leßner, der ihn in den 1840er Jahren kennenlernte, beschrieb ihn als »groß und schlank, seine Bewegungen waren schnell und rüstig, seine Sprache kurz und entschieden, seine Haltung sehr aufrecht, was ihm einen militärischen Anstrich gab«.[51] Zu seinem angenehmen Äußeren kam eine Spur Eitelkeit hinzu. Laut Marx' Schwiegersohn Paul Lafargue achtete er stets sorgfältig auf seine äußere Erscheinung und hielt sich »immer stramm und peinlich nett«; er habe immer ausgesehen, »als sei er bereit, bei einer Revue [Truppenschau] zu erscheinen«.[52]

In den folgenden Jahren verschaffte ihm sein jugendliches Aussehen zahlreiche Bewunderinnen, während er sich gleichzeitig bemühte, seine Jungenhaftigkeit durch eine zielgerichtete Bartwuchsstrategie zu überdecken. »Vorigen Sonntag«, berichtete er seiner Schwester Marie, »hatten wir einen Schnurrbartkommers drin. Ich habe nämlich einen Zirkulär ausgehen lassen an alle schnurrbartsfähigen jungen Leute, dass es endlich Zeit wäre, all die Philister zu perhorreszieren, und dass das nicht besser geschehen könnte, als dass wir Schnurrbärte trügen.« Als echter Poet verfasste er eine passende »Gesundheit« für den feuchtfröhlichen Abend:

> Die Philister freilich haben's nicht gelitten
> Und sich die Schnurrbärte weggeschnitten,
> Wir aber sind keine Philister nicht,
> Drum lassen wir wachsen den Schnurrbart dicht,
> Hoch lebe jeder gute Christ,
> Der mit einem Schnurrbart behaftet ist,
> Und alle Philister pereant,
> Die die Schnurrbärt' haben verpönt und verbannt.[53]

Der maskuline Übermut war mehr als nur Spaß und Spiel. Einem Gesangsverein beizutreten oder einen Schnurrbart zu tragen – auf den Engels unmäßig stolz war, so wie er es später auf seinen Vollbart sein sollte – war in der wachsamen, autoritären Ära nach Erlass von Metternichs Karlsbader Beschlüssen und der ebenso repressiven »Sechs Artikel zur Aufrechterhaltung der gesetzlichen Ordnung und Ruhe in Deutschland« von 1832 eine politische Stellungnahme. Die Verweigerung der Redefreiheit in Zeitungen und politischen Vereinigungen hatte in ganz Deutschland eine bemerkenswerte Politisierung des Alltags zur Folge. Kleidung, Abzeichen, Musik und sogar Bärte dienten als Zeichen für eine republikanische, patriotische Gesinnung, was umgekehrt dazu führte, dass es etwa in Bayern aus »Sicherheitsgründen« verboten wurde, einen Schnurrbart zu tragen. Dieser subversiven *sotto voce*-Kultur fühlte sich Engels zugehörig. Nicht nur, dass er sich einen Schnurrbart wachsen ließ und in einen Gesangsverein eintrat, er trug auch einen Geldbeutel, den ihm die Frau des Pastors Treviranus in den Farben des Lützwoschen Freikorps – Schwarz-Rot-Gold – bestickt hatte, und bezeigte ostentativ Bewunderung für den großen *deutschen* Komponisten Ludwig van Beethoven. »Das ist gestern Abend eine Symphonie gewesen!«, vermeldete er seiner

Schwester Marie nach einer Aufführung der fünften Sinfonie. »So was hast Du in Deinem Leben noch nicht gehört ... dieser gewaltige, jugendliche Posaunenwirbel der Freiheit im dritten und vierten Satze!«[54]

Zudem betrat Engels auf dem weltoffenen Bremer Markt der Ideen den politischen Weg, der ihn von der Romantik fort und zum Sozialismus hinführen sollte. Ausgangspunkt war die Entdeckung der »Berliner Partei des Jungen Deutschlands«.[55] Im frühen 19. Jahrhundert entstand in ganz Europa eine Vielzahl »junger« Bewegungen unterschiedlichster Ausrichtung, von Mazzinis »Giovane Italia« über Lord John Manners' »Young England«-Clique aristokratischer Tories bis zum republikanischen Kreis des »Young Ireland«, die allesamt eine Neubelebung des patriotischen Gefühls auf der Grundlage einer romantisierten Idee der Nationalstaatlichkeit forderten. Das Junge Deutschland war indes weniger ein klares politisches Projekt als eine locker verbundene Gruppe von Schriftstellern, die eine »realistische« Literatur verfochten, mit dem gesellschaftskritischen, radikalliberalen Dichter Ludwig Börne im Mittelpunkt. Ihr ungeschriebenes Manifest forderte die Ablösung der romantischen Epoche durch ein Zeitalter der Tat. Börne, ein leidenschaftlicher Gegner von Metternichs Autoritarismus, überzog den in seinen Augen feigen politischen Quietismus, dem sich Goethe und andere hochgesinnte Zeitgenossen ergeben hätten, mit ätzender Kritik. »Der Himmel gab dir eine Feuerzunge, hast du je das Recht verteidigt?«, fragte er den Olympier von Weimar, dem er seine höfische Servilität gegenüber Fürsten und Gönnern zum Vorwurf machte.[56]

Börne ging es um kulturelle und geistige Freiheit in einem modernen, liberalen Regierungssystem, und er verachtete den nostalgischen Wald-und-Ruinen-Konservatismus der traditionellen Romantik. Im Exil in Paris, wohin er vor Metternichs Zensoren geflohen war, bewegte er sich auf eine republikanische Position zu, während er sarkastische Spitzen gegen die preußische Besetzung des Rheinlands schleuderte. Zu ihm gesellten sich am Firmament des Jungen Deutschland der Dichter Heinrich Heine, der Erzähler Heinrich Laube und der Journalist Karl Gutzkow. Letzterer war 1835 mit dem Roman *Wally, die Zweiflerin* berühmt geworden, in dem er auf gewagte Weise das Thema der sexuellen Befreiung mit religiöser Blasphemie und kultureller Emanzipation verknüpfte. In den langatmigen Äußerungen seiner Heldin, der »neuen Frau« Wally – mit ihren liberalen Anschauungen über die Ehe, das häusliche Leben und die Bedeutung der Bibel –, gelang es ihm, buchstäblich jedes Schreckbild der Biedermeiergesellschaft heraufzubeschwören. Einen solch gefährlichen Affront gegen die öffentliche Moral und die politische Stabilität konnte Metternich nicht dulden, und so schritt er umgehend zur Tat, indem er den Deutschen Bund noch im Erscheinungsjahr von Gutzkows Roman dazu brachte, das gesamte Werk von Heine, Gutzkow und Laube summarisch zu verbieten.

Engels stimmte dem Jungen Deutschland begeistert zu, wenn es ein romantisiertes Mittelalterbild ablehnte. Obwohl er die Heldensagen der Vergangenheit auf literarischer Ebene weiterhin mochte, sah er die politische Zukunft Deutschlands nicht in der Rückkehr zur Feudalherrschaft eines nostalgisch verklärten Mittelalters. Stattdessen äußerte er seine Sympathie mit dem Programm eines radikalen, fortschrittlichen Patriotismus, dessen Verwirklichung in den ersten Jahren der Regentschaft Friedrich Wilhelms III. möglich zu sein schien. Es forderte keine Demokratie, sondern lediglich die Befreiung Deutschlands von der geistigen Enge der feudalen Kleinstaaterei und ihrer absoluten Herrscher. Vor allem wollte das Junge Deutschland, wie Engels schrieb, »die Teilnahme des Volks an der Staatsverwaltung, also das Konstitutionelle, ferner die Judenemanzipation, Abschaffung allen Religionszwanges, aller Adelsaristokratie etc. Wer kann was dagegen haben?«[57]

Verstärkt wurde der vom Jungen Deutschland angeregte Radikalismus von Engels' politischem Bewusstsein durch die Dichtung des »genialen prophetischen« Percy Bysshe Shelley, den er neben Byron und Coleridge las.[58] Zweifellos faszinierte den ans »Comptoir« gebundenen Engels das heroische Draufgängertum von Shelleys rebellischem, priapeischem Lebensstil, der Bruch mit seinem reaktionären Vater, die gescheiterten Liebesaffären und die unbekümmerte, lässige Lebenseinstellung. Aber auch die politische Philosophie zog ihn an. Nicht nur in Engels' Augen verknüpfte die »erkennbar prämarxistische« Schrift *An Address to the People on the Death of the Princess Charlotte* (1817), in der Shelley die öffentliche Reaktion auf einen Todesfall in der königlichen Familie dem Fall von drei kurz zuvor hingerichteten Arbeitern gegenüberstellte, politische Unterdrückung direkt mit der Praxis wirtschaftlicher Ausbeutung.[59] Doch in dieser Phase seiner intellektuellen Entwicklung zog Engels vor allem das radikal republikanische, antireligiöse und sozialliberale Glaubensbekenntnis an, das Shelley in *Königin Mab* (1812) ausgedrückt hatte:

> Natur verwirft den Herrscher, nicht den Menschen;
> Den Untertan, doch nicht den Bürger; – Kön'ge
> Und Untertanen, sich befehdend, spielen
> Ein Spiel allewig, das Verlust nur bringt,
> Und dessen Einsatz Laster ist und Elend.

Ohne Zweifel sagten ihm auch Shelleys Gedanken über die politische Ökonomie zu:

> Der Handel, unter dessen gift'gem Schatten
> Nicht eine Tugend zu entsprießen wagt,
> Nein, Dürftigkeit und Reichtum gleichgewaltig
> Vernichtenden Fluch auf alles niederstreun,
> Und frühen, jähen Todes Tore öffnen …[60]

Diese Idee der persönlichen Befreiung war wie gemacht für Engels, den zu einem Leben im Handelskontor verdammten radikalen Romantiker. Doch auch der Lobpreis der politischen

Freiheit in Shelleys »Ode to Liberty« traf Engels' Nerv. Er antwortete 1840 mit dem Gedicht »Ein Abend«, für das er Shelleys Epigramm »To-morrow comes!« als Motto wählte:

Und ich bin einer auch der freien Sänger;
Die Eiche Börne ist's, an deren Ästen
Ich aufgeklommen, wenn im Tal die Dränger
Um Deutschland enger ihre Ketten pressten.
Ja, einer bin ich von den kecken Vögeln,
Die in dem Äthermeer der Freiheit segeln ...[61]

Auch Shelleys philhellenisches lyrisches Drama *Hellas* sprach Engels' wachsenden Nationalismus an. Das Ziel der griechischen Unabhängigkeit war im Rheinland, wo in den 1820er Jahren Dutzende von Vereinigungen zur Unterstützung des Kampfs der Griechen gegen die Osmanen gegründet worden waren, nicht zuletzt deshalb populär, weil es stellvertretend für den eigenen Wunsch nach nationaler Autonomie stand.[62] Schon früher hatte sich Engels an einer Erzählung versucht, einer »Seeräubergeschichte«, in der er auf launige Weise den Kampf eines jungen Mannes gegen die Türken schilderte, der als einer von denen, »die noch die Freiheit zu schätzen wissen«, für die »Freiheit der Hellenen« eintrat.[63] Shelleys Leben und Werk beeinflussten Engels in vielerlei Hinsicht. 1840, als er noch in Bremen festsaß, hatte er sogar vor, eine Übersetzung des Gedichts *The Sensitive Plant* zu veröffentlichen. Später bemerkte er gegenüber Eleanor Marx: »Oh, wir alle konnten Shelley auswendig.«[64]

Ein weniger hochgeistiger Einfluss auf Engels' politischen Standpunkt war die Entwicklung in Frankreich. Noch betrachtete er die Französische Revolution von 1789 nicht wie später als epochemachendes Ereignis. Mehr Begeisterung löste bei ihm die bürgerliche Revolution vom Juli 1830 aus, in der König Karl X. gestürzt und durch den konstitutionellen Regenten Louis-Philipp ersetzt worden war. Für das Junge Deutschland war dies das höchste Beispiel der Freiheit in Aktion. »Es waren Sonnenstrahlen, eingewickelt in Druckpapier«, schrieb Heinrich Heine später über den Tag, an dem er die Neuigkeiten aus Frankreich erhielt, »und sie entflammten meine Seele, bis zum wildesten Brand … Lafayette, die dreifarbige Fahne, die Marseillaise … Ich bin wie berauscht. Kühne Hoffnungen steigen leidenschaftlich empor, wie Bäume mit goldenen Früchten …«[65] In den Industriegebieten im Rheinland feierte man die erfolgreiche Anwendung des Volkswillens gegen einen abgehobenen Monarchen mit einer Reihe von antipreußischen Aufständen. Das einst wegen der Besetzung des Rheinlands geschmähte, jetzt aber wegen seiner nationalen Befreiung wieder bewunderte Frankreich stand mit der Julirevolution für den Sturz eines antiquierten Autoritarismus zugunsten von Freiheit, Fortschritt und Patriotismus. Verglichen mit dem revolutionären Kommunismus der kommenden Jahre war dieser bürgerliche Konstitutionalismus, für den Engels sich einsetzte – mit seinen Forderungen nach Rechtsstaatlichkeit, Machtgleichgewicht und Pressefreiheit –, relativ harmlos. Für die damalige Zeit jedoch war er aufwieglerisch genug. »Also ich muss ein Junger Deutscher werden«, verkündete er 1839, »oder vielmehr ich bin es schon mit Leib und Seele. Ich kann des Nachts nicht schlafen vor lauter Ideen des Jahrhunderts; wenn ich an der Post stehe und auf das preußische Wappen blicke, packt mich der Geist der Freiheit; jedes Mal wenn ich ein Journal sehe, spüre ich nach Fortschritten der Freiheit …«[66]

In der Freizeit begann Engels, neben seinen gesellschaftlichen Kontakten und den Vergnügungen mit der Familie Treviranus, in Bremen auch erstmals für die Öffentlichkeit über seine Freiheitssehnsucht zu schreiben. Später ist sein Stil als demjenigen von Marx unterlegen eingestuft worden; man stellte seiner bleiernen, kalten Prosa Marx' funkelnden, von Chiasmen durchsetzten Stil gegenüber. Das ist ungerecht. Denn Engels war bis in die 1880er Jahre, als er eine strengere wissenschaftliche Haltung annahm, sowohl in seinen privaten als auch in seinen öffentlichen Äußerungen ein eleganter Schriftsteller. Dies vorausgeschickt, beginnt das Plädoyer der Verteidigung freilich nicht sehr vielversprechend.

> Der Wüste Söhne, stolz und frei,
> Sie treten still zu euch heran;
> Der edle Stolz – er ist vorbei,
> Die Freiheit – sie ist abgetan.
> Da springen sie für Geld herum –
> Der Knab' so in der Wüste sprang,
> In Jugendlust – doch alle stumm,
> Nur einer singt 'nen Klaggesang.[67]

Das Gedicht »Die Beduinen«, Engels' erste publizierte Arbeit, war eine orientalistische Hymne auf die edle Wildheit der Beduinen, die durch den Kontakt mit der westlichen Zivilisation verlorengegangen war: Einst seien sie »stolz und frei« durch die Wüste gezogen, doch jetzt träten sie wie Sklaven für ein paar Francs in Pariser Theatern auf. Es war selbst für einen Achtzehnjährigen ein plumper Versuch. Doch er offenbarte, dass Engels trotz aller langweiligen Routine seiner Handelskorrespondenz seine romantischen Ambitionen à la Shelley weiterverfolgte. Tatsächlich war das Gedicht eine Art Huldigung an den berühmtesten Dichter-Kaufmann des Wuppertals, Ferdinand Freiligrath, der seine Tätigkeit in der Firma Eynern & Söhne mit einer erfolgreichen literarischen Karriere verband. Auch Freiligrath träumte sich aus der provinziellen Banalität des Rheinlands in eine Phantasiewelt mit exotischen Volksstämmen und sonnendurchfluteten Landschaften, die in der Regel von schwarzen Prinzessinnen bewohnt wurden. Der gelangweilte Handelskorrespondent Engels war hingerissen und bediente sich in zahlreichen Versen schamlos aus Freiligraths Bilderschatz voller Maurenfürsten, stolzer Wildheit und verdorbenen Kulturen.

Gleichzeitig blieb er seiner jugendlichen Leidenschaft für die deutsche Sagenwelt treu und entwarf im April 1839 ein unvollendet gebliebenes episches Drama über den mythischen Helden Siegfried. Es ist ein einziger Aufruf zur Tat, dazu, das Nachdenken zu beenden und in Schlachten und Drachenkämpfe zu ziehen. Am bemerkenswertesten ist, wie stark Engels die psychologische Auseinandersetzung zwischen Siegfried und seinem Vater Sieghard in den Vordergrund rückt: Während Ersterer frei sein will – »So gebt ein Ross mir und ein Schwert;/Dann mag ich in die Fremde reiten,/Wie ich's so oft von Euch begehrt!« –, findet der König, er müsse langsam »verständig« werden, denn: »Statt hier [im Staatsrat] der Weisheit nachzujagen/Will er sich mit den Bären schlagen.« Nach einem heftigen Wortwechsel gibt er jedoch nach und gestattet Siegfried, seinem eigenen Lebensweg zu folgen, worauf dieser erwidert: »... wie der Bergstrom will ich sein,/Die Bahn mir brechend ganz allein.«[68] Es bedarf keines großen psychologischen Einfühlungsvermögens, um zu erkennen, dass dieses unvollendete Drama, wie Gustav Mayer ausführt, »geradezu der Niederschlag der Kämpfe [war], die sich im Zusammenhang mit der Berufswahl im Schoße der Familie Engels abgespielt haben mögen«.[69]

Mehr Erfolg als mit seinen Dichtungen hatte Engels mit seinen journalistischen Texten. Die »Beduinen« waren im *Bremischen Conversationsblatt* erschienen, und Engels hatte sich – wie jeder Schreiberling, der etwas auf sich hält – sofort über die Eigenmächtigkeit des Redakteurs beschwert, der sein Werk ruiniert habe: »... nur veränderte mir der Kerl die letzte Strophe und richtete dadurch eine heillose Konfusion ein.«[70] Also veröffentlichte er fortan in Gutzkows *Telegraph für Deutschland* und machte sich einen Namen als frühreifer Kulturkritiker aus dem Lager des Jungen Deutschland. Genauer gesagt, machte er den angemessen mittelalterlich klingenden Namen bekannt, den er als Pseudonym gewählt hatte – »Friedrich Oswald«. Darin trat eine Spannung zutage, die sein weiteres Leben prägen sollte. Engels wollte seine Ansichten und seine Kritik an die Öffentlichkeit bringen, gleichzeitig aber den Ärger und die Qual vermeiden, die ein offener Bruch mit den Werten seiner Familie nach sich gezogen hätte. So begann er sowohl um seiner eigenen finanziellen Sicherheit willen als auch aus Rücksicht auf seine Eltern, die er nicht in Verlegenheit bringen wollte, ein Doppelleben als »Oswald«.

Der *Telegraph* war in feuilletonistischem Stil gehalten. Da aufgrund der preußischen Zensur keine direkten politischen Kommentare veröffentlicht werden konnten, waren die fortschrittlichen Zeitungen genötigt, ihre Kritik in Artikeln über Literatur und Kultur und sogar in Reiseberichten zu verstecken. Die Autoren wurden zu intellektuellen Flaneuren, die in Reflexionen über regionale Kultur und Küche, über Geschichte und Mythen gesellschaftskritische und politische Anspielungen einstreuten. Landschaften, Schiffsfahrten und Gedichte dienten Engels als romantische Tarnung für die Darlegung seiner liberalen, patriotischen Ansichten. So bot ihm ein Reisebericht über Xanten – »Siegfrieds Heimat« – den Rahmen, in dem er im Namen von Freiheit und Jugend den Konservatismus kritisieren konnte. Bei seiner Ankunft in der Stadt drangen die Klänge eines Hochamts aus der Kathedrale heraus, und der empfindsame »Oswald« wurde beinah von seinen Gefühlen übermannt. »… lass auch du dein Herz von ihnen bezwingen, Sohn des neunzehnten Jahrhunderts«, mahnte er die Leser, »diese Klänge haben Stärkere und Wildere gebändigt denn du!« Auf den Spuren der Siegfriedsage fand er dann jedoch eine moderne Forderung: diejenige nach Tatkraft und heldenhaftem Bemühen angesichts der kleinlichen, erdrückenden Bürokratie des preußischen Staats und seines frischinthronisierten Königs, des religiös-konservativen Friedrich Wilhelm IV. »Siegfried«, resümierte »Oswald«, »ist der Repräsentant der deutschen Jugend. Wir alle, die wir ein von den Beschränkungen des Lebens noch ungebändigtes Herz im Busen tragen, wissen, was das sagen will.«[71]

Engels' bedeutendster Beitrag für den *Telegraph* war ein deutlich weniger hochfliegender Text. In den 1830er Jahren fiel es der rheinischen Textilindustrie immer schwerer, der industrialisierten englischen Konkurrenz Paroli zu bieten. Die altmodische Heimarbeit, wie sie in Barmen üblich war, konnte mit der effizienten, mechanisierten Produktionsweise der Manufakturen in Lancashire nicht mithalten. Auch auf Deutschland bezogen, das heißt innerhalb des von Preußen angeführten Deutschen Zollvereins, waren die Aussichten düster, da der Vorsprung der rheinischen Textilproduktion gegenüber der Konkurrenz in Sachsen und Schlesien verlorenging. Die französische Nachfrage nach Seidenstoffen und Bändern glich diesen Rückschlag teilweise aus, aber dabei handelte es sich um einen unsicheren, von der Mode abhängigen Markt, der jederzeit einbrechen konnte. Diese ökonomischen Veränderungen bewirkten eine stete Verschlechterung der Lebensbedingungen der Barmener Arbeiter und den schrittweisen Abbau der patriarchalischen Unternehmensstrukturen, auf die die Familie Engels immer stolz gewesen war. Die Zünfte lösten sich auf, die Einkommen sanken, die Arbeitsbedingungen verschlechterten sich, und das alte soziale ökonomische System – in Form von Lehre, an die Qualifikation gebundenen Lohnunterschieden und guter Bezahlung für männliche Arbeiter – geriet zunehmend unter Druck. An ihrer Stelle entstand eine schroffe neue Trennung zwischen Arbeiter und Fabrikant, die für alle, die am Rand der Textilindustrie tätig waren – Handspinner, Weber und Wirkwarenhändler –, eine rapide Verringerung ihres Einkommens und ihrer Stellung mit sich brachte.

Diese neue ökonomische Realität spiegelte sich in der vermehrten Verwendung der Begriffe »Pauperismus« und »Proletariat« durch Journalisten und Kommentatoren der sozialen Entwicklung wider. Sie bezogen sich auf jene Schicht von entwurzelten, eigentumslosen städtischen Gelegenheitsarbeitern, die weder eine regelmäßige Arbeit noch irgendeine Sicherheit besaßen, wie die vielen Tausend arbeitslosen oder unterbeschäftigten Messerschleifer, Schuhmacher, Schneider, Wandergesellen und Textilarbeiter, von denen es in den Städten und Gemeinden des Rheinlandes wimmelte. In Städten wie Köln waren zwischen zwanzig und dreißig Prozent der Einwohner von Armenfürsorge abhängig. Der deutsche Staatswissenschaftler Robert von Mohl beschrieb den modernen Fabrikarbeiter, weil er in der Regel keine Lehre absolvieren und also auch nicht Meister werden und Eigentum erwerben konnte, als ewigen »Knecht, wie Ixion an sein Rad geschmiedet«. Und der preußische Staatsmann Theodor von Schön verstand den Begriff »Proletariat« als Synonym für Menschen ohne Heim oder Eigentum.[72]

Engels, alias »Friedrich Oswald«, betrachtete die Entwicklung aus einem anderen Blickwinkel. Er ging unter das Volk und legte in einem Stil, den er in späteren Jahren als den ihm gemäßen betrachten sollte, eine ungewöhnlich reife Sozial- und Kulturreportage vor. Mit wolkigen Sozialtheorien über das Wesen der Massenarmut und die Bedeutung des Proletariats hatte dieser Sohn eines Fabrikanten nichts am Hut. Stattdessen bestachen seine 1839 im *Telegraph* erschienenen »Briefe aus dem Wuppertal« durch eine beispiellose Authentizität, die Darstellung des unmittelbaren eigenen Erlebens der Zustände in der Region und der Lage ihrer niedergeschlagenen, dem Alkohol verfallenen, entmutigten Bevölkerung. Wenn Engels seinem romantischen Ideal eines Vaterlandes – jener imaginierten Nation Herders, Fichtes und der Brüder Grimm, die von einem lebensfrohen, patriotischen Volk gebildet wird – die Realität von Barmen gegenüberstellt, dann ist die Erbitterung fast mit Händen zu greifen: »Ein frisches, tüchtiges Volksleben, wie es fast überall in Deutschland existiert, ist hier gar nicht zu spüren; auf den ersten Anblick scheint es freilich anders, denn man hört jeden Abend die lustigen Gesellen durch die Straßen ziehen und ihre Lieder singen, aber es sind die gemeinsten Zotenlieder, die je über branntweinentflammte Lippen gekommen sind; nie hört man eins jener Volkslieder, die sonst in ganz Deutschland bekannt sind und auf die wir stolz sein dürfen.«[73]

Es war eine überaus scharfe Anklage gegen die menschlichen Kosten des Kapitalismus, die in diesen von dem neunzehnjährigen Erben eines Fabrikanten verfassten »Briefen« erhoben wurde. Engels beschrieb die purpurn gefärbte Wupper, die »rauchigen Fabrikgebäude und garnbedeckten Bleichen«; bedauerte die Qual der Weber, die von morgens bis abends gebückt am Webstuhl saßen, und der Fabrikarbeiter, die sich »in niedrigen Räumen, wo die Leute mehr Kohlendampf und Staub einatmen als Sauerstoff«, abplagen mussten; beklagte die Ausbeutung von Kindern und die drückende Armut jener, die man später Lumpenproletarier nennen sollte, »ein gänzlich demoralisiertes Volk, ohne Obdach und sichern Erwerb, die mit Tagesanbruch aus ihren Schlupfwinkeln, Heuböden, Ställen etc. hervorkriechen, wenn sie nicht auf Düngerhaufen oder den Treppen der Häuser die Nacht überstanden hatten«; und vermerkte den verbreiteten Alkoholismus unter Gerbern, die zum großen Teil – drei von fünf – an den Folgen des Branntweintrinkens starben.[74]

Noch Jahrzehnte später standen Engels die Zustände im sich industrialisierenden Barmen deutlich vor Augen. »Ich erinnere mich noch sehr gut, wie Ende der zwanziger Jahre die Schnapswohlfeilheit plötzlich über den niederrheinisch-märkischen Industriebezirk hereinbrach«, schrieb er 1876 in einem Artikel über die sozialen Folgen eines niedrigen Alkoholpreises. »Namentlich im Bergischen, und ganz besonders in Elberfeld-Barmen, verfiel die Masse der arbeitenden Bevölkerung dem Trunk. Scharenweise Arm in Arm, die ganze Breite der Straße einnehmend, schwankten von 9 Uhr abends an die ›besoffenen Männer‹ unter disharmonischem Gejohle von Wirtshaus zu Wirtshaus und endlich nach Hause.«[75]

Die Sprache der »Briefe aus dem Wuppertal« ist von ätzender Schärfe. Aber verspürte der dem guten Leben zugetane und geistig rege Engels, der schnurrbärtige Fechter und Feuilletonautor echtes Mitgefühl für diese unglücklichen Bewohner des Wuppertals? Die offiziellen kommunistischen Biographien sind sich einig darin, dass Engels' Parteinahme getragen war »von einem tiefen und echten Verantwortungsgefühl gegenüber dem Los des werktätigen Volkes«. Er habe »ein Herz für das Leid der arbeitenden Menschen« gehabt und sei »alles andere als ein nüchterner, kalter Verstandesmensch« gewesen.[76] Gewiss erhält jeder

Leser der »Briefe« ein klares Bild der damals herrschenden Ungerechtigkeit und ihrer Ursachen, aber ob der Autor von solchem Elend emotional berührt oder bloß ideologisch motiviert war, wird nicht deutlich. An dieser Stelle kann man lediglich feststellen, dass sein Eintreten für die Barmener Unterschicht vermutlich nicht nur einer bewussten Anteilnahme am Los der Arbeiterschaft, sondern ebenso sehr dem Aufbegehren gegen die Generation seines Vaters geschuldet war.

Aber welche Motive Engels auch gehabt haben mag, seine kritischen Attacken füllten die Spalten des *Telegraphs,* als hätte er sie sich seit der Kindheit verkniffen und für diesen Zeitpunkt aufgespart. Nach seiner Ansicht spiegelten die »langweiligen, charakterlosen Straßen«, schäbigen Kirchen und halbfertigen städtischen Bauten von Elberfeld-Barmen die kleinliche Vulgarität der Fabrikanten im Wuppertal wider. Von Bremen aus gesehen, wo sich sein Blick geweitet hatte, bestand die sogenannte gebildete Elite der Stadt nur aus Philistern. Über das Junge Deutschland sprach man im Wuppertal kaum, dafür umso mehr über Pferde, Hunde und Diener: »Es ist ein schreckliches Leben, was diese Menschen führen, und sie sind doch so vergnügt dabei; den Tag über versenken sie sich in die Zahlen ihrer Konti, und das mit einer Wut, mit einem Interesse, dass man es kaum glauben möchte; abends zur bestimmten Stunde zieht alles in die Gesellschaften, wo sie Karten spielen, politisieren und rauchen, um mit dem Schlage neun nach Hause zurückzukehren.« Und was das Schlimmste war, die »jungen Leute werden brav von ihren Vätern in die Schule genommen; sie lassen sich auch sehr gut an, ebenso zu werden«.[77] Es war klar, dass Engels nicht daran dachte, es ihnen gleichzutun.

Aber trotz aller Kritik an den Arbeitsbedingungen und den sozialen Kosten der Industrialisierung richtete sich Engels' Anklage noch nicht gegen den Kapitalismus an sich. Noch fehlte ihm das Wissen über die Rolle des Privateigentums, die Arbeitsteilung und die Schaffung von Mehrwert. Sein Zorn richtete sich vielmehr in erster Linie gegen den religiösen Pietismus seiner

Kindheit. Es war eine bewusste, begründete Zurückweisung der hinter den Bestrebungen seiner Familie stehenden Ethik durch einen jungen Mann, den die sozialen Kosten des religiösen Dogmas empörten. Gelehrsamkeit, Vernunft und Fortschritt wurden allesamt durch den lähmenden, frömmlerischen Einfluss Krummachers und seiner Kongregationen gehemmt, und die Fabrikarbeiter ergaben sich der pietistischen Inbrunst aus denselben Gründen, aus denen sie zum Alkohol griffen: als mystischen Weg heraus aus ihrem tiefen Elend. Andererseits waren diejenigen Fabrikanten, die ihre Frömmigkeit am ostentativsten zur Schau stellten, als diejenigen bekannt, die ihre Arbeiter am schärfsten ausbeuteten und sich durch ihre Vorstellung der persönlichen Auserwähltheit offenbar von der Pflicht zu anständigem, menschlichem Verhalten entbunden glaubten. Als romantischer Ideologe sah Engels das Wuppertal in einer Flut moralischer und spiritueller Heuchelei versinken: »Die ganze Gegend liegt von einem Meer von Pietismus und Philisterei überschwemmt, und was daraus hervorragt, sind keine schönen blumenreichen Eilande, nur dürre nackte Klippen oder lange Sandbänke.«[78]

»Ha, ha, ha! Weißt Du, wer den Aufsatz im *Telegraphen* gemacht hat?«, fragte Engels einen Freund. »Schreiber dieses [Briefs] ist der Verfasser, aber ich rate Dir, nichts davon zu sagen, ich käm in höllische Schwulitäten.« Seine »Briefe aus dem Wuppertal« hatten an der Wupper einen für ihn höchst befriedigenden öffentlichen Sturm ausgelöst. Sowohl die Kritik am namentlich genannten Krummacher als auch die Verknüpfung von Pietismus und Armut war starker Tobak, und so erfreut »Oswald« über die Kontroverse war, so wenig war er damals bereit, sich als Mitglied einer der bekanntesten Barmener Familien zu offenbaren. Vorläufig genügte es ihm, aus sicherer Ferne mit einigen Freunden in der Heimat gleichsam ein wissendes Grinsen auszutauschen.[79] Seine Briefpartner waren seine ehemaligen Schulkameraden Friedrich und Wilhelm Graeber, die

Söhne eines orthodoxen Pfarrers, die ihrerseits Geistliche werden wollten. Aus den Briefen, die Engels zwischen 1839 und 1841 an sie schrieb, erhält man ein recht gutes Bild von der bedeutendsten intellektuellen Entwicklung in seiner Bremer Zeit: vom Verlust seines Glaubens.

Es ist ein Klischee der Geistesgeschichte des 19. Jahrhunderts, dass der Weg zum Sozialismus vom Säkularismus geebnet worden sei. Von Robert Owen über Beatrice Webb bis zu Annie Besant war die Abkehr vom Christentum ein übliches Übergangsritual derjenigen, deren geistige Reise sie zu der neuen Religion des Humanismus führte. Dass es ein Klischee ist, spricht jedoch nicht gegen seine Wahrheit. »Na, ein Pietist bin ich nie gewesen«, schreibt Engels an Friedrich Graeber im April 1839, »ein Mystiker eine Zeitlang, aber das sind tempi passati; jetzt bin ich ein ehrlicher, gegen andre sehr liberaler Supernaturalist.«[80] Mit der geistigen Enge des Wuppertaler Pietismus war er schon seit langem unzufrieden, aber noch war er weit davon entfernt, die zentralen Glaubenssätze des Christentums abzulehnen. Doch in der liberalen geistigen Atmosphäre von Bremen war er sich darüber klar geworden, dass er mehr von seiner Kirche verlangte als Prädestination und Verdammnis. Insbesondere die Idee der Erbsünde bereitete ihm Schwierigkeiten, und er hoffte, sein christliches Erbe irgendwie mit dem fortschrittlichen, rationalistischen Denken, das er beim Jungen Deutschland entdeckt hatte, in Einklang bringen zu können. »Ich will Dir nur gerade heraus sagen«, erklärte er Friedrich Graeber, »dass ich jetzt dahin gekommen bin, nur die Lehre für göttlich zu halten, die vor der Vernunft bestehen kann.« Anschließend wies er auf die zahlreichen Widersprüche in der Bibel hin und zog Gottes himmlische Gnade in Zweifel.[81] Schon vorher war er wieder einmal über Krummacher hergezogen, weil dieser in einer Predigt einen kapitalen astronomischen Bock geschossen hatte.[82]

Im Sommer 1839 glaubte er in der Lehre von Friedrich Schleiermacher eine akzeptable Kompromisslösung für seine spirituelle Krise gefunden zu haben. Schleiermachers Erlösungstheologie mit ihrer Betonung einer intuitiven Religion des Herzens, die mit den modernen Anforderungen der Vernunft vereinbar sein sollte, unterschied sich offenkundig stark von dem Glauben an Höllenfeuer und ewige Verdammnis »in unserm Muckertale«. Nach Engels' Ansicht predigte Schleiermacher das Christentum »im Sinne des Jungen Deutschlands«.[83] Doch auch dieser Eindruck verblasste, als Engels auf *die* theologische Bombe des frühen 19. Jahrhunderts in Europa stieß, David Friedrich Strauß' *Das Leben Jesu, kritisch bearbeitet.* Die 1835/36 erschienene Schrift war für viele junge Männer eine erschütternde säkulare Enthüllung. »Der Zauber, den dieses Buch auf mich ausübte, war unbeschreiblich«, bekannte der liberale Philosoph Rudolf Haym, »ich habe kein anderes mit gleichem Genuss und gleicher Gründlichkeit gelesen ... Es fiel mir wie Schuppen von den Augen, und eine große Helle erhellte meinen Weg.«[84]

Strauß stellte die buchstäbliche Wahrheit der Bibel in Frage. Nach seiner Ansicht waren die Evangelien keine unfehlbaren heiligen Schriften, sondern historisch und kulturell zeitgebundene Texte, die man als jüdische Mythen oder phantasievolle Darstellungen, die Ausdruck einer bestimmten Entwicklungsstufe der Menschheit seien, betrachten sollte. Demzufolge seien sie auf das gegenwärtige Zeitalter nicht anwendbar. Die Gestalt Christi sollte am besten durch die »Idee der Menschlichkeit« ersetzt werden. Strauß' Buch ebnete den Weg zu einer rigorosen geistigen und textkritischen Untersuchung der Bibel, und Engels wollte an der Spitze dieser Bewegung mitmarschieren. »Ich beschäftige mich jetzt sehr mit Philosophie und kritischer Theologie«, teilte er Friedrich Graeber mit. »Wenn man 18 Jahre alt wird, Strauß, die Rationalisten und die *Kirchen-Zeitung* kennenlernt, so muss man entweder alles ohne Gedanken lesen oder anfangen, an seinem Wuppertaler Glauben zu zweifeln.«[85] In den folgenden Monaten kam Engels ein ums andere Mal auf biblische Widersprüche, die Folgerungen aus neuen geologischen Erkenntnissen für christliche Zeitangaben und die Frage der Erbsünde zu sprechen. Aber eine lebenslange Indoktrination abzuwerfen war, wie er Friedrich Graeber anvertraute, nicht leicht und im Handumdrehen erledigt:

> Ich bete täglich, ja fast den ganzen Tag um Wahrheit, habe es getan, sobald ich anfing zu zweifeln, und komme doch nicht zu eurem Glauben zurück … Die Tränen kommen mir in die Augen … Du liegst freilich behaglich in Deinem Glauben wie im warmen Bett und kennst den Kampf nicht, den wir durchzumachen haben, wenn wir Menschen es entscheiden sollen, ob Gott Gott ist oder nicht; Du kennst den Druck solcher Last nicht, die man mit dem ersten Zweifel fühlt, der Last des alten Glaubens, wo man sich entscheiden soll, für oder wider, forttragen oder abschütteln.[86]

Bis zum Oktober verflüchtigten sich die Zweifel, und von einer herbstlichen Melancholie war daher keine Spur. Nachdem die Entscheidung gefallen war, vertrat er mit Verve seinen neuen spirituellen Standpunkt. »Ich bin jetzt begeisterter Straußianer«, verkündete er Wilhelm Graeber, »… ich, ein armseliger Poete, verkrieche mich unter die Fittiche des genialen David Friedrich Strauß … Adios Glauben! [Er] ist so löchrig wie ein Schwamm.«[87] Aus Sicht des orthodoxen Christentums war Engels, wie er selbst es ausdrückte, »ganz und gar verloren«, und wie es seine Art war, verfocht er seinen neuen Standpunkt mit totaler Überzeugung, indem er etwa Friedrich Graeber als »großen Straußenjäger« verspottete.[88]

Jenseits solcher Sticheleien schien Engels erleichtert zu sein, dass seine geistige Reise ein Ende gefunden hatte. Nach dem Verlust des einen Glaubens wandte er sich rasch einem anderen zu, indem er das psychische Vakuum, das die aufgegebenen christlichen Überzeugungen hinterlassen hatten, mit einer ebenso verlockenden Ideologie füllte. Strauß stellte dabei nur den Ausgangspunkt dar. »Ich bin … auf dem Punkte, ein Hegelianer zu werden«, eröffnete er Wilhelm Graeber. »Ob ich's werde, weiß ich freilich noch nicht, aber Strauß hat mir Lichter über Hegel angesteckt, die mir das Ding ganz plausibel darstellen.«[89] Strauß hatte nie die Absicht gehabt, das Christentum per se für falsch zu erklären; vielmehr hatte er zeigen wollen, dass dessen Lehre dem neuen wissenschaftlichen Zeitalter nicht mehr gemäß sei. Er wollte seine Leser auf die nächste Stufe der spirituellen Entwicklung nach dem Christentum geleiten – die Hegelsche Philosophie.[90] »Jetzt will ich Hegel studieren bei einem Glase Punsch«, verkündete Engels in weiser Einstimmung auf das Werk des dunkelsten, verstiegensten und brillantesten zeitgenössischen Philosophen Europas.[91] Es sollte die Anstrengung wert sein, denn Hegels Schriften wiesen ihm schließlich den Weg zum Sozialismus. In den folgenden Jahrzehnten sollte Marx' Neuinterpretation von Hegels Dialektik die kommunistische Ideologie prägen, doch in dieser Phase von Engels' Selbststudium faszinierte diesen Hegels Philosophie als solche.

Im Kern des Hegelschen Systems stand eine Geschichtsauffassung, der zufolge die Geschichte die Selbstverwirklichung, Entfaltung oder Entäußerung des »Geistes« sei. Der Geist – die selbstbewusste Vernunft – befinde sich beständig in Bewegung und stelle die einzige wahre Realität der Welt dar; die menschliche Geschichte sei die Chronik seiner Entäußerung. Engels fühlte sich sofort von dieser neuen Idee einer rationalen, geordneten historischen Entwicklung angezogen, wie sie in Hegels *Philosophie der Geschichte* dargelegt wurde, einer Mitschrift von Vorlesungen, die er 1822/23 an der Berliner Universität gehalten hatte. »Was Hegels Denkweise vor der aller andern Philosophen auszeichnete, war der enorme historische Sinn, der ihr zugrunde lag«, stellte Engels später fest.[92]

Bestimmt wird die Geschichte des Geistes, laut Hegel, von der konkreten Entäußerung der Idee der Freiheit in den menschlichen Verhältnissen, und die Verwirklichung dieser Freiheit stellt das absolute letzte Ziel des Geistes dar. Wahre Freiheit könne jedoch nur das Produkt von Vernunft und Rationalität sein, wie sie in Sprache, Kultur und »Volksgeist« zutage träten. Wirklich frei könne der Mensch erst sein, wenn er das Urteilsvermögen erlangt habe. Deshalb bestehe der »Stufengang der

Geschichte« aus dem organischen Wachstum von Freiheit und Vernunft in der Zivilisation. Dieses ging, laut Hegel, in teleologischer Weise vonstatten, es sollte schließlich in der Selbsterfüllung des Geistes gipfeln. In Hegels eigenen Worten: »Die Weltgeschichte ist der Fortschritt im Bewusstsein der Freiheit ...«[93] Auf jeder Stufe schreite die Geschichte in dieser Richtung voran, selbst wenn diese Vorstellung abwegig und hoffnungslos zu sein scheine. Denn hinter dem Chaos und der Anarchie der menschlichen Angelegenheiten sei stets die List der Vernunft am Werk. Daher beginnt Hegel seine Untersuchung der Vergangenheit in vollem Umfang erst mit den antiken griechischen Stadtstaaten, in denen nach seiner Ansicht das Bewusstsein von Freiheit und Vernunft entstanden war.

Das Christentum passte als eine Stufe des allumfassenden Fortschritts ebenfalls in diesen Rahmen der Entwicklung der Vernunft. Realhistorische Ereignisse wie die Reformation hatten, aus Hegels Sicht, die Herausbildung von Freiheit und Individualität erheblich beschleunigt. Durch das Vermögen der Vernunft, das er mit Gott teile, gelange der Mensch zum Bewusstsein seiner selbst und werde mit Gott versöhnt. Den alten, von der traditionellen Lehre des orthodoxen Christentums angenommenen Dualismus von Mensch und Gott, Immanenz und Transzendenz wies Hegel zurück und sah stattdessen als Erfüllung der menschlichen Erfahrung in der Welt eine Versöhnung des individuellen Selbst mit dem Absoluten.[94] Im modernen Zeitalter geschehe dies durch die Ablösung des religiösen Glaubens durch Wissen und Kultiviertheit; Universitäten und Schulen übernähmen die Funktion der Kirche. Insofern werde die Religion zu etwas Alltäglichem, und ihre Werte würden in Familie, Staat und Kultur aufgehoben.

Engels entnahm diesem Gedankengang die Vorstellung eines modernen Pantheismus oder, besser gesagt, Pandeismus, der das pietistische Ethos religiöser Entfremdung hinter sich lassen und stattdessen Göttlichkeit und Menschlichkeit verschmelzen sollte. In der Entfaltung von Freiheit und Fortschritt würden

Gott und Vernunft eins werden. »Ich bin jetzt durch Strauß auf den strikten Weg zum Hegeltum gekommen«, schrieb Engels in einem seiner letzten Briefe an die Brüder Graeber, bevor er die Korrespondenz mit ihnen einstellte. »Die Hegelsche Gottesidee ist schon die meinige geworden, und ich trete somit in die Reihen der ›modernen Pantheisten‹ ...«[95]

Nach den Zweifeln und der Verwirrung der vorangegangenen Monate trat Engels mit dem für ihn typischen Enthusiasmus für seinen neuen Glauben an den Hegelianismus ein. In einem exemplarischen Feuilleton für Gutzkows *Telegraph* verglich er den Eindruck, den er bei einer Fahrt über die Nordsee von den »schäumenden Wellenhäuptern« und dem vom Meer gespiegelten »Sonnengold« erhalten hatte, mit dem Augenblick, als sich »zum ersten Mal die Gottesidee des letzten Philosophen [Hegel] vor [ihm] auftat, dieser riesenhafteste Gedanke des neunzehnten Jahrhunderts«. Damals habe er »dieselben seligen Schauer« verspürt, und es habe ihn ebenso angeweht »wie frische Meerluft, die vom reinsten Himmel herniederhaucht«.[96] Er hatte vorübergehend Trost gefunden bei einem neuen, anregenden naturalistischen Gott. Hegel bot ihm, wie Gareth Stedman Jones es ausdrückt, »einen sicheren Zufluchtsort, der die erschreckenden Konturen des Wuppertaler Glaubens ersetzen« konnte.[97]

Damit verschwanden jedoch die anderen Elemente, die ihn geistig geprägt hatten, nicht ebenfalls. Neben dem Hegelianismus gab es weiterhin die Liebe zur deutschen Romantik, die Neigung zum liberalen Konstitutionalismus des Jungen Deutschland und die republikanischen Impulse Shelleys und der französischen Julirevolution. In einem seiner letzten Artikel aus der Bremer Zeit, einer Besprechung von Karl Immermanns *Memorabilien,* brachte Engels diese Elemente zusammen. Das Thema bot ihm die Gelegenheit für einen emotionalen Aufschrei, in dem er die »neue Philosophie« mit seinem Lieblingstopos, dem Siegfriedschen Heldentum, verknüpfte. »Wer sich scheut vor dem dichten Walde, in dem der Palast der Idee steht, wer sich nicht durchhaut mit dem Schwerte und küssend die schlafende Königstochter weckt, der ist ihrer und ihres Reiches nicht wert, der mag hingehen, Landpastor, Kaufmann, Assessor, oder was er sonst will, werden, ein Weib nehmen, Kinder zeugen in aller Gottseligkeit und Ehrbarkeit, aber das Jahrhundert erkennt ihn nicht als seinen Sohn an.«[98]

Anfang 1841 war Engels zu der Einsicht gelangt, dass seine eigene Anerkennung als Sohn des Jahrhunderts durchaus noch nicht gesichert war, solange er an sein Pult im Bremer »Comptoir« gebunden blieb. Denn dort konnte man, wie er seiner Schwester Marie schrieb, »nichts tun ... als fechten, essen, trinken, schlafen und ochsen, voilà tout«.[99] Er kehrte nach Barmen zurück, aber das elterliche Heim und die Büroarbeit in der Familienfirma erwiesen sich als noch langweiliger. So kam er im September 1841 der Forderung des preußischen Staates nach, seinen Militärdienst abzuleisten, und meldete sich »freiwillig« in Berlin zum einjährigen Dienst bei der Königlich-Preußischen Garde-Artillerie, in deren 12. Kompanie er eingereiht wurde. Die preußische Hauptstadt bot dem Bürgersohn aus einer Kaufmannsfamilie in der Provinz genau das richtige Umfeld, um seine Ideen zu vertreten. Hier konnte er sich endlich als später Nachfahre Siegfrieds im Dienst des modernen Zeitalters beweisen.

DIE DRACHENSAAT

»Wenn ihr jetzt hier in Berlin irgendeinen Menschen, der auch nur eine Ahnung von der Macht des Geistes über die Welt hat, nach dem Kampfplatze fraget, auf dem um die Herrschaft über die öffentliche Meinung Deutschlands in Politik und Religion, also über Deutschland selbst, gestritten wird«, schrieb Engels Ende 1841, »so wird er euch antworten, dieser Kampfplatz sei in der Universität, und zwar das Auditorium Nr. 6, wo Schelling seine Vorlesungen über Philosophie der Offenbarung hält.«[1]

Selbst für einen derart selbstsicheren Philosophen wie Friedrich Wilhelm Joseph von Schelling muss es eine Herausforderung gewesen sein, vor diesen Zuhörern zu lesen. Laut einem anderen Beobachter war es ein »außergewöhnliches Publikum … erlesen, zahlreich und bunt gemischt«. Unter ihm befanden sich einige der begabtesten jungen Köpfe des 19. Jahrhunderts: Ganz vorn im Auditorium saß, voller Ernst mitschreibend, der Gasthörer Engels, der sich in dieser Phase seines Lebens bescheiden als »jung und Autodidakt in der Philosophie« beschrieb;[2] im Publikum saßen außerdem der spätere Kunsthistoriker und Renaissance-Experte Jacob Burckhardt, der künftige Anarchist Michail Bakunin – der die Vorlesungen als »interessant, aber ziemlich unbedeutend« beurteilte – und der Philosoph Søren Kierkegaard, nach dessen Ansicht Schelling »ziemlich unerträglichen Unsinn« redete. Wesentlich schlimmer war indes, dass der verehrte Philosoph die akademische Kardinalsünde beging, die Vorlesungszeit zu überziehen. »Das wird in Berlin nicht toleriert, und man scharrte und zischte.«[3]

Engels jedoch war hingerissen von dem grauhaarigen, blauäugigen Schelling und dessen unerbittlicher Kritik an seinem Helden Hegel. In einem philosophischen Dauergefecht unternahm es Schelling Woche für Woche, Hegels Pantheismus zu erschüttern, indem er auf der Idee der direkten Macht des Göttlichen in der Geschichte beharrte. Hier kämpfte Offenbarung gegen Vernunft. »Zwei alte Jugendfreunde, Stubengenossen im Tübinger Stift«, schrieb Engels gewissermaßen als Kriegsberichterstatter, »treten sich nach vierzig Jahren als Gegner wieder unter die Augen; der eine tot seit zehn Jahren, aber lebendiger als je in seinen Schülern; der andere seit drei Dezennien, wie jene sagen, geistig tot, nun urplötzlich des Lebens volle Kraft und Geltung für sich beanspruchend.« Engels kamen nie Zweifel daran, auf wessen Seite er stand. Seine Sache sei es, »des großen Meisters Grab vor Beschimpfungen zu schützen«.[4]

Während Engels offiziell in Berlin weilte, um seine Militärausbildung im Dienst der preußischen Monarchie zu absolvieren, verbrachte er seine Zeit damit, die ideologischen Werkzeuge zu schmieden, mit denen er diesen Staat unterminieren konnte. So oft wie möglich vertauschte er den Paradeplatz mit dem Universitätscampus, um sich in Theorien zu versenken, die sich als tödlicher erweisen sollten als jede Sechspfünderkanone. Und er tat dies auf durchaus feindlichem Territorium.

Das Berlin, in das Engels 1841 kam, verwandelte sich in raschem Tempo in ein städtisches Monument der Hohenzollerndynastie. Seine Einwohner, Mitte der 1840er Jahre waren es rund 400 000, hatten im vorangegangenen halben Jahrhundert viel erlebt: die Flucht Friedrich Wilhelms III. und Napoleons Siegesparade durch das Brandenburger Tor im Jahr 1806, die Befreiung durch die Russen 1813 und die anschließende Reformwelle, die Romantik und dann die Reaktion. In den 1820er und 1830er Jahren hatten die reaktionären Kräfte die Oberhand gewonnen, und Friedrich Wilhelm feierte die Restauration der Königsmacht mit einer ganzen Reihe klassizistischer Bauten. Unter dem Architekten Karl Friedrich Schinkel entstand das moderne Berlin mit seinen bombastischen öffentlichen Plätzen und seiner königlichen Pracht: das Königliche Schauspielhaus mit dorischen Säulen (heute Konzerthaus Berlin), die reich mit Skulpturen geschmückte Schlossbrücke und dann, Unter den Linden, die kaiserlich-römische Königswache (Neue Wache) und schließlich sein Meisterwerk, das vom Pantheon inspirierte Alte Museum. Dies war das zutiefst antiintellektuelle Berlin des Hofs, des Heeres und der ostpreußischen Junker. Später erinnerte sich Engels, wie gespenstisch ihm dieses Berlin erschienen war, »mit seiner kaum entstehenden Bourgeoisie, seinem maulfrechen, aber tatfeigen, kriechenden Kleinbürgertum, seinen noch total unentwickelten Arbeitern, seinen massenhaften Bürokraten, Adels- und Hofgesindel, seinem ganzen Charakter als bloße ›Residenz‹«.[5]

Aber wie so oft in der Geschichte dieser Stadt gab es daneben auch ein anderes Berlin. In unmittelbarer Nähe des Paradeplatzes von Engels' Garde-Artillerie-Kaserne am Kupfergraben (die 1963 von der DDR den Namen Friedrich-Engels-Kaserne erhielt und der Nationalen Volksarmee als Standort des Wachregiments »Friedrich Engels« diente) befand sich ein belebtes Viertel mit Cafés, Wirtshäusern und Weinkellern. Mitte der 1830er Jahre gab es allein im Stadtzentrum mehr als hundert Kaffeehäuser, Debattierklubs und Trinkhallen, in denen amtliche und nichtamtliche Zeitungen auslagen. Dies war die Salonkultur des politischen und literarischen Diskurses, die übereifrigen und unterbeschäftigten Akademikern ein ideales Umfeld bot. Jedes Kaffeehaus zog ein eigenes Publikum an: Die kleine Terrasse des Kranzler an der Ecke Friedrichstraße, Unter den Linden etwa wurde wegen der sich darauf drängelnden Offiziere »Walhalla der Gardeleutnants« genannt; im Courtin an der Börse verkehrten Bankiers und Geschäftsleute, und das Stehely, gegenüber Schinkels Schauspielhaus, war ein Treffpunkt von Malern, Schauspielern und »literarischen Elementen«.[6]

Die Wirtshäuser im Viertel rund um den Gendarmenmarkt lebten von den Studenten der Friedrich-Wilhelms-Universität (die 1949 zu Ehren ihres Gründers Wilhelm von Humboldt und dessen Bruder Alexander in Humboldt-Universität umbenannt wurde). Friedrich Wilhelm III. hatte Wilhelm von Humboldt in einer relativ liberalen Phase seiner Regierungszeit am Anfang des 19. Jahrhunderts damit beauftragt, ein Bildungssystem für eine aufgeklärte Bürgerschaft aufzubauen, und so versammelten dieser und Karl Freiherr vom Stein zum Altenstein, der ab 1817 als Kultusminister für das Bildungswesen zuständig war, eine außergewöhnliche Gruppe von klugen Köpfen in Berlin. Engels einstiger Lieblingstheologe Friedrich Schleiermacher lehrte Theologie, der reaktionärere Friedrich Carl von Savigny das Recht, Barthold Georg Niebuhr Geschichte, und 1818 wurde Hegel als Fichtes Nachfolger auf den Lehrstuhl für Philosophie berufen. Mit Hegels Eintritt in die Universität wurde sie zum Zentrum des hegelianischen Denkens, und zwar so sehr, dass Heinrich Heine, ein Stammgast des Kaffeehauses Stehely, 1823 erleichtert war, diese Stadt mit »dickem Sande und dünnem Tee« zu verlassen, die voller Besserwisser sei, »[d]ie Gott und Welt, und was sie selbst bedeuten,/Begriffen längst mit Hegelschem Verstande«.[7]

Nicht jeder betrachtete diese Durchdringung mit Hegelschem Denken mit solch überdrüssiger Distanz, insbesondere nicht der neue König Friedrich Wilhelm IV., der 1840 seinem Vater auf dem Thron gefolgt war, und sein Kultusminister Friedrich von Eichhorn. Nach einem kurzen Flirt mit einer freien Presse und politischen Reformen gewann das tiefverwurzelte hohenzollernsche Misstrauen gegenüber dem Pluralismus die Oberhand. »Er [Friedrich Wilhelm IV.] begann mit einer Bekräftigung der Freiheit«, bemerkte Engels, »ging dann zum Feudalismus über und endete mit der Einführung der Regierung des politischen Spions.«[8] Und so berief Eichhorn im Rahmen einer breiter angelegten Kampagne gegen linkes Denken den grauhaarigen, 66-jährigen Schelling nach Berlin, um an jener Universität, an der sie zuerst gesät worden war, die »Drachensaat des Hegelschen Pantheismus« auszumerzen, wie es der neue preußische König höchstselbst ausgedrückt hatte (und Schelling von dem preußischen Diplomaten und Ägyptologen Karl von Bunsen übermittelt worden war).[9] Dies war die philosophische Auseinandersetzung, an der sich Engels von seinem Platz im Vorlesungssaal Nummer sechs aus ergötzte.

Warum fürchteten die preußischen Behörden den Hegelianismus so sehr? Humboldt und Friedrich Wilhelm III., die immer wieder bekannte Hegelianer auf einflussreiche Lehrstühle und Regierungsposten beriefen, hatten sich offenbar nicht von ihm bedroht gefühlt. Das Hegelsche System, stellte Engels später fest, sei »sogar gewissermaßen zum Rang einer königlich preußischen Staatsphilosophie erhoben« worden; zugleich »drangen Hegelsche Anschauungen am reichlichsten, bewusst oder unbewusst, in die verschiedensten Wissenschaften ein und durchsäuerten auch die populäre Literatur und die Tagespresse«.[10] Doch diese offizielle Rückendeckung war nun weggefallen.

Der Grund dafür lag in zwei verschiedenen, geradezu gegensätzlichen Interpretationen der Hegelschen Anschauungen. Laut Hegel verkörpert alles, was zu einem bestimmten Zeitpunkt existiert, notwendigerweise den Geist, dessen Entfaltung den Fortschritt der menschlichen Geschichte und die vorhandene Macht der Vernunft ausmacht. »Was vernünftig ist, das ist wirklich; und was wirklich ist, das ist vernünftig«, lautet ein berühmtes Diktum Hegels aus den *Grundlinien der Philosophie des Rechts* von 1820. »Darauf kommt es dann an, in dem Scheine des Zeitlichen und Vorübergehenden die Substanz, die immanent, und das Ewige, das gegenwärtig ist, zu erkennen.«[11] Wenn die Geschichte der Prozess ist, in dem sich dieser Triumphmarsch der Vernunft zur Freiheit vollzieht, dann muss jede der aufeinanderfolgenden Epochen als notwendigerweise fortschrittlicher, vernünftiger und freier als die jeweils vorangegangene betrachtet werden, dann repräsentiert jeder Aspekt einer Epoche – von der bildenden Kunst, der Literatur und der Musik über die Religion bis zur Regierungsform – im Vergleich zur vorherigen eine höhere Stufe der Vernunft. Dies trifft insbesondere auf den Staat zu, den Hegel als eine organische Einheit verstand, die Elemente sowohl der Regierung als auch der (staats-)bürgerlichen Gesellschaft umfasst.

Nach Hegels Auffassung ist der Staat das Mittel, durch das der individuelle Wille, indem er genötigt wird, sich dem Gesetz zu beugen, mit den Geboten der universalen Vernunft in Einklang gebracht wird: »Das Individuum hat aber in der Pflicht vielmehr seine Befreiung … von der Abhängigkeit, in der es in dem bloßen Naturtriebe steht … In der Pflicht befreit das Individuum sich zur substantiellen Freiheit.«[12] Solche Freiheit ist, laut Hegel, erreicht, wenn die subjektiven Befindlichkeiten des Menschen mit der fortschreitenden Entwicklung des Geistes, wie er sich im Medium des Staates ausdrückt, konform gehen:

> Der Staat ist die Wirklichkeit der konkreten Freiheit; die konkrete Freiheit aber besteht darin, dass die persönliche Einzelheit und deren besondere Interessen sowohl ihre vollständige Entwicklung und die Anerkennung ihres Rechts für sich (im Systeme der Familie und der bürgerlichen Gesellschaft) haben, als sie durch sich selbst in das Interesse des Allgemeinen teils übergehen, teils mit Wissen und Willen dasselbe und zwar als ihren eigenen substantiellen Geist anerkennen und für dasselbe als ihren Endzweck tätig sind …[13]

Im Hegelschen System ist der moderne Staat im Gegensatz zum antiken, der auf der Sklaverei beruhte, die »göttliche Idee, wie sie auf Erden vorhanden ist«, und die Wirklichkeit, die allein dem individuellen Leben einen Wert verleiht.[14] In der Theorie verkörpert der moderne Staat Fortschritt, Vernunft und Freiheit.

Und nach der preußischen Niederlage bei Jena und Auerstedt schien es für einen Augenblick der Geschichte, als könnte der preußische Staat Hegels Ideal der vernünftigen Freiheit, wie er es in seinen *Grundlinien der Philosophie des Rechts* dargelegt hatte, verwirklichen. Denn es war eine Zeit liberaler Reformen, zu denen sich Friedrich Wilhelm III. nach der militärischen Demütigung von 1806 genötigt sah. Durchgeführt wurden sie von seinen fortschrittlich gesinnten Ministern Karl Freiherr vom und zum Stein und Karl August Freiherr von Hardenberg. Leibeigenschaft und Erbuntertänigkeit wurden abgeschafft, die Judenemanzipation beschlossen, Handel und Gewerbe von einigen Fesseln befreit und vorsichtige Schritte in Richtung auf eine demokratische Volksvertretung unternommen. Im Zuge dieser Liberalisierungswelle wurde Hegel von der Heidelberger Universität an die neugegründete Berliner Universität berufen (wo er bis zu seinem Tod durch die Cholera im Jahr 1831 den Lehrstuhl für Philosophie innehatte), um der Bewegung intellektuellen Glanz zu verleihen. Hegel revanchierte sich, indem er, wie John Edward Toews schreibt, seinerseits »das reformierte Preußen als Beispiel eines Staates [pries], der die politische Verwirklichung der Vernunft zu seinem innersten Zweck und Wesen gemacht und dadurch welthistorische Statur erlangt habe«.[15] Ohne Zweifel gewann der bürokratische Apparat Friedrich Wilhelms III. durch Hegels intellektuelle Aufwertung des Staates eine beträchtliche geistige Würde.

Indem Hegel den Staat als lebendige Einheit verstand, dessen Gesetze und politische Strukturen einen bestimmten, auf Vernunft und Freiheit beruhenden Zweck besitzen, dem der Einzelne sich unterzuordnen hat (so dass dessen Wille ganz bewusst im Gemeinwillen aufgeht), hob er das Wesen des Staates auf eine völlig andere Ebene. Der Staat wurde von einem notwendigen Übel mit der Aufgabe, das Privateigentum zu schützen, das Land zu verteidigen und auf die Einhaltung der Gesetze zu achten, zu einem Gebilde mit einem weit höheren Zweck, der in nichts Geringerem bestand als in der Verwirklichung der absoluten Vernunft. Und auch wenn die feineren Nuancen von Hegels Philosophie manchen am Berliner Hof entgangen sein mögen, so begriff man doch rasch, welche politischen Möglichkeiten diese Verehrung der Autorität eröffnete. »Die Schriften des Philosophen«, bemerkt Christopher Clark in seiner Geschichte Preußens, »lieferten eine wunderbare Legitimierung der preußischen Bürokratie, deren Machtausdehnung innerhalb der Exekutive während der Reformära eine Rechtfertigung erforderte ... Der Staat war nicht länger nur der Sitz der Souveränität und Macht, er war die treibende Kraft, die den Gang der Geschichte bestimmte, gar die Verkörperung der Geschichte selbst.«[16] Mitte der 1820er Jahre war die Ära der liberalen Reformen von Stein und Hardenberg jedoch dem Gegenangriff der reaktionären alten Garde bei Hofe zum Opfer gefallen. Angesichts der anschwellenden romantischen, freiheitlich und national gesinnten Bewegung griff Friedrich Wilhelm III. auf die bewährte Methode des monarchischen Konservatismus zurück. Aber auch während der preußische Staat die repressiven Karlsbader Beschlüsse umsetzte und Pressefreiheit und Rechtsstaatlichkeit einschränkte – sich also weit von Hegels Vision eines freien, liberalen und vernünftigen Staats entfernte –, hielt man an der Hegelschen Rechtfertigung fest, so anachronistisch sie inzwischen geworden war.

Gleichzeitig verbreiteten Hegels radikale Schüler eine fortschrittlichere Interpretation der Schriften ihres Meisters. Angesichts des realen revanchistischen Philistertums des preußischen Staates – mit seinem zunehmenden Autoritarismus, seinen religiösen Restriktionen und der Ablehnung jeglicher Verfassungsreform – konnten es viele von ihnen nicht hinnehmen, dass ihr Mentor (der einst zu Ehren der Französischen Revolution einen Freiheitsbaum gepflanzt hatte) wirklich glaubte, dieser Zustand sei der Gipfel der Vernunft. Tatsächlich schien sich die Geschichte in Gegenrichtung zum Fortschritt zu bewegen, da 1840 mit Friedrich Wilhelm IV., wie Engels es später ausdrückte, »die orthodoxe Frömmelei und die feudal-absolutistische Reaktion ... den Thron bestiegen« hatte.[17] Auch wenn Friedrich Wilhelm IV. kein hundertprozentiger Anhänger des Gottesgnadentums von Königen war, so hegte er doch eine dezidierte Vorstellung von der christlichen Monarchie, der zufolge der Herrscher durch ein mystisches, heiliges Band mit dem Volk verbunden war, das kein Parlament und keine Verfassung ersetzen konnte. Seine Regierungszeit war keine Epoche des Fortschritts, sondern durch das starre Festhalten an Tradition, Kontinuität und Hierarchie gekennzeichnet. Und es wurde immer offensichtlicher, dass der alternative, radikalere Hegelianismus, der an den preußischen Universitäten gelehrt wurde, mit solch einem konservativen Dogma nicht vereinbar war.

Was Hegel anging, so war die Gefahr in der Dialektik begründet. »Wer das Hauptgewicht auf das System Hegels legte«, beschrieb Engels später den Unterschied, »konnte auf beiden Gebieten ziemlich konservativ sein; wer in der dialektischen *Methode* die Hauptsache sah, konnte religiös wie politisch zur äußersten Opposition gehören.«[18] Im »dialektischen Fortschreiten« sah er die Bewegungsform der Geschichte: Jede Epoche werde, samt ihren herrschenden Ideen, von der folgenden negiert und aufgehoben. »Position, Opposition, Komposition«, erklärte es der junge Marx. »Um griechisch zu sprechen, haben wir These, Antithese und Synthese. Für die, welche die Hegelsche Sprache nicht kennen, lassen wir die Weihungsformel folgen: Affirmation, Negation, Negation der Negation.«[19] Daher beinhalte die Entäußerung des Geistes in der Geschichte stets eine Kritik aller vorangegangenen politischen Systeme und Bewusstseinsformen – wobei jede Ära von den eigenen inneren Spannungen unterminiert werde –, bis Vernunft und Freiheit obsiegten. »Darin aber gerade lag die wahre Bedeutung und der revolutionäre Charakter der Hegelschen Philosophie«, betonte Engels, dass »alle nacheinander folgenden geschichtlichen Zustände nur vergängliche Stufen im endlosen Entwicklungsgang der menschlichen Gesellschaft vom Niedern zum Höhern« seien. »Vor [der Dialektik] besteht nichts Endgültiges, Absolutes, Heiliges.«[20]

Diese Interpretation stellte ein außerordentlich wirkungsvolles Instrument dar, denn für Hegels radikalen Leser gab es jetzt keine unumstößlichen, ewigen Wahrheiten mehr: Jede Kultur hatte ihre eigenen Realitäten, Philosophien und Religionen, denen es durchweg bestimmt war, negiert und in einer höheren »Komposition« aufgehoben zu werden. Dies galt, wie für jede frühere Philosophie, auch für Hegels eigenes Denken. Der im Staatsdienst stehende Berliner Professor hatte mit seiner Darstellung des preußischen Staats der Reformära als dem Höhepunkt der historischen Entfaltung der Vernunft einen Kardinalfehler begangen, denn der radikalen Interpretation seiner Philosophie zufolge war auch er nur eine Übergangsstufe, der es bestimmt war, negiert zu werden. Jene skeptischen Studenten, die Schellings Vorlesungen über sich ergehen ließen, fanden in Hegels philosophischer Methode nicht nur eine Rechtfertigung des Status quo in Preußen, sondern auch die Mittel, mit denen sie den Hohenzollernstaat in Frage stellen konnten. In den Augen dieser »Linken«, der sogenannten Junghegelianer, bildete Hegels Philosophie einen Ansporn zur Tat. Sie entnahmen seinen Schriften die Forderung nach liberalen Reformen.

Wie so oft in den Zeiten der Entstehung des Sozialismus löste die Religion die schärfsten Angriffe aus. So wie Hegel den preußischen Staat als letzte Erfüllung der Vernunft betrachtete, hatte ihn sein lutherischer Glaube dazu gebracht, die in den 1820er Jahren vorherrschende enge Auffassung des protestantischen Christentums als das *summum bonum* der Spiritualität anzusehen. Auch in dieser Hinsicht schien es der Geschichte erfreulicherweise gelungen zu sein, just in der kulturellen und religiösen Praxis von Hegels Ära ihren Höhepunkt zu erreichen. Und wie in Bezug auf die Politik, so kritisierten die Junghegelianer Hegel auch hinsichtlich der Religion, weil er sich nicht an seinen eigenen Historismus gehalten und nicht begriffen hatte, dass die vermeintliche Erfüllung der Freiheit im Preußenstaat nur eine weitere Stufe auf dem Weg zur Selbstverwirklichung des Geistes war. Worin, so fragten sie, unterscheide sich das moderne europäische Christentum vom römischen Heidentum oder vom Hinduglauben des alten Indien? Sei nicht das eine wie das andere ein Produkt seiner Zeit? In einer anonym erschienenen Kritik von Schellings Berliner Vorlesungen, die 1842 unter dem Titel *Schelling und die Offenbarung* in Leipzig gedruckt wurde, verkündete Engels, die Junghegelianer würden »das Christentum nicht mehr als ihre Schranke ansehen … Alle

Grundprinzipien des Christentums, ja sogar dessen, was man bisher überhaupt Religion nannte, sind gefallen vor der unerbittlichen Kritik der Vernunft …«[21]

Wie erwähnt, hatte David Friedrich Strauß mit seiner Neuinterpretation der Evangelien als Mythen die Fundamente für diese Religionskritik gelegt. Der Theologe und Philosoph Bruno Bauer, der bei Hegel studiert hatte, hob diese Kritik mit einer eingehenden Untersuchung des Christentums als eines kulturellen Konstrukts auf die nächste Stufe. Nach Ansicht Bauers, der als Mann von großer Entschlossenheit bekannt war, hinter dessen kühlem Äußeren ein inneres Feuer loderte, konnte sich der dialektische Fortschritt nur durch einen nachdrücklichen geistigen Angriff vollziehen. Die Wahrheiten eines jeden Zeitalters mussten im Licht der Vernunft hinweggefegt werden. Durch solch einen rationalen Angriff gelangte Bauer zu der Schlussfolgerung, dass das moderne Christentum ein Hindernis für die Entwicklung einer selbstbewussten Freiheit darstelle. Die Anbetung eines außerweltlichen Gottes, der Gehorsam gegenüber einem Glaubensbekenntnis und einem Dogma würden den Menschen seinem wahren Wesen entfremden. Solange die rituellen Forderungen einer mystischen Unterworfenheit bestehen blieben, hätten das menschliche Selbstbewusstsein und die Verwirklichung der Freiheit keine Chance. Unter Berufung auf die Dialektik erklärte Bauer, diese Entfremdung behindere den Gang der Geschichte und müsse überwunden werden.

Hinter dieser hochfliegenden Metaphysik verbarg sich eine direkte politische Herausforderung des christlichen Prinzips, das die Hohenzollernmonarchie und ihr Recht zu regieren legitimierte. Die einst als Bollwerk des preußischen Staates angesehene Hegelsche Philosophie wurde jetzt dazu benutzt, seine religiös-philosophischen Grundlagen zu untergraben. Friedrich Wilhelm IV. war, wie kaum anders zu erwarten, entsetzt und ließ den subversiven Bruno Bauer im März 1842 von seinem Posten an der Bonner Universität entfernen. Aber es wäre mehr als eine Entlassung nötig gewesen, um den Vorstoß der Junghegelianer abzuwehren. Die nächste Salve war in Gestalt von Ludwig Feuerbachs *Das Wesen des Christentums* (1841) bereits abgeschossen worden, und sie befreite den Hegelianismus von allen noch verbliebenen Überresten des Konservatismus. Engels schrieb später über die Wirkung dieses Angriffs:

> »Mit einem Schlag zerstäubte es den Widerspruch, indem es den Materialismus ohne Umschweife wieder auf den Thron erhob ... außer der Natur und den Menschen existiert nichts, und die höhern Wesen, die unsere religiöse Phantasie erschuf, sind nur die phantastische Rückspiegelung unsers eignen Wesens. Der Bann war gebrochen; das ›System‹ war gesprengt und beiseite geworfen ... Man muss die befreiende Wirkung dieses Buchs selbst erlebt haben, um sich eine Vorstellung davon zu machen. Die Begeisterung war allgemein: Wir waren alle momentan Feuerbachianer.«[22]

Auch Feuerbach war ein Schüler Hegels und wandte ebenso wie Bauer die dialektische Methode auf das Christentum an. Bauers Entfremdungsbegriff ausweitend, führte er aus, die Entwicklung der Religion sei als fortschreitende Trennung des Menschen von seinem menschlichen, sinnlichen Wesen zu verstehen. Mit dem christlichen Gott habe der Mensch eine Gottheit nach seinem eigenen Bild geschaffen. Doch dieser objektivierte Gott sei derart vollkommen, dass der Mensch begonnen habe, sich vor seiner geistigen Autorität in den Schmutz zu werfen. Infolgedessen sei das ursprüngliche Machtverhältnis umgekehrt worden: »Der Mensch – dies ist das Geheimnis der Religion – vergegenständlicht sein Wesen und macht dann wieder sich zum *Objekt* dieses vergegenständlichten, in ein Subjekt verwandelten Wesens ...«[23] Je inbrünstiger der Mensch diesen außerweltlichen Gott anbete, desto mehr verarme er innerlich. Es ist ein Nullsummenspiel: Damit die Gottheit erhöht wird, muss der Mensch erniedrigt werden. In Engels' Worten: »Die Religion ist ihrem Wesen nach die Entleerung des Menschen und der Natur von allem Gehalt, die Übertragung dieses Gehalts an das Phantom eines jenseitigen Gottes, der dann wiederum den Menschen und der Natur in Gnaden etwas von seinem Überfluss zukommen lässt … In diesem bewusstlosen und zugleich glaubenslosen Zustande kann der Mensch keinen Inhalt haben, muss er an der Wahrheit, an der Vernunft und Natur verzweifeln.«[24] 1844 sollte es Marx noch pointierter ausdrücken: »Die Religion ist der Seufzer der bedrängten Kreatur, das Gemüt einer herzlosen Welt, wie sie der Geist geistloser Zustände ist. Sie ist das Opium des Volks.«[25]

Im Anschluss beging Feuerbach, getreu dem kritischen Ethos der Junghegelianer, geistigen Vatermord, indem er seinen einstigen Lehrer Hegel selbst unter Beschuss nahm. Was der wesentliche Unterschied zwischen der christlichen Theologie und Hegels Philosophie – oder »rationellen Mystik«[26] – sei, wollte Feuerbach wissen. Seien nicht beide metaphysische Glaubenssysteme voller Selbstentfremdung – zur Erhöhung Gottes im einen Fall, zu derjenigen des noch unfassbareren Geistes im anderen? Die »spekulative Philosophie«, der Hegelianismus, unterscheide sich dadurch von der gewöhnlichen Theologie, »dass sie das von dieser aus Furcht und Unverstand in das Jenseits entfernte göttliche Wesen ins Diesseits versetzt, d. h. *vergegenwärtigt, bestimmt, realisiert*«.[27] Die Philosophie sei nichts anderes als ins Reich des Denkens verpflanzte Religion.

Was die Trennung des Menschen von der Lebenswirklichkeit anbelangt, sah Feuerbach kaum einen Unterschied zwischen Hegelscher Philosophie und christlicher Religion. Nach seiner Ansicht sollten beide aufgegeben und sowohl Christus als auch der Hegelsche Geist ins Menschsein verlegt werden. Der Mensch sollte an die Stelle Gottes treten, die Anthropologie die Theologie ersetzen. »Wer die Hegelsche Philosophie nicht aufgibt«, postulierte er, »der gibt nicht die Theologie auf. Die Hegelsche Lehre, dass die Natur, die Realität von der Idee *gesetzt* – ist nur der *rationelle* Ausdruck von der theologischen Lehre, dass die Natur von Gott, das materielle Wesen von einem immateriellen,

d. i. abstrakten, Wesen geschaffen ist.«[28] Damit der Mensch sein wahres Wesen, sein »Gattungswesen«, wiedergewinnen könne, müsse man sich von beidem lösen. Der idealistische Hegel habe den Fehler begangen, das Sein aus dem Denken abzuleiten, anstatt umgekehrt das Denken aus dem Sein, und daher die Wirklichkeit auf den Kopf gestellt. Was Feuerbach im Sinn hatte, war nicht Idealismus, sondern Materialismus: Anstatt wie Hegel metaphysische Theorien zu entwickeln und dem ätherischen Entwicklungsgang des Geistes zu folgen, wollte er das Augenmerk auf die gelebte Realität der natürlichen, körperlichen, »unmittelbaren« Existenz des Menschen richten.

Für den jungen Artillerie-Offizier Engels, der eigentlich die Bedienung von Sechspfündern mit glattem Rohr und Siebenpfundhaubitzen erlernen sollte, waren dies höchst erregende Gedanken. Paradeplatzdrill und Geschossarithmetik hatten für ihn rasch ihren Reiz verloren. Da er als Freiwilliger mit genügend Mitteln außerhalb der Kaserne wohnen durfte, verbrachte er seine Tage in Vorlesungssälen, Lesezimmern und Bierstuben der Berliner Halbwelt. Nur ein Aspekt des Militärlebens gefiel ihm wirklich. »Meine Uniform ist übrigens sehr schön«, schrieb er seiner Schwester Marie bald nach seiner Ankunft in Berlin, »blau mit schwarzem Kragen, an dem zwei breite gelbe Streifen sind, und mit schwarzen, gelbstreifigen Aufschlägen nebst rot ausgeschlagenen Schößen. Dazu die roten Achselklappen mit weißen Rändern, ich sage Dir, das macht einen pompösen Effekt, und ich könnte mich auf der Ausstellung sehen lassen.« Nichts bereitete ihm mehr Vergnügen, als bürgerliche Gesellschaften mit seiner funkelnden Tracht in Erstaunen zu versetzen. »Neulich hab' ich den Poet Rückert, der jetzt hier ist, schändlich dadurch verbiestert gemacht. Ich setzte mich nämlich, als er Vorlesung hielt, dicht vor ihn, und nun sah der arme Kerl fortwährend auf meine blanken Knöpfe und kam ganz aus dem Konzept ... außerdem wird' ich jetzt bald Bombardier, das ist so eine Art Unteroffizier, und kriege goldene Tressen an die Aufschläge ...«[29]

Darüber hinaus legte er sich einen Hund zu, einen hübschen Wachtelhund, den er ironisch »Namenloser« nannte und auch mitnahm, wenn er abends in ein Restaurant ging: »[W]enn ich ihm sage: Namenloser ..., das ist ein Aristokrat, so wird er grenzenlos wütend gegen den, den ich ihm zeige, und knurrt scheußlich.« Im damaligen Berlin dürfte er öfter dazu Gelegenheit gehabt haben.[30]

Abgesehen von solchen Abenden mit dem Adlige anknurrenden Namenlosen, verbrachte Engels seine Zeit damit, bei einem Glas des besonders starken hauptstädtischen Weißbiers mit Junghegelianern über philosophische Fragen zu diskutieren. »Man traf sich bei Stehely«, erzählte Engels später, »abends in wechselnden Bayrischbierlokalen der Friedrichsstadt und, wenn man bei Kasse war, in einer Weinkneipe der Poststraße ...«[31] Zum inneren Kreis gehörten zu verschiedenen Zeiten unter anderen Bruno Bauer und sein Bruder Edgar, der Philosoph des »Eigners« beziehungsweise »Egoisten« Max Stirner, der Historiker und Buddhist Karl Friedrich Köppen, der Privatdozent für Orientalistik und Philosophie Karl Nauwerck, der Journalist Eduard Meyen und der ehemalige Privatdozent an der Hallenser Universität Arnold Ruge. Ihr ikonoklastisches Ethos erstreckte sich über die Philosophie hinaus auch auf ihr öffentliches Auftreten. Diese als die »Freien« bekannte Gruppe aggressiver, arroganter Intellektueller – oder »Bierliteraten«, wie Bruno Bauer sie nannte – zeigte ostentativ ihre Verachtung für moderne Moral, Religion und bürgerlichen Anstand.[32] Der Protokommunist Stephan Born erinnert sich in seinen Memoiren an diese Welt von Bruno Bauer, Max Stirner und des Kreises »lärmender Persönlichkeiten in ihrer Umgebung, die durch ihren offenen Umgang mit emanzipierten Weibern die Blicke auf sich zogen«. Besonders Edgar Bauers Vorliebe für Pornographie war für den prüden damaligen Druckerlehrling verstörend: »Schon beim Eintritt in sein Zimmer wurde ich durch die obszönen Lithographien verblüfft, die er an die Wand geklebt hatte; auch die Unterhaltung, die er mit mir während des Lesens der Korrektur

Karikatur von Engels. Ein typisches Trinkgelages der »Freien«.

[eines Novellenbandes] begann, hatte einen widerwärtigen Charakter.«[33]

Der in Bezug auf Sexualität und Moral stets liberal gesinnte Engels indessen übernahm die Lebenshaltung der »Freien« ohne jeden Vorbehalt. Wenn sein Vater gehofft hatte, er würde in der strengen höfischen Gesellschaft von Berlin seinen jugendlichen Radikalismus ablegen, wurde er enttäuscht. Stattdessen ließ Engels den schwammigen Idealismus des Jungen Deutschland fallen, wie zuvor schon die Religiosität der Brüder Graeber, und schloss sich mit wehenden Fahnen Bauer, Stirner, Köppen und Konsorten an.[34] Ihr Kreis dürfte umso anziehender für ihn gewesen sein, als seine wohlanständigen Eltern über dessen derbe Kameraderie entsetzt gewesen wären. Bei einem der ausschweifenden Trinkgelage der »Freien« fertigte er eine Skizze seiner neuen Freunde an, mitsamt umgefallenen Stühlen, halbleeren Weinflaschen, einem erregt mit der Faust auf den Tisch schlagenden

Edgar Bauer, einem ungerührt rauchenden Max Stirner, einem mürrisch (oder betrunken) am Tisch sitzenden Köppen und einem kampflustigen Bruno Bauer, der mit erhobenen Fäusten auf Arnold Ruge zugeht. Streit, Kampf und Trennung gehörten zur junghegelianischen Ethik. Später sollte Ruge diesen Augenblick mit bitteren Worten schildern: »[Bauer und seine Kohorten] schrien, schimpften und prügelten sich in der Weinstube, und als ich nun fortging ..., fielen sie nahezu auch über mich her. All dies finden sie genial und frei.«[35] Über dem Tumult schweben ein Eichhörnchen – als sprechendes Symbol des preußischen Kultusministers Eichhorn – sowie eine Guillotine, entweder als Anspielung auf Bruno Bauer als den »Robespierre der Theologie« oder als Signatur von Engels selbst.

Ein anderes von den »Freien« angeregtes Werk war das von Engels gemeinsam mit Edgar Bauer verfasste satirische Gedicht »Die frech bedräute, jedoch wunderbar befreite Bibel. Oder: Triumph des Glaubens«. In dem aus Protest gegen Bruno Bauers Entlassung in Bonn entstandenen »Christlichen Heldengedicht« wird im Stil von Miltons *Verlorenem Paradies* über den Kampf zwischen Gott und dem Teufel um die Seelen der Junghegelianer (denen allesamt die Hölle bestimmt ist) räsoniert. Heute liest sich die holprige Mischung aus Theologie und Philosophie allenfalls noch wie ein gutgemachter Studentenstreich. Bruno Bauer freilich ist, in parodistischer Anlehnung an Goethes *Faust*, recht gut getroffen:

> Da hab' ich nun, weh' mir, Phänomenologie,
> Ästhetik, Logik und Metaphysik
> Und leider auch Theologie
> Durchaus studiert, nicht ohne Glück ...

Auch Hegels Gastauftritt besitzt Witz:

> Mein ganzes Leben weiht' ich der Wissenschaft,
> Den Atheismus lehrt' ich mit ganzer Kraft,

Das Selbstbewusstsein hob zum Throne ich,
Gott zu bewältigen, glaubte ich schon …

Sieht man genauer hin, erkennt man hinter der Farce einige aufschlussreiche Aspekte dieser Charakterskizzen, nicht zuletzt in Engels' Selbstbeschreibung. »Friedrich Oswald«, der Möchtegern-Siegfried und Autor hochfliegender Feuilletons, hatte sich in den Berliner Bierkneipen in eine weit leidenschaftlichere Figur verwandelt, in nicht weniger als einen französischen revolutionären Montagnard, einen Angehörigen der Bergpartei in der Französischen Revolution, der seine Guillotine liebt:

Doch der am weitesten links mit langen Beinen toset,
Ist Oswald, grau berockt, und pfefferfarb behoset,
Auch innen, pfefferhaft, Oswald der Montagnard,
Der wurzelhafteste mit Haut und auch mit Haar.
Er spielt *ein* Instrument: das ist die Guillotine,
Auf ihr begleitet er stets *eine* Kavatine;
Stets tönt das Höllenlied, laut brüllt er den Refrain:
Formez vos bataillons! aux armes citoyens!
[Formiert eure Bataillone! Zu den Waffen, Bürger]

Dicht hinter ihm erscheint eine andere Figur, die Oswald-Engels in den folgenden Jahren recht gut kennenlernen sollte:

Wer jaget hinterdrein mit wildem Ungestüm?
Ein schwarzer Kerl aus *Trier*, ein markhaft Ungetüm.
Er gehet, hüpfet nicht, er springet auf den Hacken
Und raset voller Wut, und gleich, als wollt' er packen
Das weite Himmelszelt und zu der Erde ziehn,
Streckt er die Arme sein weit in die Lüfte hin.
Geballt die böse Faust, so tobt er sonder Rasten,
Als wenn ihn bei dem Schopf zehntausend Teufel fassten.[36]

Kann man ihn besser beschreiben, Karl Marx, den »schwarzen Kerl aus Trier«? »Es ist dies eine Erscheinung«, schrieb Moses Heß über Engels' künftigen Partner, »die auf mich … einen imposanten Eindruck machte; kurz, Du kannst Dich darauf gefasst machen, den größten, vielleicht den *einzigen* jetzt lebenden *eigentlichen Philosophen* kennenzulernen, der nächstens, wo er öffentlich auftreten wird …, die Augen Deutschlands auf sich ziehen wird … er verbindet mit dem tiefsten philosophischen Ernst den schneidendsten Witz; denke Dir Rousseau, Voltaire, Holbach, Lessing, Heine und Hegel in einer Person vereinigt, ich sage *vereinigt,* nicht zusammengeschmissen – so hast Du Dr. Marx.«[37] Der Kölner Geschäftsmann Gustav Mevissen war ähnlich fasziniert von diesem »starken Mann von vierundzwanzig Jahren, dem dickes schwarzes Haar aus Wangen, Armen, Nase und Ohren quoll. Er war dominierend, ungestüm, leidenschaftlich und voll grenzenloser Selbstsicherheit …«[38]

Marx war zwei Jahre vor Engels an einem anderen Nebenfluss des Rheins, der Mosel, ebenfalls als Sohn einer gutbürgerlichen Familie geboren.[39] Das Umfeld unterschied sich allerdings erheblich von der streng pietistischen Welt, in der Engels aufwuchs. Im Südwesten des Rheinlands hatte die Mittelschicht während der napoleonischen Besetzung nach 1806 eine bedeutend liberalere Einstellung angenommen. Marx' Vater Heinrich, ein Rechtsanwalt und Weinbergbesitzer, begeisterte sich für die Ideale der französischen Aufklärung und repräsentierte jenen rheinländischen Liberalismus, den Ludwig Börne und andere Jungdeutsche zu verbreiten suchten. Er konnte Voltaire und Rousseau auswendig zitieren; seine Helden waren Newton und Leibniz, und er gehörte wie andere fortschrittlich Gesinnte der Trierer Kasinogesellschaft an, die sich abends zusammenfand, um über aktuelle politische und kulturelle Fragen zu diskutieren.

Heinrich Marx hatte seinen ursprünglichen Vornamen Hirschel (oder Heschel) geändert, seinen jüdischen Glauben aufgegeben und sich 1817 als lutherischer Christ taufen lassen. Nach der preußischen Annexion des Rheinlands im Jahr 1815 hatten die Juden von Trier die ihnen unter Napoleon gewährten Rechte verloren und waren einer Reihe von Einschränkungen unterworfen worden, die ihnen unter anderem den Zugang zum Staatsdienst und die Ausübung des Anwaltsberufs verwehrten. Um nicht »brotlos« zu werden, entschied sich Hirschel Marx für die Namensänderung und Konversion. Damit gab er auch eine rabbinische Tradition auf, die bis ins frühe 18. Jahrhundert zurückreichte; seitdem waren unter anderen Karl Marx' Großvater und seine Onkel Rabbis von Trier gewesen. Doch Heinrich Marx, der aufgeklärte Anhänger von Leibniz und Vater von neun Kindern, die ernährt sein wollten, schien der Abschied von seiner jüdischen Herkunft nicht allzu schwerzufallen. Für seine Frau Henriette war das ein größeres Problem: Sie sprach Jiddisch und behielt noch lange, nachdem sie und ihre Kinder getauft worden waren, gewisse jüdische Bräuche bei.

Die aus politischen Gründen erfolgte Konversion bedeutete freilich nicht, dass Heinrich Marx zum evangelischen Konservatismus eines Friedrich Engels sen. übergetreten wäre. Außerdem war er ein wesentlich liebevollerer Vater. Seine langen Briefe an den heranwachsenden Karl waren gefühlvoll, geduldig und von tiefer, väterlicher Sorge erfüllt, und ihr häufig nervöser Ton wurde durch die Zusätze von Henriette Marx noch verstärkt, deren grenzenlose Mutterliebe oftmals in übertriebene Besorgnis umschlug. Jedenfalls verlebte Marx, wie Engels in den ersten Jahren, eine glückliche Kindheit. Als er mit siebzehn Jahren die Universität von Bonn bezog, begann er sich jedoch von seiner Familie zu entfernen. Tatsächlich war die anschließende unerbittliche Trennung von seinen Eltern und Geschwistern wesentlich konsequenter, als es Engels' verkrampfte Ablösungsanstrengungen waren.

Anstatt auf seine eigene richtete Marx seine Gefühle ganz auf eine andere Familie aus: die von Westphalens. Baron Ludwig von Westphalen war ein Protestant im überwiegend katholischen Trier und ein liberal gesinnter Beamter im Dienste des preußischen Staats. Trotz seiner aristokratischen Herkunft hatte er sich mit dem bürgerlichen Heinrich Marx angefreundet. Dessen begabten Sohn Karl nahm er auf ausgedehnte Wanderungen durch die Umgebung mit, bei denen er lange Passagen aus Shakespeare und Homer rezitierte. Karl war indes mehr an der Tochter des Barons interessiert, der schönen Jenny von Westphalen. Und zu jedermanns Überraschung verliebte sich Jenny, die vornehme Tochter eines preußischen Adligen und das »schönste Mädchen von Trier«, in den lebendigen Witz und das hitzige Temperament des jüdischen Bürgersohns mit der wilden Haarmähne. 1836 löste sie die Verlobung mit einem Offizier und versprach sich selbst dem Mann, den sie »Schwarzwildchen«, »böser Bube« und schließlich mit dem Spitznamen, der mit seinen Anklängen an levantinische Geheimnisse und stark behaarte orientalische »Andersartigkeit« haften bleiben sollte, »Mohr« nannte. Während seine Familie über Marx' immer rücksichtsloseres Verhalten empört war, genoss Jenny die Unruhe, die er stiftete, seinen studentischen Radikalismus und sein aufbrausendes Ungestüm. 1843, nach siebenjähriger Verlobungszeit, heirateten sie. »Diese Liebe bestand alle Proben eines ununterbrochenen Lebenskampfes«, schrieb Stephan Born über das Ehepaar Marx. »Ich habe selten eine so glückliche Ehe gekannt, in welcher Freud' und Leid, das Letztere in reichlichstem Maße, geteilt, und aller Schmerz in dem Bewusstsein vollster, gegenseitiger Angehörigkeit überwunden wurde.«[40]

Der junge Marx war in der Tat ein wilder Bursche. Von seinen Eltern gleichermaßen mit Nachsicht und Vorhaltungen behandelt, wurde die Unbotmäßigkeit, wie nicht anders zu erwarten, durch die Freiheit des Studentenlebens, die er ab 1835 genoss – zunächst in Bonn –, noch gefördert. Er schwänzte die Vorlesungen an der juristischen Fakultät und nahm in seiner Funktion als Kopräsident des Trierer Kneipvereins an lautstarken Besäufnissen teil, saß eine Karzerstrafe ab und duellierte sich sogar mit einem preußischen Offizier, wobei er von Glück sagen konnte, dass er nur einen Schnitt über dem linken Auge erhielt. »Und ist denn das Duellieren so sehr mit der Philosophie verwebt?«, versuchte Marx' Vater ihm vergebens ins Gewissen zu reden. »Lasse diese Neigung, und wenn auch nicht Neigung, diese Sucht nicht Wurzel greifen. Du könntest am Ende Dir und Deinen Eltern die schönsten Lebenshoffnungen rauben.«[41]

Engels konnte sicherlich besser fechten als Marx, und er besaß die bessere Konstitution. Während er selten ermattet oder angekränkelt war, lebte Marx ständig am Rand seiner geistigen und körperlichen Kräfte. »Neun Kollegien erscheint mir etwas viel«, mahnte Marx sen. seinen Sohn kurz nach dessen Studienbeginn, »und ich wünsche nicht, dass Du mehr tust, als Körper und Geist vertragen können ... Ein siecher Gelehrter ist das unglücklichste Wesen auf Erden. Studiere daher nicht mehr, als Deiner Gesundheit zuträglich ist.«[42] Marx hörte nicht darauf und frönte weiterhin seiner lebenslangen Gewohnheit, bis spät in die Nacht zu arbeiten und zu rauchen. Wenn er daneben auch noch an gewaltigen Saufgelagen teilnahm, waren die Folgen für ihn nicht selten bedrohlich. Nach einer »großen Kneiperei« viele Jahre später erschien Engels am nächsten Morgen pünktlich und mit klarem Kopf zur Arbeit, während Marx für zwei Wochen daniederlag.[43]

Nach einem vergeudeten Jahr in Bonn wechselte Marx, um sein Jurastudium zu beenden, nach Berlin. Sein Vater fühlte sich bemüßigt, ihn vor den geistigen Gefahren zu warnen, die ihn im Kernland des Hegelianismus erwarteten. Hüten solle er sich vor den »neuen Unholden ..., die ihre Worte schrauben, bis sie selbst sie nicht hören«.[44] Selbstverständlich missachtete Marx solche Ratschläge und tauschte die Jurisprudenz ebenso rasch gegen die Philosophie ein, wie Engels vom Paradeplatz in den Vorlesungssaal floh. Seine Konversion zum Hegelschen System ließ nicht lange auf sich warten. Ganz nach Art der »Freien« feierte er sie im Kreis der Junghegelianer in den Bierkneipen in der Französischen Straße. Zusammen mit Arnold Ruge und Bruno Bauer bildete er den Mittelpunkt des ebenso trinkfreudigen wie debattierwütigen Doktorklubs, dessen Treffpunkt Hippels Weinstube war.

Zu Hause in Trier war man entsetzt. »Ordnungslosigkeit, dumpfes Herumschweben in allen Teilen des Wissens, dumpfes

Brüten bei der düsteren Öllampe; Verwilderung im gelehrten Schlafrock und ungekämmten Haaren statt der Verwilderung bei dem Bierglase …«, schimpfte Marx' Vater. »Die Kunst, mit der Welt zu verkehren, auf die schmutzige Stube beschränkt, wo vielleicht in der klassischen Unordnung die Liebesbriefe einer J[enny] und die wohlgemeinten und vielleicht mit Tränen geschriebenen Ermahnungen des Vaters [durcheinander liegen] …«[45] Aber das philosophische Feuer war entzündet, und Marx hatte jetzt noch weniger Zeit für die kleinlichen Bedenken seiner Eltern – auch wenn er weiterhin Geld von ihnen erhielt. Bis an sein Ende über den Lebensweg seines Sprösslings enttäuscht, verstarb Heinrich Marx 1838 an Tuberkulose. Der »missratene« Sohn fehlte bei der Beerdigung – um anschließend in typischem rührseligen Selbstmitleid sein Leben lang ein Bild seines Vaters bei sich zu tragen.

Vom Vater befreit, gab Marx im folgenden Jahr das Jurastudium auf und begann eine philosophische Doktorarbeit zu schreiben. Ungeachtet des scheinbar staubtrockenen Themas – »Differenz der demokritischen und epikureischen Naturphilosophie« –, handelte es sich um eine vergleichende Kritik der zeitgenössischen deutschen Philosophie nach Hegel im Licht einer ähnlichen Periode im griechischen Denken. Letztlich vertrat Marx das junghegelianische Projekt der philosophischen Kritik im Namen eines sich ständig erweiternden menschlichen Bewusstseins. Unter den aufmerksamen Augen Eichhorns, Schellings und der »rechtshegelianischen« Universitätsverwaltung bestand kaum eine Chance, dass diese Arbeit in Berlin angenommen werden würde; also reichte er sie an der Universität von Jena ein, wo die Annahme wahrscheinlicher war und wo er 1841 promoviert wurde. Gewidmet hatte er die Dissertation seinem künftigen Schwiegervater Ludwig von Westphalen.

Dann stand er vor der Frage, was er nun tun sollte. Die Unterstützung von Seiten der Familie war seit dem Tod des Vaters nur noch gering, und der Plan, bei Bruno Bauer an der Bonner Universität zu arbeiten, zerschlug sich, als dieser 1842 entlassen wurde. Einen Ausweg bot der Journalismus. Marx widmete seine philosophisch-analytischen Fähigkeiten in einer Reihe von Artikeln konkreteren politischen Themen, wie der Zensur (die seine Artikel regelmäßig unter die Lupe nahm), dem Bodenrecht, Wirtschaftsproblemen und der preußischen Verwaltung. Dabei wandte sich sein revolutionärer Geist langsam von der philosophischen Reflexion ab und den gesellschaftlichen Realitäten zu. Anfangs schrieb er für Arnold Ruges *Deutsche Jahrbücher*, dann für die Kölner *Rheinische Zeitung*, deren Chefredakteurssessel er sich mit Durchsetzungsvermögen, politischem Geschick und offensichtlichem Schreibtalent im Oktober 1842 sicherte.

Unter seiner Leitung verdoppelte sich die Auflage der Zeitung, und sie gewann für ihre provokative, aktuelle Berichterstattung deutschlandweit Anerkennung. »Es war sofort klar«, schreibt Francis Wheen über den Journalisten und Chefredakteur Marx, »dass er die Fähigkeiten besaß, die einen großen Journalisten ausmachen: die Entschlossenheit, der Macht die Wahrheit zu sagen, und eine absolute Furchtlosigkeit, auch wenn man über Menschen schreibt, deren Freundschaft oder Unterstützung man vielleicht braucht.«[46] Aber auch er konnte sich nicht dem üblichen journalistischen Zwang entziehen, die Eigentümer bei Laune halten zu müssen. Den Geldgebern der *Rheinischen Zeitung* – die im Untertitel immerhin »Politik, Handel und Gewerbe« als ihre Themengebiete aufzählte –, führenden Kölner Geschäftsleuten, ging es darum, die liberalen Fortschritte der napoleonischen Jahre vor dem preußischen Absolutismus zu schützen. Es waren kommerzielle und nicht notwendigerweise politische Gründe, aus denen sie sich für religiöse Toleranz, Redefreiheit und Verfassungsrechte aussprachen und für die deutsche Einheit einsetzten. Marx schlüpfte bereitwillig in die ihm zugedachte Rolle, auch wenn er dafür einige alte Freunde fallenlassen musste.

In den Augen der rheinischen Liberalen gefährdeten die Berliner »Freien« mit ihren berüchtigten Eskapaden – ihrem Atheismus, dem lockeren Lebensstil, dem politischen Extremismus und den Raufereien im Alkoholnebel – ihre vorsichtig reformistischen Pläne. Marx erkannte, dass die »Freien« seinem beruflichen Fortkommen im Weg standen. »Der Skandal, die Polissonerie«, dekretierte der ehemalige Kopräsident des Trierer Kneipvereins und des Doktorklubs jetzt mit neuer Strenge, »müssen laut und entschlossen in einer Zeit desavouiert werden, die ernste, männliche und gehaltene Charaktere für die Erkämpfung ihrer erhabenen Zwecke verlangt.«[47] Noch direkter äußerte er sich in einem Brief an Ruge, in dem er sich über die junghegelianischen Mitarbeiter seiner Zeitung beklagte, deren unverantwortliche Beiträge nur die Zensoren reizen und die Gefahr des Verbots heraufbeschwören würden. Die Zensur kassiere »eine Masse Artikel der ›Freien‹«, berichtete er und fuhr fort:

> Ebensoviel, wie der Zensor, erlaubte ich mir selbst zu annullieren, indem Meyen und Konsorten weltumwälzungsschwangere und gedankenleere Sudeleien in saloppem Stil, mit etwas Atheismus und Kommunismus (den die Herren nie studiert haben) zersetzt, haufenweise uns zusandten … Ich erklärte, dass ich das Einschmuggeln kommunistischer und sozialistischer Dogmen, also einer neuen Weltanschauung, in beiläufigen Theaterkritiken etc. für unpassend, ja für unsittlich halte und eine ganz andere und gründlichere Besprechung des Kommunismus, wenn er einmal besprochen werden solle, verlange.[48]

Angesichts dieser ablehnenden Haltung ist es nicht verwunderlich, dass eine der einflussreichsten Freundschaften in der Geschichte des westlichen politischen Denkens wenig vielversprechend begann. Als Engels im November 1842 in der Redaktion der *Rheinischen Zeitung* vorsprach, kam es, wie Engels später erzählte, zum »ersten sehr kühlen Zusammentreffen« zwischen den späteren Dioskuren des Kommunismus. »Marx«, fuhr Engels fort, »war inzwischen gegen die Bauers aufgetreten, d. h. hatte sich dagegen erklärt, dass die *Rh[einische] Z[eitung]* vorwiegend ein Vehikel für *theologische* Propaganda, Atheismus etc. statt für politische Diskussion und Aktion werde, und ebenso gegen den Edgar Bauerschen, auf bloßer Lust am ›am weitesten gehn‹ beruhenden Phrasen-Kommunismus ...; da ich mit den Bauers korrespondierte, galt ich für ihren Alliierten, während M[arx] mir verdächtigt war von jenen.«[49]

Außerdem mag von Marx' Seite ein wenig Eifersucht mitgespielt haben. In Bezug auf ideologische Konkurrenz war er bekanntermaßen überaus empfindlich, und Engels genoss Anfang der 1840er Jahre bereits ein gewisses Ansehen. Obwohl ihm sein Pseudonym Anonymität verlieh, hatte er sich mit den »Briefen aus dem Wuppertal«, dem Pamphlet über *Schelling und die Offenbarung* und seinen im *Telegraph für Deutschland* und in der *Rheinischen Zeitung* erschienenen Artikeln den Ruf eines kommenden Stars der radikalen Szene erworben. Marx, der seinerseits dabei war, sich als Journalist zu etablieren, empfing den jungen Berliner Mitarbeiter daher nicht gerade mit offenen Armen.

Engels suchte ebenfalls nach einer neue Rolle, seit er aus Berlin nach Barmen zurückgekehrt war. Seinen Militärdienst hatte er im Oktober 1842 mit der üblichen Beförderung nach dem Einjährigendienst und einem »Führungsattest« beendet, in dem ihm bescheinigt wurde, er habe sich »während seiner Dienstzeit sowohl in moralischer wie in dienstlicher Beziehung recht gut geführt«.[50] Engels sen. nahm dieses amtliche Lob jedoch skeptisch auf und bekannte gegenüber seinem Schwager Karl Snethlage, dass er und seine Frau Elise nicht recht wüssten, wie sie mit der Heimkehr ihres radikalen Sohnes umgehen sollten. »[I]ch kenne von Kind an seine Neigung zu Extremen«, erklärte er, »und war überzeugt, dass er, obgleich er mir seit Bremen nichts mehr über seine Ansichten geschrieben hatte, er nicht bei dem gewöhnlichen stehen bleiben würde.« Aber sie würden zu ihrem Glauben stehen. »Ich werde ihm erklären, dass ich um seinetwillen oder um seiner Gegenwart willen weder in religiöser noch in politischer Beziehung meine Ansichten weder ändern noch verbergen werde; wir werden ganz in unsrer bisherigen Lebensweise bleiben und Gottes Wort und andere christliche Schriften in seiner Gegenwart lesen.« Dem glaubenseifrigen Vater blieb nichts anderes übrig, als sich in Geduld zu üben: »Seine Bekehrung muss von oben kommen … Bis dahin ist es schwer zu tragen, einen Sohn im Hause zu haben, der wie ein räudiges Schaf unter der Herde dasteht und feindselig dem Glauben seiner Väter entgegentritt.« Einen Ausweg gab es allerdings: »Ich hoffe ihm übrigens ziemlich Arbeit geben zu können und werde mit größter Vorsicht, wo er auch sei, ihn unbemerkt überwachen, damit er mir keine gefährlichen Schritte unternimmt.«[51] Sein Plan war es, seinen Sohn nach Manchester zu schicken, wo er in Salford in der Firma Ermen & Engels nach dem Rechten sehen und die »englischen Handelsmethoden« kennenlernen sollte, um anschließend in die Fabrik in Engelskirchen einzutreten. Der Fabriklärm und die nüchterne Atmosphäre der Kaufmannssalons der Baumwollstadt würden schon eine weitere Radikalisierung verhindern. Doch auch dies war eine vergebliche Hoffnung. Denn auf der Fahrt nach Manchester begegnete Engels dem Kommunismus.

Eric Hobsbawm hat angemerkt, dass Marx und Engels erst spät zum Kommunismus gelangt seien; ähnlich langsam waren sie auch, was den Sozialismus anbetraf.[52] In den 1830er und frühen 1840er Jahren repräsentierten die Begriffe Kommunismus und Sozialismus, obwohl sie häufig synonym gebraucht wurden, weitgehend selbständige philosophische Traditionen, die jeweils eigene geistige und politische Überlieferungen besaßen und lange vor dem Auftreten unserer preußischen Protagonisten existierten.*

---

* Noch ein Wort zu den Begriffen »Sozialist« und »Kommunist«. In den 1830er und 1840er Jahren wurden die französischen Anhänger von Henri de Saint-Simon und Charles Fourier allgemein Sozialisten genannt. Im Gegensatz dazu bezeichnete man die Pariser Geheimge-

Die Ursprünge des Sozialismus sind besonders schwer zu greifen und lassen sich auf unterschiedliche Weise zu einer ganzen Reihe von Quellen zurückverfolgen: zu Platons *Staat*, zu der von dem alttestamentarischen Propheten Micha verkündeten geistigen Gleichheit und der von Jesus von Nazareth gepredigten brüderlichen Liebe, zum Utopismus von Thomas Morus und Tommaso Campanella sowie zu den radikalen »gleichmacherischen« Putney-Debatten während des Englischen Bürgerkriegs.[53] In seiner modernen Gestalt ist der Sozialismus jedoch aus der religiösen und ideologischen Anarchie der Französischen

---

sellschaften (siehe unten, S. 99 f.), die sich auf die von der Französischen Revolution inspirierten Ideen von Etienne Cabet und Louis-Auguste Blanqui beriefen, als Kommunisten. Anfang und Mitte der 1840er Jahre benutzten Marx und Engels, wie damals üblich, beide Begriffe ohne klare Unterscheidung. Dem Historiker Raymond Williams zufolge war das Wort »Sozialist« bis etwa 1850 »zu neu und zu allgemein, um vorherrschend zu sein«. Wie wir sehen werden, bezeichneten sich Marx und Engels in den späten 1840er Jahren aufgrund ihres politischen Bündnisses mit dem militanten, von Arbeitern geprägten Kommunistischen Bund und ihres Glaubens an eine »proletarische« Form des Sozialismus für eine Reihe von Jahren ausdrücklich als Kommunisten (wie im *Kommunistischen Manifest*), um sich vom utopischen Sozialismus Fouriers, Saint-Simons und Robert Owens abzusetzen. In der zweiten Hälfte des 19. Jahrhunderts, als die Kommunisten von der Allgemeinheit häufig mit Aufruhr in Verbindung gebracht wurden (insbesondere nach der Pariser Kommune von 1871) und Michail Bakunins Anarchismus an Anziehungskraft gewann, bezeichneten Marx und Engels sich eher als Sozialisten – oder sogar als »wissenschaftliche Sozialisten«. Der Begriff »Kommunist« wurde erst ab 1918, nachdem sich die Russische Sozialdemokratische Arbeiterpartei nach der Oktoberrevolution von 1917 in Russische Kommunistische Partei (Bolschewiki) umbenannt und eine klare Trennlinie zur europäischen Sozialdemokratie gezogen hatte, wieder allgemein verwendet (vgl. Williams, *Keywords*).

Revolution hervorgegangen. Nach der Ausschaltung der katholischen Kirche und der Entchristianisierung Frankreichs entstand im Zuge der Suche nach einer neuen *pouvoir spirituel* in den 1790er Jahren und am Anfang des 19. Jahrhunderts eine Reihe von sozialistischen Sekten.

Eine der ersten wurde von dem zur Geißel der müßigen Reichen gewandelten ehemaligen Kriegshelden, revolutionären Kämpfer und Immobilienspekulanten Claude-Henri de Rouvroy, Comte de Saint-Simon, einem Nachkommen des berühmten Chronisten des Lebens am Hof des Sonnenkönigs, ins Leben gerufen. Sein Ausgangspunkt war der Gedanke, dass die Gesellschaft in eine neue, kritische Phase eintrete, die von Wissenschaft und Industrie geprägt werde und neue Regierungs- und Glaubensformen verlange. Deshalb forderte Saint-Simon eine »Wissenschaft vom Menschen«, die Gesellschaften als »organische Körper … als physiologische Erscheinungen« verstand.[54] Durch diese rationale Betrachtung der menschlichen Verhältnisse werde man die Anarchie, wie sie Frankreich in den 1790er Jahren erlebt habe, in Zukunft verhindern. Dafür sei jedoch Voraussetzung, dass die Macht von den glücklosen, nepotistischen Eliten des Ancien Régime an eine Hierarchie aus sogenannten »Newton-Räten« aus Industriellen, Wissenschaftlern, Ingenieuren und Künstlern übergehe – eine Art technologische Version von Samuel Taylor Coleridges Vorstellung der Herrschaft einer geistigen Elite –, die allein in der Lage seien, eine Gesellschaft zu gestalten, »in der alle Individuen entsprechend ihren Fähigkeiten eingestuft und entsprechend ihrer Arbeit entlohnt werden«. Dabei werde sich die Politik zu einer exakten Wissenschaft entwickeln und »von der Mutmaßung zum Positiven, von der Metaphysik zur Physik« übergehen.[55] An die Stelle der politischen Praxis des Regierens werde der objektive Vorgang des Verwaltens treten, so dass jeder Einzelne sein Potential entfalten könne. Saint-Simon fasste dies in einem Slogan zusammen, den Marx später, leicht umformuliert, berühmt machen sollte: »Jedem nach seinen Fähigkeiten, jeder Fähigkeit nach ihren Leistungen.«

Den Kern von Saint-Simons Idealgesellschaft bildete eine Ethik der Industrie. Seine Helden waren die Produzenten, die »Industriellen« *(les industriels)*, und seine Gegner die Müßiggänger *(les oisifs)*, und zwar sowohl die Angehörigen der traditionellen französischen Herrschaftsschicht aus Aristokratie, Geistlichkeit und Staatsbeamten als auch die »Konsumenten« aus der neuen Bourgeoisie, die ihren Reichtum geerbt hatten oder als »Schmarotzer« von den Arbeitenden lebten. Im kommenden wissenschaftlichen Zeitalter würden die Menschen aufhören, Menschen auszubeuten, und sich stattdessen zusammentun, um die Natur auszubeuten. Da die Gesellschaft in kollektiver Harmonie tätig sein werde, würden die bisherigen Formen von Privateigentum, Erbschaft und Wettbewerb wegfallen. »Alle Menschen«, prophezeite Saint-Simon, »werden arbeiten; sie werden sich wie Arbeiter in einer gemeinsamen Werkstatt ansehen, deren Zweck ist, die menschliche Intelligenz meiner göttlichen zu nähern. Der Newton-Zentralrat wird die Arbeiten leiten ...«[56]

Dieser nach Isaac Newton benannte »oberste Newton-Rat«, der seine Wurzeln offensichtlich in Robespierres säkularer Religion des »höchsten Wesens« hatte, war als regierendes Gremium der neuen Gesellschaft gedacht. Gebildet werden sollte er aus *savants* – »genialen Menschen«, die als »Leuchten, welche die Menschheit ... erhellen« fungieren würden.[57] Mit Hilfe einer *chambre d'invention* (mit 200 Ingenieuren und 100 Künstlern), einer *chambre d'examination* (mit je 100 Biologen, Physikern und Chemikern) und einer *chambre d'exécution* (mit den führenden Industriellen und Unternehmern) sollte diese technokratische Elite, die gewissermaßen ein Priestertum der Wissenschaften bilden würde, eine moderne, rationale Gesellschaft aufbauen. Wie Newton das Universum um das Gravitationsprinzip herum neu geordnet hatte, so sollte der oberste Rat unter dem Vorsitz eines Mathematikers auf der Grundlage ähnlich universaler Gesetze für das reibungslose Funktionieren der Gesellschaft sorgen.

In der 1825 posthum erschienenen Schrift *Das Neue Christentum* spann Saint-Simon diese Gedanken weiter und sah die Entstehung einer säkularen Religion der Humanität voraus. Durch die effektive Leitung der Gesellschaft werde ein neuer Geist der menschlichen Harmonie hervorgerufen, der die Schuld und Entfremdung des Christentums überwinden werde. Dann könne die Gesellschaft zum »Grundprinzip der göttlichen Moral« zurückkehren, der brüderlichen Liebe, deren Ziel die »möglichst rasche Verbesserung des Loses der ärmsten Klasse« sei. Unter den Bedingungen des bösartigen, verschwenderischen und unmenschlichen Wettbewerbssystems, das dem modernen Kapitalismus zugrunde liege, könne dieses Ziel jedoch nicht erreicht werden.[58] Dieses Versprechen moralischer Erneuerung und geistigen Wachstums durch kollektives Handeln bildete die Grundlage der saint-simonistischen Sekten und ihres populären Evangeliums der Brüderlichkeit. Auch manch gewagtere Idee wie diejenige der Heiligung des Körpers als Gegenstück zu der vom Christentum geforderten fleischlichen Entsagung trug zur Anziehungskraft des Saint-Simonismus bei. Wenn sich die Menschen zusammenschlössen, war Saint-Simon überzeugt, würde ihre produktive Energie in die Schaffung einer »neuen Harmonie« auf Erden münden.

Der andere führende französische Sozialist des frühen 19. Jahrhunderts, Charles Fourier, eine der liebenswerteren Figuren im Pantheon des Fortschritts, teilte diese Vision eines postkapitalistischen und postchristlichen Utopia. 1772 als Sohn eines erfolgreichen Tuchhändlers geboren, arbeitete er sein Leben lang als Seidenhändler und Handlungsreisender in Südfrankreich, insbesondere in den Seidenwebervierteln von Lyon. »Ich bin ein Kind des Marktplatzes«, erklärte er, »geboren und aufgewachsen in Handelseinrichtungen. Ich habe die Infamien des Geschäftslebens selbst erlebt.«[59] Sein Sozialismus fußte jedoch nicht nur auf eigenen Erfahrungen. Nachdem er 1799 ein Jahr lang in der Bibliothèque Nationale naturwissenschaftliche Studien betrieben hatte, behauptete er, als neuer Kolumbus die wahre Wissenschaft der Menschheit entdeckt zu haben, die mit einem Schlag Elend, Ausbeutung und Unglück der modernen Zivilisation beenden würde. An die Öffentlichkeit brachte er all dies 1808 in seiner bizarren Schrift *Theorie der vier Bewegungen und der allgemeinen Bestimmungen*.

Zwischen Schilderungen von Limonadenmeeren und sich paarenden Planeten vertrat Fourier eine simple These: Männer und Frauen würden von ihren natürlichen, gottgegebenen Leidenschaften geleitet. Nach seiner Ansicht gehörte jeder Mensch einem von 810 Persönlichkeitstypen an, wurde von zwölf Leidenschaften angetrieben und lebte in einer Welt, die von den vier Bewegungen des Sozialen, Animalischen, Organischen und Materiellen bestimmt wurde, die zusammen das Allgemeine Natursystem bildeten (als eine Art soziologischer Linné hatte Fourier eine Vorliebe für Listen). Der Versuch, diese natürlichen Leidenschaften auf dem Altar eines Ideals des menschlichen Verhaltens zu opfern, war in Fouriers Augen das Grundübel der zeitgenössischen Gesellschaft. Die Folge sei, dass die »zur Tür hinausgetriebene Natur … durchs Fenster wieder« hereinkomme. Genau dies aber habe das bürgerliche Frankreich am Anfang des 19. Jahrhunderts mit Konstrukten wie der monogamen Ehe erreicht, die in wahrhaft Newtonscher Manier ungewollte »Gegenleidenschaften« erzeugten, die »ebenso bösartig sind, wie die natürlichen Leidenschaften gutartig gewesen wären«. Die Reaktion auf die von der Kirche sanktionierte Monogamie beispielsweise zeige sich in den 32 Arten des Ehebruchs, die man in Frankreich antreffe. In Fouriers harmonischer Gesellschaft sollten die Menschen sexuelle Freiheit genießen und Beziehungen nach Gutdünken beginnen und beenden können. Die Frauen würden die Kontrolle über die Fortpflanzung haben, und Kinder würden sich zwischen ihren leiblichen und Adoptivvätern entscheiden können.[60] Für die Wirtschaft galt das Gleiche wie für die Sexualität. Laut Fourier wurde durch die Unterdrückung gutartiger Leidenschaften Ehrgeiz in Habgier verwandelt, die Arbeit aller Freude beraubt und der ausbeuterische, parasitäre Händler zum Maß aller Dinge. Empört über die von Arbeitslosigkeit, Armut und Hunger geprägten Zustände im Marseille der 1790er Jahre, drückte Fourier ein ums andere Mal seinen Abscheu vor dem tödlichen Laster des Kapitalismus aus: »Es ist Falschheit mit allem, was dazugehört, Bankerott, Spekulation, Wucher und Betrug jeder Art.«[61] Insbesondere verachtete er die Schicht der Händler, die ohne große Anstrengungen riesige Papiergeldgewinne einstrichen.

Das größte Verbrechen des Kapitalismus bestand in Fouriers Augen jedoch darin, dass er die Seele des Menschen verkrüppelte, indem er ihm das Vergnügen verweigerte. In der verdrehten Ethik der modernen Zivilisation sei es der monetäre Reichtum, der Essen, Liebe und Kunst zum Luxus mache. Nur Reiche könnten in jenen sinnlichen und gastronomischen Freuden schwelgen, die möglicherweise auch für die Leidenschaften vieler anderer (wie zum Beispiel Fourier) attraktiv gewesen wären.[62] Gestützt werde dieser schreckliche Zustand durch das heuchlerische Bekenntnis der katholischen Kirche zu Keuschheit und heiliger Armut. Der frustrierte einsame Handlungsreisende Fourier vermochte in der Mittellosigkeit oder in der Banalität eines monogamen Ehelebens keine Tugend zu entdecken.

Die traditionelle Politik hatte kein Heilmittel für dieses menschliche Leid anzubieten. Es gab weder ein Reformprogramm noch wirtschaftliche Regulierungen, die der unnatürlichen Unterdrückung in der modernen Gesellschaft Einhalt geboten hätten. Deshalb gab es nur einen Ausweg: das verfaulende Europa des 19. Jahrhunderts hinter sich zu lassen und die Menschheit in autonomen Gemeinschaften, die Fourier »Phalansterien« nannte, neu zu organisieren. Im Gegensatz zur individuellen Anarchie des revolutionären Frankreich sollten die Phalansterien gemäß der Wissenschaft von der »leidenschaftlichen Anziehung« effizient geführt werden. Ausgehend vom wirklichen Wesen des Menschen, und nicht davon, wie es nach den Vorstellungen von Moralisten sein sollte, sollten in den Phalansterien alle Persönlichkeitstypen die Erfüllung von Leidenschaft und Gemeinsamkeit finden. Ihre ideale Größe lag, laut Fourier, bei 1620 Personen. Durch die Garantie eines »sexuellen Minimums« für alle Bewohner wäre die übliche Mischung aus Verlangen und Enttäuschung, die in der patriarchalen bürgerlichen Gesellschaft die »amourösen« Beziehungen verdarb, ausgeschlossen. Fourier erging sich in ausführlichen Beschreibungen geradezu choreographierter Orgien, die gewissermaßen als sinnliches Spiegelbild der katholischen Messe gestaltet waren und den Bewohnern der Phalansterien die Befriedigung jeder Form von sexueller Neigung (einschließlich Inzest) ermöglichen sollten.

Neben dem »sexuellen Minimum« sollte ein »soziales Minimum« garantiert sein. Ebenso wie die Achtung vor der geschlechtlichen Liebe sollte auch die Würde der Arbeit wiederhergestellt werden. Laut Fourier verweigerte das moderne Arbeitsverhältnis dem Menschen ebenfalls die Erfüllung seiner natürlichen Leidenschaften, da er Aufgaben erhielt, die monoton und auch nicht auf seine spezifischen Fähigkeiten zugeschnitten waren. Dagegen sollten die Bewohner der Phalansterien am Tag in spontan gebildeten Gruppen aus Freunden und Geliebten bis zu acht verschiedene Arbeiten verrichten können. Durch diese Möglichkeit, ihre Fähigkeiten zu nutzen und zu entwickeln, würde ein Überfluss an Talenten freigesetzt, und die Menschen würden voller Eifer, ihren produktiven Enthusiasmus auszuleben, auf die Felder und in die Fabriken, Werkstätten, Ateliers und Küchen gehen. Im Gegensatz zur katholischen Kirche glaubte Fourier nicht, dass der Mensch zum Leiden geboren sei. Vielmehr bedurfte es nach seiner Ansicht lediglich neuartiger Gemeinschaften, damit der Mensch frei und im Einklang mit seinen angeborenen Leidenschaften leben konnte.

Weder Fourier noch Saint-Simon forderten radikale Gleichheit – die für Fourier sogar ein »soziales Gift« war – oder die gewaltsame Machtergreifung im Namen des »Volks«. Ihr Sozialismus war eine noble und in vielerlei Hinsicht exzentrische, aber höchst inspirierende Vision menschlicher Erfüllung. Tatsächlich zeigten beide Denker vor dem Hintergrund des Erlebnisses der Französischen Revolution und ihrer Haltung zum damaligen Blutvergießen und Terror keinerlei Interesse daran, das bestehende Gesellschaftssystem mit Gewalt umzustürzen. Stattdessen empfahlen sie ein Programm der schrittweisen moralischen Reform, das dem Beispiel harmonisch lebender Gemeinschaften folgen sollte, die sich außerhalb der verruchten bestehenden Gesellschaft entwickeln würden. In Engels' Worten: »Die Gesellschaft bot nur Missstände; diese zu beseitigen war Aufgabe der denkenden Vernunft. Es handelte sich darum, ein neues, vollkommneres System der gesellschaftlichen Ordnung zu erfinden und dies der Gesellschaft von außen her, durch Propaganda, womöglich durch das Beispiel von Musterexperimenten aufzuoktroyieren.«[63]

Den praxisnächsten Ausdruck fand Fouriers Vision in Amerika, wo seit den 1840er Jahren eine Reihe von Gemeinschaften gegründet wurde – Brook Farm in Massachusetts, La Reunion im Kreis Dallas in Texas und Raritan Bay Union in New Jersey. Diesen »Phalansterien« gelang es allerdings nicht, das übrige Amerika von ihrem Projekt zu überzeugen. Solche Fehlschläge erlaubten es Engels, Saint-Simon und Fourier (zusammen mit Robert Owen) geringschätzig als »utopische Sozialisten« zu bezeichnen und ihren Lehren den von ihm und Marx vertretenen strengen, an der Praxis orientierten »wissenschaftlichen Sozialismus« gegenüberzustellen. Obwohl Engels später eingestand, wie sehr er Fouriers Analyse der bürgerlichen Ehe verpflichtet war und dessen Gesellschaftskritik bewunderte – »Fourier deckt die Heuchelei der respektablen Gesellschaft, den Widerspruch zwischen ihrer Theorie und ihrer Praxis, die Langeweile ihrer ganzen Existenzweise unerbittlich auf«[64] –, bemängelte er an den Utopisten, dass sie die Rolle des Proletariats und den revolutionären Lauf der Geschichte nicht erkannt hätten: »Diese neuen sozialen Systeme waren von vornherein zur Utopie verdammt; je weiter sie in ihren Einzelheiten ausgearbeitet wurden, desto mehr mussten sie in reine Phantasterei verlaufen.«[65]

Im frühen 19. Jahrhundert gab es in Frankreich noch andere

Ideologen, die ebenso wenig mit dem verschrobenen Gerede von Idealgemeinschaften und Phalansterien anfangen konnten. Das waren die Kommunisten. Unter Führung von Gestalten wie Étienne Cabet und Louis-Auguste Blanqui beschäftigte sich diese in den 1830er Jahren aktive, verbotene Pariser Sekte mehr mit konkreten politischen Veränderungen als mit der Gesellschaftsanalyse. Während Cabet für den friedlichen Übergang zu einer »Gesellschaft auf der Grundlage der völligen Gleichheit« plädierte,[66] drängte Blanqui auf eine Revolution und verherrlichte das Märtyrertum von »Gracchus« Babeuf, der 1796 im Namen des Volkes einen Aufstand gegen die Ungleichheit und Armut des nachrevolutionären Frankreich organisiert hatte, der freilich zum Scheitern verurteilt war. Ihr Kommunismus oder »Babouvismus« war ein radikales, gewalttätiges Glaubensbekenntnis, das auf den ursprünglichen, vorindustriellen Egalitarismus Jean-Jacques Rousseaus zurückging. Sie wollten sich nicht in Phalansterien und Kommunen zurückziehen, sondern die bestehende Gesellschaft umgestalten. Mit Unterstützung eines Teils der über ihre Lage verärgerten Pariser Arbeiter ließen die Kommunisten (eine Bezeichnung, die Anfang der 1840er Jahre in allgemeinen Gebrauch kam) die revolutionäre republikanische Tradition wiederaufleben: Sie forderten das Ende des Erbrechts, die Abschaffung des Privateigentums und die Schaffung einer »großen nationalen Gütergemeinschaft«.[67] Ein fehlgeschlagener Versuch Blanquis und seiner Anhänger im Jahr 1839, das neue Jerusalem mit Gewalt aufzubauen, endete für Blanqui mit lebenslangem Gefängnisaufenthalt (mit zwischenzeitlichen Entlassungen). Marx und Engels, die in dieser Zeit in Bonn beziehungsweise Berlin die Nächte mit Alkohol und Diskussionen über die Hegelsche Philosophie verbrachten, hatten mit diesen kämpferischen Frühkommunisten nichts zu tun. Ein Deutscher, der mit ihnen in Verbindung stand, war der sogenannte kommunistische Rabbi oder, wie Engels ihn nannte, der »erste Kommunist der Partei«[68] – Moses Heß.

Wie Marx und Engels stammte auch Heß aus dem Rheinland. Er war 1812 in Bonn geboren, als die Stadt französisch besetzt war und, wie Isaiah Berlin es ausdrückt, »die Tore des jüdischen Ghettos … weit aufgestoßen [wurden] und seine Bewohner … nach Jahrhunderten der Enge und Isolierung ins Freie hinaustreten« konnten.[69] Heß konnte wie Marx sowohl im väterlichen als auch im mütterlichen Zweig der Familie auf eine beeindruckende Ahnenreihe von Rabbis zurückblicken. Sein Vater hatte jedoch eine Laufbahn außerhalb der Synagoge eingeschlagen und war nach Köln gegangen, um dort eine Zuckerraffinerie zu errichten. Der Sohn blieb in der Obhut des »strenggläubigen« Großvaters, der dem Jungen Geschichten über die Vertreibung der Juden aus Israel vorlas: »Der schneeweiße Bart des strengen alten Mannes wurde bei dieser Lektüre von Tränen benetzt; auch wir Kinder konnten uns dabei natürlich nicht des Weinens und Schluchzens enthalten.«[70]

Obwohl sich Heß nie ganz von dieser emotional aufgeladenen Tradition befreite, verlor er doch seinen Glauben. »Mein Hauptproblem«, notierte er 1836, »war natürlich die Religion, aus der ich später auf die Prinzipien der Sittlichkeit überging. Zuerst kam die Reihe der Untersuchung an meine positive Religion [das Judentum]. Sie fiel zusammen … Nichts, gar nichts blieb mir mehr; ich war der Elendeste auf der Welt – ich war Atheist. Die Welt war mir zum Ekel, ich sah sie an wie einen erstarrten Leichnam.«[71] So wie Engels sen. nichts für den Romantizismus seines Sohnes übrighatte, so hatte Heß' Vater kein Verständnis für die melancholische Introspektion des seinen und drängte ihn, ins Familienunternehmen einzutreten. Doch erforderte die Geschäftswelt in Heß' Augen zu große moralische Kompromisse, die er nicht eingehen wollte. Stattdessen reiste er ein Jahr lang durch Europa. Isaiah Berlin beschrieb Heß in dieser Phase als »feinen, hochgesinnten, freundlichen, rührend unschuldigen, enthusiastischen und nicht übermäßig scharfsinnigen jungen Mann, der bereit, ja sogar begierig darauf war, für seine Ideen zu leiden, erfüllt von Liebe zur Menschheit, von Optimismus, einer

Leidenschaft für Abstraktionen und einem tiefen Widerwillen gegen die praktische Welt, für die ihn die nüchternen Mitglieder seiner Familie gewinnen wollten«.[72]

In Paris entdeckte Heß Anfang der 1830er Jahre in den kommunistischen Geheimgesellschaften und bei den zunehmend obskurer werdenden Saint-Simonisten ein Heilmittel für seinen Atheismus. Wie Engels und viele andere füllte er die vom aufgegebenen religiösen Erbe hinterlassene Lücke mit dem neuen sozialistischen Glaubensbekenntnis der Humanität. 1837 beschrieb er diese geistige Bekehrung in der Schrift *Die heilige Geschichte der Menschen,* in der er den zunehmenden Gegensatz von »Geldaristokratie« und »Pauperismus« hervorhob und als Lösung eine von Babeuf inspirierte Gütergemeinschaft vorschlug. Das Buch war eine der frühesten Äußerungen kommunistischen Denkens in Deutschland und wurde in liberalen Kreisen im Rheinland positiv aufgenommen. Lange bevor Marx und Engels ihre Anschauungen entwickelt und niedergeschrieben hatten, machten Heß und nach ihm der kommunistische Handwerker Wilhelm Weitling das deutsche Publikum mit der Idee einer radikalen, egalitären kommunistischen Zukunft bekannt, in der die geistigen und sozialen Krisen der Gegenwart gelöst sein würden. Seinen eigentlichen Durchbruch hatte Heß, als er diese kommunistischen Ideen mit junghegelianischen Vorstellungen verband.

Das letzte Glied in dieser geistigen Kette bildete die faszinierende Gestalt des Grafen August von Cieszkowski, eine »Art polnischer Alexander Herzen«, wie ihn André Liebich beschreibt. Cieszkowski war ein reicher, kultivierter Aristokrat, der in Krakau und dann in Berlin studiert hatte, wo er sich am junghegelianischen Kampf gegen Schelling beteiligte.[73] Doch er verlor bald das Interesse an den endlos verschlungenen Wegen des hegelschen Philosophierens und forderte stattdessen zur Tat auf. 1839 veröffentlichte er die Schrift *Prolegomena zur Historiosophie,* in der er Hegels Ideen von analytischen Werkzeugen in einen Plan der sozialen Veränderung umzuwandeln versuchte. Die Dialektik, so argumentierte er, trete in ein neues Zeitalter der Synthese ein, in dem das Denken mit der Tat verknüpft werden müsse. Europa brauche eine »praktische Philosophie, oder eigentlicher gesagt, die Philosophie der Praxis« und »deren konkreteste Einwirkung auf das Leben und die sozialen Verhältnisse, die Entwicklung der Wahrheit in der konkreten Tätigkeit«.[74] An die Stelle der nutzlosen, bierseligen Diskussionen, welche die Junghegelianer so liebten, sollte ein praktikables Reformprogramm treten.

Heß war von Cieszkowskis Schrift begeistert. »Es ist jetzt die Aufgabe der Philosophie des Geistes, Philosophie der Tat zu werden«, proklamierte er.[75] In seinem 1841 erschienenen Buch *Die europäische Triarchie* legte er genau dar, wie er sich die kommunistische Strategie vorstellte. Dabei überbot er Feuerbachs Forderung nach Aufhebung der religiösen Entfremdung, indem er einen entscheidenden Schritt weiter ging: Gewiss könne der Mensch sein Wesen nur wiedererlangen, wenn er die Unterwerfung unter eine christliche Gottheit beende, doch diese radikale Veränderung sollte man nicht als Einzelner in Angriff nehmen. Es bedürfe vielmehr einer breiten gemeinschaftlichen Konversion. »*Theologie* ist *Anthropologie* – das ist wahr –, aber das ist nicht die *ganze* Wahrheit. Das Wesen des Menschen, muss hinzugefügt werden, ist das gesellschaftliche Wesen, das Zusammenwirken der verschiedenen Individuen für einen und denselben Zweck, für ganz identische Interessen, und die wahre Lehre vom Menschen, der wahre Humanismus, ist die Lehre von der menschlichen Gesellschaftung, d. h. *Anthropologie* ist *Sozialismus*.«[76] Denn was Sozialismus und Kommunismus versprachen – Heß verwendete diese Begriffe wie Marx und Engels synonym –, war der Himmel auf Erden: Was im Christentum lediglich prophetisch dargestellt sei, würde in einer wahrhaft humanen Gesellschaft, die auf den ewigen Gesetzen von Liebe und Vernunft beruhe, Wirklichkeit werden.[77]

Um diesen erhabenen Zustand des Zusammenwirkens zu erreichen, müsste eine Konfrontation mit dem bestehenden kapitalistischen System, der hauptsächlichen Ursache der modernen Entmenschlichung des Menschen, herbeigeführt werden. Deshalb forderte Heß die Abschaffung des Privateigentums und damit das Ende der entfremdenden Wirkung der Geldwirtschaft. Erst danach könne die vorherrschende Kultur von Egoismus und Wettbewerb ausgemerzt und an ihrer Stelle eine neue, auf Freiheit und menschlichem Miteinander beruhende Gesellschaftlichkeit geschaffen werden. Innerhalb der großen historischen Bewegung zum Sozialismus hatten alle drei Mitglieder der von Heß so genannten europäischen Triarchie – Frankreich, England und Deutschland – eine bestimmte Rolle zu spielen: Deutschland sollte die philosophische Begründung des Kommunismus liefern; Frankreich war auf dem Gebiet des politischen Aktivismus bereits weit fortgeschritten; und das industrialisierte England sollte die soziale Lunte entzünden: »Der Gegensatz von Pauperismus und Geldaristokratie wird nur in England die Revolutionshöhe erreichen, wie jener von spiritualistischer und materialistischer Sitte ihn nur in Frankreich und jener von Staat und Kirche ihn nur in Deutschland erreichen konnte.«[78]

Heß führte als einer der Ersten diese »soziale Frage« – jene nach den menschlichen Kosten des Industriekapitalismus – in die politische Debatte ein. Der heraufziehende Sturm, erklärte er in einem Artikel mit dem Titel »Über eine in England bevorstehende Katastrophe«, sei das Produkt eines tiefgreifenden sozioökonomischen Prozesses:

> Die objektiven Ursachen, welche eine Katastrophe in England herbeiführen, kennt jedermann, und, wir wiederholen es, es sind wesentlich *keine* politischen. Die Industrie, welche aus den Händen des Volkes in die Maschinen der Kapitalisten übergegangen ist; der Handel, sonst vielfach im Kleinen und von vielen Kleinen betrieben, jetzt immer mehr in den Händen weniger großen unternehmenden Kapitalisten oder Abenteurer (sogenannter Schwindler); der durch die Erbgesetze zusammengehaltene und in den Händen weniger Aristokraten wuchernde Grundbesitz …

> alle diese Verhältnisse, die überall, vornehmlich in England existieren und, wenn nicht ausschließlich, so doch hauptsächlich und wesentlich die Ursachen zu jener bevorstehenden Katastrophe bilden, sind keine politischen, sondern *soziale* Zustände.[79]

Heß zog die Junghegelianer mit seinem sozial ausgerichteten und auf die Praxis zielenden Denken immer weiter in eine offen kommunistische Richtung. Laut Engels verfochten schon im August 1842 manche in der »Partei« der Junghegelianer, er selbst eingeschlossen, die Ansicht, »dass politische Veränderungen unzureichend seien, und erklärten, dass ihrer Meinung nach eine soziale Revolution auf der Grundlage des Gemeineigentums der einzige gesellschaftliche Zustand sei, der sich mit ihren abstrakten Grundsätzen vertrüge«.[80]

Ebenso offensichtlich war für Heß, dass England – mit seinen riesigen Manufakturen, reichen Fabrikanten und schrecklich brutalisierten Arbeitern – einer Katastrophe entgegeneilte: »Die Engländer sind die praktischste Nation der Welt. England ist unserm Jahrhundert, was Frankreich dem vorigen war.«[81]

Und genau dorthin, nach England, begab sich Engels jetzt. Vor seiner Abreise suchte er Heß, mit dem er bereits korrespondierte, auf. Heß beschrieb seinen Besucher in einem Brief als schüchternen, naiven »Anno I Revolutionär« nach dem Vorbild der Montagnards in der Französischen Revolution. Nach dem Privatissimum mit ihm, Heß, sei der Junghegelianer Engels jedoch als »allereifrigster Kommunist« nach England weitergereist.[82]

MANCHESTER IN SCHWARZWEISS

Am 27. August 1842 erschien auf der Titelseite des *Manchester Guardian* eine Annonce. Unter der Bekanntgabe von William Ashworth, dem »Bierverkäufer von Heywood«, er werde »für keinerlei Schulden, welche [seine] Frau Ann Ashworth von diesem Tag an verursacht, aufkommen«, hatte die Firma Ermen & Engels eine Anzeige geschaltet, in der sie ihrer »tiefen Verpflichtung gegenüber Behörden, Polizei und Sonderkonstablern, aber auch gegenüber ihren gewogenen Nachbarn« Ausdruck verlieh »wegen der überaus wirkungsvollen Vorbeugungsmaßnahmen und der Hilfsbereitschaft beim Schutz ihrer Fabriken und der Menschen, die in ihnen beschäftigt sind, während der jüngsten Unruhen«. Darüber hinaus erlaubte sie sich hinzuzufügen, »dass dieses Gefühl von ihren Beschäftigten geteilt wird, denen fernerhin zugute zu halten ist, dass sie während des letzten allgemeinen Ausstands ohne Ausnahme die beste Veranlagung und das beste Verhalten an den Tag gelegt haben«. Kurz, Engels' Vater und seine Geschäftspartner bedankten sich beim britischen Staat für die Niederschlagung der heftigsten Protestkundgebung der Arbeiterklasse seit den Tagen von Peterloo im Jahr 1819.[1]

Die Monate vor dem Generalstreik von 1842, den sogenannten »Plug Plot«-Unruhen, waren durch wachsende politische Ernüchterung und zunehmende Verarmung gekennzeichnet. »Jeder, der durch den Bezirk kommt und sieht, in welchem Zustand sich die Menschen befinden«, berichtete die *Manchester Times*, »nimmt unmittelbar die tiefe, verheerende Verzweiflung wahr, die dort Einzug gehalten hat, seit die Industrie daniederliegt, Familien ins Elend stürzen und Unzufriedenheit und Not sich ausbreiten, wo vor kurzem noch Glück und Zufriedenheit herrschten.«[2] Aber solche Berichte über die verzweifelte Lage in den Baumwollslums von Lancashire machten kaum Eindruck auf die in Westminster beratenden Landbesitzer, Industriellen und Kaufleute. Ein Vierteljahr zuvor hatten die Unterhausabgeordneten eine von Millionen Menschen unterschriebene »Nationale Petition« der Arbeiterbewegung der Chartisten und damit auch deren Forderung nach dem allgemeinen Männerwahlrecht pauschal abgelehnt. Und jetzt bezeigten sie gegenüber den menschlichen Kosten der sogenannten Hungry Fourties eine ähnliche Verachtung.

Tatsächlich hatten die Industriekapitäne von Manchester die Arbeiterunruhen genutzt, um nach der Ablehnung der Petition vielerorts Lohnkürzungen um die Hälfte durchzusetzen, angefangen in der Stadt Stalybridge. Daraufhin strömten die Fabrikarbeiter in die Moore von Lancashire, wo sie in Massenversammlungen die Forderungen der *People's Charta* bekräftigten und den Schlachtruf »Guter Lohn für gute Arbeit!« anstimmten. Es folgten Streiks in den Fabriken und Kohlegruben in den nahe gelegenen Städten Ashton und Hyde (wo die Arbeiter den Unruhen ihren Namen gaben, indem sie in ihren Fabriken die [Sicherungs-]Stöpsel *[plugs]* aus den Dampfmaschinen zogen); in Bolton brachen Unruhen aus, und am Morgen des 10. August 1842, einem Mittwoch, riegelten in Manchester rund zehntausend Menschen die riesigen Spinnereien im Bezirk Ancoats ab. Die hoffnungslosen, bewaffneten und in zunehmendem Maß gewalttätigen Arbeiter plünderten Geschäfte, setzten Fabriken in Brand und griffen Polizisten an.

Die Behörden reagierten, unter den bewundernden Blicken der Direktoren von Ermen & Engels, rasch und entschlossen. Ein Aufruhrgesetz wurde verabschiedet und die Armee mobilisiert. Außerdem wurden Sonderkonstabler aus der Mittelschicht vereidigt, einschließlich einiger Vertreter der deutschen Kaufleute, die »mit ihren dicken Stöcken, die Zigarre im Munde, durch die Stadt« paradierten.[3] Die Aufrührer wurden festgenommen, und nachdem Ende August zweitausend Soldaten mit der Eisenbahn herbeigeholt worden waren, glich Manchester einer besetzten Stadt.[4] »Auf den Straßen sah man unübersehbare Zeichen dafür, wie beunruhigt die Behörden waren«, erinnerte sich der Chartist Thomas Cooper. »Kavallerietruppen marschierten mit von Pferden gezogenen Geschützen die Hauptdurchgangsstraßen auf und ab.«[5] Angesichts dieser militärischen Machtdemonstration und der ersten Anzeichen eines Wirtschaftsaufschwungs beruhigten sich die Gemüter der Arbeiterklasse.

Aber die »Plug Plot«-Unruhen waren bloß eine oberflächliche Verwerfung über einem tiefer reichenden sozialen Missstand. Kaum eine andere Stadt des 19. Jahrhunderts erlebte einen derart aggressiv geführten Klassenkampf zwischen prosperierender Bourgeoisie und verelendetem Proletariat wie das industrielle Manchester. »[D]ie moderne Kunst der Fabrikation hat in Manchester ihre Vollendung erreicht«, notierte Engels, mit der Folge, dass »die Feindschaft ... sich allmählich in zwei große Lager [teilt], die gegeneinander streiten: die Bourgeoisie hier und das Proletariat dort.«[6] Und niemand glaubte, dass dies der letzte Kampf gewesen war.

Am Ende des Jahrhunderts sollte Manchester, diese Stadt der sozialen Gegensätze, unauflöslich mit Engels' Namen verbunden sein, denn Manchester sollte ihn zu einem der bedeutendsten Werke über die britische Industrie anregen – *Die Lage der arbeitenden Klasse in England* – und für rund zwei Jahrzehnte der Ort sein, an dem er wohnte und arbeitete. Außerdem gelangte er dort Mitte der 1840er Jahre zu einer Reihe von intellektuellen und ideologischen Erkenntnissen, die für die Entstehung des Marxismus grundlegend sein sollten. In Lancashire fand er das Faktenmaterial, mit dem er dem Gerüst seiner Philosophie eine stoffliche Gestalt geben konnte. Wie Berlin mit seinen Vorlesungssälen und Bierstubendebatten eine Stadt des Geistes war, so war Manchester eine Stadt der greifbaren Tatsachen. In der Deansgate und der Great Ducie Street, in den heruntergekommenen Vierteln von Salford und den Enklaven an der Oxford Road sammelte Engels »Fakten, Fakten, Fakten«

über die verheerenden Folgen der Industrialisierung in England. Indem er sein deutsches philosophisches Erbe mit den Einsichten in die Klassengegensätze und den Raubtierkapitalismus verschmolz, die er auf den Straßen von London, Leeds und vor allem Manchester gewann, gab Engels dem Kommunismus einen entscheidenden Anstoß. Die Theorien von Moses Heß bekamen Hand und Fuß, als Engels erkannte, dass der Kommunismus die einzig vorstellbare Lösung für solch einen katastrophalen sozialen Zustand darstellte. Und während die Franzosen diese Wahrheit politisch und die Deutschen sie philosophisch erkannt hatten, würden die Engländer, wie Engels glaubte, aufgrund der »raschen Zunahme des Elends, der Demoralisierung und des Pauperismus in ihrem Vaterlande« die praktischen Schlussfolgerungen ziehen.[7] Darin bestand der geistige Fortschritt, den er in seiner Zeit in Manchester erzielte:

> Ich war in Manchester mit der Nase darauf gestoßen worden, dass die ökonomischen Tatsachen, die in der bisherigen Geschichtsschreibung gar keine oder nur eine verachtete Rolle spielen, wenigstens in der modernen Welt eine entscheidende geschichtliche Macht sind; dass sie die Grundlage bilden für die Entstehung der heutigen Klassengegensätze; dass diese Klassengegensätze in den Ländern, wo sie vermöge der großen Industrie sich voll entwickelt haben, also namentlich in England, wieder die Grundlage der politischen Parteibildung, der Parteikämpfe und damit der gesamten politischen Geschichte sind.[8]

Doch solche politischen Fortschritte änderten nichts an der unangenehmen Spannung in Engels' persönlichem Leben: Er wohnte auf Kosten seines Vaters in Manchester, als Bourgeois, der bei einem Spinnereibesitzer in die Lehre ging, um das Geschäft zu erlernen und aus dem Proletariat Mehrwert herauszupressen, während seine politischen Einsichten ihn in eine völlig andere Richtung zogen. Der junge Engels, muss man gerechterweise hinzufügen, stand der Niederschlagung des Arbeiterwiderstands etwas anders gegenüber als seine Kollegen bei Ermen & Engels.

Vieles von dem, was wir über das viktorianische Manchester zu wissen glauben, stammt in Wirklichkeit aus Engels' Feder. Im 20. Jahrhundert sollte seine mit nur 24 Jahren verfasste Studie über *Die Lage der arbeitenden Klasse in England* zum Handbuch über die Schrecken, die Ausbeutung und den Klassenkonflikt im sich urbanisierenden Großbritannien werden. Engels' Buch gehört zu einer umfangreichen zeitgenössischen Literatur über die Industriestadt im Allgemeinen und Manchester im Besonderen, die Engels nur zum geringen Teil kannte. »Wenn man von Rusholme nach Manchester hineinkommt«, so eine typische Beschreibung des Phänomens Manchester durch den Genossenschaftspionier George Jacob Holyoake, »erscheint die Stadt am unteren Ende der Oxford Road wie eine kompakte Rauchmasse, die abschreckender wirkt als der Eingang von Dantes Inferno. Mir ging durch den Kopf, dass niemand den Mut gehabt hätte, sie zu betreten, wenn er nicht vorher gewusst hätte, was ihn erwartet.«[9]

Für den viktorianischen Geist stand »Cottonopolis« für alle Schrecken der Moderne. Manchester war die »Schock-City« der industriellen Revolution, die furchtbare Verkörperung der grauenerregenden Umwälzungen des Dampfzeitalters. Zwischen 1800 und 1841 wuchs seine Bevölkerung (einschließlich Salford) auf der Welle des Booms in der Textilindustrie, die – wie in Barmen und Elberfeld – dank der Ballung von technologischen Neuerungen, des Arbeitskräftereservoirs und einem günstigen feuchten Klima prosperierte, von 95 000 auf 310 000. Der Unternehmer und Erfinder Richard Arkwright – der mit seinen Spinnereien in Cromford im Derwent Valley zu den Vorreitern der Baumwollindustrie gehörte – hatte Ende der 1780er Jahre als Erster in Manchester Dampfkraft für das Spinnen von Baumwolle eingesetzt. Bis 1816 kamen zu seiner Spinnerei in Shudehill im Zentrum von Manchester weitere 85 Fabriken hinzu, in denen Dampfkraft genutzt wurde und insgesamt rund 12 000 Männer, Frauen und Kinder arbeiteten. In Lancashire und Cheshire wurden schließlich rund neunzig Prozent der britischen Baumwolle produziert. 1830 gab es in Lancashire über 550 Baumwollspinnereien mit weit über 100 000 Beschäftigten. Doch Manchester war im Unterschied zu den Nachbarstädten Oldham, Ashton und Stalybridge nicht nur eine Baumwollkapitale, sondern auch ein Handels- und Umschlagplatz sowie ein Finanzzentrum, das mehr Kapital in die Geschäftshäuser in der Portland und der Princess Street spülte als die ebenso berühmten wie berüchtigten Fabriken und Spinnereien. Manchester stand im Zentrum eines zu gegenseitigem Vorteil arbeitenden Netzwerks von nordwestenglischen Städten, die von seiner Kaufmannschaft, seiner Bauwirtschaft und seinem Einzelhandel ebenso abhingen wie von seinen Baumwollspinnereien. Zu den reichsten Bürgern der Stadt zählten Bankiers, Brauereibesitzer und Kaufleute genauso wie typisch viktorianische Fabrikbesitzer.[10]

Dennoch machte das »Cottonopolis«-Image der smogverhangenen Fabriken und starren Gegensätze zwischen Elend und midasähnlichem Reichtum die Stadt zu einem exemplarischen Untersuchungsgegenstand für all jene, die das Wesen der Industrialisierung enthüllen wollten. So wandte sich Alexis de Tocqueville, nachdem er die Demokratie in Amerika untersucht hatte, 1833 diesem »neuen Hades« zu. Als er sich der Stadt näherte, bemerkte er »dreißig oder vierzig Fabriken, die sich auf den Hügeln erhoben« und scheußlichen Qualm ausstießen. Tatsächlich hörte er die Stadt schon von Ferne, denn kein Besucher entkam den »kreischenden Rädern der Maschinen«, dem »Lärm der Öfen«, dem »Zischen des aus Kesseln entweichenden Dampfs« und dem unablässigen »gleichmäßigen Schlagen der Webstühle«. In der wuchernden, verdreckten Stadt selbst fand er, wie Engels im Wuppertal, ein »übelriechendes, schmutziges Gewässer, das von den Fabriken, die es passiert, in tausend Farben eingefärbt« wurde. Und doch floss »aus diesem stinkenden

Plan von Manchester un

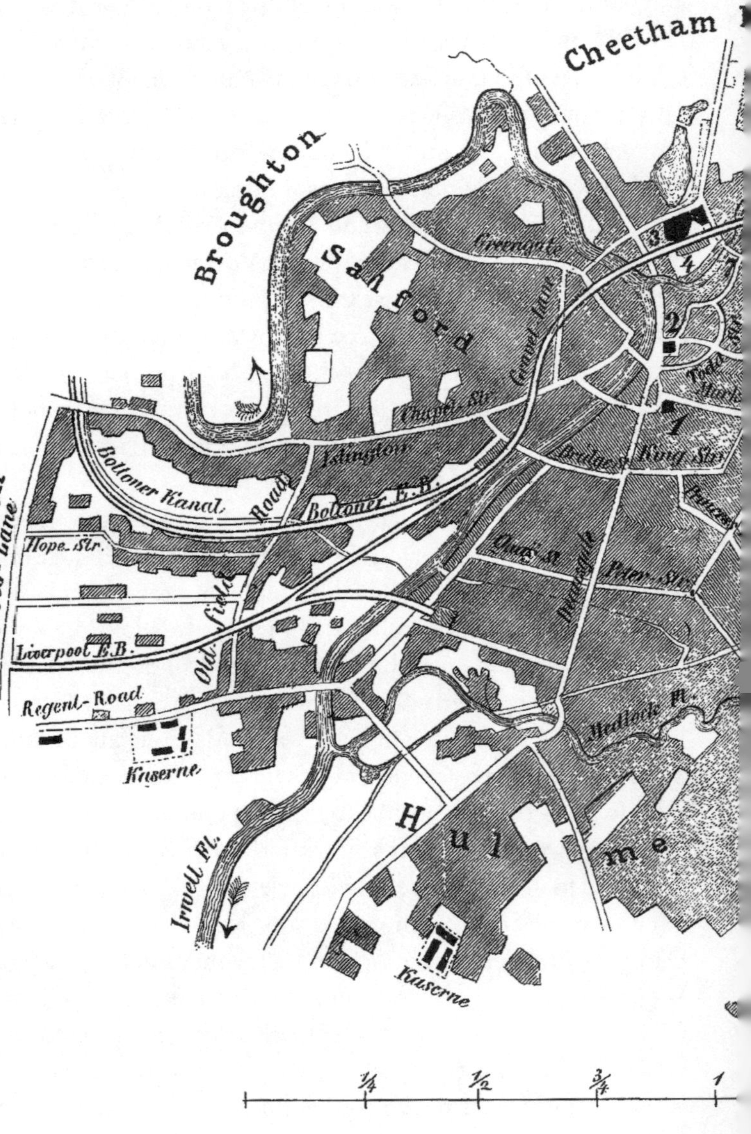

Das commerzielle Viertel ist zur Unterscheidung von a

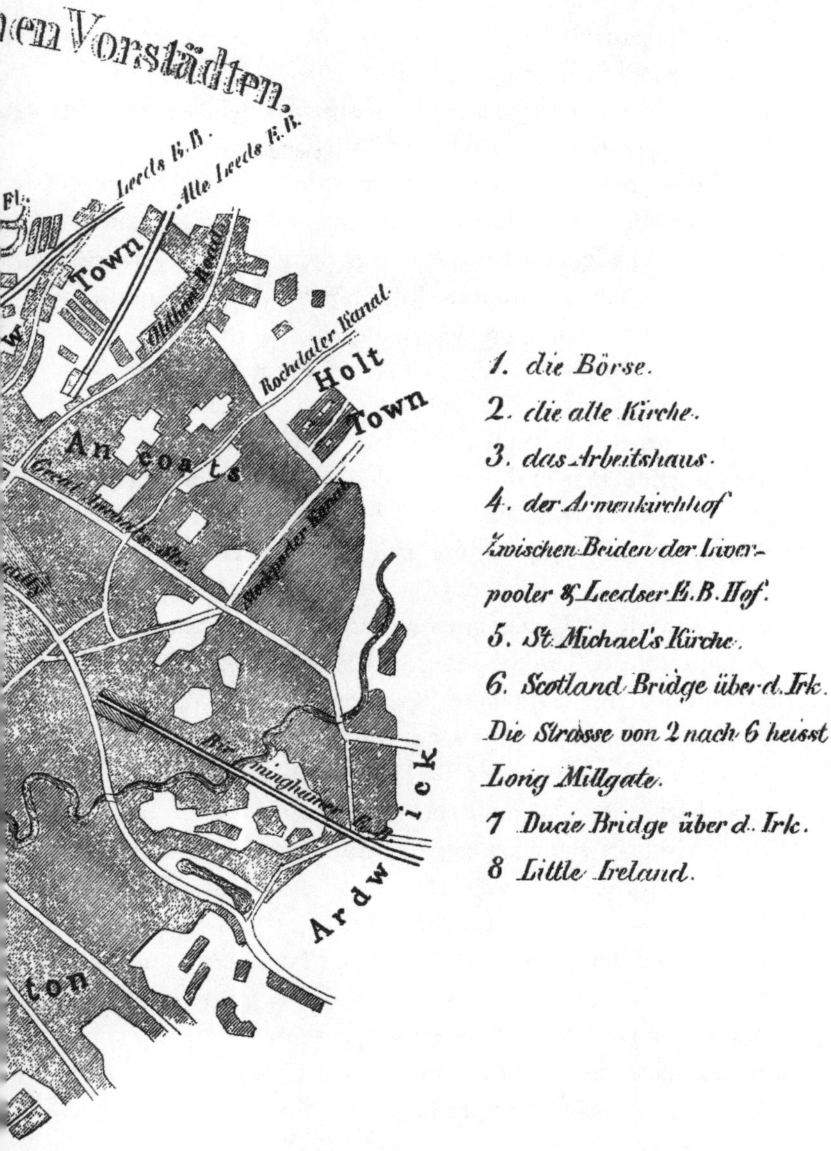

Ein Stadtplan von Manchester aus der Erstausgabe von *Die Lage der arbeitenden Klasse in England* von 1845.

Flusslauf … der größte Strom menschlicher Betriebsamkeit hervor, um die ganze Welt zu befruchten. Aus diesem dreckigen Abwasserkanal fließt pures Gold.«[11]

Mit diesem Eindruck stand der französische Beobachter nicht allein da. In Hulme, Chorlton und Ardwick waren viele Deutsche anzutreffen – die einen waren aufgrund von Geschäftsverbindungen dort, andere mit dem Auftrag, industrielle Erkundigungen anzustellen. Zu ihnen gehörten der Historiker Friedrich von Raumer, die Schriftstellerin Johanna Schopenhauer, der preußische Beamte Johann Georg May und sogar Otto von Bismarck. May war 1814 fasziniert von den Hunderten von »fünf und sechs Stock hohen Fabrikgebäuden …, zur Seite mit turmhohen Schornsteinen versehen, welche schwarzen Steinkohlendampf aushauchen und damit andeuten, dass hier mächtige Dampfmaschinen wirksam sind … Die Häuser sind schwarz davon gefärbt.«[12] Drei Jahrzehnte später war der liberale französische Journalist Léon Faucher entsetzt über den »Nebel, der aus diesem sumpfigen Gebiet aufsteigt, und die Rauchwolken, die von den zahllosen Essen ständig ausgestoßen werden«. In ähnlich widerwärtigem Zustand befanden sich die Wasserwege: »Der durch Manchester fließende Fluss ist derart voller Färbemittelabfall, dass er wie ein Färbebottich aussieht. Die ganze Szenerie stimmt melancholisch.«[13]

Zu den Industrieabfällen kamen die infernalischen Arbeitsbedingungen, unter denen die Heloten dieser Stadt schufteten. Manchester war bekannt für seine Arbeitsethik. »Hast du einmal mit gesunden Ohren das Erwachen Manchesters am Montagmorgen Schlag halb sechs Uhr gehört?«, fragte der viktorianische Geistesheroe Thomas Carlyle seine Leser. »Das Losstürmen seiner tausend Fabriken wie das Dröhnen der Flut im Atlantischen Ozean; das Summen von zehntausend mal zehntausend Spulen und Spindeln – es ist vielleicht, wenn du es richtig verstehst, erhaben wie ein Niagarafall, oder noch erhabener!«[14] Ein effektives Zeitmanagement war den Industriebaronen, wie wir sehen werden, besonders wichtig. Als der später gefeierte Dichter Robert Southey eine Fabrik in Manchester besichtigte, erklärte ihm der Besitzer stolz: »Hier bei uns gibt es keinen Müßiggang.« Die Kinderarbeiter kamen um fünf Uhr morgens, hatten je eine halbe Stunde Frühstücks- und Mittagspause und gingen um sechs Uhr abends, wenn sie von der nächsten Schicht von Kinderarbeitern abgelöst wurden. »Das Rad steht niemals still«, wie Southey festhielt.[15]

Dem deutschen Reiseschriftsteller Johann Georg Kohl zufolge erwuchs daraus eine neue Menschenart: »Sie strömten in langen Zügen von allen Seiten herbei, auf den schönen Trottoirs der breiten Straßen, Tausende von Weibern, Männern, Mädchen und Knaben. Sie sprachen kein Wort, sondern, ihre Hände vor der Kälte unter ihre baumwollenen Gewänder versteckt, eilten [mit ihren Holzschuhen] klappernd und klappernd, von der Angst des Zuspätkommens getrieben, zu ihren Werkstätten, um ihrer Sklavenarbeit obzuliegen.«[16] In den Augen des französischen Historikers Hippolyte Taine glich Manchester einer »großen, schlecht gebauten Kaserne, einem ›Arbeitshaus‹ für 400 000 Menschen, einem Zuchthaus mit Zwangsarbeit«. Es sei einfach unanständig, wie hier Tausende von Arbeitern zusammengepfercht würden, um geistlose reglementierte Aufgaben auszuführen, »mit den Händen tätig, die Füße bewegungslos, tagein, tagaus, jeden Tag«. Könne es, fragte Taine, »eine empörendere, den natürlichen Instinkten des Menschen stärker widersprechende Art des Lebens geben«?[17]

Neben dem damaligen Elendstourismus gab es einen ausgeprägten Kanon einheimischer kritischer Schriften, die Engels geradezu verschlang. Eines der beredtesten Zeugnisse stammt von James Phillips Kay, einem Arzt des Ancoats-und-Ardwick-Hospitals. Sein 1822 erschienenes Traktat *The Moral and Physical Condition of the Working Class Employed in the Cotton Manufacture in Manchester* war eine teils christliche, teils wissenschaftliche Kritik der Not, der er auf seinen Cholerarunden in den »engen Gassen, den überfüllten Höfen, den vollgestopften Elendsunterkünften« begegnete, »in denen Armut und

Krankheit sich um die Quelle der sozialen Unzufriedenheit und politischen Unruhe scharen«.[18] Kay war wie Engels der Sohn eines nonkonformistischen Spinnereibesitzers und angesichts des beispiellosen Reichtums der Stadt moralisch empört über das unnötige Leid, das in ihr herrschte. Wie ein »schlummernder Riese« lag die arbeitende Bevölkerung »inmitten von so viel Wohlstand«.

Solche Augenzeugenberichte wurden ergänzt durch amtliche Veröffentlichungen von Beamten wie Edwin Chadwick, der 1842 in einem *Report on the Sanitary Conditions of the Labouring Population of Great Britain* ein scharfes Urteil über die Auswirkungen der Industrialisierung auf die Volksgesundheit fällte: »Die jährlichen Verluste in England und Wales durch vermeidbare Fälle von Typhus, der Menschen in der Blüte des Lebens dahinrafft, scheinen doppelt so hoch zu sein wie jene der alliierten Armeen in der Schlacht von Waterloo.«[19] Besonders schlechte Noten erhielt Manchester, wie kaum anders zu erwarten, vom Beauftragten für das Armengesetz, Richard Baron Howard. Nach dessen Beschreibung waren ganze Straßen »ungepflastert und ohne Abwasserrinnen und Hauptabflusskanäle« und derart »mit Abfällen und Ausscheidungsstoffen bedeckt, dass sie aufgrund der Tiefe des Schlamms kaum passierbar und von einem unerträglichen Gestank erfüllt« waren. »An vielen dieser Orte sind Abtritte im abscheulichsten Zustand zu sehen, voller Schmutz, offene Latrinen, verstopfte Abwasserrohre, Gräben mit fauligem Wasser, Misthaufen, Schweineställe etc., aus denen die widerlichsten Gerüche aufsteigen.«[20]

Aber von der Stadt gingen, in der unausgereiften medizinischen Terminologie der damaligen Zeit ausgedrückt, nicht nur sanitäre, sondern auch moralische Miasmen aus. Die Arbeiter von Manchester waren berüchtigt für ihre Gottlosigkeit (oder, schlimmer noch, den Katholizismus der Iren unter ihnen) sowie ihre sexuelle Promiskuität, Trunksucht und allgemeine Verrohung, und das Bürgertum war wegen seines vulgären Materialismus nicht weniger verschrien. »Das alles andere verdrängende

Bestreben der meisten Einwohner ist es, Reichtum zu erwerben, und alles, was nicht der Erreichung dieses Ziels dient, ist nach ihrer Einschätzung wertlos«, klagte ein Zeitgenosse. Der Bewohner von Manchester höre »in der endlosen Bewegung des Webstuhls mehr Musik als in den Liedern der Lerche oder der Nachtigall. Philosophie vermag ihn nicht zu reizen, Poesie nicht zu entzücken; Berge, Felsen, Täler und Flüsse erregen in ihm keine Freude oder Bewunderung; das Genie schrumpft, kommt es ihm nahe.«[21] Selbst der für gewöhnlich loyale *Manchester Guardian* musste eingestehen: »Wenn man die Engländer insgesamt als eine Nation der Ladenbesitzer betrachtet, dann stehen die Einwohner von Manchester ständig hinter der Verkaufstheke und schauen durch einen Baumwollschleier auf Menschen und Dinge.«[22] Dem konnten die deutschen Besucher nur beipflichten: »Arbeit, Erwerb, Geldgier scheinen hier die einzige Idee zu sein …, auf allen Gesichtern stehen Zahlen, nichts als Zahlen«.[23]

Die grobe Trennung von Proletariat und Bourgeoisie aufgrund von Geld und Besitz deutete auf eine unüberbrückbare soziale Kluft hin. Nach Ansicht des Kanonikers Richard Parkinson gab es »keine Stadt auf der Welt, in welcher der Abstand zwischen Arm und Reich so groß« war wie in Manchester. Tatsächlich, so Parkinson weiter, komme es »zwischen dem Spinnereibesitzer und seinen Arbeitern weit weniger zu persönlichen Kontakten« als zwischen »dem Herzog von Wellington und dem niedrigsten Arbeiter auf seinem Anwesen«.[24] Diese urbane Trennung auf engstem Raum – physische Nähe bei krasser sozialer Ungleichheit – fiel auch Léon Faucher ins Auge. Nach seiner Beobachtung bestand Manchester aus »zwei Städten: In dem einen Teil gibt es Platz, frische Luft und eine Gesundheitsversorgung, während in der anderen alles vorhanden ist, was das Leben vergiftet und verkürzt.«[25]

Benjamin Disraeli stellte diese Klassenteilung 1845 in den Mittelpunkt seines als Roman verkleideten politischen Manifests *Sybil oder die beiden Nationen*. In den Städten, klagte er, würden nunmehr zwei völlig verschiedene Nationen nebeneinander existieren, »zwischen welchen keine Verbindung, keine Sympathie besteht, die mit den gegenseitigen Gewohnheiten, Gedanken und Gefühlen ebenso unbekannt sind, als wenn sie Bewohner verschiedener Zonen wären oder Bewohner verschiedener Planeten«. Diese beiden Nationen seien »verschieden erzogen«, würden sich verschieden ernähren und unterschiedlichen Gesetzen folgen. Die Rede sei von *»den Reichen und den Armen«*.[26] Es war die Voraussage unmittelbar bevorstehender Klassenkämpfe, ausgesprochen vom Skrupulösesten aller Tories.

Selbstverständlich war Manchester nicht die einzige Stadt, die derart kritisch unter die Lupe genommen wurde. Über Glasgow, Liverpool, Birmingham oder Bradford wurde Ähnliches geschrieben, und auch auf dem Kontinent gab es eine Vielzahl von Schriften, in denen die Zustände in den Elendsvierteln, die »geheimen Stämme« und die Amoralität der Halbweltbewohner von Lyon, Paris, Berlin und Hamburg enthüllt wurden. Doch Manchester war etwas Besonderes: Es symbolisierte das Nonplusultra der Industrialisierung und war infolge des exponentiellen Wachstums der Baumwollindustrie die Stadt in Europa mit den schärfsten sozialen Gegensätzen und den größten sanitären Schrecken. Als außergewöhnliches urbanes Phänomen – das den chinesischen Boomstädten oder den riesigen afrikanischen Megastädten von heute ähnelte – zog es Intellektuelle, Aktivisten, Philosophen und sogar Künstler an. Sie alle wollten diese furchterregende Zukunft selbst erleben. Aber Friedrich Engels war derjenige von ihnen, der die Fähigkeit besaß, ein Bild der sozialen Krise der Stadt auf eine weiter gespannte historische Leinwand zu malen.

»Ist in England eine Revolution möglich oder gar wahrscheinlich? Das ist die Frage, von der die Zukunft Englands abhängt.«[27] Angeregt von Moses Heß' Voraussage einer sozialen Krise in England, suchte Engels, seit er 1842 nach der Überfahrt in den Londoner Docks von Bord gegangen war – die »Häusermassen, die Werften auf beiden Seiten, … die zahllosen Schiffe an beiden Ufern entlang … – das alles ist so großartig, so massenhaft, dass man gar nicht zur Besinnung kommt und dass man vor der Größe Englands staunt, noch ehe man englischen Boden betritt«[28] –, nach Anzeichen der bevorstehenden Katastrophe. Und er entflammte sofort für die Klasse der Proletarier, die ihm aus den Sozialdebatten in Deutschland in den 1830er Jahren vertraut waren. Sie hatten den Preis für diese kommerzielle Größe zu zahlen und waren daher die einzige Klasse, die deren Ungerechtigkeit zu überwinden vermochte. »Denn die Industrie bereichert zwar ein Land«, stellte Engels in einer Artikelserie für Marx' *Rheinische Zeitung* fest, »aber sie schafft auch eine Klasse von Nichtbesitzenden, von absolut Armen, die von der Hand in den Mund lebt, die sich reißend vermehrt, eine Klasse, die nachher nicht wieder abzuschaffen ist …« Angesichts der schrecklichen Realität der Industrialisierung wandte sich Engels von den junghegelianischen Vorstellungen von Geist, Bewusstsein und Freiheit ab und bediente sich der nüchternen Sprache der politischen Ökonomie: »Bei der geringsten Schwankung im Handel werden Tausende von Arbeitern brotlos; ihre geringen Ersparnisse sind bald verzehrt, und dann steht der Hungertod vor ihnen. Und eine solche Krisis muss in ein paar Jahren wieder eintreten.«[29]

Aber bis zur Revolution musste noch einige Arbeit erledigt werden. Die Firma Ermen & Engels wurde 1837 begründet, als Friedrich Engels sen. das Geld, das er für seinen Anteil am Familienunternehmen erhalten hatte, in die Firma der Brüder Ermen einbrachte. Deren treibende Kraft, der in Holland geborene Peter Ermen, war Mitte der 1820er Jahre nach Manchester gekommen und hatte es vom kleinen Doublierer zum Besitzer eines internationalen Baumwollgarnunternehmens gebracht, das er zusammen mit seinen Brüdern Anthony und Gottfried leitete. Die Investition von Friedrich Engels sen. erlaubte es dem Unternehmen, im Salforder Stadtteil Eccles – der für seine feine, merzerisierte Baumwolle sowie das Weben von Bucheinbänden, Leinwandfeuerwehrschläuchen und wasserdichter Kleidung bekannt war – eine neue Spinnerei zu eröffnen. Unter ihrem Markenzeichen, drei roten Türmen – dem Wappen, das der Familie Ermen angeblich im 16. Jahrhundert verliehen worden war –, begann die Firma, Baumwollgarn herzustellen.

Die Fabrik befand sich unweit des Bahnhofs Weaste an der Bahnstrecke Manchester – Liverpool und lag in mehrfacher Hinsicht ideal: Die Anfuhr der Baumwolle erfolgte von den unweit gelegenen Mersey-Docks, und von dem Fluss Irwell ließ sich Wasser für das Bleichen und Färben abzweigen. Zu der vierhundertköpfigen Belegschaft der Fabrik, die zu Ehren der jungen, gerade auf den Thron gelangten Königin ganz patriotisch auf den Namen Victoria Mill getauft worden war, gehörte nun also auch Engels, der dort im sogenannten Throstlezimmer seine Arbeit aufnahm. Man weiß es zwar nicht genau, aber er scheint in der Nähe in Eccles gewohnt zu haben, wo er – »während meiner Anwesenheit in Manchester« – einmal eine Straßenschlacht zwischen Arbeitern der Ziegelfabrik Pauling & Henfrey und der Polizei miterlebte.[30] Der örtlichen Legende zufolge war er regelmäßiger Gast des Wirtshauses Crescent, und F. R. Johnston hat in seiner Geschichte von Eccles sogar behauptet, Engels habe »eine im Hotel Grapes beheimatete kommunistische Zelle« zu gründen versucht.[31] Die Spinnerei in Eccles existierte – zuletzt unter dem Namen Winterbottom Bookcloth Company – bis in die 1960er Jahre, als sie der Autobahn M602 von Salford nach Manchester weichen musste; doch zu diesem Zeitpunkt war sie allenfalls noch eine industriell-sozialistische Fußnote der Geschichte. Sie verschwand jedoch nicht spurlos, denn der Stadtrat von Eccles war ungleich stolzer auf einen sozialistischen Helden als Wuppertal und verlieh einem Block mit Sozialwohnungen (die heute nicht mehr die staatlich verlangten bescheidenen Kriterien erfüllen) den Namen »Engels House«.[32] Die Kirche von England hielt sich dagegen an die respektablere Seite der ehemaligen Partnerschaft und benannte eine örtliche Schule nach Godfrey Ermen.[33]

Im Familienunternehmen zu arbeiten, zugleich aber in einer

vom Baumwollkapitalismus ausgebeuteten und am Leben erhaltenen Gemeinde zu leben, schärfte Engels' Sinne für die Widersprüche seiner Stellung. Später bekannte er in einem emotionalen Brief an Marx: »[D]er Schacher ist zu scheußlich … nicht nur Bourgeois, sondern sogar Fabrikant, aktiv gegen das Proletariat auftretender Bourgeois zu bleiben. Ein paar Tage auf der Fabrik meines Alten haben mich [daz]u gebracht, diese Scheußlichkeit, die ich etwas übersehen hatte, mir wieder vor die Augen zu stellen.«[34] Allerdings musste er sich nicht mit der Bourgeoisie gemeinmachen, auch wenn er für sie arbeitete. »Ich verzichtete auf die Gesellschaft und die Bankette, den Portwein und den Champagner der Mittelklasse und widmete meine Freistunden fast ausschließlich dem Verkehr mit einfachen Arbeitern …«[35] Sein erster Aufruf richtete sich an die einfachen Arbeiter der owenistischen Volkshochschule (Hall of Science) in Manchester.

Robert Owen war das letzte Mitglied von Engels' Triumvirat der »utopischen Sozialisten«. Er gesellte sich zu Fourier und Saint-Simon in den Pantheon der Träumer, deren Verdienst, wie Engels es später sah, durch eine Überbetonung der historischen Strenge des wissenschaftlichen Sozialismus allzu sehr geschmälert wurde. Immerhin besaß Owen ein weit praktischeres Verständnis von sozialer Gerechtigkeit, als es Marx und Engels jemals gewinnen sollten. Als Textilfabrikant – er hatte sich die Karriereleiter in der Baumwollindustrie emporgearbeitet und außerdem günstig geheiratet – verwandelte er seine Fabriken im schottischen New Lanark in einen Modellbetrieb mit gerechter Beschäftigung und Gemeinschaftsbindung. Sein Ausgangspunkt war die Annahme, dass nicht der Charakter, sondern die Verhältnisse der Schlüssel zur »Natur des Menschen« seien. Nach seiner Auffassung war der Mensch ein »zusammengesetztes Wesen, dessen Charakter teils durch angeborene Fähigkeiten bestimmt ist, teils durch die Einwirkungen äußerlicher Einflüsse, denen er von Geburt bis zum Tode ausgesetzt ist«.[36] Die Ursünde war in seinen Augen ein Irrtum; stattdessen hielt er ein Bildungs- und Sozialethos für nötig, das die kooperativen Kräfte des Menschen förderte. In New Lanark übte er eine wohlmeinende betriebliche Diktatur aus. Er verkürzte die Arbeitszeit, beendete die Kinderarbeit, beschränkte den Alkoholverkauf, verbesserte die Arbeitsbedingungen und führte eine kostenlose Grundschulbildung ein. In seinen Essays über *Eine neue Auffassung von der Gesellschaft* von 1813/14 beschrieb er, wie sein Experiment auf die Gesellschaft insgesamt ausgedehnt werden könnte, und trug so dazu bei, dass 1819 in England ein Fabrikgesetz verabschiedet wurde, das die Arbeitszeit in der Textilindustrie begrenzte.

Doch wie viele Reformgesetze auch beschlossen wurden, das Problem der strukturellen Armut, das England in den Jahren nach den napoleonischen Kriegen belastete, vermochte die Politik nicht zu lösen. Seine Ursachen lagen nach Owens Ansicht im organisierten Christentum (das die Menschen im Zustand des Aberglaubens halte) und im Konkurrenzstreben der Gesellschaft (das sich ökonomisch im Privateigentum manifestiere), die beide die Menschen verdarben. Sein ursprüngliches Ziel der Reformierung der Wirtschaft weit hinter sich lassend, rief Owen zu einer umfassenden moralischen Revolution auf, um die Gesellschaft zu erneuern, das heißt die Übel der »alten unmoralischen Welt« auszumerzen und – wie Fourier – neue Gemeinschaften zu schaffen, in denen Landwirtschaft und Industrie im Mittelpunkt stehen und Bildung und Kooperation den Erneuerungsprozess in Gang setzen sollten. »Mit religiösen und theologischen Zänkereien, mit Griechisch und Lateinisch werden die Kinder nicht geplagt«, schrieb Engels bewundernd über die Owensche Siedlung Queenwood Farm in Hampshire, »dafür lernen sie desto besser die Natur, ihren eignen Körper und ihre geistigen Fähigkeiten kennen ... Die sittliche Erziehung beschränkt sich auf die Anwendung des einen Satzes: Was du nicht willst, das andere dir tun sollen, das tue du ihnen nicht, also auf die Durchführung vollkommner Gleichheit und brüderlicher Liebe.«[37] Doch wie Fouriers Phalansterien und Saint-Simons

Sekten scheiterten auch die geplanten owenistischen Gemeinschaften sowohl in England als auch in Amerika auf ebenso katastrophale wie kostspielige Weise.

Erfolgreicher waren Owens sozialistische Anhänger mit ihrer Kritik des modernen partikularistischen Konkurrenzkampfs. Sie fanden unter dem Schirm des Vereins zur Förderung des kooperativen Wissens (British Association for the Promotion of Co-Operative Knowledge) zusammen. »Das eigensüchtige Empfinden des Menschen könnte man zutreffend Konkurrenzprinzip nennen«, erklärte der führende Owenist, William Lovett, »denn es bringt ihn dazu, mit anderen um die Erfüllung seiner Wünsche und Neigungen zu konkurrieren. Dagegen könnte man das kooperative als soziales Empfinden bezeichnen, das ihn zu wohlwollendem Handeln und brüderlicher Zuneigung veranlasst.« Eine auf dem Konkurrenzsystem beruhende Wirtschaft sei grundsätzlich ungerecht und instabil: Reichtum werde ungleich verteilt und angehäuft, die Wirtschaftszyklen würden immer extremer, und die Armut verschärfe sich.

Während sich Owen selbst zunehmend damit beschäftigte, die Religion zu reformieren und die »unnatürliche und künstliche Vereinigung der Geschlechter« durch die Ehe zu beenden, entwickelten seine Anhänger in den 1830er Jahren ein Programm, in dessen Mittelpunkt Zusammenarbeit und ein moralisches Wertgefühl standen, das anstelle der herrschenden »Lohndoktrin« auf gerechter Arbeitszeit und gerechtem Transfer beruhte. Dies führte zur Gründung von genossenschaftlichen Geschäften in London und Brighton, von »Arbeitsbörsen« zum Direktvertrieb von Waren, von Gewerkschaften, die den Forderungen der Arbeiter Nachdruck verleihen sollten, sowie – unter dem Banner der Association of All Classes of All Nations – eines Netzes von Volkshochschulen, um die Menschen zu Sozialismus, Kameradschaft und Vernunft zu bekehren. Eine der größten und aktivsten Volkshochschulen, mit 440 Mitgliedern und einem eigenen Gebäude, war anfangs in Salford beheimatet, bevor sie 1840 aufgrund des zunehmenden Interesses am Sozialismus in ein größeres Refugium in Campfield in Manchester umzog. Der französische Kritiker Léon Faucher beschrieb ihr neues Domizil als

> riesiges Gebäude, das ausschließlich von den Ersparnissen der Mechaniker und Handwerker errichtet wurde, zu Kosten von 7000 Pfund, und in dem sich ein Vorlesungssaal befindet – der beste und größte der Stadt. Genutzt wird es von den Anhängern von Mr. Owen. Neben Sonntagsvorträgen über die Lehren des Sozialismus betreiben sie eine Tages- und Sonntagsschule und vermehren die Zahl ihrer Anhänger durch Oratorien und Feste – durch Landpartien und harmlose billige Erholungsangebote für die Arbeiterklasse … Die großen Geldbeträge, die sie aufbringen, beweisen, dass sie der wohlhabenderen Schicht der Arbeiterklasse angehören. An Sonntagabenden ziehen sie gewöhnlich ein zahlreiches Publikum an.[38]

Nach großzügigen Schätzungen zählte die »sozialistische Gemeinde« von Manchester in den 1840er Jahren acht- bis zehntausend Menschen, und sonntagabends strömten beeindruckende 3000 Besucher in die Volkshochschule – unter ihnen Friedrich Engels. Derart auf Tuchfühlung mit der wohlanständigen Arbeiterklasse, beeindruckte den Fabrikantensohn aus Deutschland insbesondere deren klares Denken und Ausdrucksfähigkeit, im Gegensatz zur Trunkenheit der Barmer Handwerker: »[M]an kann sich anfänglich nicht genug wundern, wenn man die gemeinsten Arbeiter in der Hall of Science über den politischen, den religiösen und sozialen Zustand mit klarem Bewusstsein sprechen hört …«[39] Manchmal habe er »Arbeiter, deren Samtröcke nicht mehr zusammenhalten wollten, mit mehr Kenntnis über geologische, astronomische und andre Gegenstände sprechen hören, als mancher gebildete Bourgeois in Deutschland davon besitzt«.[40] Den Grund dafür sah er in der geradezu begierigen Lektüre der Arbeiter, die im Gegensatz zum Bürgertum Rousseau, Voltaire und Paine zu ihren Lieblingsautoren zählten: »Byron und Shelley werden fast nur von den untern Ständen gelesen; des letztem Werk dürfte kein ›respektabler‹ Mann auf seinem Tische liegen haben, ohne in den schrecklichsten Verruf zu kommen.«[41]

Wie viele andere Spielarten des Sozialismus, so griff auch diese neue Religion der Humanität Riten und Rituale des christlichen Gottesdiensts auf – häufig auf Betreiben früherer Methodisten. »Die Formen dieser Zusammenkünfte gleichen zum Teil den kirchlichen«, bemerkte Engels bewundernd; »ein Sängerchor, von einem Orchester begleitet, singt auf der Galerie die sozialen Hymnen, es sind halb und ganz geistliche Melodien mit kommunistischen Texten, wobei die Zuhörer stehen.« Die Predigten seien jedoch weit anspruchsvoller als etwa Krummachers Tiraden. »Dann tritt ein Vorleser auf die Plattform, ... ganz ungeniert mit dem Hut auf dem Kopf, macht mit dem Hutlüften den Anwesenden seinen Gruß und zieht den Überrock aus; dann setzt er sich und hält seinen Vortrag, wobei gewöhnlich viel gelacht wird, da der englische Witz im sprudelnden Humor sich in diesen Reden Luft macht.« Bei anderen Gelegenheiten schienen die owenistischen Versammlungen für Arbeiter und Kleinbürger einfach ein Anlass zu sein, um zusammenzukommen, sonntags zu einem »gewöhnlichen Abendessen, Tee mit Butterbrot«, während »an Werktagen ... oft Bälle und Konzerte in der Hall aufgeführt [werden], wo man sich recht lustig macht«.[42] Das alles klingt sehr nach guter alter sozialdemokratischer Geselligkeit.

Ab und an wurde ein Kassenmagnet eingeladen. Ende 1843 war es der gefeierte Mesmerist Spencer Hall, der vor einem skeptischen Publikum aus materialistischen Owenisten »an einem jungen Mädchen magnetisch-phrenologische Schaustellungen vornahm, um dadurch die Existenz Gottes, die Unsterblichkeit der Seele und die Nichtigkeit des damals von den Owenisten in allen großen Städten gepredigten Materialismus zu beweisen«. Engels war von der Vorführung derart beeindruckt, dass er nach der Rückkehr von der Veranstaltung selbst ein pseudowissenschaftliches Experiment durchführte. »Ein aufgeweckter Junge von zwölf Jahren bot sich als Subjekt [an]. Gelindes Anstieren oder Bestreichen versetzte ihn ohne Schwierigkeit in den hypnotischen Zustand … Abgesehn von der leicht zu erzeugenden Muskelstarre und Empfindungslosigkeit, fanden wir einen Zustand vollständiger Passivität des Willens, verbunden mit eigentümlich überspannter Erregbarkeit der Empfindung.« Doch der Mitbegründer des dialektischen Materialismus war von solchem Hokuspokus nicht so leicht hinters Licht zu führen. »[So] entdeckten wir in der großen Zehe ein Organ der Betrunkenheit, das wir nur zu berühren brauchten, um die schönste betrunkene Komödie in Gang zu bringen. Aber wohlverstanden: Kein Organ zeigte einen Schatten von Wirkung, bis dem Patienten zu verstehn gegeben, was von ihm erwartet wurde; der Junge vervollkommnete sich bald durch die Praxis so, dass die geringste Andeutung hinreichte.«[43]

Mehr geistige Anregungen hielt der owenistische Redner John Watts bereit, ein Bandweber und ehemaliger stellvertretender Sekretär des Mechanics' Institute in Coventry, der zum owenistischen Missionar und scharfen Kritiker der politischen Ökonomie geworden war. Engels lernte viel von diesem »bedeutenden Mann« und seiner moralischen Kritik des Konkurrenzkampfs.[44] »Geschäfte sind dem Wesen nach böse«, stellte Watts in seinem einflussreichen Traktat *The Facts and Fictions of Political Economists* (1842) fest. »Ihnen verdanken wir mehr als allem anderen die vorhandene natürliche Verderbtheit.« Das kapitalistische Wertesystem und Geldlöhne – die ihrerseits auf Gewalt und Betrug, auf der Aneignung und Akkumulation des Marktes beruhten – seien die Grundursache der Wirtschaftskrise, welche die britische Industrie erfasst habe. Man verleugne die Wahrheit, dass »Arbeit … die Quelle alles Reichtums« sei. Die Lösung bestand nach Watts' Auffassung in der Rückkehr zu einem vorindustriellen, genossenschaftlichen Tauschsystem, »das heißt zu einem festen Ertrag aus der Arbeit, einem gleichartigen Ertrag, einem bestimmten, unveränderlichen Anteil am Produkt«. Ferner kritisierte er, in Abgrenzung zu Adam Smith, die abstumpfende Wirkung der Arbeitsteilung – »man braucht nicht lange darüber zu debattieren, ob Draht zu schneiden oder Nägel mit einem Kopf zu versehen eine angemessene Beschäftigung für ein vernunftbegabtes Wesen ist« – und den grauenhaften Fabrikalltag: »Ist diese Lage so viel besser als jene der Neger, dass sie keiner tätigen Menschenfreundlichkeit bedarf, dass sie kein Mitgefühl verlangt? Doch unsere politische Ökonomie neigt mit ihrer Lehre von den Löhnen dazu, diesen Zustand zu verewigen.«[45]

Trotz ihrer unbestrittenen Stärke in Manchester schwand Ende der 1830er Jahre der Einfluss der Owenisten auf die britische Arbeiterbewegung. An ihre Stelle traten die Chartisten mit ihrem leichtverständlichen Programm aus sechs Forderungen: allgemeines Männerwahlrecht, geheime Wahlen, jährliche Wahlen, gleich große Wahlbezirke, Bezahlung von Abgeordneten und Abschaffung des Mindestbesitznachweises als Voraussetzung für den Einzug ins Parlament. Im Gegensatz zu den utopischen Zielen der Owenisten stellte diese Charta einen praktischen Versuch dar, einen politischen Weg zur Verbesserung der Lage der Arbeiterklasse zu finden. In Lancashire fand sie breiteste Unterstützung. Die Manchester Political Union veranstaltete Fackelzüge und »Monsterversammlungen« im Kersal-Moor – dem »Mons Sacer« des Chartismus. Im September 1838 scharten sich rund 30 000 Menschen unter ihren Gewerkschaftsbannern, um dem Chartistenführer Feargus O'Connor zu lauschen. Das »allgemeine Wahlrecht«, verkündete O'Connor, sei »das einzige Prinzip, welches das Blutvergießen beenden kann ... Niemand wird parlamentarisch vertreten, solange nicht jedem anvertraut ist, was die Natur jedem Menschen in die Brust eingeprägt hat, nämlich die Macht der Selbstverteidigung, die in der Wahlstimme jedes Einzelnen enthalten ist.«[46] Aber solche öffentlichen Machtdemonstrationen verstärkten im Establishment nur die Furcht vor den Chartisten, und so wies das Unterhaus 1839 und noch einmal 1842 ihre Petitionen zurück. Umgekehrt bewirkte solch demonstrative Verachtung eine Radikalisierung der Chartisten, die von Bündnissen mit dem Bürgertum abrückten und eine leidenschaftliche Debatte darüber begannen, ob neben »moralischer Gewalt«, dem Aufmarsch großer Unterstützermassen, auch »physische Gewalt« ein legitimes Mittel sei. Insofern waren die Plug Riots von 1842 auch Ausdruck politischer Ohnmacht.

Dennoch zweifelte Engels nicht an der Bedeutung des Chartismus. Während moderne Historiker den Chartismus in der Nachfolge radikaler politischer Bewegungen des 18. Jahrhunderts sehen, die Forderungen nach politischer Transparenz und einer moralisch fundierten Wirtschaft vorwegnahmen, war er nach Engels' Ansicht schlicht eine Klassenbewegung, die das »Gesamtbewusstsein« der Arbeiterklasse verkörperte.[47] Und er wollte so viel wie möglich von ihr lernen. Er fand auf zwei Wegen Zugang zu der Bewegung: Den ersten eröffnete ihm das Enfant terrible des Chartismus, George Julian Harney, der dem Parteiflügel angehörte, der physische Gewalt befürwortete, und seine konservativen Genossen zu ärgern pflegte, indem er auf Versammlungen mit der roten Freiheitsmütze erschien. Der Robespierre-Bewunderer Harney saß regelmäßig im Gefängnis, war ständig in Fehden mit anderen Chartisten verwickelt und wurde schließlich aus der Partei ausgeschlossen. Doch seiner Überzeugung, dass ein Aufstand der beste Weg zur Durchsetzung der Charta sei, blieb er treu.[48] Jahrzehnte später erinnerte er sich, wie Engels – »ein großer, stattlicher junger Mann mit einem fast knabenhaft jungen Gesicht« – ihn in seinem Büro in Leeds aufsuchte: »Er erzählte mir, dass er ein ständiger Leser des *Northern Star* sei und lebhaftes Interesse für die Chartistenbewegung bekunde. So begann unsere Freundschaft …«[49] Wie stets bei Marx und Engels sollte sich die Freundschaft als wacklig erweisen, aber sie wurde ein halbes Jahrhundert lang aufrechterhalten – in Form einer sporadischen Korrespondenz, in der Harney unter anderem ein vernichtendes Urteil über die Zustände in Manchester abgab. 1850 schrieb er an Engels: »Es überrascht mich nicht, dass Sie Abscheu vor Manchester äußern. Es ist eine verdammt dreckige Räuberhöhle. Ich würde lieber in

London gehängt, als in Manchester eines natürlichen Todes zu sterben.«[50]

Engels' zweite wichtige Kontaktperson war der aus Manchester stammende Handweber und chartistische Aktivist James Leach. Vor seiner Wahl zum Delegierten Lancashires in der National Charter Association hatte er, laut Engels, »in verschiedenen Industriezweigen, in Fabriken und Kohlenbergwerken jahrelang gearbeitet«; ihm persönlich sei er als »brav, zuverlässig und tüchtig« bekannt.[51] Er galt als »Schrecken nicht nur der Baumwoll-Lords, sondern aller Halunken« und bestätigte diesen Ruf durch seine 1844 anonym erschienene Streitschrift *Stubborn Facts from the Factories.* Die den »arbeitenden Klassen« gewidmete Schrift war eine auf eigener Erfahrung beruhende Anklage gegen die ruchlosen Praktiken der Fabrikbesitzer, von Lohnraub über die Bestrafung von Schwangeren, die es wagten, sich hinzusetzen, und die Manipulation von Fabrikuhren bis zur Zwangsprostitution. Ein großer Teil von Leachs Material fand Eingang in Engels' Buch – ebenso wie die Einsicht, dass der moderne Staat lediglich ein Instrument der Interessen der Bourgeoisie sei. »Die arbeitenden Klassen«, erklärte Leach, »werden ihn stets als räuberisches System ansehen, das es den Ausbeutern erlaubt, sich die Macht über das Recht anzueignen und durch ihre schändlichen Komplotte erst das zu schaffen, was sie Delikte zu nennen belieben, und sie dann zu bestrafen. Sie sind Gesetzgeber, Richter und Geschworene in einem.«[52] Marx und Engels sollten ihm im *Kommunistischen Manifest* beipflichten: »Die moderne Staatsgewalt ist nur ein Ausschuss, der die gemeinschaftlichen Geschäfte der ganzen Bourgeoisklasse verwaltet.«[53]

Trotz der engen Freundschaften und seiner Begeisterung für den Arbeiterchartismus glaubte Engels nicht, dass die sechs Punkte der Charta die Lösung der Krise Großbritanniens darstellten. Zum einen war der Sozialismus der Chartisten im Vergleich zu den fortgeschrittenen Ideen auf dem Kontinent – der Anhänger von Fourier, Saint-Simon oder Heß – »sehr wenig entwickelt«,[54] vor allem aber ließen sich »[s]oziale Übel … nicht durch Volkscharten kurieren«.[55] Dafür brauchte es etwas Fundamentaleres als demokratische Flickschusterei. Diese Ansicht drückte auf seine gravitätische Weise auch ein anderer britischer Mentor des jungen Engels aus, Thomas Carlyle.

Der kluge, polemische und reaktionäre Carlyle war der einzige britische Intellektuelle, den Engels wirklich bewunderte. Vielleicht war dessen Deutschlandliebe der Grund dafür. Carlyles erste Arbeit als Rezensent der *Edinburgh Review* war eine Übersetzung von Jean Paul gewesen. Danach hatte er sich in die Werke von Goethe (mit dem er korrespondierte), Schiller und Herder versenkt und als eine Art Vermittler fungiert, der die englische Öffentlichkeit mit der deutschen Romantik bekanntmachte. Dabei stellte er dem elenden Zustand des industrialisierten England das romantische Leben seiner mittelalterlichen Vorfahren gegenüber, um voller Trauer zu schließen: »Dies ist kein religiöses Zeitalter. Nur das Materielle, das unmittelbar Praktische ist uns wichtig, nicht das Göttliche und Geistige.«[56] Das 19. Jahrhundert sei ein »mechanisches Zeitalter«, in dem die sozialen Bindungen, welche traditionell die Menschen verbunden hätten, der Suche nach materiellen Reichtümern zum Opfer gefallen seien. »Wir nennen uns eine Gesellschaft und predigen dabei offen die vollkommenste Trennung und Abgeschlossenheit. Unser Leben ist keine gegenseitige Hilfsbereitschaft, sondern eher eine gegenseitige Kriegsbereitschaft, die sich unter dem Mantel geeigneter Kriegsgesetze birgt, die wir ›lauteren Wettbewerb‹ und ähnlich nennen. Wir haben vollkommen und überall vergessen, dass Barzahlung nicht die einzige Beziehung unter menschlichen Wesen bildet …«[57] Deshalb konnten aus Carlyles Sicht Forderungen wie jene der Charta und andere politische Schnellschüsse – die er nach einem modischen Quacksalber seiner Zeit als »Morrison-Pillen« bezeichnete – die sogenannte Frage der »Lage von England« nicht grundlegend lösen (ebenso wenig wie sie die sozialen Folgen der Industrialisierung beseitigen konnten). Carlyles Lösung war eine Mischung aus erneuerter Religiosität und heroischer, diktatorischer Herrschaft: An den Wänden seines Salons in der Cheyne Row hatten Porträts von Oliver Cromwell und von Martin Luthers Eltern einen Ehrenplatz.

»[A]uch uns ist es darum zu tun, die Haltlosigkeit, die innere Leere, den geistigen Tod, die Unwahrhaftigkeit des Zeitalters zu bekämpfen«, bekannte Engels, der sich damals noch dem radikalen Flügel der Junghegelianer zugehörig fühlte, in einer Rezension von *Einst und Jetzt*, Carlyles Gegenüberstellung des mittelalterlichen und des modernen England. Doch Religion, das Opium für das Volk, war in seinen Augen keine Lösung. »Wir wollen den Atheismus, wie ihn Carlyle schildert, aufheben, indem wir dem Menschen den Gehalt wiedergeben, den er durch die Religion verloren hat; nicht als einen göttlichen, sondern als einen menschlichen Inhalt, und die ganze Wiedergabe beschränkt sich einfach auf die Erweckung des Selbstbewusstseins.«[58] Carlyles Hauptschwäche bestand nach Engels' Ansicht darin, dass er zwar die deutsche schöne Literatur, aber nicht die deutsche Philosophie gelesen hatte. Mit Goethe allein und ohne Feuerbach kam man eben nicht weiter. Bewundernswert fand Engels an Carlyle indes seinen außergewöhnlichen Stil – er habe »die englische Sprache wie ein vollständig rohes Material [behandelt], das er von Grund aus umzuschmelzen hatte« – und das aus olympischen Höhen geäußerte Urteil über das von der kapitalistischen Gesellschaft verursachte Elend.[59]

In seinem Buch *Die Lage der arbeitenden Klasse in England* benutzte Engels dieselben historischen Bilder – indem er etwa die Stellung von angelsächsischen Leibeigenen normannischer Grundherren im Vergleich mit derjenigen von Fabrikarbeitern in ein positives Licht rückte oder die Heuchelei der liberalen »Freiheit« hervorhob, die kaum mehr war als die Freiheit zu verhungern – und dieselben amtlichen Quellen wie Carlyle und zitierte den »Weisen von Chelsea« ausführlich. »Das Verhältnis des Fabrikanten zum Arbeiter ist kein menschliches, sondern ein rein ökonomisches«, schrieb er in einem Kapitel über die Beziehungen in der Wirtschaft, das eins zu eins Carlyles fundamentale Verurteilung des mechanischen, industrialisierten England wiedergab, wie er sie in seinem Artikel »Sign of the Times« geäußert hatte. »Der Fabrikant ist das ›Kapital‹, der Arbeiter ist die ›Arbeit‹ … [Der Bourgeois] erkennt keine andere Verbindung, wie Carlyle sagt, zwischen Mensch und Mensch an, als *bare Zahlung.*«[60]

Carlyles Anprangerung des »mechanischen Zeitalters«, die owenistische Forderung nach moralischer Erneuerung, die sechs Punkte der Chartisten sowie Watts' und Leachs Kritik der Konkurrenz wirkten tiefgreifend auf Engels' ideologische Entwicklung ein. Aber er war nicht in Manchester, um Bücher zu lesen, sondern um sich mit der Realität der Arbeiterklasse auseinanderzusetzen und »die Gesellschaft und die Bankette, den Portwein und den Champagner der Mittelklasse« zugunsten der Gesellschaft der »einfachen Arbeiter« aufzugeben. Aber wer sollte diesen deutschen Unschuldsknaben in die proletarische Unterwelt einführen? Ein straßenerfahrener Kamerad war der sozialistische Emigrant Georg Weerth, der damals als unglücklicher Korrespondent einer Spinnerei in Bradford lebte – der »traurigsten aller englischen Fabrikstädte«. Entsetzt hatte er entdeckt, dass es in dieser boomenden Baumwollstadt »[k]ein Theater, keine Gesellschaft, kein Wirtshaus, keine Lesezimmer, keine vernünftigen Menschen« gab. Man treffe überall nur auf »Yorkshiremen mit zerrissenen Frackröcken, schäbigen Hüten und Galgengesichtern«. Um dem Philistertum von Yorkshire zu entkommen, fuhr er über die Pennines, um seinen ideologischen Verbündeten in Lancashire zu besuchen und »den Tag über mit [seinem] Freund Engels umher[zuziehen] und … das weitläufige Manchester« zu erkunden.[61] Neben dem Freund aus Deutschland kümmerte sich eine geborene Manchesterin um Engels. Sie hieß Mary Burns und war nicht nur eine wichtige Begleiterin, die ihm die unbekannten Menschen und versteckten Orte der Stadt erschloss, sondern auch seine erste große Liebe.

»Sie war ein sehr hübsches, und insgesamt reizendes Mädchen«, schrieb Eleanor Marx über Mary Burns. »Natürlich war sie ein (irisches) Fabrikmädchen aus Manchester, ziemlich ungebildet, obwohl sie lesen und ein wenig schreiben konnte, aber meine Eltern ... hatten sie sehr gern und sprachen immer mit der größten Zuneigung von ihr.«[62] Leider gehören diese bruchstückhaften Kindheitserinnerungen aus zweiter Hand zu den umfassendsten Darstellungen von Engels' Mary. Sie war zwischen April 1822 und Januar 1823 geboren worden – vielleicht in der Eltoft Street, einer Nebenstraße der Deansgate. Ihr Vater war der irische Färber und Fabrikarbeiter Michael Burns, der in den 1820er Jahren nach Manchester gekommen war und dort eine Mary Conroy geheiratet hatte. Zur Zeit der Volkszählung von 1841 war er zum zweiten Mal verheiratet, mit einer Mary Tuomey, und lebte unweit der Deansgate – aber ohne seine Töchter Mary und Lydia (genannt Lizzy). Ein Jahrzehnt später verschwand Michael Burns zusammen mit seiner zweiten Frau im Arbeitshaus in der New Bridge Street, und 1858 fand er Eingang in die Sterblichkeitsstatistik von Manchester.[63] Mary jedoch hatte ein besseres Los.

Bekannt ist, dass Engels sie Anfang 1843 kennenlernte. Wie dies genau geschah, ist umstritten. Edmund Wilson beispielsweise behauptet, ohne einen Beweis vorzulegen, Mary habe bei Ermen & Engels gearbeitet und dort eine »›Selbstarbeiter‹ genannte Maschine« bedient.[64] Auch der Sozialist Max Beer, der Engels in den 1890er Jahren kennengelernt hatte, schreibt, dieser habe »in freier Verbindung mit einem Mädchen aus dem Volk [gelebt], Mary Burns, die in der Fabrik seines Vaters gearbeitet hatte«.[65] Heinrich Gemkow teilt dagegen vage mit, Mary habe »in einer der ... zahlreichen Baumwollfabriken« der Stadt gearbeitet.[66] Engels selbst fand die Arbeiterinnen seines Vaters nicht besonders reizvoll: »In dem Throstlezimmer der Baumwollfabrik zu Manchester, in welcher ich beschäftigt war, erinnere ich mich nicht, ein einziges gut und schlank gewachsenes Mädchen gesehen zu haben; sie waren alle klein, schlecht gewachsen und eigentümlich gedrängten Baus, entschieden hässlich in ihrer ganzen Körperbildung.«[67] Laut Roy Whitfield ist es wahrscheinlicher, dass Mary und Lizzy zwar in einer Fabrik in Manchester gearbeitet hatten, dann aber Hausangestellte wurden und in einer ihrer Anstellungen vermutlich Engels' suchende Blicke auf sich zogen. Eine romantischere Legende spinnen Edmund und Ruth Frow. Danach begegneten sich Engels und Mary bei einem Empfang in der Volkshochschule, bei dem sie Orangen verkaufte.[68] Dies würde (wenn auch etwas zu einfach) Georg Weerths eigenartiges Gedicht »Mary« erklären, in dem in feinziselierten Versen das Leben einer munteren jungen Irin, die in den Liverpooler Docks Orangen verkauft, beschrieben wird:

Von Irland kam sie mit der Flut,
Sie kam von Tipperary;
Sie hatte warmes, rasches Blut,
Die junge Dirn, die Mary,
Und als sie keck ans Ufer sprang,
Da riefen die Matrosen:
»Die Dirne Mary, Gott sei Dank,
Gleicht einer wilden Rose!«[69]

Die schlechte Quellenlage ist schuld daran, dass über Mary so viel gemutmaßt wird. Sie war Analphabetin, und Engels verbrannte später einen großen Teil seiner Korrespondenz aus dieser Lebensphase. Außerdem war er nicht gerade erpicht darauf, seine Beziehung zu Mary bekanntzumachen – es gab keine Briefe an sein »Gänschen« Marie über ihre Namensvetterin –, denn er musste sowohl seine soziale Stellung in Manchester als auch das gute Verhältnis zu seinen sittenstrengen Eltern wahren, und ein Leben in »freier Verbindung« mit einer ungebildeten irischen Fabrikarbeiterin war in dieser Hinsicht kaum dienlich. Er könnte aber auch aufgrund seiner Klassenstellung eine gewisse politische Verlegenheit gegenüber Mary empfunden haben. Immerhin richtete sich einer der vielen Vorwürfe, die von sozialistischer Seite gegen die Baumwoll-Lords vorgebracht wurden, gegen die nahezu grenzenlose Ausbeutung von Arbeiterinnen nach Gutsherrenart. Engels selbst sprach das Thema in der *Lage der arbeitenden Klasse in England* an: »Es versteht sich übrigens, dass die Fabrikdienstbarkeit wie jede andre, und noch mehr, dem Brotherrn das Jus primae noctis erteilt ... Ist der Fabrikant gemein genug ... so ist seine Fabrik zugleich sein Harem ...«[70] Selbst wenn Mary nie oder nicht für längere Zeit bei Ermen & Engels beschäftigt gewesen sein sollte, wurde diese Art von abhängiger sexueller Beziehung zwischen Proletarier und Bourgeois, Fabrikarbeiterin und Fabrikbesitzer in sozialistischen Kreisen weithin missbilligt.

Derlei sozialen Hemmnissen zum Trotz waren Engels und Mary 1843/44 ein Paar. Abgesehen von der tiefen Zuneigung, die Engels, wie spätere Briefe belegen, für Mary empfand, war sie für ihn eine hilfreiche Führerin auf dem dunklen Kontinent der Industrieviertel von Manchester. Indem sie Engels bei der Hand nahm, schlüpfte sie in die Rolle einer Persephone, die ihren Begleiter durch die Unterwelt der kapitalistischen Gesellschaft führte und so sein Verständnis für diese erheblich vertiefte. »Sie machte ihn mit dem Leben der irischen Einwanderer in Manchester bekannt«, resümiert Roy Whitfield, »begleitete ihn auf Exkursionen durch Viertel, die zu betreten ansonsten für jeden Fremden gefährlich war, und war eine Quelle von Informationen über die Zustände, welche die arbeitenden Menschen in den Fabriken und zu Hause erdulden mussten.«[71] Mary gehörte zu denjenigen, die Engels Einblick in die materielle Realität verschafften, die den Stoff seiner kommunistischen Theorie bilden sollte.

Beide Welten, in denen Engels lebte – diejenige der Fabrikbesitzer und diejenige von Mary Burns –, trugen wesentlich dazu bei, dass er sich von der Philosophie ab- und der politischen Ökonomie zuwandte, und prägten daher auch den sich herausbildenden Marxismus mit. Engels war auf einzigartige Weise in der Lage, die reale Erfahrung des Industriekapitalismus und der chartistischen Arbeiterpolitik mit der junghegelianischen Tradition zu verbinden. »[W]ir deutschen Theoretiker kannten von der wirklichen Welt noch viel zu wenig, als dass uns die wirklichen Verhältnisse unmittelbar zu Reformen dieser ›schlechten Wirklichkeit‹ hätten treiben sollen«, bemerkte er selbstkritisch.[72] In einem bahnbrechenden Artikel, der Anfang 1844 in den *Deutsch-Französischen Jahrbüchern* – Marx' jüngst gegründeter Zeitschrift – erschien, verarbeitete er unter dem Titel »Umrisse zu einer Kritik der Nationalökonomie« seine Erfahrungen in Manchester. Der Artikel zeigt, dass er das Berliner Theoretisieren zugunsten einer nüchternen empirischen Analyse der ökonomischen Widersprüche und Europa bevorstehenden sozialen Krisen hinter sich gelassen hatte. Vor allem aber verrät er den Einfluss der Vorträge von John Watts, dessen Kritik von Konkurrenz und Tauschwert Engels mit vielsagenden biblischen Anklängen aufnahm: »Diese aus dem gegenseitigen Neid und der Habgier der Kaufleute entstandene Nationalökonomie oder Bereicherungswissenschaft trägt das Gepräge der ekelhaftesten Selbstsucht auf der Stirne.«[73] Zudem sei der Kapitalismus ein alles verschlingendes Ungeheuer – »Alles Ständische und Stehende verdampft …«[74] –, das die fortwährende, endlose Expansion der britischen Wirtschaft erfordere, wenn diese nicht einer furchtbaren Fiskalkrise zum Opfer fallen wolle. Dies erkläre das unstillbare Verlangen Großbritanniens nach Kolonien – »ihr habt die Enden der Erde zivilisiert, um neues Terrain für die Entfaltung eurer niedrigen Habsucht zu gewinnen« –, dessen Nebenprodukt die beschleunigte Konzentration des Reichtums im Mutterland sei: »[D]ie Mittelklassen müssen immer mehr verschwinden, bis die Welt in Millionäre und Paupers, in große Grundbesitzer und arme Taglöhner geteilt ist.« All dies müsse letztendlich in einen höchst explosiven Widerspruch münden.[75]

Den bemerkenswertesten ideologischen Fortschritt machte Engels jedoch, als er den junghegelianischen Begriff der Entfremdung – den Feuerbach stets nur im Zusammenhang mit religiösen Gefühlen diskutiert hatte (»Der Mensch ... vergegenständlicht sein Wesen und macht dann wieder sich zum *Objekt* dieses vergegenständlichten, in ein Subjekt verwandelten Wesens ...«) – ins Reich der politischen Ökonomie übertrug. Denn nicht nur das Christentum verlangte die Verleugnung der menschlichen Natur: Der Kapitalismus barg in seinem System aus Eigentum, Geld und Tausch einen ebenso entstellenden Prozess der Entfremdung vom authentischen menschlichen Wesen. Unter der Ägide der politischen Ökonomie wurde der Mensch von sich selbst geschieden und zum Sklaven von Dingen. »Wir haben durch sie die tiefste Erniedrigung der Menschheit, ihre Abhängigkeit vom Konkurrenzverhältnis kennengelernt; sie hat uns gezeigt, wie in letzter Instanz das Privateigentum den Menschen zu einer Ware gemacht hat, deren Erzeugung und Vernichtung auch nur von der Nachfrage abhängt ...«[76] Diese Erkenntnis war nicht nur aus den Schriften von Feuerbach und Heß abgeleitet, sondern stammte aus der Beobachtung der Tausenden von Menschen, die vor den Fabriktoren von Ancoats nach Arbeit suchten und durch die geringsten Schwankungen auf den Weltmärkten zur Armut verdammt waren.

Auslöser dieses Entfremdungsprozesses und Wurzel der politischen Ökonomie war, was Owenisten, Fourieristen und Chartisten allesamt übersehen hatten: das Privateigentum. Dies war die grundlegende Aussage von Engels' »Umrissen zu einer Kritik der Nationalökonomie«, die sich nicht zuletzt Pierre-Joseph Proudhons Schrift *Was ist Eigentum?* (1840) verdankte, die Engels kurz zuvor gelesen hatte. Proudhon hatte seine Frage mit der berühmten Feststellung beantwortet: »Es ist Diebstahl.« Das Privateigentum in Form unverdienter Zinsen und Renten aus Ländereien erlaubte es den Besitzern, laut Proudhon, andere Menschen auszubeuten, und lag den Ungleichheiten des modernen Kapitalismus zugrunde. Mit seiner Attacke auf die parasitären, unproduktiven *oisifs* (Müßiggänger) der Julimonarchie und der Betonung der Beziehung zwischen Arbeit und Eigentum – sowie mit der Überzeugung, dass die politische Gleichheit die

Abschaffung des Privateigentums voraussetze – traf Proudhon beim jungen Engels einen Nerv, auch wenn dieser die anarchistischen Folgerungen aus Proudhons Gedanken ablehnte. »Das Recht des Privateigentums, die Folgen dieser Institution, Konkurrenz, Unmoral und Elend«, schrieb er über Proudhons Buch, »werden hier mit einer Kraft des Verstandes und in wirklich wissenschaftlicher Forschung entwickelt, wie ich sie seither nie wieder in einem Bande vereint gefunden habe.«[77]

Engels fasste den Begriff des Privateigentums jedoch weiter als Proudhon und bezog eine Unzahl von politökonomischen Kategorien mit ein, »z. B. Arbeitslohn, Handel, Wert, Preis, Geld etc.«, deren Bedeutung er in Manchester aus eigener Anschauung kennengelernt hatte.[78] Er schlussfolgerte, dass das Privateigentum die grundlegende Voraussetzung der politischen Ökonomie sei und gleichfalls abgeschafft werden müsse: »Wenn wir das Privateigentum fallenlassen, so fallen alle diese unnatürlichen Spaltungen.« Uneinigkeit und Individualismus würden vergehen und das wahre Wesen von Profit und Wert deutlich werden: »[D]ie Arbeit ist ihr eigner Lohn, und die wahre Bedeutung des früher veräußerten Arbeitslohnes kommt an den Tag: die Bedeutung der Arbeit für die Bestimmung der Produktionskosten einer Sache.« Das Ende von Privateigentum und persönlicher Habgier würden, ganz in Hegelscher Manier, mit dem Ende der Geschichte und dem Beginn des Kommunismus zusammenfallen, dem »großen Umschwung, dem das Jahrhundert entgegengeht, der Versöhnung der Menschheit mit der Natur und mit sich selbst«.[79] All dies hingeworfen in einem kurzen altklugen Aufsatz eines weitgehend unbekannten 23-jährigen angehenden Fabrikanten. Kein Wunder, dass sich Marx in seiner Wohnung in Paris Notizen über diese »geniale Skizze« machte.[80] Aber die »Umrisse« waren nur ein Vorgeschmack auf Engels' wahres Denkmal für Manchester.

Das Wiederlesen Deiner Schrift hat mich mit Bedauern das Altern merken lassen. Wie frisch, leidenschaftlich, kühn voraus-

> greifend und ohne gelehrte und wissenschaftliche Bedenken wird hier noch die Sache gefasst! Und die Illusion selbst, dass morgen oder übermorgen das Resultat auch geschichtlich ans Tageslicht springen wird, gibt dem Ganzen eine Wärme und lebenslustigen Humor – wogegen das spätere »Grau in Grau« verdammt unangenehm absticht.[81]

Dies schrieb Marx fast zwanzig Jahre nach Erscheinen der *Lage der arbeitenden Klasse in England* an Engels. Er hatte recht. Das Buch ist aufgrund seiner kompromisslosen Leidenschaftlichkeit bis heute eine der berühmtesten Polemiken der westlichen Literatur und – neben Disraelis *Sybil oder die beiden Nationen,* Carlyles *Einst und Jetzt,* Dickens' *Harte Zeiten* und Elizabeth Gaskells *Mary Barton* – einer der herausragenden Texte aus dem Kanon der Werke über die »Lage von England«. Von den genannten Romanen unterscheidet sich Engels' Buch jedoch durch seinen unablässig anklagenden Tonfall. Es konfrontiert die Leser wie kaum eine andere zeitgenössische Darstellung in vollem Umfang und unverhüllt mit den Schrecken der Industrialisierung und Urbanisierung durch den Laissez-faire-Kapitalismus. »Ich werde den Engländern ein schönes Sündenregister zusammenstellen«, avisierte Engels, während er an dem Buch schrieb, »ich klage die englische Bourgeoisie vor aller Welt des Mordes, Raubes und aller übrigen Verbrechen in Masse an ...«[82] Untersucht wird daher eine Vielzahl von Themen, teils in historischer Darstellung, teils mit Statistiken untermauert, von den »großen Städten« über die »irische Einwanderung« bis zum »Bergwerksproletariat«, wobei der Bourgeoisie in jedem Abschnitt eine wahre Litanei von Verbrechen zur Last gelegt wird. Neben der eigenen Anschauung und den von Leach übernommenen Schilderungen stützte sich Engels vor allem auf in Whitehall verfertigte Dokumentationen. Waren keine amtlichen Publikationen verfügbar, zog er »immer einen liberalen Beleg [vor], um die liberale Bourgeoisie aus ihrem eignen Munde zu schlagen«.[83] Diesen polemischen Trick sollte Marx später im *Kapital* perfektionieren. Deshalb ist *Die Lage der arbeitenden Klasse in England* voller Zitate aus Berichten von Fabrikkommissionen, Gerichtsakten, Artikeln des *Manchester Guardian* und des *Liverpool Mercury* sowie rosigen Darstellungen eines vergnügt sich industrialisierenden England von liberalen Vordenkern wie Peter Gaskell und Andrew Ure.

Die Stärke des Buchs sind seine intellektuelle Spannweite und sein empirisches Fundament. Engels schildert in beeindruckender Detailfülle das Manchester, das Mary Burns ihm gezeigt hatte, in all seiner stinkenden, lärmenden, schmutzigen und für die Menschen katastrophalen Wirklichkeit. Er war »ein heller Kopf«, wie Wilhelm Liebknecht, einer der Gründerväter der SPD, später schrieb, »frei von allem romantischen und sentimentalen Dunst –, die Menschen und Dinge nicht durch gefärbte Gläser oder neblige Atmosphäre hindurch betrachtend, sondern stets in heller, klarer Luft, hell und klar sehend, mit hellen, klaren Augen, nie an der Oberfläche haftend, stets bis auf den Grund schauend, durch und durch schauend«.[84] Die *Lage der arbeitenden Klasse in England* war ein glänzendes Produkt dieser geistigen Klarsicht und zugleich Beweis einer gewissen journalistischen Begabung sowie des Bemühens, den »Luftgebilden« und dem »theoretischen Geträtsch« der Junghegelianer »wirkliche, lebendige Dinge« entgegenzusetzen.[85] Diesem Stil mit seiner Mischung aus politischer Philosophie und materieller Realität sollte Engels in den meisten seiner polemischen Schriften treu bleiben. »Einerseits, um den sozialistischen Theorien, andrerseits, um den Urteilen über ihre Berechtigung einen festen Boden zu geben, um allen Schwärmereien und Phantastereien pro et contra ein Ende zu machen«, erklärte er, »ist die Erkenntnis der proletarischen Zustände deshalb eine unumgängliche Notwendigkeit.«[86]

Im Übrigen verstehe es sich von selbst, so Engels, dass er mit seinen Attacken »den Sack schlage und den Esel meine, nämlich die deutsche Bourgeoisie«.[87] Denn nach seiner Ansicht war es nur noch eine Frage der Zeit, bis die durch die Industrialisierung ausgelöste soziale Krise auf den Kontinent übergreifen würde.

»Und wenn auch die proletarischen Zustände Deutschlands nicht zu der Klassizität ausgebildet sind wie die englischen, so haben wir doch im Grunde dieselbe soziale Ordnung, die über kurz oder lang auf dieselbe Spitze getrieben werden muss, welche sie jenseits der Nordsee bereits erlangt hat – falls nicht beizeiten die Einsicht der Nation Maßregeln zustande bringt, die dem ganzen sozialen System eine neue Basis geben.«[88]

Ende 1844 nach der Rückkehr nach Barmen in seinem Elternhaus niedergeschrieben, wurde *Die Lage der arbeitenden Klasse in England* dem deutschen Publikum 1845 in einer in Leipzig gedruckten Ausgabe zugänglich gemacht. Eine englische Übersetzung wurde erst 1885 für die amerikanische Ausgabe angefertigt; eine englische Ausgabe folgte 1892. Das Buch war eine Tour de Force durch die Schreckenswelt der Industriestadt. In einer Passage, die an die Beschreibung der Barmener Wasserläufe in seinen »Briefen aus dem Wuppertal« erinnert, schildert Engels den Blick von der Ducie Bridge auf den Irk: Die Ansicht sei »charakteristisch für den ganzen Bezirk … In der Tiefe fließt oder vielmehr stagniert der Irk, ein schmaler, pechschwarzer, stinkender Fluss, voll Unrat und Abfall, den er ans rechte, flachere Ufer anspült; bei trocknem Wetter bleibt an diesem Ufer eine lange Reihe der ekelhaftesten schwarzgrünen Schlammpfützen stehen, aus deren Tiefe fortwährend Blasen miasmatischer Gase aufsteigen und einen Geruch entwickeln, der selbst oben auf der Brücke, vierzig oder fünfzig Fuß über dem Wasserspiegel, noch unerträglich ist.« Engels folgt den Spuren von James Phillips Kay zu den in Unrat versinkenden Elendsquartieren am Flussufer. »In einem dieser Höfe steht gleich am Eingange, wo der bedeckte Gang aufhört, ein Abtritt, der keine Tür hat und so schmutzig ist, dass die Einwohner nur durch eine stagnierende Pfütze von faulem Urin und Exkrementen, die ihn umgibt, in den Hof oder heraus können …« Zu Hunderten reihen sich diese »menschenbewohnten Viehställe« aneinander, in denen die Menschen zu Tieren erniedrigt werden und Schweine ihre Ställe mit Kindern teilen. Die Menschen drängen sich in

Die Lage
der
arbeitenden Klasse
in
England.

Nach eigner Anschauung und authentischen Quellen
von
Friedrich Engels.

Leipzig.
Druck und Verlag von Otto Wigand.
1845.

Umschlag der Erstausgabe von
Die Lage der arbeitenden Klasse in England.

dunklen Kellern, Eisenbahnlinien zerschneiden die Viertel, und Abtritte, Flüsse und Abwasserkanäle tragen zu einem tödlichen Gemisch bei:

> Das ist die Altstadt von Manchester – und wenn ich meine Schilderung noch einmal durchlese, so muss ich bekennen, dass sie, statt übertrieben zu sein, noch lange nicht grell genug ist, um den Schmutz, die Verkommenheit und Unwohnlichkeit, die allen Rücksichten auf Reinlichkeit, Ventilation und Gesundheit hohnsprechende Bauart dieses mindestens zwanzig- bis dreißigtausend Einwohner fassenden Bezirks anschaulich zu machen. Und ein solches Viertel existiert im Zentrum der zweiten Stadt Englands, der ersten Fabrikstadt der Welt![89]

Doch es gab noch Schlimmeres zu berichten. Im Süden der Stadt, in der Gegend um die Oxford Road, lebte in qualvoller Enge ein Teil der 40 000 irischen Einwanderer, die es nach Manchester gezogen hatte. Mary Burns' Landsleute, die am schärfsten ausgebeuteten, am schlechtesten bezahlten und am meisten missbrauchten Einwohner der Stadt, bildeten den Bodensatz der Gesellschaft, das Lumpenproletariat:

> Die Cottages sind alt, schmutzig und von der kleinsten Sorte, die Straßen uneben, holperig und zum Teil ungepflastert und ohne Abflüsse; eine Unmasse Unrat, Abfall und ekelhafter Kot liegt zwischen stehenden Lachen überall herum … Das Geschlecht, das in diesen verfallenden Cottages, hinter den zerbrochenen und mit Ölleinwand verklebten Fenstern, den rissigen Türen und abfaulenden Pfosten oder gar in den finstern nassen Kellern, zwischen diesem grenzenlosen Schmutz und Gestank in dieser wie absichtlich eingesperrten Atmosphäre lebt – das Geschlecht muss wirklich auf der niedrigsten Stufe der Menschheit stehn – das ist der Eindruck und die Schlussfolgerung, die einem bloß die Außenseite dieses Bezirks aufdrängt.[90]

Obwohl er Mary Burns aus Tipperary an seiner Seite hatte, stand Engels offenbar das verzerrte hochviktorianische (und von Thomas Carlyle zusammengefasste) Bild des kindischen, betrunkenen, schmutzigen Iren vor Augen. Ungeachtet der beträchtlichen Unterschiede innerhalb der irischen Gemeinde von Manchester und ihres wesentlichen Anteils an der Chartistenbewegung – die von den Iren Feargus O'Connor und James Bronterre O'Brien geführt wurde – beschrieb er sie insgesamt als zügelloses Lumpenproletariat. »Der Irländer«, erklärte er, »ist ein sorgloses, heiteres, kartoffelessendes Naturkind«, das mit dem »mechanischen, egoistischen, eisig-kalten Getriebe der englischen Fabrikstädte« nicht zu Rande komme.[91] Das Ergebnis sei ein rascher Abstieg in alkoholbenebelte Abgestumpftheit: »Der südliche, leichtsinnige Charakter des Irländers, seine Rohheit, die ihn wenig über einen Wilden stellt, seine Verachtung aller menschlicheren Genüsse, … sein Schmutz und seine Armut, alles das begünstigt bei ihm die Trunksucht …« Seine zweite große Schwäche waren Haustiere: »[D]er Irländer hängt an seinem Schwein wie der Araber an seinem Pferd … [er] isst … mit ihm und schläft mit ihm, seine Kinder spielen mit ihm und reiten darauf und wälzen sich mit ihm im Kot …«[92] Die geringen Unterhaltskosten, die sie aufgrund all dessen verlangten, wirkten sich jedoch nachteilig auf das städtische Leben aus, da sie unvermeidlich die Lohnquoten drückten. In jedem Wirtschaftsbereich, in dem diese »wilden Milesier« um Arbeitsstellen konkurrierten, sei Verarmung das Resultat.

Die charakteristische Gefühllosigkeit der Iren erlaube es ihnen, so Engels, die furchtbaren Anforderungen der Industriearbeit zu bewältigen. Fast genüsslich zählt er die Verstümmelungen und physischen Entstellungen auf, welche die Fabrikarbeit mit sich brachte. Infolge der langen Arbeitsstunden in den Baumwollspinnereien seien »die Knie … einwärts und rückwärts, die Füße einwärts gebogen, die Gelenke missgestaltet und dick und oft das Rückgrat vorwärts oder seitwärts gekrümmt«. Im Bergbau gebe es ein derart abscheuliches Transportsystem für Kohle und Eisenerz, dass sich bei Kindern die Pubertät unnatürlich verzögere. Außerdem herrsche eine Tyrannei des Zeitmanagements. »Die Sklaverei, in der die Bourgeoisie das Proletariat gefesselt hält, kommt nirgends deutlicher ans Tageslicht als im Fabriksystem«, resümiert Engels. Ihm lag eine Fabrikordnung vor, nach der »jedem, der drei Minuten zu spät kommt, eine Viertelstunde, und jedem, der zwanzig Minuten zu spät kommt, ein Vierteltag am Lohn abgehalten wird. Wer vor dem Frühstück ganz weg bleibt, 1 sh[illing] am Montag und 6 d. [Pence] an jedem andern Tage etc. etc.« Doch Zeit sei, wie James Leach enthüllt habe, ein variables Phänomen; die Arbeiter fänden »oft morgens die Uhr der Fabrik um eine Viertelstunde vorgerückt und infolgedessen bei ihrer Ankunft die Tür verschlossen …, während der Schreiber mit dem Strafbuch drinnen durch die Zimmer geht und die große Menge der Fehlenden aufschreibt.« Kurz, die Arbeiter seien »ärgere Sklaven als die Schwarzen in Amerika, weil sie schärfer beaufsichtigt werden – und dabei wird noch verlangt, dass sie menschlich leben, menschlich denken und fühlen sollen«.[93]

Zusammen mit schmutzigen Unterkünften und einer kräftezehrenden Existenz von der Hand in den Mund führten solche seelischen und physischen Torturen – »Weiber zum Gebären unfähig gemacht, Kinder verkrüppelt, Männer geschwächt, Glieder zerquetscht, ganze Generationen verdorben, mit Schwäche und Siechtum infiziert, bloß um der Bourgeoisie die Beutel zu füllen!« – zu einem animalischen Rückfall in Trinkerei und Prostitution.[94] Als Beispiel führt Engels Sheffield an; dort lägen »die jungen Leute … sonntags den ganzen Tag auf der Straße, werfen Geld auf oder hetzen Hunde aufeinander, gehen fleißig in die Branntweinschenken … Kein Wunder also, dass, wie alle Zeugen aussagen, der frühe regellose Geschlechtsverkehr, jugendliche Prostitution, schon bei Individuen von 14 und 15 Jahren außerordentlich häufig in Sheffield ist. Verbrechen, und zwar von sehr wilder, verzweifelter Art, sind gang und gäbe …«[95] Das Dilemma, in dem die Bewohner der Industriestädte gefangen waren, bestand eben in jener sozialen Auflösung, vor der schon Carlyle gewarnt hatte: »Die brutale Gleichgültigkeit, die gefühllose Isolierung jedes einzelnen auf seine Privatinteressen tritt umso widerwärtiger und verletzender hervor, je mehr diese einzelnen auf den kleinen Raum zusammengedrängt sind … Die Auflösung der Menschheit in Monaden, deren jede ein apartes Lebensprinzip und einen aparten Zweck hat, die Welt der Atome ist hier auf ihre höchste Spitze getrieben.«[96]

Und was dachte das Bürgertum über den erbärmlichen Zustand der Gesellschaft? »Ich ging einmal«, erzählt Engels, »mit einem solchen Bourgeois nach Manchester hinein und sprach mit ihm von der schlechten, ungesunden Bauart, von dem scheußlichen Zustande der Arbeiterviertel und erklärte, nie eine so schlecht gebaute Stadt gesehen zu haben. Der Mann hörte das alles ruhig an, und an der Ecke, wo er mich verließ, sagte er: And yet, there is a great deal of money made here – und doch wird hier enorm viel Geld verdient – guten Morgen, Herr!«[97]

Auf den ersten Blick schien das von Engels beschriebene Manchester ein heilloses Durcheinander ohne Struktur zu sein, »ein planlos zusammengewürfeltes Chaos von Häusern«,[98] aber der erdrückenden Formlosigkeit lag eine schreckliche Logik zugrunde. So wie Marx später im *Kapital* hinter den schönen Schein von Freiheit, Gleichheit und Eigentum blicken und den Kapitalismus als »verborgne Stätte der Produktion« darstellen sollte,[99] so transzendierte Engels in echt Hegelscher Manier die Erscheinung der Stadt, um ihr wahres Wesen offenzulegen. Gewiss, an bröckelnden Flussufern reihten sich planlos elende Mietshäuser aneinander, und Eisenbahngleise führten mitten durch alte Wohnviertel, doch diese Entwicklungen waren Teil einer größeren urbanen Ordnung, die perfekt die Klassenspaltung der Industriegesellschaft widerspiegelte. Wie kaum jemand vor ihm erkannte Engels die räumliche Dynamik der Stadt – der Straßen, Häuser, Fabriken und Lagerhäuser – als Ausdruck sozialer und politischer Macht. Der Kampf zwischen

Bourgeoisie und Proletariat war nicht auf Throstlezimmer und Chartistenversammlungen beschränkt, sondern umfasste auch Straßenführungen, Transportsysteme und Planungsprozesse. »Die Stadt selbst«, stellt Engels fest, »ist eigentümlich gebaut, so dass man jahrelang in ihr wohnen und täglich hinein- und herausgehen kann, ohne je in ein Arbeiterviertel oder nur mit Arbeitern in Berührung zu kommen ... Das kommt aber hauptsächlich daher, dass durch unbewusste, stillschweigende Übereinkunft wie durch bewusste ausgesprochene Absicht die Arbeiterbezirke von den der Mittelklasse überlassenen Stadtteilen aufs schärfste getrennt oder, wo dies nicht geht, mit dem Mantel der Liebe verhüllt werden.«[100] Die durch das Privateigentum verursachte Spaltung der Gesellschaft war dem steinernen Gesicht der Stadt eingeprägt.

Engels' Analyse der sozialen Zoneneinteilung beginnt an der Hauptdurchgangsstraße, der Deansgate, an der die Handelsbarone und Baumwoll-Lords ihre Geschäfte abschlossen. Wie heute war die Straße auch in den 1840er Jahren eine von hochklassigen Läden und grandiosen Lagerhallen gesäumte Handels- und Geschäftsader der Stadt. Und wie viele moderne Stadtzentren war »[f]ast der ganze Bezirk ... unbewohnt und während der Nacht einsam und öde – nur wachthabende Polizeidiener streichen mit ihren Blendlaternen durch die engen, dunklen Gassen«. Umgeben war dieses Geschäftsviertel von den inneren Vorstädten, von »lauter Arbeiterbezirken« – Salford, Hulme, Pendleton und Chorlton –, die sich »wie ... ein Gürtel um das kommerzielle Viertel« hinzogen. Dahinter, »jenseits dieses Gürtels, wohnt die höhere und mittlere Bourgeoisie – die mittlere in regelmäßigen Straßen in der Nähe der Arbeiterviertel, ... die höhere in den entfernteren villenartigen Gartenhäusern von Chorlton und Ardwick oder auf den luftigen Höhen von Cheetham Hill, Broughton und Pendleton – in einer freien, gesunden Landluft, in prächtigen, bequemen Wohnungen«. Und das Schönste an diesem Arrangement war,

> dass diese reichen Geldaristokraten mitten durch die sämtlichen Arbeiterviertel auf dem nächsten Wege nach ihren Geschäftslokalen in der Mitte der Stadt kommen können, ohne auch nur zu merken, dass sie in die Nähe des schmutzigsten Elends geraten, das rechts und links zu finden ist. Die Hauptstraßen nämlich, die von der Börse nach allen Richtungen aus der Stadt hinausführen, sind in beiden Seiten mit einer fast ununterbrochenen Reihe von Läden besetzt und so in den Händen der mittleren und kleineren Bourgeoisie, die schon um ihres Vorteils willen auf anständigeres und reinliches Aussehen hält und halten kann …; sie sind immerhin hinreichend, um vor den Augen der reichen Herren und Damen mit starkem Magen und schwachen Nerven das Elend und den Schmutz zu verbergen, die das ergänzende Moment zu ihrem Reichtum und Luxus bilden.

Engels, der im Fabrikdorf in Barmen neben Färbern, Webern und Maschinenarbeitern gelebt hatte, war empört: »[I]ch habe … eine so systematische Absperrung der Arbeiterklasse von den Hauptstraßen, eine so zartfühlende Verhüllung alles dessen, was das Auge und die Nerven der Bourgeoisie beleidigen könnte, nirgends gefunden als in Manchester.« Und er war überzeugt, dass eine solche Stadtstruktur nicht auf einen Planungszufall zurückzuführen war: »[Es] will … mich doch dünken, als seien die liberalen Fabrikanten, die ›big whigs‹ von Manchester, nicht so ganz unschuldig an dieser schamhaften Bauart.«[101]

Diese Vorstellung zweier »Nationen« in einer Stadt war nicht neu, und auch Léon Faucher hatte schon auf die geographische Klassentrennung in Manchester hingewiesen. Aber vor Engels hatte niemand sie derart deutlich und detailliert dargestellt. Er legte bei der Betrachtung der Stadt eine völlig neue Perspektive an: die Erkenntnis, dass der urbanen Struktur Klassenmacht zugrunde lag. Dreißig Jahre später sollte er bei der Analyse des Paris des Zweiten Kaiserreichs auf dieses Thema zurückkommen. Dank der von George-Eugène Haussmann eingeleiteten Verbesserungen war Paris aus einer chaotischen, zerfallenden mittelalterlichen Stadt zu einer Metropole geworden, die eines Kaisers würdig war. Märkte waren errichtet, Abwasserrohre verlegt, Bäume gepflanzt, Kirchen und Museen renoviert und – die monumentalste seiner Maßnahmen – eine Reihe von Boulevards durch die traditionellen Arbeiterbezirke geschlagen worden. Dafür hatte man 27 000 Häuser abgerissen und Zehntausende Arbeiter aus ihren Wohngebieten im Stadtzentrum vertrieben oder durch Abfindungen zum Wegziehen bewogen. Wie immer man das Unternehmen auch verpackte, ob als Verbesserung der öffentlichen Hygiene oder der Transportwege, es war ein weit offensichtlicheres Beispiel klassenbedingter Stadtplanung als Manchester, wurden doch in der Gestalt der Stadt die bürgerlichen Werte gewissermaßen in Stein gemeißelt. Engels fasste dies in einem Wort zusammen – »Haussmann«:

> Ich verstehe unter »Haussmann« die allgemein gewordene Praxis des Breschelegens in die Arbeiterbezirke, besonders die zentral gelegenen unserer großen Städte, ob diese nun durch Rücksichten der öffentlichen Gesundheit und der Verschönerung oder durch Nachfrage nach großen zentral gelegenen Geschäftslokalen oder durch Verkehrsbedürfnisse, wie Eisenbahnanlagen, Straßen usw., veranlasst worden. Das Resultat ist überall dasselbe, mag der Anlass noch so verschieden sein: die skandalösesten Gassen und Gässchen verschwinden unter großer Selbstverherrlichung der Bourgeoisie von wegen dieses ungeheuren Erfolges, aber – sie erstehn anderswo sofort wieder und oft in der unmittelbaren Nachbarschaft.[102]

Seit dem Erscheinen der *Lage der arbeitenden Klasse in England* hat Engels' Sichtweise den Blick von Soziologen, Journalisten und Bürgerbewegten auf die gebaute Umwelt mitgeprägt. Deutliche Nachklänge seiner Studie finden sich in den 1920er Jahren in den urbanen Theorien der Chicagoer Schule mit ihrem Modell konzentrischer Zonen sowie in zahlreichen heutigen Universitätsseminaren zu Kulturkritik und Sozialgeographie mit ihrem von Henri Lefèbvre abgeleiteten Fokus auf der Produktion und Archäologie des Raums.[103] Diese Kontinuität deutet weniger auf die Reportage als vielmehr auf die Rolle der Ideologie in Engels' Darstellung hin. Kritiker und Biographen haben häufig angenommen, er sei einfach mit einem Notizbuch in der Hand durch die Straßen Manchesters spaziert und habe ohne vorgefasste Meinungen niedergeschrieben, was er sah. »Er entschied sich, über seine eigenen Erlebnisse zu schreiben«, so Steven Marcus, »das heißt dafür, sie zu bewältigen, auszubeuten, zu klären und sie – und damit sich selbst – in gewissem literarischen Sinn zu schaffen. Denn indem er seine Erlebnisse in Worte fasste, erzeugte und entdeckte er zugleich ihre Struktur.«[104] Ganz ähnlich bemerkt der Historiker Simon Gunn, Engels habe »einen grimmig detaillierten Reportagestil entwickelt, um der Fülle sinnlicher Wahrnehmungen eine Bedeutung abzugewinnen«.[105] Der aus Manchester stammende Historiker Jonathan Schofield geht bei der Betonung der Tatsache, dass die Stadt Engels' Denken und damit auch das Wesen des Kommunismus veränderte, sogar noch weiter. »Ohne Manchester«, erklärt er, »hätte es keine Sowjetunion gegeben, und die Geschichte des 20. Jahrhunderts wäre völlig anders verlaufen.«[106]

Diese Auffassung verdankt sich zum großen Teil dem allgemeineren Bild von Engels als philosophisch unbedarftem, aber sozial engagiertem Reporter: als dem Marx-Mitarbeiter, dessen Hauptleistung darin bestanden habe, die Fakten über den Zustand des Kapitalismus zu liefern. Doch nach seiner »Bekehrung« zum Kommunismus kam Engels mit einer klaren Vorstellung der politischen Bedeutung der Industriegesellschaft nach Manchester. Die Stadt zog ihn eben deshalb derart an, weil ihre Wirklichkeit den von Moses Heß übernommenen Kommunismus mit seiner Voraussage einer sozialen Revolution zu bestätigen versprach. Die Rolle Manchesters bestand nicht darin, die Theorie zu schaffen, sondern darin, sie zu untermauern. Deshalb zeichnete sich Engels' Buch, trotz seiner düsteren Anschaulichkeit, im Vergleich mit der zeitgenössischen Reiseliteratur weniger durch die Eindringlichkeit seiner Schilderungen als vielmehr durch seine polemische Kraft aus.

Dies erklärt den merkwürdigen Anfang der *Lage der arbeitenden Klasse in England* mit einer breiten Darstellung der Vorgeschichte der Industrialisierung Großbritanniens – »eine Geschichte, die ihresgleichen nicht hat in den Annalen der Menschheit« –, einer weitausholenden ökonomischen Darstellung, in der die Spinning Jenny, die erste industrielle Spinnmaschine, ebenso gewürdigt wird wie die Dampfmaschine, der Kanalbau und die Eisenbahn. »Die industrielle Revolution«, verkündet Engels im Stil eines Moses Heß, »hat für England dieselbe Bedeutung wie die politische Revolution für Frankreich und die philosophische für Deutschland.« Langsam, aber unaufhaltsam sei die alte Zunftwirtschaft mit ihrer festgefügten sozialen Hierarchie von Meistern und Gesellen der Klassenteilung zwischen »großen Kapitalisten und Arbeitern, die nie Aussicht hatten, sich über ihre Klasse zu erheben«, gewichen.[107] Denn das große Unrecht der britischen industriellen Revolution bestand nach Engels' Ansicht darin, dass der technische und wirtschaftliche Fortschritt des 19. Jahrhunderts aufgrund der ungleichen Verteilung des Privateigentums die Menschen nicht in gleicher Weise reicher gemacht hatte. Für die meisten von ihnen gebe es aufgrund veralteter Formen des Landbesitzes kein Ende der Malthusschen Hungerspirale, und ihnen werde der vom Industriekapitalismus versprochene Überfluss vorenthalten. Stattdessen habe die Industrialisierung als Endprodukt, als größtes Eisen, das auf den Amboss hämmert, das Proletariat geschaffen. Anschließend führt Engels aus, was zur grundlegenden marxistischen These, dass die Klassen ökonomisch bestimmt seien, werden sollte: »Aber der Proletarier, der gar nichts hat als seine beiden Hände, der heute verzehrt, was er gestern verdiente, der von allen möglichen Zufällen abhängt, der nicht die geringste Garantie für seine Fähigkeit, sich die nötigsten Lebensbedürfnisse zu erwerben, besitzt – jede Krisis, jede Laune seines Meisters kann ihn brotlos machen –, der Proletarier ist in die empörendste, unmenschlichste Lage versetzt, die ein Mensch sich denken kann.«[108] Diese von der Industrialisierung in Großbritannien hervorgebrachten verzweifelten, elenden Gestalten sind die Helden von Engels' Buch. Und ihre Heimat ist die Stadt.

Daher war trotz aller bukolischen »idyllischen Einfalt« des vorindustriellen Landlebens das Bauerntum nach Engels' Ansicht »geistig tot«: Die Bauern »fühlten sich behaglich in ihrem stillen Pflanzenleben und wären ohne die industrielle Revolution nie herausgetreten aus dieser allerdings sehr romantisch-gemütlichen, aber doch eines Menschen unwürdigen Existenz«.[109] Erst nachdem sich die Arbeiterklasse aus den Dörfern losgerissen und die Idiotie des Landlebens hinter sich gelassen habe, um in die Fabriken strömen, könne sie sich ihrer Aufgabe als Proletariat bewusst werden. Es folgt eine der frühesten Darstellungen der historischen Funktion des Proletariats als Vorbote der kommunistischen Revolution. Entscheidend war dessen Lage in der Stadt. Die ideologische Grundierung dafür hatte Engels in den »Umrissen zu einer Kritik der Nationalökonomie« mit seiner bahnbrechenden Erkenntnis gefunden, dass der Mensch im Kapitalismus von seinem menschlichen Wesen entfremdet sei. Seine Erkundungsgänge durch die Elendsviertel von Salford und Little Ireland waren, wie Gareth Stedman Jones es ausdrückt, ein Versuch, »Feuerbachs These vom ontologischen Verlust der Menschlichkeit durch religiöse Entfremdung sowie – im radikalen kommunistischen Licht der Junghegelianer betrachtet – durch die Einführung von Geld und Privateigentum sowohl im übertragenen als auch im buchstäblichen Sinn zu bestätigen«.[110] In der Industriestadt war der Mensch ebenjenes entfremdete, entmenschlichte Lasttier, das Heß und Engels als Endprodukt des Kapitalismus ansahen. Dies erklärt zumindest teilweise die Fülle von Tiervergleichen, all die Schweine und Kühe, von denen es in Engels' Buch wimmelt. So schreibt er über die Unterkünfte der Arbeiterklasse in Manchester, »dass in diesen Wohnungen nur eine entmenschte, degradierte, intellektuell und moralisch zur Bestialität herabgewürdigte, körperlich kränkliche Rasse sich behaglich und heimisch fühlen kann«.[111] Die Stadt liefert den rohen, menschlichen Beweis der kapitalistischen Entfremdung.

Solches Leid war nach Engels' Ansicht allerdings notwendig, da die verelendeten Massen erst dann, wenn sie auf die unterste Ebene herabgesunken und ihrer Menschlichkeit restlos beraubt wären, ein Klassenbewusstsein entwickeln würden. »Hier erreicht die Menschheit ihre vollständigste Entwicklungsstufe und zugleich ihre brutalste«, beschreibt Tocqueville diesen Zustand. »Hier vollbringt die Zivilisation ihre Wunder, und der zivilisierte Mensch wird fast in den Zustand der Wildheit zurückgeworfen.«[112] Als Geburtsort der Arbeiterbewegung war die Stadt ein Ort enormer Opfer, aber auch ein Ort der Erlösung: Durch Ausbeutung kam letztlich Befreiung. »Erst das durch die moderne große Industrie geschaffene, von allen ererbten Ketten, auch von denen, die es an den Boden fesselten, befreite und in den großen Städten zusammengetriebene Proletariat«, schrieb Engels später in einem Artikel »Zur Wohnungsfrage«, »ist imstande, die große soziale Umgestaltung zu vollziehn, die aller Klassenausbeutung und aller Klassenherrschaft ein Ende machen wird.«[113]

Durch die wohlüberlegte Stadtplanung hoffte das Bürgertum die Arbeiterklasse aus dem Auge und damit aus dem Sinn geschafft zu haben. Doch die räumliche Aufteilung der Stadt – und die Schaffung von proletarischen Ghettos – beschleunigte die Herausbildung eines Klassenbewusstseins. Deshalb war Manchester sowohl der Schauplatz des Triumphs der Bourgeoisie als auch der Ort ihrer Verdammnis. Jede Fabrik, jedes Elendsviertel und jedes Arbeitshaus war ein Memento mori der Bourgeoisie, jede ihrer glanzvollen Städte zugleich ein Grabmal lebender Toter. »[D]aher«, folgerte Engels, »die lächelnde Sorglosigkeit, in der sie auf einem Boden lebt, der unter ihren Füßen ausgehöhlt ist und jeden Tag einstürzen kann, und dessen baldiger Einsturz so sicher ist wie irgendein mathematisches oder mechanisches Gesetz ...« Von Glasgow bis London war die Revolution unvermeidlich, »eine Revolution ..., gegen die die erste französische und das Jahr 1794 ein Kinderspiel sein wird«.[114]

Diese Auffassung über die Aufgabe der Stadt bestimmte Engels' scheinbar weitschweifige Beschreibungen des Zustands von Manchester in den 1840er Jahren. Dabei handelte es sich nicht einfach nur um ein Feuilleton oder das Ergebnis journalistischen Slumtourismus, sondern darüber hinaus um eine ebenso beredte wie geschmeidige, auf politische Wirkung zielende kommunistische Propagandaschrift. Allem wurde eine ideologische Rolle zugewiesen: Landschaft, Menschen und Industrie gleichermaßen. Daher kommt auch die Arbeiterklasse selbst nie zu Wort, noch findet sich ein Hinweis auf die vielfachen Spaltungen innerhalb der arbeitenden Massen – auf die Unterschiede zwischen Straßenkehrern und Baumwollspinnern, Konservativen und Liberalen, Katholiken und Protestanten. Die Vielfalt der Wirtschaft von Manchester – von Dienstleistungen über die Bauindustrie und alle Arten des Handels bis zu den Baumwollfabriken – wird zugunsten einer alles überspannenden urbanen Konfrontation zwischen den verhärteten Blöcken von Kapital und Arbeit ausgeblendet. Ebenso wenig kommt das reiche kulturelle Leben der Arbeiterklasse in der Stadt vor – in den Mechanics' Institutes, Friendly Societies, Arbeiterklubs, Parteien und Gewerkschaften. Stattdessen beschreibt Engels ein einheitliches, homogenes Proletariat, das nur danach strebt, seine historische Mission zu erfüllen.

Durch diese Konzentration auf die historische Rolle des Proletariats hebt sich Engels von den Owenisten und Chartisten ab, die kaum Verständnis für die größeren sozioökonomischen Zusammenhänge hatten, die zum Entstehen der Arbeiterklasse führten, genauso wenig wie sie in ihre Pläne für kollektive Harmonie, Phalansterien und Chartas die erforderliche soziale Revolution einbezogen. »Sie erkennen keine historische Entwicklung an«, bemängelt Engels, »und wollen daher die Nation ohne weiteres, ohne Fortführung der Politik bis zu dem Ziele, wo sie sich selbst auflöst, sogleich in den kommunistischen Zustand versetzen. Sie … predigen eine für die englische Gegenwart noch viel fruchtlosere Philanthropie und allgemeine Liebe … Daher sind sie zu gelehrt, zu metaphysisch, und richten wenig aus.«[115] Nötig sei indes praktisches Handeln, die Vereinigung von Chartismus und Sozialismus und damit der Anschluss an den Lauf der Geschichte. »Die Revolution *muss* kommen, es ist jetzt schon zu spät, um eine friedliche Lösung der Sache herbeizuführen«, stellte Engels, der Montagnard, fest. Man könne nur noch darauf hoffen, die mit ihr einhergehende Gewalt zu mäßigen, indem man einen möglichst großen Teil des Proletariats für den Kommunismus gewinne, denn: »In demselben Verhältnis …, in welchem das Proletariat sozialistische und kommunistische Elemente in sich aufnimmt, genau in demselben Verhältnis wird die Revolution an Blutvergießen, Rache und Wut abnehmen.« Schließlich würden der neuen Gesellschaft, auch wenn die Arbeiterklasse die Aufgabe habe, die kommunistische Zukunft herbeizuführen, alle Klassen angehören, während die alten Antagonismen sich auflösen würden. »Der Kommunismus steht seinem Prinzipe nach über dem Zwiespalt zwischen Bourgeoisie und Proletariat, er … [ist] eine Sache der Menschheit, nicht bloß der Arbeiter.«[116]

Nach der Aufhebung des Gegensatzes von Bourgeoisie und Proletariat in der kommunistischen Zukunft würde der Ort ihrer Kämpfe, die moderne Großstadt, aufgrund der »Abschaffung der kapitalistischen Produktionsweise« ebenfalls obsolet werden.[117] Die Stadt mochte die Geburtsstätte der Arbeiterbewegung gewesen sein, deren Sieg bedeute jedoch das Ende des alten Widerspruchs zwischen Stadt und Land. In späteren Schriften sagte Engels voraus, die modernen industriellen Techniken und eine Planwirtschaft würden die Konzentration der Wirtschaftstätigkeit in urbanen Zentren überflüssig machen. Umgekehrt würden die schlechte sanitäre Situation und die Umweltbelastung – »die heutige Luft-, Wasser- und Bodenvergiftung« – durch die Verschmelzung von Stadt und Land beseitigt werden. Es ist eine Ironie, dass Engels, der große Apostel des urbanen Radikalismus, am Ende seiner Tage eine technokratisch-kommunistische Vision ohne städtisches Leben verfocht: »Die Aufhebung des Gegensatzes von Stadt und Land ist hiernach nicht nur möglich. Sie ist eine direkte Notwendigkeit der industriellen Produktion selbst geworden, wie sie ebenfalls eine Notwendigkeit der Agrikulturproduktion und obendrein der öffentlichen Gesundheitspflege geworden ist ... Die Zivilisation hat uns freilich in den großen Städten eine Erbschaft hinterlassen, die zu beseitigen viel Zeit und Mühe kosten wird. Aber sie müssen und werden beseitigt werden, mag es auch ein langwieriger Prozess sein.«[118]

Die Lage der arbeitenden Klasse in England machte, als das Buch erschien, in Kreisen deutscher Radikaler sofort Eindruck. »Ich bin, soviel ich weiß, der erste gewesen, der in deutscher Sprache ... [die] von der modernen großen Industrie geschaffnen Gesellschaftszustände« beschrieben hatte, stellte Engels später voller Stolz fest. Seine Absicht sei es gewesen, »dem damals entstehnden, in hohlen Phrasen herumfahrenden deutschen Sozialismus eine tatsächliche Unterlage zu geben«.[119] Laut einem Kommunisten aus Elberfeld lag »das allem geheiligten Unsinn und Frevel verderbliche Buch von Friedrich Engels *Die Lage der arbeitenden Klassen in England* ... unverboten in den Wirtshäusern« aus.[120] Die meisten Besprechungen von bürgerlicher Seite, einschließlich derjenigen der *Barmer Zeitung*, waren vernichtend. Eine Ausnahme bildete der preußische Statistiker Friedrich von Reden, nach dessen Ansicht das Buch »sowohl wegen des Gegenstandes, den es behandelt, als wegen seiner Gründlichkeit und Wahrheit ganz besondere Aufmerksamkeit verdient« hatte. Beeindruckt war er insbesondere von dem »sichtlich wahrheitsgetreuen Bild der Stellung der englischen Bourgeoisie zum Proletariat; der Despotie, welche sie bei allen wichtigen sozialen Fragen ausübt auf der einen, des Ingrimms und der verzweifelten Erbitterung der Besitzlosen auf der anderen Seite«.[121]

Marx war, wie erwähnt, hingerissen von dem Buch und der in ihm enthaltenen hilfreichen Faktenfülle – von der Manipulation der Fabrikuhren durch die Spinnereibesitzer über die physische Belastung der Maschinenarbeiter bis zur Geschichte der Baumwollindustrie –, auf die er zum Beweis der Unmenschlichkeit des Kapitalismus immer wieder zurückgreifen sollte. »Auf die Periode vom Beginn der großen Industrie in England bis 1845 gehe ich nur hier und da ein und verweise den Leser darüber auf *Die Lage der arbeitenden Klasse in England* von Friedrich Engels, Leipzig 1845«, schrieb Marx in einer Anmerkung im ersten Band des *Kapitals.* »Wie tief Engels den Geist der kapitalistischen Produktionsweise begriff, zeigen die Factory Reports, Reports on Mines usw., die seit 1845 erschienen sind …«[122]

Aber Engels' Beitrag bestand nicht nur aus Fakten. Obwohl marxistische Wissenschaftler dies selten in vollem Umfang würdigen, bereiteten *Die Lage der arbeitenden Klasse in England* und die »Umrisse zu einer Kritik der Nationalökonomie« der kommunistischen Theorie den Weg. Engels hatte sich, um Wilhelm Liebknechts Wort zu benutzen, »enthegelt«:[123] Angesichts der Ungerechtigkeiten, die er im industrialisierten Manchester unmittelbar beobachten konnte, begnügte er sich nicht mehr wie in seiner Berliner Zeit mit der »nur abstrakten Kenntnis [des] Gegenstandes«.[124] Mit erstaunlicher geistiger Reife wandte der 24-Jährige den junghegelianischen Begriff der Entfremdung auf die materielle Wirklichkeit des viktorianischen England an und entwarf im Zuge dessen das ideologische Gerüst des wissenschaftlichen Sozialismus. Die dünne Schicht des theoretischen Kommunismus, die er von Moses Heß entliehen hatte, war durch seine Erlebnisse und Beobachtungen in Manchester unterfüttert worden. Vieles von dem, was man später als Elemente des Hauptstroms des Marxismus betrachtete – Klassenteilung, die instabile Natur des modernen Industriekapitalismus, der Gedanke, dass sich die Bourgeoisie ihren eigenen Totengräber schuf, die Unvermeidlichkeit der sozialistischen Revolution –, war bereits in Engels' brillanter Polemik enthalten.[125] Doch die *Lage der arbeitenden Klasse in England* sollte auch eines der letzten bedeutenden Werke sein, mit denen Engels in den nächsten dreißig Jahren zur Entwicklung der sozialistischen Ideologie beitrug.

Im Sommer 1844 war Engels' Lehrzeit in Manchester zu Ende gegangen, und der Sohn und Erbe von Ermen & Engels kehrte nach Barmen zurück. Auf der Fahrt legte er einen Zwischenstopp in Paris ein, wo er eine Begegnung mit Marx hatte, die wesentlich herzlicher ausfiel als die vorangegangene. Und fortan widmete er sein Leben der Aufgabe, den »Mohren« zu managen.

»EINIGE GEDULD UND ETWAS TERRORISMUS«

Auf den letzten Zeilen von *Vater Goriot*, Honoré de Balzacs ätzender Chronik des bourgeoisen Paris, richtet Rastignac, der junge Held des Romans, eine Kriegserklärung an das französische Kapital: »Lichter blitzten auf. Gierig saugten sich seine Augen an jenen Teil der Stadt fest, der zwischen der Säule auf dem Vendômeplatz und dem Invalidendom liegt. Dort lebte die vornehme Gesellschaft, in die er sich den Zutritt erkämpfen wollte, erkämpft hatte. In diesen summenden Riesenschwarm warf er einen Blick, als wenn er schon im Voraus den Honig schlürfen wollte, und sagte die großartigen Worte: ›Nun wollen wir uns miteinander messen!‹«[1]

Paris war die glänzende Bühne für die nächste Phase von Engels' Leben. Nach seiner Ansicht vereinigten die Pariser »die Leidenschaft des Genusses mit der Leidenschaft der geschichtlichen Aktion wie nie ein andres Volk«.[2] Wie Rastignac wollte auch der ehrgeizige, geistig überaus rege und sinnenfreudige Engels die Freuden dieser Stadt genießen. Nach dem Philistertum von Barmen und dem versmogten Nieselregen von Manchester versprach die französische Hauptstadt einem vermögenden jungen Mann unzählige neue Erfahrungen. »Paris ist ein Ozean«, schwärmte Balzac. »Seine Tiefe vermag man nicht mit der Sonde zu ergründen. Versucht es nur, es zu durcheilen, zu beschreiben! Welche Mühe man daran wenden mag, wie groß auch die Zahl der Tiefseeforscher sei, immer wird man jungfräulichen Boden finden, eine verborgene Höhle, Blumen, Perlen, Ungeheuer, etwas Unerhörtes, Vergessenes.«[3]

Engels war nicht der Einzige, der in dieser Metropole reüssieren wollte. Für Radikale, Intellektuelle, Künstler und Philosophen war Paris, mit Walter Benjamins Worten, die »Hauptstadt des 19. Jahrhunderts«. Der Junghegelianer Arnold Ruge verglich sie mit einem »weiten Zauberkessel, in dem die Weltgeschichte siedet, aus dem sie immer von neuem hervorsprudelt«. »Unsere Siege und unsere Niederlagen«, fuhr er fort, »erleben wir in Paris. Selbst unsere Philosophie, worin wir jetzt einen Schritt voraus sind, wird nicht eher zur Macht werden, als bis sie in Paris und mit französischem Geist auftritt.«[4] In Moses Heß europäischer Triarchie kam Paris die Rolle zu, sein revolutionäres Blut einzusetzen und den entscheidenden Funken im Kampf für den Kommunismus zu schlagen. Zu Englands materiellen Ungerechtigkeiten und Deutschlands philosophischem Fortschritt fügte Frankreich das politische Dynamit hinzu – »das Krähen des gallischen Hahns«, wie Marx es ekstatisch ausdrückte.[5]

Paris bildete nicht nur die Kulisse für die Befriedigung von Engels' fleischlichen Begierden, sondern auch für die Entstehung des modernen Kommunistischen Bundes. Hier lernte Engels die dunkle Kunst der Apparatepolitik: Umgeben von den Herbergen und Werkstätten des Kapitals, begann er die Fundamente einer Bewegung zu legen, die ihren Höhepunkt eines Tages im Weltkommunismus erreichen sollte. Neben der praktischen Politik – dem Geschäft des Stimmenfangs und der Verfahrenstricks – arbeitete Engels zusammen mit Marx an der berühmtesten politischen Polemik des 19. Jahrhunderts, dem *Manifest der Kommunistischen Partei*. Es begann alles am 28. August 1844 bei einigen Gläsern im Café de la Régence, in dem schon Benjamin Franklin, Louis Napoleon und sogar Voltaire verkehrt hatten und das nun zum Anlaufpunkt zweier junger preußischer Philosophen wurde, die sich immer zügelloser ihren Ausschweifungen hingaben.

Marx und seine schwangere Frau Jenny waren im Oktober 1843 nach dem plötzlichen Aus für die *Rheinische Zeitung* in Paris eingetroffen. Kein Geringerer als der russische Zar Nikolaus I.

hatte sich über die antirussische Tendenz der Zeitung beschwert und die preußischen Behörden gezwungen, ihr die Druckerlaubnis zu entziehen. Marx' Mitherausgeber Arnold Ruge hatte vorgeschlagen, Preußen zu verlassen und die journalistische Tätigkeit in Form der *Deutsch-Französischen Jahrbücher* in Frankreich fortzusetzen. Doch Ruge bedauerte schon nach wenigen Wochen, dass er die Zusammenarbeit mit Marx fortgesetzt hatte, denn rasch stellte sich heraus, wie undiszipliniert sein Redaktionskollege war: »... er vollendet nichts, er bricht überall ab und stürzt sich immer von neuem in ein endloses Büchermeer.«[6] Aber sie trennte mehr als nur das Temperament. Nach einer Phase intensiver Forschungsarbeit von Herbst 1843 bis Frühjahr 1844 hatte sich Marx von Ruges politischer Position distanziert, indem er sich selbst als Kommunisten definierte und sich den aktiveren Teilen der Pariser Arbeiterklasse zuwandte. »Sie müssten einer der Versammlungen der französischen ouvriers [Arbeiter] beigewohnt haben, um an die jungfräuliche Frische, an den Adel, der unter diesen abgearbeiteten Menschen hervorbricht, glauben zu können«, schrieb er im August 1844 an Feuerbach. »Jedenfalls aber bereitet die Geschichte unter diesen ›Barbaren‹ unserer zivilisierten Gesellschaft das praktische Element zur Emanzipation des Menschen vor.«[7] Hinzu kam, dass durch die Beschäftigung mit der Französischen Revolution und die eingehende Lektüre der klassischen Texte der politischen Ökonomie – insbesondere der Schriften von Adam Smith und David Ricardo – sowie von Engels' »Umrissen zu einer Kritik der Nationalökonomie« anstelle der religiösen Entfremdung immer mehr die materiellen Realitäten der kapitalistischen Gesellschaft in den Mittelpunkt von Marx' Aufmerksamkeit rückten. »Die Jahre 1843 bis 1845 sollten die entscheidenden seines Lebens werden«, befand Isaiah Berlin. »[I]n Paris vollzog sich seine endgültige intellektuelle Wandlung.«[8]

Nicht mehr vorrangig mit der Kritik des Hegelianismus beschäftigt, richtete er sein Augenmerk nun auf die Auswirkungen der Arbeitsteilung und des von Carlyle beschriebenen Geldzusammenhangs auf das Wesen des Menschen. Wie Engels die Maschinenarbeiter von Manchester, so betrachtete Marx den modernen Menschen als durch die kapitalistische Klassengesellschaft in zunehmendem Maß von sich selbst entfremdetes Geschöpf. Die Lösung dieser Entfremdungskrise lag nach seiner Ansicht, und auch hierin folgte er Engels, in den Händen der vom Kapitalismus selbst geschaffenen besitzlosen Klasse der Proletarier. Deren historische Aufgabe war es, den Menschen sich selbst zurückzugeben – die »menschliche Emanzipation« – durch die Überwindung der vergiftenden Ungleichheit, die der politischen Ökonomie zugrunde lag: des Systems des Privateigentums. Der Kommunismus, schrieb Marx, sei die »positive Aufhebung des Privateigentums als menschlicher Selbstentfremdung und darum … [die] wirkliche Aneignung des menschlichen Wesens durch und für den Menschen«.[9] Aufgrund dieser offensichtlichen philosophischen Sympathie mit Engels war die Erinnerung an ihre kühle erste Begegnung in der Redaktion der *Rheinischen Zeitung* bereits vergessen, als die beiden jungen Männer im Café de la Régence mit dem Aperitif fertig waren. Es folgten zehn bierselige Tage, an denen sie ein emotionales und ideologisches Band knüpften, das ein Leben lang halten sollte. »Als ich Marx im Sommer 1844 in Paris besuchte, stellte sich unsere vollständige Übereinstimmung auf allen theoretischen Gebieten heraus, und von da an datiert unsre gemeinsame Arbeit«, erklärte Engels später.[10]

Von welcher Art war diese Geistesverwandtschaft, diese Kameradschaft, die in Lenins Augen »die rührendsten Sagen der Alten über menschliche Freundschaft in den Schatten stellt«?[11] Edmund Wilsons Vermutung, Marx habe eine »väterliche Autorität« ausgeübt, die Engels bei seinem eigenen Vater zurückgewiesen hatte, ist wenig überzeugend.[12] Alternativ dazu sieht Francis Wheen Engels in der Rolle einer »Ersatzmutter« für Marx.[13] Weniger freudianisch lässt sich ihre Beziehung, wenn man sie denn in Familienbegriffe fassen will, als Zuneigung zwischen Cousins beschreiben. Trotz der gemeinsamen rheinischpreußischen Herkunft waren beide Männer charakterlich sehr verschieden, ergänzten sich jedoch gegenseitig, wobei Engels, wie Gustav Mayer schreibt, »in jeder Hinsicht der Unnervösere, der seelisch Gleichmäßigere, der körperlich und geistig Elastischere, der Unkompliziertere, Harmonischere, sonniger Veranlagte von beiden« war.[14] Sicherlich hatte Engels weniger von einem »Drachen«: Er war weniger »mohrenhaft« ungestüm, nicht so selbstversunken und weniger indigniert über die menschlichen Kosten des Kapitalismus. Engels war gleichzeitig distanzierter als auch rigoroser auf die Empirie orientiert als sein zerstreuter, zerquälter Kompagnon. Laut Marx' Schwiegersohn Paul Lafargue war Engels »methodisch wie eine alte Jungfer«.[15] Darüber hinaus war er physisch wesentlich robuster als der von Pickeln und Furunkeln geplagte Marx, dessen finanzielle und persönliche Belastungen gewissermaßen in Blindenschrift an seinem Körper abzulesen waren. Häufig wird darauf hingewiesen, dass diese Unterschiede auch in der Handschrift zutage treten. Während Engels' Schriftbild flüssig und symmetrisch ist und gelegentlich von eingestreuten Karikaturen aufgelockert wird, hatte Marx eine wilde, von Klecksen gestörte Handschrift, und es ist eine passende Metapher für ihre Freundschaft, dass Engels oft der Einzige war, der sie zu entziffern vermochte.

In den nächsten vierzig Jahren erlebte ihre Beziehung, selbst unter den schwierigsten Umständen, kaum jemals eine Schwankung. »Alles hatten sie gemeinsam«, beschrieb Lafargue ihr Verhältnis, »die Börse und das Wissen ... Engels dehnte seine Freundschaft auf die ganze Familie aus; die Töchter von Marx waren seine Kinder, sie nannten ihn ihren zweiten Vater. Seine Freundschaft ging bis über das Grab hinaus«.[16] Ihrer Beziehung lag eine Teilung der Verantwortung zugrunde, da Engels seit ihrem Pariser Treffen Marx' überlegene Fähigkeit, die ideologischen Fundamente »unserer Weltanschauung« zu legen, anerkannte. Er vollzog diese geistige Unterwerfung in der für ihn typischen klaren, nüchternen Weise. »Dass ich vor und während meinem vierzigjährigen Zusammenwirken mit Marx sowohl an der Begründung wie namentlich an der Ausarbeitung der Theorie einen gewissen selbständigen Anteil hatte, kann ich selbst nicht leugnen«, schrieb er nach dem Tod seines Freundes. »Aber der größte Teil der leitenden Grundgedanken ... gehört Marx ... Marx war ein Genie, wir andern höchstens Talente. Ohne ihn wäre die Theorie heute bei weitem nicht das, was sie ist. Sie trägt daher auch mit Recht seinen Namen.«[17] Dieses Vertrauen in Marx' Genie veranlasste Engels, in den Hintergrund zu treten, seine eigene ideologische Entwicklung zu opfern und »zweite Violine zu spielen« neben einer »so famosen ersten Violine ... wie Marx«.[18] Anders zu handeln war dem ergebenen Engels unvorstellbar: »Ich begreife überhaupt nicht, wie man auf ein Genie neidisch sein kann; das ist so eine Sache so eigner Art, dass wir, die wir es nicht haben, von vornherein wissen, es ist für uns unerreichbar; so etwas aber beneiden zu können, dazu muss man doch arg kleinlich sein.«[19] Freilich musste Engels auch nie zu Marx' Denken bekehrt werden. Wie Marx feststellte, war er »auf anderm Wege ... zu demselben Resultat gelangt« wie er und daher ebenso entschlossen, die theoretischen und politischen Implikationen ihres philosophischen Standpunkts auszuloten.[20] Der Unterschied war nur, wie Engels anmerkte: »Marx stand höher, sah weiter, überblickte mehr und rascher als wir andern alle«.[21]

Die erste Frucht ihrer Partnerschaft war das 1845 erschienene Pamphlet *Die heilige Familie oder Kritik der kritischen Kritik, gegen Bruno Bauer und Konsorten,* in dem sich der Unmut offenbarte, den beide nach ihren Erfahrungen in Manchester und Paris gegenüber der junghegelianischen Schule empfanden. Zugleich entsprang die Schrift aber auch dem Wunsch, ihren neu gewonnenen materialistischen Standpunkt bekanntzumachen. In intellektueller Hinsicht bedeutete dieser Materialismus die Konzentration auf die Wirklichkeit der natürlichen, körperlichen, »unmittelbaren« Existenz des Menschen und damit die vorrangige Beschäftigung mit seiner wirtschaftlichen Tätigkeit und den aus ihr resultierenden sozialen Beziehungen. Angesichts des ebenso endlosen wie nutzlosen Philosophierens der Gebrüder Bauer über Religion und Ethik – »Formeln, weiter nichts als Formeln«[22] – verurteilten Marx und Engels den Berliner Kreis in seiner Selbstgenügsamkeit jetzt als Hindernis für fortschrittliche soziale Veränderungen. Deshalb, verkündete Engels wenig später in schriller gewordenem Tonfall, sei »jenen deutschen Philosophen der Krieg erklärt worden, die sich weigern, aus ihren reinen Theorien praktische Schlussfolgerungen zu ziehen, und die behaupten, dass der Mensch nichts weiter zu tun habe, als über metaphysische Fragen nachzugrübeln«.[23]

Im Gegensatz zu den »Bierliteraten« wollten er und sein Kompagnon die sozialen und ökonomischen Zustände in den Vordergrund stellen, anstatt die hegelianischen Schatten Bewusstsein und Geist zu jagen: »Der reale Humanismus hat in Deutschland keinen gefährlicheren Feind als den Spiritualismus oder den spekulativen Idealismus, der an die Stelle des wirklichen individuellen Menschen das ›Selbstbewusstsein‹ oder den ›Geist‹ setzt …« Beide hatten die bestimmende Rolle des Privateigentums bei der Gestaltung der modernen Gesellschaft enthüllt, Marx durch das Studium der politischen Ökonomie und Engels durch die eigene Anschauung der Zustände in den Baumwollspinnereien von Manchester. Nicht die »verwelkte und verwitwete Hegelsche Philosophie«, sondern die materielle Realität prägte die sozialen Strukturen, und wenn es noch eines Beweises dafür bedurfte, brauchte man bloß in die Vergangenheit zu schauen. Engels unternahm einen frühen, vorsichtigen Versuch materialistischer Geschichtsinterpretation, indem er die historische Rolle des Hegelschen Geistes durch die reale Tätigkeit der Menschen aus Fleisch und Blut ersetzte. »Die Geschichte«, erklärte er mit kritischer Stoßrichtung gegen Bruno Bauer, »tut nichts, sie ›besitzt keinen ungeheuren Reichtum‹, sie ›kämpft keine Kämpfe‹! Es ist vielmehr der Mensch, der wirkliche, lebendige Mensch, der das alles tut, besitzt und kämpft; es ist nicht etwa die ›Geschichte‹, die den Menschen zum Mittel braucht, um ihre – als ob sie eine aparte Person wäre – Zwecke durchzuarbeiten, sondern sie ist nichts als die Tätigkeit des seine Zwecke verfolgenden Menschen.«[24]

Trotz des großen Themas war *Die heilige Familie* zunächst als kurze Abrechnung mit Bauer und Konsorten geplant gewesen, und Engels hatte seine Version im September 1844 in Paris rasch aus dem Ärmel geschüttelt, bevor er nach Barmen abreiste. »Nun lebe wohl, lieber Karl«, schrieb er nach der Rückkehr in die Heimat an Marx. »Ich bin seitdem doch nicht wieder so heiter und menschlich gestimmt gewesen, als ich die zehn Tage war, die ich bei Dir zubrachte ...«[25] Dummerweise hatte er sein Manuskript bei Marx gelassen, wo es bald mit den schillernden Zeichen von dessen stilistischer Inkontinenz übersät war. Vor allem quoll es enorm auf. »Dass Du die ›Kritische Kritik‹ bis auf 20 Bogen ausgedehnt«, bemerkte Engels dazu, »ist mir allerdings verwunderlich genug gewesen ... Wenn Du ... meinen Namen auf dem Titel hast stehenlassen, so wird das sich kurios ausnehmen, wo ich kaum 1½ Bogen geschrieben habe.« Ferner würde den politischen Gegnern unverhältnismäßig viel Platz eingeräumt. »Die souveräne Verachtung«, monierte Engels, »mit der wir beide gegen die *Lit[eratur]-Z[eitung]* auftreten, bildet einen argen Gegensatz gegen die 22 Bogen, die wir ihr dedizieren.« Außerdem machte das Buch Marx' Schwäche deutlich, sich von wichtigeren Projekten ablenken zu lassen. »Mach, dass Du mit Deinem nationalökonomischen Buch fertig wirst«, flehte Engels ihn an, »wenn Du selbst auch mit vielem unzufrieden bleiben solltest, es ist einerlei, die Gemüter sind reif, und wir müssen das Eisen schmieden, weil es warm ist.« In den folgenden Jahrzehnten sollten solche Aufforderungen zu einem ständig wiederkehrenden Refrain werden. »[S]etz Dir eine Zeit, bis wohin Du positiv fertig sein willst«, riet Engels, »und sorge für einen baldigen Druck.« Schließlich war da noch das journalistische Verlangen nach einem griffigen Titel; Marx hatte dem Pamphlet in ironischer Anspielung auf den Bauer-Kreis den Titel *Die heilige Familie oder Kritik der kritischen Kritik* gegeben. »Der neue Titel«, beschwerte sich Engels vorsichtig, »wird mich wohl in

Familienhäkeleien mit meinem frommen, ohnehin jetzt höchst gereizten Alten bringen, das konntest Du natürlich nicht wissen.«[26]

Schon vor dem Erscheinen der *Heiligen Familie* war die Atmosphäre im Hause Engels nicht gerade harmonisch gewesen. Trotz der zweijährigen Abwesenheit des Juniors und seiner Zusage, zum »Schachern« in die Familienfirma zurückzukehren, war das Verhältnis zum Vater angespannt, da beide Seiten fanden, dass atheistischer Kommunismus und evangelikaler Protestantismus nicht gut zusammenpassten. »Ich kann nicht essen, trinken, schlafen, keinen Furz lassen oder dasselbe vermaledeite Kindergottesgesicht steht mir vor der Nase«, beklagte sich Friedrich junior bei Marx. »[H]eute trollt die ganze Sippschaft zum Abendmahl – der Leib des Herrn hat seine Wirkung getan, die Jammergesichter von heut morgen übertrafen alles. Pour comble de malheur [um das Unglück voll zu machen] war ich gestern Abend mit Heß in Elberfeld, wo wir bis zwei Uhr Kommunismus dozierten. Natürlich heute lange Gesichter über mein spätes Ausbleiben, Andeutungen, ich möchte wohl im Kasten gewesen sein.«[27] Es trug auch nicht zur Beruhigung der Gemüter bei, dass sich seine Schwester Marie mit dem Kommunisten Emil Blank verlobt hatte, »und jetzt natürlich ein verfluchtes Rennen und Laufen im Hause ist«.[28] Die guten Pietisten Friedrich und Elise fragten sich wahrscheinlich, was sie falsch gemacht hatten.

Doch diese häusliche Unruhe hielt Engels nicht von seiner missionarischen Arbeit ab. Während der Heimreise aus Paris hatte er im Rheinland einen ermutigenden Eindruck vom Zustand der sozialistischen Bewegung gewonnen. »Ich war in Köln drei Tage«, berichtete er Marx, »und erstaunte über die ungeheure Propaganda, die wir dort gemacht haben.« Sogar im Wuppertal, jenem Zion des Obskurantismus, waren Anzeichen des Fortschritts zu erkennen. »[H]ier bereitet sich ein prächtiger Boden für unser Prinzip vor«, frohlockte Engels. »In Barmen ist der Polizeikommissär Kommunist. Vorgestern war ein alter Schulkamerad und Gymnasiallehrer bei mir, der auch stark angesteckt ist, ohne dass er irgendwie mit Kommunisten in Berührung gekommen wäre.«[29] In einem Artikel für die owenistische Zeitschrift *The New Moral World* vermeldete Engels, »die Geschwindigkeit, mit der der Sozialismus in diesem Lande Fortschritte gemacht hat«, sei »ganz wunderbar«. Mit einem Anflug von Übertreibung fuhr er fort, der Sozialismus sei »zur Tagesfrage in Deutschland geworden«. Man könne »nicht an Bord eines Dampfers gehen, in einem Eisenbahnwagen oder einer Postkutsche reisen, ohne jemand zu treffen, der nicht wenigstens einige soziale Ideen in sich aufgenommen hätte und der nicht mit einem darin übereinstimmte, dass etwas getan werden müsse, um die Gesellschaft zu reorganisieren«. Er behauptete sogar, in seiner »eigenen Familie – und sie ist sehr fromm und regierungstreu – zähle [er] sechs oder mehr Mitglieder, deren jedes überzeugt worden ist, ohne dass es von den übrigen beeinflusst worden wäre«.[30] Aufgrund solcher Erfolge predigten »die Herren Pastoren« gegen die sozialistischen Tendenzen, »vorläufig bloß gegen den Atheismus der jungen Leute, indes hoffe … [er], dass bald auch eine Philippika gegen den Kommunismus folgen« werde.[31]

In helle Aufregung versetzte Engels die wachsende Zahl von ländlichen Aufständen und Streiks in der Industrie in vielen deutschen Staaten. Am berühmtesten wurde der Weberaufstand im schlesischen Peterswaldau im Juni 1844. Nachdem die Armut aufgrund der internationalen Konkurrenz und des technischen Fortschritts über Jahre hinweg dort immer schlimmer geworden war, stürmten die einst wohlhabenden und unabhängigen Handwerker in ihrer Verzweiflung die örtlichen Baumwollfabriken. Da solche Aufstände in ganz Schlesien und Böhmen ausbrachen, beherrschte die »soziale Frage« – das angesichts der sich beschleunigenden Industrialisierung bestimmende Thema von Armut und Ausbeutung – bald den öffentlichen Diskurs. Zu besonderer Bekanntheit verhalf den schlesischen Webern das berühmte Gedicht, das Heinrich Heine ihnen widmete. Während die Arbeiter einen Klagegesang auf »Altdeutschland« anstimmen, weben sie das Leichentuch für ihre verschwindende Gesellschaft:

> Das Schiffchen fliegt, der Webstuhl kracht,
> Wir weben emsig Tag und Nacht –
> Altdeutschland, wir weben dein Leichentuch,
> Wir weben hinein den dreifachen Fluch,
> Wir weben, wir weben!

Heine, »der hervorragendste unter allen lebenden deutschen Dichtern«, habe sich »uns angeschlossen«, verkündete Engels stolz und gab dann *Die schlesischen Weber* in voller Länge wieder (in der englischen Fassung des Artikels in eigener Übersetzung).[32]

Engels' politische Strategie bestand darin, die zunehmende Sorge der Öffentlichkeit über Armut und Klassenteilung in eine bewusst kommunistische Richtung zu lenken. Zu diesem Zweck organisierte er im Februar 1845 zusammen mit seinem Mentor Moses Heß eine Reihe von Vorträgen. Eingeladen war die Elite von Elberfeld, die zahlreich ins erste Haus am Ort, den Zweibrücker Hof, strömte, um über den Kommunismus zu diskutieren. Zur dritten Veranstaltung kamen immerhin über 200 Menschen, unter ihnen Direktoren der örtlichen Fabriken und Handelsfirmen sowie Gerichtsbeamte. Am ersten Abend war sogar der Staatsanwalt des Bezirks erschienen. Nur das Proletariat, das die kommunistische Zukunft herbeiführen sollte, wurde in Elberfelds beste Gasthäuser nicht eingelassen und fehlte daher bei der Diskussion über seine Notlage. In Engels' Augen waren die Abende, bei denen unter anderem Texte von Shelley verlesen wurden, ein voller Erfolg. »Ganz Elberfeld und Barmen, von der Geldaristokratie bis zur épicerie [Krämerschaft], nur das Proletariat ausgeschlossen, war vertreten«, schrieb er überschwänglich an Marx. »Nachher diskutiert bis ein Uhr. Das Ding [Thema] zieht ungeheuer. Man spricht von nichts als vom Kommunismus, und jeden Tag fallen uns neue Anhänger zu.«[33] Etwas anders erlebte einer der Elberfelder Besucher, der Lyriker Adolf Schults, diese Abende:

> Um der Sache einen möglichst harmlosen Anstrich zu geben, hatte man Harfenmädchen bestellt … Zur Eröffnung der Versammlung wurden, nachdem besagte Harfenistinnen präludiert, etliche Gedichte … vorgetragen … Dann hätten Heß und Engels (Schults spricht von Friedrich Oswald!) das Wort zu Vorträgen ergriffen … Die Fabrikanten, die sich aus Sensationslust zu der zweiten und dritten Versammlung zahlreich eingefunden hatten, begnügten sich, mit unartikulierten Lauten und jeweiligem Hohngelächter ihr Missfallen auszudrücken. Die Verteidigung der kapitalistischen Gesellschaftsordnung überließen sie dem Direktor ihres Stadttheaters, dem Lustspieldichter Roderich Benedix … Je mehr Gründe der Verfasser der *Zärtlichen Verwandten* gegen die Notwendigkeit und Möglichkeit einer wirklichen Reform des Bestehenden vorbrachte, umso lauteren Applaus spendeten ihm die »Besitzenden«, umso ostentativer wurde dem wackeren Verteidiger des Eigentums von den Notabeln zugetrunken.[34]

Engels genoss die Erregung des öffentlichen Auftritts. »Es ist übrigens doch ein ganz anderes Ding«, berichtete er Marx, »da vor den wirklichen leibhaftigen Menschen zu stehen und ihnen direkt, sinnlich, unverhohlen zu predigen, als dies verfluchte abstrakte Schreibertum mit seinem Publikum vor den ›Augen des Geistes‹ zu treiben.«[35] In seinen Ansprachen prangerte Engels das bösartige, von Konkurrenz geprägte Wesen der kapitalistischen Gesellschaft an und prophezeite den unvermeidlichen Ausbruch von Klassenkonflikten, während die Kluft zwischen Arm und Reich sich vergrößere und die Mittelschicht zerrieben werde: »Der Ruin der kleinen Mittelklasse, des Standes, der die Hauptgrundlage der Staaten des vorigen Jahrhunderts bildete, ist die erste Folge dieses Kampfes. Wir sehen es ja täglich, wie diese Klasse der Gesellschaft durch die Macht des Kapitals erdrückt wird …« Während sich die der kapitalistischen Produktionsweise eigentümliche Verschwendung, die Bankrotte und die Arbeitslosigkeit im Zuge zyklischer Handelskrisen und Marktzusammenbrüche vermehrten, würde die Gesellschaft schließlich ihre Neuorganisation auf der Grundlage vernünftigerer Verteilungs- und Tauschprinzipien verlangen. Dies werde eine Form von Kommunismus erforderlich machen, in dem die Konkurrenz abgeschafft sei und Kapital und Arbeit durch eine zentrale Verwaltung auf effektive Weise organisiert würden. Das Verbrechen würde in dieser Zukunft ebenso verschwinden wie der Gegensatz zwischen Individuum und Gesellschaft. Darüber hinaus würde die Produktivität erheblich steigen, da man industrielle Fortschritte nicht mehr zur Vergrößerung des Profits weniger, sondern zum Besten aller nutzen werde. »Die größte Ersparnis von Arbeitskraft liegt in der Vereinigung der einzelnen Kräfte zur sozialen Kollektivkraft und in der Einrichtung, welche auf diese Konzentration der bis jetzt einander gegenüberstehenden Kräfte beruht.« Mit gebotener Behutsamkeit erläuterte Engels die praktischen Maßnahmen, die diese kommunistische Zukunft herbeiführen würden – angefangen mit der allgemeinen Schulbildung für Kinder, gefolgt von der Umgestaltung der Armenfürsorge und einer progressiven Kapitalsteuer. »Sie sehen also, m[eine] H[erren], dass es nicht darauf abgesehen ist, die Gütergemeinschaft über Nacht und wider den Willen der Nation einzuführen, sondern dass es sich vor allem nur um die Feststellung des Zweckes und der Mittel und Wege handelt, wie wir diesem Ziele entgegengehen können«, versicherte er der konservativ eingestellten Elberfelder Elite. Tatsächlich schien fast so etwas wie altmodischer Paternalismus nötig zu sein. »[Wir] müssen … es uns angelegen sein lassen«, verlangte der junge Fabrikantensohn, »das unsrige zur Vermenschlichung der Lage der modernen Heloten beizutragen.«[36]

Derlei Beschwichtigungen konnten freilich nicht verhindern, dass Engels den Behörden unliebsam auffiel. Der Oberbürgermeister von Elberfeld drohte Hotelbesitzern, die fürderhin einen Versammlungssaal zur Verfügung stellten, mit dem Entzug ihrer Konzession und erstattete dem Regierungspräsidenten in Düsseldorf, Adolph Theodor Freiherr von Spiegel-Borlinghausen, über die subversiven kommunistischen Diskussionen Bericht, wobei er Heß und Engels als Rädelsführer benannte. Mit den Grundsätzen des Kommunismus sei Engels, »der älteste Sohn des in Barmen wohnenden sehr geachteten Vaters Herrn Kaufmann Friedrich Engels senior«, auf Reisen nach England und Frankreich bekannt geworden.[37]

Auch die Polizei war auf Engels aufmerksam geworden. »Friedrich Engels [sen.] aus Barmen«, war in einem Polizeibericht an das preußische Innenministerium zu lesen, »ist ein durchaus zuverlässiger Mann; aber er hat einen Sohn, der ein arger Kommunist [ist] und sich als Literat umhertreibt; es ist möglich, dass er Friedrich heißt.«[38] Auf der Grundlage solcher Erkenntnisse verbot der preußische Innenminister Adolf Heinrich Graf von Arnim-Boytzenburg weitere kommunistische Versammlungen in Elberfeld-Barmen.

Der Ärger, den Engels senior der missratene Sohn bereitete, wurde rasch zum Tagesgespräch nicht nur der Barmener Gesellschaft. Georg Gottfried Gervinus warnte in einem Brief an seinen Freund Otto Freiherr von Rutenberg vor der drohenden Gefahr der kommunistischen Propaganda und führte Engels als Beweis dafür an, »wie sie einen jungen Kaufmann herüberangeln [kann], der unabhängig und reich und ganz fanatisiert ist, der Sohn einer Barmer Familie. Ich kenne ihn und den Vater …, der Vater ist ganz unglücklich über das Erlebnis mit seinem Sohn, er sagte mir: ›Sie können nicht glauben, wie das einen Vater bekümmert: Mein Vater hat in Barmen die evangelische Gemeinde erst gestiftet, ich habe eine Kirche gebaut, und mein Sohn reißt sie nieder.‹ – Ich antwortete ihm: ›Sie sagen da die Geschichte der Zeit.‹«[39]

Engels' Vater war über die politischen Aktivitäten seines Sohnes – »durch mein offnes Auftreten als Kommunist hat sich nebenbei noch ein glänzender Bourgeoisfanatismus in ihm entwickelt« – und seine erklärte Absicht, nicht weiter im

Familienunternehmen arbeiten zu wollen, in der Tat verärgert. Als Reaktion strich er kurzerhand die Zuwendungen an Engels, so dass der angehende Revolutionär gezwungen war, »ein wahres Hundeleben« zu führen und trübselig zu Hause zu hocken.[40] »Nun ist er mit seiner Familie schrecklich zerfallen«, berichtete Engels' Bradforder Freund Georg Weerth seiner Mutter; »man hält ihn für gottlos und verrucht, und der reiche Vater gibt seinem Sohn nicht einen Pfennig mehr zum Unterhalt.«[41] So zog sich Engels im Herbst 1844 an seinen Schreibtisch zurück, um an seiner Studie über die *Lage der arbeitenden Klasse in England* zu arbeiten. Aber auch dies erregte Misstrauen: »Sitz' ich auf meiner Stube und arbeite«, berichtete er Marx, »natürlich Kommunismus, das weiß man – dasselbe [Jammer-]Gesicht« wie bei jeder seiner Lebensäußerungen. Doch seine Ergebenheit gegenüber Marx – der inzwischen als politisch unerwünschte Person aus Frankreich ausgewiesen worden war und in Brüssel versuchte, sich seinen Lebensunterhalt zusammenzuschreiben – war derart groß, dass er ihm das Honorar für sein Buch versprach.[42]

Da er Wind davon bekam, dass man ihn verhaften wollte, und weil er seine Eltern gegenüber den Barmener Bürgern nicht länger in Verlegenheit bringen wollte, beschloss Engels, sich Marx anzuschließen. Es war ein symbolischer Bruch mit der Familie. Als er im Frühjahr 1845 die belgische Grenze überquerte, war klar, dass man ihm nicht ohne weiteres gestatten würde, nach Preußen zurückzukehren – nicht einmal zu Maries Hochzeit mit Emil Blank. »Du weißt, dass ich Dich immer am liebsten gehabt habe von allen meinen Geschwistern, dass ich zu Dir immer am meisten Vertrauen hatte«, schrieb er seiner enttäuschten »Gans« Ende Mai 1845.[43] Zum ersten Mal hatte er die kommunistische Sache über Familie und Freunde gestellt, wie er es künftig noch häufig tun sollte.

Kaum war Engels bei Marx eingetroffen, verließen sie Belgien und begaben sich auf eine Studienreise nach England. Engels erneuerte seine Beziehung mit Mary Burns (die dann auch mit ihm auf den Kontinent zurückkehrte), während Marx seine Studien über politische Ökonomie fortsetzte. Wenn die beiden jungen deutschen Kommunisten nicht die industriellen Wunden von Manchester besichtigten, verbrachten sie ihre Tage damit, die Werke verschiedener liberaler Ökonomen und amtliche Veröffentlichungen zu studieren. Ihr Lieblingsleseplatz war ein Erker der im 17. Jahrhundert errichteten Chetham's Library in Manchester, deren 100 000 Bände sie nach politischen und sozialen Fakten durchforsteten. »Ich habe die letzten Tage wieder viel in dem kleinen Erkerchen vor dem vierseitigen Pult gesessen, wo wir vor 24 Jahren saßen«, schrieb Engels 1870 an Marx, »ich liebe den Platz sehr, wegen des bunten Fensters ist immer schön Wetter dort.«[44] Die massiven Eichentische und die Buntglasfenster sind immer noch dieselben wie in den 1840er Jahren, nur dass das Gebäude heute vom jugendlichen Treiben der Chetham-Musikschule erfüllt ist und von den Hochhäusern, Hotels und Kränen des Geschäftszentrums von Manchester überragt wird. Inzwischen ist die Bibliothek ein beliebtes Ziel kommunistischer Pilger, die eine direkte, gleichsam physische Verbindung zu den Gründungsvätern aufnehmen wollen. Ein Reiseführer erzählt: »Immer, wenn ich Leute aus dem chinesischen Konsulat hierherbringe und die alten Bücher hervorziehe, die Marx und Engels berührt haben, kommen ihnen die Tränen.«[45]

Diesmal blieben Marx und Engels nicht lange in England. Schon im Spätsommer 1845 kehrten sie nach Belgien zurück. Die folgenden Monate gehörten zu den glücklichsten, die die beiden zusammen verbrachten. Sie lebten in Brüssel mit ihrer jeweiligen Partnerin in Nachbarhäusern, diskutierten, lachten und tranken bis spät in die Nacht. »Als ich meiner Frau von Ihrem philosophischen System erzählte, als Paar bis drei oder vier Uhr früh zu schreiben, wandte sie ein, solch eine Philosophie würde ihr nicht liegen«, mokierte sich der Chartist Julian Harney im März 1846 gegenüber Engels. »Und wenn sie in Brüssel wäre, würde sie unter Ihren Frauen ein ›pronunciamento‹ auslösen ...«[46]

In Brüssel hatte Engels Gelegenheit, sich ganz dem Sozialismus zu widmen. Kein »Schachern«, das ihn abhalten konnte; stattdessen alkoholgeschwängerte Abende in den Kneipen der Stadt mit Marx, Heß, Weerth (der mit Freuden von Bradford nach Brüssel übergesiedelt war), Stephan Born, dem Dichter Ferdinand Freiligrath und dem Journalisten Karl Heinzen. Ausdrücklich ausgeschlossen war der russische Aristokrat und künftige Anarchist Michail Bakunin, der seinem Freund Georg Herwegh über die deutschen Kommunisten schrieb: »[D]ie Deutschen aber, Handwerker Bornstedt, Marx und Engels, – und vor allen Marx, treiben hier ihr gewöhnliches Unheil. Eitelkeit, Gehässigkeit, Klatscherei, theoretischer Hochmut und praktische Kleinmütigkeit, – Reflektieren auf Leben, Tun und Einfachheit, und gänzliche Abwesenheit von Leben, Tun und Einfachheit, - ... und das Wort *Bourgeois* [ist] zu einem bis zum Überdruss wiederholten Stichworte geworden, – alle selbst aber von Kopf zu den Füßen durch und durch kleinstädtische Bourgeois.«[47]

In der ansonsten geselligen Emigrantenszene gab es indes ein kleines soziales Problem, die »kleine Engländerin aus Manchester«, wie Georg Weerth sie nannte.[48] Die in zeitgenössischen Briefen als »Dame« oder »Frau Engels« bezeichnete Mary Burns war eindeutig nicht nach jedermanns Geschmack. Manche Sozialisten hatten ideologische Vorbehalte gegen ihre Beziehung zu Engels, dem Sohn aus gutem Hause, der seine proletarische Geliebte in die Salons von Brüssel einführte. Laut Stephan Born war es »überkühn von Engels, durch die Einführung seiner Maitresse in diesen meist von Arbeitern besuchten Kreis an einen, den reichen Fabrikantensöhnen so oft gemachten Vorwurf zu erinnern, dass sie die Töchter des Volkes in den Dienst ihrer Freuden zu ziehen wissen. Noblesse oblige.«[49] Aber es war nicht nur Mary. Engels pflegte auch seine anderen Geliebten – leichtlebige junge Frauen, unter denen eine »Mademoiselle Josephine« und eine »Mademoiselle Felicie« herausragten – in den Kreis der Sozialisten einzuführen. Mit dieser Gewohnheit vermochte sich auch Jenny Marx, die aus gutem Hause stammende

Tochter des Barons Ludwig von Westphalen, obwohl selbst eine Art Blaustrumpf, nicht anzufreunden. Laut Max Beer betrachtete das Ehepaar Marx »Engels und seine Gefährtinnen in tiefstem Herzen nie als ihresgleichen ... In puncto moralischer Rechtschaffenheit war Marx, einer der größten Revolutionäre, der jemals gelebt hat, ebenso konservativ und korrekt wie seine rabbinischen Vorfahren.«[50] Bei einem der festlichen Abende, welche die Sozialisten in Brüssel veranstalteten und bei dem Engels mit seiner aktuellen Geliebten erschien, erreichte dieser Puritanismus, Snobismus oder moralische Anstand seinen Höhepunkt. Stephan Born berichtet darüber:

> Unter den Anwesenden befand sich Marx mit seiner Frau und Engels mit seiner – Dame. Die beiden Paare waren durch einen großen Raum voneinander getrennt. Als ich zu Marx herankam, um ihn und seine Frau zu begrüßen, gab er mir durch einen Blick und ein vielsagendes Lächeln zu verstehen, dass seine Frau eine Bekanntschaft mit jener – Dame auf das strengste ablehne. In Fragen der Ehre und Reinheit der Sitten war die edle Frau intransigent. Die Zumutung, auf diesem Gebiet ein Zugeständnis zu machen, wenn eine solche an sie gestellt worden wäre, hätte sie mit Entrüstung zurückgewiesen.[51]

Born erzählte diese Episode viele Jahrzehnte später, lange nachdem er sich sowohl mit Marx als auch mit Engels zerstritten hatte. Eleanor Marx, die damals noch nicht geboren war, bestritt diese »idiotische Brüsseler Geschichte«. »Zunächst einmal muss jemand, der ihnen die engstirnige ›Moralität‹ des Kleinbürgers unterstellt, meine Eltern sehr wenig gekannt haben«, schrieb sie nach Engels' Tod an Karl Kautsky. »Ich weiß, dass der General [Engels] gelegentlich mit seltsamen Bekanntschaften des anderen Geschlechts erschien, doch soweit ich es mitbekam, amüsierte dies meine Mutter nur, die einen seltenen Humor und absolut keine heuchlerische bürgerliche ›Wohlanständigkeit‹ besaß.«[52]

Vor dem Hintergrund dieses engmaschigen, bisweilen angespannten gesellschaftlichen Geflechts entstand etwas Großes: *Die deutsche Ideologie.* Kommerziell war auch dieses von Marx und Engels gemeinsam verfasste Manuskript ein Flop; zu ihren Lebzeiten nicht veröffentlicht, blieb es der berühmten »nagenden Kritik der Mäuse«[53] überlassen, bis es 1932 endlich im Druck erschien. Aber es erreichte den Zweck der Klärung des eigenen ideologischen Standpunkts. Das Werk bildet einen weiteren Meilenstein auf dem Weg vom Idealismus zum Materialismus und stellte damit einen neuerlichen bewussten Akt der Distanzierung von den Junghegelianern dar. Das literarische Mittel war typischerweise das für den Leser ermüdende Einprügeln auf einen ideologischen Rivalen, diesmal den Philosophen des »Ich«, Max Stirner. Ebenso typisch war, dass das Ausmaß der Verunglimpfung recht deutlich anzeigte, wie viel Marx und Engels dem Angegriffenen geistig verdankten.

Obwohl er ein einflussreiches Mitglied der Berliner Bruderschaft der Junghegelianer war, war Stirner von Ludwig Feuerbachs Hegelkritik nie überzeugt gewesen. In Feuerbachs Augen war die idealistische Philosophie, also der Hegelianismus, kaum besser als die christliche Ideologie, da beide den menschlichen Geist verarmen ließen. Beide verlangten die Anbetung einer äußeren Instanz, sei es nun die des Hegelschen Geistes oder die des christlichen Gottes. Die Lösung sah Feuerbach in der Anbetung der Menschheit: Die Theologie sollte durch die Anthropologie ersetzt werden. Nach Stirners Ansicht war Feuerbach damit in die gleiche Falle getappt, in der gefangen zu sein er Hegel vorgeworfen hatte. Tatsächlich habe er ebenso wie dieser die Knechtschaft einer neuen Theophanie an die Stelle der christlichen Gottheit gesetzt: War es in Hegels Fall der Geist gewesen, so bei Feuerbach »der Mensch« oder »der Mensch überhaupt«. Aus Stirners Sicht war die »menschliche Religion … nur die letzte Metamorphose der christlichen Religion«.[54] Im Gegensatz dazu befürwortete er in seinem 1844 erschienenen Buch *Der Einzige und sein Eigentum* einen absoluten, selbstbewussten Egoismus, frei von den entfremdenden Mechanismen der Unterwerfung unter Gott, Mensch, Geist oder Staat. Es war ein extrem solipsistisches, atheistisches und letztlich nihilistisches Ethos, dem zufolge der Egoist »sich nicht für ein Werkzeug der Idee oder ein Gefäß Gottes« ansieht: »... er erkennt keinen Beruf an, er wähnt nicht, zur Fortentwicklung der Menschheit da zu sein und sein Scherflein dazu beitragen zu müssen, sondern er lebt sich aus, unbesorgt darum, wie gut oder schlecht die Menschheit dabei fahre«.[55]

Stirners Forderung nach persönlicher Rebellion und sein ahistorisches Verständnis des Wesens des Menschen fanden bei Marx und Engels keinen Anklang, doch seine Kritik von Feuerbachs humanistischer Philosophie als einer neuen Religion bestärkte sie in ihren materialistischen Anschauungen. »Wir müssen vom Ich, vom empirischen, leibhaftigen Individuum ausgehen«, betonte Engels in einem ziemlich gehetzten Brief an Marx, »um nicht, wie Stirn[er], drin steckenzubleiben, sondern uns von da aus zu ›dem Menschen‹ zu erheben ... Kurz, wir müssen vom Empirismus und Materialismus ausgehen, wenn unsre Gedanken und namentlich unser ›Mensch‹ etwas Wahres sein sollen; wir müssen das Allgemeine vom Einzelnen ableiten, nicht aus sich selbst oder aus der Luft à la Hegel.«[56]

Diese materialistische Absicht lag der *Deutschen Ideologie* zugrunde, in der Marx und Engels zum ersten Mal ausführten, dass sie die Gesellschaftsstrukturen als Produkt ökonomischer und technischer Kräfte betrachteten. Jede Produktionsweise, vom primitiven Kommunismus der Urmenschen über die Sklaverei des Altertums und den mittelalterlichen Feudalismus bis zum Industriekapitalismus des 19. Jahrhunderts, ließ eigene »Verkehrsformen« der Gesellschaft entstehen, vor allem ein bestimmtes Eigentumssystem und, auf diesem beruhend, Gesellschaftsklassen, politische Formen, Religionen und sogar kulturelle Bewegungen. »Die sozialen Verhältnisse sind eng verknüpft mit den Produktivkräften«, erklärte Marx später. »Mit der Erwerbung neuer Produktivkräfte verändern die Menschen ihre Produktionsweise, und mit der Veränderung der Produktionsweise, der Art, ihren Lebensunterhalt zu gewinnen, verändern sie alle ihre gesellschaftlichen Verhältnisse. Die Handmühle ergibt eine Gesellschaft mit Feudalherren, die Dampfmühle eine Gesellschaft mit industriellen Kapitalisten.«[57]

Nirgends trat dies nach Ansicht von Marx und Engels deutlicher zutage als im Staat, der in ihren Augen einfach die Form war, »in welcher die Individuen einer herrschenden Klasse ihre gemeinsamen Interessen geltend machen und die ganze bürgerliche Gesellschaft einer Epoche sich zusammenfasst«. Nach dieser materialistischen Geschichtsinterpretation war jede Kultur letztlich Ausdruck der sie prägenden Produktionsweise: Der politische und ideologische Überbau wurde, vermittelt durch die Eigentumsformen, die sogenannten Produktionsverhältnisse, durch die ökonomische Basis bestimmt. »Die Produktion der Ideen, Vorstellungen, des Bewusstseins ist zunächst unmittelbar verflochten in die materielle Tätigkeit und den materiellen Verkehr der Menschen … Nicht das Bewusstsein bestimmt das Leben, sondern das Leben bestimmt das Bewusstsein.«[58] Auf einer bestimmten Entwicklungsstufe – beispielsweise, als die aufsteigende englische Bourgeoisie im englischen Bürgerkrieg gegen die mittelalterliche Monarchie Karls I. aufbegehrte – geraten die Produktivkräfte indes in Konflikt mit den vorhandenen Eigentumsverhältnissen und dem zugehörigen politischen, gesellschaftlichen und ideologischen Überbau; dann ist die Zeit reif für eine Revolution. Gerät das politische System aus dem von der ökonomischen Basis vorgegebenen Tritt, muss es sich in einer Reihe häufig schmerzhafter Umgestaltungen den neuen Bedingungen anpassen. Dies bedeutet nicht, dass die Veränderung spontan oder automatisch geschieht. Da die herrschende Elite Widerstand leisten wird, muss der Fortschritt durch politische Organisationen, Massenbewegungen und praktische Agitation erkämpft werden. Weder das britische Commonwealth in den 1650er Jahren noch die Pariser Stadtregierung in den 1790er Jahren wurde freiwillig übergeben. Eine Revolution, schreiben Marx und Engels, sei »nicht nur nötig …, weil die herrschende

Klasse auf keine andre Weise gestürzt werden kann, sondern auch, weil die stürzende Klasse nur in einer Revolution dahin kommen kann, sich den ganzen alten Dreck vom Halse zu schaffen und zu einer neuen Begründung der Gesellschaft befähigt zu werden«.[59]

In der *Deutschen Ideologie* stellten Marx und Engels zum ersten Mal klar, dass die Triebkraft solcher epochalen Veränderungen der Klassenkampf sei und es, im Zusammenhang der sich industrialisierenden Gesellschaften der 1840er Jahre, der neuen Proletarierklasse oblag, die kommende Revolution zu entfachen und eine kommunistische Zukunft herbeizuführen, die nicht nur ihre eigene Befreiung, sondern eine Umgestaltung der Lebensgrundlagen der gesamten Menschheit mit sich bringen würde. Da es im Kommunismus weder Konkurrenz noch Privateigentum gebe, würde die »Fremdheit, mit der sich die Menschen zu ihrem eignen Produkt verhalten«, aufgehoben, und sie würden »den Austausch, die Produktion, die Weise ihres gegenseitigen Verhaltens wieder in ihre Gewalt bekommen«. Im Gegensatz zur kapitalistischen Gesellschaft, in der die Arbeitsteilung jedem einen »bestimmten ausschließlichen Kreis der Tätigkeit« aufdränge, habe in der kommunistischen Zukunft niemand »einen ausschließlichen Kreis der Tätigkeit«, jeder könne sich »in jedem beliebigen Zweige ausbilden«, während »die Gesellschaft die allgemeine Produktion regelt und mir eben dadurch möglich macht, heute dies, morgen jenes zu tun, morgens zu jagen, nachmittags zu fischen, abends Viehzucht zu treiben, nach dem Essen zu kritisieren, wie ich gerade Lust habe, ohne je Jäger, Fischer, Hirt oder Kritiker zu werden«.[60] Aber diese beneidenswerte Zukunft musste irgendwie herbeigeführt werden.

»Die Philosophen haben die Welt nur verschieden interpretiert; es kömmt drauf an, sie zu verändern«, hatte Marx 1845 in seinen »Thesen über Feuerbach« postuliert.[61] Das Vehikel, mit dem er und Engels diese Veränderung erreichen wollten, war der Bund der Gerechten. Der in den 1830er Jahren in Paris gegründete Bund gehörte zu einem kommunistischen Untergrundnetz, das von emigrierten deutschen Handwerksgesellen geleitet wurde, deren politische Wurzeln auf den von »Gracchus« Babeuf während der Französischen Revolution propagierten radikalen Egalitarismus zurückgingen. 1839 unternahmen sie gemeinsam mit Louis-Auguste Blanqui einen Aufstand, der freilich zum Scheitern verurteilt war. Blanqui wurde verhaftet, während andere Anführer des Bundes in England politisches Asyl suchten. Engels lernte einige von ihnen 1843 in London kennen. Am meisten beeindruckte ihn Karl Schapper, »[e]in Hüne von Gestalt, resolut und energisch, stets bereit, bürgerliche Existenz und Leben in die Schanze zu schlagen«, kurz, »das Musterbild des Revolutionärs von Profession«.[62] Schapper, der Schuhmacher Heinrich Bauer und der Uhrmacher Joseph Moll – »diese drei wirklichen Männer« – gründeten im Februar 1840 in der Great Windmill Street in Soho eine Deckorganisation für den Bund, den Deutschen Arbeiterbildungsverein. Engels trat dem Bund zwar nicht bei, wahrscheinlich wegen der weiter bestehenden Verbindung zu den Blanquisten – und deren vergeblichem Glauben an Komplotte, Verschwörungen und Putsche –, aber er und Marx kamen während ihrer Englandreise im Jahr 1845 im Rahmen ihrer Bemühungen, eine internationale Gesellschaft von Sozialisten oder »Fraternal Democrats« ins Leben zu rufen, mehrmals mit Vertretern des Bundes zusammen. In Brüssel setzten sie diese Tätigkeit fort, indem sie den Deutschen Arbeiterverein und das Kommunistische Korrespondenz-Komitee gründeten, um die sozialistische Agitation und Arbeiterbildung europaweit zu koordinieren.

Das unmittelbare politische Ziel des Korrespondenz-Komitees war die Förderung der Demokratie und damit die Ablösung der überkommenen Monarchien. »Die Demokratie, das ist heutzutage der Kommunismus«, erklärte Engels. »Die Demokratie ist proletarisches Prinzip, Prinzip der Massen geworden.«[63] Letztlich würde die Demokratie unweigerlich zur politischen Herrschaft des Proletariats und damit zum Kommunismus führen.

Tatsächlich würde die Durchsetzung des Wahlrechts selbst schon einen revolutionären Akt darstellen. »Kommunismus und Kommunisten«, erläutert Stephan Born, ein Gründungsmitglied des Komitees, in seinen Erinnerungen, »waren übrigens nur Worte, die niemand banden, über die man tatsächlich kaum sprach. Viel näher lag die in Frankreich immer entschiedener sich geltend machende Bewegung für die Reform des Wahlgesetzes.«[64] Um den Feudalismus zu vernichten und einen demokratischen Staat zu errichten war ein Bündnis mit dem Bürgertum unumgänglich. »Um den Adel zu stürzen«, betonte Engels, »bedarf es einer andern Klasse mit umfassenderen Interessen, größerem Besitz und entschiedenerem Mut: der Bourgeoisie.«[65] Von 1845 bis zu den Revolutionen von 1848 traten Marx und Engels unerschütterlich dafür ein, das Bürgertum an die Macht zu bringen und eine liberale Demokratie zu schaffen, wenn nötig mit Gewalt. Die Diktatur des Proletariats ließ sich nicht über Nacht errichten, sondern nur im Lauf eines langwierigen politischen Kampfes. Als Zwischenetappe auf dem Weg zum Kommunismus war zunächst eine – von den Sozialisten mitgetragene – bürgerlich-demokratische Revolution erforderlich. »Man muss in einer Partei alles unterstützen, was voranhilft, und sich da keine langweiligen moralischen Skrupel machen«, erklärten die Parteiführer in fast stalinistischer Weise.[66] Freilich durfte sich die Bourgeoisie in diesem Bündnis nicht zu sicher fühlen, eingedenk der Warnung, die Engels ihr am Vorabend der revolutionären Ereignisse von 1848 ins Poesiealbum schrieb: »Kämpft also nur mutig fort, ihr gnädigen Herren vom Kapital! Wir haben euch vorderhand nötig, wir haben sogar hie und da eure Herrschaft nötig. Ihr müsst uns die Reste des Mittelalters und die absolute Monarchie aus dem Wege schaffen … Zum Lohn dafür sollt ihr eine kurze Zeit herrschen …, aber vergesst es nicht – ›Der Henker steht vor der Türe.‹«[67]

Manche in der europäischen kommunistischen Bewegung sehnten sich jedoch nach einer sofortigen Revolution mit ihrem Versprechen von unmittelbarer Erfüllung der menschlichen

Wünsche. In ihren Augen war die von Marx und Engels verfolgte Strategie kaum besser als ein willensschwacher Reformismus. Ihr Anführer war der Schneider Wilhelm Weitling, der nach dem blanquistischen Aufstand von 1838 aus Frankreich in die Schweiz und weiter nach Österreich geflohen war, wo er Außenposten des Bundes der Gerechten gründete und eine begeisterte plebejische Anhängerschar um sich versammelte. In Weitlings handfester Politik war kaum eine Spur von Adam Smith, David Ricardo oder Jeremy Bentham zu finden. Stattdessen bestand seine Lehre aus einer hochemotionalen Mischung von babouvistischem Kommunismus, chiliastischem Christentum und Populismus. Auf den Schriften des christlichen Radikalen Félicité de Lamennais fußend, drängte Weitling darauf, den Kommunismus mit Hilfe eines 40 000 Mann starken Heeres aus ehemaligen Sträflingen mit Gewalt einzuführen. Anschließend wollte Weitling selbst als christusähnliche Figur eine paradiesische Gütergemeinschaft und soziale Harmonie schaffen. Während Marx und Engels mit den komplizierten Strukturen von Industriekapitalismus und modernen Produktionsweisen kämpften, griff Weitling auf die apokalyptische Politik der Münsteraner Wiedertäufer aus dem 16. Jahrhundert zurück und ihren blutigen Versuch, die Wiederkunft Christi herbeizuführen. Um seine persönliche Verbindung mit dieser kommunistischen Martyrologie zu demonstrieren, zeigte Weitling seinem Publikum gern die Narben, die ihm von preußischen Gefängniswärtern beigebracht worden waren. Mit seinen verschrobenen, evangelikalen protokommunistischen Ansichten über das Wesen des Menschen zog er, sehr zum Ärger von Marx und Engels, in ganz Europa Tausende von ergebenen Anhängern an. Und je mehr er von den Behörden verfolgt wurde, desto heller erstrahlte sein Heiligenschein eines rechtschaffenen Märtyrers. Er war »der wegen seiner Überlegenheit von Neidern verfolgte große Mann, der überall Rivalen, heimliche Feinde, Fallstricke witterte«, mokierte sich Engels noch Jahrzehnte später, »der von Land zu Land gehetzte Prophet, der ein Rezept zur

Verwirklichung des Himmels auf Erden fertig in der Tasche trug«.[68]

Dass das sozialistische Establishment auf dem Kontinent über Weitlings leichtfertige Auffassungen entsetzt war, kann kaum überraschen. Als ihm die »wirklichen Männer« vom Bund der Gerechten in London eine Abfuhr erteilten, begab er sich 1846 nach Brüssel, um das Kommunistische Korrespondenz-Komitee für sich zu gewinnen. Es wurde eine verletzende Begegnung, da Marx und Engels ideologische Rivalen stets mit Feuereifer bekämpften. »Der Schneider und Agitator Weitling war ein hübscher, blonder junger Mann in einem stutzerhaft geschnittenen Röckchen, mit kokett gestutztem Bärtchen«, beschrieb Pawel Annenkow, ein russischer Beobachter des Treffens in Brüssel, den eintretenden Gast. »[Er] glich eher einem *commis voyageur* als dem finsteren, erbitterten Arbeiter, den ich in ihm anzutreffen glaubte.« Nach der Begrüßung setzte man sich

> an ein kleines grünes Tischchen, an dessen einem schmalen Ende Marx Platz nahm, einen Bleistift ergriff und seinen Löwenkopf über einen Bogen Papier neigte, während sein ständiger Begleiter und Gefährte in der Propaganda, der hochgewachsene, aufrechte, englisch vornehme und ernsthafte Engels die Sitzung mit einer Rede eröffnete. Er [Weitling] sprach über die Notwendigkeit, unter Männern, die sich der Sache der Umgestaltung der Arbeit widmeten, die gegenseitigen Ansichten darzulegen und eine gemeinsame Lehre festzulegen, die allen Anhängern, die entweder nicht die Zeit oder die Möglichkeit hätten, sich mit theoretischen Fragen zu befassen, als Banner dienen könne.

Viel weiter kam er nicht, denn Marx, den Weitlings Anmaßung erboste, sprang wütend auf und wollte von dem Gast wissen: »Sagen Sie uns doch, Weitling, der Sie mit Ihren kommunistischen Predigten in Deutschland so viel Lärm gemacht und der Sie so viele Arbeiter gewonnen haben, die dadurch Arbeit und Brot verloren, mit welchen Gründen rechtfertigen Sie

Ihre revolutionäre und soziale Tätigkeit, und worauf denken Sie dieselbe in Zukunft zu gründen?« Als Weitling, der gern in Gemeinplätzen und biblischen Bildern redete, nicht mit der angemessenen Wissenschaftlichkeit Auskunft gab, schlug Marx mit der Faust auf den Tisch und brüllte: »Niemals noch hat die Unwissenheit jemandem genutzt!«[69]

Aber es genügte nicht, Weitling zu vernichten, auch seine Gefolgsleute mussten bloßgestellt werden. Die herausragende Gestalt unter ihnen war Hermann Kriege, der als Herausgeber der New Yorker Wochenzeitung *Der Volks-Tribun* Weitlings Ansichten unter den Deutschen in Amerika verbreitete. Er »hatte ein Blatt gegründet, worin er einen auf ›Liebe‹ beruhenden, von Liebe überfließenden, überschwänglichen Kommunismus der Liebesduselei im Namen des Bundes predigte«, schrieb Engels im Rückblick.[70] Angesichts solcher Verirrungen war es eindeutig besser, die ideologische Reinheit der Partei zu wahren, als eine große Anhängerschaft zu gewinnen. Daher beschloss das Kommunistische Korrespondenz-Komitee in Brüssel – das zu diesem Zeitpunkt ganze 18 Köpfe zählte – als eine seiner ersten öffentlichen Aktionen den Rauswurf eines Gründungsmitglieds. In einem von Engels unterzeichneten »Zirkular gegen Kriege« wurden diesem »kindisch-pomphaftes« Auftreten und »phantastische Gemütsschwärmerei« vorgeworfen. Damit schädige er die Moral der Arbeiter und weiche auf unannehmbare Weise vom offiziellen kommunistischen Kurs ab. Kriege habe – was auch Weitling angekreidet wurde – nicht begriffen, dass eine »weltgeschichtliche revolutionäre Bewegung« nicht allein auf schwammigen Vorstellungen vom »heiligen Geist der Gemeinschaft« aufgebaut werden könne.[71] Der Kommunismus von Marx und Engels war ein methodischer, in zunehmendem Maße wissenschaftlicher Prozess, der vom historischen Handeln des Proletariats abhing. Deshalb brachte man, um Kriege zum Schweigen zu bringen, ein »Zirkular« in Umlauf, das, wie Engels feststellte, »seine Wirkung nicht verfehlte. Kriege verschwand von der Bundesbühne.«[72] In den fünf Punkten dieses erschreckenden Rundschreibens sind all die Ausschlüsse, Denunziationen und politischen Säuberungen, welche die Geschichte der Parteien der Linken in den nachfolgenden 150 Jahren mit sich bringen sollte, auf exemplarische Weise vorweggenommen. Und Engels gehörte auf diesem Gebiet von Anfang an zur Vorhut: Jahrzehntelang drückte er seine Zuneigung und Treue zu Marx aus, indem er es sich zur Aufgabe machte, die Parteidisziplin durchzusetzen, ideologische Abweichler zu verfolgen und generell den »Großinquisitor« zu spielen, der über den wahren kommunistischen Glauben wacht.

Eine ebenso große Bedrohung wie Weitlings primitiver Kommunismus war der »wahre« oder »philosophische Sozialismus«, der sich weitgehend auf den französischen Philosophen Pierre-Joseph Proudhon stützte. Anfangs waren Marx und Engels tief beeindruckt von Proudhon und seiner 1840 erschienenen Schrift *Was ist Eigentum?* Von ihm lernte Marx, dass die Lösung für die Ungerechtigkeiten des Privateigentums nicht (wie Weitling meinte) in einer mystischen »Gütergemeinschaft« bestand, sondern in der Abschaffung jedes nicht durch produktive Arbeit gerechtfertigten Einkommens und der Schaffung eines gerechten Tauschsystems auf der Grundlage der in den Gütern vergegenständlichten Arbeit. Marx war derart angetan von Proudhons Anschauungen, dass er ihn im Mai 1846 einlud, als französischer Vertreter dem Kommunistischen Korrespondenz-Komitee beizutreten. »Was mich betrifft«, fügte Engels in einem Postskriptum zu dem Brief hinzu, »so kann ich nur die Hoffnung hegen, dass Sie, Herr Proudhon, unserem Vorschlag, den wir Ihnen soeben unterbreitet haben, zustimmen sowie die Güte haben werden, uns Ihre Mitarbeit nicht zu versagen. Ich versichere Sie meiner tiefen Hochachtung, die mir Ihre Schriften eingeflößt haben …« Auch Marx steuerte ein »PS« bei, in dem er die harmonische, kooperative Maske des Komitees überraschend fallenließ. »Ich warne Sie hiermit vor Herrn Grün in Paris«, erklärte er. »Dieser Mensch ist nichts weiter als ein literarischer Hochstapler, eine Art Scharlatan, der mit modernen Ideen hausieren möchte.«[73]

Damit hatten die Brüsseler Agitatoren freilich den Bogen überspannt, denn Proudhon war zufälligerweise ein enger Verbündeter des »wahren Sozialisten« Karl Grün. In seinem Antwortbrief erteilte er dem politischen Absolutismus von Marx und Engels eine klare Abfuhr. »[N]achdem wir a priori all die Dogmatismen beseitigt haben«, schrieb er, »wollen wir doch um Gottes willen den Menschen nicht unsererseits eine Art Dogma eintrichtern ... Wir wollen uns nicht zu den Anführern einer neuen Intoleranz machen, nur weil wir gerade an der Spitze der Bewegung stehen ...«[74] Daraufhin richteten Marx und Engels, die Kritik nie gut aufnahmen, in den nächsten Monaten immer schärfere Angriffe gegen Proudhon. Sie gipfelten in Marx' ätzendem Pamphlet *Das Elend der Philosophie* – der Titel ist eine chiastische Abwandlung von Proudhons *Philosophie des Elends* –, in dem er Proudhons angeblich kleinbürgerliche Philosophie, seine utopischen Pläne für den Arbeitstausch und seine vermeintliche völlige Unfähigkeit, die historische Rolle des Proletariats zu erkennen, aufs Korn nahm. Dies sei das Problem mit dem »wahren Sozialismus«: Er lasse die soziale Wirklichkeit der Arbeiterklasse absichtlich außer Acht und setze »die moderne bürgerliche Gesellschaft mit den entsprechenden materiellen Lebensbedingungen und der angemessenen politischen Konstitution« voraus.[75] Seine Versuche, trotz internationaler Konkurrenz eine kleinbürgerliche Lebensqualität zu erhalten, behinderten nur die letzte, kommunistische Wandlung des Kapitalismus. Er sei auf die begrenzten Bedürfnisse einer Handwerkerklasse ausgerichtet, die einer romantischen Vorstellung von vorindustrieller Kooperation anhänge. Doch so zwingend Marx' philosophische Kritik auch war, blieb doch die Tatsache, dass Proudhon und Grün unter den französischen und den emigrierten deutschen Arbeitern eine treue Anhängerschaft besaßen. Ihr klares Programm von Kooperation, gerechten Preisen und allgemeiner Beschäftigung stieß auf große Zustimmung. An dieser Front war Engels, der Großinquisitor, gefragt.

»Man atmete den Hauch der großen Revolution und des Juliaufstandes, deren Denksäulen auf dem Platz errichtet worden war, auf dem die Bastille gestanden«, erinnerte sich Stephan Born an das Paris der 1840er Jahre. »Die Arbeiter bildeten damals schon, was in Deutschland nirgends der Fall war, einen ausgesprochenen Gegensatz zur herrschenden Bourgeoisie …«[76] Als Engels im August 1846 nach Paris geschickt wurde, hatte er den ausdrücklichen Auftrag, diese Arbeiter für den Bund der Gerechten zu gewinnen und zu verhindern, dass sie in die Fänge von Grüns »wahren Sozialisten« oder Weitlings »Schneiderkommunisten« gerieten.

Die französische Metropole war so verführerisch und gefährlich, wie Balzacs Rastignac sie beschrieben hatte, und wie das industrialisierte Manchester wurde es in zunehmendem Maß als geteilte Stadt betrachtet. In der Geschichte hatte sich Paris stets etwas auf die räumliche Nähe unterschiedlicher Gesellschaftsklassen zugutegehalten – »ein Palast gegenüber einem Stall und eine Kathedrale neben einem Hühnerhof«, wie ein amerikanischer Besucher bemerkte. Aber jetzt hatten die Reichen begonnen, sich von den Armen zu trennen, und sie hinterließen Ghettos und vom Bodensatz der Gesellschaft bevölkerte No-Go-Areas. Zu den berüchtigtsten Vierteln gehörte die übervölkerte Île de la Cité, ein »Gewirr von finsteren und engen Gässchen …, das sich vom Justizpalaste bis zur Notre-Dame erstreckte«, wie sie Eugène Sue 1843 am Anfang seines überaus erfolgreichen Fortsetzungsromans *Die Geheimnisse von Paris* beschrieb.[77] Während sich die westlichen Pariser Enklaven mit ihrem Reichtum und ihren Privilegien abschotteten, beherbergten die heruntergekommenen *faubourgs* in der Mitte und im Osten die immer aufsässiger werdenden *classes dangereuses.* In Romanen wurde die französische Hauptstadt gern mit einer abstoßenden, verfallenden alten Vettel verglichen, deren einstiger revolutionärer Heroismus durch Krankheiten, Prostitution, Verbrechen und bourgeoises Gewinnstreben immer mehr verdorben wurde. Der Fourier-Anhänger Victor Considerant beschrieb Paris 1848 als

»große Fabrik von Fäulnis, in der Armut, Pest ... und Krankheit zusammenarbeiten und wohin nur selten Sonnenlicht dringt«; es sei »ein scheußliches Loch, wo Pflanzen verwelken und verenden und vier von sieben Kindern innerhalb des ersten Lebensjahres sterben«.[78] Im Zeitalter der Weltreiche war viel von Weltverlorenheit, monströsen Stämmen, neuen Ländern und unbekannten Kulturen die Rede. Sue schrieb von den »Barbaren ... mitten unter uns«,[79] und Balzac verglich seine Stadt mit einem »amerikanischen Urwald«, in dem es »zwanzigerlei Arten wilder Völker [gibt], Huronen, Irokesen, die von den Erträgnissen der Jagd auf die Gesellschaft leben«.[80]

Knapp oberhalb dieses Lumpenproletariats hielten sich mühsam die gutausgebildeten Emigranten, denen Engels seine Aufmerksamkeit zuwandte. Frankreich war spät von der industriellen Revolution erfasst worden, doch in den 1840er Jahren begann die Wirtschaft aufzuholen. Die Ausweitung des Rüstungssektors und des Eisenbahnbaus und der Ausbau der Baumwoll- und Seidenindustrie sowie des Bergbaus führten zu einer steten Steigerung von Industrieproduktion und Export. In Paris jedoch behauptete das Werkstattsystem seine Stellung gegenüber der fabrikmäßigen Produktion. Facharbeiter in Firmen mit weniger als zehn Beschäftigten, die für einen sich an der Mode orientierenden Markt produzierten, prägten weitgehend den Arbeitsmarkt der Stadt: Von den 350 000 Arbeitern, die es 1848 in Paris gab, war ein Drittel in der Textilbranche tätig, während die übrigen zwei Drittel überwiegend im Bauwesen, im Tischlerhandwerk, in der Schmuckbranche, in Metallbetrieben und als Hausbedienstete beschäftigt waren. Ein großer Teil dieser Arbeitskräfte – Ende der 1840er Jahre immerhin rund 60 000 – waren Deutsche, die hauptsächlich im Druck-, Schneider- und Schreinerhandwerk arbeiteten. Engels hatte den Eindruck, sie »überall« anzutreffen. Ihre Zahl war so groß, dass in manchen Pariser Vierteln kaum ein Wort Französisch zu hören war.[81]

Um die Gefolgschaft dieser Arbeiter wurde heftig gestritten. Wie beschrieben, war Frankreich seit langem ein Zentrum des sozialistischen Denkens, und nach den Anfangsjahren von Fourier und Saint-Simon wurde die radikale Politik in den 1840er Jahren im Gefolge der »sozialen Frage« wieder aktuell. Der Erste, der sich mit ihr befasste, war Proudhon, doch Louis Blanc, Etienne Cabet, Pierre Leroux und George Sand taten es ihm bald nach, und sie alle versprachen eine neue Gesellschaft – von einer Kooperative à la Owen bis zum vollausgebildeten Kommunismus. Für diese Theorien am empfänglichsten war die ausgebeutete, arme deutsche Gemeinde. Deren Reaktion war so auffällig, dass die preußische Regierung 1843 eine Untersuchung darüber anfertigen ließ, wie stark und gefährlich diese Kontamination deutscher Emigranten war. Eine Folge davon war Marx' Ausweisung aus Frankreich im Jahr 1845. »Wir müssen Paris von deutschen Philosophen säubern!«, war die verständliche Reaktion des Bürgerkönigs Louis-Philippe auf die Flut subversiver Pamphlete, von der seine Hauptstadt überschwemmt wurde.

Engels, der diesen umkämpften politischen Markt nur mit dem Kapital seines Selbstbewusstseins betrat (und mit den weiter fließenden Zuwendungen seiner Eltern), versuchte tapfer, die Pariser Arbeiterklasse den abweichenden sozialistischen Strömungen von Grün und Weitling abspenstig zu machen. Sein Angriffsziel waren die sogenannten Straubinger, die dem »wahren Sozialismus« zuneigenden deutschen Handwerker und Wandergesellen, die sich im Handwerkerviertel Faubourg St. Antoine zusammengefunden hatten. Wer wissen möchte, was »Entrismus«, bedeutet, braucht nur Engels' Taktik bei ihren wöchentlichen politischen Versammlungen zu studieren; die von ihm angewandte Mischung aus Drohungen, Teilen und Herrschen, Verleumdungen und ideologischem Druck war lehrbuchreif und überaus erfolgreich. »[I]ch bin vermöge einiger Geduld und etwas Terrorismus durchgedrungen, die große Menge geht mit mir«, lobte sich Engels gegenüber Marx selbst, um anschließend zu erzählen, wie scharf er aufgetreten sei. Den »alten Eisermann«, einen Tischler, der dem Bund der Gerechten angehörte, habe er »so eingeschüchtert, dass er nicht mehr kommt«.

Sorge bereitete nur noch das geringe ideologische Wissen der »Straubinger« – »Die Kerle sind ... grässlich unwissend ...«. Da es ihnen relativ gutgehe, würden sie kein Klassenbewusstsein entwickeln. »Konkurrenz unter ihnen gibt es gar nicht, der Lohn pisst sich immer auf einem und demselben Niveau fort, der Kampf mit dem Meister dreht sich gar nicht um Lohn, sondern um den ›Gesellenhochmut‹ usw.« Aus Engels' Sicht wäre es besser gewesen, wenn sie ärmer und verzweifelter gewesen wären.[82]

Beim nächsten Treffen setzte Engels diesen beschränkten zufriedenen Arbeitern auseinander, was der Kommunismus wirklich war. Damit begann seine Laufbahn als wirkungsvollster und für die Allgemeinheit verständlichster Propagandist der marxistischen Lehre. Die Ziele, erklärte er, seien klar:

> 1. die Interessen der Proletarier im Gegensatz zu denen der Bourgeois durchzusetzen; 2. dies durch Aufhebung des Privateigentums und Ersetzung desselben durch die Gütergemeinschaft zu tun; 3. kein andres Mittel zur Durchführung dieser Absichten anzuerkennen als die gewaltsame, demokratische Revolution.

Anschließend forderte er die Anwesenden auf, darüber abzustimmen, ob sie echte, engagierte Kommunisten sein wollten oder ein hochgestochener Debattierklub. Für Letzteren wäre ihm seine Zeit zu schade. »Anfangs«, berichtete er hinterher, »hatte ich beinah die ganze Clique, zuletzt nur noch Eis[ermann] und die übrigen drei Grünianer gegen mich.« Er hatte die aus seiner Sicht antiproletarischen, kleinbürgerlichen Ansichten Grüns und seiner Anhänger derart scharf attackiert, dass die Versammlung schließlich mit einer Mehrheit von 13 zu zwei Stimmen seiner Definition des Kommunismus zustimmte (was im Übrigen auch einen Eindruck davon gibt, wie klein diese Zusammenkünfte waren).[83]

Engels' Tätigkeit blieb den Behörden in Paris wie in Elberfeld nicht verborgen. Zu den staatlichen Stellen, die auf ihn aufmerksam wurden, gehörte die Pariser Polizei, die die wachsende Zahl von sozialen Unruhen in St. Antoine zum Anlass nahm, gegen die subversiven Straubinger Zellen vorzugehen. Grüns Anhänger wiesen auf Engels als den Agitator, so dass ihm bald eine bunte Schar von Spitzeln und Informanten überallhin folgte. Vielleicht hatte er die abendlichen Debatten und Abstimmungen über Verfahrensfragen satt, jedenfalls nutzte er die Aufmerksamkeit durch die Polizei als willkommenen Vorwand, um die sozialistischen Studienabende gegen die fleischlichen Genüsse der besseren Gesellschaft von Paris einzutauschen. »Wenn die verdächtigen Individuen, die mich seit 14 Tagen verfolgen, wirklich Mouchards [Spitzel] sind, wie ich es von einigen sicher weiß«, berichtete er Marx sarkastisch, »so hat die Präfektur in der letzten Zeit viel Entrebillets für die bals Montesquieu, Valentino, Prado pp. ausgegeben. Ich verdanke Herrn Delessert [dem Pariser Polizeipräsidenten] ganz hübsche Grisettenbekanntschaften und viel Pläsier, car j'ai voulu profiter des journées et des nuits qui pouvaient être mes dernières à Paris [denn ich wollte die Tage und Nächte ausnutzen, die meine letzten in Paris sein könnten].«[84]

Mit Mitte zwanzig war Engels ein geübter Womanizer, der mit gutem Aussehen und flottem Auftreten eine ganze Reihe von Geliebten gewonnen hatte. Kaum war er aus den Armen von Mary Burns nach Barmen zurückgekehrt, als er Marx von einer »Liebesgeschichte«, die er »ins Reine bringen« müsse, berichtete. Bis Januar 1845 hatte sie »ein Ende mit Schrecken genommen«, teilte er Marx mit. »Erlass mir die langweilige Auseinandersetzung, es kann doch nichts mehr helfen, und ich hab' so schon genug mit der Sache durchgemacht.«[85] Im Sommer in Brüssel war er wieder mit seiner »Frau«, Mary, vereint, doch im Herbst in Paris war der prüde Stephan Born entsetzt über die bacchanalischen Gelüste seines Gefährten. Engels sei trotz seiner kommunistischen Lehre ein »ausgesprochener Individualist« gewesen, schreibt er in seinen Erinnerungen. »Für die schönen Künste, besonders für Musik, hatte er keinen Sinn. Es kam Engels niemals der Gedanke, mir die Kunstschätze von Paris zu zeigen; ich besuchte ohne ihn die Galerien des Louvre; er sah sich im Theater des Palais Royal die tollsten Possen an, ich bewunderte im Théâtre français die Rachel als Phèdre.«[86]

Engels nahm sich eine Reihe von Geliebten – offenbar konnte man, wie er selbst feststellte, mit dem »unverschämten Ton«, den er sich in Paris angewöhnt hatte, »manches bei Frauenzimmern aus[richten]«[87] –, nahm an Trinkgelagen mit verkrachten Künstlern teil und hatte, wie viele Zeitgenossen seiner Schicht, keine Hemmungen, für Sex zu bezahlen. Wenig später sollte er die Prostitution als »handgreiflichste, direkt auf den Leib gehende Exploitation des Proletariats durch die Bourgeoisie« verurteilen.[88] Doch solche Bedenken kümmerten ihn im Augenblick nicht. »Du musst platterdings mal wieder aus dem ennuyanten Brüssel weg und nach Paris«, drängte er den Familienmenschen Marx. »Hätt' ich 5000 fr. Renten, ich tät' nichts als arbeiten und mich mit den Weibern amüsieren, bis ich kaputt wär'. Wenn die Französinnen nicht wären, wär' das Leben überhaupt nicht der Mühe wert. Mais tant qu'il y a des grisettes, ca! … [Aber solange es Grisetten gibt, bah! …]«[89]

Zum Glück für Engels verschmolz in Bezug auf die Beziehungen zum anderen Geschlecht das Persönliche problemlos mit dem Ideologischen, empfand er doch neben seiner starken Libido und der Vorliebe für die Gesellschaft von Frauen auch eine tiefe, antibiedermeierliche Verachtung für die bürgerliche Moral und ihr Beharren auf der monogamen Ehe. Im Lauf der Zeit sollte sich daraus eine kohärente Theorie des sozialistischen Feminismus entwickeln, doch in dieser Phase, mit Mitte zwanzig, war es nicht mehr als eine Reaktion auf das dröge Philistertum seiner Heimat und Ausdruck des augenscheinlichen Vergnügens, mit dem ein junger Mann das Pariser Nachtleben genoss.

Engels' Affären hatten indes auch einen weniger vergnüglichen Aspekt. Seit Beginn seiner Freundschaft mit Marx hatte sich Engels' Haltung gegenüber Moses Heß verhärtet. Er verunglimpfte den »Kommunistenrabbi« (Arnold Ruge), der ihn mit der sozialistischen Strömung bekanntgemacht hatte, immer heftiger als ideologisch verwirrten Schaumschläger, dessen Sympathie für Grüns »wahren Sozialismus« in seinen Augen ein klarer Beweis für eine suspekte philosophische Einstellung war. Und wie zwei Schulhoftyrannen machten Marx und Engels das Politische zu etwas Persönlichem, indem sie Heß' Ehefrau aufs Korn nahmen. Einem Kölner Polizeibericht zufolge war die Näherin Sibylle Heß, geborene Pesch, eine ehemalige Prostituierte, die Heß ebenso aus politischer Überzeugung wie aus Zuneigung aus der Gosse gerettet hatte. Laut Isaiah Berlin wollte er »eine Tat vollbringen, die das Bedürfnis nach Liebe und Gleichheit unter den Menschen zum Ausdruck brachte«. Doch Sibylles Blicke schweiften umher.[90]

Im Juli 1846 hatte Engels eingewilligt, Heß zu helfen und seine Frau, die keinen Pass besaß, aus Brüssel über die französische Grenze zu schmuggeln. Kaum waren die beiden in Paris eingetroffen, zog Engels in mehreren Briefen an Marx in recht ungalanter Weise über Sibylle Heß her. »Frau Heß sucht einen Gatten. Sie hat den Heß satt. Falls sich etwas Passendes findet, wende man sich an Frau Gsell, Faubourg St. Antoine«, berichtet er – bis hierher im Original auf Französisch. »Eile ist nicht nötig, da die Konkurrenz nicht groß ist.« Im September scheint Engels selbst die ehelichen Pflichten übernommen zu haben, nachdem er Marx versichert hatte, er habe die auf ihren Ehemann »fluchende und schimpfende« Frau Heß »glücklich der Vergessenheit, d. i. dem äußersten Ende des Faubourg St. Antoine … überantwortet«. Besonderes Vergnügen bereitete es ihm, die Anstrengungen zu beobachten, die der ohne sein Wissen gehörnte Moses Heß unternahm (der jetzt kaum mehr als ein Falstaff neben dem von Engels verkörperten Prinzen Hal war), um die Freundschaft mit Engels zu erneuern. Als er im Januar 1847 schließlich in Paris eintraf, behandelte Engels ihn »so kalt und spöttisch …, dass er keine Lust haben wird wiederzukommen«. Das Einzige, was er für ihn getan habe, sei »einiger guter Rat für den Tripper [gewesen], den er aus Deutschland mitgebracht« hatte.[91]

Kein Wunder, dass die Freundschaft zerbrach, als Heß herausfand, dass seine Frau ihn mit Engels betrogen hatte. Er kehrte nach Brüssel zurück und ließ fortan kein gutes Haar an seinem einstigen Protegé. Engels seinerseits gab sich hochmütig nonchalant: »Moses mit Pistolen drohend, in ganz Brüssel seine Hörner affichierend, … muss kostbar gewesen sein.« Tatsächlich dürfte Engels aufgebracht gewesen sein über die von Heß verbreitete »abgeschmackte Lüge von der Notzucht«. Das sei blanker Unsinn, versicherte er Marx. Er könne Heß »mit früheren, gleichzeitigen und späteren Details aufwarten, darüber ihm Hören und Sehen vergehen soll«, fuhr er drohend fort. »Hat mir doch diese Bileams Eselin hier in Paris eine mit Resignation vermischte Liebeserklärung in optima forma gemacht und mir die allernächtlichsten Geheimnisse ihrer Menage anvertraut! Ihre Wut auf mich ist pure verschmähte Liebe.« Recht frivol fügte er hinzu, es stehe dem »gehörnten Siegfried« frei, »an allen [seinen] gegenwärtigen, vergangenen und zukünftigen Mätressen seine Revanche zu nehmen«, die er anschließend auch gleich aufzählte. Falls Heß den Ehrenhandel jedoch auf die Spitze treiben wolle, kündigte Engels, der bei den Gutbetuchten von Bremen das Duellieren gelernt hatte, ihm »ehrliches Spiel« an: »I will give him fair play.«[92]

Hat Engels tatsächlich die Frau von Moses Heß vergewaltigt? Mit seinem »unverschämten Ton« und dem entsprechenden Auftreten war Engels in seiner Pariser Zeit sexuell auf der Jagd, aber es ist unwahrscheinlich, dass er sich zu Gewalttätigkeiten hinreißen ließ. Wahrscheinlich war es einfach eine – wohl auch Engels' Wunsch, Heß zu demütigen, entsprungene – Affäre, die schiefgelaufen war. Eleanor Marx erwähnte 1898 in einem Brief an Karl Kautsky allerdings, dass es in Paris einen Vorfall gegeben haben müsse, der im ansonsten von Offenheit geprägten Marxschen Haushalt merkwürdigerweise totgeschwiegen wurde. »Dass es dabei um eine Frau ging, so viel war fast sicher, und aus einigen Worten hörte ich heraus, dass es sich um eine ziemlich zweifelhafte handeln musste. Aber was vorgefallen war – außer, dass es eine Episode war, über die Stillschweigen bewahrt und die vertuscht werden musste –, weiß ich nicht.« Es ging um irgendwelchen »Unsinn eines dummen jungen Burschen«, versicherte sie Kautsky.[93]

Erstaunlicherweise gelang es Engels, neben der Schürzenjägerei auch noch Politik zu betreiben. Im Juni 1847 veranstaltete der Bund der Gerechten in London einen Kongress, zu dem Marx und Engels (als neu eingetretene Mitglieder) eingeladen wurden. Zweck des Kongresses war die Vereinigung der Kräfte von Schapper, Bauer und Moll mit dem Brüsseler Komitee. Außerdem sollte das alte Geheimgesellschaftsgebaren zugunsten eines offeneren politischen Programms aufgegeben werden. Da Marx wie üblich knapp bei Kasse war, wurde das Brüsseler Kontingent von seinem Weggefährten, dem Sprachlehrer und Journalisten Wilhelm Wolff, vertreten, während Engels nur mit Mühe seine Wahl zum Vertreter der Pariser Gruppe erreichte. »Ich merkte, dass es sehr schwerfallen würde, Engels, der seine Ernennung wünschte, durchzubringen; es regte sich Opposition gegen ihn«, berichtet Stephan Born in seinen Erinnerungen. »Ich erlangte nur seine Wahl, indem ich der Regel zuwider nicht diejenigen, welche für den Vorgeschlagenen, sondern diejenigen, welche gegen ihn waren, zum Erheben der Hand aufforderte. Dieses Präsidial-Kunststück erscheint mir heute als ein Gräuel. ›Das hast du gut gemacht‹, sagte Engels, als wir heimgingen.«[94]

Der Kongress war ein herausragendes Ereignis in der Geschichte der kommunistischen Partei: Der Name des Bundes der Gerechten wurde in Bund der Kommunisten geändert und sein Motto von »Alle Menschen sind Brüder« ersetzt durch die bombastischere Losung: »Proletarier aller Länder, vereinigt euch!« Engels wurde beauftragt, in einem »revolutionären Katechismus« den politisch-philosophischen Standpunkt des Bundes darzulegen. Das Ergebnis war der »Entwurf eines Kommunistischen Glaubensbekenntnisses«, der schon im Titel jenen Zug von religiösem Fanatismus und Untergrundparanoia verriet, durch den die frühkommunistische Bewegung immer noch geprägt war. Er bestand aus 22 Fragen und Antworten; die ersten drei lauteten:

> Frage 1. *Bist Du Kommunist?*
> Antwort. – Ja.
> Frage 2. *Was ist der Zweck der Kommunisten?*
> Antwort. – Die Gesellschaft so einzurichten, dass jedes Mitglied derselben seine sämtlichen Anlagen und Kräfte in vollständiger Freiheit, und ohne dadurch die Grundbedingungen dieser Gesellschaft anzutasten, entwickeln und betätigen kann.
> Frage 3. *Wie wollt Ihr diesen Zweck erreichen?*
> Antwort. – Durch die Aufhebung des Privateigentums, an dessen Stelle die Gütergemeinschaft tritt.[95]

Der Entwurf mit seinen insgesamt 22 Fragen und Antworten war ein Kompromisspapier, das sich stark an den »wahren« oder utopischen Sozialismus anlehnte, den Marx und Engels eigentlich verabscheuten. Aber er enthielt auch bereits Anklänge an den brillanten, propagandistischen Stil, den sie im *Kommunistischen Manifest* in vollendeter Weise verwenden sollten. Im Mittelpunkt des Katechismus standen der Aufstieg des Proletariats und seine historische Aufgabe, die sozialistische Revolution herbeizuführen. Außerdem war der Text von dem materialistischen Geschichts- und Gesellschaftsbild geprägt, das Marx und Engels in den vorangegangenen fünf Jahren entwickelt hatten. Die politische Revolution, hieß es in dem Dokument, entspringe aus einem Missverhältnis zwischen Eigentumsverhältnissen und Produktionsweise – entzünde sich also an der Frage, ob der politische und gesellschaftliche Überbau der ökonomischen Basis entspreche –, aber dies bedeute nicht, dass man nicht für die Veränderung arbeiten könne. »Sollte hierdurch das Proletariat zuletzt in eine Revolution hineingejagt werden, so werden wir dann ebenso gut mit der Tat wie jetzt mit dem Wort die Sache des Proletariats verteidigen.« Doch der erste Schritt auf dem Weg zur »politischen Befreiung des Proletariats« sei die Einführung einer »demokratischen Selbstverfassung«. Danach würde man dann das Privateigentum beschränken, »Nationalwerkstätten und -fabriken« schaffen, eine staatlich finanzierte Allgemeinbildung garantieren und möglicherweise einige Reformen des »Familienverhältnisses« durchführen.[96]

Den nächsten Entwurf mit dem Titel »Grundsätze des Kommunismus« verfasste Engels im Oktober 1847 für den zweiten Kongress des Bundes der Kommunisten, der am 28. November in London stattfinden sollte. Er entspricht in Stil und Inhalt zwar weitgehend dem »Glaubensbekenntnis«, zeichnet sich aber durch eine spürbare Verlagerung des Schwerpunkts vom utopischen Sozialismus zum Materialismus aus. Die Notwendigkeit einer von Grund auf proletarischen Revolution wird deutlicher hervorgehoben, und der neuaufgenommene Aspekt des unaufhaltsamen globalen Charakters des Kapitalismus führt zur Forderung nach internationaler Arbeitersolidarität. »[W]enn jetzt in England oder Frankreich die Arbeiter sich befreien, [muss] dies in allen andern Ländern Revolutionen nach sich ziehen …, welche früher oder später ebenfalls die Befreiung der dortigen Arbeiter herbeiführen.« Der Sozialismus in einem Land war keine Option. In der Zwischenzeit müsse man das zerstörerische Wirken des globalisierten Kapitalismus fördern, denn »gerade diejenige Eigenschaft der großen Industrie, welche in der heutigen Gesellschaft alles Elend und alle Handelskrisen erzeugt, … [wird] unter einer andern gesellschaftlichen Organisation eben dies Elend und diese Unglück bereitenden Schwankungen vernichten«.[97]

Engels bekräftigte ferner das Ziel der Abschaffung des Privateigentums und der Einführung einer demokratischen Verfassung, erweiterte aber die Liste der Übergangsphasen in der Entwicklung zum Sozialismus. Dabei griff er unter anderem auf fourieristische und owenistische Vorstellungen zurück, wenn er in einer dieser Etappen die »Errichtung großer Paläste auf den Nationalgütern« vorsah, »als gemeinschaftliche Wohnungen für Gemeinden von Staatsbürgern, welche sowohl Industrie wie

Ackerbau treiben und die Vorteile sowohl des städtischen wie des Landlebens in sich vereinigen, ohne die Einseitigkeiten und Nachteile beider Lebensweisen zu teilen«. Ähnlich radikal war der Gedanke, in der künftigen kommunistischen Ordnung würde sich das Verhältnis zwischen den Geschlechtern tiefgreifend ändern, »da sie das Privateigentum beseitigt und die Kinder gemeinschaftlich erzieht und dadurch die beiden Grundlagen der bisherigen Ehe, die Abhängigkeit des Weibes vom Mann und der Kinder von den Eltern vermittelst des Privateigentums vernichtet«.[98]

Diese erst 1914 veröffentlichten »Grundsätze des Kommunismus«, mit denen Engels zum zweiten Kongress des Bundes der Kommunisten nach London zurückkehrte, bildeten die Vorlage für das *Kommunistische Manifest.* »Dieser Kongress muss entscheidend sein«, mahnte Engels Marx, bevor er ihn in Ostende traf, um mit ihm gemeinsam über den Ärmelkanal zu fahren. »Überleg Dir doch das Glaubensbekenntnis etwas. Ich glaube, wir tun am besten, wir lassen die Katechismusform weg und titulieren das Ding: Kommunistisches *Manifest.*«[99] Im versteckten Sitz des Deutschen Arbeiterbildungsvereins über einem Pub namens Red Lion in der Great Windmill Street zerpflückten die Kongressdelegierten Ende November und Anfang Dezember 1847 zehn erschöpfende Tage lang Engels' »Grundsätze«. Doch Marx gelang es, die Stimmung zu kippen. In Friedrich Leßners Augen war er »zum Volksführer geboren. Seine Rede war kurz, bündig und von zwingender Logik. Er machte keine überflüssigen Worte; jeder Satz – ein Gedanke, und jeder Gedanke – ein notwendiges Glied in der Kette seiner Beweisführung.«[100] Am Ende wurden »[a]ller Widerspruch und Zweifel ... endlich erledigt, die neuen Grundsätze einstimmig angenommen und Marx und ich beauftragt, das Manifest auszuarbeiten. Dies geschah unmittelbar nachher. Seitdem«, stellte Engels Jahrzehnte später stolz fest, »hat es die Reise um die Welt gemacht, ist in fast alle Sprachen übersetzt worden und dient noch heute in den verschiedensten Ländern als Leitfaden der proletarischen Bewegung.«[101]

Aus den rauen, gelegentlich etwas schwerfälligen Entwürfen des »Glaubensbekenntnisses« und der »Grundsätze des Kommunismus« entstand die geschliffene Prosa des *Kommunistischen Manifests.* »Diese unwiderstehliche Mischung aus utopischer Zuversicht, moralischer Leidenschaft, nüchterner Analyse und nicht zuletzt einer dunklen literarischen Eloquenz sollte schließlich das vielleicht bekannteste und sicherlich am meisten übersetzte Pamphlet des 19. Jahrhunderts werden«, wie Eric Hobsbawm zu Recht schreibt.[102] Marx und Engels begannen in London gemeinsam am *Manifest* zu arbeiten und setzten die Arbeit in Brüssel fort. Die endgültige Fassung stammt jedoch von Marx, und es zahlte sich aus, dass der Text nicht auf einen Komiteekonsens zurückgeht. Dieser Tatsache dürfte er seine Lesbarkeit verdanken. Vom grandiosen ersten Satz – »Ein Gespenst geht um in Europa – das Gespenst des Kommunismus« – bis zum herausfordernden Schlussappell – »Die Proletarier haben nichts … zu verlieren als ihre Ketten. Sie haben eine Welt zu gewinnen. *Proletarier aller Länder, vereinigt euch!*« – ist es eine in einem einzigen heroischen Atemzug geschriebene Polemik. Einen großen Teil der intellektuellen Kärrnerarbeit in Sitzungen des Bundes und bei der gemeinsamen Entwurfsarbeit hatte Engels erledigt. Dennoch hat Wilhelm Liebknecht recht: »Was hat der eine, was der andere geliefert? Müßige Frage. Es ist aus *einem* Guss, und Marx und Engels sind *ein Geist* – untrennbar im *Kommunistischen Manifest,* wie sie es bis zu ihrem Tode in ihrem ganzen Wirken und Schaffen geblieben sind …«[103]

Engels' vielleicht offensichtlichster Beitrag zum *Manifest* war die Darstellung der Entstehung des Proletariats, der »Klasse der modernen Arbeiter, die nur so lange leben, als sie Arbeit finden, und die nur so lange Arbeit finden, als ihre Arbeit das Kapital vermehrt«.[104] Diese sozioökonomischen Ausführungen, in denen vor allem die beschleunigende Wirkung der industriellen Revolution hervorgehoben wurde, hätten direkt der *Lage der arbeitenden Klasse in England* entnommen sein können. Die einzigartige Geschichte des englischen Proletariats wurde plötz-

Manifest

der

Kommunistischen Partei.

Veröffentlicht im Februar 1848.

Proletarier aller Lander vereinigt Euch!

London.

Gedruckt in der Office der „Bildungs-Gesellschaft für Arbeiter"
von J. E. Burghard.
46, LIVERPOOL STREET, BISHOPSGATE.

Titelseite der Erstausgabe des *Kommunistischen Manifests.*

lich zum allgemeinen Muster der Entwicklung der Arbeiterklasse.[105] Gleichzeitig kappten Marx und Engels stillschweigend ihre junghegelianischen Wurzeln, indem sie ein zutiefst materialistisches Schema entwarfen – »Die Geschichte aller bisherigen Gesellschaft ist die Geschichte von Klassenkämpfen«[106] –, das unweigerlich in der Entfachung einer proletarischen Revolution und der Abschaffung des Privateigentums gipfelte.[107]

Das *Manifest* enthielt vieles, was Engels bereits beschrieben hatte, vom unmoralischen Wesen der bürgerlichen Gesellschaft – »Sie hat die buntscheckigen Feudalbande, die den Menschen an seinen natürlichen Vorgesetzten knüpften, unbarmherzig zerrissen und kein anderes Band zwischen Mensch und Mensch übriggelassen als das nackte Interesse, als die gefühllose ›bare Zahlung‹« – über die Funktion bürgerlicher Regierungen als Feigenblatt der Klassenherrschaft – »Die moderne Staatsgewalt ist nur ein Ausschuss, der die gemeinschaftlichen Geschäfte der ganzen Bourgeoisklasse verwaltet« – bis zu der giftigen Ironie, dass die Bourgeoisie »ihren eigenen Totengräber« hervorbringe. Andererseits ließ Marx einige von Engels' Lieblingsideen fallen, unter anderem die Vorhaben, agrar-industrielle Kommunen aufzubauen und die Ehe abzuschaffen (ein allzu leichtes Angriffsziel für Kritiker). Dafür versah er den Text mit rhetorischen Glanzpunkten, wie Engels es nicht gekonnt hätte. Sein Genie bewies Marx etwa bei der Beschreibung der erstaunlichen Leistungen, die das Bürgertum erzielt hatte, indem es den Kapitalismus entfesselte und die Geschichte beschleunigte:

> Die Bourgeoisie … hat bewiesen, was die Tätigkeit der Menschen zustande bringen kann. Sie hat ganz andere Wunderwerke vollbracht als ägyptische Pyramiden, römische Wasserleitungen und gotische Kathedralen, sie hat ganz andere Züge ausgeführt als Völkerwanderungen und Kreuzzüge. Die Bourgeoisie kann nicht existieren, ohne die Produktionsinstrumente, also die Produktionsverhältnisse, also sämtliche gesellschaftlichen Verhältnisse fortwährend zu revolutionieren … Alle festen eingerosteten Ver-

hältnisse mit ihrem Gefolge von altehrwürdigen Vorstellungen und Anschauungen werden aufgelöst, alle neugebildeten veralten, ehe sie verknöchern können. Alles Ständische und Stehende verdampft, alles Heilige wird entweiht, und die Menschen sind endlich gezwungen, ihre Lebensstellung, ihre gegenseitigen Beziehungen mit nüchternen Augen anzusehen.[108]

Trotz solcher schwindelerregenden Voraussagen fand das Kommunistische Manifest bei seinem Erscheinen kaum Beachtung. Im Februar 1848 mit den Londoner Druckpressen des Deutschen Arbeiterbildungsvereins hergestellt, wurde es weitgehend »totgeschwiegen«.[109] Einige hundert Mitglieder des Bundes der Kommunisten lasen es, und eine von Helen MacFarlane angefertigte englische Übersetzung erschien 1850 in Fortsetzungen in Harneys Zeitschrift *Red Republican*, aber es lag weder überall zum Verkauf aus, noch hatte es damals irgendeine offensichtliche Wirkung. Das lag nicht zuletzt daran, dass es von der Geschichte bereits überholt wurde. Die Bourgeoisie, die laut Marx so viel erreicht hatte, war dabei, sich ein weiteres Ruhmesblatt anzuheften: den Sturz der Monarchie von Louis-Philippe in Frankreich. Am Morgen des 24. Februar 1848 verließ Alexis de Tocqueville sein Pariser Stadthaus, hielt die Nase in den eisigen Wind und erklärte, er könne »Revolution in der Luft riechen«. Bis zum Nachmittag – der Boulevard des Capucines war mit Blut bedeckt, und die Bäume an den Champs-Élysées waren gefällt, um Barrikaden mit ihnen zu errichten – hatte sich die Julimonarchie von 1830 in Luft aufgelöst. »Unsere Zeit, die Zeit der Demokratie bricht an«, schwärmte Engels. »Die Flammen der Tuilerien und des Palais Royal sind die Morgenröte des Proletariats.«[110] Der gallische Hahn krähte; Paris erfüllte seine Bestimmung: Die Revolution war da.

DIE UNENDLICH REICHE ERNTE VON '48

»Nachts um halb eins«, berichtete Engels im *Northern Star*, »traf der Zug mit der erhebenden Nachricht von der Donnerstag-Revolution ein, und die ganze Menge rief in einem spontanen Ausbruch der Begeisterung: ›*Vive la Republique!*‹«[1] Als die französische Monarchie stürzte, befanden sich Marx und Engels am falschen Ort, in Brüssel, wo sie an einem Bahnhof Neuigkeiten aufzuschnappen versuchten. Dies sollte sich in den folgenden anderthalb Jahren, während die beiden Möchtegernrebellen der Kette der Revolutionen von 1848 quer über den Kontinent hinterherjagten, noch öfter wiederholen, denn nur selten waren sie rechtzeitig da; manchmal stießen sie die Entwicklung sogar an, aber meistens kamen sie zu spät. Es war eine Zeit voller Versprechen und Frustrationen.

Aus dem Blickwinkel von Marx und Engels sahen die überraschenden Ereignisse von 1848 wie lehrbuchmäßige bürgerlich-demokratische Revolutionen aus. Die archaischen politischen und Rechtssysteme Europas hatten nicht mehr zu der sich immer schneller entfaltenden kapitalistischen Produktionsweise gepasst und mussten sich daher den neuen ökonomischen Realitäten anpassen. Angesichts der Unvereinbarkeit von sich industrialisierender Basis und feudalem Überbau war eine bürgerliche Revolution der logische nächste Schritt auf dem langen Weg zum Kommunismus – und der bürgerlichen Revolution würde die proletarische Herrschaft folgen, sobald die Bourgeoisie die schmutzige Arbeit der Beseitigung der alten Welt erledigt hatte.

Nach all dem Gerede des vorangegangenen Jahrzehnts – »Formeln, weiter nichts als Formeln« – eröffnete 1848 die elektrisierende Aussicht auf praktisches Handeln und die Chance, der Geschichte auf die Sprünge zu helfen. So unvermeidlich der Fortschritt auch sein mochte, versuchten Marx und Engels doch, unter Einsatz aller Mittel – von der politischen Organisation über Zeitungspropaganda und Streitschriften bis zum militärischen Aufstand – das Nahen der Revolution zu beschleunigen. Nach dem Erscheinen des *Kommunistischen Manifests* reisten die Autoren kreuz und quer durch Europa – von Brüssel nach Bern, von Paris nach Köln –, um, stets auf der Hut vor Haftbefehlen und preußischen Spitzeln, das Ende des taumelnden feudalen Ancien Régime herbeizuführen.

Engels sollte das Schlachtfeld mit besonders befriedigenden Erfahrungen verlassen, denn nun endlich erhielt der selbsternannte Montagnard, der studentische Fechter und Kasernenboxer seine Feuertaufe an einer echten Front. Ein Knabentraum erfüllte sich, und er erlebte das Abenteuer, die rote Fahne über seiner Heimatstadt zu hissen und Überfallkommandos gegen preußische Heereseinheiten anzuführen. Bis er – unter Beschuss – durch den Schwarzwald fliehen musste. Es war ein Blutbad auf den Barrikaden, ein Kampf auf Leben und Tod für die Revolution und gegen die Konterrevolution, den er Freund und Feind in den folgenden Jahrzehnten immer wieder ins Gedächtnis rufen sollte.

Trotz allen persönlichen Heldenmuts war die betrübliche Realität, dass die Revolutionen von 1848/49 – in Dänemark, Sizilien, Sardinien, Piemont, Frankreich, Preußen, Sachsen, Ungarn und Österreich – ganz und gar nicht dem von Marx und Engels gehegten Idealbild des Klassenaufstands entsprachen. Stattdessen entbrannten (und verloschen) sie aus einer Vielzahl von Motiven, die von wirtschaftlicher Unsicherheit über nationale Identitätssuche und republikanische Ideologie bis zum Verlangen nach Freiheit reichten. Diese Aufstände, *frondes*, Rebellionen oder Revolutionen – oder wie immer man sie nennen will – brachen ebenso schnell zusammen, wie sie entflammt waren, je nachdem, wie groß die Unterstützung der Arbeiter und wie radikal die Führung war und wie entschlossen die Reaktion zurückschlug. Aufgrund dieser Schicksalswenden und der letztlich unerfüllten Hoffnungen hat A. J. P. Taylor 1848 als den »Wendepunkt«, an dem Europa »sich nicht wendete«, bezeichnet. Für Marx und Engels war dieses vielgerühmte »Zeitalter der Demokratie« ein entscheidender Moment sowohl der persönlichen Enttäuschung als auch der ideologischen Neuorientierung.

Der gewaltige Sturm, der im Frühjahr 1848 über Europa hereinbrach, begann mit einer kleinen Wolke in Palermo, wo die schon länger schwelende Unzufriedenheit des Adels mit dem Bourbonenkönig Ferdinand II. und seiner im fernen Neapel residierenden Regierung im Januar zu Unruhen führte. Der jahrzehntelangen, ebenso abgehobenen wie aggressiven neapolitanischen Herrschaft überdrüssig, nutzten die führenden sizilianischen Familien die verbreitete wirtschaftliche Unzufriedenheit, um auf die Wiederherstellung des autonomen Parlaments der Zeit vor 1816 zu drängen. Gutorganisierte Demonstrationen in den Straßen schlugen rasch in Angriffe auf die Polizei um. Dann wurden Barrikaden errichtet, und die Truppen des Königs verließen ihre Kasernen und setzten aufs Festland über. Die Bourbonen wurden gestürzt, und binnen weniger Wochen wurden eine provisorische Regierung gebildet und ein neues Parlament gewählt.

Sizilien hatte den Anfang gemacht, aber überall in Europa gerieten die Königshöfe in Bedrängnis, da zunehmender öffentlicher Druck und sinkende Steuereinnahmen die Einberufung von Parlamenten nötig machten, um neue Steuern zu beschließen, für die wiederum Verfassungsreformen erforderlich waren. Dies war die vorrevolutionäre Periode des »Vormärz«, in der in vielen europäischen Hauptstädten in Zeitungen und Abgeordnetenversammlungen die verschwommene Erwartung auf bedeutende Machtverschiebungen geäußert wurde. Ausgelöst hatten diese Unruhe zum großen Teil die Missernten, die hohen Getreidepreise, die allgemeinen Wirtschaftsprobleme und die Hungersnöte des vorangegangenen Jahrzehnts. Extreme Missernten im Jahr 1845 hatten zahlreiche Agrarwirtschaften untergraben, während eine sich verschärfende Kreditkrise in den städtischen Märkten zu Vertrauensverlust, Illiquidität von Banken und Handlungsunfähigkeit von Unternehmen geführt hatte. Die Lebensmittelpreise waren gestiegen, die Einkommen gesunken, und die Arbeitslosigkeit hatte zugenommen. All dies hatte die allgemeine Unzufriedenheit mit dem bestehenden System willkürlich herrschender und extrem starrer Monarchien geschürt, die seit der Wiener Konferenz von 1815 in Europa herrschten. Aber es bedurfte, ganz wie Marx es vorausgesagt hatte, des Krähens des gallischen Hahns, um diesen unter der Oberfläche gärenden Unmut in einen europäischen Flächenbrand zu verwandeln.

Durch die französische Februarrevolution von 1848 – mit der plötzlichen Abdankung und schmählichen Flucht Louis-Philippes nach England – gelangten die Pariser Arbeiter wieder an die vorderste Front des europäischen Kommunismus. Der Aufstand in Palermo ermutigte französische Radikale dazu, der allgemeinen politischen Unzufriedenheit aufgrund der Wirtschaftsprobleme Ausdruck zu verleihen. Sie organisierten Freiluftbankette, auf denen sie das allgemeine Wahlrecht für Männer sowie Wirtschaftsreformen forderten. Von einer wiederauflebenden republikanischen Nostalgie für die großen Ereignisse von 1789 erfasst, stimmten Pariser Theaterbesucher und Menschenmengen, die sich bedrohlich vor den Ballhäusern der vornehmen Gesellschaft versammelten, Revolutionshymnen an. Louis-Philippes vielgeschmähter Premierminister, der liberale Historiker François Guizot, reagierte auf die Krise, indem er die Bankette verbot und die Nationalgarde einsetzte. Es half nichts: Am 23. Februar musste er zurücktreten – ein politisches Bauernopfer an den Mob. Doch die Ereignisse hielten sich an die Pariser Straßenkampftradition; nachdem nervöse Soldaten einige republikanische Demonstranten erschossen hatten, folgte die Hauptstadt der bekannten Revolutionschoreographie.

Marx und Engels, die in Belgien festsaßen, wollten verhindern, dass die revolutionäre Welle, die über Europa hinwegschwappte, an Brüssel vorbeiging – oder, wie sie es in einem Brief an Harney ausdrückten, »mit den Mitteln, die die politischen Einrichtungen Belgiens gestatten, die Vorteile … erwirken, die das französische Volk in diesen Tagen errungen hat«. Nach Marx' Verständnis umfasste derlei »friedliche, aber energische Agitation« Versammlungen vor Rathäusern, Petitionen an den Stadtrat und, unter der Hand, die Beschaffung von Waffen für belgische Arbeiter mit Mitteln aus dem väterlichen Nachlass.[2] Doch der gerissene belgische König Leopold II. verspürte nicht den Wunsch, wie Louis-Philippe ins Exil nach England zu gehen, und so griff die belgische Polizei gegen die unliebsamen deutschen Gäste durch. Am 3. März 1848 wurde Marx angewiesen, das Königreich binnen 24 Stunden zu verlassen, und Engels folgte ihm wenig später.

Wie es sich für die Hauptstadt des 19. Jahrhunderts gehörte, war Paris der Auslöser, der bewirkte, dass sich in ganze Europa der Unmut der Bevölkerungen in politischen Revolten Luft machte, die im Namen von Freiheit und Demokratie, Nationalgefühl und Republikanismus die monarchische Ordnung von 1815 aus den Angeln zu heben versuchten. Angesichts von Hungerunruhen und ländlichen Rebellionen sahen Radikale eine glänzende Gelegenheit, Verfassungsreformen und die nationale Selbstbestimmung durchzusetzen. In Wien stürmten Anfang März studentische Aktivisten und Arbeiter das Ständehaus, und Barrikaden wurden errichtet. Es folgte ein blutiger Gegenschlag der Truppen Habsburgs, bevor der Kanzler, Fürst Metternich, der das Ancien Régime in seinem ganzen Hochmut verkörperte, sein Heil in der Flucht suchte. Während die Habsburgermonarchie taumelte, erhoben sich die norditalienischen Staaten, wobei die städtischen Armen aus der Lombardei, Piemont, Venedig und Mailand die Rebellion anführten. Einen besonders heftigen Gegenschlag der Österreicher unter Feldmarschall Johann Wenzel Radetzky erlebte Mailand, die berühmten »Fünf Tage«, als über Nacht 1500 Barrikaden errichtet wurden und die engen

Gassen zum Schauplatz eines erbitterten Straßenkampfs wurden. Aber der Ort, an den es Marx und Engels zog, war Paris, das Laboratorium der Revolution und nun der Mittelpunkt der zweiten französischen Republik.

Dort, wo sie einst bedrängt und ausgewiesen worden waren, empfing man sie jetzt gemeinsam mit dem Exekutivkomitee des Bundes der Kommunisten mit offenen Armen. Die provisorische Regierung aus gemäßigten Republikanern – wie dem sozialistischen Philosophen Louis Blanc und dem radikalen Journalisten Ferdinand Floçon (für dessen Zeitung *La Réforme* Marx Artikel verfasst hatte) – hieß die kommunistischen Revolutionäre willkommen. Besonders Engels, der es gewohnt war, in Paris von Polizeispitzeln verfolgt zu werden, genoss die neue Situation. »Neulich«, prahlte er gegenüber seinem Schwager Emil Blank, »haben wir in den Tuilerien in den Zimmern des Pr[inzen] von Joinville zu Mittag gegessen mit dem alten Imbert, der in Brüssel réfugié war und jetzt Gouverneur der Tuilerien ist.«[3] Der Rest des Briefs war, wie kaum anders zu erwarten, eine einzige Anprangerung der Ausflüchte, Dummheiten und Schwächen der neuen Regierung.

Trotz allen Glanzes und der offiziellen Gastfreundschaft war Paris nur eine Zwischenstation. Engels sehnte sich nach Deutschland zurück. »Wenn doch der F[riedrich] W[ilhelm] IV. sich starrköpfig hielt!«, schrieb er erwartungsvoll an Marx. »Dann ist alles gewonnen, und wir haben in ein paar Monaten die deutsche Revolution. Wenn er nur an seinen feudalen Formen hielte! Aber der Teufel weiß, was dies launige und verrückte Individuum tun wird.«[4] Er stand mit seiner Hoffnung, die Revolution in sein Heimatland tragen zu können, nicht allein da: Auch die riesige Pariser deutsche Emigrantengemeinde verlangte es danach, den Rhein zu überqueren und die ersehnte demokratische Republik aufzubauen. Zu diesem Zweck hatte sich in den Pariser Faubourgs eine Deutsche Legion aus Handwerkern gebildet, Freiwillige, die bereit waren, nach Preußen zu marschieren und die dortige Staatsmacht militärisch anzugreifen. Verständlicherweise war die provisorische französische Regierung überglücklich, diese Unruhestifter abziehen zu sehen, und bot den Straubingern 50 Centimes pro Tag für ihren Fronteinsatz. Nach Ansicht von Marx und Engels war die unbedachte terroristische Strategie der Legion zum Scheitern verurteilt (sie sollten recht behalten). Deshalb gründeten sie in Konkurrenz zur Legion mit gleichgesinnten Protorevolutionären einen Deutschen Arbeiterverein, dessen besser durchdachten Standpunkt sie in einem Flugblatt mit »Forderungen der Kommunistischen Partei in Deutschland« darlegten. Im Vergleich mit dem dringlichen Ton des *Kommunistischen Manifests* ist es merkwürdig, dass sie weder eine sofortige kommunistische Revolution noch die allgemeine Abschaffung des Privateigentums forderten. Stattdessen sollten die Ziele einer bürgerlichen Revolution unterstützt werden. Eine derart komplexe Aufgabe konnte nicht über Nacht von einer Brigade täppischer Emigranten erledigt werden. In erster Linie ging es darum, der deutschen Junkerklasse die politische und militärische Macht zu nehmen und eine auf dem allgemeinen Männerwahlrecht, dem Rechtsstaat und der Autorität des Parlaments beruhende bürgerliche Republik aufzubauen. In dieser Phase bestand das Ziel des Bundes der Kommunisten darin, in Deutschland die Bourgeoisie, das Kleinbürgertum, die Arbeiterklasse und sogar das Bauerntum in einer klassenübergreifenden Koalition unter dem Banner der Demokratie zu vereinen. Dies erforderte weniger politische Gewalt, sondern vor allem Propaganda und Organisation. Und um den Boden zu bereiten, schmuggelte der Arbeiterverein insgeheim 300 kommunistische Aktivisten ins Rheinland.

Sie stießen auf offene Ohren. Ein Aspekt des Phänomens von 1848 war die Schnelligkeit, mit der die Öffentlichkeit auf Ereignisse in anderen Teilen Europas reagierte. Eisenbahn und Telegraph ermöglichten die schnelle Bewegung nicht nur von Truppen und Munition, sondern auch von Informationen und Ideen. »Telegraphische Depeschen« und eine rasch wachsende Zeitungsbranche bildeten zusammen gleichsam einen Nachrichtendienst der Revolution – und als im Februar 1848 in Paris die Tuilerien in Brand gesteckt wurden, war es buchstäblich der Zündfunke, der die Wut der radikalisierten Massen in Deutschland explodieren ließ. Seit Mitte des Jahrzehnts hatten auch hier mehrere Missernten und ein allgemeiner Wirtschaftsabschwung eine beträchtliche Steigerung der Lebensmittelpreise und eine Verringerung des Lebensstandards zur Folge gehabt. Eskalierende Bauernaufstände und Angriffe auf Staatsbeamte, Hungerunruhen in den Städten und zunehmende Arbeitslosigkeit schufen ein unsicheres Terrain für die Regierungen der deutschen Fürstentümer. In Bayern führte die Nachricht von der Februarrevolution zur umgehenden Ersetzung von König Ludwig I. – der den verbreiteten Unmut der Bauern über die wilden Vergnügungen seiner Geliebten Lola Montez ignoriert hatte – durch seinen Sohn Maximilian (II.). In Sachsen gab König Friedrich August II. der liberalen Forderung nach einem reformwilligen »Märzministerium« nach, welches das Wahlrecht erweitern und sich für die Einberufung einer Nationalversammlung einsetzen sollte. In allen deutschen Staaten blühte die »Versammlungsdemokratie«, Petitionen wurden aufgesetzt, gewaltige Demonstrationen veranstaltet, und riesige Menschenmengen aus Wandergesellen, Bauern, Arbeitern und Studenten belagerten Rathäuser und Schlösser. »Vielleicht mit Ausnahme der Monate unmittelbar vor dem Ersten Weltkrieg«, fasst James J. Sheehan das Geschehen zusammen, »hat es in der deutschen Geschichte keine Periode gegeben, die derart von spontanen sozialen Aktionen und dramatischen politischen Möglichkeiten geprägt war.«[5]

Mitte März 1848 erreichte die Revolution Preußen. Berlin hatte besonders stark unter der Wirtschaftskrise gelitten. Der Einbruch der Fabrikproduktion hatte zu einer gefährlich hohen Arbeitslosigkeit geführt, die wiederum zur Folge hatte, dass es anstelle der üblichen Petitionen, Aufmärsche und Versammlungen zu Belagerungen und Übergriffen auf das Militär in bedrohlichem Ausmaß kam. König Friedrich Wilhelm IV. reagierte darauf nicht, wie erwartet, damit, dass er sich stur stellte, sondern versuchte klugerweise, der Rebellion die Spitze zu nehmen, indem er (wie in Sachsen geschehen) ein »Märzministerium« bildete, das eine Verfassungsreform durchführen und die Zensur lockern sollte. Als die Zugeständnisse bekanntgegeben wurden, entspannte sich die Lage in Berlin sofort, und die Menschenmenge, die auf den Schlossplatz drängte, um ihren einsichtigen Herrscher zu sehen, jubelte. Während Friedrich Wilhelm den Beifall entgegennahm, bereiteten seine weniger aufgeklärten Militärs sich jedoch darauf vor, den Platz mit Hilfe einer Dragonereskadron zu räumen. Als die Soldaten vorrückten, lösten sich aus den Gewehren von Grenadier Kühn und Unteroffizier Hettgen Schüsse. Niemand wurde verletzt, aber die aufgebrachten Berliner – die der Offiziersschicht zu Recht misstrauten – glaubten, das Heer habe sie angegriffen. Sie errichteten Barrikaden und warfen mit allem, was sie in die Finger bekamen, auf die Truppen. Daraus entwickelte sich eine der blutigsten Märzrevolutionen Europas, die mehr als 300 Demonstranten (überwiegend Handwerker) und fast 100 Soldaten das Leben kostete. Nach dem Gemetzel sah sich Friedrich Wilhelm IV. genötigt, den Toten die letzte Ehre zu erweisen. Als seine Frau, Königin Elisabeth, »vor Angst und Entsetzen bleich« neben ihm vor der Menschenmenge stand, soll sie gemurmelt haben: »Nun fehlt bloß noch die Guillotine.«[6] Um derartigen Terror zu vermeiden, gab der König weiteren Boden preis, indem er die Truppen aus der Hauptstadt zurückzog und eine demütigende Proklamation »An mein Volk und an die deutsche Nation« bekanntmachte, in der er eine weitere Liberalisierung Preußens versprach und die Forderung nach Einberufung einer gesamtdeutschen Nationalversammlung als Schritt auf dem Weg zu Vereinigung und liberaler Demokratie unterstützte.

Die Monarchie befand sich augenscheinlich in der Defensive, und die Zeit schien reif zu sein für die bürgerliche Revolution. Marx und Engels wählten anstelle der blutbedeckten Straßen von Berlin – an das sie wegen des »maulfrechen, aber tatfeigen, kriechenden Kleinbürgertums«, der »massenhaften Bürokraten« und des »Adels- und Hofgesindels« keine freundlichen Erinnerungen hegten – Köln als Ort ihres Wiedereintritts in die deutsche Politik. Aus seiner Zeit in der dortigen Presse besaß Marx noch nützliche Verbindungen, und darüber hinaus war die stark industrialisierte Stadt mit einem wachsenden Proletariat und einer Führungsschicht reicher Fabrikanten »in jeder Beziehung damals der fortgeschrittenste Teil Deutschlands«.[7] Das urbane, industrielle Rheinland war dazu ausersehen, an vorderster Front der nahenden Revolution zu stehen, und aufgrund seines lockeren Zensurregimes war es für Marx' Vorhaben, die *Rheinische Zeitung* wiederzubeleben, perfekt geeignet.

Doch auch Köln war nicht ohne Probleme. Das größte stellte Andreas Gottschalk dar, ein jüdischer Fleischersohn und begabter Armenarzt, der sich tapfer an die Spitze der Märzrevolution in Köln gestellt hatte, indem er das Rathaus erstürmt und eine Wahlrechtsreform, die Abschaffung des stehenden Heeres und Pressefreiheit gefordert hatte. Zu seinem Leidwesen war er verhaftet und ins Gefängnis gesteckt worden. Nach den Berliner Unruhen hatte man ihn aber wieder auf freien Fuß gesetzt. Als Marx und Engels in Köln eintrafen, stand er an der Spitze eines 8000 Mitglieder zählenden Arbeitervereins. Gerechterweise muss gesagt werden, dass die Auseinandersetzung mit Gottschalk mehr war als der übliche interne Streit in der kommunistischen Bewegung. Gottschalk war ein Anhänger von Moses Heß, Karl Grün und der »wahren Sozialisten«, die sich für eine friedliche Umgestaltung des kapitalistischen Systems in Richtung gerechter Tauschverhältnisse aussprachen. Da er den philosophischen Absolutismus des Kommunismus von Marx und Engels weitgehend außen vor ließ, kam Gottschalks Sozialismus ohne die Dynamik des Klassenkampfs und des historischen Fortschritts mit dem Ziel einer proletarischen Revolution aus. Stattdessen vertrat der Kölner Arbeiterverein eine Mischung aus Kooperation und Mutualismus, die auf einem harmonischen Menschheitsideal jenseits jeglicher Parteipolitik beruhte, also ein Programm, das Marx und Engels verschiedentlich als kleinbürgerlich, utopisch und naiv abgekanzelt hatten.

Ironischerweise standen die »wahren Sozialisten« aufgrund dieser Einstellung der herrschenden Bourgeoisie ablehnender gegenüber als Marx und Engels. Eine Zwischenperiode der bürgerlich-demokratischen Herrschaft hielt Gottschalk nicht für nötig. Er wollte von den Überresten der Feudalordnung direkt zum Sozialismus übergehen. »Ihnen ist es nicht ernst mit der Befreiung der Unterdrückten«, warf er den beiden preußischen Intellektuellen vor. »Das Elend des Arbeiters, der Hunger des Armen hat für Sie nur wissenschaftliches, doktrinäres Interesse ... Sie glauben nicht ... an die Empörung des arbeitenden Volkes, deren steigende Fluten schon dem Kapitale den Untergang zu bereiten anfangen, ... nicht an die Permanenz der Revolution, ... nicht einmal an die eigene revolutionäre Befähigung ...«[8] Die Bildung einer verfassungsmäßigen Regierung anzustreben war, mit Karl Grüns Worten, ein »egoistischer Wunsch der besitzenden Kaste«,[9] mit dem die »wahren Sozialisten« nichts gemein hatten. Deshalb boykottierten sie die bevorstehende Wahl zur gesamtdeutschen Nationalversammlung, was den Kölner Arbeiterverein automatisch in Gegensatz zu Marx und Engels und ihren sorgfältig ausgearbeiteten Plänen für eine bürgerlich-demokratische Revolution brachte.[10]

Marx und Engels waren nach Preußen zurückgekehrt, um eine bürgerliche Demokratie als Übergangsstufe zum Kommunismus herbeizuführen, und nicht in der Stimmung für solch weichherzigen Unsinn wie Arbeiterkooperativen. Nach ihrer Ansicht war das rückschrittliche, feudale Deutschland – anders als beispielsweise das industrialisierte England mit seiner entwickelten Arbeiterklasse – noch nicht bereit für eine proletarische Revolution. Ihre Ablehnung solcher sinnlosen Pläne wurde auf den Seiten der *Neuen Rheinischen Zeitung*, die der Berichterstattung über Streiks, radikale Kongresse und Anzeichen proletarischen Aufbegehrens ostentativ wenig Platz einräumte, rasch deutlich. Vor dem Hintergrund der ablehnenden Haltung der

Zeitung gegenüber der radikalen städtischen Arbeiterschaft hat Oscar J. Hammen sogar behauptet, sie habe für ihren Druck Tagelöhner eingesetzt, die einen wesentlich geringeren Lohn erhalten hätten als diejenigen des reaktionären Konkurrenzblattes *Kölnische Zeitung*.[11] Die politische Strategie von Marx und Engels war klar: Die *Neue Rheinische Zeitung* sollte das »Organ der Demokratie« sein, wie sie sich im Untertitel nannte, aber, wie Engels später schrieb, »einer Demokratie, die überall den spezifisch proletarischen Charakter im Einzelnen hervorhob, den sie noch nicht ein für alle Mal aufs Banner schreiben konnte«.[12] Solche demokratischen Initiativen würden dem Proletariat, so hofften Marx und Engels, auf lange Sicht zu größerem Bewusstsein verhelfen und es mit den politischen Waffen ausrüsten, die es benötigte, um es, wenn die Zeit dafür reif war, mit der Bourgeoisie aufnehmen zu können. Woche für Woche attackierte die Zeitung preußische Bürokraten und Junker und setzte sich für Reformen ein, vor allem für das allgemeine Wahlrecht, die Abschaffung des Feudalismus und Hilfen für Arbeitslose. Trotz Marx' scharfer journalistischer Feder vertrat die Zeitung ein sehr gemäßigtes, bourgeoisfreundliches Programm für die erste Etappe auf dem Weg zur Revolution. Und sie hatte Erfolg damit: Die Auflage stieg rasch auf fast 5000 Exemplare täglich.

Vor dem Hintergrund ihres neuen, auf Konsens bedachten liberalen Standpunkts rechneten Marx und Engels damit, dass es ihnen nicht schwerfallen würde, beim Bürgertum der Region Geld für die Zeitung aufzutreiben. So richtete sich Marx auf dem Posten des Chefredakteurs in Köln ein, während Engels nach Barmen entsandt wurde, um dem Bürgertum im Wuppertal um den Bart zu gehen. Es war zum wiederholten Mal eine schwierige Heimkehr. »C. und A. E[rmen] zitterten sichtlich, als ich bei ihnen heut aufs Comptoir trat«, berichtete er Emil Blank maliziös. »Ich mische mich natürlich in nichts, sondern warte ruhig, was es gibt.«[13] Überraschenderweise wurde die Investorenwerbung kein Erfolg, da man in Barmen nur zu gut wusste, dass Marx und Engels ein kommunistisches Programm verfolgten.

»Die Sache ist au fond [im Grunde] die, dass auch diese radikalen Bourgeois hier in uns ihre zukünftigen Hauptfeinde sehen und dass sie uns keine Waffen in die Hand geben wollen, die wir sehr bald gegen sie selbst kehren würden.« Engels hatte sogar die Chuzpe, seine Familie um Unterstützung für die *Neue Rheinische Zeitung* zu bitten, obwohl sein Onkel August Engels als ehemaliger Stadtrat von Barmen und jetziger Kreistagsabgeordneter für seine reaktionäre Einstellung bekannt war und sein Bruder Hermann eine Truppe der gegenrevolutionären Bürgerwehr befehligte. »Aus meinem Alten ist vollends nichts herauszureißen«, berichtete er Marx. »Für den ist schon die *Kölner Zeitung* ein Ausbund von Wühlerei, und statt 1000 Talern schickte er uns lieber 1000 Kartätschenkugeln auf den Hals.«[14]

Die wenigen Investoren, die Marx und Engels zur Unterstützung der Zeitung bewegen konnten, kehrten ihr zumeist wieder den Rücken, nachdem Engels in der ersten Ausgabe einen sarkastischen Schmähartikel gegen die gerade erst gewählte Nationalversammlung, die in Frankfurt am Main am 18. Mai 1848 zusammengetreten war, veröffentlicht hatte – »und am Ende des Monats hatten wir gar keine [Aktionäre] mehr«.[15] Aber irgendwie gelang es Marx und Engels – wobei dieser überwiegend außenpolitische und militärische Themen abdeckte, während Marx den größten Teil der Artikel zur Politik lieferte –, die Zeitung über Wasser zu halten. Denn sie standen, entgegen der Befürchtungen der Aktionäre, im Prinzip hinter der Frankfurter Nationalversammlung und drängten lediglich auf schnellere und größere Fortschritte bei der Umwandlung Deutschlands in einen vereinigten, demokratischen Staat. Deshalb war die Nationalversammlung mit ihren endlosen, um sich selbst kreisenden Debatten und dem schwindelerregenden Wortschwall all der Rechtsanwälte, Beamten und Akademiker in ihren Augen ein »parlamentarischer Kretinismus«.[16] Im Rückblick auf ihre vielen ergebnislosen Sitzungen schrieb Engels später in ätzendem Tonfall, die Nationalversammlung sei »nichts anderes« gewesen »als die Bühne, auf der alte, längst überlebte politische Figuren ihre unfreiwillige Lächerlichkeit und ihre Impotenz im Denken wie im Handeln vor den Augen ganz Deutschlands zur Schau stellten«.[17] Deren Schwafelei war nicht ohne Folgen, denn der kostbare Augenblick der Revolution musste ergriffen werden, wenn der Flickenteppich der deutschen Fürstentümer und Kleinstaaten in eine vereinigte bürgerliche Republik umgewandelt werden sollte. Und während sich die Abgeordneten in der Frankfurter Paulskirche Redeschlachten über Verfahrens- und Protokollfragen lieferten, reorganisierte die Reaktion ihre Kräfte. In Paris hatte sie bereits zugeschlagen.

Der französischen provisorischen Regierung war keine lange Existenz beschieden. Bei der Wahl zur verfassunggebenden Nationalversammlung im April 1848 reagierten die Wähler auf die Entscheidung, die Steuern zu erhöhen, um die schlechte Lage der Staatsfinanzen zu beheben, und verhalfen den konservativen Kräften aus den Provinzen, die der gestürzten Monarchie anhingen, zum Wiederaufstieg. Sozialisten und Republikaner wurden an den Wahlurnen reihenweise geschlagen, so dass sie am Ende nur knapp 100 von 876 Mandaten stellten. Kaum an der Macht, lösten die Konservativen die grundlegende Neuerung der provisorischen Regierung auf: die Pariser Nationalwerkstätten *(atelier nationaux)*. Diese Maßnahme galt als Verwirklichung des »wahren Sozialismus«, da sie in Paris ansässigen arbeitslosen Männern entweder anständig entlohnte Arbeit in staatlichen Arbeitsbeschaffungsprogrammen oder ein großzügig bemessenes Arbeitslosengeld zusicherte. Die Folge war, dass Zehntausende von Arbeitern, aber auch notorische Faulenzer und Glücksritter nach Paris strömten, um von dem gigantischen Hilfsprogramm zu profitieren, während Privatunternehmer naturgemäß verärgert waren, weil sie die Löhne erhöhen mussten, um mit den staatlichen Leistungen konkurrieren zu können. Angesichts der ruinös hohen Kosten des Werkstattsystems und eines Bodensatzes von gutversorgten Nichtstuern beschloss die frischgewählte Nationalversammlung die Schließung der Werkstätten. Arbeitslose sollten gezwungen werden, entweder ins Heer einzutreten oder an ihre ehemaligen Arbeitsstellen in der Provinz zurückzukehren. Aus Furcht vor der Reaktion der Öffentlichkeit wurde gleichzeitig eine Reihe von Maßnahmen gegen radikale politische Klubs und Freiluftbankette verabschiedet. Am 22. Juni stellte die Regierung rund 120 000 Pariser Arbeitern ein Ultimatum, sich entweder der Armee anzuschließen oder nach Hause zu gehen. In den armen Faubourgs im Osten von Paris reagierten die Arbeiter mit Straßenunruhen unter den Slogans »Arbeit oder Tod!« und »Brot oder Tod!«, und am nächsten Morgen waren die fünf Meter hohen Barrikaden wieder aufgebaut.[18]

Zu seinem Leidwesen saß Engels, als die Revolution sich von neuem entzündete, in Köln fest. Dieses geographische Problem hielt ihn indes nicht davon ab, für die *Neue Rheinische Zeitung* atemlose Berichte über die Ereignisse in Paris zu verfassen, als ob ihm die Kugeln um die Ohren fliegen würden. Besonders erregend am Juniaufstand war für ihn, dass es sich im Gegensatz zum Februar um einen »reinen Arbeiteraufstand« handelte und Frankreich mit wunderbarer Entschlossenheit von der bürgerlichen zur proletarischen Revolution überging.[19] »Das Volk steht nicht wie im Februar auf den Barrikaden und singt ›Mourir pour la patrie [Sterben für das Vaterland]‹«, jubelte er, »die Arbeiter des 23. Juni kämpfen um ihre Existenz, das Vaterland hat alle Bedeutung für sie verloren.« Den Aufstand mit den großen Sklavenrevolten im antiken Römischen Reich vergleichend,[20] feierte Engels, der verhinderte Jakobiner, ein »Paris in Blut schwimmend« und sah »die Insurrektion entwickelt zur größten Revolution, die je stattgefunden, zur Revolution des Proletariats gegen die Bourgeoisie«.[21] Und Marx erklärte den Lesern der *Neuen Rheinischen Zeitung,* der Juniaufstand sei »der Bürgerkrieg in seiner fürchterlichsten Gestalt, der Krieg der Arbeit und des Kapitals«.[22] Was die Beteiligung von Proletariern an diesem »Bürgerkrieg« angeht, sind heutige Historiker zwar skeptisch – sie betrachten ihn eher als von Handwerkern angeführten Aufstand –, aber der nackte Klassencharakter der Reaktion der Regierung steht außer Frage.

Den Gegenschlag befehligte der blutrünstige Algerienveteran und neuernannte Kriegsminister Louis-Eugène Cavaignac, der seine Truppen sorgfältig in Stellung brachte, bevor er den Aufruhr in den Faubourgs niederschlug. Es war ein grausames Gemetzel, da Cavaignacs Truppen die Boulevards unter Einsatz der Kavallerie räumten, die Barrikaden mit Kartätschen bombardierten und schließlich mit einem Sperrfeuer aus Granaten und Congreveschen Raketen belegten. Engels berichtete all dies aus zweiter Hand, aber im Stil einer von nationalen Gefühlen getränkten sozialistischen Martyrologie. »Auf die Barrikade der Rue de Cléry wurde ein Flankenangriff durch ein starkes Detachement Nationalgarde gemacht«, schrieb er in der *Neuen Rheinischen Zeitung* vom 28. Juni und fuhr fort:

> Die meisten Verteidiger der Barrikade zogen sich zurück. Nur sieben Männer und zwei Frauen, zwei junge schöne Grisetten, blieben auf ihrem Posten. Einer der Sieben tritt auf die Barrikade, die Fahne in der Hand. Die andern beginnen das Feuer. Die Nationalgarde erwidert, der Fahnenträger fällt. Da ergreift die eine Grisette, ein großes schönes Mädchen in geschmackvoller Kleidung, mit nackten Armen, die Fahne, steigt über die Barrikade und geht auf die Nationalgarde zu. Das Feuer dauerte fort, und die Bourgeois der Nationalgarde schossen das Mädchen nieder, als sie dicht vor ihren Bajonetten angekommen war. Sofort springt die andere Grisette vor, ergreift die Fahne, hebt den Kopf ihrer Gefährtin auf, und da sie sie tot findet, schleudert sie wütend Steine auf die Nationalgarde. Auch sie fällt unter den Kugeln der Bourgeois.[23]

Der Aufruhr in den Straßen von Paris kam den bedrängten Obrigkeiten in ganz Europa wie gerufen. Im Spätsommer 1848 ergriffen die preußischen Reaktionäre entschlossenere Maßnahmen gegen die liberalen Absichten der Nationalversammlung, indem sie Truppen durch die Viertel der Radikalen marschieren ließen und gegen republikanische und sozialistische Klubs und Vereine vorgingen. Die Redaktion der *Neuen Rheinischen Zeitung* stand unter besonders scharfer Beobachtung. Marx und Engels wurden fast wöchentlich wegen »Beleidigung resp. Verleumdung des Herrn Oberprokurators«, »Aufreizung zum gewaltsamen Umsturz« und verschiedener anderer subversiver Handlungen vor den Untersuchungsrichter zitiert.[24] Die Kölner Arbeiter reagierten im September 1848 auf den drohenden gegenrevolutionären Putsch, indem sie einen Sicherheitsausschuss bildeten und eine Massenversammlung auf der Fühlinger Heide bei Worringen, nördlich von Köln, abhielten. Mit Barkassen, an deren Bug rote Fahnen flatterten, fuhren rund 8000 Arbeiter und Sozialisten den Rhein abwärts, um eine flammende Rede von Engels zu hören, in der er schwor, die Bevölkerung von Köln werde in der kommenden Auseinandersetzung mit den preußischen Behörden »mit Gut und Blut zu Deutschland stehen«.[25] Zehn Tage später wurde über die Stadt Köln das Kriegsrecht verhängt; öffentliche Versammlungen wurden verboten, die Bürgerwehr wurde aufgelöst, und sämtliche Zeitungen mussten ihr Erscheinen bis auf Weiteres einstellen.

Marx hatte Glück, da er nicht an der Volksversammlung in Worringen teilgenommen hatte, aber gegen alle anderen Redakteure der *Neuen Rheinischen Zeitung* ergingen Haftbefehle wegen Hochverrats. Wilhelm Wolff floh in die damals bayerische Pfalz und Georg Weerth nach Bingen in Hessen-Darmstadt, während Karl Schapper der Verhaftung nicht entkam. Besonders auf den »Kaufmann« Engels hatte Staatsprokurator Hecker es abgesehen. In seinem Steckbrief wurde er genauestens beschrieben: »Haare und Augenbrauen, dunkelblond; Stirn, gewöhnlich; Augen, grau; Nase und Mund, proportioniert; Zähne, gut; Bart, braun; Kinn und Gesicht, oval; Gesichtsfarbe, gesund; Statur schlank«.[26] »Du hast es nun bis auf die Spitze getrieben«, rügte ihn seine entsetzte Mutter, nachdem sie die Schmach erlitten hatte, beim Morgenkaffee in der *Kölnischen Zeitung* von dem gegen ihn erlassenen Haftbefehl zu lesen. »So oft ich Dich auch gebeten habe, nicht weiter zu gehen, hast Du andern, fremden Menschen mehr gehört und das bittende Wort der Mutter ist Dir nichts gewesen. Was ich in der letzten Zeit empfunden und gelitten habe, weiß Gott allein.« Die öffentliche Demütigung brach ihr das Herz. »Ich kann an nichts andres denken wie an Dich und da seh ich Dich dann oft noch wie ein kleines Kind um mich herum spielen. Wie glücklich war ich damals und was für Hoffnungen setzte ich auf Dich.« Nach ihrer Ansicht gab es nur eine Lösung: Engels musste sich dem schädlichen Einfluss seiner Freunde entziehen und auf der anderen Seite des Atlantiks ein neues Leben als Geschäftsmann beginnen. »Lieber Friedrich, wenn das Wort einer armen trauernden Mutter noch etwas bei Dir gilt, dann folge des Vaters Rat, gehe nach Amerika und verlass den Weg, den Du bis jetzt gegangen bist. Bei Deinen Kenntnissen wird es Dir ja gelingen, eine Stelle in einem guten Handlungshause zu finden …«[27] Sie hätte ihn kaum weniger kennen können.

Engels befand sich jetzt wie Wolff und Weerth auf der Flucht. Nach einem Abstecher nach Barmen, wo er seine Eltern zum Glück nicht antraf, reiste er nach Brüssel weiter. Aber in Belgien kannte man ihn und seinesgleichen nur zu gut, und nachdem die belgische Polizei von seiner und der Ankunft seines kommunistischen Genossen Ernst Dronke erfahren hatte, führte ein Kommmissar sie »nach dem Stadthause und von da nach dem Gefängnis Petits-Carmes, von wo man sie nach einigen Stunden in einem Zellenwagen nach der Süd-Station der Eisenbahn weiter befördert«.[28] Die Behörden übten ihr Recht aus, »Landstreicher« abzuschieben – ein beliebtes Instrument gegen Kommunisten –, und setzten die beiden Freiheitskämpfer am 5. Oktober 1848 in einen Zug nach Frankreich. Während sie durch die Nacht nach Paris fuhren, stand Europa in Flammen: In den Hauptstädten des Kontinents entspann sich ein gewaltiger Kampf zwischen den Kräften von Revolution und Gegenrevolution. In Frankreich begann der diktatorische Louis Napoleon seinen Aufstieg zur Macht; in Wien brachten die kaiserlichen Truppen schwere Geschütze in Stellung, um den Widerstand der Revolutionäre mit Kartätschen zu brechen; in Prag war der tschechische Aufstand von den Habsburger Truppen niedergeschlagen worden, die bald auch zur Rückeroberung Norditaliens eingesetzt werden sollten; in Preußen stand das Heer kurz vor der Einnahme Berlins, und in Köln forderte Marx' *Neue Rheinische Zeitung* »revolutionären Terrorismus« als einziges Mittel, um die »resultatlosen Metzeleien seit den Juni- und Oktobertagen« zu beenden.[29] Und was unternahm Engels, um die versprochene proletarische Morgenröte herbeizuführen? Kehrte er in den Kampf zurück? Agitierte er in Paris? Unterstützte er einen Verteidigungsfonds der Arbeiter? Nein, er tat nichts von alldem, sondern verabschiedete sich stattdessen in einen Wanderurlaub.

Die Reise begann in Paris, wo ihn angesichts der Folgen von Cavaignacs Metzeleien augenblicklich der Mut verließ. »Paris war tot, es war nicht mehr Paris«, notierte er entsetzt. »Auf den Boulevards nichts als Bourgeois und Polizeispione; die Bälle, die Theater verödet ... – kurz, es war wieder das Paris von 1847, aber ohne den Geist, ohne das Leben, ohne das Feuer und das Ferment, das die Arbeiter damals überall hineinbrachten.«[30] Er musste fort. Der »schönen Leiche« von Paris den Rücken kehrend, wandte er sich *la France profonde*, der »Seele Frankreichs« zu. Der 28-jährige Flüchtling, schien es, hatte genug von den Anforderungen der Revolution; die empfindsame, fast fourieristische Seite seines Charakters kam zum Vorschein, während er das anstrengende Leben eines Aufrührers aufgab zugunsten eines ausgedehnten Ausflugs zu den sexuellen und gastronomischen Reichtümern des ländlichen Frankreich. Zudem hielt er seine Reise von Paris nach Genf in überaus selbstbewussten Notizen fest, die an seine hochtrabenden Artikel für den *Telegraph für Deutschland* erinnerten. Die erst nach seinem Tod veröffentlichte Reisebeschreibung enthält zwar auch politische Bemerkungen, etwa als er die Begegnung mit einigen ehemaligen Arbeitern der Pariser Nationalwerkstätten, die man zur Rückkehr in die Provinz gezwungen hatte, beschreibt und erschrocken feststellt, wie weit sie ideologisch gesunken waren: »Von Beschäftigung mit den Interessen ihrer Klasse, mit den die Arbeiter so nahe berührenden politischen Tagesfragen keine Spur. Sie schienen gar keine Journale mehr zu lesen … Sie standen schon im Begriff zu verbauern, und sie waren erst zwei Monate dort.« Dies verstärkte nur noch Engels' Verachtung für den beschränkten Konservatismus der Bauern – »Barbar[en] mitten in der Zivilisation«.[31]

Aber der größte Teil von Engels' Reisetagebuch beschäftigte sich nicht mit Politik, sondern mit Wein, Frauen und den Naturschönheiten des Loiretals: »Ulmen, Eschen, Akazien oder Kastanienbäume bilden die Allee; üppige Weiden und fruchtbare Felder, zwischen deren Stoppeln eine Nachernte des fettesten Klees aufschoss …« Gelegentlich lesen sich die Einträge wie der Prospekt einer Weinreise: »Und welcher Wein! Welche Verschiedenheit, vom Bordeaux bis zum Burgunder, … vom Petit Mâcon oder Chablis zum Chambertin, zum Château Larose, zum Sauterne, zum Roussilloner, zum Ai Mousseux! Und wenn man bedenkt, dass jeder dieser Weine einen verschiedenen Rausch macht, dass man mit wenig Flaschen alle Zwischenstufen von der Musardschen Quadrille bis zur ›Marseillaise‹, von der tollen Lust des Cancans bis zur wilden Glut des Revolutionsfiebers durchmachen und sich schließlich mit einer Flasche Champagner wieder in die heiterste Karnevalslaune von der Welt versetzen kann!« Während überall in Europa Revolutionäre in Barrikadenkämpfen ihr Leben einsetzten, erlaubte sich Engels einen Scherz über die Ankunft im »rot dekorierten« Auxerre:

> Hier war nicht ein Lokal, hier war die ganze Stadt rot dekoriert …; dunkelrote Ströme füllten sogar die Rinnsteine und befleckten das Pflaster, und eine unheimlich schwärzliche, rotschäumende Flüssigkeit wurde von bärtigen, unheimlichen Männern in großen Zubern über die Straßen getragen. Die rote Republik schien mit allen ihren Gräueln zu herrschen, die Guillotine, die Dampf-

guillotine schien in Permanenz zu sein … Aber die rote Republik von Auxerre war sehr unschuldig, es war die rote Republik der burgundischen Weinlese …

Wie seine revolutionären Genossen diesen Scherz wohl aufgenommen hätten? Egal: »Die Lese von 1848 war so unendlich reich … – besser als 46er, ja vielleicht besser als 34er!« Als unverbesserlicher Systematiker taxierte Engels nicht nur den Wein, sondern auch die Frauen, denen er in den französischen Weinbergen und Dörfern begegnete, wobei er seine Vorliebe für »die reingewaschenen, glattgekämmten, schlankgewachsenen Burgunderinnen von Saint-Bris und Vermanton« festhielt, die sich in seinen Augen positiv von den »naturwüchsig schmutzigen, struppigen, molossischen Büffelkälber[n] zwischen Seine und Loire« abhoben. Er stellte sich indes nicht als besonders wählerisch dar. »Man wird mir also gern glauben, dass ich mehr mit den Winzern und Winzermädchen Trauben essend, Wein trinkend, plaudernd und lachend im Grase lag, als den Berg hinaufmarschierte …«[32]

Als Engels mit befriedigten Sinnen Anfang November die Schweizer Grenze überquerte, war es der Konterrevolution in Deutschland bereits weitgehend gelungen, die demokratischen Fortschritte von 1848 rückgängig zu machen. Friedrich Wilhelm IV. hatte seine liberalen Reformen zugunsten der reaktionären Strategie des Generals von Brandenburg aufgegeben, der das Heer in Berlin einrücken ließ, das preußische Parlament vertagte, radikale Zeitungen verbot und das Kriegsrecht verhängte. Obwohl diese reaktionäre Welle das rheinische Westpreußen noch nicht erreicht hatte, war Engels nicht erpicht darauf, nach Köln zurückzukehren und sich der gegen ihn gerichteten Hochverratsanklage zu stellen. Stattdessen ließ er sich (mit Hilfe von geheimen Zuwendungen seiner Mutter, die fürchtete, er könnte sich im harten Schweizer Winter erkälten) in Bern nieder, wo er sich halbherzig im örtlichen Arbeiterverein engagierte und die meiste Zeit damit verbrachte, sich über die revolutionären Ereignisse zu informieren, die er verpasst hatte, während er mit schlankgewachsenen Burgunderinnen im Gras getollt hatte.

Besonders interessant fand er die noch im Gang befindliche ungarische Revolution unter Führung von Lajos Kossuth. Dieser nationale Aufstand gegen die Habsburger Monarchie hatte sich seit der romantischen Neubelebung der ungarischen Sprache und Kultur im späten 18. Jahrhundert langsam zusammengebraut, begleitet von einer immer lauter geäußerten Ablehnung der im Habsburger Reich lebenden Millionen von transnationalen Slawen. Im Lauf der Jahrzehnte war daraus eine kohärente politische und sozialreformerische Bewegung entstanden, die von aufgeklärten ungarischen Adligen getragen wurde, die nationale Selbstbestimmung ohne Einmischung des Auslands, insbesondere Österreichs, forderten. Von den Aufständen in Paris und Wien ermutigt, übernahmen Kossuth und seine adligen Mitkämpfer in einer unblutigen Revolution die Kontrolle über das ungarische Parlament und stellten die ungarische Souveränität wieder her. Doch Ungarn war nie der ethnisch homogene Staat gewesen, den die Romantiker sich vorstellten, und die Führer der unzufriedenen serbischen, kroatischen und rumänischen Minderheiten schlossen sich mit habsburgischen Kräften zusammen, um den sogenannten »ungarischen Frühling« zu beenden. Im Winter 1848/49 kam es zwischen österreichisch-kroatischen Truppen und Kossuths nationalungarischem Heer zu einigen dramatischen Schlachten mit wechselndem Ausgang.[33]

Für Engels waren die Kämpfe in Ungarn aus verschiedenen Gründen faszinierend. Trotz seiner Kritik an Carlyles Theorie von der Rolle »großer Männer« in der Geschichte besaßen heroische Militärstaatsmänner für ihn große Anziehungskraft. Besonders Wellington, Napoleon und Cromwell hatten es ihm angetan, und wie in ihnen sah er auch in Kossuth einen »wirklich revolutionären Charakter«, der für eine augenscheinlich gerechte Sache kämpfte.[34] Den Einwand übergehend, die ungarischen Adligen bildeten kaum mehr als eine aristokratische

Fronde, unterstützte er den Kampf der Ungarn, weil ihn deren nationale Ziele, republikanischer Geist und revolutionäre Gewalt überzeugten.

Nach heutigen Maßstäben weit weniger annehmbar ist die Tatsache, dass Engels auch die antislawische Stoßrichtung der ungarischen Revolutionäre guthieß. Die materialistische Klassenanalyse beiseitelassend, und auf der Grundlage einer recht unwissenschaftlichen Mischung aus Rassen- und Nationalideologie rechnete er die Slawen einer Untergruppe der Menschheit zu, die er als »geschichtslose« oder »ungeschichtliche« Völker bezeichnete, die dazu neigten, den revolutionären Fortschritt zu behindern und deshalb entfernt werden müssten. Diese unschöne Form der Ethnophilosophie hatte sich schon in Engels' Äußerungen im Vorfeld der Kölner Volksversammlungen im September 1848 angedeutet. Der Aufruhr, von dem das Rheinland damals erfasst war, ging zum Teil auf die Ratifizierung des Waffenstillstands von Malmö durch die Frankfurter Nationalversammlung zurück. Durch diesen von Russland und England erzwungenen Vertrag wurde Preußen genötigt, sich aus dem Herzogtum Schleswig zurückzuziehen und dessen Annexion durch Dänemark zuzustimmen. Für revolutionär gesinnte Nationalisten war dies ein bedrückender Rückschlag auf dem Weg zur Einheit Deutschlands, und Engels benutzte den Vertrag als Vorwand, um über die »brutale, schmutzige, seeräuberische, altnordische Nationalität« herzuziehen, welche die skandinavische Kultur mit ihrer »permanenten Betrunkenheit und [ihrer] mit tränenreicher Sentimentalität abwechselnde Berserkerwut« präge. Hinter diesem groben Klischee stand die – noch um einiges beunruhigendere – Vorstellung einer ethnisch-nationalen Vorherrschaft Preußens über das dänische Schleswig-Holstein. »Mit demselben Recht, mit dem die Franzosen Flandern, Lothringen und Elsass genommen haben und Belgien früher oder später nehmen wird«, argumentiert Engels, »mit demselben Recht nimmt Deutschland Schleswig: mit dem Recht der Zivilisation gegen die Barbarei, des Fortschritts gegen die Stabilität.«[35]

Roman Rosdolsky hat schon vor langer Zeit die Auffassung vertreten, dass Engels' Theorie von den »geschichtslosen« Völkern auf Hegel zurückgehe, der in der *Enzyklopädie der philosophischen Wissenschaften* erklärte, dass nur jene Völker am historischen Fortschritt teilhätten, die – vermöge ihrer natürlichen und geistigen Anlagen – imstande seien, einen Staat zu bilden. Ein »Volk ohne Staatsbildung« habe »eigentlich keine Geschichte, wie die Völker vor ihrer Staatsbildung existieren und andere noch jetzt als wilde Nationen existieren«.[36] Es war eine willkürliche Zweiteilung, die nur vage Kriterien dafür bereithielt, was die »nationale Lebensfähigkeit« ausmachte. In deren Mittelpunkt schien die Fähigkeit eines Landes zu stehen, eine Bourgeoisie und infolgedessen Unternehmer, Kapitalisten und Arbeiter hervorzubringen. Aufgrund dieser Theorie konnte Engels verschiedene staatenlose Völker als konterrevolutionäre, unhistorische Residuen abtun, zu denen er die Bretonen in Frankreich, die Gälen in Schottland, die Basken in Spanien und selbstverständlich die Slawen rechnete. »Es ist kein Land in Europa, das nicht in irgendeinem Winkel eine oder mehrere Völkerruinen besitzt«, stellte er in einem Artikel über den »magyarischen Kampf« fest, und es sei keine Überraschung, dass »diese *Völkerabfälle* … die fanatischen Träger der Kontrerevolution« würden und »bis zu ihrer gänzlichen Vertilgung oder Entnationalisierung« blieben, sei doch »ihre ganze Existenz überhaupt schon ein Protest gegen eine große geschichtliche Revolution«.[37]

Das nach Engels' Ansicht beste Beispiel für diesen Kampf zwischen Ethnien und historischem Fortschritt war in Nordamerika zu beobachten, wo die Vereinigten Staaten Mexiko gerade die Herrschaft über Kalifornien, Texas und andere Territorien abrangen. Engels begrüßte diese koloniale Landnahme. Ob es etwa ein Unglück sei, fragte er, »dass das herrliche Kalifornien den faulen Mexikanern entrissen ist, die nichts damit zu machen wussten«. Wären die Mexikaner etwa in der Lage, Goldminen auszubeuten, an der Pazifikküste Städte zu errichten, Eisenbahnstrecken zu bauen und den Welthandel voranzubringen?

Nicht im Geringsten. »Die ›Unabhängigkeit‹ einiger spanischen Kalifornier und Texaner mag darunter leiden, die ›Gerechtigkeit‹ und andre moralische Grundsätze mögen hie und da verletzt sein; aber was gilt das gegen solche weltgeschichtliche Tatsachen?«[38]

Die Unterdrückung »geschichtsloser« Völker war nach Engels' Ansicht besonders im Fall der Slawen angebracht, die, als sie sich mit den Habsburgern und dem zaristischen Russland gegen Kossuths Magyaren verbündeten, das größtmögliche konterrevolutionäre Verbrechen begangen hatten. Wie viele grausame Diktatoren, die im 20. Jahrhundert diese Forderung aufgreifen sollten, befürwortete Engels eine Politik der ethnischen Säuberung auf dem Altar von Fortschritt und Geschichte. »Ich bin autoritär genug, die Existenz solcher Naturvölkchen mitten in Europa für einen Anachronismus zu halten«, schrieb er Jahrzehnte später über die Slawen an Eduard Bernstein. Sie und »ihr Recht auf Viehraub [müssten] den Interessen des europäischen Proletariats ohne Gnade geopfert werden«.[39] Es war eine hässliche, imperialistische Ideologie, die im folgenden Jahrhundert zur Rechtfertigung der Liquidierung einer Vielzahl von »rückständigen«, »feudalen« oder »reaktionären« Völkerschaften beitragen sollte. Und die blutrünstige Prophezeiung, die Engels nur wenige Wochen nach der Rückkehr von seiner arkadischen Wanderung niederschrieb, lässt einen geradezu erschauern: »Der nächste Weltkrieg wird nicht nur reaktionäre Klassen und Dynastien, er wird auch ganze reaktionäre Völker vom Erdboden verschwinden machen. Und das ist auch ein Fortschritt.«[40]

Engels hatte bald genug davon, den Revolutionen nur zuzuschauen. Er wollte in »die Bewegung« zurück. »Kann ich jetzt, nach G[ottschalks] und [Fritz] A[nneke]s Freisprechung, noch nicht bald zurück?«, fragte er zum Jahreswechsel 1848/49 bei Marx in Köln an, um die rechtliche Lage zu sondieren. Die Vorteile eines dem Nachdenken gewidmeten Lebens in Bern – »[d]ies faule Hocken im Ausland« – hatten ihre anfängliche Anziehungskraft verloren. »Ich komme bald zu der Einsicht, dass es selbst im Untersuchungsarrest in Köln besser ist als in der freien Schweiz.«[41] Zudem war der rheinländische revolutionäre Geist, trotz aller Anstrengungen General von Brandenburgs, dem preußischen Revanchismus noch nicht ganz erlegen. Tatsächlich hatten linke Fraktionen der Frankfurter Nationalversammlung jüngst den Centralmärzverein gegründet, um die liberalen Errungenschaften des März 1848 zu verteidigen. Bis zum Frühjahr 1849 entstanden rund 900 Ortsvereine mit insgesamt mehr als einer halben Million Mitgliedern. Der Kampf war noch lange nicht zu Ende.

Unterdessen hatte die *Neue Rheinische Zeitung*, nachdem Marx ihr einen drastischen Linksschwenk verordnet hatte, ihren wahren Ton gefunden. Jetzt bemühte sich Marx, indem er den willensschwachen Liberalen offen das Scheitern von 1848 zur Last legte, einen unabhängigen, von der bürgerlich-demokratischen Bewegung deutlich unterschiedenen politischen Kurs der Arbeiterklasse zu entwickeln. Nach Engels' Ansicht hatte Marx damit die beste Zeit der Zeitung eingeläutet: »Keine deutsche Zeitung, weder vorher noch nachher, hat je die Macht und den Einfluss besessen, hat es verstanden, so die proletarischen Massen zu elektrisieren wie die *Neue Rheinische*. Und das verdankte sie vor allem *Marx*.«[42] Engels war begeistert von der neuen Militanz der Zeitung und stellte in einem der ersten Artikel, die er nach seiner Rückkehr nach Köln im Januar 1849 verfasste, die rhetorische Frage: »Warum auch haben wir, in Frankreich wie in Deutschland, nach der Revolution so viel Großmut, Edelsinn, Schonung und Gutmütigkeit bewiesen, wenn wir nicht wollten, dass die Bourgeoisie abermals ihr Haupt erhebe und uns verrate, dass die berechnete Kontrerevolution uns den Fuß auf den Rücken setze!«[43]

Von Kossuth angeregt, wollte Engels jetzt, Anfang 1849, die ungarische Aufstandstaktik nach Deutschland importieren. Nach seiner Vorstellung sollten sich Frankfurt am Main und Süddeutschland erheben und der umfassenden ungarischen Rebellion anschließen. Diese Strategie erforderte ein tieferes Verständnis der Guerillataktik und der asymmetrischen Kriegführung, denn die rheinischen Revolutionäre konnten nicht darauf hoffen, das preußische Heer in offener Feldschlacht zu besiegen. Die Lehren aus den ungarischen Ereignissen waren klar: »Aufstand in Masse, Revolutionskrieg, Guerillas überall, das ist das einzige Mittel, wodurch ein kleines Volk mit einem großen fertig werden, wodurch eine minder starke Armee in den Stand gesetzt werden kann, der stärkeren und besser organisierten zu widerstehen.«[44] Und der Augenblick für die Umsetzung dieser Underdogtaktik war im März 1849 gekommen, da die parlamentarischen »Kretins« in Frankfurt schließlich einen historischen Schritt getan hatten, indem sie eine Reichsverfassung für Deutschland verabschiedet hatten – eine weitreichende politische Entscheidung, die das Fundament für eine konstitutionelle Monarchie legte und die deutschen Staaten mit Hilfe einer gemeinsamen Währung, gemeinsamer Zölle und einer gemeinsamen Verteidigungspolitik zusammenbringen sollte. Nach jahrelangen Debatten hatte sich ein kohärenter Liberalismus mit konkreten Reformvorschlägen herausgebildet. Doch alles hing davon ab, ob der preußische König Friedrich Wilhelm IV. die deutsche Kaiserkrone und damit die konstitutionelle Monarchie mit einem demokratischen Parlament annehmen würde. Unnötig zu sagen, dass der feudale Herrscher, der fest an das Gottesgnadentum von Königen glaubte, dazu nicht bereit war. »Diese sogenannte Krone«, befand er, »sei ... schon an sich keine Krone, wohl aber ein Hundehalsband, mit dem man mich an die Revolution von '48 ketten wolle.«[45]

Für radikale Gruppen im Centralmärzverein und anderswo verkörperte die Reichsverfassung alles, wofür sie gekämpft hatten, und das wollten sie nicht einfach wieder aufgeben. Während sich das rheinische Westfalen zur Unterstützung der Verfassung erhob, setzte Friedrich Wilhelm IV. die Landwehr gegen die Arbeiter ein. Im April 1849 sprach man in West- und Süddeutschland wieder von Revolution, da Kommunisten und Sozialisten in Führungspositionen aufgerückt waren, die zuvor bürgerliche

Demokraten und Konstitutionalisten innegehabt hatten, und als die politischen Lösungen versagten, kam es erneut zu gewalttätigen Unruhen. »Überall«, berichtete Engels aufgeregt, »organisiert sich das Volk in Kompagnien, wählt seine Führer, verschafft sich Waffen und Munition.«[46] Am 3. Mai brach in Dresden ein Aufstand aus, nachdem der sächsische König Friedrich August II. den Landtag aufgelöst und wie Friedrich Wilhelm IV. die Anerkennung der Reichsverfassung abgelehnt hatte. Arbeiter, Revolutionäre und polnische Offiziere gingen auf die Straße, um sowohl sächsische als auch preußische Truppen zurückzuschlagen. Zu den Barrikadenkämpfern gehörten Engels' früherer Berliner Kommilitone, der nunmehrige Anarchist Michail Bakunin, Stephan Born, der die vorangegangenen Monate als Spitzenfunktionär der Allgemeinen Deutschen Arbeiterverbrüderung in Berlin und Leipzig verbracht hatte, sowie der Dresdner Hofopernkapellmeister Richard Wagner. Der Funke sprang auf das Rheinland über, wo sich Düsseldorf, Iserlohn, Solingen und sogar das Wuppertal der Rebellion anschlossen. Damit war nach eingehendem Studium der Revolutionskriegführung und des Guerillakampfs, nach jugendlich aufmüpfigen Artikeln gegen den preußischen Staat und langen Abenden, an denen er zusammen mit Moses Heß belustigten Industriellen die Versprechen des Kommunismus erläutert hatte, der Augenblick für gewaltsamen Widerstand gekommen. »Die *Neue Rheinische Zeitung* war auch auf den Elberfelder Barrikaden vertreten«, verkündete Engels, Kind des Wuppertals, voller Stolz.[47]

Im Mai 1849, während der Aufstand gegen die preußischen Behörden nach und nach das ganze Rheinland erfasste, versammelten sich in Elberfeld Arbeiter in einer Bierhalle mit Blick über die Stadt, um die flammenden Reden von Demokraten und Radikalen zu hören, die zu einer Widerstandskampagne aufriefen. Das Ergebnis war die Bildung einer revolutionären Miliz, deren Entwaffnung die örtliche Bürgerwehr klugerweise unterließ, und als ein Trupp Soldaten aus Düsseldorf eintraf, um die Insubordination zu beenden, hielt der Bürgermeister sie zurück. Am 10. Mai floh der Landrat aus Elberfeld; das einstige »Zion der Obskuranten« war dem bewaffneten Aufstand ausgeliefert.[48] »[V]on der Mitte des Kipdorfes und dem unteren Hofkamp an … [war] alles mit Barrikaden versperrt«, schrieb der Elberfelder Chirurg Alexander Pagenstecher später. »Hier zeigten sich auch immer noch Kerle mit dem Ausbessern und Befestigen der alten und dem Errichten neuer Barrikaden beschäftigt; dabei Trupps bewaffneter, abenteuerlicher Sansculotten mit allerlei Waffen zu Schutz, Hieb und Stich …«[49] Um den Widerstand zu koordinieren, bildete der Elberfelder Politische Klub einen Sicherheitsausschuss, dem zum Verdruss vieler Revolutionäre auch bisherige Stadträte angehörten.

In dieser heiklen Situation betrat Engels die Bühne. Bei seiner Ankunft in Elberfeld meldete er sich mit »zwei Kisten Patronen …, welche bei dem Sturm des Gräfrather Zeughauses durch die Solinger Arbeiter erbeutet worden waren«, in aller Form beim Sicherheitsausschuss. Da ihm sein revolutionärer Ruf vorausgeeilt war, wollte man von ihm wissen, welche Absichten er verfolgte. Engels antwortete mit der Lüge, man habe ihn aus Köln abgesandt, und bot mit Unschuldsmiene an, er könne in militärischen Fragen gegen die unvermeidliche preußische Reaktion vielleicht nützlich sein. Vor allem jedoch halte er es, »selbst aus dem Bergischen gebürtig, … für eine Ehrensache …, bei der ersten bewaffneten Erhebung des bergischen Volks auf dem Platze zu sein«. Wegen seiner roten, radikalen Anschauungen bräuchten sich die Bürger von Elberfeld keine Sorgen zu machen, er »wünsche, sich bloß mit militärischen Dingen zu befassen und dem politischen Charakter der Bewegung gänzlich fremd zu bleiben«.[50] Von derlei ausgeklügelten Worten beruhigt, übertrug der Ausschuss Engels wider besseres Wissen die Aufgabe, die Barrikaden zu inspizieren, die Artilleriestellungen zu positionieren und die Befestigungen fertigzustellen. Engels bildete daraufhin eine Pionierkompanie, mit der er verschiedene Stellungen umbaute, um an den Zugängen zum schmalen Wuppertal die

Verteidigung zu stärken.[51] Aber das revolutionäre Versprechen der Elberfelder Barrikaden würde nicht in seiner Abwesenheit verwirklicht werden; dafür würde er als in der Wolle gefärbter Radikaler schon sorgen.

»Nachdem ich über die Barrikade an der Haspeler Brücke, welche mit drei oder vier Böllerkanönchen Nürnberger Kalibers armiert war, unter kurzem Widerstand der lausigen Schildwache geklettert war, hielt man mich vor dem nahen Barrierehause an«, erzählt Alexander Pagenstecher weiter. »Dies war in eine Wachtstube umgewandelt, und Herr Dr. Engels aus Barmen führte hier das Kommando.«[52] Und er hatte den Ort in passender Weise dekoriert. »Auf der Barrikade an dem Hause des Oberbürgermeisters«, berichtet der Elberfelder Stadtrat Carl Hecker, »hatte man ein von einem seiner Vorhänge abgerissenes Stück rotes Zeug aufgesteckt und junge Burschen hatten sich aus derselben Quelle mit Schärpen und Bändern versorgt; diese Zeichen nahm man als Beweis, es gelte der Republik, natürlich der roten.«[53] Beim Sicherheitsausschuss fiel endlich der Groschen: Dies war die rot-radikale Machtübernahme, angezettelt vom berüchtigtsten kommunistischen Abtrünnigen der Stadt, den sie alle gefürchtet hatten. »[A]ls endlich die Fahnen der roten Republik auf den Barrikaden in unseren öden Straßen flatterten«, kommentierte die Lokalzeitung die Geschehnisse im Mai 1849, »da fiel es wie Schuppen von den Augen unserer gutgesinnten Elberfelder«.[54]

Um Engels' Tage auf den Elberfelder Barrikaden ranken sich einige liebenswerte Mythen und Legenden. Die beste Geschichte ist die über eine Begegnung zwischen Friedrich Engels senior und seinem rebellischen Sohn, während dieser die Kanoniere auf der Haspeler Brücke befehligte. Die von dem Barmener Fabrikanten Friedrich von Eynern beobachtete angespannte Begegnung des »alten, würdigen Fabrikbesitzers«, der sich wohl auf dem Weg zur Kirche befand, »mit seinem auf den Barrikaden stehenden Sohne« ist fast zu pathetisch, um wahr zu sein.[55] Tatsächlich ist die Beweislage hinsichtlich dieser Episode ziemlich dünn. Gleiches gilt für Pagenstechers Behauptung, Engels sei an der Geiselnahme der Mutter und des Bruders des Ministers August von der Heydt mit anschließender Lösegeldforderung beteiligt gewesen. Wiederum sind die Belege, abgesehen von der voreingenommenen Darstellung Pagenstechers, dürftig. Sicherlich zutreffend ist, dass Engels' Aufenthalt in Elberfeld ebenso kurz wie weithin unerwünscht war. Für Rechtsanwalt Höchster, der dem Sicherheitsausschuss angehörte, war er »ein Phantast, einer von denen, die alles verderben«.[56] Und dass er die schwarzrotgoldene durch die rote Fahne ersetzt hatte, war ebenfalls nicht gut aufgenommen worden. Laut einem seiner Mitkämpfer, dem Gewerbeschullehrer Hermann Joseph Aloys Körner, war »die Aufregung am frühen Morgen unter dem Volke so groß, dass ein Gegenaufstand nur durch schleunigste Wegräumung der roten Fetzen und eine Misshandlung Engels' nur durch seine ›Entfernung aus der Stadt‹ verhindert werden konnte«.[57] Höchster fiel die Aufgabe zu, das Ultimatum zu übermitteln. Er suchte Engels auf und teilte ihm – nach Engels' Darstellung – mit: »Obwohl gegen sein Betragen durchaus nichts zu sagen sei, so sei doch die Elberfelder Bourgeoisie durch seine Anwesenheit im höchsten Grade alarmiert, sie fürchte jeden Augenblick, er werde die rote Republik proklamieren, und wünsche allgemein, er möge sich entfernen.«[58]

Erbost über diese knappe Anordnung, seinen Geburtsort und den Schauplatz potentieller Heldentaten zu verlassen, verlangte Engels, »man möge ihm diesen Wunsch schwarz auf weiß, vom gesamten Sicherheitsausschuss unterzeichnet, übergeben«. Wenn dies ein Versuch war, die Bürger von Elberfeld auf die Probe zu stellen, so schlug er jämmerlich fehl, denn sie ließen ihm umgehend folgende unterzeichnete Erklärung zukommen, die darüber hinaus, um die Demütigung vollkommen zu machen, in Elberfeld als Plakat angeschlagen wurde: »Der Bürger Friedrich Engels von Barmen, zuletzt in Köln wohnhaft, wird unter voller Anerkennung seiner in hiesiger Stadt bisher bewiesenen Tätigkeit ersucht, das Weichbild der hiesigen Gemeinde noch heute zu verlassen, indem seine Anwesenheit zu Missverständnissen über den Charakter der Bewegung Anlass geben könnte.« Klarer hätte man sich kaum ausdrücken können. Laut Engels waren die »bewaffneten Arbeiter und Freikorps … im höchsten Grade aufgeregt über den Beschluss des Sicherheitsausschusses« und »verlangten, Engels solle dableiben, sie würden ihn ›mit ihrem Leben schützen‹«.[59]

Selbstlos bis zum Ende, nahm Engels das Urteil hin und beschloss, Elberfeld unter Bewahrung eines letzten Rests von Würde zu verlassen und der Stadt zu erlauben, zur gewohnten Mäßigung zurückzukehren. Als eine Woche später preußische Truppen eintrafen, um das Wuppertal im Sturm zu erobern, stellten sie fest, dass die Barrikaden, samt roten Fahnen und allem anderen, bereits abgebaut waren. Währenddessen musste Engels nach der Vertreibung aus Elberfeld auch noch eine scharfe Abfuhr durch seine Familie hinnehmen. Sein Schwager Adolf von Griesheim machte in einem Brief seiner Verärgerung über all die Demütigungen durch öffentliche Steckbriefe, polizeiliche Durchsuchungen des Elternhauses und das endlose Gerede der Nachbarn über den missratenen Sohn Luft und redete dem unglückseligen »gehetzten Hund« ins Gewissen. »Hättest Du übrigens Familie und Sorge um sie, wie ich«, fuhr er fort, »brächtest Du eine Änderung in Dein ruheloses Leben und hättest im engen Kreis der Deinigen mehr von diesem kurzen Leben als Dir je ein gemütloser Haufen feiger, undankbarer Schreihälse bieten kann … Es ist, als hättest Du noch jetzt die undankbare Idee, Dich der unverbesserlichen Menschheit zum Opfer zu bringen, ein sozialer Christus zu werden und allen Egoismus auf Erreichung dieses Zieles zu verwenden.«[60]

Nach dem Erlass eines neuen Steckbriefs gegen Engels – »Besondere Kennzeichen: spricht sehr rasch und ist kurzsichtig«[61] – und der Schließung der *Neuen Rheinischen Zeitung* nach einer melodramatisch mit roter Tinte gedruckten letzten Ausgabe schien der kommunistische Einfluss auf den deutschen Aufstand beendet zu sein. Doch solange eine Chance auf den Ausbruch der Revolution bestand, gaben Marx und Engels nicht auf, und so wechselten sie von Köln nach Frankfurt am Main und gingen von dort weiter nach Baden, Speyer, Kaiserslautern und Bingen, um den ins Stocken geratenen bewaffneten Kampf für die Reichsverfassung zu unterstützen. In der äußersten Südwestecke Deutschlands, in Baden und der Pfalz, glaubte Engels eine letzte günstige Chance für einen Aufstand zu entdecken: »Das ganze Volk war einig in dem Hass gegen eine wortbrüchige, achselträgerische und in ihren politischen Verfolgungen grausame Regierung. Die reaktionären Klassen, Adel, Bürokratie und große Bourgeoisie, waren wenig zahlreich.«[62]

In nur allzu typischer Weise litt die Revolution unter einer zaghaften kleinbürgerlichen Führung – in diesem Fall in Gestalt eines Rechtsanwalts namens Lorenz Peter Brentano –, die ihre Furcht davor, Hochverrat zu begehen, nicht zu überwinden vermochte. Darüber hinaus fehlte es der Spitze der provisorischen Regierung offensichtlich an revolutionärer Entschlossenheit. »Man gähnte, man schwatzte«, klagte Engels, »man erzählte sich Anekdoten, man machte schlechte Witze oder strategische Pläne, man ging von einem Büro ins andre und suchte die Zeit so gut wie möglich totzuschlagen.« Wie üblich hielten Marx und Engels mit ihrer Ansicht über die Kompetenz der führenden Figuren nicht hinterm Berg. Engels ging bei der Analyse der Führungsschwäche derart ins Einzelne und beschrieb den bevorstehenden preußischen Angriff derart anschaulich, dass er mit der Begründung, nur ein Feind des Regimes würde der öffentlichen Moral solchen Schaden zufügen, als Spion verhaftet wurde und einen Tag im Gefängnis verbrachte, bevor er auf Drängen mehrerer kommunistischer Kämpfer wieder freigelassen wurde. Marx, der zu diesem Zeitpunkt keine reale Chance sah, dass diese Revolution siegen könnte, gab den Kampf auf und reiste zurück nach Paris. Engels war drauf und dran, ihm zu folgen, als der ehemalige preußische Offizier und jetzige Rebellenkommandeur August von Willich mit seiner 800 Mann starken Arbeiter- und Studentenkompanie in Kaiserslautern einmarschierte. »[D]a ich die Gelegenheit, ein Stück Kriegsschule durchzumachen, nicht versäumen wollte«, schrieb er in seinem Kriegsbericht, »schnallte ich mir auch ein Schlachtschwert um und ging zu Willich.«[63] In seinen Augen gehörte Willich, der ihn rasch zu einem seiner Adjutanten machte, zu den Wenigen in der badischen Revolutionsarmee, die »etwas taugten« – »im Gefecht brav, kaltblütig, geschickt und von raschem, richtigem Überblick, außer dem Gefecht aber plus ou moins [mehr oder weniger] langweiliger Ideologe und wahrer Sozialist«.[64] Jedenfalls aber bekam er hier, nach dem Rausschmiss aus Elberfeld, die Gelegenheit, an einem richtigen Kampf teilzunehmen, denn die preußischen Truppen waren dabei, diese letzte Bastion der Revolution von 1848 einzukreisen.

»Jeder Mann denkt geringer von sich, wenn er nie Soldat oder nie zur See war«, lautet ein Bonmot von Samuel Johnson.[65] Soweit es Engels betrifft, hielt er sich tatsächlich einiges auf seine Kriegserfahrung zugute. Als er nach den Kämpfen in Baden an Jenny Marx schrieb, war er noch ganz von dem Erlebten durchdrungen. »Das Kugelpfeifen ist eine ganz geringfügige Geschichte«, erzählte er unbekümmert, »und während des ganzen Feldzugs hab' ich trotz vieler Feigheit kein Dutzend Leute gesehn, die sich *im Gefecht* feig benahmen.« Er hatte an vier Gefechten teilgenommen, »wovon zwei ziemlich bedeutend« waren,[66] ansonsten aber nur eine sinnlose Abfolge von Scharmützeln und Rückzug erlebt. »Wir hatten kaum den buschigen Abhang erklettert«, schilderte er in seinem Kriegsbericht eine für seine Erlebnisse typische Episode, »als wir auf ein freies Feld stießen, von dessen jenseitigem, waldigem Rand uns preußische Schützen ihre Spitzkugeln herüberschickten. Ich holte noch einige der ratlos und etwas scheu am Abhang herumkletternden Freischärler hinauf, stellte sie möglichst gedeckt auf und sah mir das Terrain näher an.«[67] Und während er Willich, einige der Offiziere und die Arbeiter in der Truppe bewunderte, hegte er für das Studentenkontingent die totale Verachtung des Autodidakten: »Überhaupt zeigten sich die Studenten während des ganzen Feldzugs als malkontente, ängstliche junge Herrchen, die immer in alle Operationspläne eingeweiht sein wollten, über wunde Füße klagten und murrten, wenn der Feldzug nicht alle Annehmlichkeiten einer Ferienreise bot.«[68]

An der Murg bei Rastatt, südlich von Karlsruhe, am westlichen Rand Deutschlands, nahm Engels an der größten Schlacht des badisch-pfälzischen Feldzugs teil. Dabei fand er heraus, wie er Jenny Marx schrieb, »dass der vielgerühmte Mut des Dreinschlagens die allerordinärste Eigenschaft ist, die man haben kann«.[69] Im Gefecht mit einem preußischen Kontingent, das viermal so groß war wie die 13 000 Mann starke Revolutionsarmee, bewies Engels Kaltblütigkeit und Mut. Er führte die zu Willichs Freikorps gehörende Besançoner Arbeiterkompanie in den Kampf mit dem preußischen I. Armeekorps und nahm an einer Reihe von Gefechten an der Murg teil. Während des gesamten Feldzugs wurde er von seinen Kampfgenossen für seine Bereitschaft, mit anzupacken, und für »seinen Eifer und seinen Mut« im Gefecht gelobt.[70] Aber sie standen auf verlorenem Posten, da die Preußen Willichs Truppen systematisch zusammenschossen und ausmanövrierten. Die Schlacht bei Rastatt wurde zu einer blutigen Niederlage, zu deren Gefallenen mit Joseph Moll auch eines der Gründungsmitglieder des Bundes der Kommunisten gehörte.

Nach dieser Schlappe eilten die letzten zerstreuten Reste der Revolutionsarmee durch den Schwarzwald an die Schweizer Grenze. Willich und Engels traten dafür ein, sich einer letzten Schlacht zu stellen, konnten aber nicht mehr auf die Gefolgschaft der verwundeten und erschöpften Kämpfer zählen. »Wir marschierten durch Lottstetten bis an die Grenze«, berichtete Engels, »biwakierten die Nacht noch auf deutschem Boden, schossen am Morgen des 12. [Juli] unsre Gewehre ab und betraten dann, die letzten der badisch-pfälzischen Armee, das Schweizer Gebiet.«[71] Mit seiner geteilten Führung und seiner kläglichen Logistik war der badisch-pfälzische Feldzug vom glücklosen Anfang an zum Scheitern verurteilt gewesen. Aber für Engels erfüllte er einen wesentlichen Zweck: Er hatte sich im Kampf bewiesen und stand mit jedem seiner Mitrevolutionäre auf Augenhöhe. »Enfin [Kurz und gut], ich bin überall glücklich durchgekommen«, schrieb er an Jenny Marx, »und au bout du compte [in letzter Instanz] ist es gut, dass einer von der *N[euen] Rh[einischen] Z[eitung]* dabei war, weil alles demokratische Lumpenpack in Baden und der Pfalz war und nun mit nicht getanen Heldentaten renommiert.«[72] Auch Marx erkannte die Bedeutung des Feldzugs für ihr Bild in der Öffentlichkeit. »Ohne Deine Teilnahme an dem Krieg selbst hätten wir mit unsern Ansichten über diesen Ulk nicht hervortreten können«, bekannte er in einem Brief aus Paris. Anschließend drängte er Engels, so schnell wie möglich einen Bericht aus erster Hand über diese Episode des revolutionären Kampfs zu Papier zu bringen. Er sei »überzeugt, dass die Sache ziehn und Dir Geld einbringen wird«.[73]

Nachdem er zusammen mit Tausenden von politischen Flüchtlingen, die dort Zuflucht suchten, in die sichere, wenn auch langweilige Schweiz zurückgekehrt war, folgte Engels Marx' Rat und verfasste einen mehrteiligen Artikel über »Die deutsche Reichsverfassungskampagne«, um zum einen seinen Ruf als heldenhafter, kampfgestählter Revolutionär zu untermauern und zum anderen den nach 1848 einsetzenden gegenseitigen Schuldzuweisungen seinen Stempel aufzudrücken. Denn die absoluten Schurken in seiner Schrift – die zugelassen hätten, dass die gesamte Ernte von '48 verdorrte – sind die Kleinbürger, die geschmäht werden, weil sie die Arbeiter zuerst zum Aufstand verleitet und dann, sowie die Konterrevolution ihr Haupt erhob, im Stich gelassen hätten. Im ätzenden Anfangskapitel brandmarkt Engels sie als »furchtsam, zurückhaltend und abwiegend, sobald die geringste Gefahr herannaht; erstaunt, besorgt, schwankend, sobald die von ihr angeregte Bewegung von andern Klassen aufgegriffen und ernsthaft genommen wird«. Auf Seiten der radikalen Demokraten, der Kommunisten und des Proletariats entdeckte Engels dagegen keinerlei Versagen. Gescheitert sei die Revolution allein durch den Verrat der Bourgeoisie. In den folgenden Monaten sollte sich diese Verachtung für die bourgeoise Zaghaftigkeit – »sowie sich nur die geringste Chance der rückkehrenden Anarchie, d. h. des wirklichen, entscheidenden Kampfes zeigt, tritt sie schaudernd vom Schauplatz zurück« – zu einer politischen Ideologie verfestigen.[74] Nachdem die politische Wende in Europa ausgeblieben war, gelangten Marx und Engels zu der Einsicht, dass das zweistufige Modell der in die proletarische übergehenden bürgerlich-demokratischen Revolution von Grund auf revidiert werden musste. Und sie hatten jetzt auch die Zeit dafür.

Marx war kaum einen Monat in Paris, als die reaktionären Kräfte ihn aufs Korn nahmen. Da ihm die bonapartistischen Behörden mit der Verbannung in die »Pontinischen Sümpfe der Bretagne« drohten, beschloss er, ins Exil nach London zu gehen. »Du also musst sofort nach London«, schrieb er dem in Lausanne schmorenden Engels. »Zudem erheischt es Deine Sicherheit. Die Preußen würden Dich doppelt erschießen: 1. wegen Baden, 2. wegen Elberfeld. Und was sollst Du in der Schweiz, wo Du nichts tun kannst? … In London werden wir Geschäfte machen.«[75] Aber für einen gejagten Mann in einer Ära der Gegenrevolution war es nicht so einfach, durch ein immer noch schwelendes Europa zu reisen. Frankreich und Deutschland konnte er nicht betreten, also wandte er sich nach Süden und fuhr durchs Piemont nach Genua, um an Bord der *Cornish Diamond* unter Kapitän Stevens nach London zu segeln. So begab sich Engels, der kampfgestählte Veteran des baden-pfälzischen Feldzuges, an die Seite von Marx und schloss sich einer Diaspora aus Emigranten, Exilanten, Revolutionären und Kommunisten an, die sich in der Hauptstadt des einzigen Landes zusammenfand, das sich aus der Revolution von 1848 herausgehalten hatte. Weit entfernt vom Tumult auf dem Kontinent, sollte das viktorianische England für die nächsten vierzig Jahre seine Wahlheimat werden.

MANCHESTER GRAU IN GRAU

Am Samstag war ich Fuchsjagen, 7 Stunden im Sattel. So eine Geschichte regt mich immer für ein paar Tage höllisch auf, es ist das großartigste körperliche Vergnügen, das ich kenne. Im ganzen field [Feld] sah ich nur 2, die besser ritten als ich, sie hatten aber auch bessere Pferde. Das bringt meine Gesundheit schon auf den Strumpf. Wenigstens 20 Kerle fielen vom Pferd oder stürzten, 2 Pferde wurden ruiniert, 1 Fuchs getötet (ich war at the death [beim Schuss dabei]) …[1]

Ein knappes Jahrzehnt nachdem er auf den Barrikaden in Barmen die rote Fahne gehisst hatte, schien Engels einen erstaunlichen Charakterwandel durchgemacht zu haben. Der Revolutionär von 1849 war jetzt eine Stütze der Gesellschaft von Manchester, er nahm an der Fuchsjagd Cheshire Hunt teil, war Mitglied angesehener Clubs – des Albert und des Brazenose –, wohnte in einem angenehmen Vorortviertel und war ein geachteter, hart arbeitender Angestellter von Ermen & Engels, der gute Aussichten auf eine Partnerschaft hatte. Es freue sie sehr, schrieb ihm Jenny Marx, dass er »hier [aus London] fort und auf dem besten Wege … [sei], ein großer Cotton-lord zu werden«.[2] Es hatte den Anschein, als müssten sich Elise und Friedrich Engels keine Sorgen mehr machen, denn ihr »missratener« Sohn hatte offenbar seinen angestammten Platz im Familienunternehmen eingenommen. Hatte er sich, wie so viele junge Radikale, vom Heißsporn zum Spießbürger gewandelt? Oder war es wieder nur eine Maske wie die des jugendlichen »Oswald«?

In Wirklichkeit waren die mittleren Jahrzehnte von Engels'

Leben eine miserable Zeit. Er kehrte als Exilant nach Manchester zurück, musste die Demütigung hinnehmen, wieder bei Ermen & Engels zu arbeiten, und verbrachte zwanzig nervenaufreibende, kraftraubende Jahre voller Opfer in der Baumwollindustrie. Marx bezeichnete sie als Engels' »Sturm und Drang«-Zeit – an der er selbst nicht ganz unschuldig war. Zwischen 1850 und 1870 opferte Engels selbstlos vieles von dem, was ihm etwas bedeutete – eigene Forschungen, politisches Handeln, seine Freundschaft mit Marx –, um der Sache des wissenschaftlichen Sozialismus zu dienen. Sie beide würden ein »Compagniegeschäft« betreiben, tröstete ihn Marx, bei dem er, Marx, seine Zeit »für den theoretischen und Parteiteil des business« gebe, während es Engels' Aufgabe sei, durch die Tätigkeit in der Wirtschaft die finanzielle Grundlage dafür zu schaffen.[3] Um Marx, dessen größer werdende Familie und vor allem die Arbeit am *Kapital* zu unterstützen, gab Engels bereitwillig seine eigene finanzielle Sicherheit, philosophische Untersuchungen und sogar seinen guten Namen auf. Die Jahre in Manchester forderten von der selbsternannten »zweiten Violine« einen hohen Preis.

Als er in den Norden Englands ging, tauschte Engels sein von Emigrantenradikalismus und politischen Machenschaften geprägtes Lieblingsmilieu ein gegen das respektable Leben eines mittelviktorianischen Bourgeois. Dies war das Auge des Sturms und die eigentliche Crux: seine beiden, diametral entgegengesetzten Leben, das öffentliche und das private, miteinander in Einklang zu bringen und den ständigen Rollenwechsel vom ausbeuterischen Baumwoll-Lord zum revolutionären Sozialisten, vom wohlsituierten Bürger im Gehrock zum leidenschaftlichen Verfechter des einfachen Lebens und umgekehrt zu bewerkstelligen. Um seine Anstellung zu behalten, Marx die finanziellen Sorgen abzunehmen und die kommunistische Sache voranzutreiben, war er genötigt, die starre Fassade des Besitzbürgers aufrechtzuerhalten. Wie sich zeigte, war dieser Widerspruch zwischen öffentlichen Verpflichtungen und persönlichen Überzeugungen auf Dauer nicht zu ertragen, und Engels verfiel zunehmend in Krankheit und Depression, bis er schließlich zusammenbrach.

»Wenn es jemandem in den Sinn käme, eine Schilderung der inneren Entwicklung zu geben, wie sie sich bei den politischen Flüchtlingen und Emigranten von 1848 während ihres Londoner Exils vollzogen hat, würde der Geschichte des heutigen Menschen ein trauriges Kapitel hinzugefügt«, stellte der russische Emigrant Alexander Herzen in seinen Memoiren fest. »Wie viel Leiden, Entbehrungen und Tränen, wie viel Engstirnigkeit, welche geistige Armseligkeit, welcher Mangel an Verständnis, wie viel Starrköpfigkeit in den alltäglichen Dingen und vor allem wie viel Selbstsucht!«[4]

Als Engels 1849 von Bord der *Cornish Diamond* ging und erst in Chelsea und dann in Soho eine Wohnung mietete, kehrte er in ebendiese Szene aus Emigrantengehässigkeit, scheiternden Zeitungsprojekten, fruchtlosem Politisieren und allgegenwärtigen preußischen Spionen zurück. »[W]ir können keinen einzigen Schritt tun, ohne von ihnen, wohin wir auch gehen, verfolgt zu werden«, klagte er im Juni 1850 in einem in seiner Handschrift geschriebenen und unter Marx' Namen an den *Spectator* geschickten Brief. »Wir können in keinen Omnibus steigen und kein Kaffeehaus betreten, ohne mit der Gesellschaft wenigstens eines dieser unbekannten Freunde beehrt zu werden. Wir wissen nicht, ob die mit dieser dankbaren Tätigkeit betrauten Herren im ›Dienste Ihrer Majestät‹ stehen, aber wir wissen, dass die Mehrzahl von ihnen alles andere als sauber und ehrbar aussieht.«[5]

Unterdessen vergingen die Tage mit Wahlschlachten um Sitze in der Zentralbehörde des Bundes der Kommunisten, Auseinandersetzungen über die Mitgliedschaft im Deutschen Arbeiterbildungsverein und einem Streit über die Verteilung von Hilfsgeldern an arme Emigranten. Marx und Engels folgten bald wieder ihrer üblichen Taktik und untergruben das bestehende deutsche Flüchtlingshilfskomitee. Nach der Flucht vor preußischen Scharfschützen und der Langeweile der Schweiz waren diese

Grabenkämpfe für Engels eine willkommene Wiederkehr der guten Zeiten von Paris und Brüssel. »Im Übrigen geht's hier ganz gut«, versicherte er einem Freund, dem Verleger Jakob Schabelitz, in Paris. »[Gustav] Struve und [Karl] Heinzen intrigieren gegen den Arbeiterverein und uns bei Gott und der Welt, aber ohne Erfolg. Sie halten mit einigen aus unsrer Gesellschaft herausgeschmissenen moderierten Heulern einen aparten Klub, wo Heinzen seinen Groll über die verderblichen Lehren der Kommunisten loslässt.«[6] Glückliche Tage.

Diese bierselige, rauchgeschwängerte Welt, die ihren Mittelpunkt in der Great Windmill Street hatte, lebte in einer eigenen politischen Zeitrechnung. »Nach jeder gescheiterten Revolution oder Kontrerevolution«, schrieb Engels später,

> entwickelt sich unter den ins Ausland entkommenen Flüchtlingen eine fieberhafte Tätigkeit. Die verschiedenen Parteischattierungen gruppieren sich, klagen sich gegenseitig an, den Karren in den Dreck gefahren zu haben, beschuldigen einander des Verrats und aller möglichen sonstigen Todsünden. Dabei bleibt man mit der Heimat in reger Verbindung, organisiert, konspiriert, druckt Flugblätter und Zeitungen, schwört darauf, dass es in vierundzwanzig Stunden wieder losgeht, dass der Sieg gewiss ist, und verteilt im Hinblick hierauf schon die Regierungsämter. Natürlich folgt Enttäuschung auf Enttäuschung, und ... so häufen sich die gegenseitigen Anklagen, und das Ganze endigt in einem allgemeinen Krakeel.[7]

Niemand hatte sich das ganze Ausmaß des Scheiterns von 1848 – den Zusammenbruch einer bürgerlich-demokratischen Revolution angesichts des Gegenschlags des Ancien Régime – und der Vorherrschaft gegenrevolutionärer Anschauungen auf dem Kontinent bewusst gemacht. Stattdessen glaubten die Kommunisten aus der Great Windmill Street immer noch, dass der Sturz des Monarchismus bevorstand. »Die Revolution schreitet so schnell voran, dass jeder ihr Nahen sehen *muss*«, stellte Engels im Februar 1859 mit Blick auf die politische Landschaft in Frankreich zuversichtlich fest (kurz vor der Errichtung von Louis Bonapartes Second Empire).[8] Wie Marx wollte er diese vorrevolutionäre Atempause nutzen, um ihre Forderung nach einer besser organisierten, autonomen Arbeiterbewegung zu bekräftigen. Die von ihnen seit dem Scheitern der kontinentalen Revolutionen verbreitete Dolchstoßlegende – von einer liberalen Bourgeoisie, die beim ersten Anzeichen für eine Einigung mit der herrschenden Klasse die Sache der Arbeiter geopfert hatte – entwickelte sich zu einer umfassenderen politischen Strategie, um die kleinbürgerlichen Demokraten auszumanövrieren. In ihrer »Ansprache der Zentralbehörde an den Bund [der Kommunisten]« vom März 1850 erklärten sie, dass nur ein Netz von Arbeitervereinen in der Lage sein werde, die politischen Errungenschaften der bevorstehenden bürgerlichen Revolution zu nutzen, ohne in die Falle eines Bündnisses mit den Liberalen zu tappen. »Mit einem Worte«, mahnten sie, »[v]om ersten Augenblicke des Sieges an muss sich das Misstrauen nicht mehr gegen die besiegte reaktionäre Partei, sondern gegen ihre bisherigen Bundesgenossen … richten …«[9] Dies erforderte eine »permanente Revolution«, wie Leo Trotzki sie später nennen sollte, sowie ein aggressiveres Vorgehen und mehr Entschlossenheit auf Seiten des Proletariats, die Hebel der Macht zu ergreifen. Um zu verhindern, dass die bourgeoise Ordnung sich festigte, durfte nach der ersten Stufe der demokratischen Revolution keine Ruhepause eintreten.

Andererseits durfte die Revolution aber auch nicht übereilt entfacht werden, solange die sozioökonomischen Grundlagen noch nicht vorhanden waren. Und während die Reaktion nach 1848 immer mehr an Boden gewann und die Anzeichen für eine Wirtschaftskrise als Vorstufe der politischen Revolution immer schwächer wurden, verringerten sich die Aussichten auf einen Aufstand. Marx und Engels begannen zu fürchten, dass die materiellen Bedingungen noch auf Jahre hinaus nicht reif sein würden, denn im selben Maß, wie die Wirtschaftskrise nachließ, zog der Augenblick des Widerspruchs vorbei. Wie schon in Köln brachte sie dieses politische Zögern in Gegensatz zur Mehrheit der Mitglieder des Bundes der Kommunisten. In London wurde der von Karl Schapper und Engels' ehemaligem Kommandeur, August Willich, geführt, die beide für ein sofortiges militärisches Vorgehen eintraten. Marx und Engels sahen darin nichts anderes als Westentaschenterrorismus und eine Gefährdung der kommunistischen Sache. Außerdem konnte Marx Willichs großspuriges Draufgängertum und Kriegsveteranenaura nicht ausstehen – nichts brachte ihn mehr in Wut als Bekundungen revolutionärer Erfahrung. Grollend verlegte er den Sitz der Zentralbehörde des Bundes wieder nach Deutschland.

Aber es waren nicht nur Willich und Schapper. Auch mit den führenden Persönlichkeiten der deutschen Exilgemeinde, Gottfried Kinkel und Arnold Ruge, ihrem vermeintlichen alten Freund aus Berliner Zeiten, kamen sie nicht zurecht. Genauso wenig hatten sie für Struve und Heinzen übrig oder für den emigrierten italienischen Nationalisten Giuseppe Mazzini, den französischen Sozialisten Louis Blanc, ihren einstigen Helden Lajos Kossuth und auch ihren chartistischen Verbündeten Julian Harney. Unnachgiebig bis zum Letzten, stellte sich Engels auf die zu erwartende vollständige politische Isolation ein. »Wir haben jetzt endlich wieder einmal – seit langer Zeit zum ersten Mal – Gelegenheit, zu zeigen, dass wir keine Popularität, keinen support von irgendeiner Partei irgendwelchen Landes brauchen«, schrieb er Marx. Stattdessen bestehe ihre Aufgabe als kommunistische Ideologen darin, den Gang der Geschichte zu erfassen und die entstehenden Widersprüche des Kapitalismus deutlich zu machen. Tief im Herzen schien Engels die politische Einsamkeit zu behagen; sie kam seinem instinktiven, fast puritanischen Verlangen nach Opfer und Martyrium entgegen. »Wie passen Leute wie wir, die offizielle Stellungen fliehen wie die Pest, in eine ›Partei‹?«, fragte er Marx.[10]

Weniger angenehm war die Armut, die zu der Einsamkeit in Soho hinzukam. Jenny Marx war ihrem Mann im September 1849 mit ihren drei Kindern über den Ärmelkanal gefolgt. Mit dem vierten Kind war sie schwanger. Heinrich Guido kam am 5. November auf die Welt und wurde nach Guido »Guy« Fawkes benannt – und erhielt den explosiven Spitznamen »Fawkesy« (später eingedeutscht zu »Föxchen«) –, der an diesem Tag im Jahre 1605 versucht hatte, König Jakob I. von England mitsamt dem gesamten Parlament in die Luft zu sprengen. Aber Marx sporadische Einkünfte aus journalistischen Arbeiten, kümmerlichen Veröffentlichungsverträgen und dem zum Scheitern verurteilten Versuch, die *Neue Rheinische Zeitung* im Exil wiederzubeleben, reichten für den Lebensunterhalt seiner Familie nicht aus. Jenny Marx beschrieb diese Jahre später als eine Zeit »der größten äußern Sorgen, beständiger aufzehrender Angst, großer Entbehrungen aller Art und selbst wirklichen Mangels«.[11] Guido – mit seinen gleichfalls unterernährten Geschwistern in einer elenden Wohnung nach der anderen auf engstem Raum zusammengepfercht – war aufgrund der Entbehrungen nur ein kurzes Leben beschieden. »Seit er auf der Welt ist«, berichtete Jenny Marx in einem verzweifelten Bittbrief an ihren kommunistischen Freund Joseph Weydemeyer, »hat er noch keine Nacht geschlafen, höchstens 2 bis 3 Stunden. In der letzten Zeit kamen nun noch heftige Krämpfe hinzu, so dass das Kind beständig zwischen Tod und elendem Leben schwankte. In diesen Schmerzen sog er so stark, dass meine Brust wund ward und aufbrach; oft strömte das Blut ihm in sein kleines bebendes Mündchen.«[12]

Einer geborenen von Westphalen muss es zudem schwergefallen sein, die Würdelosigkeit einer solchen Existenz zu ertragen, in ganz London von Bäckern, Fleischern, Milchmännern und Gerichtsvollziehern verfolgt zu werden, da Marx Miete und Rechnungen nicht bezahlte und mit Tricks immer neue Unterkünfte beschaffte. Es war eine kräftezehrende, demütigende, krankmachende Zeit, unter deren Auswirkungen besonders der kleine Guido zu leiden hatte. »Ich schreibe Dir nur zwei Zeilen. Heute Morgen um zehn Uhr ist unser kleiner Pulververschwörer Föxchen *gestorben*«, teilte Marx Engels am 19. November 1850 mit. »Du kannst Dir denken, wie es hier aussieht ... Wenn Du grade in der Stimmung bist, schreib einige Zeilen an meine Frau. Sie ist ganz außer sich.«[13] Das Ehepaar Marx sollte noch zwei weitere Kinder verlieren, Franziska und Edgar, genannt »Musch«, die dem gleichen schädlichen Cocktail aus Armut, feuchtem Klima und Krankheit zum Opfer fielen wie »Föxchen«.

Als Engels in der Macclesfield Street wohnte, unweit von Marx' Wohnung in der Dean Street in Soho, stand es um seine Finanzen kaum besser als um diejenigen seines Freundes, da er Geld für die Flüchtlingsgemeinde sammelte und verschiedene Publikationsprojekte verfolgte. Zwar hatte er keine Familie zu ernähren, aber auch ihm fehlte es an Einkünften. Seine bisher so nachsichtigen Eltern hatten ihm den Geldhahn zugedreht, nachdem für ihren Geschmack ein Steckbrief zu viel gegen ihn erlassen worden war. »Es wäre vielleicht für uns das Bequemste, wenn wir Dir Geld zu Deinem Unterhalt schickten«, schrieb ihm seine Mutter nach einem erneuten Bittbrief. »Es ist aber ein sonderbares Verlangen, dass ich einen Sohn unterhalten soll, der Grundsätze und Lehren in der Welt zu verbreiten sucht, die ich für ein Verderben für die Menschheit und für sündlich halte.«[14]

Da sich in Soho immer weniger Verdienstmöglichkeiten ergaben und er besorgt mit ansah, wie Marx immer tiefer in die entwürdigende Armut des Emigrantenlebens abglitt, schickte sich Engels schließlich ins Unvermeidliche: Wenn er seinen eigenen Lebensunterhalt bestreiten und Marx sowie ihrer gemeinsamen Sache helfen wollte, musste er zu Kreuze kriechen, sich mit seiner Familie aussöhnen und in die Kaufmannschaft zurückkehren. Seine Schwester Marie übte sich geschickt in familiärer Diplomatie. »Es ist nun bei uns der Gedanke aufgestiegen«, teilte sie ihrem Bruder in einem klug formulierten Brief mit, den sie ihm mit dem Einverständnis ihrer Eltern schickte, »dass Du wohl für den Augenblick mit Ernst Kaufmann werden willst, um Dir dadurch Deinen Lebensunterhalt zu sichern, dass aber, sobald nach Deiner Ansicht sich wieder günstige Chancen für eure Partei darbieten, Du den Kaufmann wieder an den Nagel hängen und wieder für eure Partei arbeiten wirst ...«[15] Die Lösung – der Wiedereintritt in die väterliche Firma – mochte ihm nicht besonders gefallen, fügte sein Vater hinzu, sei aber nützlich für das Familienunternehmen.[16] Da ihm kaum eine andere Wahl blieb, ging Engels auf den Handel ein, unter der Bedingung, dass er nur einen kurzfristigen Vertrag mit regelmäßiger Verlängerung eingehen würde, der es ihm erlaubte, auf die Barrikaden zurückzukehren, wenn die Arbeiterrevolution ihn rufen würde. »Er [Engels sen.] hat mich auf wenigstens drei Jahre hier nötig«, teilte Engels Marx mit, »und Verpflichtungen für die Dauer, nicht einmal auf die 3 Jahre, hab' ich keine eingegangen, sind auch weiter nicht verlangt worden; weder in Beziehung auf Schriftstellerei, noch auf Hierbleiben im Fall einer Revolution. An diese scheint er gar nicht zu denken, so sicher ist das Volk jetzt!«[17] Mit Recht: Engels sollte 19 Jahre in der Familienfirma arbeiten.

Das Scheitern der Revolutionen von 1848 wurde nirgendwo tiefer betrauert als in Manchester. Das Chaos von Kennington Common – wo im April 1848 der chartistische Traum von einem Marsch aufs Parlament, um die Sechs Punkte durchzusetzen, aufgrund von verbreiteter Trägheit, staatlicher Repression und anhaltendem Regen zerplatzt war – hatte den langsamen Niedergang des Radikalismus der englischen Arbeiterklasse eingeläutet. Den wahrscheinlich 150 000 Demonstranten hatten 85 000 Sonderkonstabler, 7000 Soldaten, 5000 Polizisten, 1231 pensionierte Armeeangehörige aus dem Royal Hospital Chelsea und sogar der Herzog von Wellington gegenübergestanden. Für die Chartisten war es ein Reinfall im Nieselregen. Mehr, als in Droschken über die Themse zu fahren und dem Parlament ihre Petition zu übergeben, brachten sie nicht fertig. Während in den Hauptstädten des Kontinents das revolutionäre Feuer entflammt war, hatte es das klassenbewusste englische Proletariat unglaublicherweise versäumt, sich zu erheben. In den Fabriken und Mooren von Lancashire, wo der chartistische Ruf nach sozialen und politischen Reformen am lautesten erschollen war, war die Enttäuschung beinah mit Händen zu greifen. Aber es passte zu einer sich verändernden Stadt.

Mit der Aufhebung der protektionistischen Korngesetze im Jahr 1846 hatte die »Manchester School« obsiegt: Die Vorherrschaft aristokratischer Landbesitzer war der bürgerlich-freihändlerischen Vision von John Bright und der »Cottonkratie« gewichen. Mit der Spaltung der Tory-Partei und dem Niedergang der Chartistenbewegung hatte der Liberalismus sowohl den Konservatismus als auch den Radikalismus als Konkurrenten verloren. Manchester, wo einst alle Zeichen auf eine schreckenerregende Zukunft mit Klassenkämpfen, Arbeiterunruhen und proletarischen Revolutionen hindeuteten, verwandelte sich in das prosperierende Muster des mittelviktorianischen Aufschwungs. Nicht Streiks, Aussperrungen und Fackelzüge bestimmten das Bild, sondern Bade- und Waschhäuser, Bibliotheken und Parks, Mechanics' Institutes und Friendly Societies. Der revolutionäre Schwung hatte nachgelassen, und es sah ganz danach aus, als würde sich die »Schock-City« der industriellen Revolution in ein bürgerliches Imperium verwandeln.

Während Engels seinen eigenen Spuren folgte, wirkte sein Buch *Die Lage der arbeitenden Klasse in England* bereits veraltet. Anstelle von Little Ireland erhoben sich überall um ihn herum neue Zeichen merkantiler Hybris: mit erheblichen Mitteln ausgestattete Kapellen der Dissentergemeinden, nach dem Vorbild von Renaissancepalästen gestaltete mehrstöckige Warenhäuser und als symbolträchtigstes von allen die Fundamente der Free Trade Hall, die als Denkmal des Sieges im Kampf um die Abschaffung der Korngesetze ausgerechnet auf dem Schauplatz des Peterloo-Massakers von 1819 errichtet wurde. Die nach dem Vorbild der Gran Guardia Vecchia in Verona entworfene Halle war, mit den Worten von A. J. P. Taylor, »wie die Vereinigten Staaten von Amerika einem Grundsatz verpflichtet, der so nobel und wohltätig war wie nur irgendeiner ... Die Bewohner von

Manchester hatten Englands hohen und niederen Adel in einer unblutigen, aber ebenso entscheidenden Schlacht wie der von Crécy gestürzt. Die Free Trade Hall war das Symbol ihres Triumphs.«[18] Das radikale Manchester war derart harmlos geworden, dass die Stadt im Oktober 1851 für einen Besuch der Queen bereit war. Der Einzug von Victoria und Albert über die Victoria Bridge durch Arkaden aus italienisierenden Bögen wurde zu einem Festzug zu Ehren von bürgerlichem Stolz und städtischem Selbstbewusstsein. Manchesters Bedeutung – Handel und Gewerbe, religiöse Toleranz, bürgerliches Engagement, politische Eigenständigkeit – erhielt den königlichen Segen. Laut dem *Manchester Guardian* hatte sich die Stadt als eine Gemeinde gezeigt, »die auf der geordneten, nüchternen und friedlichen Tätigkeit der Mittelschichten beruht«, und ihren Kritikern bewiesen, dass »gesellschaftliche Bedeutung und politische Macht in die Hände derjenigen Schichten übergegangen sind, auf deren Schultern die Last der Aufrechterhaltung des nationalen Gefüges verlagert worden ist«.[19]

In Engels' Augen war diese Zurschaustellung bürgerlicher Selbstzufriedenheit eine scheußliche Begrüßung. Sogar sein alter Freund und Mentor, der owenistische Vortragsredner John Watts, hatte sich zur um sich greifenden Blasiertheit des Liberalismus bekehrt. »Neulich war ich bei John Watts«, berichtete Engels Marx, »der Kerl scheint gern zu mogeln, er hat jetzt einen viel größeren shop in Deansgate … Er ist vollständiger radikaler Spießbürger geworden … Er erzählte mir verschiedene Exempel, aus denen hervorgeht, dass er sehr gut versteht, seinen Schneidercommerce [sein Schneidergewerbe] vermittels Affichierung seines bürgerlichen Liberalismus zu poussieren.«[20] Am schändlichsten fand es Engels, dass Watts die große Agora der radikalen Sache, die owenistische Hall of Science, veräußerte, um für eine neue Bibliothek mit Lesesaal Platz zu schaffen. »Die hiesigen free-trader [Freihändler]«, vermeldete er Marx, »benutzen die Prosperität oder Halbprosperität, um das Proletariat zu kaufen, und John Watts ist der Makler dabei.«[21]

Auch der Chartist Thomas Cooper beobachtete besorgt die bürgerlichen Tendenzen seiner früheren Genossen. »Es stimmt«, schrieb er in seiner Autobiographie, »in unserer alten chartistischen Zeit trugen die Arbeiter von Lancashire zu Tausenden Lumpen auf dem Leib, und vielen von ihnen mangelte es an Nahrung. Aber ihre Intelligenz trat überall zutage. Man sah sie in Gruppen über die große Lehre der politischen Gerechtigkeit diskutieren … Heute sieht man in Lancashire keine solchen Gruppen mehr. Dafür hört man gutgekleidete Arbeiter, während sie mit den Händen in den Taschen herumspazieren, über Genossenschaften und Baugesellschaften und ihre Anteile daran reden.«[22] Missmutig verfolgte Engels diese Entwicklung. Das englische Proletariat verbürgerliche immer mehr, grollte er, »so dass diese bürgerlichste aller Nationen es schließlich dahin bringen zu wollen scheint, eine bürgerliche Aristokratie und ein bürgerliches Proletariat *neben* der Bourgeoisie zu besitzen«.[23] Anfang der 1850er Jahre setzte er etwas Hoffnung auf die Führungskraft des Sozialisten Ernest Jones, der versuchte, den Kadaver des Chartismus wiederzubeleben. Er war sogar geneigt, »mit den Kerls einen kleinen Klub oder regelmäßige Zusammenkunft [zu] organisiere[n] und mit ihnen das *Manifest* [zu] diskutiere[n]«.[24] Da Jones es jedoch versäumte, den Marx-Engelsschen Kanon als Ganzen anzuerkennen, und nachdem er mit den bürgerlichen Reformern einen Kompromiss zu viel eingegangen war, ließ Engels ihn fallen. »[A]lle revolutionäre Energie [ist] aus dem englischen Proletariat so gut wie vollständig verduftet«, befand er 1863.[25]

Triebkraft des mittelviktorianischen Booms, der proletarischen Ambitionen das Wasser abgrub, war die Erholung der Baumwollindustrie. Dank neuer Märkte in Amerika, Australien und China stiegen die Gewinne, während technische Verbesserungen die Produktivität erhöhten. Besonders deutlich machte sich der Wirtschaftsaufschwung in Lancashire bemerkbar, wo Löhne und Beschäftigung gleichermaßen zunahmen, während die 300 000 Dampfmaschinen der 2000 Spinnereien der Grafschaft rund um die Uhr stampften. 1860, auf dem Höhepunkt ihrer Macht, trug die Baumwollindustrie fast 40 Prozent zum britischen Export bei. Dank der Erfindung der Nähmaschine und einer erhöhten Nachfrage nach der Art von Garn, die Ermen & Engels herstellte, konnte sich das Unternehmen einen beträchtlichen Anteil an diesem Handel sichern. Weiteren Auftrieb erhielt es, als Gottfried Ermen eine Erfindung zum Glätten von Baumwollgarn patentieren ließ, so dass das Garn von Ermen & Engels fortan unter der exklusiven Bezeichnung »Diamond Thread« (Diamantgarn) vermarktet werden konnte. Als das Auftragsvolumen wuchs, verlegte die Firma ihre Büros in die Southgate 7, in ein Lagerhaus mit Blick auf den Hof des Gasthauses Golden Lion, und erwarb die Baumwollspinnerei Bencliffe Mill in Little Bolton.

Hinter der soliden Bilanz spielten sich jedoch die üblichen internen Kämpfe ab. Ermen & Engels gehörte vier Partnern – Peter, Gottfried und Anthony Ermen sowie Friedrich Engels sen. Der in Manchester angesiedelte Teil dieses deutsch-englischen Firmenkonglomerats wurde ausschließlich von Peter und Gottfried Ermen geleitet, während Engels sen. die Engelskirchener Fabrik im Rheinland führte. Neben Ermen & Engels besaßen Peter und Gottfried Ermen ein zweites Unternehmen, die Stoffdruck- und Bleichfirma Ermen Brothers, die zwar von Ermen & Engels formal unabhängig war, aber von denselben Büros aus geleitet wurde und zufällig ein bedeutender Lieferant von Ermen & Engels war. Engels sen. vermutete, mit Hilfe dieses trauten Arrangements übers Ohr gehauen zu werden, und beauftragte seinen Sohn – der als Korrespondent und General Assistent eingestellt worden war –, die Firmenfinanzen unter die Lupe zu nehmen und eventuelle zweifelhafte Praktiken aufzudecken.

Verständlicherweise waren die Brüder Ermen nicht besonders erfreut darüber, einen internen Buchprüfer in der Firma zu haben, und machten ihrem neuen Mitarbeiter das Leben so schwer wie möglich. Außerdem erinnerten sie sich noch gut an Engels'

Lehrzeit acht Jahre zuvor, als er so wenig für die Firma arbeitete, »wie er sich leisten konnte, und seine meiste Zeit auf politischen Versammlungen und mit dem Studium der sozialen Zustände Manchesters« verbrachte.[26] »Peter Ermen läuft hier herum wie ein Fuchs, dem ein Schwanz im Eisen hangengeblieben ist und sucht mich fort zu schikanieren – der dumme Teufel glaubt, er könnte mich ärgern!«, spottete Engels.[27] Doch die Brüder Ermen hatten ihre eigenen Probleme, da Peter zu verhindern versuchte, dass sein ungeduldiger Bruder Gottfried die Leitung der Firma übernahm. »Keilen Sie sich nur recht fest ein zwischen die zwei feindseligen Brüder«, riet Jenny Marx Engels (nachdem sie von ihm ein großes Paket mit Baumwollgarn erhalten hatte), »dieser Kampf bringt Sie notwendig Ihrem verehrten Herrn Papa gegenüber in die Position der Unentbehrlichkeit, und ich sehe Sie schon im Geiste als Friedrich Engels junior und Associé des senior figurieren.«[28]

Niemand hatte erwartet, dass Engels seine Arbeit derart engagiert und effektiv erledigen würde. Er prüfte die Bücher, versuchte Ermen & Engels von Ermen Brothers zu trennen und kümmerte sich allgemein mit außerordentlichem Eifer um die Interessen der Familie Engels. »[M]eine Geschäftsbriefe haben meinen Alten enchantiert«, teilte der unverhoffte Kapitalist seinem Freund Marx mit, »und er rechnet mir mein Hierbleiben als ein großes Opfer an.«[29] Tatsächlich kam es aufgrund ihrer gedeihlichen Geschäftsbeziehung zu einer gewissen Wiederannäherung zwischen Vater und Sohn. Im Juni 1851 trafen sie sich in Manchester zum ersten Mal seit der angeblichen Begegnung auf der Haspeler Brücke in Barmen wieder. »Ich denke, es ist vielleicht noch besser«, überlegte die besorgte Elise Engels vor dem Wiedersehen in einem Brief an ihren Sohn, »wenn ihr nicht so immer zusammen seid, denn man kann dann doch nicht immer von Geschäften sprechen, und es ist besser, dass ihr nicht auf die Politik kommt, da ihr so sehr verschiedene Ansichten darin habt.«[30] Sie hatte recht. Der Besuch des Vaters verlief im Großen und Ganzen zufriedenstellend, doch länger hätte er nicht dauern dürfen. »Wäre mein Alter ... noch ein paar Tage hiergeblieben, wir wären uns in die Haare geraten«, vermutete Engels in seinem Bericht an Marx. »... dabei ist er so dumm, dass er z. B. die Gegenwart eines Ermen ... noch am letzten Tage benutzen wollte, um sich die Satisfaktion zu geben, einen Dithyrambus auf die Institutionen Preußens zu singen. Natürlich reichten ein paar Worte und ein wütender Blick hin, ihn in die Grenzen zurückzuführen ...«[31]

Aber weder die Erneuerung der Familienbande noch der Spaß, die Ermen-Brüder im Zaum zu halten, und die anfängliche intellektuelle Herausforderung der Buchprüfung konnten darüber hinwegtäuschen, dass Engels ins garstige Krämergeschäft zurückgekehrt war. Die Briefe aus dieser Zeit wimmeln von Klagen über den »verfluchten Commerce« oder »Scheißhandel«,[32] da die Büroarbeit seine Möglichkeiten, sich dem Journalismus, der Forschung und dem Sozialismus zu widmen, immer weiter einschränkte. Es war ein ödes, langweiliges Leben. »Ich ... trinke Rum und Wasser, ochse und mache in Twist und Langeweile«, schrieb er seinem Freund Ernst Dronke 1851.[33] Gegenüber Marx war er noch offener: »[I]ch ennuyiere mich hier tödlich.«[34] Auch politisch hatte die Arbeit ihren Preis, da Engels' Stellung als bourgeoiser Fabrikant aus naheliegenden Gründen seine und Marx' Position in der von gegenseitigen Vorwürfen und Verleumdungen schwirrenden kommunistischen Bewegung kompromittieren konnte. »Pass auf«, sagte Engels in einem Brief an Marx voraus, »die Knoten werden sagen, was will der Engels, was hat der die ganze Zeit getan, wie kann der in unserm Namen sprechen und uns sagen, was wir tun sollen, der Kerl sitzt in Manchester und exploitiert die Arbeiter usw.« Das sei ihm zwar »total Wurst«, versicherte er, »aber das kommt sicher«.[35] Mit diesem Vorwurf konfrontierte ihn auch der junge Ernst von Eynern aus Barmen, ein Sohn des Fabrikanten und Familienfreundes Friedrich von Eynern, als er ihn im Jahr 1860 besuchte und mit ihm eine Wanderung durch Wales unternahm, auf der er ihn mit Fragen löcherte (und Engels »in den falschesten Tönen«

Verse aus Heines Gedicht »Die Heimkehr« sang). »Ich hatte natürlich nicht verfehlt«, erzählte von Eynern später,

> dazu durch die Art seiner Debatte veranlasst, ihn darauf hinzuweisen, dass seine Stellung als Fabrikherr, als Mitinhaber einer der schlimmsten »großkapitalistischen Unternehmungen« jener Zeit ihn lebhaft in Zwiespalt mit seinen Theorien bringen müsse, wenn er seine reichen Mittel nicht praktisch für die doch seiner nächsten Fürsorge anvertrauten »Enterbten« verwende. Da aber nach seiner Lehre nur im planmäßigen Zusammenwirken der internationalen Arbeiterschaft und in der Umwandlung des gesamten Privateigentums in gemeinschaftliches Eigentum die Ziele der allgemeinen wirtschaftlichen Freiheit zu erreichen waren, so wies er solche tropfenweise Hülfe als töricht und alle Kreise der Bewegung störend zurück. Er zeigte keine Neigung, die Grundfreiheit des Daseins, die privaten Einkünfte nach freiem Belieben individuell zu verwenden, sich beschränken zu lassen.[36]

Die Kritik war nicht ganz unberechtigt, denn was die Fürsorge für die ihm »anvertrauten ›Enterbten‹« anging, konnte Engels gnadenlos sein. »Gottfried hat mir da 3 Kerle engagiert, die nichts wert sind … Ich werde ein paar schassen müssen«, vertraute er Marx 1865 als strikter Verfechter flexibler Arbeitsgesetze an.[37] Einen Monat später folgte die Entlassung eines Büroangestellten: »Dies machte das Maß seiner Liederlichkeit voll, und er wurde geschasst.«[38] Gerechterweise sei hinzugefügt, dass die Fabrikarbeiter bei Ermen & Engels, im Gegensatz zu den Büroangestellten, offenbar bessere Arbeitsbedingungen vorfanden als anderswo. In einem Bericht der Jahresversammlung der Sick and Burial Society von Bencliffe, wo sich die zweite Fabrik von Ermen & Engels befand, ist von einem »Strom sauberer, gutgekleideter junger Frauen, die durch das Dorf gehen« die Rede. In »wenigen Fabriken« würden »die Arbeiter so einträglich und regelmäßig beschäftigt«.[39]

Auch Engels' eigene Anstellung war durchaus einträglich. Bei aller Banalität und Selbstverachtung, die sie mit sich brachte, sicherte sie ihm ein Jahreseinkommen von 100 Pfund, zuzüglich von »Repräsentations- und Tafelgeldern« in Höhe von 200 Pfund jährlich sowie seit Mitte der 1850er Jahre eines fünfprozentigen Gewinnanteils, der bis zum Ende des Jahrzehnts auf 7,5 Prozent stieg. 1856 belief sich dieser Gewinnanteil auf 408 Pfund, und 1860 waren es beachtliche 968 Pfund – nach heutigem Geldwert fast 100 000 Pfund. Als Vergleichsmaßstab kann man eine Studie des Nationalökonomen Dudley Baxter heranziehen, der anhand des Zensus von 1861 die Einkommensschichtung der mittelviktorianischen Gesellschaft untersuchte. Die untere Mittelschicht bildeten diejenigen, die wenigstens das steuerliche Mindesteinkommen von 100 Pfund verdienten. Pfarrer, Armeeoffiziere, Ärzte, Staatsbeamte und Rechtsanwälte kamen in der Regel auf 250 bis 350 Pfund im Jahr. Um das bequeme Leben der oberen Mittelschicht genießen zu können, musste man, laut Baxter, ein Jahreseinkommen von 1000 bis 5000 Pfund beziehen.[40] Im Gegensatz zu Engels' reichlich sprudelnden Einkünften musste ein großer viktorianischer Schriftsteller wie der arme Anthony Trollope mit 140 Pfund auskommen, die er mit seiner Brotarbeit als Postbeamter verdiente.

Doch die unangenehme Wahrheit war, dass Engels' Einkommen direkt aus der Ausbeutung des Proletariats von Manchester herrührte. Die gleichen Missstände, die er und Marx so detailgenau beschrieben und beklagt hatten, bildeten die Grundlage ihres Lebensstils und Philosophierens. Engels belastete dieser politische Widerspruch stets stärker als Marx (der häufig Hauptnutznießer der marktbeherrschenden Stellung von Ermen & Engels war), was ihn jedoch nicht davon abhielt, das Geld einzustreichen. Die Rechtfertigung lautete, dass er ohne die von den Arbeitern erwirtschafteten Gewinne nicht in der Lage gewesen wäre, Marx und dessen bahnbrechende Fortschritte in der wissenschaftlichen Analyse des Kapitalismus zu finanzieren. »Freilich wäre es den Gegnern der Arbeiterklasse lieber gewesen, Engels hätte seinen Beruf als Kaufmann aufgegeben und auf sein

Einkommen verzichtet«, lautete die spätere offizielle kommunistische Position zu Engels' Kapitalistendasein. »Dann hätte er Marx nicht unterstützen können, dann wäre das *Kapital* nicht geschrieben worden, dann hätte sich die theoretische und politische Verselbständigung der Arbeiterklasse verzögert.« Aber dankenswerterweise habe Engels das Kreuz auf sich genommen und zeitlebens »die Gewinne, die er aus seiner Tätigkeit als Fabrikant und Kaufmann zog, als Beitrag für den Befreiungskampf der Arbeiterklasse betrachtet und sie entsprechend verwendet«.[41]

Schon im ersten erhaltenen Brief, den Engels aus Manchester an Marx in London schrieb, versprach er ihm Geld aus seinem Gehalt und der Repräsentationspauschale. Eine explizite Vereinbarung darüber, dass er mit den Einkünften aus seiner Tätigkeit in der Baumwollindustrie Marx' intellektuelle Anstrengungen unterstützen würde, gab es nicht, lediglich eine unausgesprochene Verständigung auf diese Art der Aufgabenteilung in ihrer Partnerschaft. Und für den Rest von Engels' Berufsleben flossen die Gewinne nach Süden wie ein Sturzbach im Frühjahr – in Form von Postanweisungen, Briefmarken, Fünfpfundnoten, gelegentlich aus der Barkasse von Ermen & Engels abgezweigten Beträgen (wenn Gottfried Ermen nicht im Büro war) und schließlich größeren Summen, wenn der Zahltag gekommen war. Außerdem schickte Engels großzügige Geschenkkörbe, Weinkisten und Geburtstagsgeschenke für die Töchter. Der »liebe Herr Engels«, wie Jenny Marx ihn anzusprechen pflegte, ließ der Familie Marx regelmäßig über die Hälfte seiner Jahreseinkünfte zukommen – in den zwanzig Jahren seiner Berufstätigkeit insgesamt zwischen 3000 und 4000 Pfund (300 000 bis 400 000 Pfund nach heutigem Geldwert). Doch es war nie genug. »Ich versichere Dir, ich hätte mir lieber den Daumen abhauen lassen, als diesen Brief an Dich zu schreiben. Es ist wahrhaftig niederschmetternd, sein halbes Leben abhängig zu bleiben«, beteuert Marx in einem typischen Bittbrief an Engels.[42] »Bei den großen Anstrengungen – selbst über Deine Kräfte –, die Du für mich machst, ist es mir natürlich ekelhaft, Dich fortwährend mit Hiobsposten zu langweilen«, beginnt ein anderer, in dem Marx fortfährt: »Mit dem letzten Geld, das Du mir schicktest, bezahlte ich, ein Pfund zupumpend, die Schulrechnung, um sie im Januar nicht doppelt zu haben. Metzger und Epicier [Krämer] haben mich gezwungen, ihnen Wechsel, der eine für 10, der andre für 12, für Januar 9. auszustellen.«[43] Wenn Marx selbst sich nicht traute, ließ er seine Frau den Bittbrief schreiben. »Es ist mir furchtbar unangenehm, in Geldsachen an Sie schreiben zu müssen. Sie haben uns nur schon zu oft geholfen. Aber dieses Mal weiß ich keine Rettung, keinen Ausweg«, entschuldigte sich Jenny Marx im April 1853, um Engels anschließend zu bitten: »Können Sie etwas uns schicken? Für Freitag hat der Bäcker das Brot gekündigt.«[44]

Wie zahlreiche Biographen betont haben, war Marx keineswegs arm. Nach David McLellans fundierter Einschätzung rührte »seine Misere weniger aus tatsächlicher bitterer Armut [her] … als vielmehr aus dem Bestreben, den äußeren Schein bürgerlicher Respektabilität zu wahren, sowie aus dem Unvermögen, haushälterisch mit Geld umzugehen«.[45] Neben den Zuwendungen von Engels hatte Marx Einkünfte aus journalistischen Arbeiten, Buchverträgen und ab 1864 aus einer Erbschaft von Wilhelm Wolff – der ihm einen großen Teil seines Barvermögens hinterließ –, so dass er auf insgesamt über 200 Pfund im Jahr kam, mehr als viele Mittelschichtfamilien hatten. Aber Marx konnte nicht mit Geld umgehen – »Ich glaube nicht, dass unter solchem Geldmangel je über ›das Geld‹ geschrieben worden ist«[46] –, und nach jedem unverhofften Geldsegen zog die Familie in ein anderes, größeres Haus um – von Soho nach Kentish Town, von dort nach Chalk Farm –, was jedes Mal Kosten verursachte, für die am Ende Engels aufkommen musste. »Ich wohne allerdings zu teuer für meine Verhältnisse«, gestand Marx nach dem Umzug in die schicken Modena Villas, »und außerdem haben wir dies Jahr besser gelebt als sonst. Aber es ist das einzige Mittel, damit die Kinder, abgesehn von dem vielen, was sie gelitten hatten und wofür sie wenigstens kurze Zeit entschädigt wurden, Beziehungen und Verhältnisse eingehn können, die ihnen eine Zukunft sichern können. Ich glaube, ... dass selbst bloß kaufmännisch betrachtet eine reine Proletariereinrichtung hier unpassend wäre ...«[47]

Das war das Problem: Karl und Jenny Marx war es weit mehr als dem Bohemien Engels wichtig, den äußeren Anschein aufrechtzuerhalten, ihre Töchter gut zu verheiraten und ihre Stellung in der Gesellschaft zu wahren, kurz, Bourgeois zu sein. »Schon der Kinder wegen«, rechtfertigte sich Jenny Marx später (ohne Engels' Großzügigkeit zu erwähnen), »mussten die ebnen Wege des geregelten, respektabeln Bürgerlebens eingeschlagen werden. Jeder einzelne suchte sich bürgerlich einzurichten und den Verhältnissen anzuschmiegen.«[48] Der prophetische Philosoph Marx dachte gar nicht daran, sich mit einer Arbeit, mit der er seine Familie ernähren konnte, die Hände schmutzig zu machen. Also musste Engels sich an die Tretmühle der Büroarbeit fesseln, um den anspruchsvollen Lebensstil der Familie Marx zu sichern. Deshalb wäre es falsch, Marx als Fleisch gewordenen Wilkins Micawber zu betrachten, der verzweifelt darauf hoffte, dass sich irgendetwas ergeben würde, denn er *wusste* dank Engels stets, dass dies der Fall sein würde. »Karl war ungeheuer froh, als er den verhängnisvollen Doppelknock des Briefträgers hörte«, schrieb Jenny im Mai 1854 an ihren Wohltäter. »Voilá Frederik, 2 £, gerettet! rief er aus.«[49] Kein Wunder, dass Marx Engels hinter dessen Rücken spöttisch »Mr. Chitty« nannte.[50]

Abgesehen von Geld, gingen fesselnde Briefe zwischen Manchester und London hin und her. Während Marx und Engels, nachdem sie in Paris, Brüssel und Köln jahrelang in räumlicher Nähe zueinander gelebt hatten, die Distanz zwischen sich missfiel, war sie für die Nachwelt ein glücklicher Umstand. Die 1850er und 1860er Jahre bildeten die goldene Ära ihres Briefwechsels, da sie die mittelviktorianische postalische Revolution – mit ihrer Einführung von Briefmarken, Postämtern und

Briefkästen – in vollem Umfang nutzten. Ein vor Mitternacht in Manchester aufgegebener Brief traf am nächsten Tag etwa um 13 Uhr bei Marx ein, und ein um neun Uhr vormittags aufgegebener Brief wurde ihm noch am selben Tag bis spätestens 18 Uhr zugestellt. Die Korrespondenz, die daraus entstand, bietet einen unvergleichlichen Einblick in ihre persönlichen Neurosen, Frustrationen, Enttäuschungen und Passionen. Daneben stehen Bemerkungen über die Blähungen der französischen Kaiserin, betrogene Emigranten und Trinkgelage, kurz, es war, um Francis Wheen zu zitieren, »ein tolles Gemisch von Geschichte und Klatsch, Politökonomie und Lausbubenzoten, hohen Idealen und äußersten Intimitäten«.[51] Außerdem spricht aus den Briefen die tiefe Zuneigung zwischen den beiden Männern, wenn sie einander bei Trauerfällen Trost spenden, für die Arbeit Mut zusprechen, an der politischen Strategie des anderen Kritik üben und in geradezu rührender Weise Fotografien austauschen. Für Engels in seinem Comptoir und Marx in seinem Arbeitszimmer war das Eintreffen der Post der Höhepunkt des Tages. »Die beiden schrieben einander beinahe täglich«, erzählte Eleanor Marx später, »und ich erinnere mich noch, wie oft Mohr, wie mein Vater zu Hause hieß, zu den Briefen sprach, als wäre der Schreiber zugegen: ›Nein, so ist's nu doch nicht‹, ›da hast du recht‹ etc. etc. Aber am besten erinnere ich mich daran, wie Mohr manchmal über die Briefe von Engels lachte, dass ihm die Tränen über die Wangen liefen.«[52]

Einen großen Teil der frühen Korrespondenz zwischen Manchester und London nahm die sehnsüchtige Erwartung einer Wirtschaftskrise ein. Dem Konflikt mit der Willich-Schapper-Fraktion im Bund der Kommunisten lag unter anderem Marx' und Engels' Überzeugung zugrunde, dass die Revolution – wie sie als gute Materialisten annahmen – nur ausbrechen konnte, wenn die entsprechenden ökonomischen Bedingungen vorhanden waren. Ohne die notwendigen sozioökonomischen Voraussetzungen waren Aufstände und Putschversuche – wie die Ereignisse von 1848/49 gezeigt hatten – zum Scheitern verurteilt. Der revolutionäre Sozialismus musste auf die Anzeichen für eine bevorstehende Finanzkrise achten, um sich auf die politischen Konsequenzen vorbereiten zu können. Glücklicherweise hatte die Bewegung einen Mann hinter den feindlichen Linien: Als Mitglied der Wirtschaftselite von Cottonopolis wurde Engels zur wichtigsten Informationsquelle zum Zustand des internationalen Kapitalismus.

»Die Eisenbahnspekulation wird wieder brillant – seit dem 1. Januar die Aktien meist 40 % gestiegen und die schlechtesten am meisten. Ça promet [Das ist vielversprechend]!«, berichtete er Marx, als er ein halbes Jahr in Manchester war. Das Ende des Kapitalismus stand augenscheinlich unmittelbar bevor: Der ostindische Markt war übersättigt, während die britische Textilindustrie unter einer Flut billiger Baumwolle zu leiden hatte. »[W]enn der crash im Markt mit einer solchen Riesenernte zusammentrifft, so wird er heiter«, schrieb Engels im Juli 1851. »Peter Ermen scheißt schon jetzt in die Hosen, wenn er daran denkt, und der kleine Laubfrosch ist ein ganz gutes Barometer.« In London und Liverpool steige die Zahl der Bankrotte, die Überproduktion überschwemme den Markt, kurz, bis März 1852 werde der Zusammenbruch eintreten.[53] Als der Zeitpunkt gekommen war, Anfang März 1852, verschob Engels seine Voraussage über den Ausbruch der großen Krise in den Herbst oder Winter, fügte aber einschränkend hinzu: »Das ist … alles guesswork [Vermutung], und wir können sie ebenso gut schon im September haben. Sie wird aber schön werden, denn solche Massen Waren aller Art sind noch nie auf den Markt geschleudert worden, und solche kolossale Produktionsmittel sind noch nie dagewesen.« Das einzige Haar in der Suppe war ein Streik der Maschinenbauer für bessere Arbeitsbedingungen, der die Produktion von Maschinen empfindlich störte. Engels, der Kämpfer für die Arbeiterklasse, hielt den Streik für eine unverzeihlich egoistische Aktion, die den Crash »gewiss für einen Monat wenigstens« hinausschob.[54] Doch die Monate vergingen, und als das Jahr 1853 begann, zeigte sich, dass der Tag der Abrechnung unerklärlicherweise nicht eingetreten war. Stattdessen wuchs die Produktion, die Exporte nahmen zu, die Löhne stiegen, der Lebensstandard verbesserte sich, und der mittelviktorianische Aufschwung setzte sich fort.

Im September 1856 hatte der Prophet der Börse von Manchester seine Stimme wiedergefunden: »Es gibt diesmal ein dies irae wie nie vorher, die ganze europäische Industrie kaputt, alle Märkte überführt ..., alle besitzenden Klassen hereingeritten, kompletter Bankrott der Bourgeoisie, Krieg und Liederlichkeit im höchsten Grad.«[55] Endlich hatte Engels wenigstens teilweise recht: Das Überangebot auf dem Textilmarkt hatte zusammen mit einem unerwarteten Anstieg der Rohstoffpreise zu einem Vertrauensverlust gegenüber der Baumwollindustrie geführt, gefolgt von einem Run auf die Banken und einer Flut von Insolvenzen. Die Weltwirtschaft, von Amerika über Großbritannien und Deutschland bis Indien, geriet ins Straucheln, während die Preise von Zucker, Kaffee, Baumwolle und Seide in den Keller fielen. »Der American crash ist herrlich und noch lange nicht vorbei«, jubelte Engels im Oktober 1857. »Die Rückwirkung auf England scheint auch in der Liverpooler Borough-Bank eröffnet. Tant mieux [Um so besser]. Der Handel ist jetzt wieder auf 3–4 Jahre Klatsch, nous avons maintenant de la chance [wir haben jetzt Aussicht].«[56] Die Voraussetzungen für die Revolution waren da: Man musste losschlagen! Ermen & Engels erlitt große Verluste, aber den Veteranen des badisch-pfälzischen Feldzugs kümmerten die Schwierigkeiten seiner Firma nicht, wenn Aufruhr in der Luft lag. »Der chronische Druck ist für eine Zeitlang nötig, um die Bevölkerungen warm zu machen«, erklärte er. Dass man sich 1848 falsche Hoffnungen gemacht hatte, war inzwischen klar, doch diesmal kam es wirklich darauf an: »... jetzt geht es um den Kopf.«[57] Zwei Monate nach dem Ausbruch der Krise hatte das Proletariat jedoch immer noch nicht begriffen, welche Aufgabe es hatte. »Vorderhand ist noch nicht viel Revolutionäres zu merken«, klagte Engels im Dezember 1857, »die lange Prosperität hat furchtbar demoralisiert.«[58] Und im folgenden Frühjahr hatte sich die Wirtschaft mit Hilfe der aufstrebenden Märkte in Indien und China wieder erholt.

Engels' letzte und größte Hoffnung war der amerikanische Bürgerkrieg. Als Unionstruppen im April 1861 Häfen der Südstaaten blockierten, schossen die Transport- und Versicherungskosten in die Höhe, vor allem aber stieg der Preis der Baumwolle der Mittelsorte Orleans, mit verheerenden Auswirkungen auf Produktion und Beschäftigung in Großbritannien. Die Importe aus dem amerikanischen Süden brachen ein: Waren 1860 noch 2,6 Millionen Ballen Baumwolle von dort eingeführt worden, waren es zwei Jahre später nicht einmal 72 000. In Lancashire wurden Hunderttausende von Fabrikarbeitern, die die Ideale von Abraham Lincoln und der gegen die Sklaverei eingestellten Nordstaaten öffentlich unterstützten, zunächst nur noch mit Kurzarbeit beschäftigt und dann entlassen. Die Verringerung ihrer Löhne untergrub die gesamte Wirtschaft im Nordwesten, wo Geschäfte schlossen, Ersparnisse wegschmolzen und schließlich Hungerunruhen ausbrachen. Im November 1862 erhielten in Lancashire fast 200 000 Arbeiter Unterstützung von verschiedenen Hilfskomitees. Heutige Wirtschaftshistoriker sehen die Ursachen der Baumwollhungersnot in Lancashire ebenso in der Übersättigung des Weltmarkts wie im Bürgerkriegsembargo; das Ergebnis war in jedem Fall das Gleiche. »Dass da dem Philister das Grundeis in der Hose los wird, begreifst Du«, schrieb Engels im April 1865 an Marx, während die Import-Export-Branche taumelte und allein in Manchester 125 000 Textilarbeiter auf der Straße saßen. »In Schottland sind auch viele [Fabriken] herum, und eines schönen Morgens muss die Reihe an die Banken kommen, und dann ist die Sache fertig.«[59] Wie viele andere Baumwollfirmen war auch Ermen & Engels direkt von der Krise betroffen; in den Spinnereien wurde nur noch halbtags gearbeitet, von Gewinnen konnte angesichts überfüllter Lager keine Rede sein, und sogar die Direktorengehälter wurden gekürzt. Engels sah in der Krise, ungeachtet der persönlichen Kosten, eine neue Chance für die Revolution. »Hier fängt der distress [das

Elend] allmählich an, akut zu werden«, bemerkte er im November 1862, als sich die Fälle von Typhus, Lungenentzündung, Unterernährung und Tuberkulose häuften. »Ich denke, bis nächsten Monat werden die Arbeiter auch die passive Jammermiene satt werden, mit der sie jetzt dasitzen.«[60]

In Wirklichkeit passierte das genaue Gegenteil: Die Baumwollarbeiter von Manchester wurden zum Symbol des sogenannten mittelviktorianischen Ausgleichs und für die würdevolle Haltung, mit der sie ihre Armut ertrugen, als exemplarisches Beispiel von Selbstbeherrschung im Interesse einer größeren moralischen Verpflichtung gelobt. »Die Anführer der Arbeiterklasse stehen der Politik der Nordstaaten im Allgemeinen ausgesprochen wohlwollend gegenüber, sind fest in ihrem Hass auf die Sklaverei und fest in ihrem Glauben an die Demokratie«, schrieb R. Arthur Arnold in seiner Geschichte der Baumwollhungersnot.[61] Nach Ansicht eines Regierungsinspektors war »in der Geschichte der Fabrikation solch plötzliches und schweres Leid noch nie mit so viel stiller Ergebung und so viel geduldiger Selbstachtung ertragen worden«.[62] Anstatt sich zu erheben, nahmen die Arbeiter die Unwägbarkeiten des Weltmarkts mit unerschütterlichem Gleichmut hin, so dass die Öffentlichkeit den Eindruck gewann, die sich selbst helfende Arbeiterklasse sei endlich erwachsen und respektabel geworden. Nach Ansicht des, vom Radikalen zum bürgerlichen Apologeten gewandelten John Watts, offenbarte sich im geduldigen Ausharren der Arbeiter der wohltuende Einfluss von Sonntagsschulen, Besserungsliteratur und genossenschaftlichen Anschauungen.[63] Was Engels am Anfang befürchtet hatte, war eingetreten: Das Proletariat von Manchester hatte einen erschütternden Mangel an Bereitschaft zum Klassenkampf bewiesen.

Da die Revolution aufs Neue vertagt war, kehrte Engels an die Arbeit zurück – oder, besser gesagt, an die Arbeiten, denn die Korrespondenz zwischen Marx und Engels belegt auch, in welchem Ausmaß Marx von seinem Kompagnon abhing, wenn es darum ging, den einzigen beruflichen Vertrag zu erfüllen, den er selbst abgeschlossen hatte. Anfang 1851 hatte der frühere Fourierist Charles Dana, der jetzt Geschäftsführer der progressiven, gegen die Sklaverei kämpfenden *New York Daily Tribune* war, Marx gebeten, für seine Zeitung Artikel über britische und europäische Angelegenheiten zu verfassen. Allerdings beherrschte Marx das Schriftenglische nicht gut genug, so dass Engels seine Entwürfe ins Englische übertragen musste – was oft genug bedeutete, dass er den Artikel selbst schrieb. »Wenn es Dir möglich ist, mir einen englisch geschriebenen Artikel über die *deutschen* Verhältnisse bis *Freitagmorgen* ... zu liefern, so wäre das ein famoser Anfang«, schrieb Marx leichthin an seinen Freund, nachdem er den Auftrag für seine Kolumne erhalten hatte.[64] Engels antwortete eilfertig, obwohl er den Artikel nicht bis zum Freitag liefern konnte: »Schreib mir aber, und bald, in welcher Art er sein soll – ob ein einzelner beliebiger Artikel oder ob Du eine Reihe haben willst, und 2., wie das Zeugs zu halten ist, denn ich kenne die politics der *N[ew] Y[ork] Tr[ibune]* durchaus nicht näher ...«[65] Es war ein einträglicher Auftrag – zwei Pfund pro Artikel – für eine gute Zeitung mit mehr als 200 000 Lesern, doch Marx fand offenbar, er sei eines Philosophen nicht würdig. »Das beständige Zeitungsschmieren ennuiert mich«, schimpfte er, als er gezwungen war, seine Artikel selbst zu schreiben. »Es nimmt mir viel Zeit weg, zersplittert und ist schließlich doch nichts.«[66] Aber für seinen in Arbeit erstickenden Partner, der sich in Manchester für ihn abrackerte, schien es das Richtige zu sein. »Engels hat wirklich Überarbeit«, erklärte Marx seinem amerikanischen Freund Adolf Cluß von oben herab, aber er sei »ein wahres Universallexikon ..., arbeitsfähig zu jeder Stunde des Tages und der Nacht, nüchtern und voll, quick im Schreiben und Begreifen wie der Teufel«.[67]

Er hatte nicht ganz unrecht. Engels war ein begabter Journalist, der in der Lage war, zu den meisten Themen Artikel in jeder beliebigen Länge und aus dem Stand heraus zu verfassen. »Heute abend«, lautete eine typische pflichtschuldige Meldung an Marx, »wird der Schluss Deines Artikels übersetzt, morgen oder Donnerstag der Artikel ›Germany‹ gemacht.«[68] Aber es war banale Lohnschreiberei, und nur wenige der Artikel für die *New York Daily Tribune* entsprachen Engels' intellektuellem Niveau. Die Briefe gingen zwischen Manchester und London hin und her mit Übersetzungen, Vorschlägen für neue Artikel, Bitten um Informationen über unbekannte Themen, Forderungen nach Straffung der Artikel – »Mach doch die Artikel nicht mehr so lang. Mehr als 1–1½ Spalte kann Dana gar nicht *wünschen* ...«[69] –, stilistischer Kritik – »Du musst Deine war-articles colour a little more [Kriegsartikel ein wenig bildhafter gestalten] ...«[70] – und dringenden Mahnungen, einen fertigen Artikel rechtzeitig aufzugeben, damit er das nächste Dampfschiff in Liverpool erreichte. Aber den Ruhm erntete Marx gern selbst. »Was sagen Sie dazu, dass mein Mann mit Ihrem Aufsatz ganz Westen, Osten und Süden Amerikas in Bewegung setzt«, fragte Jenny Marx wenig einfühlsam, nachdem Engels' Geschichte von 1848/49, »Revolution und Konterrevolution in Deutschland«, bei den Lesern der *Tribune* viel Anklang gefunden hatte.[71]

Aber der Austausch war keineswegs einseitig. Die Briefe offenbaren auch, in welchem Ausmaß Marx die Entwicklung seiner Gedanken zum *Kapital* mit Engels teilte. Der Anstoß für das Werk war zu einem guten Teil von Engels gekommen. Schon 1851 mahnte er Marx: »Die Hauptsache ist, dass Du erst wieder mit einem dicken Buch vor dem Publikum debütierst ...« Es sei »auch platterdings nötig, dass der Bann gebrochen wird, der durch Deine lange Abwesenheit vom deutschen Büchermarkt ... entstanden ist«.[72] Als neun Jahre später immer noch nichts auf eine bevorstehende Veröffentlichung hindeutete, erinnerte ihn Engels, dass das »baldige Erscheinen« des Werks, das sich durch kleinere intellektuelle Bedenken unnötig verzögere, »bei weitem das Wichtigste« sei: »*Dass* das Ding geschrieben wird und erscheint, ist die Hauptsache; die Schwächen, die Dir auffallen, finden die Esel doch nicht heraus; und wenn bewegte Zeiten eintreten, was hast Du davon, wenn das ganze Ding unterbrochen wird, eh Du noch mit dem Kapital im Allgemeinen fertig wirst?«[73]

Schließlich machte sich Marx auf seinem Stammplatz Nummer 07 im Lesesaal des British Museum daran, sein Opus magnum niederzuschreiben – und bald darauf Engels mit Fragen nach Daten und Fakten zu belästigen und bei ihm einigen philosophischen Ballast abzuladen. So viel das British Museum zu bieten hatte, war es doch kein Ersatz für die realen kommerziellen Verhältnisse der Baumwollindustrie von Manchester, wenn es darum ging, die Funktionsweise des Kapitalismus zu verstehen. »Ich bin jetzt in meiner ökonomischen Arbeit an einem Punkt, wo ich einigen praktischen Aufschluss von Dir wünschte, da nichts darüber in den theoretischen Schriften zu finden«, schrieb er im Januar 1858 an Engels. »Nämlich über den *Umlauf* des Kapitals – seine Verschiedenheit in den verschiedenen Geschäften; Wirken desselben auf Profit und Preise. Wenn Du mir darüber einiges wenige mitteilen willst, so very willkommen.« Es folgten Fragen über Maschinenkosten und Abschreibungsraten, die Zuweisung von Kapital innerhalb eines Unternehmens und die Berechnung des Lagerumschlags in den Büchern. »Die theoretischen Gesetze hier sind sehr einfach und self-evident. Aber es ist doch gut, eine Ahnung davon zu haben, wie die Sache praktisch aussieht.«[74]

In den folgenden fünf Jahren wurde Engels, während er durch seine Plackerei bei Ermen & Engels dazu beitrug, die empirischen Grundlagen für *Das Kapitel* zu schaffen, förmlich mit Fragen gelöchert. »Kannst Du mir z. B. von eurer Fabrik alle Sorten Arbeiter ... schreiben, die darin beschäftigt sind und in welcher Proportion zueinander?«, bat Marx im März 1862. »Ich brauche für mein Buch nämlich ein Beispiel, um zu zeigen, dass in den mechanischen Ateliers die *Teilung der Arbeit,* wie sie die Grundlage der Manufaktur bildet und von A. Smith beschrieben ist, nicht existiert.«[75] »Da Praxis besser als alle Theorie«, begann ein anderer Brief voller Fragen, »so ersuche ich Dich, mir *ganz genau* (an Beispielen) die Methode zu beschreiben, worin ihr euer business quant à banquier etc. [Geschäft, soweit es den Bankier usw. betrifft] betreibt.«[76]

Engels' Beitrag ging jedoch über das Statistische hinaus. »Ich will Dir in ein paar Worten die in der *Ausführung weitläufige und verwickelte Geschichte* vorlegen, damit Du mir *Deine Ansicht mitteilst*«, hob Marx in einem Brief von Anfang August 1862 an, um Engels anschließend den Unterschied zwischen konstantem Kapital (Maschinen usw.) und variablem Kapital (Arbeitslohn) sowie eine frühe Fassung seiner Mehrwerttheorie zu erläutern, die im *Kapital* den Kern seiner Erklärung dafür bilden sollte, wie Kapitalisten durch Ausbeutung der Tätigkeit der Arbeiter Profit machen (siehe unten S. 316 f).[77] Engels beantwortete die philosophischen Fragen seines Freundes auf gleicher Höhe. Er war es, der in einem entscheidenden Brief vom 26. Juni 1867 auf eine der merkwürdigen ökonomischen Fehlstellen in Marx' Theorie hinwies, nämlich darauf, dass sie den von Maschinen produzierten Mehrwert außer Acht ließ. Genauso wenig hatte sie eine Antwort auf die Kritik derjenigen parat, die einfach den Wert der Arbeit mit dem vom Arbeitgeber gezahlten Lohn gleichsetzten. »Der Fabrikant und mit ihm der Vulgärökonom«, schrieb Engels, »werden Dir sofort einwerfen: Wenn der Kapitalist dem Arbeiter für seine 12 Stunden Arbeitszeit nur den Preis für 6 Stunden bezahlt, so kann daraus kein Mehrwert entstehn, indem dann jede Arbeitsstunde des Fabrikarbeiters nur = ½ Arbeitsstunde zählt, = dem, wofür sie bezahlt wird, nur auf diesen Wert in den Wert des Arbeitsprodukts eingeht.« So »greulich seicht« dieses Argument auch sei, so wundere er sich doch, fuhr Engels fort, dass Marx nicht selbst darauf gekommen sei, denn man werde es ihm »ganz sicher« sofort vorhalten, »und es wird besser im Voraus erledigt«.[78] Marx' wenig zufriedenstellende Erwiderung lautete, dass er auf solche Kritik erst im dritten Buch näher eingehen könne. »Wollte ich nun alle derartigen Bedenken vorweg abschneiden«, fügte er hinzu, »so würde ich die ganze dialektische Entwicklungsmethode verderben.«[79]

Trotz der Vielzahl von Briefen, die sich mit dem *Kapital* beschäftigten, erwies sich die Diskussion solch komplexer Fragen in schriftlicher Form gelegentlich als allzu beschwerlich.

»Kannst Du nicht auf einige Tage herkommen?«, fragte Marx Anfang August 1862. »Ich habe in meiner Kritik so viel Altes umgestoßen, dass ich doch über einige Punkte vorher mich mit Dir konsultieren möchte. Das Schreiben über das Zeug ist Dir und mir langweilig.«[80] Und selbst der unermüdliche Engels fand Marx' Bitten um Aufklärung nach einem Tag im Büro gelegentlich etwas anstrengend. »Die Rententheorie ist mir in dieser Baumwollhatz wirklich zu abstrakt gewesen«, antwortete er im September 1862 erschöpft, »ich muss die Sache überlegen, wenn ich erst mehr Ruhe habe.«[81]

Bei allem Reichtum an intellektuellem, beruflichem und persönlichem Material herrscht in der Korrespondenz zwischen Marx und Engels eine ungemütliche Stille in Bezug auf das großherzigste Opfer des Letzteren. »In den Frühsommer 1851 fällt noch ein Ereignis, welches ich nicht näher berühren will, das aber sehr zur Vermehrung unsrer äußern und innern Sorgen beitrug«, spielte Jenny Marx auf die delikate Geschichte von Henry Frederick Demuth an.[82] Seine Mutter, die 28-jährige Helene »Lenchen« Demuth, später Nim genannt, war – dem Ehepaar Marx von den Westphalens überlassen – viele Jahre Haushälterin der Familie Marx. Selbst unter den beengtesten Verhältnissen in Soho fand sich ein Platz für sie. Tatsächlich war es diese Intimität, welche die Krise heraufbeschwor: Als Jenny Marx 1850 auf den Kontinent gereist war, um Geld für die Familie zu beschaffen, näherte Marx sich dem Hausmädchen. Das Produkt dieser Verbindung, Freddy Demuth, erblickte am 23. Juni 1851, ohne viel Begeisterung auszulösen, das Licht der Welt.

Er war Marx' Sohn, doch auf der Geburtsurkunde wurde der Vater nicht genannt, und es war Engels, der inoffiziell die Vaterschaft anerkannte. Zum Besten von Marx' Ehe und der größeren politischen Sache – die Emigrantengruppen genossen nichts mehr, als Gegner mittels sexueller Skandale zu diskreditieren – gestattete Engels Marx' Sohn, seinen Nachnamen anzunehmen, und ließ damit zu, dass sein eigener guter Name beschmutzt wurde. Was Freddys weiteres Schicksal anging, verhielt sich Marx abscheulich: Er wurde zu einer wenig einfühlsamen Pflegefamilie in Ostlondon abgeschoben, erhielt keine richtige Ausbildung und kam nie in den Genuss der geistigen Anregungen, die seine Halbschwestern von Marx erhielten – in Form von Lesungen aus Shakespeares Dramen, fröhlichen Picknicks in Hampton Heath und sozialistischem Smalltalk. Er wurde Schlosser und Dreher, trat der Maschinenbauergewerkschaft bei und wurde Mitglied der Labour Party in Hackney. Als Engels später nach London umzog und nach Marx' Tod Helene Demuth als Haushälterin einstellte, benutzten Freddy und dessen Sohn Harry, wenn sie zu Besuch kamen, den Dienstboteneingang. Letzterer erinnerte sich an eine »mütterliche Gestalt im Keller«. Engels achtete darauf, dass er bei solchen Gelegenheiten nicht im Haus war.

Nur Eleanor Marx – oder »Tussy«, wie sie in der Familie genannt wurde – schien von Freddys Schicksal berührt zu sein. »Es mag sein, dass ich sehr ›sentimental‹ bin – doch ich habe nun mal das Gefühl, dass Freddy sein ganzes Leben lang großes Unrecht erlitten hat«, schrieb sie 1892.[83] Genauso wenig verstand sie Engels' distanzierte Haltung gegenüber seinem vorgeblichen Sohn, da er sich doch jedem anderen im erweiterten Familienkreis gegenüber großzügig und warmherzig verhielt. Zu Tussys Schrecken enthüllte Engels auf seinem Totenbett die Wahrheit. Im Amsterdamer Internationalen Institut für Sozialgeschichte wird ein Brief aus dem Jahr 1898 aufbewahrt, in dem Engels' letzte Haushälterin und Lebenspartnerin, Louise Freyberger, erzählt, dass Engels am Tag vor seinem Tod Tussy die wahre Identität von Freddys Vater enthüllt habe. »General [Engels] ermächtigte uns«, berichtet sie weiter, »nur dann von der Mitteilung Gebrauch zu machen, wenn er der Schäbigkeit gegen Freddy geziehen werden sollte; er sagte, er wolle seinen Namen nicht beschimpft haben, zudem, wo es gar niemandem mehr nütze.«[84] In den folgenden Jahren versuchte Tussy angestrengt, den Schaden wiedergutzumachen, indem sie sich mit Freddy anfreundete, und so wurde er in den letzten, qualvollen Monaten ihrer Beziehung mit Edward Aveling zu ihrem vertrautesten und mitfühlendsten Briefpartner. Engels' Ruf war indessen unwiderruflich geschädigt; er galt als schäbiger Vater. Obwohl er das Gerede hinter seinem Rücken mit typischem Gleichmut hinnahm, war es ein Hinweis darauf, zu welchen persönlichen Opfern er bereit war, um seinen Freund zu schützen und den langsamen Fortschritt des Sozialismus zu fördern.[85]

Solche Notlügen waren nur eine weitere Beimischung in der Dunstwolke der Täuschung, die Engels' mittlere Jahrzehnte umgab, denn er führte ein regelrechtes Doppelleben: tagsüber als Dr. Jekyll, der angesehene Baumwollkaufmann, und nachts als Mr. Hyde, der revolutionäre Sozialist. Ständig zwischen den beiden Welten zu wechseln war eine aufreibende Lebensweise, die zu Verwirrung und drohender psychologischer Spaltung führte. Schließlich vermochte er sie nicht mehr aufrechtzuerhalten, als die rebellische Freude an der Existenz als »Oswald« – daran, die Bourgeoisie anonym von innen heraus zu piesacken – immer mehr verblasste.

Ruhepol seines privaten, wirklichen Lebens waren seine Langzeitgeliebte Mary Burns und deren Schwester Lizzy. Um seinen Platz in der Gesellschaft von Manchester zu behalten und Misshelligkeiten mit seinen Eltern zu vermeiden, war Engels jedoch genötigt, seine Beziehung zu den einfachen irischen Schwestern vor seinen Geschäftskollegen und seiner Familie zu verbergen. Die Briefe seines besorgten Schwagers Adolf von Griesheim, in dem dieser über die Verbindung und ihre schädlichen Folgen für das Ansehen der Familie Engels klagte, deuten jedoch darauf hin, dass die Geheimhaltung nicht sonderlich erfolgreich war.[86] Nach seiner Ankunft in Manchester hatte Engels zunächst bei einer »alten Hexe von Hauswirtin«[87] namens Isabella Tatham in der Great Ducie Street 70 gewohnt, im Bezirk Strangeways, unweit des Platzes, an dem heute das viktorianische Gefängnisgebäude in der Bury New Road steht. Neben ihm wohnten in dieser schlichten Unterkunft ein Holzschuhmacher, ein Altwarenhändler und ein Handel treibender Silberschmied. Nachdem er einige Male kurzzeitig eine kostspieligere Wohnung angemietet hatte, um seinen zu Besuch kommenden Vater davon zu überzeugen, dass er sein Repräsentationsgeld klug anlegte (anstatt es an Marx weiterzugeben), zog Engels im März 1853 bei den Schwestern Burns ein. Dank Roy Whitfields sorgfältiger Rekonstruktion von Engels' Jahren in Manchester wissen wir, dass in den Armensteuerbüchern der Bezirke Chorlton-on-Medlock und Moss Side ein gewisser Frederick Mann Burns – ein typisch Engelssches Wortspiel – Anfang der 1850er Jahre als Bewohner der Burlington Street 17 und dann der Cecil Street 27 verzeichnet ist.[88] Im April 1854 trat jedoch die Katastrophe ein. Die »Philister« kamen hinter sein Zusammenleben mit Mary Burns, und er war wieder gezwungen, »private lodgings«, also eine eigene Wohnung, zu mieten.[89]

Ab 1854, nach der Entdeckung seiner proletarischen Ménage, war Engels trotz seiner Geldnöte gezwungen, zwei Wohnungen zu unterhalten: eine offizielle in der Walmer Street 5 in Rusholme um des bürgerlichen Anscheins willen sowie für den Empfang von Geschäftsfreunden und seiner Post – und eine inoffizielle, private in der Cecil Street, in der die Schwestern Burns wohnten. 1858 verlegte er sein offizielles Domizil in das Haus Thorncliffe Grove 6 (das 1971, nachdem das Gesundheitsamt von Manchester dieses elegante viktorianische Haus für »unbewohnbar« erklärt hatte, abgerissen wurde, so dass die Universität das Gelände übernehmen konnte). Unter dieser Adresse wurde er bei der Volkszählung von 1861 als »kurzsichtiger preußischer Kaufmann« erfasst.[90] Die Schwestern Burns hatte er unterdessen nacheinander in zwei kleineren, schlechtgebauten Häusern in den expandierenden Arbeiterbezirken Hulme und Ardwick untergebracht. Im Armensteuerbuch sind dort unter den Adressen Rial Street 7 und Hyde Road 252 Frederick und Mary Boardman sowie eine gewisse »Elizabeth Byrne« als Bewohner verzeichnet. Damit wohnten die beiden Schwestern gerade einmal 800 Meter von Engels' offizieller Wohnung entfernt.

Dies waren aber nur die ersten Wohnungen, die Engels in den nächsten 15 Jahren für die Schwestern Burns anmieten sollte. »Ich lebe jetzt fast ganz bei der Mary, um möglichst wenig Geld auszugeben«, schrieb er Marx Ende Februar 1862, »leider kann ich ohne lodgings nicht abkommen, sonst zög' ich ganz zu ihr.« Das alles war nicht leicht. »Du hast recht«, antwortete er im Spätherbst desselben Jahres auf ein weiteres Geldgesuch von Marx. »In der Hoffnung, durch häusliches Leben in Hyde Road diesen Ausfall zu decken, schicke ich Dir inl[iegend]. die Fünfpfundnote ...«[91] 1864 zog die Karawane erneut weiter, nachdem Engels sich mit der Hauswirtin in Thorncliffe Grove überworfen hatte. Er verlegte seine offizielle Residenz in die Dover Street im wohlhabenden Viertel an der Oxford Road und brachte seinen weiblichen Anhang in der nahe gelegenen Morning Street unter. Beide Wohnungen zu unterhalten, sicherzustellen, dass niemand die Grenze zwischen seinen getrennten Leben überschritt, die Miet- und Steuerzahlungen zu erledigen: das alles waren unwillkommene Zusatzaufgaben, die seine Arbeitslast vergrößerten, und er beklagte sich endlos über die Kosten und den Ärger, den sie mit sich brachten. Gleichwohl hat man auch den Eindruck, als habe der auf seine Unabhängigkeit pochende Engels die Bewegungsfreiheit genossen, die er als Wanderer zwischen zwei Welten besaß.

In seiner privaten, inoffiziellen Umgebung konnte der revolutionäre Mr. Hyde – in der Hyde Road – er selbst sein. Hier versammelte er einen regelrechten Hofstaat aus gläubigen Sozialisten und intellektuellen Sparringpartnern um sich, mit denen er Bier trank, über die neuesten philosophischen Entwicklungen diskutierte und die bürgerlichen Kompromisse allüberall beklagte. Der Kommunist Wilhelm Wolff, »Lupus« genannt, den er aus Brüssel kannte und der jetzt sein Dasein als Hauslehrer in Manchester fristete, war ein enger Freund. »Mehrere Jahre lang war Wolff der einzige Gesinnungsgenosse, den ich in Manchester hatte«, erinnerte sich Engels später; »kein Wunder, dass wir uns fast täglich sahen und dass ich auch da noch oft genug Gelegenheit hatte, sein fast instinktiv richtiges Urteil über die Tagesvorgänge zu bewundern.«[92] Georg Weerth, der erneut Schreiberdienste im »traurigen« Bradford versah, gehörte Anfang der 1850er Jahre wieder zu Engels' Kreis, bevor Geschäfte ihn ins Ausland führten und ihn 1856 in Havanna der Tod ereilte. Ein weiterer Vertrauter war der in Darmstadt geborene Carl Schorlemmer, der am Owens College organische Chemie lehrte, der Royal Society angehörte und ein Fachmann auf dem Gebiet der Paraffine (Grenzkohlenwasserstoffe) war, die zu Engels' Amüsement bei Experimenten regelmäßig explodierten, so dass Schorlemmer oft mit »zerschlagenem und zerfetztem Gesicht« bei ihm erschien.[93] Auch er war ein leidenschaftlicher Sozialist, und Marx und Engels vertrauten ihm genug, um ihm die Korrektur der Fahnen des *Kapitals* zu überlassen. Samstagabends lehnten sie häufig an der Bar der Thatched House Tavern am Newmarket Place, in der Nähe der Börse.[94]

Ein anderer guter Freund und Mitbewohner in der Wohnung in der Dover Street war Samuel Moore, den Engels durch dessen Onkel Isaac Hall, ein führendes Regimentsmitglied der Lancashire and Cheshire Volunteers, kennengelernt hatte. Moore war, nachdem er als Baumwollhändler gescheitert war, als Rechtsanwalt tätig und sollte sein Berufsleben als Oberrichter der Territorien der Royal Niger Company in Asaba beenden; als Marxist wurde ihm die Ehre zuteil, das *Kapital* ins Englische übertragen zu dürfen. Neben diesen festen Freunden fanden sich der eine oder andere deutsche Emigrant, arbeitslose Kommunisten sowie entfernte Cousins und natürlich Marx bei Engels ein. Manchmal liefen die feuchtfröhlichen Abende aus dem Ruder, so als Engels in einer »bekneipten Gesellschaft« von einem unbekannten Engländer »insultiert« wurde. »[I]ch habe den Regenschirm in der Hand«, berichtet Engels weiter, »schlage nach ihm, und die Spitze trifft ihn ins Auge.« Unglücklicherweise übergab der Angegriffene, ein gewisser Mr. Daniels, die Sache sofort einem Anwalt, und Engels rechnete damit, dass er vierzig bis fünfzig Pfund würde zahlen müssen. Um einen »öffentlichen Skandal und den row [Krach]« mit seinem »Alten« zu vermeiden, war er, wenn auch zähneknirschend, bereit, die verlangte Entschädigung zu zahlen.[95]

Engels offizielles Leben war meilenweit von solchen Kneipenhändeln entfernt. Die Cheshire Hounds, eine der größten Jagdgesellschaften des viktorianischen Großbritannien, »bestehend aus den vornehmsten Gentlemen dieser aristokratischen Grafschaft«, gingen auf das Jahr 1763 zurück, als der ehrenwerte John Smith-Barry eine Meute aus Hunden der Linien Belvior und Milton zusammenstellte. Laut der Zeitschrift *The Field* jagten sie in einer der jagdfreundlichsten Gegenden Englands: »Cheshire ist voller Parks und Herrenhäuser, und die Aristokraten sind seit unvordenklichen Zeiten eifrige Förderer der Fuchsjagd; tatsächlich gibt es keine Grafschaft in England, in der diese Haltung bei der Oberschicht häufiger anzutreffen ist.«[96] Von Tatton Hall, südlich von Manchester, bis Crewe Hall, östlich von Crewe, und von Norton Priory am Mersey bis Alderly Park bei Macclesfield jagten die Cheshire Hounds in der von November bis April dauernden Saison zwei- oder dreimal wöchentlich kreuz und quer durch die Grafschaft. Es war kein billiges Hobby: Der Beitrag zum Cheshire Hunt Covert Fund lag bei 10 Pfund pro Jahr, und die Stallgebühren konnten bis zu 70 Pfund betragen (was die jährlichen Kosten nach heutigem Geldwert auf rund 8000 Pfund schraubte). Hinzu kam der Preis für ein gutes Jagdpferd. »Ich traf am Sonnabend den Pferdehändler Murray und fragte ihn, ob er etwas habe …, das unter Hunden 14 Stone [88,9 Kilogramm] tragen könne, zu etwa 70 Pfund. Er scheint etwas zu haben …«, teilte ein gewisser James Wood Lomax, der offenbar die Pferde für Engels besorgte, seinem Auftraggeber mit.[97] Zum Glück für Engels konnte er, wenn es um so respektable Beschäftigungen wie die Jagd ging, stets auf die Mittel seines Vaters zurückgreifen. »Mein Alter hat mir das Geld für ein Pferd zum Weihnachtsgeschenk zur Verfügung gestellt«, berichtete er Marx Anfang 1857 wenig rücksichtsvoll, »und da sich ein gutes fand, hab' ich es vorige Woche gekauft ... Aber es ist mir höchst ärgerlich, dass ich hier ein Pferd halten soll, während Du in London mit Deiner Familie im Pech sitzt.«[98]

Es ist nicht bekannt, wer Engels bei den Cheshire Hounds einführte, aber er wurde zu einem regelmäßigen Teilnehmer der Jagden, zusammen mit einigen Vertretern des britischen Hochadels. Denn er war der Jagdgesellschaft während der sogenannten *Cheshire-Difficulty* beigetreten, als die führenden Großgrundbesitzer von Cheshire die Jagd aus Abscheu vor einer Affäre des Master of Foxhounds, Captain Mainwaring, mit einer verheirateten Frau boykottierten. Diese Periode der Schwierigkeiten endete erst, als Hugh Lupus, der ansonsten als Earl Grosvenor (und erster Herzog von Westminster) bekannt war, zusammen mit seinen adligen Kumpels, den Earls Cholmondeley und Crewe, das Amt des Master of Foxhounds übernahm. Es war also die Creme des britischen Adels, mit der Engels – die Geißel der preußischen Junkerschicht – ausritt. »Als vorzüglicher Reiter besaß er ein eigenes Jagdpferd ..., um an den Fuchsjagden teilzunehmen«, erzählte Marx' Schwiegersohn Paul Lafargue später; »niemals versäumte er, dabei zu sein, wenn Adel und Gentry der Umgebung nach altem feudalen Brauche alle Reiter in der Runde einluden, die Fuchshatz mitzumachen ...«[99]

Im Jahr 2004, als die damalige Labour-Regierung das Gesetz zum Verbot der Fuchsjagd als einem Vergnügen altmodischer feiner Pinkel einbrachte, wurde Engels' Mitgliedschaft bei der Cheshire Hunt als Gegenargument angeführt. »Der Gedanke, den Klassenkampf mit der Fuchsjagd zu vermengen, ist sowohl erbärmlich als auch abscheulich, wie keine geringere Autorität auf beiden Gebieten als Friedrich Engels aufs Beste gezeigt hat«, erklärte Lord Gilmour of Craigmillar in einer Oberhausdebatte über das Jagdgesetz. »Ich denke, dies belegt, dass der alte Kommunismus zumindest in mancher Hinsicht vernünftiger war als

New Labour.«[100] Und Engels war nicht der einzige viktorianische Linke mit einer Vorliebe für die Jagd: Auch Michael Sadler, der Anführer der Fabrikreformbewegung, der Landarbeiterführer Joseph Arch und Robert Applegarth, der Generalsekretär der Zimmermanns- und Tischlergewerkschaft, gingen diesem Hobby nach.*

Engels rechtfertigte seinen Zeitvertreib mit quasi revolutionären Gründen: als »wahre Schule« der Kriegführung.[101] Tatsächlich glaubte er, einer der Vorteile der britischen Kavallerie sei ihre Herkunft aus der Fuchsjagd. »Meist leidenschaftliche Jäger, besitzen [die britischen Kavallerieoffiziere] jene instinktive und rasche Auffassung der Terrainvorteile, die die Praxis der Jagd mehr oder minder mit sich bringt«, schrieb er in einem Artikel über die britische Militärstrategie.[102] Aber wie immer er es auch umschreiben mochte, was ihn wirklich faszinierte, war unverkennbar der Reiz des Jagens: »So eine Geschichte regt mich immer für ein paar Tage höllisch auf, es ist das großartigste körperliche Vergnügen, das ich kenne.«[103] Und er kannte keine Angst, an der Spitze zu reiten. Laut Paul Lafargue war er »der Ersten einer unter den Eifrigsten bei der Verfolgung, der alle Gräben, Hecken und sonstigen Hindernisse nahm«.[104] Engels selbst berichtete dem im British Museum schmorenden Marx, er sei am Tag zuvor mit seinem Pferd »über einen Erdwall und Hecke gesprungen ..., die 5 Fuß und einige Zoll hoch war«; es sei der höchste Sprung gewesen, den er je gemacht habe. Trotz schmerzender Hämorrhoiden unternahm Engels in Verfolgung seiner Beute mit Vergnügen einen 45-Kilometer-Ritt. »Ich habe mich gestern verleiten lassen, zu einem Coursing meeting [einer Hetzjagd] zu reiten, wo Hasen von Windhunden gehetzt wer-

---

* Für diese Information danke ich Nick Mansfield, von dem ich auch erfuhr, dass die National Union of Seaman den Leconsfield Hounds in Sussex noch 1940 gestattete, auf dem Gebiet ihres Kriegshauptquartiers zu jagen.

den, und war 7 Stunden im Sattel«, teilte er Marx mit. »Dies ist mir zwar sehr famos im Allgemeinen bekommen, hat mich aber am Arbeiten verhindert ...«[105]

Seine sonstigen Zeitvertreibe waren weniger wild. »Hier ist jetzt alles Kunstfreund und schwatzt von den Gemälden der Ausstellung«, erzählte er Marx im Sommer 1857 nach dem Besuch der gefeierten Art Treasures Exhibition in Trafford Park, in der es ihm besonders ein Ariost-Porträt von Tizian angetan hatte. »Du musst doch diesen Sommer einmal herkommen das Ding ansehn mit Deiner Frau, s'il y a moyen [wenn es möglich ist].«[106] Als führender Vertreter der Kaufmannschaft von Manchester pflegte er einen vornehmen, großbürgerlichen Lebensstil, besuchte Galerien, folgte Abendeinladungen, ging in Klubs, nahm an Wohltätigkeitsveranstaltungen teil und knüpfte Verbindungen, insbesondere im feinen deutschen Viertel in der Nähe seiner Wohnungen in Thorncliffe Grove und der Dover Street. Manchester war seit den 1780er Jahren ein Mekka für preußische Kaufleute, und 1870 waren rund 150 deutsche Firmen in der Stadt tätig. Bei der Volkszählung von 1851 wurden tausend in Deutschland geborene Einwohner gezählt.[107]

Die Elite dieser Gemeinde traf sich abends in der Schiller-Anstalt in der Oxford Street. Engels hatte 1859 an der Gründungsveranstaltung teilgenommen, dem Schiller-Fest in der Free Trade Hall, bei dem aus Anlass des hundertsten Geburtstags des Dichters neben Lesungen aus dessen Werken Musik von Beethoven, Mendelssohn und Mozart erklang, dirigiert von dem berühmtesten deutschen Einwohner Manchesters, Charles Hallé. Nach dem Konzert wurde als gesellschaftlicher Treffpunkt der deutschen Gemeinde und Ort, an dem sich etwas heimatliche Atmosphäre und Kultur genießen ließ, die Schiller-Anstalt gegründet. Mitte der 1860er Jahre hatte sie immerhin 300 Mitglieder und verfügte über eine Bibliothek von 4000 Bänden, eine Kegelbahn, einen Billardraum, eine Turnhalle und ein gut mit Zeitschriften ausgestattetes Lesezimmer und bot eine Vielzahl von Veranstaltungen an, von Männerchorkonzerten über Vortragsreihen bis zu Laientheateraufführungen. Engels legte sich einmal wegen einer Rückgabemahnung des Bibliothekars, samt Gebührenforderung, mit dem Direktorium der Anstalt an. »In der Tat, als ich dieses Schriftstück gelesen«, beschwerte er sich, »glaubte ich mich plötzlich in die Heimat versetzt. Ich glaubte, statt eines Schreibens vom Bibliothekar der Schiller-Anstalt eine kategorische Sommation [Aufforderung] von irgendeinem deutschen Polizeikommissar in der Hand zu halten, worin mir unter schwerer Strafandrohung geboten wird, ›binnen 24 Stunden‹ diese oder jene Übertretung wiedergutzumachen.«[108] Engels, Opfer einer Vielzahl polizeilicher Vorladungen, erinnerte eine harmlose Bibliotheksmahnung allzu sehr an die Strenge des preußischen Staats.

Derlei Unannehmlichkeiten hielten ihn indes nicht lange fern, und er engagierte sich bald wieder intensiv in der Schiller-Anstalt, wurde ins Direktorium gewählt und trat schließlich sogar an dessen Spitze. Er erwies sich als guter Funktionär, der das Biertrinken bei den Direktoriumssitzungen einführte, zahlreiche Ausschüsse leitete und den Ankauf von 6000 Büchern der Manchester Subscription Library durchführte.[109] Die Verhandlungen über diesen Ankauf bereiteten ihm große Sorgen, denn »to be ›done‹ in business to get yourself ›sold‹ [geschäftlich übers Ohr gehauen zu werden] ist natürlich hier das Schlimmste, was einem passieren kann. Jetzt ist's ein großer Triumph und gibt mir die gewünschte Gelegenheit, mich honorig von der offiziellen Beteiligung an der Sache zurückzuziehn ...«[110] Im folgenden Jahr beendete Engels seine Mitarbeit in der Anstalt jedoch ganz, nachdem diese den Populärwissenschaftler Carl Vogt für einen Vortrag verpflichtet hatte, ohne zu ahnen, dass Vogt als mutmaßlicher bonapartistischer Spion einen vorderen Platz auf Marx' und Engels' umfangreicher schwarzer Liste einnahm. Engels trat sofort von seinen Ämtern zurück.

Glücklicherweise gab es noch andere Institutionen, die er fördern konnte. So gehörte er ebenso wie Samuel Moore dem Albert Club an, »passenderweise benannt nach dem Ehemann unserer allergnädigsten Königin«. Neben einem Rauchzimmer – »wir glauben, dass es, ohne Ausnahme, der beste Raum dieser Art in Manchester ist« – verfügte der Klub über eine ebenso beeindruckende Auswahl von Kartenspielzimmern, privaten Esszimmern und Billardtischen. Namen wie Schaub, Schreider, von Lindelof und König stehen für die deutschen Klubmitglieder, die einen Anteil von 50 Prozent ausmachten.[111] 1858 schlug Engels Charles Roesgen, einen Kollegen bei Ermen & Engels, für die Aufnahme in den Klub vor. Außer dem Albert Club und der Schiller-Anstalt war Engels Mitglied des Athenaeum, des Brazenose Club, der Manchester Foreign Library und sogar der Royal Exchange, der Börse von Manchester. »Du bist jetzt also Börsenmitglied und altogether respectable. My gratulations [ganz und gar respektabel. Meine Glückwünsche]«, schrieb ihm Marx mit sarkastischem Unterton. »Ich möchte Dich wohl einmal mitten unter diesen Wölfen heulen hören.«[112] Aber trotz seines mit Vorträgen, Abendessen und Konzerten gefüllten Kalenders fühlte sich Engels stets vom Provinzialismus Manchesters eingeengt. »Seit sechs Monaten habe ich keine Gelegenheit mehr gefunden, mein anerkanntes Genie im Komponieren eines Hummersalats anzuwenden – quelle horreur, dabei versauert man ja ganz«, schrieb das Urbild des Champagnerkommunisten.[113]

Mitte der 1850er Jahre begann Engels aufgrund von Arbeitslast und Doppelleben die Grenzen seiner Kraft zu spüren. »Ich habe jetzt drei Bengel in Ordnung zu halten, und da ist kein Ende des Revidierens; Korrigierens, Rüffelns und Kommandierens«, beschwerte er sich im November 1856 bei Marx. »Dazu den Kampf mit den Fabrikanten wegen schlechter Garne oder langsamer Ablieferung, und meine eignen Arbeiten.« Der Berg von unerledigter Arbeit, geschäftlichen Anfragen und gegensätzlichen Forderungen von Seiten seines Vaters und Gottfried Ermens bedeutete, dass Engels »bis 8 Uhr [abends] jeden Tag auf dem Comptoir schanzen« musste, so dass er »vor 10 Uhr nicht mit supper [Abendessen] pp. fertig« war und erst danach mit der Arbeit für die sozialistische Sache beginnen konnte. Darunter litt seine journalistische Tätigkeit ebenso wie sein Vorhaben, Russisch zu lernen, und das theoretische Nachdenken über den Sozialismus. »Diesen Sommer richten wir uns anders ein«, kündigte er Marx im März 1857 an.[114]

Doch genau in diesem Moment vergrößerte Marx die Arbeitslast zusätzlich, indem er den sonderbaren, wenn auch lukrativen Auftrag annahm, an Charles Danas neuestem Publikationsprojekt mitzuwirken, der *New American Cyclopaedia.* Über den Geldsegen war Engels natürlich erfreut – »ist die Zahlung auch noch nicht so nahe, so ist dies doch ein sehr sichrer Posten« –, doch die Fleißarbeit sollte an ihm hängenbleiben. Im Frühsommer 1857 reagierte Engels' Körper. »Diesmal sitze ich zu Hause mit Leinsamenumschlägen auf der linken Seite des Gesichts, um ein bösartiges Geschwür zur Räson zu bringen«, meldete er Marx. »... jedenfalls bin ich seit 4 Wochen mit meinem Gesicht in einem fort beschäftigt, erst Zahnschmerzen, dann geschwollne Backe, dann wieder Zahnschmerzen, jetzt endlich die Blüte des Ganzen in einer Furunkel ...« Im Hochsommer litt er unter Erschöpfung und einem schweren Drüsenfieber – was im viktorianischen England durchaus besorgniserregend war – und wurde von seiner Schwester Marie in London gepflegt. »Ich bin Dir eine wahre Jammergestalt, krumm, lahm und schwach, und weiß mich z. B. vor Schmerzen wieder nicht zu lassen.«[115] Und was hatte Marx zu der bedrückenden Krankheit seines Freundes zu sagen? »Du begreifst«, schrieb er ihm im Juli 1857, »dass mir nichts fataler ist als to press upon you [Dich zu bedrängen] während Deiner Krankheit«, aber er brauche die *Cyclopaedia*-Artikel, und zwar schnell. Erst als Engels vollkommen zusammengebrochen war, ließ Marx von seinen Forderungen ab: »Die Hauptsache ist jetzt natürlich, dass Du Deine Gesundheit herstellst. Ich muss sehn, wie ich den Dana noch auflenke.«[116]

Es wäre jedoch falsch anzunehmen, Marx habe sich nicht um Engels' Gesundheit gesorgt. Tatsächlich ist der Austausch über

Krankheiten, Medizinen, Therapien und Ärzte häufig der detaillierteste und leidenschaftlichste Teil ihrer Briefe. »Wie steht es mit dem Punkt ›Husten‹?«, erkundigte sich Marx bei dem zur Kur am Meer weilenden Engels. Nach intensiven Recherchen im British Museum – die Arbeit am *Kapital* schob er nur zu gern beiseite – forderte er Engels auf: »Schreib mir, ob Du Eisen erhältst? Eisen hat in solchen Fällen wie in vielen anderen die Not gebrochen.«[117] Engels war nicht davon überzeugt und erwiderte mit einem ausführlichen Vergleich der Vorzüge von Eisen und Lebertran, wobei er seine Vorliebe für die norwegische Variante des Letzteren bekannte.

Doch dieser Fall war die Ausnahme. Den Löwenanteil an medizinischen Ratschlägen beanspruchte Marx, zum einen wegen hartnäckiger psychosomatischer Krankheiten – von Leberbeschwerden über Kopfschmerzen bis zu Schlaflosigkeit – und zum anderen wegen des nur allzu offensichtlichen Kampfs gegen Karbunkel, die seinen Körper wie Landminen zerfetzten. Einen Eindruck davon, welche Qualen Marx durchmachte, gibt ein Brief an Engels aus dem Jahr 1866, als die Karbunkel sein Skrotum eingekreist hatten. »[D]as Jucken und Kratzen zwischen dem Hoden und dem Podex seit 2½ Jahren und das *Abschälen der Haut,* infolge davon, [reibt] meinen Körper mehr [auf] ... als irgendetwas andres«, schrieb er vielleicht eine Spur zu detailliert. Marx bevorzugte Behandlungsmethode bestand darin, die Karbunkel mit dem Rasiermesser aufzuschneiden, dass Blut und Eiter herausspritzten.[118] Engels empfahl eine weniger unsanfte Methode in Form von Knochenerde oder wenigstens Arsenik. Was Letzteres anging, berief er sich auf den Rat eines neuen Freundes, den er in Manchester kennengelernt hatte, den Kinderarzt Eduard Gumpert, der es »in einem Fall von Karbunkeln und einem von sehr heftiger Furunkulosis angewandt und in ca. 3 Monaten vollständige Heilung erlangt« hatte.[119]

Engels' Erholung vom Drüsenfieber wiederum war weniger auf die medizinische Behandlung als vielmehr auf die Wirtschaftskrise zurückzuführen, die Manchester 1857 erschütterte.

Mit anzusehen, wie sich Peter Ermen und die anderen Wetterfrösche angesichts des purzelnden Baumwollpreises in die Hose machten, war heilsamer als jede Medizin. »Der allgemeine Aspekt der hiesigen Börse war höchst ergötzlich in der vorigen Woche«, berichtete er Marx. »Die Kerle ärgern sich schwarz über meine plötzlich sonderbar gehobene Laune.«[120] Aber er war immer noch geschwächt, und der Tod seines Vaters im März 1860 hatte einen Rückfall zur Folge. Was ihn umwarf, war freilich weniger der Verlust – seine Sohnesliebe war bemerkenswert gedämpft – als vielmehr der anschließende Familienstreit über die Finanzen von Ermen & Engels. Denn Gottfried Ermen versuchte umgehend, Engels junior aus der Firma zu drängen. Im Büro in Southgate war die Atmosphäre bald vergiftet, während Engels sich verzweifelt bemühte, über seine Zukunft zu verhandeln und seine Stellung zu behalten. Ihm war jedoch klar, dass er »in einem körperlich so krankhaften Zustand«, in dem er »unfähig war, einen einzigen notwendigen Entschluss bei gesundem Verstand und freiem Denkvermögen zu fassen«, gegen Ermens Gerissenheit nicht ankam und keine anständige Regelung würde erreichen können. Auch wenn es eine Demütigung für ihn war, musste er seinen Bruder Emil – dessen »klaren Blick, festen Entschluss und volle Beherrschung der Sache« er kannte – bitten, eine Vereinbarung auszuhandeln.[121]

Während er seine Position in England sicherte, nutzten seine Brüder Rudolf und Hermann die Gunst der Stunde, als ihre Mutter mit Verdacht auf Typhus erkrankte, um Engels, den ältesten Sohn und Erben, aus der einträglicheren Familienfirma in Engelskirchen herauszuhalten. »Seit 7 Wochen lebe ich in einer fortwährenden Spannung und Aufregung, die nun wieder auf eine Akme [einen Höhepunkt] getrieben wird, schlimmer als je zuvor«, schrieb er Marx im Mai 1860.[122] Von seinen eigenen Brüdern ausmanövriert, stimmte er aus Rücksicht auf seine leidende Mutter einer für ihn äußerst ungünstigen Regelung zu, die ihn zwang, alle Rechte auf den deutschen Teil von Ermen & Engels aufzugeben. »Liebe Mutter, um Deinetwillen habe ich alles das und manches andre niedergedrückt«, schrieb ihr Erstgeborener voller Zuneigung. »Ich will nicht um alles in der Welt auch nur ein Titelchen beitragen, dass Dir Dein Lebensabend durch Familienstreitigkeiten über die Erbschaft verbittert wird.« Zwei Wochen später fügte er hinzu: »Ich kann noch hundert andre Geschäfte bekommen, aber nie wieder eine Mutter.« Gleichwohl ließ er sie auch wissen, dass es ihm »sehr unangenehm« sei, sich selbst »aus dem väterlichen Geschäft hinaussetzen zu müssen«.[123] Engels behielt im Gegenzug dafür, dass seine Brüder 10 000 Pfund in der Firma in Manchester stehen ließen, seine Stellung sowie die Zusage, im Jahr 1864 Teilhaber von Ermen & Engels zu werden. Mehr hatte er angesichts seines geschwächten Zustands nicht erwarten können.

Man mag es kaum glauben: Neben der Sorge um die Unterbringung der Schwestern Burns, der Büroarbeit bei Ermen & Engels und den Fuchsjagden mit den Cheshire Hounds leistete Engels noch einige bedeutende Beiträge zum marxistischen Kanon, angefangen mit dem »historischen Materialismus«. Nach seiner Auffassung war diese Herangehensweise an das Studium der Geschichte, der zufolge (wie in der *Deutschen Ideologie* erstmals dargelegt) die Produktionsweise die Eigentumsbeziehungen und daher die allgemeinen Konturen der Gesellschaft bestimmt, eine von Marx' bahnbrechenden Leistungen. Marx habe das »große Bewegungsgesetz der Geschichte« entdeckt,[124] wonach »die ganze bisherige Geschichte eine Geschichte von Klassenkämpfen ist« und »es sich in all den vielfachen und verwickelten politischen Kämpfen nur um die gesellschaftliche und politische Herrschaft von Gesellschaftsklassen handelt« – und sich folglich »die Vorstellungen und Ideen einer jeden Geschichtsperiode [höchst einfach] aus den wirtschaftlichen Lebensbedingungen und den, von diesen wieder bedingten, gesellschaftlichen und politischen Verhältnissen dieser Periode« erklären.[125] Oder, wie Marx selbst es im Vorwort zur *Kritik der Politischen Ökonomie* ausgedrückt hat: »Die Produktionsweise des materiellen Lebens bedingt den sozialen, politischen und geistigen Lebensprozess überhaupt. Es ist nicht das Bewusstsein der Menschen, das ihr Sein, sondern umgekehrt ihr gesellschaftliches Sein, das ihr Bewusstsein bestimmt.«[126] Dies erklärte auch das Phänomen des falschen Bewusstseins, das entsteht, weil die wahren materialistischen Motive hinter einer politischen oder intellektuellen Veränderung – wie etwa der Reformation oder der Romantik – fälschlicherweise der autonomen Rolle von Ideen oder Religionen zugeschrieben und nicht als Produkt sozioökonomischer Kräfte erkannt werden. Ähnliches galt nach Engels' Ansicht für die politische Ökonomie: Wer sie, wie Adam Smith und David Ricardo, analysierte, ohne das wahre Wesen der Ausbeutung zu enthüllen, gewann allenfalls ein Halbwissen und ein falsches Bewusstsein der Gegenwart, weil er es versäumt hatte, vom politischen Überbau der Ideen zur materiellen Basis der Gesellschaft vorzudringen.

In der *Deutschen Ideologie* hatten Marx und Engels die kapitalistische Gesellschaft durch eine materialistische Linse betrachtet und seziert. Jetzt wandten sie sich der Vergangenheit zu und erklärten, die ökonomischen Umstände einer Geschichtsperiode (die Basis) – das heißt der Entwicklungsstand von Technik, Arbeitsteilung, Produktionsmitteln und so weiter – bestimme ihre Gesetze, Ideologien, Religionen, ja sogar ihre Kunst und Wissenschaft (den Überbau). Gewiss, gestanden Marx und Engels ein, hätten die historischen Akteure als Einzelne einen freien Willen und könnten Entscheidungen treffen und wählen. Aber sie interessierten sich für Massenphänomene und gesellschaftliche Veränderungen als Ergebnis zahlreicher, von strukturellen ökonomischen Bedingungen bestimmter individueller Entscheidungen. »Der Wille wird bestimmt durch Leidenschaft oder Überlegung. Aber die Hebel, die wieder die Leidenschaft oder die Überlegung unmittelbar bestimmen, sind sehr verschiedener Art«, heißt es bei Engels.[127] Marx hat auch hier wieder die griffigere Formulierung parat: »Die Menschen machen ihre eigene Geschichte, aber sie machen sie nicht aus freien Stücken, nicht unter selbstgewählten, sondern unter unmittelbar vorgefundenen, gegebenen und überlieferten Umständen. Die Tradition aller toten Geschlechter lastet wie ein Alp auf dem Gehirne der Lebenden.«[128]

Carlyles Geschichtstheorie der »großen Männer« lehnten Marx und Engels ab, denn dass »ein solcher und grade zu dieser bestimmten Zeit in diesem gegebenen Lande aufsteht, ist natürlich reiner Zufall«.[129] Hätte es keinen Napoleon gegeben, hätte einfach jemand anders seine Stelle eingenommen. Stattdessen wurden Klassen und Klassenkampf (Sklavenhalter/Sklave, Grundherr/Leibeigener, Kapitalist/Arbeiter) – ihrerseits Produkte der Entwicklung der Produktionsweise – zum lenkenden Prisma der marxistischen Geschichtsschreibung. So wie Hegel den Gang des Geistes durch die Geschichte verfolgt hatte, beschrieben nun Marx und Engels innerhalb eines ebenso teleologischen Rahmens das Auf und Ab der Klassenkämpfe. Geschichte sei ein Geschehen von Bindung und Befreiung gleichermaßen: fortschreitende Verelendung bis zum finalen, erlösenden Ende, dem Triumph des Proletariats und Ende des Klassenkampfs, ja, dem Ende der Geschichte selbst.

Engels war ein früher Vertreter dieses Fachs, nicht zuletzt, weil die materialistische Geschichtsauffassung stark von seiner bahnbrechenden Darstellung der Wirtschaftsgeschichte in *Die Lage der arbeitenden Klasse in England* geprägt war. Am Ende seines Lebens machte er sich jedoch Sorgen, weil die Strategie nach seiner Ansicht von weniger großen Geistern, die alles auf bloß ökonomische Ursachen zurückführen wollten, entstellt worden war. »Nach materialistischer Geschichtsauffassung ist das *in letzter Instanz* bestimmende Moment in der Geschichte die Produktion und Reproduktion des wirklichen Lebens«, schrieb er 1890 dem Berliner Studenten Joseph Bloch. »Mehr hat weder Marx noch ich je behauptet. Wenn nun jemand das bis dahin verdreht, das ökonomische Moment sei das *einzig* bestimmende, so verwandelt er jenen Satz in eine nichtssagende, abstrakte, absurde Phrase.« Anschließend führte Engels eine neue

Variable ins historisch-materialistische Muster ein, nämlich den Gedanken, dass der Überbau – jene flüchtigen Formen von Recht, Philosophie und Religion – auf die ökonomische Struktur und damit auf den »Verlauf der geschichtlichen Kämpfe« zurückwirke und »in vielen Fällen vorwiegend deren *Form*« bestimme. Es sei »eine Wechselwirkung aller dieser Momente, worin schließlich … als Notwendiges die ökonomische Bewegung sich durchsetzt.« Geschichte, erklärte er jetzt in einer bemerkenswerten Neuorientierung der marxistischen Geschichtsauffassung, sei weit mehr im Fluss, als das materialistische Stereotyp es wahrhaben wolle. Denn der dialektische Prozess sei nicht einfach eine Abfolge von Ursache und Wirkung, sondern ein Wechselspiel von Widersprüchen: So sei der ökonomische Kontext zwar »schließlich entscheidend«, aber Politik, Kultur und sogar die »Tradition« würden die Entscheidungen der Menschen und ihre Geschichte beeinflussen. Geschichte entstehe so, »dass das Endresultat stets aus den Konflikten vieler Einzelwillen hervorgeht, wovon jeder wieder durch eine Menge besonderer Lebensbedingungen zu dem gemacht wird, was er ist«. Der damit in die Idee des historischen Materialismus eingeführte Vorbehalt war derart stark, dass jener als intellektuelles und erst recht als politisches Instrument nahezu unbrauchbar wurde. In nachdenklicher Stimmung räumte der damals siebzigjährige und als führender kommunistischer Seher Europas unumstrittene Engels gelassen ein, dass er und Marx im Kampf gegen die idealistische Geschichtsauffassung die materialistische Komponente überbetont hatten: »Dass von den Jüngeren zuweilen mehr Gewicht auf die ökonomische Seite gelegt wird, als ihr zukommt, haben Marx und ich teilweise selbst verschulden müssen. Wir hatten den Gegnern gegenüber das von diesen geleugnete Hauptprinzip zu betonen, und da war nicht immer Zeit, Ort und Gelegenheit, die übrigen an der Wechselwirkung beteiligten Momente zu ihrem Recht kommen zu lassen.« Als Engels dies schrieb, war ihm zweifellos bewusst, dass sein historiographisches Theorem in Gefahr war, entweder zu einem banalen Ge-

1 Das Ehepaar Friedrich und Elise Engels: ein typisches Beispiel bürgerlicher Rechtschaffenheit.

2 Das »Zion der Obskuranten«. Engels' Heimatstadt Barmen am Anfang des 19. Jahrhunderts.

3 Georg Wilhelm Friedrich Hegel im Jahr 1828 in der Berliner Universität beim Ausbringen seiner »Drachensaat«.

4 »Mit einem Schlag zerstäubte es den Widerspruch«, schrieb Engels über Ludwig Feuerbachs Schrift »Das Wesen des Christentums«.

5 »Schwarzwildchen«, »böser Bube«, »Mohr«: der junge Karl Marx.

6 »Ich beschäftige mich jetzt sehr mit Philosophie und kritischer Theologie«. Ein Intellektueller auf der Suche: Selbstporträt von Engels im Alter von 19 Jahren.

7 »King Cotton«. Wandbild aus der Fabrik von John Marshall & Sons, etwa 1821.

8 Baumwollspulen von Ermen & Engels mit dem Markenzeichen der drei Türme.

9 Das »Juggernaut-Rad des Kapitals«: die Baumwollfabrik Ermen & Engels in Weaste, an der Eisenbahnstrecke von Manchester nach Liverpool.

10 »Oswald der Montagnard«. Fotografie von Engels, dem romantischen Visionär, 1840.

11 Im Angesicht des Proletariats: Kinderarbeit in der viktorianischen Baumwollindustrie.

12 »… und doch wird hier enorm viel Geld verdient – guten Morgen, Sir!«: das reiche viktorianische Manchester.

13 Engels' andere Welt: der Albert Club in der Dover Street in Manchester, der für seinen Rauchsalon, seine Kartenspielzimmer und Billardtische bekannt war.

14 Das »kleine Erkerchen« mit »dem vierseitigen Pult« in der Chetham's Library in Manchester, an dem sich Marx und Engels im Sommer 1845 in Bücher über politische Ökonomie vertieften.

15 Die Revolution von 1848: Aufstand in Dresden gegen den König von Sachsen. Unter den Aufrührern waren Michail Bakunin und Richard Wagner.

16 Die März-Revolution in Berlin. »Nun fehlt bloß noch die Guillotine«, so die preußische Königin Elisabeth.

17 Die Cheshire Hounds, »bestehend aus den vornehmsten Gentlemen dieser aristokratischen Grafschaft«, Gemälde von Henry Calvert.

18 »Was Kunst für die Antike bedeutet, ist Technologie für die Neuzeit: die charakteristische Eigenart.« Der Physiker James Joule (links) und der Chemiker John Dalton sitzen einander in der beeindruckenden Eingangshalle des Rathauses von Manchester gegenüber.

19 Engels als Zweitvater und Wohltäter: Der »General« mit Marx und dessen Töchtern – (von links) Laura, Eleanor und Jenny – im Jahr 1864 im Urlaub.

20 Die allseits verhätschelte Laura Marx.

21 Lizzy Burns, die einzige Mrs. Friedrich Engels – von »echtem irischen Proletarierblut«, mit einem »leidenschaftlichen Gefühl für ihre Klasse«.

22 Eleanor Marx, die geliebte und vom Schicksal gebeutelte »Tussy«.

23 Das »große Lama aus der Regent's Park Road« im Jahr 1891.

24 Das Mekka der internationalen sozialistischen Bewegung: Engels' Arbeitszimmer in der Regent's Park Road 122, wie es heute aussieht.

25 Hampstead Heath – »Londons Chimborazo« –, wo Marx und Engels gern spazieren gingen und Londoner Familien picknickten.

26 »Seht euch die Pariser Kommune an. Das war die Diktatur des Proletariats«, so beschrieb Engels die Barrikade im Faubourg St. Antoine während der Kommune, hier am 18. März 1871.

27 Brände in Paris während der Kommune, Mai 1871.

28 Der Streik der Londoner Hafenarbeiter im Jahr 1889, von Engels als das »größte Ereignis seit den letzten Reformbills« bezeichnet.

29 Gruppenfoto der Londoner Hafenarbeiter: Nach Engels' Ansicht waren ihr politischer Zusammenhalt und ihr proletarisches Klassenbewusstsein Vorzeichen für den »Anfang einer vollständigen Revolution« im East End.

30 Die weltweite Wirkung von Friedrich Engels: Ein Plakat in Havanna, das an den 130. Jahrestag des Erscheinens des *Kommunistischen Manifests* erinnert, um 1978.

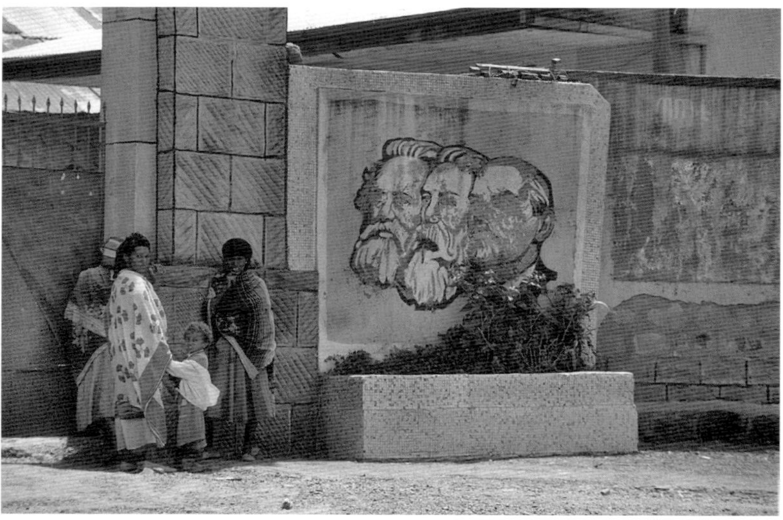

31 Eine Ikone des kolonialen Widerstands: Engels neben Marx und Lenin auf einem vom Krieg versehrten Wandgemälde in Addis Abeba in Äthiopien, 1991.

meinplatz – dass man auch die ökonomischen Bedingungen berücksichtigen solle – oder zu einer unschönen Unterart des ökonomischen Reduktionismus zu werden.[130]

In den 1850er Jahren in Manchester machte sich Engels über derlei Nuancen noch keine Gedanken. Stattdessen hatte er ein Musterbeispiel des historischen Materialismus verfasst, die 1850 erschienene Schrift *Der deutsche Bauernkrieg*, in der er es nach eigener Aussage unternahm, »die damalige politische Verfassung Deutschlands, die Auflehnungen gegen sie, die politischen und religiösen Theorien der Zeit nachzuweisen, nicht als Ursachen, sondern als Resultate der Entwicklungsstufe, auf der sich damals in Deutschland Ackerbau, Industrie, Land- und Wasserstraßen, Waren- und Geldhandel befanden«.[131] Seine Absicht war es, ganz altmodisch, die Geschichte – und das Werk des Historikers Wilhelm Zimmermann – als Arsenal für aktuelle politische Schlachten zu plündern – in diesem Fall, indem er den Bauernkrieg der 1520er Jahre als Ansporn für die durch das Scheitern von 1848/49 entmutigten deutschen Radikalen benutzte: »Es ist an der Zeit, gegenüber der augenblicklichen Erschlaffung, die sich nach zwei Jahren des Kampfes fast überall zeigt, die ungefügen, aber kräftigen und zähen Gestalten des großen Bauernkriegs dem deutschen Volke wieder vorzuführen.«[132] Und das tat Engels mit aller Drastik, die einem herausragenden Materialisten zur Verfügung steht.

Ironischerweise war der Held seiner Darstellung ein Carlylescher »großer Mann«, der protestantische Radikale Thomas Müntzer, für Engels die »großartigste Gestalt« des Bauernkrieges.[133] Der in der deutschen chiliastischen Tradition stehende Wandermystiker Müntzer versuchte Anfang der 1520er Jahre den radikalen Flügel der Reformation mit einem traditionellen Bauernaufstand zu einem »Christlichen Verbündnis« der Gottesfürchtigen gegen die Gottlosen zu verschmelzen. Mit seiner Betonung des Leidens Gottes, der Forderung nach sozialer neben spiritueller Gleichheit und seiner Kritik von Martin Luthers »Bürgerreformation« sprach er einer armen, über den Kirchenzehnten und unbefriedigende Landreformen erbosten Bauernschaft aus dem Herzen. Müntzer hatte in Leipzig und Frankfurt an der Oder Theologie studiert, war unter anderem in Zwickau, Prag und Allstedt als Prediger tätig gewesen, und seine Politik und Vision der Gesellschaftsreform waren unauflöslich mit seiner protestantischen Theologie verbunden. Engels besaß diesen Hintergrund nicht. Freilich hätten die damaligen Klassenkämpfe »religiöse Schibboleths« getragen, räumte er ein, doch dabei lasse man ihre materiellen Ursachen außer Acht.[134] Deshalb schilderte er in aller Ausführlichkeit die ökonomischen Bedingungen im frühen 16. Jahrhundert in Deutschland und legte genauestens dar, wie die Klassenspaltungen – zwischen Feudaladel, bürgerlich-protestantischen Reformern und Bauernschaft – diese revolutionäre Epoche prägten. Doch nur Müntzer war in der Lage, das Klassenbewusstsein der plebejischen Kräfte zu wecken. Richtig verstanden, war er im Grunde ein marxistischer Agitator, der den fortgeschrittensten Teil der Bauernschaft in den Klassenkonflikt führte. »Wie Münzers Religionsphilosophie an den Atheismus, so streifte sein politisches Programm an den Kommunismus ... Unter dem Reich Gottes verstand Münzer ... nichts anderes als einen Gesellschaftszustand, in dem keine Klassenunterschiede, kein Privateigentum und keine den Gesellschaftsmitgliedern gegenüber selbständige, fremde Staatsgewalt mehr bestehen.« Leider war er der Entwicklung der Produktionsweise vorausgeeilt: »Es ist das Schlimmste, was dem Führer einer extremen Partei widerfahren kann, wenn er gezwungen wird, in einer Epoche die Regierung zu übernehmen, wo die Bewegung noch nicht reif ist für die Herrschaft der Klasse, die er vertritt, und für die Durchführung der Maßregeln, die die Herrschaft dieser Klasse erfordert.«[135] Trotz seiner heroischen Reden und aller politischen Organisation war weder die feudale Gesellschaftsordnung noch die agrarisch geprägte Ökonomie des frühen 16. Jahrhunderts für den revolutionären Kommunismus bereit. Und 1525 wurde seine bunt zusammengewürfelte Bauernarmee auf den Feldern von Frankenhausen von Luthers Verbündeten dem Schwert überantwortet – in diesem Fall war der bürgerliche Dolchstoß in den Rücken, über den Engels ständig lamentierte, nur allzu real.

Das Scheitern von 1525 und 1848/49 war nicht nur durch das Auseinanderklaffen von ökonomischer Basis und politischem Überbau zu erklären, sondern auch das Ergebnis erheblicher militärischer Fehler. Deshalb machte Engels die Kriegführung zu einem zweiten Hauptgebiet seiner akademischen Studien. Wenige Monate nach seiner Rückkehr nach Manchester bat er Joseph Weydemeyer in Frankfurt am Main, ihm militärgeschichtliche Bücher zu empfehlen – die er sich später anschaffte, indem er die Bibliothek eines pensionierten Offiziers erwarb –, damit er in militärwissenschaftlichen Fragen »theoretisch einigermaßen mitsprechen« könne, ohne sich »zu sehr zu blamieren«.[136] Kriegführung wurde Engels' »Spezialgebiet«, und er versenkte sich mit typischem Eifer in das Studium militärischer Führung, des Wesens der Strategie und der Rolle von Geländekunde, Technologie und Truppenmoral. Und trotz seiner theoretischen Aversion gegen »große Männer« konnte Engels nicht anders, als die großen Generäle zu bewundern. Zu Garibaldi und Napier sah er mit geradezu kindlicher Ehrfurcht auf, aber völlig hingerissen war er von dem manichäischen Zusammenprall von Napoleon und Wellington. Seinen materialistischen Überzeugungen zum Trotz verehrte er den Helden von Waterloo – »er würde ein génie sein, wenn nicht der common sense incapabel [gesunde Menschenverstand unfähig] wäre, sich bis zum Genie emporzugipfeln«[137] – und tat 1852 seine Trauer über das Hinscheiden dieses erzreaktionären Generals und Politikers öffentlich kund.

Mitte der 1850er Jahre, als russische, britische und französische Truppen auf der Krim in ein furchtbares Schlamassel gerieten, zahlte sich das jahrelange Studium der Militärgeschichte aus. Engels begann eine zweite erfolgreiche Karriere als einer der führenden Salongeneräle Englands. Er hoffte sogar, sein militärisches Expertentum würde es ihm ermöglichen, Manchester hinter sich zu lassen. Als der Krimkrieg 1854 ausbrach, schickte er umgehend ein Bewerbungsschreiben an die *Daily News*. »Wahrscheinlich gehe ich nicht fehl in der Annahme«, schrieb er dem Redakteur H. J. Lincoln, »dass Ihnen im gegenwärtigen Augenblick ein Anerbieten, im *militärischen* Teil Ihrer Zeitung mitzuwirken, gelegen käme ...« Er verwies auf die militärischen Erfahrungen, die er in der Ausbildung bei der preußischen Artillerie und aufgrund seiner Teilnahme »an den Kampfhandlungen während des Insurrektionskrieges in Süddeutschland 1849« sammeln konnte, und versicherte, er hoffe zwar, dass die Russen vernichtend geschlagen würden, wolle aber die Politik »so wenig wie möglich mit der militärischen Kritik vermischen«.[138] Trotz dieses Versprechens kam die Zusammenarbeit nicht zustande. »Die Geschichte mit der *Daily News* ist im Arsch«, schrieb er verärgert an Marx, als er eine weitere Rettungsleine, an der er Ermen & Engels hätte entkommen können, davonschwimmen sah. Abgesehen vom Honorar, sei alles geregelt gewesen – die Vertragsbedingungen, der erste Artikel sei bereits gesetzt gewesen, er habe schon die Korrekturfahne in der Hand gehabt, und dann habe man ihm mitgeteilt, »dass die Artikel too professional [zu fachmännisch]« seien und er sie besser bei einer Fachzeitschrift unterbringen solle. Es folgte einer von Engels' seltenen ungezügelten Wutausbrüchen: Der Londoner Emigrantenklatsch sei schuld an der Absage; man habe ihm die militärische Erfahrung abgesprochen und ihm damit einen Strich durch die Rechnung gemacht. »[N]atürlich [war] nichts leichter, als den military man [Militärfachmann] Engels als einen bloßen ehemaligen einjährigen Freiwilligen, als einen Kommunisten und seines Zeichens einen Kommis hinzustellen, so dass alles aufhörte.«[139]

Wie Hohn klang es ihm in den Ohren, wenn er die grässliche, offenkundige Würdelosigkeit seiner Lage bedachte. Für eine Flüsterkampagne gegen ihn gibt es jedoch keine Beweise, während der trockene, mit Fakten überladene, allzu wissenschaftliche Stil der Militärartikel, die er als Ghostwriter für die *Daily*

Tribune verfasst hatte und jetzt weiter verfassen musste, im Überfluss belegt ist. Ein gutes Beispiel dafür ist seine Darstellung der berühmten Attacke der Leichten Brigade, einer der blutigsten und dramatischsten Episoden des gesamten Krimkriegs. Nachdem er berichtet hatte, dass »Graf von Cardigan seine leichte Brigade das Tal hinauf[geführt habe], das seiner Stellung gegenüberlag«, teilte er nüchtern ihre Auslöschung mit: »Von den 700 angreifenden Soldaten kamen kaum 200 kampffähig zurück. Die leichte Kavalleriebrigade kann als vernichtet gelten, bis sie durch Zugänge neu formiert wird.«[140] Kein Wunder, dass die *Daily News* solch bleierne Berichterstattung abgelehnt hatte.

Glücklicherweise verbesserte sich Engels' Stil, und Ende der 1850er Jahre erlaubten ihm die wachsenden Spannungen zwischen Preußen, Österreich und Frankreich in Bezug auf die Frage der italienischen Einigung, mit dem anonym veröffentlichten Pamphlet *Po und Rhein* erneut militärisches Gebiet zu betreten. Nach einem knappen Überblick über die politische Lage, die alpine Geographie und die Kriegsbereitschaft spielte Engels darin durch, welche Positionen Preußen bei verschiedenen militärischen Entwicklungen eines französisch-österreichischen Krieges einnehmen sollte. »Durchgelesen«, vermeldete Marx, nachdem er das Manuskript erhalten hatte; »exceedingly clever [außerordentlich geschickt]; auch das Politische famos behandelt, was verdammt schwer war. The Pamphlet will have a great success [Die Broschüre wird großen Erfolg haben].«[141] Und genauso kam es. Die deutschen und österreichischen Zeitungen überschlugen sich vor Lob, und es ging das Gerücht um, Garibaldi habe ganze Stapel von der Broschüre gekauft. Tatsächlich waren Engels' Informationen so gut, dass man in mehreren Armeehauptquartieren Spekulationen über den Namen des anonymen Autors anstellte. Marx berichtete ihm erfreut, dass seine Schrift in Preußen »in den hohen und höchsten militärischen Kreisen (u. a. auch dem des Prinzen Karl Friedrich) ... als Produkt eines preußischen Geheimgenerals betrachtet« werde.[142] Dumm nur, dass der Kommis in Manchester trotzdem unbekannt blieb.

Die drohenden Feindseligkeiten zwischen Frankreich und Österreich waren nur ein Element der dramatischen diplomatischen Folgen von Bonapartes Aufstieg zur Macht. Seit seiner Thronbesteigung verfolgte Napoleon III. das Ziel, das Herrschaftsgebiet des kaiserlichen Frankreich zu vergrößern, und Ende der 1850er Jahre – nach einem fehlgeschlagenen Attentatsversuch unter möglicher britischer Beteiligung – glaubten manche im britischen Generalstab, dass zu Bonapartes Plänen auch eine Invasion der britischen Inseln gehörte. Nach einer höchst chauvinistischen Pressekampagne wurden am 12. Mai 1859 lokale Freiwilligenkorps – wie sie zuletzt 1804 aufgeboten worden waren, um Bonapartes Onkel Napoleon I. zu besiegen – gebildet, um der neuen französischen Bedrohung entgegenzutreten. Die nach Zehntausenden zählenden Freiwilligen, die sich einschrieben, waren ein bemerkenswertes Beispiel eines spontanen militärischen Zusammenschlusses im Interesse des britischen Volks. Irische Korps, Handwerkerkorps, Gemeindegarden und sogar eine Pressegarde entstanden.[143] Während Lord Palmerston am Solent eine Kette von Festungen errichten ließ – seine sogenannten »Follies« –, um eine Invasionsflotte abzuschrecken, hallten die britischen Exerzierplätze und Parks von den ungeübten Marschtritten der Freiwilligenkorps und ihren mitreißenden antifranzösischen Liedern wider.

Engels, der stets vom Kampfgeist des britischen Volks überzeugt gewesen war – »Nirgends gibt es mehr Jäger und Wilddiebe, d. h. halbfertige leichte Infanterie und Scharfschützen«[144] –, unterstützte die Basisbewegung zur Verteidigung gegen das reaktionäre bonapartistische Regime aus vollem Herzen. Besonders positiv fand er die militärische Ausbildung der Freiwilligen. Denn wenn er im badisch-pfälzischen Feldzug etwas gelernt hatte, dann, wie wichtig die logistische Unterstützung, eine richtige Kommandokette und grundlegende militärische Fähigkeiten waren. »Die Erfahrung lehrt uns, dass – ganz gleich wie stark der Patriotismus der Massen sein mag – die Tatsache, dass sie im Allgemeinen keine Waffen haben und, wenn sie welche hätten, diese nicht zu gebrauchen verstünden, den Wert ihrer Einsatzfähigkeit erheblich verringert«, mahnte er unter der melodramatischen Überschrift »Könnten die Franzosen London erstürmen?« in der *Daily Tribune*.[145] Aber die Behörden waren schon dabei, das Wahrwerden dieser Schreckensvision mit Hilfe eines wirkungsvollen Inspektions- und Ausbildungsprogramms auszuschließen. »Summa summarum«, resümierte Engels 1862, »ist nach drei Jahren das Experiment soweit als vollkommen gelungen anzusehen. England hat, fast ganz ohne Kosten für den Staat, eine organisierte Armee von 163 000 Mann für die Landesverteidigung geschaffen …«[146] Gedämpft wurde diese Begeisterung nur, als er während einer Eisenbahnfahrt von London zurück nach Manchester »das Vergnügen [hatte], dass eine Gewehrkugel, nicht 12 Zoll von meiner Brust, das Fenster zerschmetterte und durch den Wagen flog: Irgendein volunteer [Freiwilliger] hatte wohl nochmals beweisen wollen, dass man ihm kein Schießgewehr anvertrauen dürfe.«[147]

Engels' Unterstützung der Freiwilligenkorps war ein weiteres Beispiel seiner gelegentlichen Klassenverwirrung, da sein leidenschaftlicher Antibonapartismus gegenüber seiner kommunistischen Ideologie die Oberhand gewann. Aber die Freiwilligenarmee bildete nicht nur die erste Widerstandslinie gegen eine französische Invasion, sondern war auch eine zutiefst reaktionäre Organisation, denn es waren nicht Arbeiter, die sich ihr massenhaft anschlossen, sondern Menschen, die sich eigene Waffen leisten und »alle Kosten tragen« konnten sowie für bis zu 24 Ausbildungstage im Jahr zur Verfügung standen. Es war eine von lokalen Aristokraten und Industriellen befehligte Reichenarmee, weshalb radikale Arbeiter etwa in Rochdale und Oldham sie als »Tory-Instrument« zur Verhinderung politischer Reformen brandmarkten. Das Preston Volunteer Corps beispielsweise war bekannt für den »völligen Mangel des Arbeiterklasseelements«, und die 40th Lancashire Rifle Volunteers (Manchester) bestanden überwiegend aus »Gentlemen«, Kaufleuten, Angestellten und Handwerkern.[148] Tatsächlich bildeten die Freiwilligenkorps eine weitere Komponente der bürgerlichen Hegemonie über das mittelviktorianische Großbritannien: Sie waren Mittelschichtvereinigungen, die dazu beitrugen, eine geschichtete Gesellschaftsstruktur zu festigen. Engels, der instinktiv den Blickwinkel der Offiziersmesse einnahm, war gegenüber solchen Subalternstimmen taub, da sein Augenmerk ganz auf der militärischen Bereitschaft zur Verteidigung gegen den bonapartistischen Feind lag.[149]

Zweifellos zur Enttäuschung der Freiwilligen hatte eine Überquerung des Ärmelkanals nie zu Bonapartes Strategie gehört. Stattdessen brachte er Frankreich auf Kollisionskurs mit der anderen expandierenden Macht auf dem europäischen Kontinent, Bismarcks Preußen. Der preußische Ministerpräsident und Kanzler des Norddeutschen Bundes war 1866 wegen der verwickelten Schleswig-Holstein-Frage gegen Österreich in den Krieg gezogen, und am Ende des Jahrzehnts schien ein Zusammenstoß mit Frankreich unvermeidlich zu sein. Engels hatte Bismarcks Charakter, als dieser sich aufmachte, zum Eisernen Kanzler zu werden, grob missverstanden und in bemerkenswerter Verkennung der Lage sogar geglaubt, Österreich würde den Krieg von 1866 gewinnen. Im Juli 1870 hegte er jedoch keine Illusionen mehr über Bismarcks Kampfentschlossenheit und strategische Fähigkeiten. Wie sich herausstellte, wurde die Zeit des Deutsch-Französischen Krieges zum Höhepunkt von Engels' Karriere als Militärexperte, da er mit seinen Lagebeurteilungen und Vorhersagen ein ums andere Mal richtig lag, was ihm in der Familie Marx den Spitznamen »General Staff« (von *general staff* = Generalstab) oder einfach »General« einbrachte.

Diesmal verfügte er, da Marx ihn als Militärkommentator an die *Pall Mall Gazette* vermittelt hatte, über die richtige Plattform für die Verbreitung seiner Ansichten. »Ich hätte wohl Lust, der *P[all] M[all] Gaz[ette]* 2 Artikel wöchentlich über den Krieg für *gute* bare Zahlung zu machen«, bestätigte Engels, der offenbar immer noch an dem *Daily News*-Debakel zu knabbern hatte, den Auftrag. Und so begann er von Manchester aus seine Artikel einzureichen, in denen er auf der Grundlage von Berichten von der Front und Meldungen der europäischen Presse nachvollzog, wie Bonapartes Truppen eine Schlappe nach der anderen erlitten. Gleich mit einem der ersten Artikel konnte er einen Knüller landen, da er von seinem Freund Eduard Gumpert erfahren hatte, dass ein Cousin, »Kompaniechef im 77. Regiment, Avantgarde des 7. Armeekorps«, mit seiner Einheit »von Aachen nach Trier abmarschiert« war, und daher korrekt voraussagen konnte, dass eins der ersten großen Gefechte zwischen französischen und deutschen Truppen in der Nähe von Saarbrücken stattfinden würde. »Inl[iegend] hast Du den *preußischen Feldzugsplan.* Ich bitte Dich, *sofort ein cab* [eine Droschke] *zu nehmen* und ihn auf die *P[all] M[all] Gaz[ette]* zu bringen, damit er *Montagabend erscheint*«, drängte Engels, der um seine Exklusivmeldung besorgte freie Journalist, Marx. »Er wird der *P. M. G.* und mir eine enorme Reputation machen … Zeitverlust ist jetzt für diese Art Artikel tödlich.«[150] Er sollte recht behalten, denn sämtliche Londoner Zeitungen, von der *Times* bis zum *Spectator*, griffen seinen Artikel auf. »Dauert der Krieg a certain time [eine gewisse Zeit]«, prophezeite Marx voller Stolz, »so wirst Du bald als *erste militärische Autorität in London* anerkannt sein.«[151] Sein Ansehen wurde sogar noch größer, als er die französische Niederlage bei Sedan und die Gefangennahme Napoleons III. voraussagte.

In Engels' Analysen ging es um mehr als nur um Feuerkraft und Strategie. Weil Lenin später einige seiner *Daily Tribune*-Artikel zum Thema »Aufstand« wiederveröffentlichte, gilt Engels vielen als früher Theoretiker der Guerillakriegführung. In der Tat verstand er den Aufstand als »eine Kunst, genau wie der Krieg«, für die es nach seiner Ansicht mehrere allgemeine Regeln gab:

> [H]at man einmal den Weg des Aufstands beschritten, so handele man mit der größten Entschlossenheit und ergreife die Offensive. Die Defensive ist der Tod jedes bewaffneten Aufstands; er ist

verloren, noch bevor er sich mit dem Feinde gemessen hat. Überrasche deinen Gegner, solange seine Kräfte zerstreut sind, sorge täglich für neue, wenn auch noch so kleine Erfolge; erhalte dir das moralische Übergewicht, das der Anfangserfolg der Erhebung dir verschafft hat; ziehe so die schwankenden Elemente auf deine Seite, die immer dem stärksten Antrieb folgen und sich immer auf die sichere Seite schlagen; zwinge deine Feinde zum Rückzug, noch ehe sie ihre Kräfte gegen dich sammeln können; um mit den Worten Dantons, des größten bisher bekannten Meisters revolutionärer Taktik, zu sprechen: de l'audace, de l'audace, encore de l'audace! [Kühnheit, Kühnheit, und abermals Kühnheit!][152]

Aber im Grunde stand Engels dem Guerillakampf skeptisch gegenüber, zum Teil wegen seiner Erfahrungen in Baden, vor allem aber, weil er eine materialistische Herangehensweise in der Militärwissenschaft bevorzugte. So führte er das Scheitern der Briten auf der Krim und die Niederlage Napoleons III. im Deutsch-Französischen Krieg darauf zurück, dass beider Militärapparate ihre überholten sozioökonomischen Grundlagen widerspiegelten. Für den Materialisten Engels war die Kriegführung, wie Religion, Politik und Kultur, ein Bestandteil des Überbaus und daher von der ökonomischen Basis bestimmt: »Bewaffnung, Zusammensetzung, Organisation, Taktik und Strategie hängen vor allem ab von der jedesmaligen Produktionsstufe und den Kommunikationen.« Sie erhielten ihre moderne Form in den Jahren nach der Französischen Revolution, als die aufstrebende Bourgeoisie und das emanzipierte Bauerntum das Geld und die Männer für die riesigen Kriegsmaschinen des 19. Jahrhunderts hervorbrachten. Insofern bildete die Entwicklung der europäischen Armeen die sozioökonomische Entwicklung des jeweiligen Landes ab – ihr Klassensystem, ihre technischen Mittel, ihre Eigentumsverhältnisse –, und »der Einfluss der genialen Feldherrn beschränkt[e] sich im besten Fall darauf, die Kampfweise den neuen Waffen und Kämpfern anzupassen«. Ein augenscheinliches Beispiel war das moderne

Schlachtschiff, das »nicht nur ein Produkt, sondern zugleich ein Probestück der modernen großen Industrie, eine schwimmende Fabrik« war.[153]

Im Fall der britischen Armee offenbarte der Zustand seiner Truppen zudem ein überholtes politisches System mit all seinen schrecklichen Ausprägungen. »Wie Alt-England selbst eine Masse schleichender Missbräuche, ist die Organisation der englischen Armee faul bis zum Herzen«, schrieb Engels während des Krimkrieges. Der Verkauf von Offiziersdienstgraden, mangelhafte militärische Kenntnisse und Fähigkeiten, die Klassenspaltung zwischen Offizieren und einfachen Soldaten sowie eine unnatürliche Vorliebe für körperliche Züchtigungen seien in den Regimentern Ihrer Majestät nur allzu verbreitet.[154] Aus materialistischer Perspektive gesehen, war das Ergebnis der Attacke der Leichten Brigade weniger auf Cardigans individuelles Versagen auf dem Schlachtfeld zurückzuführen als vielmehr eine Folge der strukturellen Mängel der britischen Elite, die es versäumt hatte, sich dem modernen Industriezeitalter anzupassen. Die Unfähigkeit, die unnötigen Verluste, »die elende Führung der englischen Armee [sind] das unvermeidliche Produkt der Herrschaft einer überlebten Oligarchie«.[155]

Da viele der Kriege, über die er in der Mitte des 19. Jahrhunderts berichtete, imperialen Ursprungs waren, begann Engels grundsätzlicher über das Wesen des Kolonialismus nachzudenken. Im folgenden Jahrhundert sollten seine und Marx' Anschauungen zu diesem Thema dramatische politische Folgen haben, als »Freiheitskämpfer« von Mao über Ho Chi Minh bis zu Castro den Marxismus als wesentlichen Teil der Befreiung vom Kolonialismus auffassten. Marx und Engels selbst waren relativ spät auf diese Idee gekommen, so wie schon ihre Konversion zum Kommunismus relativ spät erfolgt war. Obwohl die Kritik an der Brutalität und den Missbräuchen des Imperialismus seit Thomas Paine und William Cobbett ein fester Bestandteil des britischen Radikalismus war, fiel Engels eher durch seine überhebliche Geringschätzung der »geschichtslosen« Völker auf – jene ethnischen Überreste, die sich der Flut der Geschichte entgegenstemmten, wie es die Slawen in den Revolutionen von 1848 getan hatten, und sich der kolonialen Aggression widersetzten. »Die Eroberung von Algerien ist ein bedeutendes, glückliches Ereignis für den Fortschritt der Zivilisation«, hatte er 1848 über den französischen Vorstoß nach Nordafrika geschrieben. »Auch wenn wir bedauern mögen, dass die Freiheit der Wüstenbeduinen zerstört wurde, dürfen wir nicht vergessen, dass eben diese Beduinen ein Volk von Räubern waren.« Man müsse bedenken, dass »der moderne Bourgeois mit Zivilisation, Industrie, Ordnung und zumindest relativer Aufklärung im Gefolge dem Feudalherren oder dem marodierenden Räuber vorzuziehen« sei.[156] Die Vorteile des kapitalistischen Imperialismus – die zwangsweise Überführung zurückgebliebener Völker in den Sog der Geschichte und damit auf den Weg zu Klassenbewusstsein, Klassenkampf und allem, was damit zusammenhing – überwogen nach seiner Ansicht die unglückseligen Taten von Invasionstruppen. »Die wohlfeilen Preise ihrer [der Bourgeoisie] Waren«, hatten Marx und Engels im *Kommunistischen Manifest* ausgeführt, »sind die schwere Artillerie, mit der sie alle chinesischen Mauern in den Grund schießt, mit der sie den hartnäckigsten Fremdenhass der Barbaren zur Kapitulation zwingt.«[157]

Auf Südasien traf dies nach ihrer Ansicht ganz gewiss zu. »Die indische Gesellschaft hat überhaupt keine Geschichte, zum mindesten keine bekannte Geschichte«, behauptete Marx in einem Artikel, in dem er das Volk des Subkontinents unter Berufung auf die Nationalökonomen James Mill und Jean-Baptiste Say sowie auf Hegel als statisch, geschichtslos und der Zwangsbefreiung bedürftig charakterisierte. »Was wir als ihre Geschichte bezeichnen, ist nichts andres als die Geschichte der aufeinanderfolgenden Eindringlinge, die ihre Reiche auf der passiven Grundlage dieser widerstandslosen, sich nicht verändernden Gesellschaft errichteten.« Deshalb habe das Britische Empire in Indien

»eine doppelte Mission zu erfüllen: eine zerstörende und eine erneuernde – die Zerstörung der alten asiatischen Gesellschaftsordnung und die Schaffung der materiellen Grundlagen einer westlichen Gesellschaftsordnung in Asien«.[158] Ganz ähnlich begrüßte es der Fabrikbesitzer Engels, dass »die heimische Handarbeit ... jetzt endlich von der englischen Konkurrenz erdrückt wird«.[159] Als 1857 der indische Aufstand – oder der erste Unabhängigkeitskrieg – ausbrach, erklärte Marx die Grausamkeiten der Aufständischen mit jahrzehntelangem kolonialen Missbräuchen: »Wie schändlich das Vorgehen der Sepoys auch immer sein mag, es ist nur in konzentrierter Form der Reflex von Englands eigenem Vorgehen in Indien ...«[160] Aber weder Marx noch Engels sahen sich in der Lage, den Unabhängigkeitskampf vorbehaltlos zu unterstützen, da die Erfordernisse von ökonomischem Fortschritt und imperialer Modernität in ihren Augen wichtiger waren als das vergleichsweise beschränkte indische Recht auf Selbstregierung.

Im Widerspruch dazu hatten sie über ein Jahrzehnt lang die Unterdrückung Polens durch Preußen und Russland als Verweigerung demokratischer Selbstbestimmung und hässlichen Chauvinismus verurteilt, der das proletarische Selbstverständnis in den Aggressornationen untergrub. »Ein Volk, das andere unterdrückt, kann sich nicht selbst emanzipieren«, verkündete Engels 1874. »Die Macht, deren es zur Unterdrückung der andern bedarf, wendet sich schließlich immer gegen es selbst.«[161] Die Sache Polens sei auch die Sache der deutschen Arbeiterklasse, erklärten Marx und Engels. Polen werde die Fesseln des Feudalismus erst abwerfen können, wenn die deutschen Arbeiter ihre kolonialistische Einstellung aufgäben und begriffen, dass sie dasselbe Ziel wie das polnische Volk verfolgten. Irgendwann in den späten 1850er Jahren dehnten Marx und Engels diesen Glauben an das gemeinsame Schicksal von Arbeitersolidarität und nationaler Befreiung großmütig von den »alten Kulturnationen« des Westens auf nichteuropäische Völker aus. Gleichzeitig interpretierten sie die Ökonomie des Kolonialismus neu: Jetzt sahen sie im Kolonialismus nicht mehr eine Hilfe zur primitiven kapitalistischen Akkumulation, sondern eine monströse Komponente des globalen Kapitalismus, die der herrschenden Klasse der Metropole dazu diente, mit Hilfe der Rohstoffe und der ungeschützten Märkte der Peripherie ihre Macht abzustützen. Die einstige Kraft der Modernisierung war zu einem Herrschaftsinstrument der Bourgeoisie geworden. Immerhin hatte der Vorstoß des britischen Handels auf jungfräuliche Kolonialmärkte verhindert, dass der große Crash von 1857 in eine Revolution mündete.

Nachdem Engels seine Vorstellung von geschichtslosen Völkern aufgegeben hatte, wandte er sich dem Konzept des antikolonialen Widerstands zu. Hatte er einst der Verbreitung der europäischen Zivilisation das Wort geredet, so stand er 1860, während des zweiten Opiumkriegs, auf Seiten der gegen die Briten kämpfenden Chinesen. Dazu passen sein Entsetzen über die Brutalität von Gouverneur Edward John Eyres Truppen während des Morant-Bay-Aufstands – »Die Infamien in Jamaika kommen mit jeder Post toller. Die Briefe der englischen Offiziere über ihre Heldentaten gegen unbewaffnete Nigger sind unbezahlbar«[162] – und der Sarkasmus, mit dem er von den Grausamkeiten der »humanen zivilisatorischen Association Internationale des Stanley-Leopold von Belgien« im Kongo sprach.[163] In einer völligen Kehrtwendung pries er sogar den Widerstand von »Araber- und Kabylenstämmen« in Algerien – womit wohl die rückständigen Beduinen von einst gemeint waren –, während er das »barbarische System der Kriegführung … [der] Franzosen gegen alle Gebote der Menschlichkeit, der Zivilisation und des Christentums« anprangerte.[164] In »bloß beherrschten, von Eingeborenen bewohnten Ländern, Indien, Algier, den holländischen, portugiesischen und spanischen Besitzungen«, befürwortete Engels jetzt revolutionäre Arbeiteraufstände, damit sie »so rasch wie möglich der Selbständigkeit entgegengeführt« werden konnten.[165] Damit war der marxistischen Vision eines vom Proletariat angeführten antikolonialen Befreiungskampfs, die im 20. Jahrhundert eine derartige Wirkung entfalten sollte, der Weg geebnet.

Aber dieser neue radikale Standpunkt in der Kolonialfrage stand in krassem Widerspruch zu Engels' Alltag, so sorgsam er auch versuchte, sein Berufsleben von seinem politischen Leben zu trennen. Denn seine Arbeit bei Ermen & Engels machte ihn, und zwar wissentlich, zu einem Komplizen im kommerziell-kolonialen Komplex. Der mittelviktorianische Boom der Baumwollindustrie von Manchester, der Engels persönlich so sehr bereicherte, wurde von einem auf die Kolonien ausgerichteten Export angefacht. Von den Sklavenplantagen in den amerikanischen Südstaaten wurde billige Rohbaumwolle eingeführt, die dann in Form von Fertigprodukten in alle Ecken des Empire geliefert wurde. 1858/59 gingen 25,8 Prozent der britischen Baumwollexporte nach Indien – gefolgt von Amerika, der Türkei und China –, was die Gewinne steigerte und als entscheidendes Gegengewicht zum üblichen zyklischen Abschwung wirkte. Umgekehrt war indisches Kattun durch Strafzölle von der Einfuhr in europäische Länder ausgeschlossen, während die asiatischen Märkte zur Aufnahme britischer Produkte gezwungen waren. Nach dem indischen Aufstand von 1857 wurden auch die Reste der autonomen Baumwollwirtschaft des Subkontinents zerstört. »Das erstaunliche Wachstum des Handels mit Indien«, bemerkte Douglas A. Farnie in seiner Geschichte der Baumwollwirtschaft, »veranlasste die Baumwollindustrie, den Antiimperialismus von [Richard] Cobden abzulehnen und sowohl das kostspielige Militärbudget für Indien als auch den Opiumhandel mit China zu akzeptieren.«[166] Die Fabrikanten- und Kaufmannswelt, in der Engels lebte, war an diesem politischen Arrangement beteiligt. Es war zu erwarten, dass er dem fehlgeleiteten britischen Proletariat vorwarf, seinen Teil vom kolonialen Mammon einzustecken, seine eigene Position im Komplex des Imperialismus aber nie in Frage stellte.[167]

Doch diese Heuchelei kümmerte Engels im eisigen Winter von 1862/63 wenig.

> Lieber Mohr,
> Mary ist tot. Gestern Abend legte sie sich früh zu Bett, als Lizzy sich gegen 12 Uhr schlafen legen wollte, war sie schon gestorben. Ganz plötzlich. Herzleiden oder Schlagfluss. Ich erfuhr es erst heute morgen, am Montag abend war sie noch ganz wohl. Ich kann Dir gar nicht sagen, wie mir zumute ist. Das arme Mädchen hat mich mit ihrem ganzen Herzen geliebt.[168]

Für den immer noch von den Nachwirkungen seiner Depression von 1860 geschwächten Engels war Mary Burns' plötzlicher Tod ein schwerer Schlag. Trotz aller Frauengeschichten und seines forschen Äußeren war er ihr ein hingebungsvoller Partner gewesen. Mit zwischenzeitlichen Trennungen waren sie zwanzig Jahre zusammen gewesen, seit der jugendlich wirkende Junghegelianer zum ersten Mal nach Manchester gekommen war, um in der Spinnerei in Salford zu arbeiten. Sie hatte ihm Zutritt zur Unterwelt von Cottonopolis verschafft, und bei ihr und ihresgleichen hatte Engels sich am wohlsten gefühlt. Ihr Tod war ein tiefer Einschnitt für ihn: »Ich fühlte, dass ich mit ihr das letzte Stück meiner Jugend begrub.«[169] Aber mindestens ebenso verstörend war Marx' Antwort auf die Todesnachricht. Sein Kondolenzbrief begann angemessen genug mit der Versicherung, Marys Tod habe ihn »ebenso sehr überrascht als bestürzt«, und der Bemerkung: »Sie war sehr gutmütig, witzig und hing fest an Dir.« Doch dann hatte er offenbar einmal tief durchgeatmet, um sich anschließend in einer außergewöhnlich selbstsüchtigen Tirade über sein eigenes Pech zu ergehen – hohe Schulgebühren, Mietforderungen –, und das in einem überaus unangebrachten witzig-verdrossenen Tonfall. »Es ist scheußlich egoistisch von mir, dass ich Dir in diesem Augenblick diese horreurs [abscheulichen Dinge] erzähle. Aber das Mittel ist homöopathisch. Ein Unheil zerstreut über das andre …«, klagte er, um am Ende mit einem fröhlichen »Salut« zu schließen.[170] Vielleicht bewegte ihn Marys Tod so wenig, weil er selbst und seine Familie sie nie als gesellschaftlich gleichgestellt und als des »Generals« würdig betrachtet hatten. Engels jedenfalls war angesichts dieser gefühllosen Geringschätzung wie vom Donner gerührt, und sie führte zum größten Bruch in ihrer Freundschaft. »Du wirst es in der Ordnung finden, dass diesmal mein eignes Pech und Deine frostige Auffassung desselben es mir positiv unmöglich machten, Dir früher zu antworten«, erwiderte er nach einer Pause von fünf Tagen auf Marx' Brief. Selbst seine »Philisterbekannten« – vor denen er Mary jahrelang geheimgehalten hatte – hätten ihm mehr Teilnahme und Zuneigung bezeigt als sein engster Freund. »Du fandest den Moment passend, die Überlegenheit Deiner kühlen Denkungsart geltend zu machen. Soit! [Sei es denn!]«[171]

Marx war beschämt. »Es war von mir sehr unrecht, dass ich Dir den Brief schrieb, und ich bereute ihn, sobald er abgeschickt war. Es geschah dies jedoch keineswegs aus Herzlosigkeit«, beteuerte er eine Woche später, bevor er die Entstehung des Briefs und den jämmerlichen Zustand seines Haushalts erklärte.[172] Doch wie verklausuliert und hinter Erklärungen versteckt er sie auch vorbrachte, es war eine der wenigen Marxschen Entschuldigungen, und Engels nahm sie bereitwillig an. »Ich danke Dir für Deine Aufrichtigkeit«, schrieb er zurück. »Man kann nicht so lange Jahre mit einem Frauenzimmer zusammenleben, ohne ihren Tod furchtbar zu empfinden ... Als ich Deinen Brief erhielt, war sie noch nicht begraben ... Dein letzter Brief macht ihn wett, und ich bin froh, dass ich nicht mit der Mary gleichzeitig meinen ältesten und besten Freund verloren habe.« Der Bruch war gekittet, und zum Zeichen ihrer erneuerten Freundschaft unterschlug er im Büro 100 Pfund, um Marx aus der Klemme zu helfen.[173]

Engels war niemand, der sich lange mit der Vergangenheit aufhielt. Er vergab Marx, und er kam allmählich über Marys Tod hinweg. Im Herbst 1864 mehrten sich Marx' gute Wünsche für Gesundheit und Wohlergehen von »Madame Lizzy«. Es war im viktorianischen England durchaus üblich, dass sich ein Mann, dessen Frau verstorben war, einer unverheirateten Schwester zuwandte, und irgendwann in den anderthalb Jahren, die seit Marys Tod vergangen waren, hatte Engels genau dies getan und Lizzy Burns von der Haushälterin zur Geliebten befördert. Über Lizzy ist dank ihrer »festen Freundschaft« mit Tussy Marx wesentlich mehr bekannt als über Mary. »Sie konnte weder lesen noch schreiben«, schrieb Tussy in einem Brief an Karl Kautsky, »aber sie war so wahrhaftig, so aufrichtig und in mancher Hinsicht eine so vornehme Seele, wie es eine Frau nur sein kann … Es stimmt, dass sie und Mary in späteren Jahren exzessiv tranken; aber meine Eltern sagten immer, daran sei Engels ebenso schuld wie die beiden Frauen.«[174] Engels indes hob Lizzys marxistische Qualitäten hervor; sie sei »echtes irisches Proletarierblut« gewesen, betonte er rückblickend und fügte, indirekt auf ihren Analphabetismus hinweisend, hinzu, das »leidenschaftliche Gefühl für ihre Klasse, das ihr angeboren war«, sei ihm »unendlich mehr wert« gewesen und habe ihm »stärker beigestanden, als alle Schöngeisterei und Klugtuerei der ›jebildeten‹ und ›jefühlvollen‹ Bourgeoistöchter gekonnt hätten«.[175] Beide Charakterisierungen deuten auf den beruhigenden und bereichernden Einfluss hin, den Lizzy seit Mitte der 1860er Jahre auf Engels' Leben ausübte.

Die erste bemerkenswerte Folge davon, dass Lizzy die Stelle der kratzbürstigeren Mary eingenommen hatte, war eine deutliche Verbesserung des Verhältnisses zwischen den Haushalten von Marx und Engels. Während Marx selbst Marys Existenz im Allgemeinen ignoriert hatte, enthielten seine Briefe jetzt regelmäßig »compliments to Mrs. Burns« und ähnliche Floskeln. Umgekehrt sprach Engels wesentlich offener über seine Beziehung zu Lizzy, nannte sie »meine Gattin« und richtete Frau Marx und dem Kleeblatt ihrer Töchter ihre Grüße aus. Marx' Töchter Laura, Jenny und Tussy waren der Schlüssel zu dieser aufblühenden Freundschaft. Tussy verehrte ihren »Onkel Angel« von Kindesbeinen an: »Sie sah in ihm einen zweiten Vater:

den Spender guter Dinge. Von ihm waren während ihrer gesamten Kindheit Wein und Briefmarken und lustige Briefe gekommen.«[176] Und jetzt schloss sie »Tante« Lizzy in diese Zuneigung ein. Im Sommer 1869 verlebte sie einige vergnügte Wochen bei Engels und Lizzy, die mit ihr einkaufen gingen, Theateraufführungen besuchten und Manchester durchstreiften. »Ich gehe eine Menge mit Tussy und so vielen aus der Familie, menschlichen und hündischen, spazieren, wie ich zum Mitkommen überreden kann«, berichtete er Jenny Marx. »Wir sind gerade von einem langen Spaziergang ... zurückgekommen ..., Tussy, Lizzy, Mary Ellen [»Pumps« genannt, Lizzys Nichte], ich selbst und zwei Hunde, und man hat mir speziell aufgetragen, Dir mitzuteilen, dass diese zwei liebenswerten Damen jede zwei Glas Bier hatten.«[177] Denn trotz ihrer späteren abschätzigen Bemerkungen über Lizzys Alkoholismus war Tussy selbst einem guten Tropfen nicht abgeneigt und genoss bei Engels eine Freizügigkeit, die im spießigeren Marxschen Haushalt unbekannt war. An einem Sommertag war es so heiß, dass die Damen des Hauses sich »den ganzen Tag auf den Fußboden legten und Bier, Weißwein usw. tranken«, und so fand Engels sie vor, als er nach Hause kam: »der Länge nach auf dem Boden liegen[d], ohne Korsett, ohne Schuhe, mit nur einem einzigen Unterrock und einem Baumwollkleid an«.[178]

Engels liebte dieses leicht anrüchige, bohemienhafte, weiblich dominierte Ambiente und fühlte sich in Gesellschaft der Marx-Töchter besonders wohl: Er richtete ihre Hochzeiten aus, ermutigte sie in ihren journalistischen Ambitionen, amüsierte sich über ihre philosophisch-intellektuellen Wortspiele und gab ihren Porträts einen Ehrenplatz auf dem Kaminsims. Nur diese Zuneigung kann erklären, dass Jenny Marx ihm seine tiefsten Geheimnisse zu entlocken vermochte, als sie mit ihm das beliebte viktorianische Gesellschaftsspiel der Bekenntnisse spielte. Für einen Biographen stellen Engels' Antworten auf Jennys Fragen eine unschätzbare Landkarte seines Geistes dar:

Ihre Lieblingstugend – Fröhlichkeit
Ihre Lieblingstugend beim Mann – sich um seine eigenen Angelegenheiten kümmern
Ihre Lieblingstugend bei der Frau – keine Sachen zu verlegen
Ihre Haupteigenschaft – alles halb wissen
Ihre Auffassung vom Glück – Château Margaux 1848
Ihre Auffassung vom Unglück – zum Zahnarzt gehen zu müssen
Das Laster, das Sie entschuldigen – Unmäßigkeit aller Art
Das Laster, das Sie verabscheuen – Heuchelei
Ihre Abneigung – affektierte, hochnäsige Frauen
Die Person, die Sie am wenigsten mögen – [Charles Haddon] Spurgeon [ein einflussreicher Baptistenprediger]
Ihre Lieblingsbeschäftigung – necken und geneckt werden
Ihr Held – keiner
Ihre Heldin – zu viele, um eine zu nennen
Ihr Dichter – Reineke Fuchs, Shakespeare, Ariost etc.
Ihr Schriftsteller in Prosa – Goethe, Lessing, Dr. Samuelson
Ihre Blume – Blaue Glockenblume
Ihre Farbe – alle, bis auf Anilinfarbe
Ihr Lieblingsgericht – kalt: Salat; heiß: Irish-Stew
Ihre Maxime – keine zu haben
Ihr Motto – immer mit der Ruhe[179]

Wie Engels waren auch die Marx-Töchter von Lizzys irisch-proletarischer Herkunft fasziniert. Laut Engels verbrachten Tussy und Lizzy die Abende in Manchester gern damit, »sich Tee zuzubereiten …, und danach werden irische Romane gelesen, was bis zum Zubettgehen dauert oder fast so lange, nur manchmal unterbrochen von einigen Worten über die ›verurteilte Nation‹«.[180] Engels mochte diese melancholische Beschwörung der Grünen Insel verspotten, aber mit seiner Vorliebe für Irish-Stew war er ebenso empfänglich für Gespräche über die »gottverlassene Insel« wie die Marx-Töchter. Im Lauf der zwei Jahrzehnte, die er mit den Schwestern Burns zusammengelebt hatte, war seine Haltung zur irischen Frage deutlich differenzierter geworden. An die Stelle der groben, rassistischen Karikatur, die er in *Die Lage der arbeitenden Klasse in England* gezeichnet hatte, war eine materialistischere Auffassung des englisch-irischen Verhältnisses getreten, wozu nicht zuletzt auch sein Nachdenken über den Kolonialismus beigetragen hatte.

Am wichtigsten waren jedoch die Besuche auf der Insel gewesen. Nachdem Engels 1856 mit Mary Burns von Dublin nach Galway gereist war, unternahm er 1869 mit Lizzy und Tussy eine Tour durch die Wicklow Mountains, Killarney und Cork. Als unverbesserlicher Gelehrter hatte er vor, eine Geschichte Irlands zu verfassen, und paukte zunächst Gälisch, bevor er 15 Notizhefte mit Anmerkungen zum Rechtssystem des Landes, zu Geographie, Geologie, Wirtschaft und Volksliedern füllte. Es sollte eine umfassende Darstellung von Topographie, Kultur und dem ökonomischen Kampf einer Nation und eines Volkes werden, für die er unerwarteterweise Mitgefühl entwickelt hatte. »Das Wetter, wie die Bewohner, hat einen akuteren Charakter, es bewegt sich in schärferen, unvermittelteren Gegensätzen«, heißt es in einer hochtrabenden Passage des abgebrochenen Buchprojekts, »der Himmel ist wie ein irisches Frauengesicht, Regen und Sonnenschein folgen sich auch da plötzlich und unerwartet, aber für die graue englische Langweile ist kein Platz.«[181]

Vielleicht empfand er für die ausgebeuteten irischen Bauern deshalb mehr Mitgefühl als für die englischen Arbeiter, weil sie ihn noch nicht enttäuscht hatten. »Ich habe nie geglaubt, dass eine Hungersnot eine so handgreifliche Realität haben könne«, schrieb er 1856 nach seiner ersten Irlandreise an Marx. »Ganze Dörfer sind verödet, und dazwischen dann die prächtigen Parks der kleineren landlords [Grundbesitzer], fast der einzigen, die dort noch wohnen; meist Advokaten. Hungersnot, Auswanderung und clearances [Vertreibung von Pächtern] zusammen haben das fertiggebracht.«[182] Die von Westminster verursachte Hungersnot aufgrund von Kartoffelmissernten und die nachfolgende »massenhafte Vertreibung der Irländer von Haus und Hof« hatten eine Weidewirtschaft geschaffen, die das ländliche Proletariat dezimierte.[183] Merkwürdigerweise betrachtete Engels dies nicht als fortschrittlichen, modernisierenden Eingriff einer großen Nation in die Geschicke eines zurückgebliebenen, geschichtslosen Volks – wie im Fall von Mexiko und Amerika, Algerien und Frankreich –, sondern war der Ansicht, das Land sei seit der normannischen Eroberung durch die systematische Ausplünderung durch England zu einer »vollendet verlumpten Nation« degradiert worden.[184] Und während er vorher in Bezug auf die Magyaren und die Slawen oder auf Amerikaner und Mexikaner solche Aggressionen gebilligt hatte, sah er dies im Fall der Galen anders, die aufgrund ihres anhaltenden, wenn auch vergeblichen Widerstands gegen den englischen Imperialismus in seinen Augen Helden waren.

Lange bevor Marx seine Gedanken über Irland und den englischen Radikalismus zu Papier brachte, verknüpfte Engels die britische Klassenstruktur mit der Oberhoheit über die Irische See: Man könne »Irland als die erste englische Kolonie ansehn«, und dies mache deutlich, »dass die sog[enannte] Freiheit der englischen Bürger auf der Unterdrückung der Kolonien beruht«.[185] Die Reichtümer und die Stärken, die Irland biete – von den Pflanzungen Elisabeths I. bis zu den riesigen Gütern der viktorianischen Grundbesitzer –, hätten die Stellung der herrschenden kolonialen Schicht unermesslich gestärkt, die führende Adelsschicht Englands bereichert und einen rasanten Einstieg in die Industrialisierung ermöglicht. »Irland«, schrieb Marx später, »ist das bulwark [Bollwerk] der *englischen Grundaristokratie*. Die Ausbeutung dieses Landes ist nicht nur eine Hauptquelle ihres materiellen Reichtums. Es ist ihre größte *moralische* Macht. Sie repräsentieren in fact die *Herrschaft Englands über Irland*.« Hinzu kam, dass aufgrund der schwachen irischen Wirtschaft Hunderttausende von Auswanderern in die britischen Industriestädte strömten, wo sie die Löhne drückten, die Arbeiterklasse ärmer werden ließen und bewirkten, dass sich der revolutionäre Geist des Proletariats in die Sackgasse des Chauvinismus verirrte. »Der gewöhnliche englische Arbeiter ... fühlt sich ihm [dem irischen Arbeiter] gegenüber als Glied der *herrschenden Nation* und macht sich eben deswegen zum Werkzeug seiner Aristokraten und Kapitalisten *gegen Irland,* befestigt damit deren Herrschaft *über sich selbst.*«[186] So wie der Fortschritt der deutschen Arbeiterklasse nach Ansicht von Marx und Engels von der Befreiung Polens abhing, so hing die Revolution in Großbritannien von der Unabhängigkeit Irlands ab. Irland war Englands schwächster Punkt, und sein Verlust würde die Auflösung des Britischen Empire nach sich ziehen und in England selbst den Klassenkrieg auslösen.

Aber wie üblich waren die politischen Umstände noch nicht so weit. Die 1858 gegründete Irische Republikanische Bruderschaft (IRB), deren Mitglieder in Anspielung auf die Armee der »Fianna« aus der mittelalterlichen Sage über Fionn Mac Cumhaill auch »Fenier« genannt wurden, war eine irisch-amerikanische Geheimgesellschaft mit dem Ziel, die britische Herrschaft gewaltsam zu stürzen und eine unabhängige demokratische irische Republik zu errichten. Angeführt wurde sie von Söhnen von Bauern, Ladenbesitzern und kleinstädtischen Kleinbürgern mit mittlerem Einkommen, und ihre »Hauptmotivation bestand in der Ansicht, dass England eine teuflische Macht auf Erden sei, einer mystischen Bindung an Irland und dem Glauben, dass eine unabhängige irische Republik, die quasi in den Herzen der Menschen errichtet werde, eine überlegene moralische Autorität besitze«.[187] In der Praxis führte dies zu einer Reihe von »Erhebungen«, die von den britischen Behörden leicht erstickt werden konnten; es folgte eine Kampagne von Terroranschlägen, Brandstiftungen und Sabotageakten in England. Die berühmtesten waren die Sprengung des Gefängnisses Clerkenwell, die zwölf unschuldige Menschen das Leben kostete, und die kühne Befreiung der Fenieraktivisten Thomas Kelly und Timothy Deasy aus einem Polizeiwagen im September 1867. Unglücklicherweise wurde bei der Aktion ein Sergeant, Charles Brett, getötet, und in den folgenden Tagen spürte die Polizei fünf verdächtige Fenier auf, die dann umgehend wegen Mordes verurteilt wurden.

Von allem anderen abgesehen, war dies genau jene Art von selbstzerstörerischem Terrorismus, die Marx und Engels strikt ablehnten: das Werk einer aufständischen Vorhut, die den materiellen Bedingungen vorauseilte und damit die allgemeinere soziale Revolution gefährdete. Doch man darf den Einfluss von Lizzy nicht vergessen, die bereits Engels' Anschauungen über die »geschichtslosen« Völker geändert hatte. Sie war, wie er später schrieb, eine »revolutionäre Irländerin«[188] und kämpfte aktiv in der Fenierbewegung. Laut Marx' Schwiegersohn Paul Lafargue stand sie »in fortgesetzter Verbindung mit Irländern, deren es in Manchester sehr viele gab, und war stets auf dem Laufenden über ihre Komplotte«. Nach seiner Darstellung fand sogar »mehr als ein Fenier ... Unterkunft in ihrem Haus, und ihr verdankte es der Führer des Handstreichs, der die zum Tode verurteilten Fenier [Kelly und Deasy] auf dem Wege zum Galgen befreien wollte, dass er der Polizei entwischen konnte«.[189] Auch Max Beer verbreitete diese Geschichte; Engels' Haus sei »der sicherste Zufluchtsort der flüchtigen Fenier« gewesen; die Polizei habe »keine Ahnung von ihrem Versteck« gehabt.[190] Es gibt zwar keine Beweise dafür, dass Lizzy an der Gefangenenbefreiung von 1867 beteiligt war, aber Engels' Haus lag nah an der Eisenbahnbrücke, an der, mit Engels' Worten, »die große fenische Befreiungsschlacht vor sich ging«.[191] Vielleicht, aber auch nur vielleicht haben Lizzy und Engels ja einigen der rund vierzig beteiligten Fenier zur Flucht verholfen.

Als glücklose Terrorgruppe, die sich auf einen romantischen Nationalismus stützte, brauchte die IRB vor allem eines, nämlich Märtyrer, und mit der Hinrichtung von drei der fünf verurteilten Fenier – William Allen, Michael Larkin und Michael O'Brien – bekam sie genau die. Engels sagte zutreffend voraus, durch die Hinrichtungen werde »die Befreiung von Kelly und Deasy zu der Heldentat, als welche sie jetzt jedem irischen Kind in Irland, England und Amerika wird in der Wiege vorgesungen werden. Die irischen Weiber werden das ebenso gut besorgen wie die Polinnen.«[192] Trotz des hochwillkommenen Heiligenscheins, den die drei »Märtyrer von Manchester« durch ihre Hinrichtung erhielten, fielen Lizzy, Tussy und Jenny Marx in kollektive Trauer. »Jenny goes in black since the Manchester execution, and wears her Polish cross on a *green* ribbon [Jenny geht seit der Hinrichtung in Manchester in Schwarz und trägt ihr polnisches Kreuz an einem grünen Band]«, berichtete Marx.[193] »Schwarz und Grün herrschen auch bei mir zu Hause vor, brauche ich Dir kaum zu sagen«, antwortete Engels leicht resigniert.[194]

Die Arbeiter von Manchester reagierten auf die Frage der Befreiung Irlands völlig anders als die empfindsamen Marx-Töchter. Anstatt zu erkennen, dass sie im Kampf gegen eine ausbeuterische herrschende Klasse ein gemeinsames Anliegen mit der IRB hatte, und sich mit ihr zu vereinen, gab sich die Arbeiterklasse angesichts der »Gräueltaten« der Fenier antiirischen Gefühlen hin. Diese Welle der Ablehnung hatte sich aufgebaut, seit die irische Zuwanderung nach Lancashire Anfang der 1860er Jahre einen Höhepunkt erreicht hatte. Als aufgrund der hartherzigen Reaktion der Fabrikanten auf den Baumwollhunger ein verbreiteter Abscheu gegen deren liberale Herrschaft in der Stadt hinzukam, sorgte es für eine außergewöhnliche Neubelebung der Tories, die gerade rechtzeitig kam, um sich auf die Wahl von 1868 auszuwirken, da die städtischen Arbeiter kurz zuvor das Wahlrecht erhalten hatten. In Engels' Augen war dies die ultimative Würdelosigkeit: Das Versprechen von Manchester, der Zitadelle der proletarischen Revolution, war für immer geplatzt. »Was sagst Du zu den Wahlen der Fabrikdistrikte?«, fragte er Marx empört. »Der Proletarier hat sich wieder einmal greulich blamiert. Manchester und Salford schicken 3 Tories gegen 2 Liberale ... Überall das Proletariat tag, rag and bobtail [Anhängsel, Schwanz und Stimmvieh] der offiziellen Parteien, und wo eine Partei durch die neuen voters [Wähler] Kraft gewonnen, sind es die Tories.« Schon die grobe Wahlanalyse war niederschmetternd: »[E]s ist nicht wegzuleugnen, dass die Zufuhr von Arbeitervoten den Tories mehr als ihren einfachen Prozentsatz zugeführt, ihre relative Stellung verbessert hat.«[195] Irland und die irische Frage hatten die englische Klassenstruktur nicht erschüttert, sondern gefestigt.

1868 waren solche Rückschläge zu verkraften, denn die Jahre voller Stürme, Stress und »hündischem Commerce« hatten endlich Früchte getragen. »An dem Tag, wo das Manuskript abgeht«, hatte Engels 1865 angekündigt, »bekneip' ich mich ohne alle Gnade ...«[196] Doch es sollte weitere zwei Jahre dauern, bevor der erste Band des *Kapitals* – diese »ganze ökonomische Scheiße«[197] – druckreif war. Als er erschien, war die Erleichterung beinah mit Händen zu greifen. Ein solches Ergebnis war das Opfer, die Langeweile, die öde Frustration der Jahre in Manchester wert. »Diese ganze Wendung der Sache ist mir ungeheuer erfreulich«, schrieb Engels im Mai 1867 aus tiefstem Herzen an Marx, »erstens an sich selbst, zweitens wegen Deiner speziell und Deiner Frau und drittens, weil es wirklich Zeit ist, dass sich dies alles bessert ... Ich sehne mich nach nichts mehr als nach Erlösung von diesem hündischen Commerce, der mich mit seiner Zeitverschwendung vollständig demoralisiert. Solange ich da drin bin, bin ich zu nichts fähig ...«[198] Marx antwortete seinem unverbrüchlichen Geldgeber mit schuldbewusstem Unterton: »Ohne Dich hätte ich das Werk nie zu Ende bringen können, und ich versichere Dir, es hat mir immer wie ein Alp auf dem Gewissen gelastet, dass Du Deine famose Kraft hauptsächlich meinetwenig [sic!] kommerziell vergeuden und verrosten ließest und into the bargain [obendrein] noch alle meine petites misères [kleinen Miseren] mit durchleben musstest.«[199] Dennoch widmete er sein Werk nicht Engels, sondern dem 1864 verstorbenen Wilhelm Wolff, der ihm höchst willkommene 843 Pfund hinterlassen hatte.

Engels' Beitrag zu Marx' Hauptwerk ging weit über das Monetäre hinaus. Viele der Kerneinsichten des Buchs in die Funktionsweise von Kapital und Arbeit – zu denen Marx großzügig Informationen aus den Blaubüchern des britischen Amts für Statistik und offiziellen Berichten hinzugefügt hatte – und auch die philosophischen Grundlagen stammen von ihm. Und nun, im Sommer 1867, setzte er sich mit seinem blauen Stift an die Druckfahnen des Riesenmanuskripts und schlug eine Vielzahl von Korrekturen, Klärungen und Neuformulierungen vor. Der Gedankengang, bemängelte er zu Recht die häufig unfertige Schreibweise, werde »fortwährend durch Illustration unterbrochen und der zu illustrierende Punkt *nie* am Schluss der Illustration resümiert, so dass man stets von der Illustration *eines* Punkts direkt in die Aufstellung eines anderen Punkts hineinplumpst. Das ist scheußlich ermüdend und bei nicht ganz scharfer Aufmerksamkeit auch verwirrend.«[200] Manche Passagen seien offenbar zu hastig geschrieben – »die Einschaltung über Irland [ist] in der schrecklichen Eile gemacht und das Material viel zu wenig verarbeitet«[201] –, andere wirkten bedrückt – »Es ist schade, dass grade der wichtige zweite Bogen unter dem Karbunkeldruck leidet.«[202] Glücklicherweise gehörte Engels zu den wenigen Menschen, von denen Marx Kritik annahm.

Das Ergebnis war ein Triumph: der Grundtext des wissenschaftlichen Sozialismus und ein Klassiker des westlichen politischen Denkens. Wie Robert Skidelsky zutreffend bemerkt, verband Marx im *Kapital* mehrere Dinge:

> eine dialektische Theorie historischer Abschnitte, eine materialistische Geschichtstheorie (in welcher der Klassenkampf die Stelle von Hegels Kampf der Ideen beim Aufstieg der Menschheit einnimmt), eine ökonomische und moralische Kritik der kapitalistischen Zivilisation (verkörpert in der Ausbeutungs- und Entfremdungsthese), einen ökonomischen Nachweis, dass der Kapitalismus zusammenbrechen müsse (aufgrund seiner Widersprüche), einen Aufruf zu revolutionärem Handeln und die Voraussage (vielleicht eher die Versicherung), dass der nächste – und letzte – historische Abschnitt der Kommunismus sein werde.[203]

Dreh- und Angelpunkt des *Kapitals* war die Mehrwerttheorie – für Engels Marx' zweite große Entdeckung nach derjenigen des historischen Materialismus –, die alchemistische Formel, die exakt erklären sollte, wie die Klassenausbeutung in der kapitalistischen Wirtschaft funktioniert. Nach Marx' Auffassung war der zwangsweise Verkauf der Arbeitskraft der Arbeiter für weniger als den Tauschwert der mit dieser Arbeitskraft hergestellten Waren der Mechanismus, durch den die Bourgeoisie immer reicher wurde, während das Proletariat von seiner eigenen Arbeit und Menschlichkeit entfremdet wurde. Im Kern erklärte Marx, dass ein Kapitalist, wenn ein Arbeiter in sechs Stunden genug produzierte, um mit dem Tauschwert seinen Lebensunterhalt zu decken, bei einem Zwölfstundentag den Wert der Produktion der übrigen sechs Stunden als Gewinn einstrich. Diese ausbeuterische Produktionsweise – das notwendige Resultat des Systems des Privateigentums – sei unnatürlich, historisch vergänglich und zutiefst ungerecht. Die große Befreiungshoffnung, die das *Kapital* versprach, lautete, dass diese kapitalistische Ungerechtigkeit durch den Kampf eines klassenbewussten Proletariats beseitigt werden würde:

> Mit der beständig abnehmenden Zahl der Kapitalmagnaten, welche alle Vorteile dieses Umwandlungsprozesses usurpieren und monopolisieren, wächst die Masse des Elends, des Drucks, der Knechtschaft, der Entartung, der Ausbeutung, aber auch die Empörung der stets anschwellenden und durch den Mechanismus des kapitalistischen Produktionsprozesses selbst geschulten, vereinten und organisierten Arbeiterklasse. Das Kapitalmonopol wird zur Fessel der Produktionsweise, die mit und unter ihm aufgeblüht ist. Die Zentralisation der Produktionsmittel und die Vergesellschaftung der Arbeit erreichen einen Punkt, wo sie unverträglich werden mit ihrer kapitalistischen Hülle. Sie wird gesprengt. Die Stunde des kapitalistischen Privateigentums schlägt. Die Expropriateurs werden expropriiert.[204]

Aber die trockene Mehrwerttheorie reichte nicht aus, um die kommunistische Sache zu popularisieren. Deshalb hatte Marx das Buch mit all den höllischen Einzelheiten über das viktorianische Fabrikleben ausstaffiert, die Engels ihm geliefert hatte. »[A]lle Mittel zur Entwicklung der Produktion«, schrieb er über das »allgemeine Gesetz der kapitalistischen Akkumulation« in der Industrie, »schlagen um in Beherrschungs- und Exploitationsmittel des Produzenten, verstümmeln den Arbeiter in einen Teilmenschen, entwürdigen ihn zum Anhängsel der Maschine, vernichten mit der Qual seiner Arbeit ihren Inhalt, entfremden ihm die geistigen Potenzen des Arbeitsprozesses …, verwandeln seine Lebenszeit in Arbeitszeit, schleudern sein Weib und Kind unter das Juggernaut-Rad des Kapitals.«[205] Man darf freilich nicht vergessen, dass die Mittel, die Marx während des langen Reifungsprozesses des *Kapitals* das Überleben sicherten und es ihm ermöglichten, solche vernichtenden Sätze niederzuschreiben, letztlich aus ebendieser ausgebeuteten Arbeitskraft kamen – den Fabrikarbeitern von Ermen & Engels, diesem gewaltigen Rad (Juggernaut) des Kapitals.

Seit seinem Erscheinen ist das Riesenkonvolut des *Kapitals* Gegenstand zahlreicher Lesarten durch unterschiedliche Rezipienten, die es der Ökonomie, Politologie oder Soziologie, der Satire oder Schauerliteratur zuordneten oder allen diesen Genres gleichzeitig oder keinem von ihnen. Diese Tradition der mehrfachen Interpretation begann mit Engels. Nachdem er dem Werk 17 Jahre seines Lebens geopfert hatte, war er entschlossen, dafür zu sorgen, dass es nicht totgeschwiegen wurde. »Dass das Buch gleich bei seinem Erscheinen großen Effekt machen wird, davon bin ich überzeugt«, versicherte er Marx im April 1867, »aber es wird sehr nötig sein, dem Enthusiasmus des wissenschaftlichen Bürgers und Beamten etwas auf die Beine zu helfen und die kleinen Manöver nicht zu verschmähen.«[206] Solche Manöver führte Engels nur allzu gern, und so öffnete der erfahrene PR-Mann sein Adressbuch, um ein angemessenes Echo auf das Buch zu organisieren. »Ich hoffe, Sie werden imstande sein, die Aufmerksamkeit der amerikanisch-deutschen Presse und der Arbeiter auf Marx' Buch zu lenken«, schrieb er etwa an Hermann Meyer, der damals in der amerikanischen kommunistischen Bewegung aktiv war.[207] Und gegenüber Ludwig Kugelmann in Hannover beklagte er sich: »Die deutsche Presse ist noch immer stumm über das *Kapital,* und es ist doch von der höchsten Wichtigkeit, dass was geschieht … Es ist unsre verdammte Schuldigkeit, … Artikel, und zwar möglichst gleichzeitig, in die Blätter zu bringen, namentlich in die europäischen und auch in die reaktionären.«[208]

Am Ende kam er zu der Einsicht, dass er es selbst in die Hand nehmen musste. »Was meinst Du«, fragte er Marx, »soll ich, um die Sache in Zug zu bringen, das Ding vom bürgerlichen Standpunkt angreifen?«[209] Sie gelangten beide zu dem Schluss, dass es am besten sei, »das Buch *denunzieren* zu lassen« und journalistisch gehörig Lärm zu schlagen.[210] Daraufhin zog Marx' begabtester Publizist alle Register der modernen Medienmanipulation und der Literaturvermarktung und verfasste für englische, amerikanische und europäische Zeitungen und Zeitschriften eine Rezension nach der anderen. Für *Die Zukunft* nahm er einen hochtrabenden akademischen Tonfall an: »Wir bekennen, dass wir die neu eingeführte Kategorie des *Mehrwerts* für einen Fortschritt halten«;[211] für den *Staats-Anzeiger für Württemberg* schrieb er eher wirtschaftsorientiert: »Deutsche Geschäftsleute … werden hier eine reiche Quelle der Belehrung finden und uns dafür danken, sie hierauf aufmerksam gemacht zu haben«;[212] der *Beobachter* erhielt eine patriotisch getönte Rezension: das vorliegende Buch gehöre »zu denjenigen Leistungen …, welche dem deutschen Geist Ehre machen«;[213] und für das *Demokratische Wochenblatt* sprach er mit eigener Stimme: »Solange es Kapitalisten und Arbeiter in der Welt gibt, ist kein Buch erschienen, welches für die Arbeiter von solcher Wichtigkeit wäre, wie das vorliegende. Das Verhältnis von Kapital und Arbeit, die Angel, um die sich unser ganzes heutiges Gesellschaftssystem dreht, ist hier zum ersten Mal wissenschaftlich entwickelt …«[214]

Im Juni 1869 stand das Ende von Engels' Vertrag mit Gottfried Ermen bevor. Beiden war ihre Partnerschaft lästig, und sie wollten sie beenden. Die Frage war nur, zu welchem Preis. Typischerweise galt Engels' erster Gedanke den Finanzen der Familie Marx und dem Stand ihrer Verschuldung. »Kannst Du mit £ 350 für die *gewöhnlichen* regelmäßigen Bedürfnisse im Jahr auskommen[?]«, fragte er seinen Freund während der Verhandlungen mit Gottfried Ermen.[215] Das Ziel war eine Vereinbarung, die ihm selbst ein bequemes Leben als Rentier und der Familie Marx eine anständige jährliche Beihilfe sicherte. Mit der »Schweinerei mit G[ottfried] E[rmen]« ins Reine zu kommen erwies sich, wie zu erwarten, als schwierig,[216] und Engels musste sich mit einer alles andere als optimalen Regelung zufriedengeben. »Wenn ich die Sache mit G E hätte aufs äußerste treiben wollen, d. h. riskieren, dass wir brächen, und ich dann irgend etwas andres anfangen müsste, so glaubte ich wohl, ich hätte ca. £ 750 mehr herausschlagen *können*«, erklärte er seinem Bruder Hermann. »Aber es kam mir durchaus nicht drauf an, nochmal auf ... 10 Jahre ... an den süßen Handel gebunden [zu] sein.«[217]

Ermen wusste, dass sein unwilliger Geschäftspartner niemals eine Konkurrenzfirma aufbauen würde, und setzte daher eine Abmachung durch, die Engels letztlich nur eine Summe von 12 500 Pfund einbrachte (nach heutigem Geldwert etwa 1,2 Millionen Pfund). Für eine Partnerschaft in einem erfolgreichen multinationalen Unternehmen wie Ermen & Engels war dies kein großer Betrag. Aber Gottfried Ermen hatte richtig angenommen, dass Engels jede Summe akzeptieren würde. »[I]ch war mit Engels, als er ans Ende dieser Zwangsarbeit gekommen war«, erzählte Tussy Marx später über Engels' letzten Arbeitstag,

> und da erkannte ich, was das all die Jahre hindurch für ihn bedeutet hatte. Ich werde niemals das triumphierende »zum letzten Mal« vergessen, das er ausrief, als er seine Röhrenstiefel am Morgen anzog, um zum letzten Mal seinen Weg ins Geschäft zu nehmen. Einige Stunden später, als wir am Tore standen, auf ihn

wartend, sahen wir ihn über das kleine Feld gegenüber seinem Wohnhause daherkommen. Er schwang seinen Stock in der Luft und sang und lachte mit dem ganzen Gesicht. Dann tafelten wir festlich und tranken Champagner und waren glücklich.[218]

Engels war in der Tat froh. »Hurra! Heute ist's mit dem doux commerce [süßen Handel] am Ende, und ich bin ein freier Mann!«, verkündete er Marx. »Tussy und ich haben heute morgen meinen ersten freien Tag durch einen langen Spaziergang in die Felder gefeiert.«[219]

Ohne die Last des Kaufmannslebens – mit all den persönlichen und ideologischen Kompromissen, die es mit sich gebracht hatte – fühlte sich Engels mit seinen 49 Jahren wie neugeboren. »Heute ist der erste Tag meiner Freiheit«, schrieb der weiterhin treu ergebene Sohn seiner Mutter. »Statt in die düstre Stadt zu gehen, ging ich heute morgen bei dem wunderschönen Wetter ein paar Stunden in die Felder, und an meinem Schreibtisch, in einem komfortabel eingerichteten Zimmer, wo man die Fenster öffnen kann, ohne dass der Rauch überall schwarze Flecken macht, mit Blumen im Fenster und ein paar Bäumen vor dem Haus, arbeitet [es] sich ganz anders als in meinem düstren Zimmer im Warehouse [Lager] mit der Aussicht auf einen Wirtshaushof.«[220] Aufgrund der neugewonnenen Freiheit begann Engels sogar das Leben in Manchester zu genießen, während er sich in seinem Arbeitszimmer beschäftigte, in seinem Klub die Zeitungen durchblätterte oder mit Lizzy und den Hunden im ländlichen Cheshire spazieren ging. Aber nicht alle im Büro teilten Gottfried Ermens Erleichterung darüber, einen schwierigen Partner los zu sein. Eine im Amsterdamer Marx-Engels-Archiv aufbewahrte kurze Notiz von Henry Bayley, einem Büroangestellten bei Ermen & Engels, zeigt, dass Engels nicht immer der herrische Unmensch war, wie es die Bürolegenden überliefern. »Ich bedauere den Verlust Ihrer Freundlichkeit unter uns und meine Unfähigkeit, Ihnen meine Wertschätzung derselben zu zeigen, aufrichtig«, schrieb Bayley an seinen scheidenden Arbeitgeber. »Ich kann nicht anders, als noch weiter zu gehen und Ihnen zu sagen, wie sehr ich wegen der vielen Freundlichkeiten, die Sie mir erwiesen, während ich unter Ihnen arbeitete, in Ihrer Schuld stehe.«[221]

Die Freizeitbeschäftigungen eines Fabrikanten im Ruhestand in den Vororten von Manchester vermochten Engels nicht lange zu fesseln. Nachdem Lizzy wieder einmal einen Streit mit dem Rest ihrer Familie gehabt hatte, beschloss das Paar, im Spätsommer 1870 nach London zu ziehen. In den letzten 18 Jahren habe er »so gut wie gar nichts *direkt* für unsre Sache ... tun können« und seine ganze Zeit »bürgertümlicher Tätigkeit« widmen müssen, hatte er im April 1869 entschuldigend an Friedrich Leßner, seinen Kampfgefährten von 1848, geschrieben. Doch das sollte sich jetzt ändern. Nachdem er die politische Abstinenz seiner Jahre im bürgerlichen Abseits erduldet hatte, zog es ihn zurück auf die ideologischen Barrikaden und an die Seite von Marx. »[E]s wird mir immer eine Freude sein, mit einem alten Kameraden wie Du auf demselben Kampfplatz und auf denselben Feind einzuhauen«, versicherte er Leßner.[222] Der politische Straßenkämpfer Engels war bereit, in die Arena zurückzukehren.

»DAS GROSSE LAMA AUS DER REGENT'S PARK ROAD«

Sich in London zu akklimatisieren fiel Engels nicht leicht. »Man gewöhnt sich nur schwer an die trübe Luft und die meist trüben Menschen, an die Abgeschlossenheit, die Klassenscheidung im geselligen Leben, das Leben in geschlossenen Räumen, wie es das Klima vorschreibt«, schrieb er Jahre später. Zudem müsse man »die vom Kontinent mitgebrachten Lebensgeister etwas herabspannen, das Barometer der Lebenslust etwa von 760 auf 750 Millimeter herabsinken lassen, bis man sich allmählich eingewöhnt«. Dann finde man heraus, dass diese Hauptstadt trotz des tiefhängenden Himmels und der Nebelwaschküche auch ihre guten Seiten habe, »dass die Leute im Allgemeinen grader und zuverlässiger sind als anderswo, dass zum wissenschaftlichen Arbeiten keine Stadt so geeignet ist wie London und dass die Abwesenheit von Polizeischikanen doch auch manches aufwiegt«.[1]

Tatsächlich erwies sich London als perfekter Wohnort für Engels, da er wieder in seine alte Rolle als Marx' Berater und Allzweckpropagandist schlüpfte. Er wurde umgehend in den Generalrat der Internationalen Arbeiter-Assoziation, allgemein als I. Internationale bekannt, gewählt. Hinter den Kulissen machte er sich daran, die Lehre des *Kapitals* durchzusetzen und jede ideologische Abweichung zu unterdrücken. Als korrespondierender Sekretär der Internationale zunächst für Belgien, dann auch für Italien, Spanien, Portugal und Dänemark war er de facto für die Koordinierung des proletarischen Kampfs auf dem gesamten Kontinent verantwortlich. Seine Vorliebe für das politische Alltagsgeschäft, sein Organisationsgeschick und seine Fähigkeit, im Handumdrehen eine geharnischte Polemik verfassen zu können, machten ihn zur Idealbesetzung für einen Posten, der die Aufgabe mit sich brachte, die verfeindeten Fraktionen der europäischen Linken zusammenzuhalten. Kurz, er erwies sich, wie der österreichische Kommunist Victor Adler es ausdrückte, als der »größte Taktiker« des internationalen Sozialismus.

Hinzu kam, dass er diese unübersichtliche, hydraköpfige Organisation von seinem Arbeitszimmer in der Regent's Park Road 122 im heute überaus teuren Bezirk Primrose Hill im Norden Londons aus lenken konnte. Zu verdanken hatte er das Haus Jenny Marx. Sie hatte ein wenig wie Margaret Schlegel beim ersten Anblick von Howard's End geklungen, als sie ihm im Juli 1870 nach Manchester schrieb: »Ich habe jetzt ein Haus gefunden, das uns alle entzückt wegen seiner wunderschönen freien Lage.« Sie wusste genau, was Engels brauchte: vier, idealerweise fünf Schlafzimmer, ein Arbeitszimmer, zwei Wohnzimmer, eine Küche, und wegen Lizzys Asthma durfte es keinen zu steilen Anstieg geben. »Es ist dicht am Primrose Hill, so dass alle front-Zimmer die herrlichste, freiste Aussicht und Luft haben«, pries Jenny Marx das Haus an. »Dabei ringsherum in den Seitenstraßen shops aller Art, so dass Ihre Frau sich alles selbst besorgen kann.« Zur Ausstattung des Hauses gehörten eine »hübsche Küche« und ein »sehr geräumiges Badezimmer mit großer Badewanne«. Jenny Marx, die ihre bürgerliche Vorliebe für Wohneigentum offenbar noch nicht aufgegeben hatte, hielt es für das Beste, wenn seine Frau (Lizzy) gleich mitkäme und sich selbst die Sache ansähe. »Sie wissen«, fügte sie hinzu, »dass wir alle herzlich froh sind, sie bei uns zu sehn.«[2]

Nach dem Einzug in das Haus in der Regent's Park Road war Engels wieder dort, wo er sein wollte: Er lebte offen mit Lizzy zusammen – der Sittenkodex des bürgerlichen Manchester brauchte ihn nicht mehr zu kümmern –, und Marx und seine Familie waren nur zehn Gehminuten entfernt – nah, aber nicht zu nah. Vor allem aber war er in die politische Welt zurückgekehrt und stand wieder an der Seite seines lebenslangen Gefährten im Kampf für die kommunistische Sache. Während sich ihre Ideen in den rasch wachsenden Industrieregionen Europas verbreiteten und dort, wo die Behörden es zuließen, sozialistische Parteien gegründet wurden, wuchs der Einfluss der »alten Londoner« oder der »beiden geistigen Väter«, wie sie bald genannt wurden, stetig an.

»Jeder Tag, jede Post brachte Zeitungen und Briefe in allen europäischen Sprachen in sein Haus«, erzählt Edward Aveling, »und es war erstaunlich, wie er neben all seiner anderen Arbeit Zeit fand, sie durchzusehen, zu ordnen und das Wesentlichste im Gedächtnis zu behalten.« Engels war außerordentlich sprachbegabt – er beherrschte vom Russischen über das Portugiesische bis zum Rumänischen viele europäische Sprachen, einschließlich regionaler Dialekte und Sprachen wie das Provenzalische und das Katalanische – und hielt es als Korrespondierender Sekretär der Internationale für eine Ehrensache, Briefe in der Sprache zu beantworten, in der sie geschrieben waren. Außerdem war er die letzte Instanz bei der Herausgabe und Autorisierung der offiziellen Ausgaben der Texte des marxistischen Kanons. »Wenn irgendetwas aus seinen Schriften oder aus Marx' Schriften in eine andere Sprache übersetzt wurde, sandten die Übersetzer ihre Arbeiten zur Überprüfung und Korrektur immer an ihn.« Zur Korrespondenz hinzu kam der übliche Strom von Emigranten und Vertriebenen, Abenteurern und Gefolgsleuten, dem Engels bereitwillig die Tür öffnete. »Es war beinahe wie beim Turmbau zu Babel. Denn es waren nicht nur diejenigen von uns anwesend, die tatsächlich zu seiner Familie gehörten, auch die Sozialisten aus anderen Ländern machten, wenn sie unterwegs waren, Regent's Park Road 122 zu ihrem Mekka.«[3]

Primrose Hill war in den vorangegangenen dreißig Jahren Gegenstand genau jener klassenorientierten Stadtplanung geworden, die Engels in *Die Lage der arbeitenden Klasse in England* beschrieben hatte. Davor hatte der abgelegene Bezirk mit seinen Landhäusern und Bauernhöfen am Rand von London wegen der Nähe zur Chalk Farm Tavern, die für Gelage, käufliche Liebe und Schlägereien bekannt war, in einem zweifelhaften Ruf gestanden. Doch als Lord Southampton und das Eton College Estate dort in der Mitte des 19. Jahrhunderts eine Modellsiedlung errichteten, begann die Aufwertung. Auf den einstigen Feldern entstand eine Ansammlung von Einzel- und Doppelhäusern, gefolgt von einer Reihe von Straßen mit Reihenhäusern. Das Vorhaben, den gesamten Primrose Hill bis zur Kuppe zu bebauen, konnte nur gestoppt werden, weil das Crown Estate die Ländereien erwarb und in ein ordentlich bepflanztes Naherholungsgebiet mit gepflasterten Wegen für ein gutbürgerliches Publikum verwandelte. Angesichts erstklassiger Bauherrn und eines gepflegten Parks – in dem bis heute Erdschlüsselblumen *(primroses)* blühen – war es kein Wunder, dass die Gegend rasch zu einem »angenehm grünen, prosperierenden, aber nicht protzigen Mittelschichtviertel« wurde.[4]

Neben den Unternehmern, die das Gelände erschlossen, war es die Eisenbahn, die Engels' neues Wohnviertel prägte. Hatte in Manchester die Strecke zwischen Leeds und Liverpool mit ihrem Landbedarf die Stadtansicht bestimmt, so war es in Primrose Hill diejenige zwischen London und Birmingham. Die Gleise vom Bahnhof Euston, der nach einem Dorf in Suffolk auf den Ländereien von Lord Southampton benannt worden war, zum Bahnhof Birmingham New Street bildeten die Nord- und Ostgrenze, und im Süden markierte der Regent's Canal die Grenze. Hinter dem schönen Schein der Neo-Regency-Fassaden verbargen sich die chaotischen, schmutzigen Kräfte der Industrialisierung, dem dieser Londoner Vorort seine Entstehung zu verdanken hatte. Und die Männer und Frauen, die diese Industrie in Gang hielten, drangen wie der Dampf der Eisenbahnen der Midlands über die Gleise hinweg bis in das Viertel selbst vor. An der Eisenbahnstrecke zogen sich am Ende der Reihenhäuser riesige Hallen fürs Anheizen der Loks, Nachladen von Kohle und Säubern der Eisenbahnzüge hin. In der Nähe, in Chalk Farm, stand das Round House, wo größere technische Arbeiten ausgeführt wurden. Es war ein von Lärm, Gestank und beißendem Qualm erfülltes Gelände, wo »ständig Rußflocken, viele über zwei Zen-

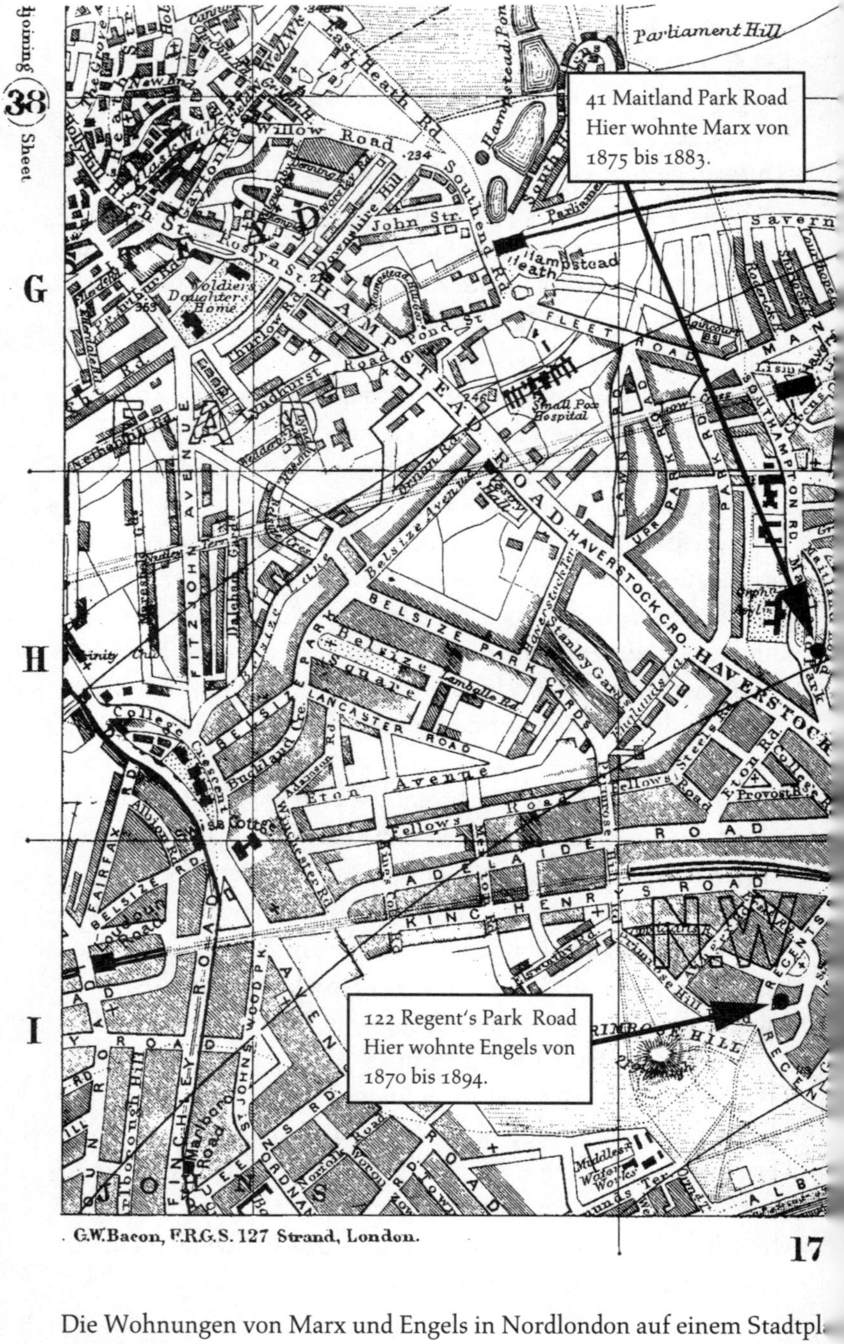

Die Wohnungen von Marx und Engels in Nordlondon auf einem Stadtpl
von 1888.

Adjoining 43

timeter groß, wie schwarze Gazestücke herumflogen und sich überall absetzten«. Mit den Zügen kamen Hunderte von Lokführern, Stellwerkswärtern, Lastträgern, Rangierern und Reinigungskräften, die in die Häuser einzogen und zu durstigen Besuchern der zahlreichen Pubs der Umgebung wurden – die Engels mit seiner Vorliebe für Flaschenbier mied.[5]

Engels' vierstöckiges Reihenhaus steht heute noch in der Regent's Park Road 122, gegenüber dem Queens Pub und schräg gegenüber dem Eingang zum Primrose Hill. Dank der Anstrengungen von Jenny Hutt, einer Bewohnerin des Viertels und Tochter des kommunistischen Parteifunktionärs Allen Hutt, hat der Londoner Stadtrat 1971 eine Plakette an dem Haus anbringen lassen, auf der Engels beruhigend als »politischer Philosoph« bezeichnet wird. Das Haus selbst ist in den 1960er Jahren in Wohnungen aufgeteilt worden, aber wenn man um es herumgeht, erhält man immer noch einen Eindruck davon, wie es in den 1870er Jahren benutzt wurde: mit Küche und Bad im Keller sowie einem Frühstücks- und einem Esszimmer, die durch Flügeltüren getrennt waren, im Erdgeschoss. Im ersten Stock – den die meisten Viktorianer wohl als Salon genutzt hätten – hatte Engels' sein geräumiges Studierzimmer eingerichtet, einen luftigen, hellen Raum mit gebohnertem norwegischen Kiefernfußboden, deckenhohen Bücherschränken, einem imposanten Kamin und hohen französischen Fenstern, die auf das laute Getriebe der Regent's Park Road gingen, hinter der sich der Primrose Hill erhob. Engels achtete in seinem Reich, wie es für ihn typisch war, auf peinliche Ordnung. »Diese Räume«, berichtete ein Besucher, »erschienen eher als Empfangszimmer wie als Studierzimmer eines Gelehrten.«[6] In den nächsten beiden Stockwerken befanden sich die Schlafzimmer – von Engels selbst, von Lizzy, dem Hausmädchen, Lizzys Nichte Pumps – und Gästezimmer. Ein gerngesehener Besucher war der deutsche Sozialdemokrat Eduard Bernstein, der in den 1880er Jahren ein regelmäßiger Gast in der Regent's Park Road sein sollte. »Oben ging sehr bald die politische Unterhaltung los und nahm wiederholt einen sehr lebhaften Charakter an«, erzählte er über einen munteren Abend im Haus Nr. 122. »Das stürmische Engelssche Temperament, hinter dem sich ein wahrhaft edles Gemüt und viel Güte barg, offenbarte sich uns ebenso rückhaltlos wie des geborenen Rheinländers fröhliche Lebensauffassung. ›Trinken Sie, junger Mann‹, mit diesen Worten füllte er mitten im heftigsten Disput mein Glas immer wieder mit Bordeauxwein an, den er stets im Hause hatte.«[7]

Trotz seiner bohemienhaften Neigungen vermochte Engels seine kalvinistische Arbeitsethik nie ganz abzuwerfen. Nach dem Frühstück widmete er zwei Stunden dem Studium und der Korrespondenz, bevor als Höhepunkt des Tages ein Besuch bei Marx in den Maitland Villas folgte. »[H]äufig gingen sie miteinander spazieren«, berichtet Eleanor Marx, »und ebenso oft blieben sie daheim und gingen in meines Vaters Zimmer auf und ab; jeder auf seiner Seite des Zimmers, und jeder höhlte seine besonderen Löcher in seinem eigenen Winkel aus, wo sie mit einem seltsamen Schwung sich auf den Absätzen umdrehten … nicht selten gingen sie auch lange schweigend nebeneinander auf und ab. Oder aber jeder sprach von dem, was ihn gerade hauptsächlich beschäftigte, bis sie sich gegenüberstanden und mit lautem Lachen einander eingestanden, dass sie die letzte halbe Stunde ganz entgegengesetzte Pläne erwogen hatten.«[8] Wenn sie spazieren gingen, war es ein forscher Fußmarsch von »ungefähr 1½ deutschen Meilen« nach Hampstead Heath und zurück, bei dem die beiden Rheinländer »mehr Ozon als in ganz Hannover« atmeten.[9] Anschließend kehrte Engels nach Primrose Hill zurück, um bis 17.30 Uhr liegengebliebene Post auf den Weg zu bringen, bevor er um 19 Uhr mit Lizzy zu Abend aß. Danach las er wieder, trank und plauderte mit Gästen, wonach er ein spätes Nachtmahl einnahm und gegen zwei Uhr nachts zu Bett ging.

Sonntags wurde dieser geregelte Tagesablauf durchbrochen. »Am puritanischen Sonntag, dem Tage, an dem der Aufenthalt in London für jeden lebensfrohen Menschen ein Gräuel ist, führte Engels offenes Haus«, erzählte der emigrierte Kommunist August Bebel.[10] Jeder war willkommen, »Sozialisten, Kritiker und Schriftsteller ... Alle, die Engels zu sehen wünschten, konnten einfach zu ihm kommen« und mit vom Wein erhitzten Diskussionen für den Geist und »›liberalen‹ Portionen Fleisch und Salat« für das Leibeswohl den Nachmittag bei ihm verbringen.[11] Spezialität des Hauses war der Maitrank, eine Waldmeisterbowle. Häufig wurden um das Klavier herum deutsche Volkslieder gesungen, oder Engels trug sein Lieblingsgedicht vor, *The Vicar of Bray*, das er später für die sozialdemokratische Liedersammlung *Vorwärts* ins Deutsche übertrug, während die führenden europäischen Sozialisten – von Karl Kautsky über William Morris und Wilhelm Liebknecht bis zu Keir Hardie – dem Mann, den der britische Marxist Henry Hyndman das »große Lama aus der Regent's Park Road« nannte, ihre Aufwartung machten. Das alles hatte nicht die geringste Ähnlichkeit mit dem schäbigen Bild des anarchistischen Emigranten-Nihilismus – von schmutzigen Kneipen, heimlichen Treffpunkten und Sexläden in Soho –, wie es Joseph Conrad in *Der Geheimagent* zeichnet. Die Lampen waren eingeschaltet, die Fensterläden geöffnet, und das Pilsner floss reichlich. Besondere Anlässe waren die Tage, an denen in Deutschland der Reichstag gewählt wurde: »Dann hatte Engels ein riesiges Fass mit deutschem Spezialbier eingelagert, servierte ein besonderes Abendessen und lud seine intimsten Freunde ein. Wenn dann die Telegramme aus allen Teilen Deutschlands bis spät in die Nacht hereinströmten, wurde jedes aufgerissen und sein Inhalt vom General verlesen; wenn es Sieg bedeutete, tranken wir, bedeutete es Niederlage, tranken wir auch.«[12] Aber den Höhepunkt des Jahres bildete das Weihnachtsfest, das der bekannte Atheist Engels mit wahrer Leidenschaft beging. »Weihnachten wurde bei Engels auf englische Weise gefeiert, wie Charles Dickens es so hübsch in den *Pickwickiern* geschildert hat«, erzählt Eduard Bernstein.

> Die Zimmer waren mit grünen Zweigen aller Art geschmückt, zwischen denen an geeigneten Stellen der verräterische Mistel-

zweig hervorsah, der jedem Mann das Recht verleiht, jede weibliche Person zu küssen, die er unter ihm stehend oder ihn passierend ertappt. Geht es zu Tische, so ist das Hauptgericht ein mächtiger Truthahn und, wo die Mittel dazu vorhanden sind, als Ergänzung ein großer gekochter Schinken. Einige Nebengerichte, von denen bei der Süßspeise Tipsycake (wörtlich Schwipskuchen) dies der Name schon anzeigt, sind mit Zusatz von gutem Branntwein zubereitet, und das Ehrengericht des Tages, der Plumpudding, wird nach Verdunkelung des Zimmers in brennendem Rum aufgetragen und ausgeteilt. Es muss jeder ein Stück Pudding, der auf diese Weise gute Branntweintaufe erhält, mit einem Stück Feuer erhalten. So wird ein Grund gelegt, der demjenigen, der bei den die Speisen begleitenden Weinen nicht maßhält, wohl gefährlich werden kann.[13]

Angesichts des enormen Besucherstroms war es nicht überraschend, dass Engels von einer ganzen Reihe von Sicherheitskräften beobachtet wurde. Die Pariser Polizeipräfektur bezeichnete ihn im Januar 1874 als »Freund und Protegé von Karl Marx« und »Homme de Lettres«. Der gegenüber von Haus Nr. 122 postierte Polizeispitzel mit dem Decknamen Blatford war über Engels' Aktivitäten offenbar beunruhigt; im August berichtete er, Engels sei »sehr beschäftigt« und verbringe seine Tage mit »vielen Ausländern«. Wie aus den Akten hervorgeht, interessierte sich die französische Regierung in den folgenden Jahren sporadisch immer wieder für ihn. So entdeckte ein gewisser »Jack«, der den Platz von »Blatford« eingenommen hatte, ein Exemplar der subversiven Zeitschrift *Le Socialiste* in seiner Post.[14] Neben den französischen Spitzeln hatte auch die Londoner Polizei ein Auge auf ihn. Engels, der es ansonsten schätzte, dass es in England kaum staatliche Einmischung gab, fand diese unglücklichen Beamten eher belustigend als belästigend. »[J]eden Abend [spaziert] ein Polizist vor dem Haus auf und ab, wenn ich Carlo [Engels' Hund] gegen 12 Uhr herauslasse«, bemerkte er 1883, als er sich zusammen mit Carl Schorlemmer hinter den Fensterläden über die Beobachtung amüsierte. »Die Narren glauben offenbar, dass wir Dynamit herstellen, während wir uns in Wirklichkeit über Whisky unterhalten.«[15]

1916 hieß es, man könne auf dem Primrose Hill die Kanonen an der Somme hören. 1871 war das dumpfe Donnern des Beschusses von Paris durch Bismarcks Truppen wohl kaum wahrzunehmen, aber die Erschütterung durch die Pariser Kommune war in der Regent's Park Road gewiss zu spüren. Bei Ausbruch des Deutsch-Französischen Krieges waren Marx und Engels insgeheim geneigt, die Preußen zu unterstützen, weil Bismarck »ein Stück« ihrer Arbeit tat, »in *seiner* Weise und ohne es zu wollen, aber er tut's doch«, wie Engels erklärte. Ihre Verachtung für Napoleon III. war so groß, dass ihnen jedes Mittel zu seinem Sturz recht war. Doch dann entdeckten sie, dass der Feind deines Feindes auch dein Feind sein kann. »Dem deutschen Philister ist durch die unverhofften und durch ihn auch unverdienten Siege der Chauvinismus gräulich in die Krone gefahren«, bemerkte Engels, nachdem die französische Armee im September 1870 bei Sedan ihrer Führung beraubt worden war.[16] Nachdem das bonapartistische Empire zusammengebrochen und eine neue, friedfertigere Regierung der Nationalen Verteidigung vereidigt worden war, zogen sich die deutschen Truppen nicht einfach wieder in ihre Kasernen zurück, wie es die Kommunisten von Primrose Hill gehofft hatten. Stattdessen forderte Preußen massive Reparationen, die Abtretung von Elsass-Lothringen und eine Parade auf den Champs-Élysées – also all das, was bis zum Ersten Weltkrieg für so viel Groll sorgen sollte. »Ihr seht eben nicht weiter, als eure Nase lang ist«, hielt Engels seinem Bruder Rudolf in Engelskirchen vor. »Ihr [habt] euch Frankreich (das doch nun einmal an eurer Grenze liegen bleibt) auf lange Jahre zum Feind gemacht …«[17]

Bismarck erreichte mit seinen extremen Nachkriegsforderungen lediglich, dass die Franzosen wachgerüttelt wurden und sich zu Zehntausenden zu einer *levée en masse* meldeten, um den Kampf gegen die Preußen fortzusetzen. Aber mit den gutausgebildeten und bewaffneten preußischen Truppen konnten sie es nicht aufnehmen; die Einheiten der französischen Patrioten wurden ein ums andere Mal aufgerieben, bis der Kampf in der Schlacht um die von der Pariser Nationalgarde gehaltenen Hauptstadt gipfelte. Aber statt Paris zu erstürmen, gruben sich die Angreifer ein, um die 2,2 Millionen Einwohner der Stadt auszuhungern und zur Aufgabe zu bewegen. In den Wochen und Monaten der Belagerung erweiterten die stoischen Pariser ihren Speiseplan durch Ratten, Pferde, Hunde, Katzen und schließlich die Tiere des Zoos – die Kängurus inklusive. Während die deutschen Soldaten rund um Paris sich die Nase zuhielten, tat sich auf französischer Seite eine Kluft auf zwischen gemäßigten republikanischen Politikern und den Revolutionären in der Hauptstadt: Erstere sprachen sich für einen Waffenstillstand aus, Letztere forderten einen todesmutigen Gegenangriff. Als die Versorgungslage unerträglich wurde und die Deutschen die Stadt zu beschießen begannen, nahm der gemäßigte Adolphe Thiers schließlich Übergabeverhandlungen auf. Am 1. März 1871 bekamen die Preußen ihren pompösen Aufmarsch – nachdem sechs Wochen zuvor im Spiegelsaal des Versailler Schlosses ein neues deutsches Kaiserreich proklamiert worden war –, und dann überließen sie ein geschwächtes, hungriges, wütendes Paris seinen eigenen blutigen Händeln.

Am 18. März 1871 marschierte ein Kontingent französischer Regierungstruppen auf den Montmartre, um einige der Pariser Nationalgarde überlassene Kanonen wieder zu übernehmen. Thiers und seine gemäßigten Gefolgsleute in der Nationalversammlung, die jetzt in Versailles tagte, hatten besorgt verfolgt, dass die Pariser Soldaten, Föderierte (»Fédérés«) genannt, und ihre Vertretung, das Zentralkomitee der Föderation der Nationalgarde, von radikalen Gedanken angesteckt wurden, und wollten sie nach dem Abzug der Deutschen so schnell wie möglich entwaffnen. Doch in Montmartre sahen sich die Regierungstruppen den Föderierten gegenüber, zwischen die sich die Frauen und Kinder aus dem Arbeiterviertel gemischt hatten, und sie entschieden sich dafür, die Waffen niederzulegen und sich den Nationalgardisten anzuschließen. Dieser symbolische Augenblick der militärischen Unterwerfung war der Funken, der noch gefehlt hatte. Trotz aller Verbesserungen, die Baron Haussmann in den vorangegangenen Jahrzehnten in der Stadt erreicht hatte – die weiten Boulevards, die Auflösung von Arbeitervierteln, die bequemen Truppentransportwege –, war Paris immer noch eine Stadt der Revolution: Barrikaden wurden errichtet, die restlichen Regierungstruppen eilten nach Versailles zurück, und ein neuer Stadtrat wurde eingesetzt, der in Erinnerung an die Kommune von 1792 »Pariser Kommune« genannt wurde. »Welche Elastizität, welche historische Initiative, welche Aufopferungsfähigkeit in diesen Parisern!«, schwärmte Marx. »[D]iese jetzige Erhebung in Paris – wenn auch unterliegend vor den Wölfen, Schweinen und gemeinen Hunden der alten Gesellschaft – ist die glorreichste Tat unsrer Partei seit der Pariser Juni-Insurrektion [von 1848].«[18]

Anfangs schien Marx' Optimismus berechtigt zu sein. Am 19. April gab die Kommune eine »Erklärung an das französische Volk« heraus, in der das Recht der Bürger auf ständige Teilnahme an kommunalen Angelegenheiten, die persönliche Verantwortlichkeit von Beamten und Kommune-Mitgliedern (deren Bezüge gekürzt wurden), die Ersetzung von Armee und Polizei durch die Nationalgarde, Gewissensfreiheit und die Übergabe von Werkstätten und Fabriken, die sich nicht in Betrieb befanden, an »kooperative Vereinigungen der in ihnen beschäftigten Arbeiter« verkündet wurden.[19] »Wie in der Kommune fast nur Arbeiter oder anerkannte Arbeitervertreter saßen, so trugen auch ihre Beschlüsse einen entschieden proletarischen Charakter«, stellte Engels bewundernd fest.[20] Tatsächlich herrschte in diesen kurzen ruhmreichen Wochen eine exemplarische »Diktatur des Proletariats« – auch wenn sie eher im antiken römischen Sinn als in dem des 20. Jahrhunderts verstanden wurde –, die zum Vorbild für alle angehenden Sozialrevolutionäre wurde.

Im Rathaus von Paris freilich war die Klassenherrschaft nie unumschränkt, da den bewusst proletarischen Elementen ein starkes Kontingent erfahrener Handwerker und Angestellter gegenüberstand. Komplettiert wurde die Mischung durch die unterschiedlichen politischen Philosophien, die um den Vorrang kämpften. Proudhonistische Anschauungen hatten bei den Handwerkern und kleinen Ladenbesitzern von Paris immer viel Anklang gefunden, und das Vorhaben der Kommune, Arbeiterkooperativen zu schaffen, ging offenbar auf diese sozialistische Tradition zurück. Die militantesten Revolutionäre der Kommune waren nicht die Marxisten, sondern Jakobiner und Blanquisten – obwohl viele von ihnen gleichzeitig der Internationale angehörten. Hinzu kam ein starkes republikanisches Element im Denken der Kommunarden: der tiefverwurzelte Wille, in Paris mit den Parisern eine »demokratische und soziale« Republik aufzubauen, ohne Einmischung jener äußeren politischen Kräfte, welche die Stadt in der Geschichte verdorben hatten.

Für Marx und Engels erwies sich diese Vielfalt der Ideen und Einflüsse als Vorteil, konnten sie doch, als die Kommune gescheitert war, anderen die Schuld geben. Aufgrund des Fehlens einer entsprechend organisierten revolutionären Arbeiterpartei, behaupteten sie später, hätten die Kommunarden es versäumt, einen Angriff auf die reaktionäre Regierung in Versailles zu unternehmen und die Bank von Frankreich zu übernehmen. Stattdessen hätten sie sich für eine weitere Belagerung eingebunkert, die schließlich einen Monat dauerte, bis Regierungstruppen den Zugang zur Hauptstadt erzwangen. Gegen diese 120 000 Mann starke Streitmacht hatten die Kommunarden, trotz ihrer Guerilla- und Barrikadentaktik, keine Chance, und so begann am 21. Mai 1871 die *semaine sanglante*, die Blutwoche, in der schätzungsweise 10 000 Kommunarden zu Tode kamen. »Der Hinterlader tötete nicht mehr rasch genug, zu Hunderten wurden die Besiegten mit Mitrailleusen zusammengeschossen«, schrieb Engels in seinem dramatischen Bericht. »Die ›Mauer der Föderierten‹ auf dem Kirchhof Père-Lachaise, wo der letzte Massenmord vollzogen, steht noch heute, ein stumm-beredtes Zeugnis, welcher Raserei die herrschende Klasse fähig ist, sobald das Proletariat es wagt, für sein Recht einzutreten.«[21]

Eine unvorhergesehene Folge des Blutbads war eine der seltenen Unstimmigkeiten zwischen Engels und seiner konservativen Mutter, die in Bezug auf die Niederschlagung der Kommune natürlich auf der Seite der Nationalregierung stand. »Wenn ich Dir so lange nicht geschrieben habe, so kam es daher, dass ich wünschte, Dir auf Deine letzten Bemerkungen über meine politische Tätigkeit in einer Weise zu antworten, die Dich nicht verletzte«, erwiderte Engels auf die Vorwürfe seiner Mutter. Anschließend hielt er ihr vor, sie vergesse die »40 000 Männer, Weiber und Kinder, die die Versailler *nach* der Entwaffnung mit Maschinerie massakriert« hatten. Abgesehen von der übertrieben hoch angesetzten Opferzahl, ist historisch bemerkenswert, dass Engels' Mutter offenbar Marx persönlich für die ganze schreckliche Episode verantwortlich machte und wütend auf ihn war, weil er ihren schönen, unschuldigen Sohn mit hineingezogen hatte. Engels, der den Freund stets über die Familie stellte, entlastete Marx von jeder Verantwortung für die Grausamkeiten – wenn auch nicht von derjenigen für die Kommune als solche: »Wenn Marx nicht hier wäre oder gar nicht existierte, so würde das an der Sache gar nichts ändern. Es ist also sehr unrecht, ihm dies in die Schuhe zu schieben, ich erinnere mich aber freilich auch, dass früher Marx' Verwandte behaupteten, *ich* hätte ihn verdorben.«[22] Am Ende des Briefes bezeigte sich Engels jedoch wieder als liebevoller Sohn, der seiner Mutter von einem Urlaub in Ramsgate und Ausflügen in die Wiener Bierhalle am Strand in London erzählte und ihr Mut machte bei ihren Bemühungen um den Familienfrieden. Es war einer der letzten Briefe an seine Mutter, die im Herbst 1873 – ohne dass es dafür besondere Vorzeichen gab – verstarb. Damit war das letzte echte Gefühlsband zu seiner Familie auf dem Kontinent verschwunden.

Elise Engels war nicht die Einzige, die Marx die Schuld an den blutigen Ereignissen von 1871 gab. Trotz seines geringen praktischen Einflusses auf die Kommunarden und obwohl die Internationale in ihrem Kampf nur eine Nebenrolle spielte, wurde er aufgrund seiner 1871 erschienenen polemischen Verteidigungsschrift *Der Bürgerkrieg in Frankreich* mit der Kommune assoziiert. Durch das in viele Sprachen übersetzte und überall auf dem Kontinent in zahlreichen Auflagen verlegte Pamphlet setzte sich die Vorstellung fest, die unheimliche, im Verborgenen operierende und nicht richtig zu fassende Internationale lenke die weltweite Arbeiterbewegung. »So wenig wir bisher vom Einfluss der ›Internationale‹ gesehen oder gehört haben, ist sie doch in der Tat die eigentliche Triebkraft, die mit rätselhafter, furchterregender Macht die ganze Maschine der Revolution steuert«, stellte zum Beispiel das konservative *Fraser's Magazine* fest. Und die katholische Wochenzeitung *The Tablet* brandmarkte sie als »eine Gesellschaft, deren Weisungen viele Tausende von Moskau bis Madrid, von der Neuen bis in die Alte Welt befolgen, deren Anhänger bereits einen erbarmungslosen Krieg gegen eine Regierung geführt haben und deren Erklärungen sie verpflichten, gegen jede Regierung Krieg zu führen«.[23] Dass Marx über diese späte Berühmtheit erfreut war, muss kaum noch gesagt werden. Er habe im Moment die Ehre, »der bestverleumdete und meistbedrohte Mann von London« zu sein, schrieb er an Ludwig Kugelmann. »Das tut einem wahrhaftig wohl nach der langweiligen zwanzigjährigen Sumpfidylle.«[24]

Was also war die Internationale, diese furchterregende Untergrundtruppe, die in der Lage war, Regierungen zu stürzen? Marx spielte die konspirative Aura in der Regel herunter und beschrieb sie als »das internationale Band, das die fortgeschrittensten Arbeiter in den verschiedenen Ländern der zivilisierten Welt vereinigt«.[25] Die Internationale Arbeiter-Assoziation, 1864 vor dem Hintergrund des polnischen Aufstands und der wachsenden internationalen Solidarität der britischen Arbeiteraristokratie in der St. Martin's Hall im Zentrum von London gegründet, war eine vorwiegend europäische Arbeiterbewegung, in der sich Proudhonisten, Gewerkschafter, revolutionäre Blanquisten, utopische Sozialisten und einige Marxisten im umfassenderen Klassenkampf zusammenfanden. In London wurde die Organisation zunächst von dem italienischen Nationalisten Mazzini und den Londoner Bauarbeitern geprägt. Marx war nur widerstrebend als Beobachter zur ersten Sitzung mitgegangen, fand sich am Ende des Abends aber im Generalrat wieder und hatte den Auftrag erhalten, die Inauguraladresse zu verfassen. Engels stand einer solchen neuen Quasselbude von Anfang an skeptisch gegenüber. Zum einen fand er, dass sie Marx nur von der Arbeit am *Kapital* ablenkte; zum anderen befürchtete er, dass sie für die in der Linken endemischen Fraktionskämpfe anfällig war. »Übrigens vermute ich, dass diese neue Assoziation sich sehr bald spalten wird in die theoretisch bürgerlichen und theoretisch proletarischen Elemente, sobald die Fragen etwas präzisiert werden.« Und das Ansinnen, in Manchester einen Ableger zu gründen, lehnte er rundweg ab: »Was den Vorschlag angeht, dass *ich* hier eine branch der Internationalen Assoziation bilde, so geht das gar nicht.«[26] Mit örtlichen Radikalen politische Aktivitäten zu organisieren hätte seine Stellung bei Ermen & Engels ernstlich gefährdet, vom nächsten Ausflug der Cheshire Hounds ganz zu schweigen.

Als die Internationale an Statur gewann – Ende der 1860er Jahre zählte sie immerhin geschätzte 800 000 reguläre Mitglieder und war mit einer ganzen Reihe von Gewerkschaften strategische Bündnisse eingegangen –, gab Engels seine Ablehnung auf, nicht zuletzt weil er stets an den Internationalismus des proletarischen Kampfs geglaubt hatte. »Kein Arbeiter in England – nebenbei gesagt, auch in Frankreich nicht – hat mich je als Ausländer behandelt«, hatte er in der Widmung seiner *Lage der arbeitenden Klasse in England* »An die arbeitenden Klassen Großbritanniens« unterstrichen. »Mit dem größten Vergnügen sah ich euer Freisein von dem verderblichen Fluch der nationalen Beschränktheit und der nationalen Überheblichkeit, die schließlich nichts ist als *Egoismus* im *großen* …«[27] Darüber hinaus brauchte Marx dringend politische Unterstützung. Denn nachdem er schon in den späten 1860er Jahren einen kräftezehrenden Grabenkampf gegen eine mächtige proudhonistische Fraktion geführt hatte, um den Marxismus zum offiziellen Glaubensbekenntnis der Internationale zu machen, stand er jetzt einem noch hartnäckigeren Gegner gegenüber.

Es war, als wäre Michail Bakunin eigens für den Zweck gezeugt worden, Marx und Engels in Rage zu bringen: Er entstammte dem Adel, war charismatisch, romantisch und, was am schlimmsten war, Russe, zudem ein intellektuelles Schwergewicht mit beträchtlichem Organisationstalent. Es überrascht kaum, dass er bei Historikern und Intellektuellen des 20. Jahrhunderts viel Anklang fand – von E. H. Carr über Isaiah Berlin bis zu Tom Stoppard (der in seiner Dramentrilogie *The Coast of Utopia* Bakunin und seinen russischen Mitemigranten Alexander Herzen bemerkenswert nachsichtig behandelt), sie alle waren von seinem märchenhaften Leben fasziniert. Engels hatte Bakunin zuletzt in den frühen 1840er Jahren im Vorlesungssaal in Berlin getroffen, wo sie beide zusammen mit anderen Junghegelianern den armen alten Schelling geärgert hatten. Bakunin war 1848 in Paris dabei gewesen und hatte 1849 in Dresden neben Richard Wagner auf der Barrikade gestanden, um die Einsetzung einer revolutionären Regierung durchzusetzen. Als sächsische und preußische Truppen die Oberhand gewannen, war er nicht rechtzeitig geflohen. Er wurde in Chemnitz verhaftet und saß in Festungshaft, bis er an Österreich ausgeliefert wurde, das ihn wegen der Aufwiegelung der Tschechen suchte. Man legte ihn in der Festung Olmütz an die Kette, bevor man ihn an Russland weitergab. Sein nächster Schlafplatz war die berüchtigte Peter-und-Paul-Festung in St. Petersburg, wo seine Gesundheit erheblich litt. Nach dem Thronwechsel von 1855 wurde sein Urteil aufgrund der Bittgesuche seiner Familie, die über gute Beziehungen zu Alexander II. verfügte, schließlich in lebenslange Verbannung nach Sibirien umgewandelt. Doch die verschlafenen Wachen in Nordsibirien waren für Bakunin kein

Hindernis: Im Frühjahr 1861 befand er sich auf dem Weg zur Mündung des Amur, von wo er, von Schiff zu Schiff wechselnd, nach Yokohama und weiter nach San Francisco fuhr. Nachdem er einem englischen Geistlichen dreihundert Dollar abgegaunert hatte, reiste er eilig über den amerikanischen Kontinent, und im Dezember 1861 war er wieder in London und klopfte an Herzens Tür.[28]

Aufgrund seiner langen Haft hatte Bakunin den Gegenschlag der reaktionären Politik nach 1848/49 nicht miterlebt, weshalb er mit ungemindertem revolutionären Eifer auf die Bühne zurückkehrte. Gleichwohl war er jetzt in Bezug auf nationale bürgerliche Revolutionen wie diejenigen von 1848/49 skeptisch. Wie viele in kommunistischen Kreisen war er überzeugt, dass der Kampf in der nächsten Phase international sein müsse. Deshalb gründete er zunächst eine Liga für Frieden und Freiheit und dann – als eigene Internationale – eine Allianz der sozialistischen Demokratie. Aber sein Ziel bestand stets darin, die Internationale Arbeiter-Assoziation zu unterwandern. Wäre er nicht mehr als eine faszinierende Persönlichkeit gewesen, hätte man ihn leicht ausschalten können. Doch er vertrat starke, wirkungsvolle Ideen. Im Mittelpunkt seiner Lehre des Anarchismus stand die höchst attraktive Vorstellung vollkommener individueller Freiheit (ohne die Zutat des Stirnerschen Egoismus): Das »Leben« im Bakuninschen Sinn »strebt beharrlich und unendlich nach Freiheit, und das bedeutet: Freiheit für jedes einzelne menschliche Individuum, Freiheit für die Gemeinwesen und für die gesamte menschliche Gattung«.[29] In Marx' und Engels' Kommunismus entdeckte er den Keim eines autoritären Staats, der ebenso erdrückend und diktatorisch sein würde wie die bestehenden bourgeoisen Ungerechtigkeiten. »Ich bin kein Kommunist«, stellte er klar, »weil der Kommunismus alle Kräfte der Gesellschaft auf den Staat lenkt und in diesem absorbiert; weil er notwendig zur Zentralisierung des Eigentums in den Händen des Staates führt, während ich die Abschaffung des Staates will – die radikale Auslöschung des Prinzips der Autorität und Vormundschaft des Staates, das die Menschen unter dem Vorwand, sie moralischer und zivilisierter zu machen, immer nur versklavt, unterdrückt, ausgebeutet und verdorben hat.«[30] Seine Gefolgschaft waren die sozialen Residuen des Industriezeitalters – Arme, Bauern und Lumpenproletarier –, denen mit der zentralistischen Logik des wissenschaftlichen Sozialismus nicht geholfen war. Stattdessen stellte sich Bakunin eine in kleinen autonomen Kommunen organisierte Gesellschaft vor, deren Mitglieder absolute Freiheit genießen sollten. Um dies zu erreichen, war als Erstes die sofortige Abschaffung der Autorität des kapitalistischen Staates erforderlich, während Marx und Engels dachten, der Staat würde sich *nach* der sozialen Revolution und einer vorübergehenden »Diktatur des Proletariats« von selbst auflösen. Bakunin beging also mit typisch russischem Draufgängertum den putschistischen Fehler, unerreichbare politische Veränderungen zu wollen, während die materiellen, sozioökonomischen Bedingungen noch nicht reif waren.

Dennoch stieß sein träumerisches Versprechen menschlicher Freiheit – das zum Ärger von Engels' auch die slawischen Völker umfasste – auf ein großes Echo. Nachdem seine Allianz der sozialistischen Demokratie Mitglieder in der Schweiz, in Spanien und Italien gewonnen hatte, schlug er großspurig eine Vereinigung mit der viel größeren Internationale vor. Engels, der Parteiorganisator, ahnte den Hintergedanken: »Dass die Internationale sich nicht auf diesen Schwindel einlassen darf, ist sonnenklar«, schrieb er Marx und fuhr auf Französisch fort: »Es würde zwei Generalräte und sogar zwei Kongresse geben, das ist der Staat im Staate, und vom ersten Moment an würde der Konflikt ausbrechen ...« Er riet Marx jedoch, vorsichtig vorzugehen: »Trittst Du ... heftig gegen diese russische Intrige auf, so hetzest Du den unter den Knoten (speziell Schweiz) sehr zahlreichen Gesinnungsphilister nutzlos auf und schadest der Internationale. Einem Russen ... gegenüber muss man nie sein temper [seinen Gleichmut] verlieren.« Das bedeutete nicht, dass Engels mit dem Mann, den er den »fetten Bakunin« nannte, jemals sanft umgegangen wäre. »Wenn dieser verdammte Russe in der Tat daran denkt, sich an die Spitze der Arbeiterbewegung hinaufzuintrigieren, so ist es Zeit, dass ihm einmal gehörig gedient wird …«[31]

Nach seinem Umzug nach London und der Wahl in den Generalrat setzte sich Engels, der immer gern eine Jagd anführte, an die Spitze des Kampfs gegen den Bakuninismus und dessen Bemühungen, die Internationale als zentralistische politische Kampforganisation zu unterwandern. Nach Ansicht der Anarchisten sollte sie bewusst antiautoritär als »einfaches Büro für Korrespondenz und Statistik« geführt werden.[32] In den Augen des militärisch denkenden Engels, der seinen Sinn für Disziplin unmerklich vom Persönlichen auf Parteiangelegenheiten übertrug, gefährdete dieser eigennützige Idealismus die ganze kommunistische Sache. Darüber hinaus betrachtete er Bakunins Gegenentwurf als direkten Affront gegen Marx' Autorität und als Versuch, eine alternative Machtbasis aufzubauen, der im Keim erstickt werden musste. So wurde Engels' elegantes Arbeitszimmer mit Marmorkamin und norwegischer Kiefer in der Regent's Park Road zur globalen Schaltstelle für alle möglichen machiavellistischen Manöver gegen die Anarchisten. Gegen die bakuninistischen Aufrührer in Spanien und Italien wandte Engels jetzt sämtliche Tricks an, die er an der Spitze des Pariser Bundes der Kommunisten gelernt hatte. In einem hochgelobten Artikel für die italienische Zeitschrift *Almanacco Repubblicano* mit dem Titel »Von der Autorität« – den Lenin später bewunderte – stellte er das anarchistische Durcheinander in Frage, indem er an die von Marx zuerst in der *Deutschen Ideologie* dargelegte Einsicht erinnerte, dass der Klassenkampf eine mühselige, unbarmherzige Aufgabe sei, die mit Blick auf die herrschende Elite strenge Disziplin und Organisation erfordere. Die Revolution, verkündete er, sei »gewiss das autoritärste Ding, das es gibt; sie ist der Akt, durch den ein Teil der Bevölkerung dem anderen Teil seinen Willen vermittels Gewehren, Bajonetten und Kanonen, also mit denkbar autoritärsten Mitteln aufzwingt«.[33]

An Marx' Schwiegersohn Paul Lafargue, der in Spanien im Exil weilte und dort in der spanischen Sektion der Internationale das politische Handwerk erlernte, schrieb Engels: »Ich möchte wissen, ob der gute Bakunin seinen dicken Körper einem Eisenbahnwagen anvertrauen würde, wenn diese Eisenbahn nach seinen Prinzipien verwaltet würde, nach welchen sich niemand an seinem Platz befände, wenn es ihm nicht gefällt, sich der Autorität von Verordnungen zu unterwerfen ... Beseitigen Sie doch ›jegliche Autorität‹, sogar die auf einem Schiff von den Matrosen ›selbst anerkannte‹!«[34] Angesichts des Zerfalls der Kommune in Paris, wo die Revolution aufgrund des Fehlens einer organisierten Arbeiterpartei zum Scheitern verurteilt war, prangerte Engels die anarchistische Maßlosigkeit als kurzsichtig und politisch gefährlich an: »Grade jetzt, wo wir uns mit Hand und Fuß unsrer Haut wehren müssen, soll das Proletariat sich nicht nach den Bedürfnissen des Kampfes organisieren, den man ihm täglich und stündlich aufzwingt, sondern nach den Vorstellungen, die sich einige Phantasten von einer unbestimmten zukünftigen Gesellschaft machen! Stellen wir uns doch unsere eigne, deutsche Organisation vor, wie sie nach diesem Muster aussehen würde.«[35]

Ihren Höhepunkt erreichte die Auseinandersetzung im Jahr 1872 auf dem Haager Kongress, auf dem Marx und Engels mit reichlich unfairen Mitteln dafür sorgten, dass die Internationale von Bakunin und seinen Schweizer Gefolgsleuten gesäubert wurde. Mit Unterstützung des nach England zurückgekehrten Paul Lafargue spielte Engels den Ankläger gegen Bakunin. Er brandmarkte ihn sowohl als terroristischen Provokateur, der sich nicht scheue, die Dienste russischer Verbrecher in Anspruch zu nehmen, wie auch als Mitglied einer größeren politischen Verschwörung mit dem Ziel, »die proletarische Bewegung zu stören«.[36] »Darauf erblicke ich Friedrich Engels«, berichtete der deutsche Sozialdemokrat Theodor Cuno über den Kongress. »Er saß links vom Vorsitzenden, rauchte, schrieb und hörte den Rednern aufmerksam zu. Als ich mich ihm vorstellte, hob er den

Kopf von seinem Papier, ergriff meine Hand und verkündete mir freudig: ›Alles geht gut, wir haben die überwältigende Mehrheit.‹«[37] Bakunin wurde mit 27 gegen sieben Stimmen ausgeschlossen. Doch es war ein Pyrrhussieg, da Marx und Engels den Kongress bereits mit der Mitteilung überrascht hatten, dass der Generalrat seinen Sitz nach New York verlegen werde (wo er vier Jahre später seine Tätigkeit einstellte). Marx gab vor, er sei des endlosen europäischen Hickhacks müde, während Engels die Aussicht auf einen Neuanfang in einer jungfräulichen politischen Landschaft voller Chancen für den proletarischen Kampf heraufbeschwor. In Wahrheit war es das Eingeständnis einer unerwarteten politischen Niederlage: Das Geschwür des Anarchismus hatte sich im Innern der Internationale ausgebreitet, so dass die gesamte Organisation aufgelöst und von Grund auf neu aufgebaut werden musste. Marx und Engels waren nie derart erfolgreiche politische Akteure, wie sie glaubten.

Der »fette« Bakunin war nicht der einzige charismatische Ideologe, den Marx und Engels ausschalten mussten: Die aus dem Rahmen fallende Figur Ferdinand Lassalles erwies sich ebenfalls als Konkurrent im Kampf um die Herzen und Köpfe der europäischen Arbeiter. Der Philosoph und politische Aktivist Lassalle, auch er ein Zögling der junghegelianischen Schule in Berlin, neigte zu großartigen Gesten von Ritterlichkeit – wie dem jahrelangen juristischen Beistand für Sophie Gräfin von Hatzfeldt, die sich von ihrem Mann scheiden lassen wollte. Im Unterschied zu Engels hatte dieser Sohn eines zu Reichtum gelangten jüdischen Schneiders die Romantik des Jungen Deutschland nie ganz hinter sich gelassen. Nach der gescheiterten Revolution von 1848 engagierte er sich, wenn er nicht gerade in seiner Loge in der Berliner Oper saß, in verschiedenen proletarischen Parteien, bevor er 1863 den Allgemeinen Deutschen Arbeiterverein gründete. Mit seinem Verhalten, das nicht gerade von mangelndem Selbstvertrauen geprägt war, zog er jedoch überall, wo er seine politischen Zelte aufschlug, Vorwürfe auf sich – unter anderem wegen zweckentfremdeter Gelder und diktatorischen Auftretens gegenüber Mitstreitern. »Es wäre schade um den Kerl, seines großen Talents wegen«, schrieb Engels 1856 an Marx, nachdem sich Düsseldorfer Kommunisten über Lassalles hochmütige Art beklagt hatten. »Er war immer ein Mensch, dem man höllisch aufpassen musste, als echter Jud von der slawischen Grenze war er immer auf dem Sprunge, unter Parteivorwänden jeden für seine Privatzwecke zu exploitieren.«[38] Marx neigte zur Nachsicht, da Lassalle ihm bei der Suche nach einem Verleger für das *Kapitel* half, doch Engels stritt ständig mit ihm über den Zweiten Italienischen Unabhängigkeitskrieg von 1859, in dem Frankreich an der Seite Sardiniens gegen Österreich kämpfte. Während Engels den Kampf gegen Napoleon III. an erste Stelle stellte, fürchtete Lassalle, dass ein österreichischer Sieg nur die nationalistische Reaktion in Deutschland anfachen würde.

Aber auch bei Marx blieb Lassalle nicht lange in Gnade. 1861 war Marx nach Preußen gereist, um seine Staatsbürgerschaft wiederzuerlangen, und während er auf die Entscheidung über seinen Antrag wartete (sie fiel negativ aus), genoss er zusammen mit Lassalle und der Berliner Schickeria, in der er sich bewegte, einen verschwenderischen Sommer. Im nächsten Jahr erwiderte Lassalle den Besuch und logierte drei Wochen bei der weitgehend mittellosen Familie Marx in London, was deren prekäre Finanzen völlig überforderte. Der große Philosoph war außer sich über die Verschwendung, und durch das persönliche Zerwürfnis wurden plötzlich alle politischen Differenzen sichtbar: Lassalle trat aufgrund seines von Malthus abgeleiteten »ehernen Lohngesetzes« – die Löhne blieben natürlich niedrig, wenn mehr Arbeiterkinder auf den Arbeitsmarkt drängten – für eine proudhonistische Zukunftsgesellschaft aus vom Staat geschaffenen Produzentengenossenschaften ein. Tatsächlich bewahrte er sich stets einen romantischen, fast hegelschen Glauben an den Staat als der höchsten Form menschlicher Organisation und daher dem besten Agenten der Emanzipation der Arbeiterklasse. Er führte sogar Geheimgespräche mit Bismarck, in der Hoffnung, mit Hilfe eines breiten Wahlbündnisses von Arbeiterklasse und Junkern gegen die ausbeuterische Bourgeoisie – für die auch Bismarck nur Verachtung übrighatte – seinem idealen Staat näherzukommen. Doch bevor Lassalle diesen Plan verwirklichen konnte, wurde er von den Folgen seiner Neigung, den Don Juan zu spielen eingeholt: 1864 traf ihn bei einem Duell mit einem wütenden jungen Mann, dessen Verlobter er den Hof gemacht hatte, eine Kugel in den Bauch. Plötzlich bewunderte Engels den Mann. »Lassalle mag sonst gewesen sein, persönlich, literarisch, wissenschaftlich, wer er war«, schrieb er an Marx, nachdem er die Nachricht von seinem bizarren Tod erhalten hatte, »aber politisch war er sicher einer der bedeutendsten Kerle in Deutschland ... Aber was ist das für eine sonderbare Art, ums Leben zu kommen ... Das konnte nur dem L[assalle] passieren bei dem sonderbaren Gemisch von Frivolität und Sentimentalität, Judentum und Chevaleresktuerei, das ihm ganz allein eigen war.«[39] Als er jedoch von Lassalles geheimem Bündnis mit Bismarck erfuhr, sprach er umgehend wieder abfällig von »Baron Itzig«, »Lazarus«, »Ephraim Gescheit« und, unter Anspielung auf seine dunkle Gesichtsfarbe, vom »jüdischen Nigger«.

Derlei persönliche Angriffe waren für Marx und Engels, die physische Verunstaltungen, sexuelle Verfehlungen und persönliche Gewohnheiten ihrer politischen Gegner gnadenlos ins Lächerliche zogen, gang und gäbe. Doch das besondere Augenmerk auf der Ethnizität wirft die eher ahistorische Frage auf, ob Engels Rassist war, zumal die Schmähungen Lassalles kein einmaliger Fall von Kneipenflegelei waren: Er beklagte sich über die Zahl der Juden in der Schiller-Anstalt, war, wenn auch auf liebevolle Weise, von Paul Lafargues kreolischer Herkunft besessen und benutzte wiederholt den Begriff »Nigger«, obwohl der auch damals schon vorurteilsbelastet war. Natürlich war er ein Mann seiner Zeit und politisch dem proletarischen Universalismus verpflichtet, aber wenn man seine ungefilterten Ausbrüche mit den harschen Äußerungen über Slawen und andere »geschichtslose« Völker zusammenhält, sind rassistische Anklänge unverkennbar.

Solche Anschauungen passten nur zu gut ins historische Umfeld. So diskutierten Marx und Engels 1866 über ein im Jahr zuvor erschienenes Buch des Fotografen, Architekten und Naturforschers Pierre Trémaux mit dem Titel *Origine et transformations de l'homme et des autres êtres*, in dem Trémaux nachzuweisen versuchte, dass Geologie und Bodenbeschaffenheit für die Herausbildung der Rassenmerkmale entscheidend seien. Engels stand dieser These anfangs ablehnend gegenüber: »Wie sich der Mann das erklärt, dass wir Rheinländer auf unserem devonischen Übergangsgebirge … nicht längst Idioten und Nigger geworden sind, wird er vielleicht im 2ten Band nachweisen oder aber behaupten, wir seien wirkliche Nigger.« Da Marx jedoch auf seiner Meinung beharrte, dass an Trémaux' Theorie etwas sei, gab Engels nach und räumte ein: »Der Mann hat das Verdienst, den Einfluss des ›Bodens‹ auf die Rassen- und folgerichtig auch Speziesbildung mehr hervorgehoben zu haben« – was auf seine Grundauffassung von einer abgestuften Hierarchie von Rassen und Kulturen hindeutete.[40] Wie viele Angehörige seiner Schicht war er überzeugt, dass Westeuropäer kultivierter und weiter fortgeschritten waren als Afrikaner, Slawen, Araber und die Sklaven in den Südstaaten der Vereinigten Staaten. Doch wenn es um handfeste Rassenpolitik ging, stand Engels immer auf der richtigen Seite: Er unterstützte im Amerikanischen Bürgerkrieg den Norden gegen den Süden und war, wie erwähnt, entsetzt über das von Gouverneur Eyre 1865 während des Morant-Bay-Aufstands befohlene Gemetzel an jamaikanischen Rebellen. Und obwohl auch er von einem gewissen antisemitischen kulturellen Reflex nicht frei war, verurteilte er die Judenverachtung, wo immer sie in den späten 1870er Jahren wieder auftrat, ob nun bei Konservativen oder Sozialisten. Tatsächlich widmete er einen Artikel eigens der Verurteilung des Antisemitismus als rückschrittlich und schädlich. Er sei »nichts anderes als eine Reaktion mittelalterlicher, untergehender Gesellschaftsschichten gegen die moderne Gesellschaft … und dient daher nur reaktionären Zwecken«. Die Sozialisten sollten den Kampf gegen den Antisemitismus zu ihrer Sache machen. Immerhin habe die Bewegung Juden viel zu verdanken, von Heine und Börne über Marx und Victor Adler bis zu Eduard Bernstein. Im Übrigen glaubte er wie Marx, dass der Antisemitismus zusammen mit dem Kapitalismus verschwinden werde.[41]

Ob man es nun einer »jüdischen Gerissenheit« zuschreiben mag oder nicht, jedenfalls hatte Lassalle über den Tod hinaus erheblichen Einfluss auf die deutsche Arbeiterbewegung. »Itzig« habe »der Bewegung einen Tory-chartistischen Charakter gegeben, der schwer zu vernichten sein wird«, klagte Engels.[42] Dies war angesichts der Entwicklungstendenz des preußischen Staates in seinen Augen besonders gefährlich, denn Bismarck, so schien es, hatte von seinem alten Widersacher Napoleon III. gelernt und ahmte jetzt erfolgreich das bonapartistische Modell eines populistischen Autoritarismus nach, hielt Wahlen ab und schuf ein politisches Gleichgewicht, das es einer »besondern Offiziers- und Beamtenkaste« erlaubte, die »wirkliche Regierungsgewalt in den Händen« zu behalten.[43] Damit war Bismarcks Hinwendung zum Staatsabsolutismus durch öffentliche Meinung und erweitertes Wahlrecht verdeckt – eine Falle, in die Lassalle und seine Anhänger offenbar bereitwillig getappt waren.

Zum Glück, dachten Marx und Engels, hatten sie eine eigene Partei, mit der sie dem Lassalleschen Appeasement gegenüber Bismarck entgegentreten konnten. Deutschland war spät von der industriellen Revolution erfasst worden, konnte in der zweiten Hälfte des 19. Jahrhunderts aber aufholen. Gewaltige Eisenbahn-, Straßen- und Hafenprojekte hatten zusammen mit bedeutenden Fortschritten in der Chemie-, Metall- und Elektroindustrie ein beispielloses Wachstum der städtischen Arbeiterklasse zur Folge. Es war das Zeitalter des boomenden Ruhrgebiets, von Fertigungsstraßen, riesigen Gießereien, Kartellen und Aktiengesellschaften, gestützt von den vier großen Banken – der Deutschen, Dresdner und Darmstädter Bank sowie der Disconto-Gesellschaft. Mit der massiven Industrialisierung und Urbanisierung wuchs in den übervölkerten Arbeitervierteln von

Berlin, München, Hamburg und Frankfurt die Anhängerschaft einer radikalen Politik. 1869 erhielten diese Kräfte in Gestalt der von August Bebel und Wilhelm Liebknecht in Eisenach gegründeten Sozialdemokratischen Arbeiterpartei eine Stimme. Als immer noch patriotische Deutsche waren Marx und Engels enorm stolz auf die Eisenacher Partei. Sie sahen in ihr die authentischste praktische Umsetzung des Ideals der Internationale. Im Gegensatz zur Trägheit der englischen Arbeiterbewegung, zum wirren Proudhonismus der Belgier und Franzosen und zu den von der bakuninistischen Pest befallenen Spaniern und Italienern hielten die Deutschen den wissenschaftlichen Kommunismus hoch. Doch die Gründungsväter wiesen auch umgehend auf die Fehler hin, welche die Eisenacher nach ihrer Meinung begingen, und insbesondere Liebknecht musste sich angesichts der bei der Führung einer demokratischen Partei notwendigen Kompromisse die Leviten lesen lassen. Die Kritik erreichte ihren Höhepunkt, als sich die Eisenacher unter Liebknechts Führung 1875 auf einem Parteitag in Gotha mit Lassalles Allgemeinem Deutschen Arbeiterverein zur Sozialistischen Arbeiterpartei (SAP) zusammenschlossen.

In der Regent's Park Road verfolgte Engels ungläubig, was auf dem Kontinent vor sich ging, während Marx eine ätzende *Kritik des Gothaer Programms* verfasste, in der er sämtliche lassalleanischen Irrtümer aufzählte, auf welche die Eisenacher hereingefallen seien. Engels schalt derweil Bebel dafür, dass er die Aufgabe der Organisation der Arbeiter in Gewerkschaften aufgegeben, das fehlerhafte Konzept eines »ehernen Lohngesetzes« angenommen und utopischen Unsinn wie das Ziel der Beseitigung aller sozialen und politischen Ungleichheit unterschrieben habe. Engels, der bohemienhafte Liebhaber des guten Lebens, war kein Gleichmacher: Es werde »immer eine *gewisse* Ungleichheit der Lebensbedingungen bestehen, die man auf ein Minimum reduzieren, aber nie ganz beseitigen können wird. Alpenbewohner werden immer andere Lebensbedingungen haben als Leute des flachen Landes. Die Vorstellung der sozialistischen

Gesellschaft als des Reiches der *Gleichheit* ist eine einseitige französische Vorstellung …« Mit diesem erbärmlichen Kotau vor der lassalleanischen Lehre hatte Liebknecht eine unverzeihliche ideologische Eigenmächtigkeit an den Tag gelegt, und Engels warnte Bebel prompt: »Marx und ich [werden] uns *nie* zu der auf dieser Grundlage errichteten *neuen* Partei bekennen können und uns sehr ernstlich … überlegen müssen, welche Stellung wir – auch öffentlich – ihr gegenüber zu nehmen haben. Bedenken Sie, dass man *uns* im Auslande für alle und jede Äußerungen und Handlungen der deutschen Sozialdemokratischen Arbeiterpartei verantwortlich macht.«[44] Wiederum richteten sie ihre Angriffe vor allem gegen Liebknecht, der es versäumt hatte, sich vorher mit ihnen zu beraten, und »durch seinen Eifer, die Einigung zu erreichen, *jeden* Preis für sie zu zahlen, die ganze Sache verfahren« hatte.[45]

Bismarck war über dieses Gespenst einer vereinigten, organisierten sozialistischen Bewegung weit stärker beunruhigt, und zwei, wenn auch erfolglose Anschläge auf Kaiser Wilhelm I. lieferten ihm 1878 einen willkommenen Anlass, das Sozialistengesetz einzuführen, das alle Organisationen verbot, »welche durch sozialdemokratische, sozialistische und kommunistische Bestrebungen den Umsturz der bestehenden Staats- oder Gesellschaftsordnung bezwecken«.[46] Während es einzelnen Sozialdemokraten freistand, sich zur Wahl zu stellen, untersagte das Gesetz sämtliche Parteiversammlungen und -publikationen, verbot Gewerkschaften, ordnete die summarische Entlassung von Parteimitgliedern an und erklärte die SAP-Organisation für illegal. Die staatliche Verfolgung führte unweigerlich sowohl zur Radikalisierung der Parteimitglieder als auch zur Bildung einer überaus effektiv arbeitenden Untergrundorganisation. Während Engels einerseits sein tiefes Mitgefühl mit den inhaftierten Parteiführern und ihren Familien – die er finanziell unterstützte – ausdrückte, war er andererseits hocherfreut über die politischen Folgen der Verfolgung, die in der Partei, so hoffte er, einen Linksruck bewirken würde, weg von den Gothaer Kompromissen. »Herr Bismarck, der für uns seit sieben Jahren arbeitet, als würden wir ihn dafür bezahlen«, schrieb er voller Ironie an seinen russischen Briefpartner Pjotr Lawrow, »scheint sich jetzt kaum noch mäßigen zu können in seinen Bemühungen, den Sozialismus so schnell wie möglich herbeizuführen.«[47]

Nach Engels' Ansicht war Bismarck im Zugzwang, also in derjenigen Situation im Schachspiel, in der jeder Zug nur den eigenen Untergang beschleunigt. »Wir sind in Deutschland glücklich so weit, dass alles, was die Gegner tun, zu unserm Nutzen ausschlägt«, schrieb er Bebel, »dass alle geschichtlichen Mächte uns in die Hände arbeiten, dass nichts, gar nichts geschehen kann, ohne dass uns Vorteil daraus erwächst ... Bismarck arbeitet wirklich riesig für uns.«[48] Die ersten Früchte fielen den Sozialisten in der Wahl im Oktober 1881 in den Schoß, als sie in vorwiegend urbanen Gebieten 312 000 Stimmen erhielten und zwölf Reichstagsmandate gewannen. »So famos hat sich noch kein Proletariat benommen«, jubelte Engels. »In Deutschland, nach 3 Jahren unerhörter Verfolgung, nie nachlassenden Drucks, kompletter Unmöglichkeit öffentlicher Organisation und selbst Verständigung, stehn unsre Jungens nicht nur in alter Kraft da, sondern verstärkt.«[49] Zu seiner Freude machte die deutsche Arbeiterklasse im internationalen Proletariat Engländern und Franzosen endlich wieder die Führung streitig.

Aber selbst dieser erstaunliche Fortschritt hatte seine Risiken, denn Wahlerfolge förderten eine Verschiebung der politischen Macht, weg von den militanten Wurzeln und hin zu einer legitimierten, häufig aus der Mittelschicht stammenden parlamentarischen Führung, die für reformistische Ideen gefährlich empfänglich war. Engels, der stets der Meinung gewesen war, dass »die Massen in Deutschland viel besser sind als die Herren Führer«[50], durchforstete jetzt jede Verlautbarung der Reichstagsgruppe nach Anzeichen für willensschwachen Opportunismus. Aus dem Hauptquartier in der Regent's Park Road kamen manchmal täglich Anweisungen für das Abstimmungsverhalten bei einzelnen Gesetzesvorlagen – von Schutzzöllen bis zu Planungsdetails des Nord-Ostsee-Kanals, der nach Engels' Ansicht neun Meter tief sein sollte – und für die Stellungnahmen in den jeweils aktuellen politischen Kontroversen. Es war ein extremes Mikromanagement, denn Engels war stets auf der Hut vor den »Repräsentanten des Kleinbürgertums, die sich anmelden, voll Angst, das Proletariat, durch seine revolutionäre Lage gedrängt, möge ›zu weit gehen‹«. Nebenbei immer bemüht, seine eigenen bürgerlichen Spuren zu verwischen, bestand er eisern darauf, dass der Klassenkampf die Grundlage der Bewegung blieb: »Die Befreiung der Arbeiterklasse muss das Werk der Arbeiterklasse selbst sein.«[51] Deshalb waren er und Marx höchst erleichtert, als die SAP im Jahr 1880 auf einem geheimen Parteitag auf Schloss Wyden in der Schweiz von ihrem Reichstagsreformismus Abschied nahm und sich wieder dem revolutionären Kampf »mit allen Mittel« zuwandte.

Engels kümmerte sich während eines großen Teils der 1870er Jahre um Mittel ganz anderer Art: nämlich das liquide Bar- und Aktienkapital, das er bei seinem Ausstieg aus der Firma Ermen & Engels gezogen hatte. Dadurch war er zu einem der Erzschurken des Vulgärmarxismus geworden – einem Rentier. Die Zeit dafür war äußerst günstig, denn die britische Wirtschaft vollzog Engels' Umzug von Nord nach Süd nach, wo sich der Finanzdienstleistungssektor der City von London unter dem industriellen Dach hervorzuwagen und zu verselbständigen begann. Wirtschaftshistoriker bezeichnen das letzte Drittel des 19. Jahrhunderts aufgrund der Krise der Landwirtschaft und der sinkenden Preise als »Große Depression«. Für diejenigen, die über ein regelmäßiges Einkommen verfügten, war es indes eine Boomperiode. »Wir sind hier jetzt im vollen Schwung der Prosperität und der flotten Geschäfte«, schrieb Engels 1871 in der sozialdemokratischen Zeitschrift *Der Volksstaat*. »Kapital ist im Überfluss auf dem Markt und sucht überall nach profitablem Unterkommen; Schwindelgesellschaften zur Beglückung der Menschheit und zur Bereicherung der Unternehmer schießen wie Pilze aus dem Boden. Bergwerke, Asphaltgruben, Pferde-Eisenbahnen für große Städte, Eisenwerke scheinen jetzt am meisten in der Mode zu sein …«[52]

Engels lebte im berüchtigten London von Anthony Trollopes geistsprühendem Roman *The Way We Live Now* von 1875, der Stadt von Aktiengesellschaften, schwunghaftem Börsenhandel und einer Reihe internationaler Finanziers, die in Trollopes Roman auf wunderbare Weise der barocke Gauner Augustus Melmotte verkörpert, der, »indem er Aktien kaufte oder verkaufte, jede Gesellschaft hochbringen oder verderben und im Handumdrehen Geld machen konnte, wie es ihm gefiel«. Es war das London einer Armee von schwarzgekleideten Angestellten, die die endlosen Büroflure der Handelshäuser, Banken, Reedereien, Versicherungen und Immobilienfirmen bevölkerten. In Marx' Begriffen entwickelte sich die britische Wirtschaft zu einer stärker konzentrierten Form des Monopolkapitalismus. »Das ›Gründertum‹ – die Umwandlung großer Privatunternehmen in Aktiengesellschaften – stand während der letzten zehn Jahre und länger auf der Tagesordnung«, berichtete Engels 1881. »Von den großen Lagerhäusern der City in Manchester bis zu den Eisenwerken und Kohlengruben von Wales und Nordengland und den Fabriken von Lancashire unterlag oder unterliegt alles dieser Gründerei.«[53]

Dieses überschüssige Kapital war bald überall auf der Welt an der Arbeit. Das imperiale London wurde zum »Clearinghaus der Welt«, das Eisenbahnen in Peru, Straßenbahnen in Lissabon, Bergwerke in Neusüdwales und Teeplantagen in Indien finanzierte. Zwischen 1870 und 1914 kamen 44 Prozent der weltweiten Auslandsinvestitionen aus Großbritannien – im Vergleich zu 19,9 Prozent französischen und 12,8 Prozent deutschen Investitionen –, wobei ein zunehmender Anteil in große Infrastrukturprojekte und Grundstoffindustrien im Empire floss. »Die Wirtschaft Großbritanniens«, schreibt Eric Hobsbawm, »wurde … immer weniger wettbewerbsfähig, seitdem sie von den Überresten ihrer Monopolstellung, von der unterentwickelten Welt, von ihren angehäuften Reichtümern und vom Fortschritt ihrer großen Konkurrenten lebte … Die Propheten sagten schon – und nicht zu Unrecht – den Abstieg und Fall der britischen Wirtschaft voraus.«[54]

Primrose Hill war ein Stück von Surrey entfernt, doch Engels gehörte zu dieser kolonial-kapitalistischen, mit Aktien spekulierenden Welt. Die Widersprüche waren nicht automatisch verschwunden, als er bei Ermen & Engels ausstieg. »Ich habe auch Papierches, kaufe und verkaufe zuweilen«, eröffnete er Eduard Bernstein am Beginn einer recht surrealen Debatte darüber, ob die sozialdemokratische Exilzeitung *Der Sozialdemokrat* eine Finanzseite enthalten sollte. »Aber so kindlich bin ich doch nicht, mir bei meinen Operationen in der *sozialistischen* Presse Rat zu holen.«[55] Er zog es wie Marx vor, den *Economist* zu lesen. Was sein Aktienportefeuille anging, so war es ebenso lukrativ wie breitgefächert: Laut seiner Testamentsbestätigung hinterließ er ein Aktienpaket im Wert von 22 600 Pfund (nach heutigem Geldwert rund 2,2 Millionen Pfund), das Anteile an der London and Northern Railway Company, der South Metropolitan Gas Company, der Channel Tunnel Corporation Ltd. und sogar einige Kolonialinvestitionen enthielt, vor allem Aktien der Foreign and Colonial Government Trust Company.[56] »Das Geschrei gegen die Börse bezeichnen Sie mit Recht als kleinbürgerlich«, pflichtete er Bernstein bei. »Die Börse ändert nur die *Verteilung* des den Arbeitern *bereits gestohlenen* Mehrwerts …« Da sie die Zentralisierung und Konzentration des Kapitals fördere, diene sie sogar einem im Grunde revolutionären Zweck. Im Übrigen solle man sie ruhig »sich recht frei entfalten … lassen, damit auch dem Dummsten klar werde, wozu die heutige Wirtschaft führt«. Man müsse hinter die ins Auge fallende »Spitzbüberei« schauen, um zu erkennen, dass es keine Schande sei, indirekt von der Ausbeutung anderer zu leben: »Man kann … ganz gut selbst Börsianer und zur gleichen Zeit Sozialist sein und deshalb die *Klasse* der Börsianer hassen und verachten.« Diese widersprüchliche Lebenssituation war Engels nur zu bekannt. »Wird es mir je einfallen, mich zu entschuldigen dafür, dass ich auch einmal Associé in einer Fabrik gewesen bin?«, fragte er rhetorisch. »Der sollte schön ankommen, der mir das vorwerfen wollte.«[57]

Wie stets, war die Frage, was man mit den Gewinnen nach Abzug der Steuern machte – und »wir armen Rentiers müssen bluten«, beklagte sich Engels einmal über die Ansprüche des Staats.[58] Er blieb gegenüber der Partei und seiner persönlichen Umgebung gleichermaßen großzügig. Neben den jährlichen Zuwendungen an Marx in Höhe von mindestens 350 Pfund bezahlte er die Ausbildung der Kinder von Eugene Dupont – einem Vorarbeiter aus Manchester, den er kannte –, beglich die Kosten der Beerdigung von verarmten Sozialisten aus Soho und unterstützte Parteizeitungen und Hilfsaktionen für Emigranten. Leider wurde seine philanthropische Einstellung von denen, die er am meisten mochte, regelmäßig missbraucht. Sein schwacher Punkt waren schon immer die Marx-Töchter, und deren diverse abtrünnige Partner wussten dies nur zu gut. Bei weitem der schlimmste war Lauras Ehemann, der in den Generalrat der Internationale aufgestiegene Arzt und ehemalige Proudhonist Paul Lafargue. Nachdem er Marx und Engels im Kampf gegen den Bakuninismus in Spanien geholfen hatte, war er nach London zurückgekehrt, wo er seitdem praktizierte, was er später in seiner Schrift *Das Recht auf Faulheit* predigen sollte. Ein halbherziger Versuch, eine photolithographische Werkstatt aufzubauen, scheiterte mangels Investoren, und so wandte sich Lafargue an Onkel Engels. »Ich schäme mich, Sie schon wieder zu belästigen, nachdem Sie mir gerade erst mehrere große Summen zukommen ließen; aber um meine Schulden zu begleichen und in der Lage zu sein, meine Erfindung zu fördern, benötige ich unbedingt die Summe von 60 Pfund«, schrieb er im Juni 1875 kategorisch an Engels. Zum Glück für ihn schätzte Engels seinen Verstand und sein Argumentationsvermögen und hatte eine wachsende Zuneigung zu diesem eigenwilligen, sinnlichen, großspurigen jungen Mann gefasst. Umgekehrt genoss Lafargue die Gesellschaft des freizügigen Engels als onkelhaftes Gegengewicht zu seinem strengen Schwiegervater. »An den großen Enthaupter von Champagnerflaschen, unermüdlichen Vertilger von Ale und anderem gepanschten Zeugs, Sekretär der Spanier – Grüße, und möge der Gott der guten Zechereien über Euch wachen«, begann ein typischer scherzhafter Brief Lafargues, in dem er fortfuhr: »Nimmt Mrs. Burns Bäder in der ›baignoire‹, die ich Ihnen aus Bordeaux mitgebracht habe, damit Sie das in Ihren Eingeweiden brennende Feuer löschen können?«

Meistens endeten Lafargues Briefe mit einer Bitte wie der Folgenden: »Ich bräuchte weitere 50 Pfund, um meinen Vermieter zu bezahlen.« Die Gründe wechselten, von der Miete über Schuldenraten bis zu den Kosten für Wasser und Heizung; sogar für Unterwäsche erbat er Geld. »Ihre Banknote traf ein wie Manna mitten in der Wüste«, schrieb Lafargue 1882 aus Paris, wo er sich wieder der sozialistischen Politik zugewandt hatte, »unglücklicherweise waren wir nicht in der Lage, damit für immer auszukommen; ich möchte Sie bitten, mir etwas Geld zu schicken, da ich Unterwäsche für Laura kaufen muss.« Als er 1888 schrieb, er habe »vergessen, Ihnen [Engels] zu sagen, mir einen Scheck über 15 Pfund zu schicken, um vom Wein gerissene Lücke zu füllen«, forderte er sicherlich sein Glück heraus.[59] Aber Engels brachte es selten über sich, Marx' Töchtern etwas abzuschlagen. Er ging sogar ins Theater, um sich Tussys glücklose Ausflüge auf die Bühne anzusehen. »[D]ie Kleine zeigte sehr viel self possession [Sicherheit] und sah ganz allerliebst aus«, berichtete er Marx. »[W]ill sie öffentlich Effekt machen, muss sie unbedingt strike out a line of her own [einen eigenen Stil entwickeln], und das wird sie schon.«[60]

Am liebsten gab Engels sein Geld jedoch für Familienurlaube aus, die er selbst und Lizzy zusammen mit dem Marx-Clan an der englischen Küste verbrachten. Ein gemietetes Sommerhaus mit viel Pilsner im Keller in Ramsgate, Eastbourne, New Brighton, Bridlington Quay, Great Yarmouth, Worthing oder auf der Isle of Wight entsprach Engels' Vorstellung vom Paradies. »Sie [Jenny Marx] und die Lizzy treiben sich auf den Sands umher, nachdem ich sie am Bahnhof mit einem Glas Port gestärkt, und freuen sich, dass sie keine Briefe zu schreiben haben«, berichtete Engels im Sommer 1876 dem abwesenden Marx aus Ramsgate.[61]

Die Aufenthalte am Meer waren indes nicht nur Erholungsurlaube, sondern hatten auch medizinische Zwecke. Lizzy Burns hatte schon in guten Zeiten eine schwache Konstitution, und Ende der 1870er Jahre litt die Fünfzigjährige schwer unter Asthma, Ischias und einem aggressiven Blasentumor. Im Sommer 1878 fürchtete Engels, dass er sie nicht einmal würde ans Meer bringen können: »Vorige Woche hat sie das Bett kaum verlassen. Die Sache ist *sehr ernsthaft* und kann sehr schlimm ablaufen.«[62] In diesen dunkler werdenden späten Jahren erwies sich der Frauenheld Engels als erstaunlich fürsorglicher Partner, der darauf achtete, dass Lizzys bescheidene Bedürfnisse erfüllt wurden, und Aufgaben im Haushalt übernahm. Aber er kämpfte gegen das Unvermeidliche, und am Abend des 11. September 1878 lag Lizzy im Sterben. In diesem Moment geschah etwas Unerwartetes und Rührendes – ein zutiefst viktorianisches Melodrama am Totenbett: Engels, der große Materialist, Atheist und Verächter der bürgerlichen Familienwerte, eilte um die Ecke zur St. Mark's-Kirche, um Pfarrer W. B. Galloway zu holen. Nachdem sie jahrelang als »Mrs. Engels« angesprochen worden war, wollte die irische Katholikin Lizzy Burns ihre fünfzehnjährige Beziehung zu Engels vor Gott legitimieren, bevor sie vor ihren Schöpfer trat. So wurde sie auf ihrem Totenbett in der Regent's Park Road 122 aufgrund einer Sondererlaubnis nach dem Ritus der Kirche von England mit Engels vermählt. Es war ein seltener liebevoller Augenblick, als Engels Lizzys Wunsch über die ideologische Reinheit stellte. In der Nacht um 1.30 Uhr verstarb seine geliebte Frau. Sie wurde unter dem Namen »Lydia« – und mit einem keltischen Kreuz auf dem Grabstein – auf dem römisch-katholischen Friedhof der Kirche St. Mary's, neben dem Friedhof Kensal Green in Nordwestlondon, beerdigt. Ihr Tod war weniger plötzlich gekommen als derjenige ihrer Schwester Mary, und Engels schien den Verlust gefasster hinzunehmen. Und diesmal verschickte er, was er bei Marys Tod unterlassen hatte, eine Traueranzeige – vielleicht, weil sie am Ende doch noch kirchlich getraut worden waren, und vielleicht auch, weil seine strenge Mutter nicht mehr lebte: »Meinen Freunden in Deutschland zeige ich hiermit an, dass meine Frau Lydia, geb. Burns, mir in der verflossenen Nacht durch den Tod entrissen wurde.«[63]

Diesmal verhielt sich Marx der Trauer seines Freundes gegenüber angemessen – wenigstens nach außen hin. Privat machte er sich über die irische Liebste seines Freundes, die nicht lesen und schreiben konnte, lustig. An seine Frau Jenny schrieb er nur wenige Tage nach Lizzy Engels' Tod:

> Als Tussy, Mrs. Renshaw und Pumps … der Verstorbenen Habseligkeiten sortierten, fand Mrs. Renshaw [eine Freundin von Lizzy und Engels] u. a. ein kleines Paket Briefe … und war auf dem Punkt, sie dem bei der Operation gegenwärtigen Mr. Chitty [Engels] einzuhändigen: *»Nein«, sagte er, »verbrenne sie! Ich brauche ihre Briefe nicht zu sehen. Ich weiß, dass sie nicht imstande war, mich zu betrügen.«* [im Original englisch] Hätte Figaro (ich meine den echten des Beaumarchais) trouvé cela [das gefunden]? Mrs. Renshaw sagte nachher zu Tussy: »Natürlich, da er ihre Briefe schreiben und ihr die Briefe, die sie erhielt, vorlesen musste, mochte er ganz sicher sein, dass diese Briefe für ihn kein Geheimnis enthielten – jedoch möglicherweise für sie.« [im Original englisch][64]

Das eigentliche Objekt von Marx' Spott war jedoch Pumps. Mary Ellen Burns betrat die Bühne von Engels' Leben wie ein Shakespearescher Narr – Macbeth' Pförtner oder Hamlets Totengräber –, der vorgeblich Erleichterung verschafft, in Wirklichkeit aber jedem auf die Nerven fällt. Was Hegel nach Engels Verständnis über die Geschichte dachte, die einmal als Tragödie und das zweite Mal als Farce geschieht, war in der Figur der »betrunkenen«, des »Schluckspechts« Pumps verkörpert. Lizzy hatte ihre Nichte, das älteste von zehn Kindern einer armen Familie, irgendwann in der Mitte der 1860er Jahre als Haushaltshilfe zu sich genommen. Nach einiger Zeit in der Regent's Park Road wurde das hübsche, kokette, temperamentvolle junge Mädchen dann – auf Engels' Kosten – zur Schulausbildung auf ein Pensionat nach Heidelberg geschickt. Von dort kehrte zwei Jahre später eine wesentlich selbstbewusstere Pumps nach London zurück, die sich weigerte, der kränklichen Lizzy im Haushalt zu helfen, und sich zu ihren Eltern nach Manchester absetzte. Doch die dumpfe, stinkende Arbeit im Fischgeschäft ihres Bruders brachte sie dazu, ihre Optionen zu überdenken, und so tauchte sie im Frühjahr 1878 kleinlaut wieder in London auf.[65]

Für eine junge Frau, die etwas aus sich machen wollte, war Lizzys Tod die Chance, in der Regent's Park Road 122 das Ruder zu übernehmen. Sie habe »schon ganz die Miene der ›princess régnante‹ [regierenden Prinzessin] und deren behaviour [Gebaren] angelegt ... zugleich mit dem 5 Guineas Trauerkleid, das jedoch nur ihre übel versteckte ›Lust‹ vermehrt« habe, bemerkte Marx vier Tage nach Lizzys Hinscheiden giftig.[66] Nunmehr als Haushälterin inthronisiert, war sie für Marx eine ständige störende Erscheinung. Aber wenigstens verdankte er ihr einen unablässigen Strom von Klatsch, denn wie es schien, vermochten nur wenige der Sozialisten, die in Haus Nr. 122 vorbeischauten, ihrem drallen Charme zu widerstehen. »Es geht wenig vor in ›unserem Kreis‹«, berichtete Marx seiner Tochter Jenny Longuet 1881. »Pumps wartet noch auf ›Nachrichten‹ von [Friedrich] Beust [vom Kölner Arbeiterverein]; sie hat inzwischen ein Auge auf ›Kautsky‹ geworfen, der sich jedoch noch nicht ›erklärt‹ hat, und wird immer [Carl] Hirsch dankbar sein, dass er sich nicht nur formal ›erklärt‹, sondern nach einer Ablehnung seine ›Erklärung‹ erneuert hat, bevor er nach Paris ging.« Zwei Monate später scharwenzelte ein neuer Freier herum. »[Lew N.] Hartmann [ein russischer Revolutionär] ist vergangenen Freitag nach New York abgereist, und ich bin froh, dass er weit vom Schuss ist«, brachte Marx seine Tochter auf den neuesten Stand. »Dummerweise *hielt* er einige Tage vor seiner Abreise *bei Engels um die Hand von Pumps an* – und das schriftlich, wobei er ihm mitteilte, er glaube, keinen Fehler damit zu begehen, alias er (Hartmann) glaube, dass Pumps ihn (Hartmann) nehmen würde. Dabei hat das Mädchen tatsächlich kaum mit ihm geflirtet und dies nur, um Kautsky anzustacheln.«[67]

Bei allen lästigen Heiratsanträgen und theatralischen Auftritten war Pumps ein hübsches junges Mädchen, und ihre weiblichen Reize haben wahrscheinlich den Unsinn aufgewogen, mit dem sich Engels ansonsten abfinden musste. Durch sie bestand eine lebendige Verbindung zu den Burns-Schwestern und seiner Zeit in Manchester. Leider war sie auch etwas zu freigiebig mit ihrer Liebe und ließ sich von einem schmierigen Citytypen namens Percy Rosher verführen. Trotz seiner vielbeschworenen ideologischen Verachtung für die bourgeoise Heuchelei der Ehe brachte Engels, der Pragmatiker, Rosher dazu, sich anständig zu verhalten und Mary Ellen zu heiraten. Die Rechnung bezahlte in den folgenden Jahren freilich er. Rosher, ein staatlich geprüfter Bilanzbuchhalter, der es auf keinen grünen Zweig brachte, war ein hoffnungsloser Fall, der wie die anderen glücklosen Schwiegersöhne im Umfeld von Marx und Engels die starke Überzeugung hegte, die Älteren seien es ihm schuldig, für seinen Lebensunterhalt aufzukommen. 1881 holte er Pumps aus Engels' Haushalt, aber das zänkische Paar war regelmäßig sonntags bei Engels zu Gast, begleitete ihn in den Urlaub – was es einem glücklichen Engels wenigstens ermöglichte, bei ihrer wachsenden Kinderschar den Großvater zu spielen – und quartierte sich häufig für längere Zeit in der Regent's Park Road ein. Dennoch half Pumps' ausgelassene, mädchenhafte Art Engels aus dem Stimmungstief nach Lizzys Tod. Im Sommer 1879 hatte er seinen Schneid wiedergefunden und fragte Marx zweideutig, ob er es nicht für eine gute Idee hielte, wenn sie »das Ewig-Weibliche einmal auf eine 8–14 Tage abschüttelten und irgendwohin gingen bachelor [Junggeselle] spielen«.[68]

Als Engels wieder auf dem Damm war, setzte er seine Tätigkeit als kommunistischer Revisor fort, hob die letzten Schlupflöcher bakuninistischer und lassalleanischer Häresie aus und sah Liebknecht und Bebel auf die Finger. Gleichzeitig wandte er sich einem der praktischen Dilemmas der marxistischen Politik zu. Seit ihrer Frühzeit in den 1840er Jahren in Paris hatten Marx und er die Auffassung vertreten, dass die proletarische Revolution einen bestimmten Stand der industriellen und allgemeinen wirtschaftlichen Entwicklung voraussetze, der Klassenbewusstsein, Klassenkampf und all die anderen Vorboten des Wandels mit sich brachte. Doch wie sämtliche Autoren hervorheben, die sich mit dem Marxismus beschäftigen, führte ausgerechnet im unterentwickelten zaristischen Russland eine proletarische Revolution, wenn auch eigener Art, einen Regimewechsel herbei.[69] Das soll nicht heißen, dass die Ereignisse von 1917 Marx und Engels überrascht hätten. Der unerschütterliche Optimist Engels war 1874 der Ansicht, dass die russische Revolution »weit näher ist, als die Oberfläche anzeigt«; ein Jahr später war sie bereits »im Anzuge«,[70] und 1885 musste sie »zu gegebener Zeit ausbrechen; sie *kann* jeden Tag ausbrechen«.[71]

Die Frage, die ihn ebenso wie die russische marxistische Bewegung umtrieb, war, welche Form die Revolution annehmen würde. Im späten 19. Jahrhundert gab es zwei Denkrichtungen: Die eine, mit Georgi Plechanows Gruppe »Befreiung der Arbeit« an der Spitze, war nach orthodox marxistischem Muster der Auffassung, dass Russland dem westeuropäischen Kurs der fortschreitenden Industrialisierung, Verelendung der Arbeiterklasse und Herausbildung des Klassenbewusstseins folgen müsse, bevor eine proletarische Revolution stattfinden könne – die von der Masse der russischen Bauern unterstützt werden sollte. Die andere Denkrichtung vertraten die Narodniki oder »Volkstümler«, die, gestützt auf die Schriften von Nikolai Tschernyschewski, der Ansicht waren, dass Russland aufgrund seines einzigartigen Erbes, der primitiven Dorfgemeinschaften, einem anderen Weg zum Sozialismus folgen könne. Anstatt die

Schrecken einer kapitalistischen Übergangsphase nach westlichem Vorbild durchzumachen, könne es – nach einigen Terroranschlägen – eine beschleunigte Entwicklung in die kommunistische Zukunft durchlaufen, die auf der Grundlage des Gemeindeeigentums von Land *(obschtschina)*, kommunaler Produktionsverhältnisse und eines primitiven Agrarsozialismus errichtet werden könne. Alexander Herzen und Pjotr Tkatschow behaupteten sogar, die russischen Bauern seien das auserwählte Volk des Sozialismus, geborene Kommunisten, die dazu bestimmt seien, den Mantel der Geschichte von den nachlässigen Europäern zu übernehmen.

Bisher hatten Marx und Engels primitive Formen des Gemeinschaftslebens stets mit Geringschätzung bedacht. In ihren Schriften über Indien, Asien und sogar Irland hatten sie die Dorfgemeinschaften als rückständige Anhängsel des »orientalischen Despotismus« und anachronistische Hemmnisse auf dem weltweiten Marsch zum Sozialismus betrachtet. In den 1870er Jahren jedoch, als die revolutionären Aussichten im Westen schwanden und sie sich intensiver mit der Frühgeschichte des Menschen beschäftigten – der Ära der *gens*, Stämme und gemeinschaftlichen Lebensformen, über die sie in Lewis H. Morgans 1877 erschienenem einflussreichen Buch *Die Urgesellschaft. Untersuchungen über den Fortschritt der Menschheit aus der Wildheit durch die Barbarei zur Zivilisation* lasen –, sahen sie die politischen Möglichkeiten des primitiven Kommunismus mit anderen Augen. Engels ließ sein antislawisches Vorurteil fallen und hielt das russische Modell plötzlich für bedenkenswert: Es sei »unleugbar die Möglichkeit vorhanden«, verkündete er 1875 in einem Artikel über »Soziales aus Russland«, »diese Gesellschaftsform in eine höhere überzuführen, … ohne dass die russischen Bauern die Zwischenstufe des bürgerlichen Parzellen-Eigentums durchzumachen hätten«. Es gab jedoch einen Vorbehalt: »Dies kann aber nur dann geschehen, wenn in Westeuropa noch vor dem gänzlichen Zerfall des Gemeinde-Eigentums eine proletarische Revolution siegreich durchgeführt wird und dem russischen Bauer die Vorbedingungen zu dieser Überführung liefert ...«[72] 1882, im Vorwort zur zweiten russischen Auflage des *Kommunistischen Manifests,* führten Marx und Engels diesen Gedankengang weiter: »Wird die russische Revolution das Signal einer proletarischen Revolution im Westen, so dass beide einander ergänzen, so kann das jetzige russische Gemeineigentum am Boden zum Ausgangspunkt einer kommunistischen Entwicklung dienen.«[73] Marx kam in einem mehrmals umgeschriebenen und merkwürdigerweise nicht abgeschickten Brief an die russische Sozialistin Vera Sassulitsch erneut auf diesen Gedanken zu sprechen:

> Theoretisch gesprochen, kann sich die russische ›Dorfgemeinde‹ ... durch die Weiterentwicklung ihrer Basis, des Gemeineigentums am Boden, und den Ausschluss des Prinzips des Privateigentums, das ihr ebenfalls eigen ist, erhalten; sie kann der *unmittelbare Ausgangspunkt* des ökonomischen Systems werden, zu dem die moderne Gesellschaft tendiert, und ein neues Leben anfangen, ohne mit ihrem Selbstmord zu beginnen; sie kann sich die positiven Errungenschaften, mit denen die kapitalistische Produktion die Menschheit bereichert hat, aneignen, ohne durch das kapitalistische Regime gehen zu müssen, ein Regime, das, rein vom Standpunkt seiner möglichen Dauer betrachtet, im Leben der Gesellschaft kaum ins Gewicht fällt.[74]

Marx hatte am Ende seines Lebens also in der Frage eines in allen Ländern gleichen Prozesses des sozioökonomischen kapitalistischen Fortschritts zurückgesteckt: Nun gestand er Russland zu, dass es, wenngleich mit Hilfe des europäischen Proletariats, seinen eigenen »primitiven« Weg zum Sozialismus beschreiten könne.

Engels bedauerte diesen Neuansatz, und es kam, da er zum ursprünglichen marxistischen Paradigma zurückkehrte, zu einer der seltenen klaren philosophischen Divergenzen zwischen ihm und Marx. Wider besseres Wissen ließ er sich erneut vom Charisma der Narodniki in den Bann schlagen und betrachtete die Zarenherrschaft als derart reaktionären Despotismus, dass sogar blanquistischer Terrorismus gerechtfertigt sein könnte, um die Revolution herbeizuführen. In den 1890er Jahren trat diese Meinungsverschiedenheit mit Marx deutlich zutage: Da sich Russland mittlerweile stetig industrialisierte und sich nach seiner Ansicht kaum mehr von England, Deutschland oder Amerika unterschied, würde es die gleiche unglückselige ökonomische Entwicklung wie sie durchmachen. »Ich fürchte, wir werden die Obschtschina bald als einen Traum der Vergangenheit zu betrachten und in Zukunft mit einem kapitalistischen Russland zu rechnen haben«, prophezeite er Nikolai Danielson, dem russischen Übersetzer des *Kapitals,* düster. Tatsächlich zeige die jahrhundertealte russische Dorfgemeinschaft kaum Anzeichen einer positiven Entwicklung. Vielmehr wirke sie als »Fessel«, die Fortschritte des Bauerntums verhindere.[75] Darüber hinaus wies Engels die Vorstellung, die kommunistische Revolution würde »nicht aus den Kämpfen des westeuropäischen Proletariats, sondern aus dem innersten Innern des russischen Bauern heraus« entstehen, als »kindisch« zurück. Dem marxistischen Schema zufolge war es »eine historische Unmöglichkeit, dass eine niedrigere ökonomische Entwicklungsstufe die Rätsel und Konflikte lösen soll, die erst auf einer weit höhern Stufe entsprungen sind und entspringen konnten«.[76]

Um den russischen Marxisten ihr historisches Problem begreiflich zu machen, zog Engels eine Parallele zu den Erfahrungen des utopischen Frühsozialisten Robert Owen. Die Arbeiter, die Owen in den 1820er Jahren in seiner Fabrik in New Lanark beschäftigte, seien wie die in der Obschtschina lebenden russischen Bauern ebenfalls »in den Einrichtungen und Gewohnheiten einer zerfallenden kommunistischen Gentilgesellschaft, im keltisch-schottischen Clan, herangewachsen«, hätten aber keinerlei Verständnis für sozialistische Prinzipien gezeigt.[77] So unangenehm es sei, würde Russland akzeptieren müssen, dass es keine Abkürzung zum Sozialismus über die Dorfgemeinschaft gebe. Es würde sich dem langsamen, schmerzlichen Gang der Geschichte beugen müssen. Daraus schloss Engels auf eine seiner schrecklicherweise zutreffenden Voraussagen:

> Der Prozess der Verdrängung von etwa 500 000 Pomeschtschikow [Gutsbesitzern] und von etwa 80 Millionen Bauern durch eine neue Klasse *bürgerlicher* Grundbesitzer kann sich nur unter fürchterlichen Leiden und Konvulsionen vollziehen. Aber die Geschichte ist nun einmal die grausamste wsjoch bogin [aller Göttinnen], und sie führt ihren Triumphwagen über Haufen von Leichen, nicht nur im Krieg, sondern auch in Zeiten »friedlicher« ökonomischer Entwicklung.[78]

Weder Marx noch Engels lebte lange genug, um die wilden Konvulsionen mitzuerleben, die Russland im Jahr 1917 und danach erschütterten. Als sie ins siebente Lebensjahrzehnt eintraten, klopfte der Tod bei den alten Londonern an. Im Sommer 1881 wurde die an Krebs erkrankte Jenny Marx sichtlich schwächer, und am 2. Dezember erlag sie ihrem Leiden. Die letzten drei Wochen ihres Lebens verbrachte sie in grausamer Trennung von ihrem »Schwarzwildchen«, ihrem »bösen Buben«, ihrem »Mohr«, da er aufgrund seiner schweren Bronchitis und Brustfellentzündung Abstand von ihr halten musste. Nicht einmal an ihrem Begräbnis in einer ungeweihten Ecke des Friedhofs Highgate in Nordlondon konnte er teilnehmen. Es blieb Engels überlassen, eine wohlwollende Trauerrede zu halten, in der er ihre »tiefe Überzeugung« vom »atheistischen Materialismus« hervorhob. Er schloss mit den Worten: »[I]ch weiß, dass wir oft ihre kühnen und klugen Ratschläge vermissen werden – kühn ohne Prahlerei, klug, ohne der Ehre je etwas zu vergeben.«[79]

Marx folgte ihr bald nach. In der zweiten Hälfte der 1870er Jahre war er von einer ganzen Reihe von Leiden zunehmend behindert, von Kopfschmerzen über Karbunkel bis zu Schlaflosigkeit, Nieren- und Leberbeschwerden und schließlich einem hartnäckigen Katarrh. Dies waren sicherlich ernste körperliche

Leiden, aber sie könnten auch auf eine Wiederkehr seiner psychosomatischen Anfälligkeit hindeuten. Er stellte den zweiten und dritten Band des *Kapitals* nie fertig, und wie schon früher verschlechterte sich sein körperlicher Zustand umso schneller, je weniger er schrieb und je mehr er sich von anderen Dingen ablenken ließ, wie durch die jahrelangen Forschungen über die primitive asiatische Kommune. Auf jeden Fall schien sich Marx verstohlen von seinem philosophischen Großprojekt zurückzuziehen, ob nun, weil die ökonomische Lehre des *Kapitals* nicht mehr überzeugend zu sein schien, oder, weil die politischen Aussichten des Kommunismus schwanden. Es folgten mehrere Reisen nach Karlsbad, um das dortige Heilwasser gegen seine Leberbeschwerden anzuwenden, und nach Ventnor auf der Isle of Wight wegen des milden Klimas und der eisenreichen Seeluft. Nach Jennys Tod wurde die Suche nach einem Kurort mit warmem, trockenem Klima umso wichtiger, um seine Bronchitis zu mildern. Ein sicheres Anzeichen für seine Krankheit war, dass er Engels' Gesellschaft zum ersten Mal lästig fand. »[I]n London«, schrieb er seiner Tochter Jenny, »hat mich Engels' Unruhe ... in Wirklichkeit aus dem Gleichgewicht gebracht: ich fühlte, dass ich es nicht länger aushalten konnte; daher meine Ungeduld, unter allen Umständen von London wegzukommen!«[80] Er reiste nach Algier, von dort nach Monte Carlo und weiter nach Frankreich und in die Schweiz – und hatte überall Pech mit dem Wetter. Die Bronchitis wurde chronisch, und dann traf ihn im Januar 1883 ein weiterer schwerer Schlag: Seine Tochter Jenny Longuet erlag einem Blasenkrebs. Marx kehrte nach Hause zurück, um zu sterben.

Im furchtbaren Winter 1883 unternahm Engels jeden Nachmittag einen kurzen Spaziergang von der Regent's Park Road in die Maitland Park Road, um seinen lebenslangen Gefährten zu besuchen. Um 14.30 Uhr am 14. März 1883 fand er »das Haus in Tränen« vor.

… es [schien] zu Ende zu gehen. Ich erkundigte mich, suchte der Sache auf den Grund zu kommen, zu trösten. Eine kleine Blutung, aber ein plötzliches Zusammensinken war eingetreten. Unser braves Lenchen, das ihn gepflegt, wie keine Mutter ihr Kind pflegt, ging herauf, kam herunter: er sei halb im Schlaf, ich möge mitkommen. Als wir eintraten, lag er da, schlafend, aber um nicht mehr aufzuwachen. Puls und Atem waren fort. In den zwei Minuten war er ruhig und schmerzlos entschlummert.[81]

Mit Marx' Tod endete die größte geistige Partnerschaft der westlichen Philosophiegeschichte, und Engels verlor seinen engsten Freund. »Für Dich ist es nicht ein gewöhnlicher Verlust oder der Verlust eines Familienmitgliedes«, schrieb ihm sein alter chartistischer Verbündeter Julian Harney. »*Deine* Freundschaft und Zuneigung, *seine* Herzlichkeit und *sein* Vertrauen machten den Bruderbund von Karl Marx und Friedrich Engels zu etwas, das über allem stand, was ich je unter Menschen kennengelernt habe. Denn dass zwischen euch (beiden) ein Band war, ›stärker als die Liebe einer Frau‹, ist nichts als die Wahrheit. Ich suche vergeblich nach Worten, um mein Gefühl für den schmerzlichen Verlust, der Dich betroffen hat, auszudrücken; und ebenso mein tiefes Mitgefühl für Dein Leid und mit Deiner Trauer.«[82]

Trotz seiner Erschütterung glaubte Engels doch, dass es ein angemessener Tod für einen solch großen Mann gewesen sei. In einem gefassten Brief an ihrer beider amerikanischen Freund Friedrich Adolph Sorge zollte er Marx' persönlicher Tapferkeit Tribut: »Die Doktorenkunst hätte ihm vielleicht noch auf einige Jahre eine vegetierende Existenz sichern können, das Leben eines hülflosen, von den Ärzten zum Triumph ihrer Künste nicht plötzlich, sondern zollweise absterbenden Wesens. Das aber hätte unser Marx nie ausgehalten.«[83] Und nur wenige Stunden nachdem er seinen Freund zum letzten Mal gesehen hatte, »die Leichenstarre im Gesicht«, begann Engels schon, die Größe seines Genies zu predigen. »Was wir alle sind, wir sind es durch ihn«, schrieb er an Liebknecht, großmütig bis zum Ende, »und was die heutige Bewegung ist, sie ist es durch seine theoretische und praktische Tätigkeit; ohne ihn säßen wir immer noch im Unrat der Konfusion.«[84] Da Marx nicht mehr da war, bestand jetzt die Aufgabe, weiterzumachen. »Nun«, erklärte er Sorge, »wir müssen's durchfressen, wozu anders sind wir da?«[85] Nachdem er dem philosophischen Kampf so viele Jahre gewidmet hatte, würde er jetzt nicht zulassen, dass Marx' Ideen mit ihm starben.

MARX' BULLDOGGE

»Was das streitbare europäische und amerikanische Proletariat, was die historische Wissenschaft an diesem Mann verloren haben, das ist gar nicht zu ermessen«, erklärte Engels am Vormittag des 17. März 1883 am Grab seines Freundes.[1] Nur elf Trauernde nahmen an dem Begräbnis auf dem abschüssigen östlichen Teil des Friedhofs Highgate teil, wo Marx neben seiner Frau zur letzten Ruhe gebettet wurde. Heute sind die gotischen Katakomben und mäandernden Waldpfade dieser weitläufigen »viktorianischen Walhalla« ständig von Touristen und Aktivisten belebt, die es zu Marx' bombastischem Grabmal aus den 1950er Jahren zieht. Der von einem unschönen Krankenhausbau überragte Friedhofsrand hat sich zu einer regelrechten kommunistischen Bastion entwickelt – irakische, südafrikanische und jüdische Sozialisten wurden hier im Schatten ihres ersten Propheten begraben. 1883 ging es dort wesentlich einsamer zu. Neben Engels und Tussy hatten sich die Schwiegersöhne Paul Lafargue und Charles Longuet, die Naturwissenschaftler E. Ray Lankester und Carl Schorlemmer sowie die alten kommunistischen Kämpfer Wilhelm Liebknecht und Friedrich Leßner am Grab versammelt. Aus Frankreich, Spanien und Russland waren Telegramme gekommen, und *Der Sozialdemokrat* und der Kommunistische Arbeiterbildungsverein hatten Kränze geschickt. Aber geprägt wurde das Ereignis von Engels' kurzer weltlicher Trauerrede.

Er hielt sich nicht lange bei Marx' Ehe, seinen Kindern und auch nicht bei ihrer vierzigjährigen Freundschaft auf, sondern ging rasch dazu über, zu bestimmen, was der Marxismus genau bedeutete. Die Rede war eher an die europäische kommunistische Diaspora gerichtet als an die Trauergäste, und Gefühle hatten keinen Platz, wo es eine ideologische Legende zu begründen galt. »Wie Darwin das Gesetz der Entwicklung der organischen Natur, so entdeckte Marx das Entwicklungsgesetz der menschlichen Geschichte«, verkündete Engels. »Damit nicht genug. Marx entdeckte auch das spezielle Bewegungsgesetz der heutigen kapitalistischen Produktionsweise und der von ihr erzeugten bürgerlichen Gesellschaft … So war der Mann der Wissenschaft«, fuhr er fort. Er vermisse ihn sehr. »Und er ist gestorben, verehrt, geliebt, betrauert von Millionen revolutionärer Mitarbeiter, die von den sibirischen Bergwerken an über ganz Europa und Amerika bis Kalifornien hin wohnen, und ich kann es kühn sagen: Er mochte noch manchen Gegner haben, aber kaum noch einen persönlichen Feind. Sein Name wird durch die Jahrhunderte fortleben und so auch sein Werk!«[2]

Diese posthume Heiligsprechung von Marx' Vermächtnis endete nicht auf den Pfaden des Friedhofs Highgate. Einige Wochen nach der Beerdigung kanzelte Engels den italienischen Kommunisten Achille Loria mit scharfen Worten ab, weil dieser es angeblich gewagt hatte, Marx' Arbeit zu missdeuten und sein Ansehen in den Schmutz zu ziehen. Er erlaube es niemandem, den Charakter seines verstorbenen Freundes zu schmähen, beschied er Loria, bevor er den Brief mit den Grüßen, die er »verdiente«, beendete.[3] »Nach Marx' Tod sorgte er [Engels] sich um nichts so sehr wie um die Verteidigung seines Andenkens«, schrieb Harold Laski. »Nur wenige Männer haben sich jemals derart eifrig bemüht, auf Kosten der eigenen Bedeutung die Größe eines Kollegen nachzuweisen.«[4]

Im Tode des Verfassers des *Kapitals* wie zu dessen Lebzeiten erfüllte Engels seine Rolle als Marx' Bulldogge und schützte das politische Vermächtnis seines Freundes mit allen Mitteln. Und doch wurde im Lauf des 20. Jahrhunderts ein dickes Fragezeichen hinter die Jahre nach Marx' Begräbnis gesetzt, denn es war der Verdacht aufgekommen, dass Engels die Bedeutung des Werks seines Partners bewusst neu interpretiert hatte. Der Ver-

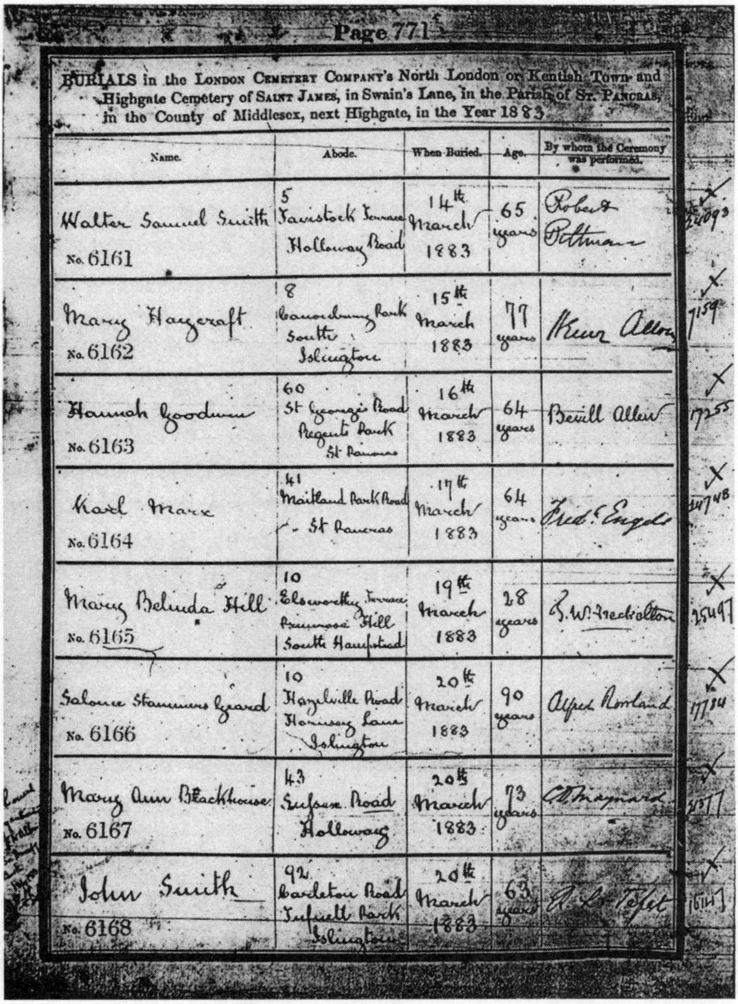

Page 771

BURIALS in the London Cemetery Company's North London or Kentish Town and Highgate Cemetery of Saint James, in Swain's Lane, in the Parish of St. Pancras, in the County of Middlesex, next Highgate, in the Year 1883

Name.	Abode.	When Buried.	Age.	By whom the Ceremony was performed.	
Walter Samuel Smith No. 6161	5 Tavistock Terrace Holloway Road	14th March 1883	65 years	Robert Pittman	24093
Mary Haycraft No. 6162	8 Canonbury Park South Islington	15th March 1883	77 years	Henry Allon	7159
Hannah Goodwin No. 6163	60 St George's Road Regent's Park St Pancras	16th March 1883	64 years	Bevill Allen	17255
Karl Marx No. 6164	41 Maitland Park Road St Pancras	17th March 1883	64 years	Fred. Engels	24748
Mary Belinda Hill No. 6165	10 Elsworthy Terrace Primrose Hill South Hampstead	19th March 1883	28 years	J. W. Freckelton	25497
Salome Stammers Girard No. 6166	10 Hazelville Road Hornsey Lane Islington	20th March 1883	90 years	Alfred Rowland	17734
Mary Ann Blackhouse No. 6167	43 Sussex Road Holloway	20th March 1883	73 years	C. Maynard	5377
John Smith No. 6168	92 Carleton Road Tufnell Park Islington	20th March 1883	63 years	R. L. Tafel	16147

Auszug aus dem Register des Friedhofs Highgate mit dem Eintrag über Marx' Begräbnis, in dem Engels als Ausführender der Trauerfeier genannt wird.

gleich mit Darwins Evolutionsbiologie und Newtons Bewegungsgesetzen, den er an Marx' Grab gezogen hatte, deutete auf eine naturwissenschaftliche Wende hin, in die Engels Marx einbeziehen wollte. Man hat ihm daher vorgeworfen, den Marxismus umgedeutet zu haben, indem er mit seiner Begeisterung für die Naturwissenschaft den humanistischen Impuls des authentischen, originalen Marx betäubte und in Abwesenheit seines Freundes durch eine mechanistische Politik ersetzte, der das begeisternde Versprechen der menschlichen Erfüllung im Sozialismus fehlte.

Damit wiederum, so wird angedeutet, sei Engels für die offizielle Ideologie von Stalins Sowjetunion und die Schrecken des Marxismus-Leninismus verantwortlich. Dieser Vorwurf ist rasch bei der Hand – zumal er nebenbei Marx von der Schuld an den »Verbrechen« des Marxismus entlastet –, aber er missversteht das Wesen der Zusammenarbeit von Marx und Engels. Es trifft sicherlich zu, dass Engels, einer der gebildetsten Männer seiner Zeit, von den wissenschaftlichen Fortschritten des 19. Jahrhunderts fasziniert war und sich gemeinsam mit Marx bemühte, ihren Sozialismus in dieser Epoche wissenschaftlicher Umwälzungen zu verorten. Um dies zu erreichen, trug er dazu bei, den ideologischen Kanon seines Freundes zu systematisieren und in eine populäre, kodifizierte Lehre zu übersetzen, mit deren Hilfe man die europäische Sozialdemokratie in eine grundsätzlich marxistische Richtung lenken konnte. Der Marxismus als politische Massenbewegung begann nicht mit dem *Kapital* oder der unglückseligen Ersten Internationale, sondern mit Engels' umfangreichen Pamphleten und Propaganda-Aktivitäten der 1880er Jahre. Sein großes Geschenk an den verstorbenen Freund bestand darin, dass er den Marxismus in eine der überzeugendsten und einflussreichsten politischen Philosophien der Geschichte verwandelte. Er tat es in Marx' Namen und mit Marx' Segen, denn er blieb der Ideologie treu, die sie beide gemeinsam entwickelt hatten.

»Eine große Stadt, deren Bild den Menschen im Gedächtnis bleibt, steht für irgendeine große Idee«, heißt es in Benjamin Disraelis 1844 erschienenem Roman *Coningsby*. »Rom verkörpert Eroberung, Glaube schwebt über den Türmen von Jerusalem, und Athen steht für die hervorragendste Eigenart der Antike, die Kunst.« Aber die Welt verändere sich, erklärte Disraeli, und eine neue Zivilisation sei im Entstehen begriffen. »Was Kunst für die Antike bedeutet, ist Technologie für die Neuzeit: die charakteristische Eigenart. In den Köpfen der Menschen hat das Nützliche das Schöne verdrängt. Anstelle der Stadt der Hellenen hat sich ein Dorf in Lancashire zu einer mächtigen Region von Fabriken und Lagerhäusern ausgebreitet. Doch, richtig verstanden, ist Manchester eine genauso große menschliche Leistung wie Athen.«[5]

Hatte sich Engels in jungen Jahren unter dem emotionalen Einfluss der Romantik befunden, so war er in späteren Jahren der Naturwissenschaft, Technik und allem Nützlichen verfallen. Um solche Studien zu betreiben, wären nur wenige Orte besser geeignet gewesen als Manchester, wo als »charakteristische Eigenart« die Naturwissenschaft herausragte. Im 19. Jahrhundert erlebte Nordeuropa eine Reihe von Paradigmenwechseln in Naturwissenschaft und Medizin. In der Chemie begründete der französische Adlige Antoine Laurent Lavoisier das Gebiet der quantitativen Chemie, das Justus von Liebig dann auf organische Stoffe ausdehnte. In der Biologie erzielte der deutsche Botaniker Matthias Schleiden eine Reihe von Fortschritten in der Zelltheorie, die der mit ihm befreundete Physiologe Theodor Schwann auf die Tierwelt übertrug. In der Physik leistete William Robert Grove bahnbrechende Arbeit, als er die erste Brennstoffzelle erfand und die Theorie der Speicherung von Energie vorwegnahm, während James Clerk Maxwell, an Faradays Arbeit über die Elektrizität anknüpfend, eine einheitliche Theorie des Elektromagnetismus entwickelte.

Diese wissenschaftliche Revolution fand zu einem guten Teil in Manchester statt. So entwickelte der Chemiker John Dalton,

Dozent am New College in Manchester und Mitglied der Literarischen und Philosophischen Gesellschaft der Stadt, die ihm die Durchführung vieler seiner Experimente ermöglichte, Lavoisiers quantitative Arbeiten weiter, wobei er die moderne Atomtheorie begründete und die Grundlagen des Periodensystems der Elemente ausarbeitete. Er genoss die Verehrung seiner Mitbürger, nach seinem Tod 1844 defilierten an einem einzigen Tag 44 000 von ihnen an seiner im Rathaus aufgebahrten Leiche vorbei. Sein Schüler James Joule war fast genauso bemerkenswert. Der Sprössling einer reichen Brauerfamilie untersuchte mit sorgfältigen Experimenten die umstrittene Frage – die auch Grove beschäftigte –, ob Energie gespeichert werden könne. Mit Hilfe seiner Brauereitechnik konnte er nachweisen, dass der Gesamtbetrag von »Energie« gleich bleiben kann, wenn sie von einer Form in die andere umgewandelt wird, in diesem Fall von Bewegungsenergie in Wärme (das heißt, er maß die durch mechanische Arbeit erzeugte Wärme). William Thomson, der künftige Lord Kelvin, und der deutsche Physiker Rudolf Clausius entdeckten, ausgehend von Joules Ergebnissen, die beiden Hauptsätze der Thermodynamik, die den Begriff der Energie bestimmen und beschreiben, wie Energie und letztlich Information entsteht. Die Stadtväter von Manchester waren verständlicherweise stolz auf Joules wissenschaftliche Leistungen und verknüpften sein Leben mit dem Ethos der Stadt, indem sie im Portikus des Rathauses ein Standbild von ihm in meditativer Pose aufstellten, gegenüber demjenigen von Dalton. Das Signal hätte nicht deutlicher sein können: In Manchester gehen Wissenschaft und Geschäft Hand in Hand.

Die Demokratie der Wissenschaft, die Tatsache, dass gewöhnliche Techniker und Geschäftsleute sich mit ihr beschäftigten, war ein wesentlicher Aspekt des Selbstbildes der stolz auf ihrer Besonderheit bestehenden Stadt. In der Literarischen und Philosophischen Gesellschaft, der Geologischen Gesellschaft und der Naturgeschichtlichen Gesellschaft wurde der Naturwissenschaft als einem Feld der Hochleistungen gehuldigt, auf dem die grobe

Mittelsorte genauso erfolgreich sein konnte wie die Eliten von London und »Oxbridge«, sogar noch erfolgreicher, da die in der Stadt vorhandene Mischung aus Technologie, Industrie und kommerziellem Talent ihr einen intellektuellen Vorteil gegenüber den Bewohnern der Elfenbeintürme der Universitätsstädte verschaffte. Die Folge war ein reger geistiger Austausch auf den Gebieten von Naturwissenschaft und Technik zwischen den sich industrialisierenden Gemeinden in Nordwestengland und dem Rheinland. Gefragt waren insbesondere Chemiker, so dass sich in Lancashire und Cheshire eine Fachkompetenz in der Industriechemie herausbildete, die Northwich bis heute zu einem Zentrum der Chemie-Industrie macht. Wissenschaftliche Debatten und Entdeckungen wurden sowohl in den Fabriken, Werkstätten und Labors als auch in den Kulturklubs, Vortragssälen und Debattiergesellschaften der Stadt aufmerksam verfolgt. Elizabeth Gaskell hat 1848 in ihrem Roman *Mary Barton* elegisch beschrieben, wie »in Oldham Weber, gewöhnliche Handweber, mit gleichmäßigem Geräusch das Schiffchen werfen, während Newtons *Principia* aufgeschlagen auf dem Webstuhl liegen, um in der Arbeitszeit das eine oder andere aufzuschnappen und sich in den Essenspausen und am Abend in sie zu vertiefen«. Anschließend erzählt sie von Fabrikarbeitern, die Botaniker – »ebenso vertraut mit dem Linnéschen wie mit dem Natursystem« – oder Entomologen waren – »die man mit einem groben Netz nach geflügelten Insekten jagen sehen kann«.[6] Um das zunehmende wissenschaftliche Interesse zu bedienen, wurden seit Mitte der 1860er Jahre die Penny Science Lectures angeboten, bei denen sich Tausende von Mechanikern und Handwerkern in der Hulme Town Hall oder der Free Trade Hall drängten, um T. H. Huxley über den »Blutkreislauf«, William Benjamin Carpenter über »Das unbewusste Handeln des Gehirns«, John Tyndall über »Kristalline Molekularkräfte« oder William Spottiswoode über »Die Polarisation des Lichts« sprechen zu hören.

Seit der ersten Zeit in Salford, als er in der owenistischen Hall of Science öffentliche Experimente verfolgt hatte, bewegte sich

Engels in diesem naturwissenschaftlich interessierten Umfeld. »Jetzt muss ich auf die Schiller-Anstalt, dem Comité präsidieren«, schrieb er im März 1865 an Marx. »Apropos, einer der dortigen Kerls, ein Chemiker, hat mir neulich das Tyndallsche Sonnenstrahlenexperiment erklärt. Es ist sehr famos.«[7] Die direkteste Verbindung zur Wissenschaftswelt hatte er durch seinen Freund, den Chemieprofessor und Sozialisten Carl Schorlemmer – im Marx-Engelsschen Umgangston »Jollymeier« genannt –, der ihn in die Grundlagen von Chemie und wissenschaftlicher Methodik einführte. Der Autor der klassischen Schrift *Ursprung und Entwicklung der organischen Chemie* (1879) war ein Experte auf dem Gebiet der Kohlenwasserstoffe und Alkoholradikalen. Dreißig Jahre lang arbeitete er in den Laboratorien des Owens College als Privatassistent des wissenschaftlichen Selbstdarstellers und Politikers Henry Roscoe, dem zufolge Schorlemmers Kenntnisse »auf beiden Zweigen der Chemie ... ausgedehnt und eindringend« waren, und »seine Arbeitskraft wahrhaft teutonisch«.[8]

Zu Engels' wissenschaftlichem Kreis gehörten auch der englische Geologe John Roche Dakyns und ein weiterer deutscher Chemiker, Philipp Pauli, der bei einer Alkalifirma in St. Helens arbeitete und später Pumps bei sich aufnahm, während sie in Heidelberg auf die Schule ging. Ein weiterer intellektueller Balsam gegen die Langeweile des Büroalltags bei Ermen & Engels war die Beschäftigung mit aktuellen naturwissenschaftlichen Kontroversen. Engels las Schriften des Geologen Charles Lyell und des Evolutionstheoretikers T. H. Huxley – »beide sehr gut und interessant«[9] –, des Physikers Grove und des Chemikers und Liebig-Schülers August Wilhelm von Hofmann – dessen Theorie »mit all ihren Fehlern ein großer Fortschritt gegen die frühere atomistische« sei[10] – und war ein früher Verfechter der französischen Praxis der Vivisektion als Methode zur Erforschung der Nervenfunktionen. Als Rationalist entwickelte er außerdem ein makabres wissenschaftliches Interesse für Marx' tödliche Krankheiten. »[W]enn man nur einmal Lungengewebe unter dem Mikroskop untersucht hat«, schrieb er einen Tag nach dem Tod seines Freundes an Friedrich Adolph Sorge, »so weiß man, wie groß die Gefahr, dass bei Lungenvereiterungen einmal eine Blutgefäßwand durchbrochen wird.«[11] Einen ähnlich klinischen Tonfall schlug er an, als Carl Schorlemmer im Sterben lag und er dessen Bruder mitteilte: »[I]n den letzten Wochen [hat] es sich unzweifelhaft herausgestellt …, dass er in der rechten Lunge eine Krebsgeschwulst entwickelt, die so ziemlich das ganze obere Drittel der Lunge einnimmt.«[12]

Wie viele Viktorianer war Engels von Charles Darwins Schrift *Über den Ursprung der Arten* von 1859 und der Theorie der natürlichen Selektion fasziniert. »Übrigens ist der Darwin, den ich jetzt grade lese, ganz famos«, teilte er Marx im Dezember 1859 mit. Bisher sei »noch nie ein so großartiger Versuch gemacht worden, historische Entwicklung in der Natur nachzuweisen, und am wenigsten mit solchem Glück. Die plumpe englische Methode muss man natürlich mit in Kauf nehmen.«[13] Marx brauchte keine solche Empfehlung. Er sah in Darwins Werk ein exaktes Spiegelbild des mittelviktorianischen kapitalistischen Dschungels und identifizierte sich mit Darwins Idee des evolutionären Fortschritts durch Konflikt und Kampf. »Es ist merkwürdig«, kam er einige Jahre später, als er sich während der Vorarbeiten für das *Kapital* mit Ricardo und Darwin beschäftigte, darauf zurück, »wie Darwin unter Bestien und Pflanzen seine englische Gesellschaft mit ihrer Teilung der Arbeit, Konkurrenz, Aufschluss neuer Märkte, ›Erfindungen‹ und Malthusschem ›Kampf ums Dasein‹ wiedererkennt.«[14] Marx war derart von Darwins Arbeit angetan, dass er dem großen Evolutionisten später ein Exemplar des *Kapitals* nach Downe House schickte – dessen Seiten allerdings zum größten Teil unaufgeschnitten blieben. Darwin hielt den Gedanken einer Verbindung »zwischen Sozialismus und Evolution durch die Naturwissenschaften« schlicht für eine »dumme Idee«.[15]

Inzwischen hatte Engels an Darwin zu zweifeln begonnen. Besser gesagt, fand er die Lehre des »Sozialdarwinismus«, die sich auf der Grundlage der Schriften des Philosophen Herbert Spencer herausbildete, wenig überzeugend. Im Gegensatz zu Marx stand er Versuchen, simple Parallelen zwischen der Evolution in der Tierwelt und in der Gesellschaft zu ziehen, skeptisch gegenüber. Schon in *Die Lage der arbeitenden Klasse in England* hatte er die Auffassung vertreten, dass das große Verbrechen des Kapitalismus darin bestehe, die Menschen auf den Zustand von Tieren herabzudrücken. »Die ganze darwinistische Lehre vom Kampf ums Dasein«, schrieb er an Pjotr Lawrow, »ist einfach die Übertragung der Hobbesschen Lehre vom bellum omnium contra omnes und der bürgerlich-ökonomischen von der Konkurrenz, nebst der Malthusschen Bevölkerungstheorie, aus der Gesellschaft in die belebte Natur.« Nach seiner Ansicht erkannten die Sozialdarwinisten nicht, dass der Daseinskampf in der menschlichen Gesellschaft nicht zum *individuellen* »Überleben des Stärksten« führte, sondern zur natürlichen Dominanz einer ganzen Klasse: »Der Kampf ums Dasein kann nur noch darin bestehn, dass die produzierende Klasse [das Proletariat] die Leitung der Produktion und Verteilung der bisher damit betrauten, aber jetzt dazu unfähig gewordenen Klasse abnimmt, und das ist eben die sozialistische Revolution.«[16] Engels' bedeutendster Beitrag zur Naturwissenschaft ging indes über eine solche vulgärkommunistische Einstellung zur darwinistischen Theorie hinaus. Er bestand darin, dass er die außerordentlichen naturwissenschaftlichen Fortschritte, die in der Mitte des 19. Jahrhunderts erzielt wurden – in der Atomtheorie, der Zellbiologie und der Thermodynamik –, mit der Philosophie des Mannes verband, der ihn und Marx ursprünglich zur kommunistischen Aufklärung hingeführt hatte.

Im Juli 1858 hatte ein gelangweilter Engels Marx gebeten, ihm sein Exemplar von Hegels *Naturphilosophie* zu leihen. »Ich treibe jetzt etwas Physiologie und werde vergleichende Anatomie daran knüpfen«, erläuterte er seine außerplanmäßigen Studien – die Marx schon früher einmal zu der Frage veranlasst hatten: »Studierst Du Physiologie an der Mary oder anderswo?« Es seien »höchst spekulative Sachen darin, die alle aber erst neuerdings entdeckt wurden«, fuhr Engels fort. Er sei »sehr begierig zu sehn, ob der Alte nichts davon gerochen hat«. Besonders interessierte ihn, ob sich in Hegels Philosophie Vorahnungen der jüngsten Durchbrüche in Physik und Chemie fanden. Denn richtig verstanden sei die »Zelle das Hegelsche Ansichsein und geht in ihrer Entwicklung genau den Hegelschen Prozess durch, bis sich schließlich die ›Idee‹, der jedesmalige vollendete Organismus daraus entwickelt«.[17] Von seiner frühesten Hegellektüre an, bei einem Glas Punsch in seinem Zimmer in Barmen, hatte er die dialektische Methode des großen Philosophen bewundert: jenen kritischen Prozess, in dem sich der Geist durch fortschreitende, widerspruchsvolle Entwicklungsphasen des Denkens hindurch selbst verwirklicht. Bisher hatten er und Marx die Hegelsche Dialektik auf Geschichte, Ökonomie und Staat angewandt. In *Das Elend der Philosophie* hatte Marx 1847 Proudhon kritisiert, weil er nicht erkannt hatte, dass die Wurzeln des modernen Kapitalismus im vorhandenen Wirtschaftssystem zu suchen waren, und Hegels Methode angewandt, um dies zu enthüllen:

> *These:* das feudale Monopol, Vorgänger der Konkurrenz.
> *Antithese:* die Konkurrenz.
> *Synthese:* das moderne Monopol, welches die Negation des feudalen Monopols ist, insofern es die Herrschaft der Konkurrenz voraussetzt, und welches die Negation der Konkurrenz ist, insofern es Monopol ist.
> Somit ist das moderne Monopol, das bürgerliche Monopol, das synthetische Monopol, die Negation der Negation, die Einheit der Gegensätze.[18]

Auch für den historischen Wandel der Gesellschaftsstruktur – vom Feudalismus zum bürgerlichen Zeitalter und dann zur proletarischen Revolution – bot die Dialektik ein nützliches Erklärungsmuster. Nun glaubte Engels in den jüngst von den Naturwissenschaften entdeckten Prozessen Anzeichen der Hegelschen Methode entdeckt zu haben. Als Materialist und Atheist war sein Ausgangspunkt das Vorhandensein von Materie vor dem menschlichen Bewusstsein und unabhängig von ihm. Im Gegensatz zu den mechanischen Materialisten des 18. Jahrhunderts mit ihrer statischen Sichtweise von Natur und Mensch vertrat Engels die Auffassung, dass sich diese Materie in ständiger Hegelscher Veränderung und Umwandlung befand. »*Die Bewegung ist die Daseinsweise der Materie*«, schrieb er im *Anti-Dühring*. »Nie und nirgends hat es Materie ohne Bewegung gegeben oder kann es sie geben.«[19] An dieser Stelle kam das Genie von Hegels dialektischer Methode zum Zug, denn ihre Taktung von Widerspruch und Fortschritt hielt eine perfekte intellektuelle Erklärung für die Verwandlung von Dingen aus sich selbst bereit, welche die wissenschaftliche Revolution des 19. Jahrhunderts gerade enthüllte – die Entstehung von Energie aus Wärme, des Menschen aus dem Affen, die wiederholte Zellteilung. »Die moderne naturwissenschaftliche Lehre von der Wechselwirkung (Groves *Correlation of Forces*, zuerst 1838, glaub' ich)«, schrieb er, die Fortschritte der Physik ausdrücklich mit Hegels Philosophie verknüpfend, 1865 an den Philosophen Friedrich Albert Lange, »ist aber doch nur ein andrer Ausdruck oder vielmehr der positive Beweis der Hegelschen Entwicklung über Ursache, Wirkung, Wechselwirkung, Kraft usw.«[20] Ein ums andere Mal kam er auf den »alten Bursch [Hegel]« als einen Propheten aus der Vorzeit zurück, der mit seinen Theorien unwissentlich die neuen Gebiete der Evolutionsbiologie und der Atomtheorie vorweggenommen hatte. »Ich sitze tief in der Lehre vom Wesen«, teilte er Marx 1874 mit, nachdem er neue Reden John Tyndalls und T. H. Huxleys gelesen hatte. »Das warf mich … wieder auf das dialektische Thema«, da die Dialektik nach seiner Ansicht »der Sache weit tiefer auf den Grund geht«, als die empirisch orientierte englische Wissenschaftsgemeinde zu begreifen vermochte.[21]

In diesem Gedanken steckte ein Buch. »Heute morgen im Bett ist mir folgendes Dialektische über die Naturwissenschaften in den Kopf gekommen«, verkündete Engels Marx Ende Mai 1873, um anschließend ausführlich über die Newtonsche Materie in Bewegung, die Mathematik von Flugbahnen und die chemische Natur von belebten und unbelebten Körpern zu dozieren.[22] Auf die meisten dieser Punkte ging Marx, den die schwachen Heiratsaussichten seiner Töchter weit mehr beunruhigten, in seiner etwas zerstreuten Antwort nicht ein. Doch Engels machte unbeirrt weiter, froh darüber, dass er als Rentier in Primrose Hill in der Lage war, solchen grundlegenden naturwissenschaftlichen Fragen nachzugehen. »Als ich ... durch Rückzug aus dem kaufmännischen Geschäft und Umzug nach London die Zeit dazu gewann«, erklärte er später, »machte ich, soweit es mir möglich, eine vollständige mathematische und naturwissenschaftliche ›Mauserung‹, wie [Justus von] Liebig es nennt, durch, und verwandte den besten Teil von acht Jahren darauf.«[23]

Aus diesem Studium gingen die Berge von Notizen und kurzen Aufsätzen hervor, die unter dem symbolischen Titel *Dialektik der Natur* zusammengefasst wurden, freilich erst, nachdem Eduard Bernstein, einer von Engels' literarischen Nachlassverwaltern, die Manuskripte Albert Einstein vorgelegt hatte, der die wissenschaftlichen Darlegungen – insbesondere die mathematischen und physikalischen – konfus fand, das Ganze aber für historisch so bemerkenswert hielt, dass es einem breiteren Publikum zugänglich gemacht werden sollte. Und so wurde die *Dialektik der Natur* 1927 vom Marx-Engels-Institut in Moskau veröffentlicht.[24] Die zwischen 1872 und 1883 entstandene *Dialektik der Natur* ist eine Mischung aus deutschen, französischen und englischen Notizen über damals aktuelle naturwissenschaftliche und technische Entwicklungen. »Wenn Coulomb von ›*particles* of electricity‹ [elektrischen Partikeln] spricht, ›which repel each other inversely as the square of their distance‹ [die ›einander im umgekehrten Verhältnis zum Quadrat ihrer Entfernung abstoßen‹], so nimmt Thomson das ruhig hin als bewiesen«, lautet ein typischer Satz aus diesen Notizen.[25] So wie er es früher mit der Militärgeschichte versucht hatte, bemühte sich Engels jetzt, die wissenschaftlichen Fortschritte, die mit der industriellen Entwicklung in England, Frankreich und Deutschland einhergingen, als Folge der sich verändernden Produktionsweise zu erklären. Aus jahrzehntelanger Tätigkeit in der Baumwollindustrie kannte er die natürliche Symbiose zwischen ökonomischen Notwendigkeiten und technologischen Durchbrüchen auf Gebieten wie dem Färben und Weben, der Metallurgie und dem Spinnen nur zu gut.

Das größere Ziel, das Engels mit der *Dialektik der Natur* verfolgte, bestand darin, die scheinbar disparaten wissenschaftlichen Entdeckungen des 19. Jahrhunderts als logische, greifbare Erfüllung der Hegelschen Dialektik zu erklären. Während Hegels Philosophie auf die ätherische Welt des Geistes beschränkt war, wollte Engels die Theorie mit der Praxis verknüpfen, so wie er und Marx es zuvor getan hatten, als sie den Hegelschen Idealismus in eine materialistische Theorie überführten, die Geschichte und Fortschritt von sozialen und ökonomischen Formationen erklären konnte. Er wollte zeigen, »dass in der Natur dieselben dialektischen Bewegungsgesetze im Gewirr der zahllosen Veränderungen sich durchsetzen, die auch in der Geschichte die scheinbare Zufälligkeit der Ereignisse beherrschen«, das heißt, die laut Hegel in der Geschichte wirkende »List der Vernunft« sollte nun auch in der Logik hinter den anscheinend zufälligen Ereignissen in den Laboratorien nachgewiesen werden.[26] Das große Verdienst des Hegelschen Systems bestand, laut Engels, darin, dass es »zum ersten Mal … die ganze natürliche, geschichtliche und geistige Welt als ein[en] Prozess, d. h. als in steter Bewegung, Veränderung, Umbildung und Entwicklung begriffen, dargestellt [hat] und der Versuch gemacht wurde, den innern Zusammenhang in dieser Bewegung und Entwicklung nachzuweisen«.[27] Wenn man Hegel vom Kopf auf die Füße stelle und die Ideen als Produkte von Natur und Geschichte erkenne, werde die vermeintliche Zufälligkeit der natürlichen und physischen Welt ausgesprochen erklärbar: »Kehren wir die Sache um, so wird alles einfach und die in der idealistischen Philosophie äußerst geheimnisvoll aussehenden dialektischen Gesetze werden sofort einfach und sonnenklar.«[28]

Mit Blick vor allem auf neue Entdeckungen auf den Gebieten Energiespeicherung, Zellstruktur und darwinistischer Evolution stellte Engels auf Newtons Spuren drei Gesetze dessen auf, was später dialektischer Materialismus genannt werden sollte, obwohl er selbst stets nur von »materialistischer Dialektik« sprach. Nach dem ersten Gesetz, demjenigen »des Umschlagens von Quantität in Qualität und umgekehrt«, ist jede *qualitative* Veränderung in der Natur ein Ergebnis *quantitativer* Veränderungen infolge einer Anhäufung von Belastungen. Beispielsweise erzeugt eine größere Zahl von Atomen in einem Molekül eine substantielle, qualitative Veränderung (etwa von Sauerstoff in Ozon); eine Erhöhung oder Verringerung der Temperatur kann Wasser aus dem flüssigen in den festen oder gasförmigen Zustand versetzen. Das zweite Gesetz ist dasjenige »der Durchdringung der Gegensätze«; es besagt in echt Hegelscher Manier, »dass die beiden Pole eines Gegensatzes, wie positiv und negativ, ebenso untrennbar voneinander wie entgegengesetzt sind und dass sie trotz *aller* Gegensätzlichkeit sich gegenseitig durchdringen«. Mit anderen Worten, die natürlichen Erscheinungen innewohnenden Widersprüche sind der Schlüssel zu ihrer fortschreitenden Entwicklung. Diese Vorstellung wird durch Engels' drittes Gesetz der Dialektik untermauert, der »Negation der Negation«, dem zufolge die inneren Widersprüche einer Erscheinung ein anderes System entstehen lassen, das Gegenteil, das dann im Zuge eines teleologischen Prozesses, der auf eine höhere Entwicklungsstufe führt, seinerseits negiert wird.[29] Engels entwickelt in der *Dialektik der Natur* nach demselben Muster von These, Antithese und Synthese, das Marx im *Elend der Philosophie* angewandt hatte, eine totalisierende Vision der natürlichen, physischen Welt, die er dann durch eine Reihe von Testfällen illustriert, »z. B. Schmetterlingen. Sie entstehn aus dem Ei durch

Negation des Eis, machen ihre Verwandlungen durch bis zur Geschlechtsreife, begatten sich und werden wieder negiert, indem sie sterben, sobald der Gattungsprozess vollendet und das Weibchen seine zahlreichen Eier gelegt hat.« Ebenso sei »die ganze Geologie eine Reihe von negierten Negationen, eine Reihe von aufeinanderfolgenden Zertrümmerungen alter und Ablagerungen neuer Gesteinsformationen«.[30]

Im Schatten Darwins stellte Engels seine Dialektik in einer materialistischen Darstellung der Frühgeschichte des Menschen mit dem Titel »Anteil der Arbeit an der Menschwerdung des Affen« auf die Probe, einem Aufsatz, der nach Ansicht des Evolutionsbiologen Stephen Jay Gould zu den bemerkenswerteren Beiträgen zum darwinistischen Denken im 19. Jahrhundert zählt.[31] Wie stets hatte Engels die idealistische Tradition im Visier, in diesem Fall in Gestalt der falschen Lehre, die den Homo sapiens hauptsächlich durch seine Denkfähigkeit definierte. Dass Materie angeblich keine Rolle spiele, lautete immer noch das Mantra der Junghegelianer. Indem er sein Augenmerk auf drei Aspekte der menschlichen Evolution legte – Sprache, großes Hirn und aufrechten Gang –, versuchte Engels nachzuweisen, dass Arbeit »den Menschen selbst geschaffen« habe.[32] Damit befand er sich im Widerspruch zu Darwins eher zerebraler Vorstellung, wonach das Wachstum von Gehirn und Intelligenz *vor* dem Erlernen des aufrechten Gangs stattfand. Außerdem bekräftigte Engels damit seine Ablehnung gegen Übertragungen aus dem Tierreich auf die menschliche Gesellschaft, da Arbeit für ihn wie für Marx »dem Menschen ausschließlich angehört« und ihn vom Tier unterscheidet.[33]

Als der Mensch von den Bäumen herabstieg und »einen mehr und mehr aufrechten Gang anzunehmen« begann, befreite er, laut Engels, seine Hände für die Benutzung von Werkzeugen. »Die mit der Ausbildung der Hand, mit der Arbeit, beginnende Herrschaft über die Natur erweiterte bei jedem neuen Fortschritt den Gesichtskreis des Menschen.« Die Anforderungen der Arbeit ließen langsam Gemeinschaften entstehen, Systeme gegenseitiger Hilfe, und schufen den Kontext, in dem Sprache und andere geistige Fähigkeiten sich herausbilden konnten. In der langen Chronologie der menschlichen Evolution kamen zunächst die materiellen Anforderungen der Arbeit, erst später entwickelte sich die Sprache, und danach ermöglichte der Wechsel von pflanzlicher zu fleischlicher Nahrung die Versorgung größerer Gehirne, und hinzu kamen die Beherrschung des Feuers und die Entwicklung der Landwirtschaft.[34] Im Verlauf seiner faszinierenden, wenn auch etwas weitschweifigen Ausführungen erklärt Engels, einer der Unterschiede zwischen Tierwelt und menschlicher Gesellschaft sei die Fähigkeit des Menschen, die natürliche Umwelt zu seinem Vorteil zu gestalten.[35] Im Gegensatz dazu seien Tiere, was Sicherheit und Nahrung angehe, auf ihr akkumuliertes sensorisches Wissen beschränkt. Vor diesem Hintergrund war der animalische Instinkt eine beeindruckende natürliche Fähigkeit, deren Ausübung Engels bei der Jagd in Cheshire häufig genug hatte bewundern können: »Auf der englischen Fuchsparforcejagd kann man täglich beobachten, wie genau der Fuchs seine große Ortskenntnis zu verwenden weiß, um seinen Verfolgern zu entgehn, und wie gut er alle Bodenvorteile kennt und benutzt, die die Fährte unterbrechen.«[36] Auch das ein sozialistisches Motiv, auf die Jagd zu gehen.

Engels' Beitrag zur Mathematik war weniger erwähnenswert. Schon immer ein guter Arithmetiker, begann er sich in den 1870er Jahren für Analysis, Geometrie, angewandte Mathematik und theoretische Physik zu interessieren. Die Mathematik machte im 19. Jahrhundert ebenfalls große Fortschritte, die er ebenso wie Marx aufmerksam verfolgte. Karl Weierstraß hatte die Analysis neu durchdacht, Richard Dedekind ein neues Verständnis der algebraischen Zahlen entwickelt, und auf den Gebieten der Differentialgleichungen und der Vektoralgebra waren bedeutende Erkenntnisse erzielt worden. Wie bei seinen Studien in Biologie, Physik und Chemie sah Engels in einer dialektischen Methode und der Beachtung der materialistischen Grundsätze den entscheidenden Erklärungsansatz für alle Entwicklungen in diesen Fächern. »Keineswegs aber befasst sich in der reinen Mathematik der Verstand bloß mit seinen eignen Schöpfungen und Imaginationen«, wies er Karl Dührings apriorische Auffassung der Mathematik zurück. »Die Begriffe von Zahl und Figur sind nirgends anders hergenommen als aus der wirklichen Welt.«[37]

Nach Engels' Ansicht gab es in der Mathematik nichts, was nicht schon in der Natur vorhanden war. Mathematik war einfach eine erklärende Widerspiegelung der physischen Welt. Infolgedessen versuchte Engels alle Zweige der Mathematik in sein triadisches System der Dialektik zu zwängen. »Nehmen wir eine beliebige algebraische Größe, also a«, erklärte er im *Anti-Dühring*. »Negieren wir sie, so haben wir $-a$ (minus a). Negieren wir diese Negation, indem wir $-a$ mit $-a$ multiplizieren, so haben wir $+a^2$, d. h. die ursprüngliche positive Größe, aber auf einer höhern Stufe, nämlich auf der zweiten Potenz.«[38] Wie der trotzkistische Gelehrte Jean van Heijenoort angemerkt hat, ist hier alles furchtbar durcheinandergeraten, da die »Negation«, wie Engels sie versteht, eine Vielzahl unterschiedlicher mathematischer Operationen bedeuten kann, mit denen man das Endergebnis erzielt.[39] Es kam noch schlimmer, denn Engels spielte den beschränkten Philister und lehnte komplexe Zahlen und die theoretische Mathematik, also jene ihrer Teile, die über die bloße Widerspiegelung natürlicher Phänomene hinausgehen, als an Hexerei gemahnende Irrlehren rundweg ab: »Hat man sich aber erst daran gewöhnt, der $\sqrt{-1}$ oder der vierten Dimension irgendwelche Realität außerhalb unsres Kopfes zuzuschreiben, so kommt es nicht darauf an, ob man noch einen Schritt weiter geht und auch die Geisterwelt der Medien akzeptiert.«[40]

Trotz der offensichtlichen Grenzen von Engels' Wissenschaftsmodell erwies es sich als eine seiner dauerhaftesten und zudem schädlichsten Hinterlassenschaften, denn Generationen von Kommunisten betrachteten seine Schriften zur Naturwissenschaft als Richtschnur für die Forschung innerhalb und außerhalb der Labors. Eric Hobsbawm erzählt von Naturwissenschaftlern in den 1930er Jahren, die ernsthaft hofften, ihre bahnbrechenden Arbeiten würden in Engels' Muster passen.[41] In der Sowjetunion und im kommunistischen Block wurde dieser Anspruch zur Regierungspolitik, da Wissenschaft offiziell gemäß dem strikten Paradigma des dialektischen Materialismus betrieben und des Subjektivismus oder Idealismus verdächtige Forschungen summarisch als »bourgeois« verurteilt wurden. Beispielsweise interpretierte der sowjetische Physiker Boris Hessen 1931 in einem gefeierten Aufsatz Isaac Newtons Studien über die Erdanziehung als Produkt des Niedergangs der feudalen und des Aufstiegs der merkantilen, kapitalistischen Gesellschaft. Ganz auf dieser Linie liegt eine 1972 in der DDR erschienene Engels-Biographie, welche die naturwissenschaftlichen Fortschritte des 20. Jahrhunderts allen Ernstes mit Hilfe der *Dialektik der Natur* erklären will: »So begründeten die Entdeckungen im Bereich der Quantentheorie die dialektische These von der Einheit von Kontinuität und Diskontinuität der Materie, konkretisierte Einsteins Relativitätstheorie auf physikalischem Gebiet die philosophischen Ausführungen von Engels über Materie, Bewegung, Raum und Zeit und bekräftigte die Theorie über die Elementarteilchen die Ansichten von Engels und Lenin über die Unerschöpflichkeit des Atoms und des Elektrons.«[42]

Auch britische kommunistische Wissenschaftler führten ihre Forschungen vor dem Hintergrund von Engels' System durch. 1940 erschien eine englische Ausgabe der *Dialektik der Natur* mit einem Vorwort des britischen Genetikers und Kommunisten J. B. S. Haldane, der hilfreich anmerkt, dass die Dialektik »sowohl auf das Problem der ›reinen‹ Wissenschaft als auch auf die gesellschaftlichen Beziehungen der Wissenschaft angewandt werden« könne.[43] Nach dem Krieg nahm der Kult mit der Gründung der Engels Society durch den Philosophen Maurice Cornforth – den Autor von *Dialectical Materialism. An Introductory Course* – und eine Gruppe kommunistischer Wissenschaftler größere Ausmaße an. Ziel der Society, die »allen Wissenschaftsarbeitern« offen stand, »welche die Probleme ihrer Wissenschaft vom Standpunkt des Marxismus-Leninismus aus betrachten und bearbeiten«, war die Abwehr reaktionärer Tendenzen in der Wissenschaft, die Verhinderung des »Missbrauchs« wissenschaftlicher Erkenntnisse durch den Westen, der Kampf »gegen zu langfristige Ziele, die von zeitgenössischen Problemen der Praxis losgelöst sind«, und gegen »Agnostizismus und Impotenz, die Merkmale des verrottenden Kapitalismus sind«. Es bildeten sich Diskussionsgruppen in London, Birmingham, Manchester und Merseyside, nebst Untergruppen zu Chemie, Physik, Psychologie und sogar Astronomie. Einen Eindruck von den Diskussionen in der Society vermitteln die *Transactions of the Engels Society* von 1950, die einen Aufsatz »Gegen idealistische Kosmologie« enthalten, in dem die Autoren schadenfroh berichten, die moderne Astronomie befinde sich »in einer chronischen ideologischen Krise«, während die sowjetische Astronomie in bester Verfassung sei, da sie »fest auf dem materialistischen Begriff der Unendlichkeit des Universums« fuße.

Da die Engels Society in London im Musiksaal der Gesellschaft für kulturelle Beziehungen zur UdSSR am Kensington Square 14 zusammenkam, wurde sie auch von den Auswirkungen der vom »Genossen Wissenschaftler« Stalin und seinem größenwahnsinnigen Wissenschaftszar, Akademiemitglied Trofim Denissowitsch Lyssenko, losgetretenen Repressionskampagne gegen Akademiker erfasst. Engels, der in späteren Jahren wiederholt vor der Gefahr gewarnt hatte, Marx auf rigide, doktrinäre Weise auszulegen, musste als Kronzeuge zur Rechtfertigung eines schrecklichen Angriffs auf die geistige Freiheit herhalten. In Philosophie, Linguistik, Physiologie, Physik und insbesondere Biologie sollte die Forschung nach Stalins Willen mit der »richtigen« Parteilinie übereinstimmen, was unter anderem bedeutete, dass Entdeckungen aus rein ideologischen Gründen als falsch abgetan werden konnten. In der Biologie hatte dies die völlige Ablehnung der Vererbungslehre in der Genetik zur Folge – einer angeblich bourgeoisen Erfindung mit offensichtlicher Nähe zur nationalsozialistischen Eugenik. An ihrer Stelle belebte Lyssenko die neolamarckianischen Ideen des Botanikers

Iwan Mitschurin neu, der vom Umweltdeterminismus überzeugt war. 1948 wurden die genetischen Theorien von Gregor Mendel und Thomas Hunt Morgan auf einer Tagung der Lenin-Akademie der landwirtschaftlichen Wissenschaften der UdSSR als »unwissenschaftlich« und »reaktionär« gebrandmarkt – ihr führender russischer Vertreter, der Genetiker Nikolai Wawilow, war bereits in einem Arbeitslager zu Tode gekommen –, und jedem, der von dieser Linie abwich, wurden schwere Konsequenzen angedroht.[44] Im Archiv der Engels Society befindet sich ein erschütterndes Dokument eines frei denkenden und sprechenden sowjetischen Akademikers, der sich genau diese Abweichung hatte zuschulden kommen lassen. Der Sohn von Stalins treuem Gefolgsmann Andrei Schdanow, Juri Schdanow, der immerhin die Wissenschaftsabteilung des Zentralkomitees der KPdSU leitete und mit Stalins Tochter Swetlana verheiratet war, sah sich genötigt, eine reuevolle Selbstanzeige an das ZK – zu Händen des Genossen Stalin persönlich – zu richten, welche die Engels Society, mit dem maschinenschriftlichen Zusatz »sehr interessant« versehen, in voller Länge abdruckte:

> In meinem Diskussionsbeitrag im Dozentenseminar über die umstrittene Frage des modernen Darwinismus habe ich zweifellos eine Reihe schwerwiegender Fehler begangen ... Darin trat meine »universitäre Gewohnheit« zutage, meinen Standpunkt ohne Rücksicht auf verschiedene wissenschaftliche Diskussionen darzulegen ... Ich betrachte es als meine Pflicht, Ihnen, Genosse Stalin, und durch Sie dem ZK der KPdSU (B) zu versichern, dass ich ein überzeugter Anhänger Mitschurins war und bin. Meine Fehler resultierten daraus, dass ich die historische Seite des Problems nicht genügend beachtet habe, um einen Kampf zur Verteidigung des Mitschurinismus zu organisieren. All dies ist eine Folge von Unerfahrenheit und mangelnder Reife. Ich werde meine Fehler durch Taten korrigieren.[45]

Gerechterweise muss hinzugefügt werden, dass die Engels Society die Lyssenko-Säuberungen kritisierte und mit ihrem grundsätzlichen Einsatz für geistigen Pluralismus Engels' Glauben an wissenschaftliche Forschung und Diskussion weit mehr entsprach als das sowjetische Politbüro mit seinem brutalen Vorgehen.

Eine Ursache dafür, dass die *Dialektik der Natur* erst posthum erschien, war, dass Engels seine Studien unterbrach, um sich seiner und Marx' Lieblingsbeschäftigung hinzugeben, der ideologischen Rauferei. »Du hast gut sprechen«, schrieb er Marx 1876 mit gespieltem Unwillen. »Du kannst im warmen Bett liegen – russische Bodenverhältnisse im Besondern und Grundrente im Allgemeinen treiben, und nichts unterbricht Dich –, ich aber soll auf der harten Bank sitzen und den kalten Wein saufen, plötzlich alles wieder unterbrechen und dem langweiligen Dühring auf den Pelz rücken.«[46]

Eugen Dühring, das Ziel ihres Zorns, war ein blinder Philosophiedozent an der Berliner Universität, dessen Spielart des Sozialismus in der deutschen Sozialdemokratie immer mehr Anklang fand. Zu seinen frühesten Anhängern zählte Eduard Bernstein. Wie Bakunin und Proudhon vor ihm kritisierte Dühring den Zentralismus und ökonomischen Determinismus von Marx und Engels und trat stattdessen für ein schrittweise zu verwirklichendes politisches Programm ein, mit dem man eher greifbare materielle Verbesserungen für die Arbeiterklasse erreichen konnte. In seiner »Gewalttheorie« empfahl er Streiks, kollektive Aktionen und sogar Gewalt als wirksame Mittel des Proletariats, um sein Idealsystem von Wirtschaftskommunen, autonomen Kommunen von Werktätigen, zu errichten.[47] Ein solch pragmatisches politisches Programm fand bei zahlreichen deutschen Sozialisten mehr Zustimmung als die scheinbar komplizierte und unrealisierbare Philosophie von Marx.

Das versetzte Engels in Rage. »[S]o ein seichiger Kohl ist noch nie geschrieben worden«, schrieb er im Juli 1876 in seinem Sommerdomizil in Ramsgate. »Hochtrabende Plattheiten – weiter nichts, dazwischen vollkommner Blödsinn, aber alles arrangiert mit einem gewissen Geschick für ein dem Verfasser recht gut bekanntes Publikum, das vermittels breiter Bettelsuppen und wenig Arbeit rasch über alles mitsprechen lernen will.«[48] Was alles noch schlimmer machte, war, dass Dühring ein mindestens ebenso aggressiver ideologischer Streithahn war wie die alten Londoner. So verhöhnte er Marx als »wissenschaftliche Jammergestalt«,[49] aber die schärfsten Spitzen richtete er gegen Engels, Marx' »siamesisches Zwillingsanhängsel«, das »nur in den eigenen Busen zu greifen« brauche, um das in *Die Lage der arbeitenden Klasse in England* gezeichnete Porträt des ausbeuterischen Fabrikanten zutage zu fördern. Damit zielte Dühring direkt auf Engels' Achillesferse: »Reich an Kapital, aber arm an Einsicht über das Kapital, gehört er nach einer bewährten, einst zu Jerusalem aufgestellten Theorie zu denen, die man herkömmlich mit einem Strick oder Kamel vergleicht, das nicht durch ein Nadelöhr geht.«[50]

Von Wilhelm Liebknecht ermutigt und trotz anfänglicher Skrupel davor, einen Blinden zu attackieren, unternahm Engels auf den Seiten des sozialdemokratischen *Vorwärts* einen langwierigen Generalangriff auf Dühring und sein gesamtes Werk – die »kolossale Arroganz des Mannes« habe ihm verboten, auf seine Blindheit Rücksicht zu nehmen.[51] Obwohl er Dührings Argumentation am Ende auf bloße »Unzurechnungsfähigkeit aus Größenwahn« zurückführte, ging er über die üblichen Marx-Engelsschen Invektiven hinaus und holte zu einer breiteren Definition und Verteidigung der »dialektischen Methode und kommunistischen Weltanschauung« aus.[52] Dafür hatte er die Philosophie des dialektischen Materialismus, mit der er sich in seinen Notizbüchern für die *Dialektik der Natur* abgemüht hatte, verfeinert und aufpoliert, um sie in Buchform unter dem Titel *Herrn Eugen Dührings Umwälzung der Wissenschaft* veröffentlichen zu können. In diesem Buch, dem *Anti-Dühring*, wie es bald allgemein genannt wurde, bewies Engels sein großes

Talent als Propagandist mit Gespür für die massenverständliche Aufbereitung von Ideen, indem er Dührings Anziehungskraft eine schwungvolle, mitreißende und verständliche Erklärung der *Wissenschaft* des Marxismus entgegensetzte. Denn nachdem er sich so lange in die moderne Mathematik, Biologie, Physik und Chemie vertieft hatte, betrachtete er Marx' und seinen Sozialismus als Bestandteil des gleichen geistigen Prozesses, zu dem auch die naturwissenschaftlichen Paradigmenwechsel des 19. Jahrhunderts gehörten.

Um den Lesern des *Anti-Dühring* den Kontext verständlich zu machen, warf Engels einen Blick auf die 1840er Jahre zurück, die Gründungszeit des Marxismus: zu der Entwicklung vom Hegelschen Idealismus über Feuerbachs Philosophie zum marxistischen Materialismus. Marx' geniale Leistung hatte darin bestanden, wie Engels zuerst in einem Aufsatz von 1859 erklärt hatte, Hegel richtig herumzudrehen, das heißt seinen Kopf aus den Wolken zu nehmen und seinen Idealismus durch materielle Realitäten zu ersetzen. Während Hegel den Gang des Geistes zur Idee verfolgt hatte, beschäftigte sich Marx mit den Wirkungen materieller Umstände: »Marx war und ist der einzige, der sich der Arbeit unterziehen konnte, aus der Hegelschen Logik den Kern herauszuschälen, der Hegels wirkliche Entdeckungen auf diesem Gebiet umfasst, und die dialektische Methode, entkleidet von ihren idealistischen Umhüllungen, in der einfachen Gestalt herzustellen, in der sie die allein richtige Form der Gedankenentwicklung wird.«[53] Marx selbst drückte es 1873 in einem Nachwort zum *Kapital* so aus: »Die Mystifikation, welche die Dialektik in Hegels Händen erleidet, verhindert in keiner Weise, dass er ihre allgemeinen Bewegungsformen zuerst in umfassender und bewusster Weise dargestellt hat. Sie steht bei ihm auf dem Kopf. Man muss sie umstülpen, um den rationellen Kern in der mystischen Hülle zu entdecken.«[54] Nachdem er die Bedeutung der Hegelschen Tradition jahrelang heruntergespielt hatte, räumte Engels jetzt ein, wie viel er und Marx Hegel verdankten. »Marx und ich waren wohl ziemlich die einzigen, die aus der deutschen idealistischen Philosophie die bewusste Dialektik in die materialistische Auffassung der Natur und Geschichte hinübergerettet hatten«, schrieb er, wenn auch nicht sehr elegant, im Vorwort zum *Anti-Dühring*.[55] Nachdem das metaphysische Gewirr der idealistischen Philosophie entfernt war, blieb die makellose dialektische Methode übrig, mit der sich Naturwissenschaft, Geschichte und sogar der moderne Klassenantagonismus erklären ließ.

Die wirkliche Leistung, die Engels mit dem *Anti-Dühring* gelang, bestand indes darin, dass er den durch seine Erkenntnisse aus der Beschäftigung mit der Naturwissenschaft bereicherten dialektischen Materialismus auf den Kapitalismus anwandte. Mit seinen drei Gesetzen – über den Umschlag von quantitativen Veränderungen ins Qualitative, die Einheit der Widersprüche und die Negation der Negation – ließen sich jetzt nicht nur biologische, chemische und evolutionäre Erscheinungen erklären, sondern auch die Spannungen in der bürgerlichen Gesellschaft. Sie kämen daher, wie er mit dialektischem Schwung ausführte, »dass sowohl die von der modernen kapitalistischen Produktionsweise erzeugten Produktivkräfte wie auch das von ihr geschaffne System der Güterverteilung in brennenden Widerspruch geraten sind mit jener Produktionsweise selbst, und zwar in solchem Grad, dass eine Umwälzung der Produktions- und Verteilungsweise stattfinden muss, die alle Klassenunterschiede beseitigt, falls nicht die ganze moderne Gesellschaft untergehn soll«.[56] Die Gegensätze mussten ins Gegenteil umschlagen, die Negation negiert werden und schon würde, wie der Schmetterling aus dem Kokon schlüpft, aus den inneren Widersprüchen der alten Gesellschaft eine neue hervorgehen. Dieses kritische Instrument für das Verständnis der sich endlos bewegenden Widersprüche und Revolutionsbereitschaft war Marx' grundlegender Beitrag zum westlichen Denken.

Sinn der Philosophie war stets weniger die Interpretation als vielmehr die Veränderung der Welt. Deshalb schrieb Engels den Abschnitt des *Anti-Dühring*, in dem er die politischen Implikationen des dialektischen Materialismus erläutert hatte, um und veröffentlichte ihn unter dem Titel *Die Entwicklung des Sozialismus von der Utopie zur Wissenschaft* separat (1880 auf Französisch erschienen, 1882 auf Deutsch). Die Idee für diese konzentriertere Einführung in den wissenschaftlichen Sozialismus war von Paul Lafargue gekommen, der in Frankreich bei der Durchsetzung des Marxismus als tonangebender sozialistischer Lehre vor ähnlichen Problemen stand wie Liebknecht in Deutschland. Die französische kommunistische Bewegung war in die sogenannten Kollektivisten um Jules Guesde und Lafargue einerseits und die Possibilisten um Benoît Malon andererseits gespalten. Letztere befürworteten einen reformistischen Weg, der weitgehend dem Gemeindesozialismus entsprach, wie er sich in verschiedenen britischen Städten herausbildete. Obwohl Marx und Engels Guesde »revolutionäre Phrasendrescherei«[57] vorwarfen – die Marx zu dem berühmten Ausspruch veranlasste: »Alles, was ich weiß, ist, dass ich kein Marxist bin« [im Original französisch][58] –, unterstützten sie den philosophischen Standpunkt der Kollektivisten, und Engels wollte ihnen mit seiner Broschüre ideologischen Rückhalt geben.

In den drei Kapiteln der *Entwicklung des Sozialismus von der Utopie zur Wissenschaft* sind die Spuren von Engels' Beschäftigung mit der Naturwissenschaft insofern unübersehbar, als er die wissenschaftliche Strenge des Marxismus von den hochfliegenden Patentrezepten der frühen utopischen Sozialisten – für welche die Possibilisten immer noch eine Schwäche hatten – unterschied. Die ersten Seiten sind der gleichsam klinischen Vivisektion der »reinen Phantasterei«[59] und utopischen Träume von Saint-Simon, Robert Owen und Charles Fourier gewidmet. Doch die Formulierungen waren nicht annähernd so harsch wie am Anfang der 1840er Jahre. Der erwachsene Engels fand in Fouriers Kritik der sexuellen Beziehungen in der bürgerlichen Gesellschaft viel Richtiges; er äußerte sich – als ehemaliger Fabrikant – bewundernd über Owens industriellen Paternalismus und verneigte sich vor Saint-Simons Analyse des bestimmenden

Einflusses der ökonomischen Realitäten auf die politischen Formen. Dennoch blieb ihr Grundfehler in seinen Augen eine irrige Vision des Sozialismus als eine Art ewiger Wahrheit, die nur erkannt und erklärt werden müsse, um verwirklicht zu werden. Im Gegensatz dazu präsentierte er den Sozialismus als Wissenschaft, wozu er »erst auf einen realen Boden gestellt werden« musste.[60] Und genau dies habe Marx mit seiner Erklärung der kapitalistischen Produktionsweise – in Gestalt der Mehrwerttheorie – und der Realität des Klassenkampfs – mit der materialistischen Geschichtsauffassung – getan. Während seine Methode das kapitalistische Wesen der bürgerlichen Gesellschaft offenlegte, zeigte das dialektische System den Weg in die Zukunft.

Nach einer Reihe von sich akkumulierenden Krisen werde die quantitative Veränderung in eine neue Qualität umschlagen, genauso wie Wasser zu Dampf werde und Puppen zu Schmetterlingen. »Das Kapitalverhältnis wird nicht aufgehoben, es wird vielmehr auf die Spitze getrieben.« Wenn die Spannungen innerhalb der kapitalistischen Gesellschaft und mit ihnen das Missverhältnis zwischen ökonomischer Basis und politischem Überbau den Umschlagpunkt erreicht hätten, werde eine Arbeiterrevolution ausbrechen. »Aber damit hebt [das Proletariat] sich selbst als Proletariat, damit hebt es alle Klassenunterschiede und Klassengegensätze auf und damit auch den Staat als Staat.« Darin bestand das große politische Wunder des Kommunismus, das auf seine Art ebenso verblüffend war wie die Speicherung von Energie und die Zellbiologie. »Das Eingreifen einer Staatsgewalt in gesellschaftliche Verhältnisse wird auf einem Gebiete nach dem andern überflüssig und schläft dann von selbst ein. An die Stelle der Regierung über Personen tritt die Verwaltung von Sachen und die Leitung von Produktionsprozessen.« Die künftige sozialistische Herrschaft würde, wie es Saint-Simon als Erster vorausgesagt hatte, die traditionelle Politik ablösen und zu einer rationalen, technokratischen Verwaltung werden. Oder in Engels' offen biologistischer Formulierung: »Der Staat wird nicht ›abgeschafft‹, *er stirbt ab.*« Dann endlich werde es keine Ausbeutung mehr geben, und der darwinistische Überlebenskampf werde zu Ende sein, da die »Anarchie innerhalb der gesellschaftlichen Produktion ... durch planmäßige bewusste Organisation« ersetzt worden sei. Unter Führung des Proletariats werde die Menschheit die wahre, von animalischen Instinkten unbelastete Freiheit erlangen. »Es ist der Sprung der Menschheit aus dem Reich der Notwendigkeit in das Reich der Freiheit.«[61] Dies war der großartige politische Endpunkt von Engels' hochfliegenden Spekulationen über Hegelschen Idealismus, Atomtheorie, darwinistische Evolution und die Negation der Negation. Dahin führte Marx' dialektischer Materialismus: zur proletarischen Revolution, die aus dem Kokon der bürgerlichen Gesellschaft hervorgehen würde, und in den heraufdämmernden Kommunismus.

Die Entwicklung des Sozialismus von der Utopie zur Wissenschaft wurde weit vor der *Lage der arbeitenden Klasse in England,* dem *Deutschen Bauernkrieg* und sogar seinen militärischen Schriften zum Bestseller unter Engels' Werken. Stolz vermeldete er, dass die Broschüre in Frankreich »förmliche Revolution ... angerichtet« und »enorme« Wirkung gehabt habe. »Dicke Bücher wie das *Kapital* zu lesen, dazu sind die meisten zu faul, und so wirkt so ein dünnes Büchlein viel rascher«, erklärte er Friedrich Adolph Sorge.[62] Lafargue, der die Schrift in Auftrag gegeben hatte, war ebenso erfreut über die »tiefgreifende Wirkung« der Broschüre »auf die Richtung der in den Anfängen befindlichen sozialistischen Bewegung«.[63] Sie übertrieben nicht. Zusammen mit dem *Anti-Dühring* diente *Die Entwicklung des Sozialismus von der Utopie zur Wissenschaft* dem Kommunismus auf dem Kontinent als grundlegende Orientierung, denn mit diesen beiden Büchern stand den Sozialdemokraten in Frankreich, Deutschland, Österreich, Italien und England endlich ein allgemeinverständlicher Leitfaden des Marxismus zur Verfügung. Der *Anti-Dühring* »machte Epoche in der Geschichte des Marxismus«, um David Rjazanov, den ersten Direktor des Marx-Engels-Instituts in Moskau, zu zitieren. »Erst aus ihm erfuhr die junge Generation, die ihre Arbeit in der zweiten Hälfte der 70er Jahre begonnen hatte, was der wissenschaftliche Sozialismus ist, was seine philosophischen Grundsätze sind … Man muss anerkennen, dass für die Verbreitung des Marxismus als einer besonderen Methode und eines besonderen Systems kein anderes Buch nach dem *Kapital* eine so große Bedeutung hatte wie der *Anti-Dühring*. Alle jungen Marxisten, die zu Anfang der 80er Jahre auftraten, wurden durch dieses Buch erzogen …«[64] Neben Männern wie August Bebel, Georgi Plechanow, Victor Adler und Eduard Bernstein – der nach der Lektüre des *Anti-Dühring* widerrief und zum Marxismus konvertierte – gehörte Karl Kautsky zu jener damals die öffentliche Bühne betretenden Generation, die Engels das Verständnis des wissenschaftlichen Sozialismus verdankte. »Wenn ich nach der Wirkung urteile, die Engels' *Anti-Dühring* auf mich übte«, schrieb er gegen Ende seines Lebens, »so gibt es kein Buch, das für das Verständnis des Marxismus so viel geleistet hätte wie dieses. Wohl ist das Marxsche *Kapital* gewaltiger. Aber erst durch den *Anti-Dühring* haben wir das *Kapital* richtig lesen und verstehen gelernt.«[65]

Doch von Seiten westlicher Marxisten, von Georg Lukács über Jean-Paul Sartre bis zu Louis Althusser, ist immer wieder kritisiert worden, die von Engels in den 1880er Jahren kodifizierte Lehre gebe nicht den wirklichen Marxismus wieder, sondern *seinen* Materialismus, *seine* Dialektik, *seine* Wissenschaftsgläubigkeit und *seine* falsche Verknüpfung von Marx mit Hegel. »Die Missverständnisse, die aus der Engelsschen Darstellung der Dialektik entstehen«, erklärte Lukács, »beruhen wesentlich darauf, dass Engels – dem falschen Beispiel Hegels folgend – die dialektische Methode auch auf die Erkenntnis der Natur ausdehnt. Wo doch die entscheidenden Bestimmungen der Dialektik: Wechselwirkung von Subjekt und Objekt, Einheit von Theorie und Praxis, geschichtliche Veränderung des Substrats der Kategorien als Grundlage ihrer Veränderung im Denken etc. in der Naturerkenntnis nicht vorhanden sind.«[66] Bei dem Marxismus, wie er im *Anti-Dühring* und in *Die Entwicklung des Sozialismus von der Utopie zur Wissenschaft* dargestellt werde, handle es sich daher um eine »Engelssche Verkehrung« oder einen »Engelsschen Trugschluss«, der auf einer grotesken Fehlinterpretation von Marx' Denken beruhe. In der scharfen Formulierung von Norman Levine, von dem auch die beiden eben zitierten Urteile stammen: »Der erste Abweichler vom Marxismus war Engels. Deshalb war es Engelsianismus, der die Fundamente des künftigen Dogmatismus, des künftigen materialistischen Idealismus von Stalin legte.«[67] Zum Beleg weisen diese »wahren Marxisten« auf einige Lücken im Briefwechsel zwischen Marx und Engels hin, die darauf hindeuten, dass Marx Engels' spätere Schriften nicht billigte und sich auf subtile Weise von ihnen distanzieren wollte, ohne den Freund zu verletzen.

Welche mechanistischen Revisionen der Marxismus im 20. Jahrhundert auch immer erfuhr, man missversteht die Beziehung zwischen Marx und Engels, wenn man annimmt, Engels habe die Marxsche Theorie absichtlich verfälscht oder die Freundschaft zu Marx sei so zerbrechlich gewesen, dass dieser (ausgerechnet Karl Marx!) vor einem Meinungsstreit zurückschreckte. Es gibt keinen Beweis dafür, dass Marx die populäre Darstellung des Marxismus durch Engels peinlich war oder irgendwie störte. Vielmehr war er die treibende Kraft hinter dem *Anti-Dühring;* er las das gesamte Manuskript, steuerte einen kleinen Abschnitt über Ökonomie bei und empfahl das Buch 1878, weil es »für eine richtige Einschätzung des deutschen Sozialismus sehr wichtig« sei.[68] In Wirklichkeit fühlte sich Marx wie Engels von den aktuellen naturwissenschaftlichen Fortschritten beflügelt. »Besonders auf dem Gebiet der Naturwissenschaften – mit Physik und Chemie – und der Geschichte«, schrieb Wilhelm Liebknecht später,

> verfolgte Marx jede neue Erscheinung, stellte er jeden Fortschritt fest; und Moleschott, Liebig, Huxley – dessen ›Populären Vorträgen‹ wir gewissenhaft beiwohnten – waren in unserem Kreis

> Namen so oft genannt wie Ricardo, Adam Smith, MacCulloch und die schottischen und italienischen Nationalökonomen. Und als Darwin die Konsequenzen seiner Forschungen zog und sie der Öffentlichkeit vorlegte, da war bei uns monatelang von nichts anderem die Rede als von Darwin und der umwälzenden Gewalt seiner wissenschaftlichen Eroberungen.[69]

Zudem zog es auch Marx in den 1870er Jahren wieder zu Hegels Werk zurück, und er war der Erste, der die These aufstellte, das dialektische Gesetz gelte sowohl für die Gesellschaft als auch für die Natur. Ob es einem nun gefällt oder nicht, das große theoretische System des *Anti-Dühring* gibt den authentischen, ausgereiften marxistischen Standpunkt wieder. Seit dreißig Jahren hatte Engels die Arbeiten seiner »ersten Violine« erläutert und popularisiert, und nichts spricht dafür, dass er in den 1870er Jahren – unter Marx' Augen – anfing, die Stimme seines Herrn zu verzerren oder von ihren Vorgaben abzuweichen und sie zu verdrehen.[70] In den folgenden Jahrzehnten wurde Engels' Interpretation, wie wir sehen werden, neu interpretiert, doch dafür kann er schlechterdings nicht verantwortlich gemacht werden.

In der Zwischenzeit hatte Engels seine naturwissenschaftlichen Studien unterbrechen müssen, weil er die Herkulesaufgabe übernommen hatte, Marx' literarischen Nachlass zu ordnen. »Die Belegzitate ungeordnet, haufenweise zusammengeworfen, bloß für spätere Auswahl gesammelt«, stöhnte er in einem Brief an August Bebel, nachdem er sich einen Überblick über das Archiv in der Maitland Park Road verschafft hatte. »Dabei die platterdings nur *mir* lesbare – und das mit Mühe – Handschrift.«[71] Da sie wussten, wie sehr Engels an Marx gehangen hatte und wie einsam er sich ohne ihn fühlen musste, drängten Bebel, Kautsky und Liebknecht ihn nach Marx' Begräbnis, London zu verlassen und zu ihnen auf den Kontinent zu kommen. Doch Engels, der sich gefühlsmäßig an das gedämpfte englische Leben gewöhnt hatte, lehnte ab. Er werde in kein Land gehen,

»wo man ausgewiesen werden kann«, teilte er seinen jungen Schülern mit. »Davor ist man aber nur sicher in England und Amerika … Also hier allein hat man Ruhe für theoretisches Weiterarbeiten.« Primrose Hill hatte sich zum Organisationszentrum des weltweiten Kommunismus entwickelt, und seinem Freund zu Ehren wollte Engels »die vielen Fäden aus allen Ländern, die in M[arx'] Studierzimmer freiwillig zusammenliefen … ungebrochen erhalten«.[72]

Außerdem musste Engels nicht nur in der internationalen marxistischen Bewegung, sondern auch im führungslos gewordenen Marx-Clan die Rolle des Oberhaupts übernehmen. Als glücklicher Umstand erwies sich, dass eine Stütze der Familie Marx, Helene »Nim« Demuth, als Haushälterin in die Regent's Park Road wechselte. Mit ihr zusammen sah er wehmütig Marx' Korrespondenz durch und unternahm vormittägliche Spaziergänge. Weniger glücklich war der Umgang mit den zerstrittenen trauernden Marx-Töchtern. »Ich habe Dich neulich gebeten, mir mitzuteilen (worauf ich, da Du eine öffentliche Erklärung abgegeben hast, ein Recht hatte), ob Mohr *Dir* gesagt hat, er wünsche sich Tussy als seine literarische Testamentsvollstreckerin«, schrieb Laura Lafargue aus Paris im Juni 1883 wütend.[73] Sie hatte angenommen, dass sie, anstelle von Samuel Moore, das *Kapital* ins Englische übertragen würde und war außer sich, dass Engels und Tussy in London über den Nachlass ihres Vaters verfügten, ohne sie hinzuzuziehen. »Du weißt sehr gut«, antwortete Engels beschwichtigend, »dass ich nichts anderes will, als Deine Wünsche soweit wie möglich und in jeder Hinsicht zu berücksichtigen … Alles, was wir anstreben, ist, das Andenken an Mohr in würdiger Weise zu verewigen, und das erste wird und muss sein die Veröffentlichung seines Nachlasses.«[74]

Doch das war nicht leicht. »[H]ätte ich das gewusst«, beklagte sich Engels gegenüber Bebel über das Chaos von Marx' Material für die weiteren Bände des *Kapitals,* »ich hätte ihm bei Tag und Nacht keine Ruh gelassen, bis es ganz fertig und gedruckt war.«[75] Entsetzt und verärgert hatte er bei der Durchsicht von Marx'

Papieren festgestellt, dass der lange erwartete zweite Band des *Kapitals* Marx' Schwäche für Abschweifungen, Anhäufung von Belegen und Randthemen zum Opfer gefallen war. Ob nun absichtlich oder nicht, Marx hatte sein Hauptwerk in den Sand gesetzt. »Wäre nicht das massenhafte amerikanische und russische Material (an russischer Statistik allein über 2 Kubikmeter Bücher) gewesen«, schrieb Engels an Sorge, »der 2. Band wäre längst gedruckt. Diese Detailstudien haben ihn jahrelang aufgehalten.«[76] So übernahm Engels neben der Oberaufsicht über die Übersetzungen von Marx' Schriften ins Englische, Italienische, Dänische und Französische – »Versuchen Sie dem Original gegenüber genauer zu sein«, ermahnte er Paul Lafargue, der mit dem *Elend der Philosophie* rang. »Marx ist nicht der Mann, den man leichthin übersetzen kann.«[77] – die Redaktion der deutschen Ausgabe des zweiten und dritten Bandes des *Kapitals*.

In seinem Studierzimmer in der Regent's Park Road arbeitete Engels vom Sommer 1883 bis zum Frühjahr 1885 fieberhaft daran, die unzähligen Korrekturen, statistischen Diagramme, unterbrochenen Gedankengänge und unverständlichen Notizen zusammenzutragen und zu entziffern, um daraus den zweiten Band des *Kapitals* – »Der Zirkulationsprozess des Kapitals« – zu formen. »[Ich] kann … aufrichtig sagen, solange ich an seinem [Marx'] Buch arbeite, bin ich mit ihm verbunden, als ob er lebte«, schrieb er an Laura Lafargue.[78] Aber so sehr ihm diese Nähe zu seinem alten Kameraden gefiel, die Anstrengung, das in Marx' unleserlicher, winziger Handschrift geschriebene Material Zeile für Zeile redigieren zu müssen, gefährdete seine Gesundheit. Und die Manuskripte boten, laut Lafargue, ein schreckliches Bild, »weil sie Abkürzungen enthalten, die man erraten, Streichungen und darübergeschriebene Korrekturen, die man entziffern muss; das ist ebenso schwierig zu lesen wie ein griechischer Palimpsest mit Ligaturen«.[79] Mitte der 1880er Jahre wurden Engels' Augen schwächer, er bekam eine Bindehautentzündung und wurde stärker kurzsichtig. Um die Belastung zu verringern, war er gezwungen, eine neue Generation in die Mysterien von Marx' hieroglyphischer Handschrift einzuweihen – »zwei kompetente Herren«, Kautsky und Bernstein[80] – und dann einen deutschen sozialistischen Setzer einzustellen, Oskar Eisengarten, der Diktate aufnahm. Aber er musste dennoch Marx' Manuskript prüfen, und 1887 war die Bindehautentzündung chronisch geworden, so dass seine Fähigkeit, bei anderer Beleuchtung als Tageslicht zu lesen, erheblich eingeschränkt war. Zum Glück fand der wissenschaftlich Interessierte durch vieles Probieren schließlich ein Mittel, das half. »Ich habe voriges Jahr und bis letzten August Kokain gebraucht und, da dies schwächer wirkte (wegen Angewöhnung), $ZnCl_2$, das sehr gut wirkt«, teilte er seinem Freund, dem Arzt Ludwig Kugelmann, mit.[81] Was seinen alternden Körper betraf, störte ihn jedoch eine Aussage der Ärzte viel mehr: »[D]ie Doktoren sagen, aufs Pferd würd' ich wohl schwerlich wieder steigen können – also kriegsdienstunfähig – verdammt!«[82]

Wie es seinem gewissenhaften Charakter entsprach, gab Engels im Mai 1885, gut zwei Jahre nach Marx' Tod, den zweiten Band des Kapitals heraus. Die Veröffentlichung erlaubte es ihm, die Auseinandersetzung mit der üblichen Riege bürgerlicher Kritiker fortzuführen – insbesondere mit dem deutschen Ökonomen Johann Karl Rodbertus, der Marx des Plagiats bezichtigt hatte – und den Marxismus und die Mehrwerttheorie erneut in den Zusammenhang des wissenschaftlichen Paradigmenwechsels des 19. Jahrhunderts zu rücken. »Wie Lavoisier zu Priestley und Scheele, so verhält sich Marx zu seinen Vorgängern in der Mehrwertstheorie«, erläuterte er in seinem Vorwort, indem er einen seiner Lieblingsvergleiche mit der Chemie anführte. »Die Existenz des Produktenwertteils, den wir jetzt Mehrwert nennen, war festgestellt lange vor Marx … Weiter aber kam man nicht … [Marx] sah, dass hier weder dephlogistisierte Luft vorlag noch Feuerluft, sondern Sauerstoff …«[83]

Ein Problem, das Engels 1867 das erste Mal angesprochen und Marx zu einem späteren Zeitpunkt auszuräumen versprochen hatte, löste der zweite Band des *Kapitals* jedoch nicht, nämlich die Frage, ob konstantes Kapital (Maschinen) in der Lage sei,

Mehrwert und damit Profite zu erzeugen, und wie angesichts unterschiedlicher Quotienten von variablem und konstantem Kapital (von Arbeit und Maschinen) die Profitraten verschiedener Kapitale gleich sein konnten. Anders gefragt, mit den Worten von Meghnad Desai: »War (nicht aus Arbeit bestehendes) Kapital für die Profitabilität relevant oder nicht?« Statt diese Frage zu beantworten, gab Engels sie Marx' Kritikern zurück: »Wenn sie nachweisen, wie nicht nur ohne Verletzung des Wertgesetzes, sondern vielmehr auf Grundlage desselben eine gleiche Durchschnittsprofitrate sich bilden kann und muss, dann wollen wir weiter miteinander sprechen.«[84]

Auch nach der Veröffentlichung des dritten Bandes des *Kapitals* im Jahr 1894 blieb dieses Problem ungelöst – was Engels nicht allzu sehr störte. In seinen Augen war der dritte Band von Marx' Hauptwerk sogar noch einflussreicher und bedeutsamer als der erste. »Erst hierdurch«, schrieb er selbstbewusst an August Bebel, »erhält unsre Theorie eine unerschütterliche Basis und werden wir befähigt, nach allen Seiten siegreich Front zu machen. Sowie das erscheint, wird auch die Spießbürgerei in der Partei wieder einen Schlag bekommen, woran sie denken wird.«[85] Das Manuskript hatte allerdings mit seinem chaotischen Durcheinander von Anmerkungen, Entwürfen, Paraphrasen und Gleichungen ein noch schlimmeres Bild geboten als die Vorlagen der vorherigen Bände. Aber wenigstens hatte Engels jetzt, da Marx nicht mehr da war, die Freiheit, den Text nach eigenem Gutdünken zu gestalten, indem er Illustrationen und literarische Karbunkel entfernte. »[D]a dieser abschließende Band eine so großartige und völlig unangreifbare Arbeit ist«, erklärte er Nikolai Danielson, »halte ich es für meine Pflicht, ihn in einer Form herauszubringen, in der die Gesamtlinie der Beweisführung klar und plastisch herauskommt.«[86]

Seitdem im Jahr 1993 Marx' Manuskript des dritten Bandes von 1864/65 veröffentlicht worden ist, kann jeder nachvollziehen, wie frei Engels bei seiner Herausgebertätigkeit tatsächlich vorgegangen ist. Um die Argumentation klar herauszuarbeiten, änderte er an zahlreichen Stellen Marx' ursprüngliche Absicht erheblich, indem er Fußnoten in den Text integrierte, Abschnitte miteinander verschmolz, Unterteilungen vornahm und eigene Gedanken hinzufügte. Am offensichtlichsten ist dies im vieldiskutierten dritten Abschnitt über das »Gesetz des tendenziellen Falls der Profitrate«, in dem Marx ausführt, dass der Gewinn im kapitalistischen System tendenziell sinke, da arbeitssparende Technologien den Spielraum für die Erzeugung von Mehrwert aus lebendiger Arbeit stetig verringerten. Daran anschließend verknüpfte er diese Tendenz zum Verfall der Profitabilität von Unternehmen mit der Wahrscheinlichkeit des Überlebens des Kapitalismus.[87] Die Frage war, in welchem Tempo diese Entwicklung vor sich ging. Während Marx in seinem Manuskript davon sprach, die kapitalistische Produktion könne »zum Klappen« kommen, wobei er vielleicht den im *Anti-Dühring* untersuchten Umschlag von Quantität in Qualität im Blick hatte, sprach Engels – mit Worten, die an das jugendliche *Kommunistische Manifest* erinnern – konkreter vom »Zusammenbruch« des Kapitalismus. Eine kleine Veränderung, aber eine mit weitreichenden Folgen, da die Marxisten im 20. Jahrhundert unablässig nach einer »Systemkrise« und dem »Zusammenbruch« des Kapitalismus Ausschau hielten, die den Übergang zum Kommunismus einläuten würden. Für den Augenblick hatte Marx' Bulldogge sich von der Leine gelöst, aber nur zum Besten der Sache. Engels wollte, wie es in einer jüngeren Studie heißt, »nicht nur Editor, sondern Nachlassverwalter und Editor in einem sein … [Er] erstellte eine lesbare Variante der Marxschen Manuskripte für den von ihm gemeinten Benutzerkreis, der von theoriebewussten Arbeitern bis zu philologisch interessierten Akademikern reichte.«[88] Und nach der Herausgabe des dritten Bandes hatte er endlich das Gefühl, seine Aufgabe erfüllt und Marx' Andenken gesichert zu haben. »Ich bin froh, dass Ihre lange Reise mit Marx' *Kapital* sich dem Ende zuneigt«, schrieb ihm sein alter Chartistenfreund Julian Harney 1893. »Nie, glaube ich, zumindest nicht in moderner Zeit, hat ein Mann einen so treuen und ergebenen Freund und Mitstreiter gefunden wie Marx in Ihnen.«[89]

Engels' angegriffene Gesundheit war nicht das einzige Hindernis gewesen, das einer raschen Publikation von Marx' Manuskripten im Weg stand. Eine erhebliche Belastung stellte auch die fortwährende Anwesenheit der blutsaugerischen, tragikomischen Familie Rosher dar. Dass Pumps' begriffsstutziger und immer schwerhöriger werdender Ehemann Percy als Bilanzbuchhalter erfolglos blieb, überraschte niemanden. Also musste Engels, während er mit dem dialektischen Materialismus rang, mit der Herausgabe des *Kapitals* beschäftigt war und die Geschicke des internationalen Sozialismus lenkte, auch noch die Finanzen der Familie Rosher regeln. Im Dezember 1888 teilte er Paul Lafargue, dem anderen Dauerschnorrer auf seine Kosten, mit, dass es um Percys Angelegenheiten »ziemlich schlecht« stehe und das nächste Jahr in finanzieller Hinsicht »revolutionär« werden könnte.[90] Wie befürchtet, war der glücklose Percy im nächsten Herbst »vollständig bankrott«, und Engels musste mit seinen Brüdern und seinem Vater verhandeln, um das Schlimmste zu verhindern. »Wie immer es auch enden mag«, sagte er hellsichtig voraus, »es wird mich bestimmt eine Menge Geld kosten.«[91] Und so kam es, denn Pumps und Percy hörten nie auf, den freundlichen Onkel Engels um Geld anzugehen – sehr zum Missfallen von Paul Lafargue. »Es tut mir leid, Dich zu belästigen, gerade, wenn Du so viel Kummer und Sorgen wegen Percys Angelegenheiten hast, aber ich bin gezwungen, es zu tun, denn wir haben unsere Mittel erschöpft«, schrieb Lafargue im November 1889 an Engels, als sich die beunruhigenden Anzeichen dafür mehrte, dass dessen Ressourcen in andere Kanäle fließen sollten.[92]

In den nächsten fünf Jahren wurde Engels, der angesehenste marxistische Theoretiker und kommunistische Stratege seiner Zeit, immer tiefer in die absurde Welt der Roshers und ihrer untauglichen Versuche, Geld zu verdienen, hineingezogen – von einer »Rainbow Engineering Company« bis zu »The Rosher System for Swimming Baths«. Am schlimmsten war jedoch, dass er mit Percys Vater Charles Rosher und dessen in einer Reihe von anmaßenden Briefen geäußerten Bitten um Darlehen und »Investitionen« in verschiedene Geschäftsprojekte fertig werden musste. »Niemand, mit dem er [Percy] verbunden ist, besitzt ein tieferes Gefühl für Ihre Freundlichkeit und Großzügigkeit gegenüber Percy als ich«, begann einer dieser haarsträubenden Briefe. »Persönlich muss ich sehr sparsam sein …, um über die Runden zu kommen … Ich wage zu behaupten, dass Percy mit dem Zuschuss von Ihnen und seinem Lohn mehr Einkommen hat als ich.« Anschließend drohte er unmissverständlich damit, Percy keinen Lohn mehr zu zahlen, wenn Engels sich weigerte, seine Firma finanziell zu unterstützen. »Soweit ich Gelegenheit hatte, es zu beurteilen, wird es noch lange dauern, bis er irgendwelchen Wert für meine Firma hat«, fügte er angesichts der wenig beeindruckenden Fähigkeiten seines Sohnes betreten hinzu.[93] Als Engels die geforderten Mittel nicht bereitstellte, entließ Charles Rosher konsequenterweise seinen Sohn.

Percys Bruder Howard, in dessen Baustoff- und Gartenmaterialhandel auf der Isle of Wight er nach seiner Entlassung arbeitete, war nicht besser als sein Vater. In den 1890er Jahren trafen praktisch mit jeder Post Bitten um Überbrückungskredite, Bareinlagen und auch um wirtschaftlichen Rat bei Engels ein. »Lieber Mr. Engels, ich bedaure sehr, Sie fragen zu müssen, ob Sie so freundlich wären, uns wieder mit einem Wechselscheck behilflich zu sein«, lautete eine häufige Anfrage von Howard Rosher.[94] Engels wusste, dass seine Gutmütigkeit von einer Bande von Taugenichtsen ausgenutzt wurde, doch um die bierselige Gesellschaft von Pumps, die Erinnerungen an die Burns-Schwestern und die Seeurlaube mit ihr und den Kindern in ihrem Haus in Ryde genießen zu können, fand er sich stoisch damit ab. »Gewiss *liebt* er die beschwipste Pumps«, schrieb Tussy ihrer Schwester Laura. »Er wütet gegen Pumps – und liebt sie.«[95] Doch als Percy 1894 seine Arbeit verloren oder aufgegeben,

»eine Menge Geld (nicht sein eigenes)« verschwendet und ihn, Engels, als Bürgen für ein Darlehen in Anspruch genommen hatte, um schließlich doch völlig abgebrannt an seiner Tür in Primrose Hill aufzutauchen, war er mit seiner Geduld am Ende. »Nach allem, was ich für sie [die Familie Rosher] getan habe«, kündigte er Laura Lafargue an, »werde ich einem solchen Verhalten nicht ruhig zusehn und habe sie nicht sehr freundlich aufgenommen. Was Percy tun und wie das enden wird, weiß ich beim besten Willen nicht.«[96] Und dies ist glücklicherweise das Letzte, was wir von Percy Rosher hören.*

Unter den Bergen von Briefen, Notizen und unvollendeten Aufsätzen, die Engels aus Marx' Studierzimmer in die Regent's Park Road brachte, befand sich ein Stapel von Notizen, die sein besonderes Interesse weckten. Aus dem Wust von russischen statistischen Tabellen ragte eine anregende Sammlung von Gedanken über die prähistorische Gesellschaft hervor. Anfang der 1880er Jahre hatte Marx eine ausführliche Zusammenfassung eines 1877 erschienenen Werks des amerikanischen Ethnologen Lewis Henry Morgan, damals in aller Munde, angefertigt: *Die Urgesellschaft oder Untersuchung über den Fortschritt der Menschheit aus der Wildheit durch die Barbarei zur Zivilisation.* Mit einer Mischung aus Darwinismus und Materialismus beschrieb Morgan darin die Entwicklung der menschlichen Gesellschaft vom primitiven Zustand der gesellschaftlichen Organisation bis zur modernen Zivilisation. Zum großen Teil auf der Grundlage von Erkenntnissen über die Lebensweise

---

* Nicht ganz, denn es folgte noch eine letzte grandiose Wendung: Percy Rosher hatte Engels überredet, für ihn eine Lebensversicherung abzuschließen, um die Zukunft von Pumps' Kindern abzusichern, und es ist nicht ohne Ironie, dass er nach Engels' Tod drohte, dessen Nachlassverwalter auf Zahlung von 87 Pfund an künftigen Beiträgen zu verklagen.

des irokesischen Stammesverbandes im Norden des Bundesstaats New York verfolgte er die Auswirkungen technologischer Entwicklungen und veränderter Eigentumsbegriffe auf die Stammesgesellschaft und dann die Familie. In Bezug auf die Familienstruktur bedeutete der Fortschritt von der Wildheit zur Zivilisation in seinen Augen den unvermeidlichen Schritt vom blutsverwandten Stamm zum patriarchalen, monogamen Familienhaushalt als Kern der Gesellschaft.

Wie Marx' umfangreichen »Ethnologischen Notizheften« zu entnehmen ist, hat zwischen ihm und Engels ein reger Gedankenaustausch über dieses Thema stattgefunden, und Engels fügte nun die Ethnologie zu seinen immer breiter gefächerten naturwissenschaftlichen Interessen hinzu. Mitte der 1860er Jahre waren die beiden über die Bedeutung von Trémaux' wirrer Theorie über den Einfluss von Geologie und Boden auf die Rasse, wie er sie in *Origine et transformations de l'homme et des autres êtres* dargelegt hatte, geteilter Meinung gewesen. Ende 1882, als Marx sich wegen seines Bronchialkatarrhs auf der Isle of Wight aufhielt, hatte ihm Engels geschrieben, »[u]m endlich mit der Parallele zwischen Tacitus' Germanen und amerikanischen Rothäuten ins Reine zu kommen«, beschäftige er sich mit Hubert Howe Bancrofts Studie *The Native Races oft the States of North America* (1875), die zu belegen scheine, dass für die Gestalt der frühamerikanischen primitiven Gemeinschaften Blutsbande wichtiger waren als die Produktionsweise.[97]

Kurz vor Marx' Tod, im Februar 1883, wurde durch einen Aufsatz von Karl Kautsky über frühzeitliche Sexualbeziehungen – in dem er den Begriff der sexuellen Eifersucht anachronistischerweise auf »primitive« Gesellschaften anwandte und es versäumte, eine Verbindung zwischen den beiden Traditionen herzustellen, dass man sich einerseits das Land und andererseits die Frauen teilte – Engels' Interesse an dem Thema von neuem entfacht. Die Entdeckung von Marx' Notizen über Morgans Buch überzeugte ihn endgültig von der Notwendigkeit, etwas darüber zu schreiben, um weiteren ideologischen Abweichungen vorzubeugen. Als Bernstein Anfang 1884 in der Regent's Park Road zu Gast war, las er ihm aus Marx' Manuskripten und »dem Entwurf eines Buches, dem er Marx' Auszüge aus des Amerikaners Lewis Morgan *Ancient Society* zugrunde legte, Abend für Abend bis in die tiefe Nacht hinein vor«.[98] Das Projekt sollte, wie Engels es ausdrückte, die »Vollführung eines Vermächtnisses« sein,[99] nämlich die Verknüpfung von Morgans Forschungsergebnissen mit Marx' materialistischer Geschichtsauffassung. Zugleich wollte er einige seiner biologischen Erkenntnisse über Schmetterlinge und Insekten auf das Gebiet der Weiblichkeit und der Geschlechterbeziehungen ausdehnen. So wurde der Frauenheld Engels im Alter, was wohl niemand erwartet hätte, zum Verfasser des Gründungstexts des sozialistischen Feminismus.

Das 1884 erschienene Buch *Der Ursprung der Familie, des Privateigentums und des Staats. Im Anschluss an Lewis H. Morgans Forschungen* begann mit einer Feststellung, die Engels eindeutig als fortschrittliches feministisches Prinzip verstand: »Nach der materialistischen Auffassung ist das in letzter Instanz bestimmende Moment in der Geschichte: die Produktion und Reproduktion des unmittelbaren Lebens.«[100] Damit hatte er auf einen Streich die weibliche Produktion des Lebens auf dieselbe theoretische Ebene gehoben wie die Produktion der Existenzmittel – über der es im kommunistischen Kanon keine höhere Instanz gab. Ganz in Hegelscher Manier bestand der nächste Schritt darin, die Form der Familie zu historisieren, indem ihre Veränderung in den vorangegangenen Epochen nachvollzogen und auf ihre zukünftige Gestalt unter kommunistischer Regierung vorausgewiesen wurde. So wie das Proletariat begreifen musste, dass der Kapitalismus ein Zwischenstadium war, so konnten sich die Frauen freuen, denn die gegenwärtige Ungleichheit der Geschlechter war ebenfalls nur ein vorübergehender Zustand.

Engels führte dies aus, indem er die materialistischen Grundlagen von Morgans Chronologie freilegte, das heißt den Fortschritt von einem promiskuitiven Stammessystem – mit geteilten Sexualpartnern und Ländereien –, wie es bei den Irokesen üblich war, zur modernen Form der »Paarungsfamilie« mit demjenigen der Produktionsweise verknüpfte. Kurz gesagt, die moderne Familie war mit all ihren Mängeln nach Engels' Auffassung ein Produkt des Privateigentums. Erwähnenswert ist seine Interpretation aber vor allem deshalb, weil er das Familienleben aus Sicht der Frauen betrachtete und dabei die Geschichte ihrer gesellschaftlichen Entmachtung im Verlauf des Übergangs von matri- zu patrilinearen Verwandtschaftsbeziehungen nachvollzog: »Je mehr mit der Entwicklung der ökonomischen Lebensbedingungen ... die altherkömmlichen Geschlechtsverhältnisse ihren waldursprünglich-naiven Charakter einbüßten, umso mehr mussten sie den Frauen erniedrigend und drückend erscheinen ...« Denn das frühe Blutsverwandtschaftssystem mit Gruppenehe und Polygamie war, wie Morgan gezeigt hatte, weit egalitärer und autonomer, als die »an Bordellwirtschaft gewohnte Philisterphantasie sich das vorstellt ... Das Weib hat bei allen Wilden und allen Barbaren der Unter- und Mittelstufe, teilweise noch der Oberstufe, eine nicht nur freie, sondern hochgeachtete Stellung.«[101] In den wilden Stämmen seien Frauen wesentlich freier gewesen als in der liberal-bürgerlichen Gesellschaft.

Der Abstieg erfolgte mit der Einführung des individuellen Familieneigentums – im Unterschied zum Klan- oder Stammeseigentum – und, damit zusammenhängend, der männlichen Erbfolge. Individueller Besitz und Privateigentum waren die Anzeichen für die Ablösung des Mutterrechts und »die *weltgeschichtliche Niederlage des weiblichen Geschlechts*«. Seit diesem Zeitpunkt sei die Herausbildung der patriarchalen Familienform nicht mehr aufzuhalten gewesen, da der Ehemann die Herrschaft ergriff, während die Frau »entwürdigt, geknechtet, Sklavin seiner Lust und bloßes Werkzeug der Kinderzeugung« wurde. So wie das Privateigentum das moderne Klassensystem entstehen ließ, so wurden auch die Geschlechterbeziehungen zu einem Element der sozialen Spaltung: Die Frauen gesellten sich zur Masse der von der kapitalistischen Produktionsweise Unterdrückten. »Der erste Klassengegensatz, der in der Geschichte auftritt«, erklärte Engels, »fällt zusammen mit der Entwicklung des Antagonismus von Mann und Weib in der Einzelehe, und die erste Klassenunterdrückung mit der des weiblichen Geschlechts durch das männliche.«[102] In der Familie verkörperte der Mann den Bourgeois und die Frau das Proletariat – mit vorhersehbar brutalen und häufig mörderischen Folgen.

Dabei dachte Engels insbesondere an die großbürgerliche, mittelviktorianische Familie, hinter deren evangelikal tugendhafter Fassade Heuchelei, Prostitution und Missbrauch wucherten. »[S]o bringt es diese protestantische Monogamie im Durchschnitt der besten Fälle nur zur ehelichen Gemeinschaft einer bleiernen Langeweile, die man mit dem Namen Familienglück bezeichnet«, stellte Engels mit der Autorität eines Mannes fest, der zwei Jahrzehnte unter der Elite der nordenglischen Dissenter-Gemeinden verbracht hatte. Die Ehefrau unterscheide sich »von der gewöhnlichen Kurtisane nur dadurch …, dass sie ihren Leib nicht als Lohnarbeiterin zur Stückarbeit vermietet, sondern ihn ein für alle Mal in die Sklaverei verkauft«. Mit der Monogamie gingen unweigerlich Prostitution und Hetärentum einher – also, in dialektischer Begrifflichkeit, der innere Widerspruch der Form –, denn während in primitiven Gemeinschaften beide Geschlechter ohne Scham die sexuelle Freizügigkeit genossen hätten, sei in der Privateigentumsfamilie das »Recht der ehelichen Untreue« ausschließlich dem Mann vorbehalten. »Geschlechtsliebe«, wie Engels sie ein wenig unbeholfen nannte, sei nur in einem Proletariat möglich, das weder Privateigentum noch christlich-bürgerliche Normen besitze. Daher würden der proletarischen Ehe, wie Engels ebenso romantisch wie irrtümlich annahm, auch die entwürdigenden Praktiken ihres bürgerlichen Pendants fehlen.[103]

Nachdem er den vorübergehenden Charakter der verschiedenen Familienformen in den vorangegangenen Geschichtsepochen dargestellt hatte, trat Engels für eine weitere Revolution der Geschlechterbeziehungen ein. Dieses Thema hatte er schon in *Die Lage der arbeitenden Klasse in England* angeschnitten, als er beschrieb, wie sich die Arbeit der Frauen in den Spinnereien und Fabriken von Manchester auf die Familie auswirkte. Die neue industrielle Realität von arbeitenden Frauen und arbeitslosen Männern hatte, laut Engels, beide Seiten entsexualisiert: »Die Frau ernährt die Familie, der Mann sitzt zu Hause, verwahrt die Kinder, kehrt die Stuben und kocht.« Engels berichtet von einem Arbeiter, der in St. Helen's in Lancashire einen früheren Kollegen, als er ihn besuchte, dabei angetroffen hatte, wie er »seiner frau Ire strümfe mit der Stopf Natel [Stoppfte]« – so Engels' Übersetzung von Dialekt und Orthographie des Briefs, den er hier zitiert. In dem Brief heißt es weiter: »Und Sagde nein Ig weis das Ist nig Mein arbbeid abber mein arme FFrau Is in der fabrikk sie mus Um 1/2 6 ur gen Und Arbeid biß 8 ur Abentz und Sieh ist so Ab Das Sie Nigtz Duhn Can Wen sie nag Hausse Komd so Mus ig alLes Führ Ir Duhn Wass ich Can Den ig hab Kein arBeid und Kein Gehapd Zeid Meer alz 3 Jar Und Ig krich Mein leeben Kein meer, und Dan Weinette Er ein Dike trehne ...«[104]

Schon der 24-jährige Engels wollte deshalb jedoch nicht die Frauenarbeit abschaffen; tatsächlich versprach die Industrialisierung den Frauen ein neues Zeitalter der Befreiung aus häuslicher Dienstbarkeit. Stattdessen folgerte er: »Ist die Herrschaft der Frau über den Mann, wie sie durch das Fabriksystem notwendig hervorgerufen wird, unmenschlich, so muss auch die ursprüngliche Herrschaft des Mannes über die Frau unmenschlich sein.«[105] Die durch die massenhafte Erwerbstätigkeit der Frauen hervorgerufene häusliche Verwirrung enthülle, dass die moderne Familie nicht durch menschliche Gefühle, sondern nur durch Privatinteressen zusammengehalten werde, und dies sei keine Basis für eine beide Seiten befriedigende Gleichheit der Geschlechter. Die Industrialisierung habe die Fassade des »natürlichen« Patriarchats eingerissen, und Engels erwartete optimistisch, dass durch die Ausbreitung weiblicher Lohnarbeit auch »dem letzten Rest der Männerherrschaft in der Proletarierwohnung aller Boden entzogen [wird] – es sei denn etwa noch ein Stück der seit Einführung der Monogamie eingerissenen Brutalität gegen Frauen«.[106]

Auf den ersten Blick mochte es den Anschein haben, als führe der Kapitalismus mit seiner Nachfrage nach weiblichen Arbeitskräften geradewegs zur Gleichberechtigung der Geschlechter, doch die Ausbeutung des modernen Familienlebens konnte nach Engels' Ansicht erst nach dem Übergang zum Kommunismus ganz aufgehoben werden. Erst wenn erblicher Reichtum ins gesellschaftliche Eigentum zurückgeführt werde, würde sich die schmale ökonomische Basis der »Paarungsfamilie« auflösen. »Eine wirkliche Gleichberechtigung von Mann und Frau«, erklärte er 1885 einer Briefpartnerin, »kann nach meiner Überzeugung erst eine Wahrheit werden, wenn die Ausbeutung beider durch das Kapital beseitigt und die private Hausarbeit in eine öffentliche Industrie verwandelt ist.«[107] Die Frauen würden dem patriarchalen Joch nur entkommen, wenn die Familie aufhörte, eine Wirtschaftseinheit zu sein, wenn die private Haushaltung zu einem gesellschaftlichen Geschehen und – als radikalste Forderung – die »Pflege und Erziehung der Kinder ... öffentliche Angelegenheit« würde. Privateigentum, Reichtum und sogar Kinder müssten als gemeinsame Güter der größeren Gemeinschaft übergeben werden. Mit fast Fourierscher Verve malte Engels dann das utopische Versprechen aus, das diese sexuelle Revolution einlösen würde: Frauen, die nicht des Geldes wegen, sondern aus Liebe heiraten – was zum »allmählichen Aufkommen eines ungenierteren Geschlechtsverkehrs und damit auch [zu] einer laxeren öffentlichen Meinung von wegen jungfräulicher Ehre und weiblicher Schande« führen würde; Ehefrauen, die nicht mehr aus Furcht, ihr Eigentum zu verlieren, die Untreue ihrer Männer dulden müssen; Ehen, die auf gegenseitiger Zuneigung und Hochachtung gegründet sind, so dass es den Menschen erspart bleibt, »durch den nutzlosen Schmutz eines Scheidungsprozesses zu waten«.[108] Das ist nicht ganz Fouriers Phalansterie der freien Liebe, aber fast.

Eine sexuelle Freiheit vermochte Engels allerdings nicht zu dulden: die Homosexualität. 1869 hatte Marx ihm ein Buch des Rechtsanwalts Karl Heinrich Ulrichs mit dem Titel *Argonauticus* geschickt. Ulrichs prägte für männliche und weibliche Homosexuelle den Begriff »Urning« und vertrat den Standpunkt, das gleichgeschlechtliche Verlangen sei angeboren und Männlichkeit und Weiblichkeit würden ein Kontinuum bilden. Engels, bei dem derlei Ansinnen seine ganze preußisch-kalvinistische Erziehung zum Vorschein brachten, stießen diese »widernatürlichen Enthüllungen« ab. »Die Päderasten fangen an sich zu zählen und finden, dass sie eine Macht im Staate bilden«, dankte er Marx mit einem wahrlich homophoben Wortschwall für die Zusendung des Buchs. »›Guerre aux cons, paix trous-de-cul‹ [Krieg den vorderen, Friede den hinteren Leibesöffnungen], wird es jetzt heißen. Es ist nur ein Glück, dass wir persönlich zu alt sind, als dass wir noch beim Sieg dieser Partei fürchten müssten, den Siegern körperlich Tribut zahlen zu müssen … [W]arte erst, bis das neue norddeutsche Strafgesetz die droit de cul [Rechte des Hinterns] anerkannt hat, da wird er [Ulrichs] ganz anders kommen. Uns armen Leuten von vorn, mit unsrer kindischen Neigung für die Weiber, wird es dann schlecht genug gehen.«[109]

Dagegen zog etwa der englische Sozialist Edward Carpenter in seiner Schrift *Die homogene Liebe und deren Bedeutung in der freien Gesellschaft*, die er 1893 privat in Umlauf brachte, aus Engels' Kritik an der bürgerlichen Familie einen anderen Schluss, indem er sich für die Vorteile einer nicht der Fortpflanzung dienenden Sexualität und damit für die kulturelle und gesetzliche Anerkennung der Homosexualität als Teil einer breiteren sozialistischen Emanzipation stark machte.[110] Carpenters platonische Vision von »Kameradschaft« imaginierte einen völlig anderen Sozialismus als Engels' Utopie von Fruchtbarkeit, freier Liebe und kommunaler Kindererziehung.

Obwohl sie nie so überzeugend wie der dialektische Materialismus waren, erwiesen sich Engels' Schriften über die Familie als bedeutender Beitrag zur sozialistischen Theorie des 20. Jahrhunderts. Tatsächlich wuchs eine ganze Generation von marxistischen Feministinnen mit ihnen auf. Die Feministin Kate Millett bemerkte 1970 in ihrem Buch *Sexus und Herrschaft*, Engels habe Ehe und Familie, indem er sie als historische Institutionen darstellte, »die demselben Evolutionsprozess wie andere gesellschaftliche Phänomene unterstehen, … der Analyse, der ernsthaften Kritik und der Möglichkeit drastischer Umorganisation« ausgesetzt.[111] Auch Shulamith Firestone stützte sich in ihrem Buch *Frauenbefreiung und sexuelle Revolution* auf Engels, um einen postpatriarchalischen Ausgleich und ein neues Gemeinschaftsleben zu begründen. Für viele Feministinnen war Engels' Ansatz faszinierend, weil er die Geschlechterunterschiede nicht als biologisch determiniert, sondern als ökonomisch produziert verstand: Das Patriarchat war ein Instrument der bürgerlichen Klassengesellschaft und musste wie diese überwunden werden.[112]

In jüngerer Zeit ist Engels vor allem von Ethnologen kritisiert worden, die ihm ankreideten, er habe die männliche Dominanz in primitiven Gesellschaften ignoriert – und an einer Stelle sogar den Stammesbrauch des *ius primae noctis* sanktioniert – und die Arbeitsteilung als angeboren und nicht als gesellschaftlich produziert betrachtet. Außerdem ist ihm von einer neuen Generation von Feministinnen vorgeworfen worden, er habe das weibliche sexuelle Verlangen nicht unabhängig vom Reproduktionsprozess gewürdigt, Frauen die gleichsam natürliche Sehnsucht nach permanenter Ehe unterstellt und es vor allem versäumt, »ernsthaft den Fragen von Sexualität, Ideologie, familiäre Häuslichkeit oder Arbeitsteilung und Macht zwischen Frauen und Männern allgemein nachzugehen«.[113]

Abgesehen von dieser häufig anachronistischen Kritik, ist sicherlich die Frage von größerem Interesse, wie, um alles auf der Welt, der Frauenheld Engels, der Sklave der mondänen Pariser Grisetten und rücksichtslose Verführer der Frau von Moses Heß auf solche feministischen Gedanken gekommen ist. Die schlichte Wahrheit ist, dass sich die Ansichten des reifen, in den Sechzigern stehenden Engels stark von denjenigen des jungen Mannes, der sich in den 1840er Jahren in den Boudoirs und Bordellen tummelte, unterschieden. Er dachte sogar daran, im deutschen Reichstag eine Initiative mit dem Ziel anzuregen, die Prostitution zu verbieten, warnte gleichzeitig aber, angesichts der Auswirkungen des englischen Gesetzes gegen ansteckende Krankheiten, vor den Folgen für die Sexarbeiterinnen. »Nach meiner Meinung«, schrieb deren einstiger Kunde an August Bebel, »haben wir vor allen Dingen bei Behandlung dieses Gegenstands die Interessen der Mädels selbst, als Schlachtopfer der heutigen Gesellschaftsordnung, ins Auge zu fassen und sie vor dem Verlumpen möglichst zu schützen …«[114]

Darüber hinaus spricht alles dafür, dass Engels während des größten Teils seines Erwachsenenlebens nach seinen Überzeugungen lebte. Sosehr sein Berufsleben durch Widersprüche von Hegelschen Ausmaßen geprägt war, so sehr weigerte er sich im Privatleben, sich bürgerlichen Normen zu beugen. Erst als Lizzy im Sterben lag, war er bereit, sie zu heiraten, um ihre religiösen Sorgen zu beschwichtigen. Zyniker mögen einwenden, die Verweigerung der Ehe habe mehr mit Erbrechten und seinen Anteilen an Ermen & Engels zu tun gehabt, aber nach meiner Ansicht war es eine prinzipielle Ablehnung dessen, was er als Heuchelei der Ehe betrachtete. Außerdem war sich Engels bewusst, in welch heikler Lage Frauen im bürgerlichen Familiensystem waren, wenn ihre Beziehungen auseinanderbrachen. Solche Auffassungen äußerte er nicht nur, als es darum ging, Percy Rosher zur Heirat mit Pumps zu zwingen, sondern auch in typischer Direktheit, als Kautsky im Oktober 1888 verkündete, dass er seine Frau Louise verlassen werde, um mit einem jungen Mädchen, das er in Salzburg kennengelernt hatte, zusammenzuleben – die wiederum ihn bald gegen seinen Bruder Hans austauschen sollte. Damit hatte er, wie Engels schrieb, seiner Frau den »härtesten Schlag …, der überhaupt eine Frau treffen kann«, versetzt.[115] Engels, der Louise Kautsky stets bewundert hatte, hielt ihrem Ehemann nachdrücklich vor Augen, welche Folgen eine Scheidung in der damaligen Gesellschaft hatte: Während sie dem Mann gesellschaftlich in keiner Weise schade, verliere die Frau »ihre ganze Stellung«, sie müsse »wieder von vorn anfangen, und das unter erschwerten Umständen«. Er forderte Kautsky auf, sorgfältig über seinen Schritt nachzudenken, und falls er unumgänglich sei, ihn »dann auch nur in der rücksichtsvollsten Form« zu tun.[116]

Diese bemerkenswerte Würdigung der schwierigen Lage von geschiedenen Frauen im Europa des 19. Jahrhunderts wird indes von Engels' persönlicher Reaktion auf die damalige Frauenbewegung überschattet. Wie erwähnt, fühlte er sich zu Mary und dann zu Lizzy Burns unter anderem deshalb hingezogen, weil sie sich mit ihrer bodenständigen, ungebildeten Art wohltuend von der »Schöngeisterei und Klugtuerei der ›jebildeten‹ und ›jefühlvollen‹ Bourgeoistöchter« abhoben.[117] In seinen Briefen äußerte er sich immer wieder voller Abscheu über »affektierte ›jebildete‹ Berlinerinnen« und ihresgleichen.[118] Ehrgeizige intelligente Frauen, die weder hübsch waren noch den Namen Marx trugen, begegnete er mit instinktiver Misogynie. Insbesondere weibliche Intellektuelle mittleren Alters zogen seinen Spott auf sich, wobei er sie geringschätzig als »Mütter« titulierte: die theosophisch gesinnte Feministin Annie Besant (»Mutter Besant«) ebenso wie die Journalistin Emily Crawford (»Mutter Crawford«) oder die Frauenrechtlerin Gertrud Guillaume-Schack (»Mutter Schack«). Es versteht sich fast von selbst, dass er den Kampf für das Wahlrecht von Frauen – den diese »Women's-rights-Madämchen« führten, die »Männerrechte« verlangten[119] – ablehnte und dessen Ziel lediglich als Vorwand ansah, hinter dem die Klassenherrschaft gedieh. »Die englischen Vorkämpferinnen des formellen Rechts der Frauen, sich ebenso gründlich von den Kapitalisten ausbeuten zu lassen wie die Männer, sind auch großenteils direkt oder indirekt bei der kapitalistischen Ausbeutung beider Geschlechter interessiert«, erklärte er »Mutter« Schack. Er habe mehr die kommende Generation im Sinn als die formale Gleichberechtigung der gegenwärtigen.[120] Doch als 1876 eine Kandidatin an seine Tür geklopft hatte, die um seine Stimme bei der Wahl für das Londoner Schulamt warb – in das nach dem Bildungsgesetz von 1870 auch Frauen gewählt werden konnten –, hatte er nicht anders gekonnt, als ihr alle seine sieben Stimmen zu geben, was zur Folge hatte, dass sie »mehr Stimmen als irgendein andrer der 7 zu erwählenden Kandidaten« erhielt. »Übrigens zeichnen sich die Damen auf den hiesigen Schulämtern dadurch aus«, fügte er hinzu, »dass sie sehr wenig reden und sehr viel arbeiten, im Durchschnitt jede so viel wie drei Männer.«[121]

Schließlich, nach vielen beschwerlichen Jahren des Ringens mit dem dialektischen Materialismus und des Nahkampfs mit Marx' Manuskripten, als sein Augenlicht nachgelassen hatte und ihm das Gehen aufgrund des Rheumas schwerfiel, gönnte sich Engels einen Urlaub. Noch im Alter bereitete ihm das Reisen große Freude: die Neugier auf neue Menschen, Ideen und Orte war das Geheimnis seiner außergewöhnlichen Jugendlichkeit. 1888 versprachen die Vereinigten Staaten die Befriedigung dieser Neugier in jederlei Hinsicht. Zudem war zwei Jahre zuvor eine amerikanische Ausgabe der *Lage der arbeitenden Klasse in England* erschienen, und nach Jahrzehnten ungeheuerlicher Ausbeutung schien die amerikanische Arbeiterklasse ein Klassenbewusstsein zu entwickeln. »Grade habe ich die amerikanischen Zeitungen mit Berichten über den großen Strike der 12 000 pennsylvanischen Bergleute im Distrikt von Connellsville erhalten und es kommt mir vor, als läse ich meine eigne Schilderung des Ausstands der Kohlengräber in Nordengland 1844«, stellte er im neugeschriebenen Anhang der amerikanischen Ausgabe seines Buchs fest.[122]

Mark Twain prägte für diese Periode von unvorstellbarem Reichtum und ebensolcher Armut den Begriff »Gilded Age«, vergoldetes Zeitalter. Es war eine Epoche von skrupellosen Magnaten und sich verschärfender Ungleichheit, der Vanderbilts, Morgans, Dukes und Carnegies – die zu eifrigen Verfechtern von Herbert Spencers »Sozialdarwinismus« wurden – einerseits und von Arbeiterunruhen und aufkeimendem Sozialismus andererseits. Im Jahr des »großen Aufruhrs«, 1886, als sich der Streit über Lohnkürzungen, Mechanisierung und Dequalifizierung verschärfte, traten mehr als 700 000 Arbeiter in den Streik oder wurden von den Arbeitgebern ausgesperrt.[123] Am ersten Mai dieses Jahres, dem ersten »Kampftag der Arbeiterklasse«, folgten in Chicago rund 90 000 Arbeiter dem Aufruf der Federation of Organized Trades and Labor Unions zu einer Massendemonstration. Drei Tage später eskalierte der Aufruhr auf tragische Weise, als die Polizei, nachdem Anarchisten eine Bombe geworfen hatten, auf Demonstranten schoss und das Haymarket-Massaker anrichtete.

Engels war von der »amerikanischen Energie« der Arbeiterbewegung der USA hingerissen,[124] verhielt sich doch die britische Arbeiterklasse weiterhin ruhig, während sie die letzte Glut des mittelviktorianischen Aufschwungs immer wieder anfachte. »[D]as letzte Bourgeois-Paradies auf Erden verwandelt sich zusehends in ein Fegefeuer«, schrieb er an seine amerikanische Übersetzerin, Florence Kelley-Wischnewetzky – die nach einiger Zeit unweigerlich zu »Mutter Wischnewetzky« wurde –, »und vor der Verwandlung in eine Hölle, wie in Europa, kann es nur bewahrt werden durch die stürmische Entwicklung des kaum flügge gewordenen amerikanischen Proletariats … Ich wünschte nur, Marx hätte das noch erleben können!«[125]

Selbstverständlich gab es in Amerika auch Probleme, nicht zuletzt einen bedauerlichen Mangel an ideologischer Strenge. »Theoretische Unkenntnis ist Eigenschaft aller jungen Völker«, bemerkte Engels nachsichtig.[126] Jugend bedeutete erfreulicherweise aber auch, dass kulturelle und geistige Schutthalden fehlten, wie sie den europäischen Sozialismus lähmten. Amerika war als ein Land bekannt »mit rein bürgerlichen, von feudalen Überbleibseln oder monarchistischen Traditionen unberührten Institutionen und ohne ein permanentes und erbliches Proletariat«.[127] Insofern stellte es ein weißes Blatt dar, auf dem der bürgerlichen Hegemonie rasch die proletarische Revolution folgen konnte. Auf dem »begünstigteren Boden Amerikas« würde die organisierte Arbeiterklasse binnen Monaten politische und Wahlerfolge erzielen, für die ihre europäischen Pendants viele Jahre gebraucht hatten.[128] Frustrierend war nur, dass solche Fortschritte von der nur zu vertrauten Tendenz zur Spaltung der Bewegung zunichte gemacht zu werden drohten. Nach den Maiunruhen zog sich die Federation of Organized Trades and Labor Unions auf reinen *business unionism* zurück, das heißt auf die Vertretung lediglich der Interessen ihrer Mitglieder – mit Rücksicht auf die Leistungsfähigkeit der Unternehmen –, anstatt sich der kapitalistischen Befriedung des »Gilded Age« entgegenzustemmen. Die politisch aktiven Arbeiter waren gespalten zwischen einer Socialist Labor Party (SLP), die von deutschen Emigranten dominiert wurde, und dem Noble and Holy Order of the Knights of Labor, dem Edlen und heiligen Orden der Ritter der Arbeit. Die 1869 von Schneidern aus Philadelphia gegründeten Ritter der Arbeit waren eine zunftähnliche Bruderschaft, die, neben Wirten und Rechtsanwälten, allen »Produzenten« offen stand, von Gewerkschaftern über Sozialisten bis zu ungelernten Arbeitern. In jüngeren Jahren hätte Engels die Ritter mit ihren Plänen für Genossenschaften, Arbeiterversicherungen und einer emotionalen Heiligsprechung der Arbeit als versponnen, proudhonistisch und kleinbürgerlich abgetan, aber der älter gewordene, politisch clevere Kommunist sah in ihnen den »unvermeidlichen Ausgangspunkt« der amerikanischen proletarischen Politik.[129] Dagegen zeigte die Socialist Labor Party, wenngleich höchst orthodox, was ihre marxistische Philosophie anging, alle klassischen Fehler überintellektueller Emigrantenzirkel: zu viel idealistische Philosophie und zu wenig praktische Politik.

Aber Engels wollte sich die Sache selbst ansehen. Am 8. August 1888 begab er sich zusammen mit Carl Schorlemmer, Eleanor Marx und ihrem Geliebten, Edward Aveling, an Bord der *City of Berlin*, um nach New York zu reisen. Laut Tussy Marx war der 68-jährige Engels auf dem Schiff in bester Stimmung,

»immer bereit zu einem Spaziergang an Deck und einem Glas ›Lager‹. Und es schien ein feststehendes Prinzip für ihn, nie um ein Hindernis herumzugehen, sondern darüber zu springen oder zu klettern.«[130] Doch in Amerika angekommen, wollte er weder auf sozialistischen Kongressen sprechen oder die proletarischen Truppen versammeln noch mit Pittsburgher Eisenbahnen fahren oder Stahlwerke in Pennsylvania besichtigen. Stattdessen beschloss er, wie einst auf seiner Wandertour im Jahr 1849 das Land als Tourist, inkognito zu erkunden. Es wurde eine einmonatige Reise von New York nach Boston, weiter an die Niagara-Fälle und dann nach Kanada und an den Ontariosee.

In seinem Reisetagebuch beschrieb er wie viele europäische Besucher das Tempo und geschäftige Treiben des amerikanischen Lebens – Amerikaner könnten es nicht ertragen, wenn jemand vor ihnen gehe, schrieb er Laura Lafargue; sie müssten sich an ihm vorbeidrängeln –, zeigte sich aber auch erstaunt über die ästhetische Erscheinung Amerikas am Ende des 19. Jahrhunderts. Sie dürfe nicht glauben, berichtete er Laura Lafargue weiter, dass Amerika ein neues Land sei, vielmehr sei es der altmodischste Ort auf der Welt.[131] Die Droschken und Kutschen, in denen er an der amerikanischen Ostküste fuhr, schienen aus dem 17. Jahrhundert zu stammen, während an den Häusern und Hotels, in denen er Unterkunft fand, ihr imitierter Alte-Welt-Stil auffiel – »überall, die Stühle, Tische und Schränke sehn meist wie Erbstücke vergangener Geschlechter aus«.[132]

Mit den Menschen war es etwas anderes. Vielleicht lag es an seinen eigenen Erfahrungen in der Wirtschaft und daran, dass er so viele Jahre im vorwärtsdrängenden, Handel treibenden, betriebsamen Manchester verbracht hatte, aber er konnte gar nicht anders, als die unbekümmerte Vitalität und soziale Mobilität des amerikanischen Einwandererethos zu bewundern. Und niemand verkörperte diese Einstellung besser als sein Neffe, Pumps' Bruder Willie Burns, der Lancashire verlassen hatte, um in Boston ein neues Leben zu beginnen. Im Gegensatz zum hoffnungslosen Percy war Willie »ein prächtiger Kerl«, wie Engels berichtete, »gescheut, energisch, mit Leib und Seele in der Bewegung. Es geht ihm gut, er ist an der Boston and Providence R. R. (jetzt Old Colony) [einer Eisenbahngesellschaft], hat $ 12 die Woche, eine nette Frau (aus Manchester mitgebracht) und drei Kinder.« Er würde »um keinen Preis« aus dem Land der Freien, die von Klassenvorurteilen und feudalen Überresten unbelastet lebten, »nach England zurück[gehen], er ist ganz der Junge für ein Land wie Amerika«, verkündete Engels überraschenderweise in der Rolle eines Apostels des amerikanischen Traums.[133]

Für den Urbanisten Engels war der Höhepunkt der Reise weder das »sehr hübsche« Cambridge noch das »wunderschöne, geschmackvolle« Concorde – wo er ein Gefängnis besichtigte, das ihn stark beeindruckte –,[134] sondern New York, das in seinen Augen alle »Naturanlagen zur Hauptstadt der kapitalistischen Produktion« hatte.[135] Wie so viele Marxisten, die im 20. Jahrhundert seinen Spuren folgen sollten, fand Engels in Amerika das Nonplusultra, die Hyperrealität der spätkapitalistischen Gesellschaftsform. Während Max Horkheimer, Theodor W. Adorno und Herbert Marcuse sie in der Zwischenkriegszeit auf den Schnellstraßen von Los Angeles und an den Universitäten von Südkalifornien entdecken sollten, bildete in den 1880er Jahren die Ostküste die Kristallkugel der kapitalistischen Zukunft.[136] »Wir trafen nach Dunkelwerden in New York ein, und ich glaubte in ein Kapitel aus Dantes *Inferno* zu kommen«, begann Engels, nicht ganz unerwartet, seinen Bericht an Laura Lafargue. Anschließend beschrieb er sein Erstaunen über »Hochbahnen, die über deinen Kopf hinwegdonnern, Hunderte von Straßenbahnwagen mit rasselnden Klingeln, furchtbaren Lärm von allen Seiten«. Im Manchester der 1840er Jahre waren es die Spinnereien, Manufakturen und Elendsviertel an der Oxford Road gewesen, die die urbane Form des Kapitalismus geprägt hatten; im New York der 1880er Jahren waren es die manipulative Massenkultur und *son et lumière,* raffinierte technische Spektakel der modernen Großstadt. Manhattan war, im späteren Idiom von Walter Benjamin ausgedrückt, ein Festplatz oder eine kommerzialisierte Traumwelt des großbürgerlichen Konsumenten. »Nackte elektrische Bogenlichter über jedem Schiff«, bemerkte Engels, »nicht, um dir Licht zu geben, sondern, um als Reklame deine Aufmerksamkeit anzuziehen, und deshalb blenden sie dich und lassen alles vor dir verschwimmen.« Kurz, New York war »eine Stadt, die es wert ist, von der am gemeinsten aussehenden Menschenmenge der Welt bewohnt zu werden; sie sehen alle wie entlassene Croupiers aus Monte Carlos aus«.[137]

Trotz dieser erstaunlich britisch anmutenden Vorbehalte über die Vulgarität der New Yorker genoss Engels seine Reise über den Atlantik. Die Höhenluft in den Bergen, die unternehmungslustigen Yankees, das ausgezeichnete Essen und die Tatsache, dass fast überall deutsches Bier zu haben war, hatten ihm so gut gefallen, dass er den Wunsch hatte wiederzukommen. »Die Reise hat mir wunderbar gutgetan«, schrieb er seinem Bruder Hermann während der Rückfahrt, vermutlich bei einem Glas des kalifornischen Rieslings, von dem er einen Vorrat eingekauft hatte, »ich fühle mich mindestens 5 Jahr[e] jünger, alle meine Gebrechen sind in den Hintergrund gedrängt, auch meine Augen besser …«[138] Er kehrte körperlich gestärkt und politisch hoffnungsvoll nach London zurück. Wieder unter »Nims« (Helene Demuths) Fittichen in der Regent's Park Road, schob er Naturwissenschaften und Philosophie, die ihn im vorangegangenen Jahrzehnt beschäftigt hatten, beiseite, um sich aufs neue dem schmutzigen Geschäft der Politik zuzuwenden und Marx' Ideen auf die Straße zu tragen. Ab 1890 stand der 70-jährige Engels wieder mit ganzer Kraft dem Arbeiterkampf zur Verfügung – an dem sich zu seiner großen Freude jetzt auch das britische Proletariat beteiligte. Rund fünfzig Jahre nachdem er den Ärmelkanal überquert hatte, um die Fährte der Revolution aufzunehmen, schien England endlich bereit, sich zu erheben.

ERSTE VIOLINE

»[A]m 4. Mai 1890 [ist] das von vierzigjährigem Winterschlaf erwachte *englische Proletariat in die Bewegung seiner Klasse wieder eingetreten*«, verkündete Engels in der österreichischen *Arbeiter-Zeitung*.[1] Mit der ersten Maidemonstration, einem Ereignis, das später in den sowjetischen Kalender der Militärparaden auf dem Roten Platz aufgenommen werden sollte, erlebte London eine grandiose Zurschaustellung sozialistischer Macht. Seit dem frühen Morgen hatten sich Arbeiter und politische Aktivisten am Victoria Embankment versammelt. An der Spitze des Zuges marschierten die Dockarbeiter und Gasarbeiter aus dem East End, gefolgt von den Mitgliedern der Women's Trade Union League, der Socialist Society von Bloomsbury, des Progressive Club von North Camberwell, des Radical Club von East Finsbury, des Reform Club von West Newington und unzähligen Gewerkschaften. Der Menschenmenge, die durch das Geschäftszentrum von London zog – durch die Holborn und die Oxford Street zum Marble Arch –, hatten sich darüber hinaus Stadträte, Parlamentarier, Schulamtsmitglieder sowie Berühmtheiten angeschlossen wie der Dramatiker und Fabier George Bernard Shaw, der sozialistische Unterhausabgeordnete Cunningham Graham, der Gasarbeiterführer Will Thorne, die Marx-Schwiegersöhne Paul Lafargue und Edward Aveling, der spätere Unterhausabgeordnete und Labour-Vorsitzende George Lansbury und natürlich Engels. Für einen kurzen, euphorischen Tag befand sich das Herz des Empires in der Hand der radikalen Linken.

Als der Demonstrationszug den Hyde Park erreichte – jenen einstmals schicken Treffpunkt der feinen Gesellschaft von London, der im 19. Jahrhundert in einen »Volkspark« umgewandelt worden war –, war er auf über 200 000 Menschen angeschwollen. Bis an den Horizont waren ihre Fahnen und Transparente mit radikalen Forderungen zu sehen. »Ich war auf Plattform 4 (einem großen Güterwagen) und konnte nur einen Teil – $^{1}/_{5}$ bis $^{1}/_{8}$ – der Masse übersehen«, berichtete Engels, »aber es war Kopf an Kopf, so weit das Auge reichte …« Innerhalb der sozialistischen Führung gab es die üblichen persönlichen Rivalitäten und Fraktionsstreitigkeiten und herzlich wenig brüderliche Gefühle, aber in Engels' Augen war die Demonstration ein Zeichen dafür, dass die englische Arbeiterklasse aus ihrer liberalen Verwirrung erwacht war. Nach dem Ende des mittelviktorianischen Booms hatte sie endlich ihr chartistisches, sozialistisches Erbe wiederentdeckt. »Was gäb' ich drum«, schrieb er wehmütig an Bebel, »wenn Marx dies Erwachen noch erlebt hätte, er, der so genau auf das kleinste Symptom achtete, grade hier in England!« Zum ersten Mal seit fast einem halben Jahrhundert hatte Engels, der anglophile Wahlengländer, wieder die Stimme des englischen Proletariats vernommen – und das tat ihm überaus gut: »Ich trug den Kopf zwei Zoll höher, als ich von dem alten Güterwagen herabstieg.«[2]

Ebenso bemerkenswert wie die Größe der Demonstration war Engels' Anwesenheit im Hyde Park. Der unermüdlich Tätige, der so lange im Schatten von Marx agiert hatte und seit den 1840er Jahren in Paris kaum öffentlich in Erscheinung getreten war, war ins Rampenlicht getreten. »Jetzt kam er, der bis dahin – seinem eigenen Ausdruck nach – die zweite Violine gespielt hatte, zu voller Geltung«, schrieb Wilhelm Liebknecht im Rückblick. Als Berater, Mahner und Mentor der internationalen Arbeiterbewegung habe er nun bewiesen, »dass er auch die erste Violine sein konnte«.[3] »Bei jeder der vielen Schwierigkeiten, denen wir, die im Weinberge des Herrn, des Volkes, arbeiten, begegnen – gehen wir zu Engels«, berichtete die treue Tussy 1890. »Und wir wenden uns nie vergebens an ihn. Die Arbeit, welche von diesem einen Manne in den letzten Jahren verrichtet wurde, wäre für ein Dutzend gewöhnlicher Menschen zu viel gewesen.«[4] Während der Erste Mai überall auf dem Kontinent begangen und der Marxismus von immer mehr sozialistischen Parteien – von Österreich bis Spanien, Russland bis Amerika und erfreulicherweise England – als offizielle Ideologie anerkannt wurde, konnten Engels' Äußerungen den Ausschlag geben. Häufig die Klage »Wenn Marx doch noch am Leben wäre« auf den Lippen, verbrachte das »Große Lama aus der Regent's Park Road« seine letzten aktiven Jahre damit, über die intellektuellen und organisatorischen Fragen nachzudenken, die sich der sozialistischen Bewegung stellten: von der anhaltenden Vitalität des Kapitalismus über die politische Herausforderung von Seiten der sozialstaatlich orientierten Sozialdemokratie bis zur Wahlrechtsstrategie von proletarischen Massenparteien. Angesichts der sich rasch verändernden politischen Landschaft entpuppte sich der große Doktrinär Engels als überraschend geschmeidiger Taktiker, der sich selten scheute, eine Strategie zu überdenken oder heilige Kühe in Frage zu stellen.

In praktischen wie in philosophischen Dingen war der »General« in seinen letzten Jahren stets bereit, der Sache zu dienen. Was ihn aufrecht hielt, waren seine nicht nachlassende Lebenslust und die unerschütterliche Überzeugung, dass die Geschichte auf seiner Seite und das Wahrwerden des Traums vom Sozialismus näher war als jemals zuvor. Deshalb war er entschlossen, noch einige Jahre durchzuhalten, um einen Blick in das neue Jahrhundert zu werfen und den Triumph des Marxismus mitzuerleben, dem er sein Leben gewidmet hatte.

»Wir sind jetzt alle Sozialisten«, lautete die lässige Reaktion des liberalen Staatsmanns William Harcourt auf das veränderte politische Klima der späten 1880er Jahre in Großbritannien. Die einst unerschütterlichen ideologischen Stützen der mittelviktorianischen Ära – Individualismus, Laissez-faire, Selbsthilfe, evangelikale Glaubensgewissheit – bekamen aufgrund der lauter werdenden Forderungen nach reformerischen staatlichen Eingriffen Risse. In Birmingham, Glasgow und London experimentierten Stadträte mit radikalen kommunalsozialistischen Programmen; in Oxford griff der idealistische Philosoph Thomas Hill Green auf Hegel zurück, um eine neue Philosophie fortschrittlicher Staatsintervention zu entwerfen, mit der er das geistige Fundament des Neuen Liberalismus legte; Henry George schlug 1879 mit seiner Schrift *Fortschritt und Armut*, in der er sich für eine Landreform einsetzte, in ganz England und Irland hohe Wellen; und in Salons in Bloomsbury, Volkshochschulen in Sheffield und radikalen Klubs im Londoner East End wurde zum ersten Mal seit vierzig Jahren wieder leidenschaftlich über sozialistische Ideen, über Humanität, Gleichheit und Klassenbewusstsein diskutiert. Nach Engels' Ansicht war in dem Land, das die industrielle Revolution und das erste Proletariat hervorgebracht hatte, eine solche Unruhe längst überfällig.

Zehn Jahre zuvor, am Anfang der 1880er Jahre, hatte er optimistisch geglaubt, der Sozialismus stünde kurz vor der Wiederbelebung, und seine Mitarbeit an der Gewerkschaftszeitung *Labour Standard* zugesagt. In seinen Beiträgen im Sommer 1881 hatte er sich nach Kräften bemüht, die Gewerkschaften zur Mobilisierung ihrer Mitglieder zu bewegen, und sie gedrängt, ihre beschränkte zunftähnliche Einstellung aufzugeben, damit die Arbeiter massenhaft gegen die ausbeuterische Kapitalistenklasse kämpfen konnten. Es seien »eine Menge Anzeichen dafür vorhanden, dass die englische Arbeiterklasse zu dem Bewusstsein erwacht, geraume Zeit einen falschen Weg gegangen zu sein«, erklärte er und forderte die Gewerkschaftsführer auf, die Forderungen nach höheren Löhnen und kürzeren Arbeitszeiten aufzugeben und sich stattdessen auf das »Grundübel« zu konzentrieren, das »im Lohnsystem selbst« liege.[5] Aber es half nichts. Er sehe »keinen Fortschritt«, beklagt er sich im August 1881 in einem resignativen Brief an George Shipton, den Redakteur der Zeitung.[6]

Zu Engels' Enttäuschung erwies sich die tiefverwurzelte Zaghaftigkeit des englischen Proletariats als unüberwindlicher denn je. »Ich habe 5 Monate lang versucht durch den *Labour Stan-*

dard, wo ich Leitartikel schrieb, an die alte Chartistenbewegung anzuknüpfen und unsre Ideen zu verbreiten, um zu sehn, ob das kein Echo findet«, erklärte er Johann Philipp Becker, seinem Kameraden von '48. Mit welchem Ergebnis? »Absolut Null.«[7] Die traurige Wahrheit, so folgerte er, bestand darin, dass der Sozialismus in England keine Chance hatte, solange die Arbeiter an den Früchten des Wirtschaftsmonopols des Empires teilhatten. Sie gelangten aufgrund der kolonialen Hegemonie Großbritanniens zu Wohlstand und hatten sich, da sie keinen Grund hatten, dieses einträgliche Arrangement aufzukündigen, an die Labour Party verkauft. Erst nach dem Verlust des kommerziellen Vorteils durch die amerikanische Konkurrenz und einer langen Periode der Verarmung würden die Arbeiter möglicherweise wieder aufwachen und sich erheben. »Lass Dir um alles in der Welt nicht aufbinden, es sei hier eine wirklich proletarische Bewegung los«, beklagte er sich 1883 bei Bebel. »Die Teilnahme an der Beherrschung der Weltmärkte war und ist die ökonomische Grundlage der politischen Nullität der englischen Arbeiter.«[8]

Daher war der Verdruss für den leidenschaftlich proletarischen Engels umso größer, als der englische Sozialismus zwar wiederbelebt wurde, aber nicht durch eine tiefgreifende sozioökonomische Wende, sondern im Gegenteil durch eine hochintellektuelle und sogar spirituelle Bewegung, die noch dazu von Denkern aus der Mittelschicht getragen wurde. »Es ist unnötig zu sagen, dass es heute ›wirklich wieder Sozialismus in England gibt‹«, schrieb er 1892 in einem neuen Vorwort für die englische Ausgabe der *Lage der arbeitenden Klasse in England,* »und das massenhaft: Sozialismus aller Schattierungen, Sozialismus bewusst und unbewusst, Sozialismus in Prosa und in Versen, Sozialismus der Arbeiterklasse und der Mittelklasse. Denn wahrlich, dieser Gräuel aller Gräuel, der Sozialismus, ist nicht nur respektabel geworden, sondern hat sich allbereits in Gesellschaftstoilette geworfen und lungert nachlässig herum auf Saloncauseusen.«[9]

Wie berechtigt solche Kritik war, zeigt Henry Hyndmans Beschreibung seines sozialistisches Tagwerks: »Es war eine sonderbare Szene: Morris in Filzhut und blauem Anzug, Champion, Frost und Joynes in der Morgengarderobe der Wohlhabenden, mehrere Arbeitergenossen und ich selbst in dem Gehrock, in dem ich, laut Shaw, auf die Welt gekommen bin, mit einem Zylinder und guten Handschuhen, allesamt ernsthaft bemüht, in der geschäftigsten Zeit in Londons geschäftigster Hauptstraße eine sozialistische Groschenzeitung zu verkaufen.«[10]

Die Vorkämpfer des englischen Sozialismus waren jedoch durch eine Klassenschranke von denjenigen getrennt, die sie zu emanzipieren hofften: die christlich- oder »sakramental-sozialistische« Gruppe um Stewart Headlams Guild of St. Matthew ebenso wie Edward Carpenters Millthorpe-Kommune von Anhängern des Neuen Lebens, männlicher Kameradschaft und östlichen Mystizismus, Thomas Davidsons vage owenistische Fellowship of the New Life – aus der die Fabian Society hervorgehen sollte – sowie eine ganze Reihe anderer Vereinigungen, von der im East End beheimateten Labour Emancipation League über die Land Reform Union bis zur National Secular Society. Was diese bohemienhaften Radikalen und angstbesessenen Bürger zum Sozialismus trieb, war, der Fabier-Ideologin Beatrice Webb zufolge, ein gewisses »Sündenbewusstsein …, eine wachsende Beunruhigung, die sich schließlich zu der Überzeugung verfestigte, dass die Industrialisierung, die ungeheuere Gewinne, Zinsen, Mieteinnahmen gebracht hatte, dennoch der Mehrheit der Bevölkerung Großbritanniens nicht zu einem befriedigenden Verdienst und erträglichen Lebensbedingungen verholfen hatte«.[11] Zahlreiche andere englische Sozialisten waren gewissermaßen einem geistigen Automatismus gefolgt, vom Nonkonformismus zum Säkularismus und weiter zu einer Religion der Humanität, die auf einem ethischen Konzept von Sozialismus und Kameradschaft beruhte. Nur wenige hatten das *Kapital* gelesen, sie besaßen kaum politische Beziehungen zum kontinentalen Kommunismus und noch weniger Verständnis für den dialektischen Materialismus. Nur ein einziger englischer Sozialist konnte sich mit Fug und Recht als überzeugten Marxisten bezeichnen: der Zylinderträger Hyndman, Gründer der einflussreichsten sozialistischen Sekte im London der 1880er Jahre, der Social Democratic Federation (SDF). Das Problem war nur, dass Engels ihn nicht ausstehen konnte.

Henry Mayers Hyndman, der Sohn eines westindischen Kaufmanns, war von Beruf Rechtsanwalt, hatte sich als Journalist versucht und heiratete am Ende reich. Sein Erweckungserlebnis hatte er 1880, als er die französische Ausgabe des *Kapitals* las und den Autor, den »Aristoteles des 19. Jahrhunderts«, aufsuchte. Danach wurde er zu einem lästigen Dauergast in der Maitland Park Road. Hyndman behauptete später, Engels habe seine enge Freundschaft mit Marx gestört, und er habe diesen deshalb bewogen, »eine Beziehung abzubrechen, von der er meinte, sie könnte seinen eigenen Einfluss schmälern«. Wie so oft in den Führungsetagen der sozialistischen Politik, lief es auch hier auf persönliche Animositäten hinaus. Nach Hyndmans Ansicht beruhte die Beziehung zwischen Marx und Engels auf der finanziellen Abhängigkeit des Ersteren vom Letzteren, wobei der »anspruchsvolle, misstrauische, eifersüchtige« Engels, wie Hyndman unter geschickter Anspielung auf das *Kapital* schrieb, »den Tauschwert seines Bargelds« in Freundschaft einfordere. »Frau Marx vermochte es nicht zu ertragen«, erklärte Hyndman in seinen Memoiren. »Gegenüber meiner Frau bezeichnete sie [Engels] mehr als einmal als Karl Marx' ›bösen Geist‹ und erklärte, sie wünschte, ihren Mann aus der Abhängigkeit von diesem begabten und loyalen, aber eher unsympathischen Gehilfen befreien zu können.«[12] Und Hyndman sparte seine Ansichten nicht für die Nachwelt auf, sondern nutzte die SDF-Zeitung *Justice* wiederholt dazu, den angeblich hochmütigen, abgehobenen Engels und seine »marxistische Clique« zu attackieren, weil sie ihn selbst, die SDF und die Bildung einer vereinigten sozialistischen Partei in Großbritannien angeblich nicht unterstützte. »Engels besitzt ein ausgesprochenes Talent dafür, ein gutes Verständnis zu zerstören und Menschen etwas einzureden«, zeterte er. »Wenn es niemanden gäbe, gegen den er intrigieren und Komplotte schmieden könnte, würde er gegen sich selbst intrigieren und Komplotte schmieden.«[13]

Während sich Engels in seinen Freundschaften in der Tat ziemlich besitzergreifend verhielt, waren sowohl er selbst als auch Marx vor allem darüber erzürnt, dass sich Hyndman für sein eigenes kommunistisches Credo, *England for All* von 1881, schamlos im *Kapital* bedient hatte, ohne auf die Quelle zu verweisen. Darüber hinaus hatte Engels den Verdacht, dass sich hinter Hyndmans sozialistischer Fassade ein altmodischer Tory-Chauvinist versteckte – womit er durchaus recht hatte, wenn man bedenkt, dass Hyndman später für seine Wahlkämpfe »Tory-Gold« annahm. »Hyndman«, schrieb Engels an Kautsky, »ist gescheit und guter Geschäftsmann, aber flach und Stock-John-Bull und hat einen Ehrgeiz, der weit über sein Talent und seine Leistungen geht.«[14]

Hyndman, der nie ganz im Einklang mit der Arbeiterklasse war, führte die SDF mit einer Mischung aus arroganter Herrschsucht und rigider marxistischer Orthodoxie. Seine ideologische Strenge war selbst Engels, der immer mehr einem pluralistischen Standpunkt zuneigte, zu viel. »Die Social Democratic Federation ist eben eine reine Sekte«, erklärte er Kautsky. Sie habe »den Marxismus zu einem Dogma verknöchert« und laufe Gefahr, mögliche Anhänger abzuschrecken.[15] Am schlimmsten war jedoch Hyndmans demagogische Eitelkeit – die nach Engels' Ansicht im Februar 1886 auf gefährliche Weise zutage trat, als er zusammen mit John Burns und seinem reichen Sponsor H. H. Champion eine Demonstration durch Pall Mall und Piccadilly anführte. Sie mündete in einen Aufruhr, als 8000 arbeitslose Bewohner des East End die Gelegenheit nutzten, für einen Nachmittag das West End in ihre Gewalt zu bringen. »Was erreicht ist – beim bürgerlichen Publikum – ist, den Sozialismus mit Plünderung zu identifizieren, und wenn das die Sache auch nicht viel schlimmer macht, so ist es doch sicher für uns kein Gewinn«, lautete Engels' verdrießlicher Kommentar zum »Blutigen Montag«.[16] Nach seiner Ansicht äußerte sich darin das grundlegende Problem der SDF und der sozialistischen Scharlatane an ihrer Spitze, die »mit Gewalt eine Bewegung über Nacht hervorzaubern [wollen], die notwendig hier wie anderswo jahrelange Arbeit erfordert«.[17] Niemand in England schien zu jener beständigen organisatorischen und ideologischen Kärrnerarbeit imstande zu sein, wie sie Liebknecht und Kautsky in Deutschland und Lafargue und Guesde in Frankreich ausführten.

Deshalb war Engels erfreut, als Edward Aveling und William Morris sich 1884 von der SDF trennten und die konkurrierende Socialist League gründeten. Er beorderte sie umgehend zu einem kurzen Lehrgang über Parteiverwaltung, Disziplin und Propaganda in die Regent's Park Road. Das Ergebnis war die Gründung von Morris' elegantem Journal *Commonweal* sowie eines Netzwerks von Socialist-League-Gruppen aus unzufriedenen SDF-Mitgliedern. Doch das Verhältnis zwischen Engels und Morris war schwierig. Der vergeistigte, moralisch eingestellte, aus der Arts-and-Crafts-Bewegung kommende Morris vermochte sein Desinteresse an den rationalen, formalen Prinzipien des wissenschaftlichen Sozialismus kaum zu verhehlen. »Offen gesagt, weiß ich nicht, was Marx' Werttheorie ist, und ich will verdammt sein, wenn ich es wissen will«, erklärte er in einer öffentlichen Versammlung. »Für mich ist es politische Ökonomie genug, zu wissen, dass die müßige reiche Klasse reich und die Arbeiterklasse arm ist und dass die Reichen reich sind, weil sie die Armen ausrauben.«[18] In seinem utopischen Traktat *Kunde von Nirgendwo* von 1890 trat er für eine revolutionäre Rückkehr zur vorindustriellen Vergangenheit ein, komplett mit mittelalterlichen Gewändern und Zünften, während das Parlamentsgebäude in einen Dunghaufen verwandelt und London von jeglicher Industrie gesäubert werden sollte. Diese Vision stand in diametralem Gegensatz zu Engels' Überzeugung, dass der Sozialismus von dem durch die industrielle Revolution ausgelösten technologischen Fortschritt und Wohlstand abhing. Es überrascht daher nicht, dass er Morris zunächst als »sehr reichen

Kunstenthusiasten, aber politisch unfähig« abtat.[19] Nach der Trennung von der SDF erwärmte sich das Verhältnis zwischen ihnen jedoch, zumal Engels ihr gemeinsames Interesse an der altnordischen Mythologie entdeckte. Doch dabei blieb es nicht lange. Als Morris mit dem Anarchismus zu liebäugeln begann, wurde er von Engels umgehend als »reiner Gefühlsdusler« exkommuniziert.[20] Er fürchtete, es würde über längere Zeit zwei anstrengender wöchentlicher Seminare bedürfen, um diesem »ausgemachten Gefühlssozialisten« etwas über den Sozialismus beizubringen, »aber wer hat die Zeit dazu? Und wenn man ihn einen Monat sich selbst überlässt, wird er sich bestimmt wieder verlieren. Und selbst wenn man die Zeit dazu hätte, ist er all die Mühe wert?«[21] Und so kehrte Engels den potentiell anregendsten und anziehendsten Figuren im britischen sozialistischen Pantheon kurzerhand den Rücken zu.

Aber Morris bewegte sich wenigstens in die richtige Richtung, wenn auch auf seinem eigenen, verschlungenen Weg, was man von den Fabiern nicht behaupten konnte. George Bernard Shaw, Sidney Webb, Sydney Olivier, Annie Besant, Frank Podmore und der Rest dieser entschieden intellektuellen Aktionsgruppe begingen aus Engels' Sicht zwei Kardinalfehler: Sie wagten es, Marx' ökonomische Theorie zu kritisieren, und sie waren verdächtig »jebildete« Mittelschichttypen, »eine dilettantische Bande unerhört eingebildeter, sich gegenseitig Bewundernder, die hoch über solchen ignoranten Menschen wie Marx schweben«, wie er Laura Lafargue missmutig schrieb.[22] Und obwohl er es der Fabian Society als Verdienst anrechnete, dass sie die Politik des London County Council in sozialistische Richtung gelenkt hatte, betrachtete er sie vor allem als unnützen Flügel der sozialstaatlich orientierten Liberalen Partei, deren Klein-klein-Strategie der politischen Durchdringung, vom Klassenkampfstandpunkt aus gesehen, ein Musterbeispiel an Vergeblichkeit war. Aber solche hochmütige Geringschätzung wäre ebenso wie die Verunglimpfungen von Morris und Hyndman glaubwürdiger gewesen, wenn Engels einen eigenen Kandidaten hätte präsentieren können, jemanden mit Geschick, Tatkraft und Popularität, der fähig gewesen wäre, die sozialistische Bewegung zu führen. Doch das konnte er nicht. Tatsächlich stellte sich Engels aus falschverstandener Treue zum Marx-Klan hinter eine der am meisten geschmähten Figuren in der britischen sozialistischen Bewegung, der allgemein großes Misstrauen entgegenschlug.

Sie habe Neuigkeiten, kündigte Tussy Marx ihrer Schwester Laura im Juni 1884 an. Sie wisse ja, dass sie Edward Aveling sehr zugetan sei, und er beteuere, dass dies umgekehrt ebenso sei. Deshalb wolle man sich gemeinsam niederlassen. Laura solle nichts Falsches denken, Aveling sei sehr gut, und sie dürfe nichts Schlechtes von ihnen beiden denken. Engels, fügte sie hinzu, verhalte sich, wie immer, herzensgut.[23] Edward Bibbins Aveling, der vierte Sohn eines kongregationalistischen Pfarrers, hatte eine steile wissenschaftliche Karriere gemacht, mit einer Fellowship am Londoner University College und einer Dozentur in Vergleichender Anatomie, bis ihn sein offen bekundeter Säkularismus die Stellung kostete. Daraufhin begann er als »Volks-Darwin« von vorn und nutzte die öffentliche Plattform der National Secular Society, um ein zum großen Teil aus der Arbeiterklasse stammendes Massenpublikum vom Atheismus und von der darwinistischen Philosophie zu überzeugen. Aus diesen Vorträgen verfertigte er eine Reihe von leichtverständlichen populären Groschenbroschüren wie »The Student's Darwin« und »Darwin Made Easy«.[24] Seine Bekehrung zum Marxismus begann 1884, als er durch sein zunehmendes Engagement im Londoner Schulamt Henry Hyndman und die SDF kennenlernte. In den folgenden Monaten wurde Aveling zu einem talentierten, intelligenten, tatkräftigen und gewissenhaften Diener der sozialistischen Sache; leider war er als Mensch eine Null. Hyndman hielt ihn für einen »sehr schlechten Charakter«, Kautsky für ein »übles Subjekt«, und sogar Bernstein sah in ihm einen »Schuft« oder »Schurken«.[25] »Einer der Menschen, die, ohne es zu wissen, für Dubedat« – den unattraktiven Antihelden seines Dramas *Der*

Arzt am Scheideweg – »Modell gesessen sind«, schrieb Shaw über Aveling. Er »war von krankhafter Gewissenhaftigkeit, soweit es sich um seine religiösen und politischen Überzeugungen handelte, und wäre lieber zum Galgen gegangen, als eine Silbe davon zu widerrufen. Aber wo es um Geld und Frauen ging, hatte er absolut kein Gewissen.«[26]

Dies galt auch für seine Beziehung zu Eleanor Marx, mit der er 1884 durchbrannte, obwohl er weiterhin mit Isabel Campbell Frank verheiratet war, der Tochter eines wohlhabenden Geflügelhändlers, von der er nie geschieden wurde. Engels kümmerten derlei bürgerliche Vorbehalte nicht. »Der Casus ist der, dass A[veling] eine legitime Frau hat, die er nicht loswerden kann de jure, obwohl er sie seit Jahren de facto los ist«, erklärte er dem skeptischen Bernstein forsch, nachdem er dem glücklichen Paar seinen Segen sowie 50 Pfund für die Flitterwochen im Peak District gegeben hatte.[27] Aber Aveling besaß auch nicht annähernd so viel Herzensgüte wie Engels, und er sollte Tussy in den folgenden Jahren mit zahlreichen Seitensprüngen quälen, durch die amtliche Heirat mit einer Schauspielerin demütigen, nachdem seine erste Frau 1892 gestorben war, und schließlich als Mitwisser an ihrem Selbstmord beteiligt sein. Aber er hatte auch seine guten Seiten; so ermunterte er Tussy in den Anfangsjahren ihrer Beziehung in ihrem politischen Engagement und förderte ihre Schreibversuche, und sie erlebte durch ihn eine emotionale Erfüllung, die sie seit dem Tod ihres Vaters vermisst hatte.

Unterdessen mussten sich sowohl Tussy als auch Engels mit seinen wachsenden Schulden und peinlichen finanziellen Unregelmäßigkeiten abfinden. Charles Bradlaugh, Avelings ehemaliger Chef in der National Secular Society, beschuldigte ihn 1884 nach seinem Austritt aus der Organisation als Erster der Unterschlagung. Während dieser Vorwurf möglicherweise auf politische Rivalität zurückzuführen war, erwiesen sich die nächsten Anklagen als umso schädlicher. »Avelings unbezahlte Arbeit. Die Sozialisten sind empört über seine exorbitanten Rechnungen«, titelte der *New York Herald,* nachdem die Socialist Labor

Party untersucht hatte, wie die Ausgaben von 1600 Dollar zustande gekommen waren, die Aveling und Tussy 1886 auf einer Vortragsreise durch die USA angehäuft hatten. »Die geschäftstüchtigen sozialistischen Vortragsredner studierten die Armut in einem erstklassigen Hotel in Baltimore und waren derart gute Kunden des Weinkellers, dass sich ihre Rechnung für zwei Tage auf 42 Dollar belief«, berichtete die Zeitung in einem gut recherchierten Enthüllungsartikel.[28] Kern der Affäre war, dass Aveling versucht hatte, sich Tussys Reisekosten ebenfalls von der SLP erstatten zu lassen, obwohl diese nur die Übernahme seiner eigenen Ausgaben zugesagt hatte. Tatsächlich aber deuteten die Anschuldigungen und die an die Presse weitergegebenen Skandalinformationen – welche die britischen Zeitungen mit Freuden nachdruckten – auf eine tieferliegende ideologische Spaltung der sozialistischen Bewegung in Amerika hin, und der Besuch der Avelings war lediglich ein Anlass für die verschiedenen Fraktionen, ihre Auseinandersetzung fortzuführen.

Engels platzte angesichts der Vorwürfe der Kragen. In einem geharnischten, unumwundenen Brief an Florence Kelley-Wischnewetzky, die nicht nur seine amerikanische Übersetzerin war, sondern auch der SLP-Führung angehörte, erinnerte er daran, dass es in der Frühzeit der Arbeiterbewegung hieß, »wehe dem Manne von bürgerlicher Herkunft oder höherer Bildung, der in die Bewegung eintritt und voreilig finanzielle Beziehungen zu dem Arbeiterelement unterhält«. Anschließend formulierte er die Richtschnur, an die er sich auch in den folgenden Jahren halten sollte: Marx habe ihm »als Vermächtnis die Verpflichtung hinterlassen, seinen Kindern beizustehen, wie er selbst es getan hätte, und darauf zu achten, soweit es in meinen Kräften steht, dass ihnen kein Unrecht geschieht«.[29] Aveling stand jetzt unter dem Schutz der Familie, und ein allzu nachsichtiger Engels stellte sich ein ums andere Mal vor ihn. Wenn Geld verschwand, ein Scheck platzte oder ein Vertrag – wie üblich – nicht erfüllt wurde, entschuldigte Engels es leichthin mit der »Unordnung der literarischen bohème bei Aveling«.[30] Marx hätte sich vermutlich von Aveling getrennt, weil er ihn als Belastung für die Sache angesehen hätte, doch Engels hielt zu ihm – sowohl aus Treue zum Klan als auch aus geheimer Bewunderung für sein schneidiges, arrogantes Auftreten. Voller Zuneigung beschrieb er ihn Sorge als »sehr talentvoll und brauchbar, dabei kreuzbrav, aber gushing [schwärmerisch] wie ein Backfisch, und es juckt ihn immer in den Fingern, eine Dummheit zu machen. Nun, ich erinnere mich noch an die Zeit, wo ich ein ähnlicher Esel war.«[31]

Vor allem aber schätzte Engels den ideologischen Standpunkt und die politische Strategie Avelings. Obwohl er Samuel Moore bei der Übersetzung des *Kapitals* keine große Hilfe war, respektierte Engels ihn als wirkungsvollen und gebührend wissenschaftlichen Verbreiter des Marxismus auf dem englischen Markt. Nach Avelings Auffassung waren sich Marx und Darwin nicht nur charakterlich ähnlich – »die physische Gegenwart beider war überwältigend ... in moralischer Hinsicht ähnelten sie sich ... beider Wesen war wunderbare, herzerwärmende Zuneigung zu allem, was es wert war« –, sondern auch methodologisch. »Was Darwin für die Biologie tat, hat Marx für die Ökonomie getan. Beide erreichten durch lange, geduldige Beobachtung, durch Experimente, Aufzeichnungen und Nachdenken einen immensen Grad der Verallgemeinerung, wie sie ihr spezieller Wissenschaftszweig noch nie gesehen hatte.« Mit Worten, die Engels nur bewundert haben konnte, verdeutlichte Aveling in *The Student's Marx,* wie grundlegend Marx' wissenschaftliche Entdeckungen waren: »Die Elektrizität hat heute ihre Ohms, Faradays und Amperes, die Chemie das Periodensystem, die Physiologen reduzieren die Körperfunktionen auf Gleichungen, und die Tatsache, dass Marx viele seiner Verallgemeinerungen in der politischen Ökonomie mathematisch ausdrücken konnte, beweist zugleich, dass er die Wissenschaft weiter vorangetrieben hat als seine Vorgänger.«[32]

Aus Engels' Sicht ebenso erfreulich war, dass Aveling nicht nur redete. Mit seiner Erfahrung in der Straßenpropaganda der

National Secular Society ging er zusammen mit Tussy Marx daran, eine unabhängige, wirklich proletarische Arbeiterpartei aufzubauen. Den Anfang machten sie in den gottverlassenen Vierteln von »Outcast-London«. Östlich der Aldgate-Wasserpumpe, weit von Primrose Hill entfernt, in den Gassen und Siedlungen von Whitechapel, Bethnal Green, Mile End und Hoxton war die versteckte Armut des viktorianischen London zu finden: einer Gegend, die in der allgemeinen Vorstellung von einem aus Juden, Hafenarbeitern, Negerinnen und rauen Tagedieben bestehenden Bodensatz bevölkert wurde, der mit den grässlichen Verbrechen von Jack the Ripper verknüpft werden sollte. Es war ein Ort der Unmoral, Trunkenheit und abscheulichen Taten, eines aus den Hackney Marshes aufsteigenden menschlichen Abschaums, den man nur abschreiben konnte und am besten vom Rest der Hauptstadt abschottete. Nach Tussys Ansicht enthielt die ins Auge springende Armut, die in diesen kalten, elenden Straßen herrschte, jedoch ein politisches Versprechen. Es erfüllte sich, als die hungernden Bewohner des East End am 13. November 1887 erneut demonstrierend ins wohlhabende West End zogen, wo sie diesmal einen »Bloody Sunday« erlebten, denn der Londoner Polizeichef, Charles Warren, ließ Truppen aufmarschieren und auf William Morris, Annie Besant, John Burns, Edward Carpenter, Tussy und Edward Aveling und die restlichen 100 000 Demonstranten schießen. Als Tussy anschließend in der Regent's Park Road erschien, war ihr »Mantel in Fetzen, [der] Hut verbeult und zerrissen von einem Schlag mit dem staff [Knüppel]«, wie Engels Paul Lafargue berichtete; »die bobbies hatten sie verhaftet, aber auf Befehl des Inspektors wieder freigelassen«. Obwohl es Engels taktisch kritikwürdig fand, dass man sich mit berittener Polizei auf dem Trafalgar Square angelegt hatte – der Platz sei »die für die Regierung günstigste Position …, zwei Schritte vom Kampfplatz eine Kaserne und drei Schritte weiter der St. James Park für militärische Reserven« –, versetzte die ungerechtfertigte staatliche Gewalt das East End, wo die Sozialisten seit Monaten vergeblich in radikalen Klubs und

Pubs gepredigt hatten, in Aufruhr.[33] Und der politische Schwung blieb erhalten, weil unerwartet, aber hochwillkommen – und längst überfällig – die organisierte Arbeiterklasse aktiv wurde.

Im Frühjahr 1889 begann Will Thorne, ein sozialistischer Heizer im Gaswerk von Beckton, seine Kollegen in der National Union of Gasworkers and General Labourers zu vereinen – an deren Satzung Tussy und Edward Aveling mitarbeiteten –, um gegen die furchtbaren Bedingungen vorzugehen, zu und unter denen sie arbeiteten. Binnen vier Monaten hatte die Gewerkschaft 20 000 Mitglieder, und Thorne hatte eine Arbeitszeitverkürzung von zwölf auf acht Stunden durchgesetzt. In den eng verbundenen Gemeinden der Arbeiterbezirke in Ostlondon war es seit langem üblich, dass Gasarbeiter sich nebenbei als Hafenarbeiter verdingten, und Thornes Erfolg bei den Gaswerken erhöhte den Druck auf die Dockbetreiber, dem Beispiel zu folgen. Am Ostufer der Themse erstreckten sich in den 1890er Jahren auf einer Länge von 16 Kilometern Hafenanlagen – von den West India Docks über St. Katherine's Dock und Millwall Dock bis zum Victoria Dock. In dem riesigen Komplex aus Lagerhäusern, Kais, Hafenbecken und Landestegen, der London die Rolle als »Kaufhaus der Welt« sicherte, arbeiteten fast 30 000 Menschen. Kaum irgendwo anders in Großbritannien waren die Arbeitsbedingungen derart brutal, wie der große Chronist Londons, Henry Mayhew, an einem Oktobermorgen feststellte: »Dann beginnt das Schieben und Drängeln, und zahllose Hände recken sich hoch in die Luft, um den Blick desjenigen auf sich zu ziehen, der ihnen Arbeit geben kann … *Tausende* von Männern um eine Anstellung für einen einzigen Tag kämpfen zu sehen, wobei das Gerangel von dem Wissen verstärkt wird, dass Hunderte der Versammelten zurückbleiben und den Tag untätig in Not verbringen werden, ist ein Anblick, der den Hartgesottensten traurig stimmen kann.«[34]

Am 12. August 1889 wurde Ben Tillett, der Sekretär der kleinen Teearbeitergewerkschaft, gedrängt, Thornes Beispiel zu folgen und sich den Dockbesitzern entgegenzustellen. Doch seine

Forderung nach einer Lohnerhöhung von 4 auf 6 Pence pro Stunde und 8 Pence für Überstunden sowie nach einer Mindestbeschäftigungsdauer von einem halben Tag wurde von den Arbeitgebern rundweg abgelehnt. Sie verließen sich darauf, dass die riesige Arbeitskräftereserve des East End jede Arbeitersolidarität untergraben würde. Zusammen mit den sozialistischen Aktivisten Tom Mann und John Burns – Tussy und Edward Aveling hielten sich im Hintergrund – bewies Tillett ihnen jedoch, dass sie im Irrtum waren, indem er die Dock, Wharf, Riverside and General Labourers' Union of Great Britain and Ireland gründete. Darüber hinaus gelang es den Anführern der Dockarbeiter, einen einmonatigen disziplinierten Streik zu organisieren, dem sich fast 60 000 Arbeiter anschlossen, und zugleich eine beeindruckende Öffentlichkeitskampagne in Gang zu setzen – mit Freiluftversammlungen in Tower Hill, ernsten, friedlichen Demonstrationszügen durch die City von London und einem gutgeführten Hilfsfonds. Ob es nun am Anblick der politisierten Arbeiterschaft oder an der mahnenden Intervention des Erzbischofs von Westminster, Kardinal Manning, oder aber an der Spende von 30 000 Pfund lag, mit der die australischen Dockarbeiter ihre englischen Kollegen unterstützten, am Ende gaben die Bosse Burns' Forderung nach dem »vollen runden Stück von des Dockers Sixpence« nach.

Engels verfolgte begeistert die Zeitungsberichte über den Streik. »Der Dockstrike ist gewonnen«, meldete er Kautsky im September 1889. »Das größte Ereignis in England seit den letzten Reformbills, Anfang einer vollständigen Revolution im East End.«[35] Bisher sei das East End durch »passive Elendsversumpfung« und »die Widerstandslosigkeit der durch Hunger Gebrochenen, der absolut Hoffnungslosen« gekennzeichnet gewesen, schrieb er an Bernstein. Dann sei »voriges Jahr der siegreiche Strike der Matchgirls«, der Arbeiterinnen einer Londoner Zündholzfabrik, gekommen, und »nun dieser Riesenstrike der Verkommensten der Verkommenen, der dock labourers«.[36] Das war der Punkt: Der Ausstand der Dockarbeiter war in seinen Augen deshalb so ermutigend, weil er zeigte, dass das Lumpenproletariat jetzt bereit zu sein schien, sich zu erheben. »Wenn nur Marx noch lebte, um das sehen zu können!«, schrieb er an den *Labour Elector*. »Wenn diese armen geknechteten Menschen, der Bodensatz des Proletariats, die Elendesten aus allen Berufen, die jeden Morgen vor den Toren der Docks um eine Beschäftigung kämpfen, wenn sie sich zusammenschließen können und durch ihre Entschlossenheit die mächtigen Dockgesellschaften erschrecken, dann brauchen wir wahrhaftig an keiner Gruppe der Arbeiterklasse zu verzweifeln.«[37]

Die Gewerkschaften der Dock- und Gasarbeiter standen für einen tiefgreifenden Wandel der Arbeiterbewegung: Der zunftähnliche Konservatismus der alten Gewerkvereine wurde durch den von einer neuen Generation vertretenen Glauben an Klassensolidarität und sozialistische Ideologie in Frage gestellt. »Diese neuen Trade-Unions ungelernter Arbeiter und Arbeiterinnen unterscheiden sich völlig von den alten Organisationen der Arbeiteraristokratie und können nicht auf dieselben konservativen Wege geraten«, erklärte er Laura Lafargue, nachdem er mit fast väterlichem Stolz Tussys Rolle im Radikalisierungsprozess im East End erwähnt hatte.[38] Dies endlich waren im Gegensatz zu den SDF-Demagogen und den fabianischen Bartzupfern Engels' Leute: die Aktivisten, Gewerkschafter und Sozialisten aus dem East End, und zum Zeichen seines Segens lud er sie in die Regent's Park Road ein. Laut Edward Aveling war »[v]on den Engländern … William Thorne der willkommenste Besucher außerhalb des Familienkreises. Engels hatte für ihn große Bewunderung, großen Respekt und Sympathie und schätzte seinen Charakter und seine Bedeutung für die Bewegung hoch ein.«[39] John Burns war nach Engels' Ansicht mit Oliver Cromwell zu vergleichen. Umgekehrt zollten die Engländer dem großen alten Mann des europäischen Sozialismus Tribut, indem sie ihm einen Ehrenplatz auf ihrer Tribüne am Ersten Mai reservierten.

Die Führung der britischen Arbeiterbewegung fiel jedoch weder Aveling noch Thorne oder Burns zu, sondern dem schroffen, abstinent lebenden, nonkonformistischen ehemaligen Bergarbeiter Keir Hardie. Für die »Staatssozialisten nach deutschem Muster« hatte er nichts übrig; sein Sozialismus war, mit den Worten seines Biographen Kenneth O. Morgan, »grundsätzlich ethischer Art, eine Vision von Gerechtigkeit und Gleichheit«, die ihre Wurzeln mehr in der »guten alten Sache« des Puritanismus als im marxistischen Kommunismus hatte. Sein Instrument war die Independent Labour Party (ILP), die Anfang der 1890er Jahre aus dem Trades Union Congress (TUC) hervorging und sich von Anfang an weniger durch sozialistische Absichtserklärungen als durch eine Nähe zur Liberal-Labour-Bewegung auszeichnete. Gleichwohl war sie die einzige nationale politische Gruppierung von einigem Gewicht, welche die Arbeiterinteressen vertrat, und Engels gewährte ihr einen gewissen Vertrauensvorschuss. »[D]a die *Massen* der Mitglieder entschieden sehr gut, da der Schwerpunkt in den Provinzen liegt, nicht im Klüngelzentrum London, und das Programm im Hauptpunkt das unsre«, erklärte er Sorge im Januar 1893, »so hatte Aveling recht, sich anzuschließen und einen Sitz in der Exekutive anzunehmen.«[40] Doch binnen weniger Wochen war es Aveling gelungen, Engels gegen Hardie einzunehmen, dem Engels nun demagogische Ambitionen, Kollaboration mit den Tories und finanzielle Unregelmäßigkeiten vorwarf. Bis zum Januar 1895 hatte er die Geduld gegenüber der ILP verloren und tat Hardie als »schlauen durchtriebenen Schotten, falschen Biedermann und Klüngler erster Klasse« ab, der »aber möglicherweise zu schlau und zu eitel« sei.[41] Hardie blieb dieser Gunstentzug allerdings verborgen, und nach Engels' Tod erzählte er voller Herzlichkeit von ihren Gesprächen in der Regent's Park Road und blieb überzeugt, dass Marx und Engels die politische Entwicklung der ILP gutgeheißen hätten.[42]

In Wirklichkeit war Engels zu diesem Zeitpunkt aufgrund seiner fortdauernden Abhängigkeit von Aveling über die Vorgänge in der britischen sozialistischen Bewegung kaum noch im Bilde. Das Misstrauen gegenüber Aveling, ja, sogar die Verachtung, die ihm von vielen im sozialistischen Lager entgegenschlug, ist kaum zu überschätzen. In deren Augen war er ein ehrgeiziger, karrieresüchtiger Mann mit höchst zweifelhaften persönlichen Eigenschaften, die ihrem politischen Anliegen schadeten und gegen ihre puritanische Arbeiterklassemoral verstießen. Aus Unmut über Engels' Versuche, ihnen den beargwöhnten Aveling als Führer der sozialistischen und Arbeiterbewegung Englands aufzudrängen, begannen deren Aktivisten die Regent's Park Road zu meiden, so dass Engels' Einfluss auf den politischen Kurs und die Ideologie der englischen Sozialisten merklich nachließ.[43] Das alte akademische Rätsel, warum es in Großbritannien keinen Marxismus gab, ist mit dem Hinweis auf Engels' übertriebene Anhänglichkeit an Aveling sicherlich nicht gelöst. Aber sie gehört zweifellos mit zu den Gründen, die das Entstehen einer vereinigten marxistischen Partei verhinderten.[44] Es war ein seltenes Beispiel politischer Fehleinschätzung, verursacht von Engels' bedingungsloser Treue zum Marx-Klan.

In Bezug auf die sozialistische Bewegung außerhalb Großbritanniens hatte Engels mit anderen Problemen zu kämpfen. »Ich muss die Bewegung in fünf großen und einer Reihe kleiner Länder Europas und in den USA verfolgen«, klagte er 1894 gegenüber Laura Lafargue. »Zu diesem Zweck erhalte ich an *Tageszeitungen* 3 deutsche, 2 englische, 1 italienische und ab 1. Januar die Wiener Tageszeitung *[Arbeiter-Zeitung]*, insgesamt 7. An *Wochenzeitungen* erhalte ich 2 aus Deutschland, 7 aus Österreich, 1 aus Frankreich, 3 aus Amerika (2 in Englisch, 1 in Deutsch), 2 italienische und je eine in Polnisch, Bulgarisch, Spanisch und Tschechisch; davon sind drei in Sprachen, die ich erst allmählich lerne.« Hinzu kamen Stapel von Briefen aus aller Herren Länder sowie »Besuche der verschiedensten Leute«.[45] Bis weit in die 1890er Jahre blieb die Regent's Park Road das Mekka des internationalen Sozialismus, das immer mehr Emigranten und russische Jünger anzog; 1893 wurde sie zur Stätte eines englisch-französisch-deutschen sozialistischen Gipfeltreffens von August Bebel, Paul Lafargue und

John Burns. Bereits Mitte 1888 hatte der Andrang in Primrose Hill deutlich zugenommen, da die Redaktion des *Sozialdemokraten* – Eduard Bernstein, Julius Motteler, Leonhard Tauscher und Hermann Schlüter – geschlossen von Zürich nach London umgezogen war und sich auf der anderen Seite der Eisenbahnstrecke in Kentish Town und Tufnell Park niedergelassen hatte. Natürlich kamen die Herren Redakteure jeden Sonntag über die Gleise nach Nordlondon, um bei Engels den Nachmittag mit Pilsner, politischem Tratsch und wissenschaftlichem Sozialismus zu verbringen. Möglich machte all dies Marx' alte Haushälterin, Nim Demuth, die Engels' Leben mit einer liebevollen Anständigkeit umgab: Sie stellte Hausangestellte ein und feuerte sie, saß am Kopfende der Sonntagstafel und entlastete Engels von häuslichen Angelegenheiten, so dass er frei seine politischen und philosophischen Projekte verfolgen konnte. Einen sympathischen Einblick in Engels' Welt am Ende der 1880er Jahre gewährt die Beschreibung des Silvesterabends 1888, die er Laura Lafargue gab:

> Wir sind auf sehr sonderbare Weise [ins neue Jahr] hineingekommen – wie gewöhnlich fuhren wir in einer Droschke zu Pumpses, der Nebel wurde immer dichter … Nach einer ganzen Stunde Fahrt in der Dunkelheit und in der Kälte kamen wir bei Pumpses an, wo wir Sam Moore, Tussy, die Schlüters (Edward tauchte überhaupt nicht auf) und auch Tauscher vorfanden … Nun, es wurde immer dunkler, und als das neue Jahr anbrach, war die Luft so dick wie Erbsensuppe. Keine Aussicht fortzukommen; unser Droschkenkutscher, für ein Uhr bestellt, kam nicht, und so musste die ganze Gesellschaft bleiben, wo sie war. Also fuhren wir fort mit Trinken, Singen, Kartenspielen und Lachen bis halb sechs, als Sam und Tussy von Percy zum Bahnhof begleitet wurden und den ersten Zug erreichten; ungefähr um sieben gingen die anderen, draußen klarte es etwas auf; Nim schlief mit Pumps, Schorl[emmer] und ich in dem Reservebett, Percy im Kinderzimmer (es war nach sieben Uhr, als wir schlafen gingen), und unge-

fähr um 12 oder 1 standen wir wieder auf, um zum Pilsner usw. zurückzukehren … Die anderen tranken ungefähr um halb fünf Kaffee, aber ich blieb bis um sieben beim Rotwein.[46]

Leider kam diese glückliche eheähnliche Gemeinschaft zwischen Engels und Nim – mit ihrer nostalgischen Mischung aus Erinnerungen an Marx, Frühschoppen und der gemeinsamen Schwäche für Parteiklatsch – 1890 zu einem abrupten Ende, als Nim mit Verdacht auf einen Gebärmuttertumor zusammenbrach. Wie bei Lizzys Ende sorgte Engels für Nims Unterbringung in einem ausgezeichneten Hospiz und kümmerte sich um sie wie um ein Familienmitglied. »Unsere liebe, gute Nimmy ist gestern Nachmittag um halb drei sanft entschlafen. Sie war nur kurze Zeit krank und hatte wenig, zuletzt gar keine Schmerzen«, teilte er Sorge am 5. November 1890 voller Trauer mit. »Wir haben sieben glückliche Jahre hier im Hause zusammen verlebt. Wir waren die zwei Letzten von der alten Garde von vor 1848. Jetzt steh' ich wieder allein da.«[47]

Einige Tage später informierte er Adolf Riefer, einen der wenigen bekannten Verwandten Nims, über den Tod seiner Tante Helene Demuth und darüber, was mit ihrem Nachlass geschehen sollte. Denn es gab noch eine Angelegenheit, die der diskrete, loyale Engels in Ordnung zu bringen hatte, eine lebendige, leibhaftige Lüge – Nims und Marx' unehelichen Sohn Freddy Demuth. Die Hingeschiedene, eröffnete er ihrem Neffen, habe ein Testament verfasst, in dem sie als Alleinerben Frederick Lewis eingesetzt habe, den Sohn eines verstorbenen Freundes, den sie als kleines Kind adoptiert habe und zu einem guten, arbeitsamen Mechaniker erzogen habe. Zur weiteren Verschleierung fügte Engels hinzu, Freddy habe aus Dankbarkeit mit ihrer Erlaubnis den Namen Demuth angenommen und werde im Testament mit diesem Namen genannt.[48] Es war eine der letzten Täuschungen, die Engels unternahm, um den Ruf seines Freundes zu schützen und seinen Ehebruch zu vertuschen. Der verstoßene Freddy Demuth, wohnhaft Gransden

Avenue 25 in Hackney in Ostlondon, erhielt zu Recht Helenes gesamten, mit 40 Pfund bewerteten Nachlass. Dem enterbten Adolf Riefer mag diese außergewöhnliche Großzügigkeit gegenüber dem erwachsenen Sohn eines alten Freundes freilich seltsam vorgekommen sein.

Nachdem Nim neben dem Ehepaar Marx im Familiengrab in Highgate begraben worden war, versank Engels in eine tiefe Depression. Durch ihren Tod war eine weitere direkte Verbindung zu Marx, zu seiner Generation und ihrem lebenslangen Kampf gekappt worden. Darüber hinaus hatte er jene liebevolle, heitere weibliche Gesellschaft verloren, die er so nötig hatte. In seiner Niedergeschlagenheit antwortete er auf ein Beileidstelegramm von Karl Kautskys früherer Frau Louise, für die er sich während der Scheidung so ritterlich eingesetzt hatte. »Was ich für Tage … durchlebt, wie furchtbar öde und wüst das Leben mir erschien und noch erscheint, das erlassen Sie mir«, klagte er. »Da kam die Frage: Was nun?, und da, liebe Louise, stand mir ein Bild lebendig tröstlich Tag und Nacht vor meinen Augen, und das warst Du.« Engels' unerwartete Lösung für seine Einsamkeit war, dass er Louise, die sich in Wien als Hebamme durchschlug, antrug, Nims Stellung in der Regent's Park Road zu übernehmen, selbstverständlich ohne »manual services«, körperliche Arbeit, wie er hinzufügte, sondern lediglich als Chefin des Hausstandes, der die übrige Zeit zur freien Verfügung stand.[49]

Louise ergriff die Chance, nach London umzuziehen, und Engels war glücklich, wieder eine Frau an seiner Seite zu haben. Er atmete erleichtert auf: »[D]ie Sonne scheint wieder in meinem Hause …«[50] In seinen letzten Jahren verband die beiden eine überaus produktive, Halt gebende und liebevolle Beziehung, wobei Louise Kautsky weit mehr als Nim als seine Sekretärin fungierte, sich um die Korrespondenz kümmerte, die Papiere ordnete, die internationale Presse verfolgte und sogar seine Artikel Korrektur las. In Engels' Briefen in alle Welt wurde sie immer öfter erwähnt, und bald begann sie, seinen Briefen eigene Nachschriften anzufügen und mit dem Spitznamen »Hexe« zu unterzeichnen. Hatte der alternde Frauenheld Engels mehr als nur berufliches Interesse an der ebenso intelligenten wie hübschen dreißigjährigen Louise? Wahrscheinlich, aber: »[B]ei unserem Altersunterschied [ist] Eheliches und Außereheliches gleichmäßig ausgeschlossen«, weshalb nichts übrigbleibe als »eben die Hausfräulichkeit«.[51] Im Lauf der Zeit entwickelte er Louise gegenüber eine väterliche Zuneigung: »[Sie] ist ... mir so teuer geworden, dass sie für mich dasselbe ist wie Pumps, Tussy, Laura, dasselbe, als wäre sie mein eigen Kind.«[52]

Eine aus dieser geliebten Kinderschar war jedoch eifersüchtig: die gefürchtete, ewig beschwipste Pumps, die über Louises Ankunft alles andere als froh war. Während sie in der gesetzten Matrone Nim, neben der sie die kokette, törichte junge Frau spielen konnte, keine Bedrohung gesehen hatte, fürchtete sie beim Einzug der eleganten, attraktiven Louise in die Regent's Park Road 122 zu Recht, dass ihre lukrative Beziehung zu Engels Schaden leiden würde. Tussy, in dieser Hinsicht ganz der Vater, verfolgte das sich entwickelnde Familiendrama mit wahrem Vergnügen. »Endlich traf Louise ein«, berichtete sie ihrer Schwester Laura. »Unterdessen hatte der General den nötigen Mannesmut aufgebracht und Pumps mitgeteilt, dass Louise auf *meine* (!!) Einladung rüberkäme und dass sie anständig behandelt werden sollte – unter Androhung einer Testamentsänderung.« Aber die Drohung nutzte nichts. Pumps demütigte Louise mit allen möglichen kleinen Tricks der Etikette und betrunkenen Ausfällen, bis sie es auf der Feier zu Engels' siebzigstem Geburtstag auf die Spitze trieb. »Am Geburtstag des Generals war Pumps betrunkener als gewöhnlich und vertraute *Louise* an, sie ›wüsste, dass sie sich ihr gegenüber gut benehmen müsste, weil sie sonst aus dem Testament gestrichen würde‹!«[53] Am Ende musste Engels ein ernstes Wort mit Pumps reden – eine »Strafpredigt und ein paar – später wiederholte – Andeutungen« –, um ihr klarzumachen, »dass ihre Position in [seinem] Hause sehr von ihrem eigenen Verhalten abhänge«.[54] Mit der ihr eigenen Standhaftigkeit behielt Louise gegenüber der schamlosen Nichte die Fassung, und Pumps musste einsehen, dass ihre Zeit in Primrose Hill vorüber war.

Im Vergleich zu solch angespannter Familiendiplomatie waren die Grabenkämpfe unter den europäischen Sozialisten relativ einfach. 1888/89 wurde Engels' Zeit überwiegend von den Vorbereitungen für einen Kongress in Anspruch genommen, der im Juli 1889, zum hundertsten Jahrestag des Sturms auf die Bastille, in Paris stattfinden sollte. Das Problem war, dass es zwei konkurrierende Veranstaltungen geben würde: einen von den abtrünnigen französischen Possibilisten zusammen mit Hyndmans SDF und mehreren britischen Gewerkschaften organisierten Internationalen Arbeiterkongress und die von Lafargue, Guesde und ihrer französischen Arbeiterpartei (Parti Ouvrier) einberufene offizielle marxistische Zusammenkunft, die als Internationaler Sozialistischer Arbeiterkongress firmierte. Engels' Aufgabe war es, dafür zu sorgen, dass Letzterer Ersteren überstrahlte, indem er die Teilnahme der marxistischen Parteien Deutschlands und Österreichs sicherstellte, deren Verhältnis zu Lafargue und den französischen Sozialisten nicht unbelastet war. In den ersten Monaten des Jahres 1889 wurde der Ton der Briefe, die zwischen Primrose Hill und Berlin, Wien und Paris hin und her gingen, immer gereizter. »So viel ist sicher«, verkündete Engels Wilhelm Liebknecht, als die Planungen wieder einmal durch gekränkte Eitelkeiten ins Stocken geraten waren, »den nächsten Kongress könnt ihr allein machen, ich lasse die Finger davon.«[55] In Wirklichkeit war Engels als Einziger imstande, die kommunistischen Parteien Europas zu einen. Er allein, als amtierende »erste Violine«, besaß das Ansehen und die Autorität, um die von Natur aus zu Spaltungen neigende Bewegung unter einen Hut zu bringen. Tatsächlich lief der Kongress, zu dem fast 400 Delegierte von sozialistischen und Arbeiterparteien aus 20 Ländern in die französische Hauptstadt kamen, ziemlich gut. »Sie können sich dazu gratulieren, dass Sie den Kongress gerettet haben«, schrieb

Lafargue an Engels (der nicht selbst hatte teilnehmen wollen). »Ohne Sie und Bernstein hätten die Deutschen uns verlassen und wären zu den Possibilisten übergelaufen.«[56]

Im Schatten des »scheußlichen« Eiffelturms (Paul Lafargue) und inmitten des vulgären kommerziell-imperialen Trubels der Weltausstellung von 1889 wurde auf dem Kongress die Zweite Sozialistische Internationale ins Leben gerufen. »Die Kapitalisten laden die Reichen und Mächtigen zu der Weltausstellung ein, das Werk der Arbeiter zu betrachten und zu bewundern, die inmitten des kolossalsten Reichtums, den je eine menschliche Gesellschaft besessen, zum Elend verurteilt sind«, schrieb Lafargue im Aufruf zu dem Kongress mit Worten, die auch von seinem Schwiegervater hätten sein können. »Wir Sozialisten, deren Streben … die Errichtung eines Gesellschaftszustandes ist, in dem alle, ohne Unterschied des Geschlechtes und der Nationalität, ein Recht auf den durch ihre gemeinsame Arbeit geschaffenen Reichtum haben – wir laden die wirklichen Produzenten ein, mit uns am 14. Juli in Paris zusammenzutreffen.«[57] Obgleich in den Diskussionen häufig reformistische, kompromissbereite Töne vorherrschten, war Engels mit dem Ergebnis zufrieden. »Unser Kongress sitzt und ist ein brillanter Erfolg«, meldete er Sorge.[58] Nach dem unrühmlichen Ende der Ersten Internationale zeigte Paris nach Engels' Ansicht, dass der weltweite sozialistische Kampf Stärke und Rückhalt gewann. Als Gründe dafür sah er die Ausschaltung des anarchistischen Einflusses, den erfreulichen Ausgleich zwischen sozialistischer Theorie und Aktivismus der Arbeiter sowie die klare Orientierung auf politisches Engagement, Gleichberechtigung der Geschlechter, Gewerkschaftsrechte und die Einführung des Ersten Mai als internationalen Tag der Arbeit.

Auch wenn die Zweite Internationale in Paris gegründet wurde, stand im späten 19. Jahrhundert nicht die französische Hauptstadt an der Spitze der sozialistischen Bewegung. Diese Position nahmen vielmehr Berlin und Wien ein. Erstaunt hatte Bismarck feststellen müssen, dass er mit seinem Sozialistengesetz nur den linken Flügel jener Kräfte gestärkt hatte, die 1890 die Sozialdemokratische Partei Deutschlands bildeten. Beunruhigt wechselte der deutsche Kanzler den Kurs und versuchte die Sozialisten zu neutralisieren, indem er fortschrittliche Sozialreformen auf den Weg brachte. Aber trotz der Einführung der Kranken- und Unfallversicherung sowie der Rentenversicherung für Alte und Arbeitsunfähige erzielten die Sozialisten bei der Reichstagswahl 1890 einen Stimmenanteil von 19,7 Prozent, gegenüber 7,5 Prozent im Jahr 1878. »Seit vergangenem Donnerstagabend, als eine Flut von Telegrammen mit den Siegesmeldungen hier eintraf, befinden wir uns in einem ständigen Siegestaumel«, schilderte Engels die Reaktion in der Regent's Park Road auf das erstaunliche Ergebnis: Die SPD hatte anderthalb Millionen Stimmen und damit 35 Reichstagsmandate gewonnen. »[D]ie alte Stabilität ist für immer dahin.«[59]

Mit einer erweiterten Wählerschaft bestand eine reale Aussicht auf echte politische Macht, und Engels hielt es für notwendiger denn je, dass die SPD eine korrekte ideologische Linie verfolgte, die keinerlei lassalleanische Überreste duldete. Nach dem Wahlerfolg wurde für Oktober 1891 ein Parteitag nach Erfurt einberufen, und in Vorbereitung auf dieses Ereignis bot Engels sein ganzes politisches Geschick auf, um Marx' posthumen Einfluss auf den Kurs der deutschen Sozialdemokratie geltend zu machen. Mit maliziösem Seitenhieb auf die Kritisierten veröffentlichte er Marx' »Randglossen« zum Gothaer Programm, in denen Liebknecht und Bebel heftig dafür gescholten wurden, dass sie sich dem lassalleanischen Sozialismus gebeugt hatten, und gab den *Bürgerkrieg in Frankreich* mit der Verteidigung der proletarischen Diktatur der Kommune neu heraus. Außerdem nahm er starke Änderungen am ersten Entwurf des Erfurter Programms vor, mit denen er dafür sorgte, dass die SPD der Konfrontation mit dem feudalen, halbabsolutistischen deutschen Staat nicht auswich. Gleichwohl hatte Engels seine Überzeugung neu belebt, dass eine demokratische Zwischenstufe auf dem Weg zum Kommunismus notwendig sei: »Wenn etwas feststeht, so ist es dies, dass unsre Partei und die Arbeiterklasse nur zur Herrschaft kommen kann unter der Form der demokratischen Republik.«[60]

Wie sich herausstellte, war seine Furcht vor einem ideologischen Rückschritt unbegründet. In Erfurt wurden zwar eine Reihe pragmatischer, reformistischer Ziele beschlossen – allgemeines Wahlrecht, kostenlose Schulbildung, progressive Einkommensteuer, Gesundheitsversorgung und Rechtshilfe –, aber der europäischen sozialistischen Bewegung insgesamt signalisierte der Parteitag mit einem philosophischen Programm, das sich sklavisch ans *Kapital* hielt, den ideologischen Sieg des Marxismus. »Wir haben die Satisfaktion, dass die Marxsche Kritik komplett durchgeschlagen hat«, berichtete Engels Sorge mit spürbarer Genugtuung darüber, dass er Marx' Vermächtnis in dessen Heimatland zur Anerkennung verholfen hatte. »Auch der letzte Rest Lassalleanismus ist entfernt.«[61] Nach Erfurt und der offiziellen Bekehrung der deutschen Sozialdemokratie setzte sich der Marxismus auch in der Zweiten Internationale durch. »Der Marxismus schien den Höhepunkt seiner intellektuellen Entfaltung zu erleben«, bemerkt Leszek Kołakowski dazu, »er war nicht die Religion einer isolierten Sekte, sondern die Ideologie einer mächtigen politischen Bewegung ...«[62]

Doch das Engagement der SPD für Wahlrecht, kommunalen Sozialismus und sogar das Verhältniswahlsystem stand für einen umfassenderen politischen Kurswechsel, mit dem sich der älter und weiser gewordene Engels abfinden musste. Der Held der Revolution von 1848, der Barrikadenkämpfer von Barmen, der die sozialistische Revolution mit blutiger Gewalt zum Sieg tragen wollte, musste seine politische Strategie einem Zeitalter der Massendemokratie anpassen. Während die europäischen Wirtschaften den Übergang von der industriellen Revolution zum Monopolkapitalismus – mit Staatskartellen, kolonialer Ausbeutung und Hochfinanz als Säulen – vollzogen, erwiesen sich die Stärke und Wandelbarkeit des Kapitalismus als weit größer, als bisher angenommen. Wenn aber eine akute ökonomische Krise das kapitalistische System wahrscheinlich nicht zum Einsturz bringen würde, dann musste der Weg zum Sieg des Proletariats auch Parteipolitik umfassen, wie sie Marx und Engels schon 1848 befürwortet hatten. Doch im Unterschied zu damals konnte sich Engels 1891 vorstellen, dass demokratische sozialistische Parteien direkt an die Macht gelangten, durch Wahlentscheid, ohne das Zwischenstadium einer bürgerlich-demokratischen Herrschaft, die er unter den reaktionären, feudalen Verhältnissen von 1848 für nötig gehalten hatte.[63] Er sah eine reale Chance für den direkten Übergang zum Sozialismus unter einer proletarischen Regierung, die bei einer Wahl mit den Stimmen der seit neuestem wahlberechtigten Arbeiter an die Macht kommen könnte, wie es von der SPD in Deutschland zu erwarten war. Denn angesichts der wachsenden Zahl von Arbeiterstimmen betrachtete er es als »pure Wahrscheinlichkeitsrechnung nach mathematischen Gesetzen«, wann die Möglichkeit des Machtantritts verwirklicht werden würde.[64] Die Vorstellung eines endgültigen, unvermeidlichen, friedlichen Triumphs des Sozialismus behagte ihm. »Gerade dieser Mangel an Überstürzung, dieser gemessene, aber sicher unaufhaltsame Fortschritt«, erklärte er August Bebels Frau Julie, »hat etwas gewaltig Imponierendes, das den Regenten dasselbe beklemmende Gefühl erregen muss, wie den Gefangenen der Staatsinquisition in Venedig jenes Zimmer, dessen Wände täglich einen Zoll näher zusammenrückten ...«[65]

Natürlich war die Demokratie langsamer und weniger romantisch als eine Revolution, aber Engels betrachtete das allgemeine Wahlrecht mittlerweile als beachtliche Waffe im sozialistischen Arsenal. Als frischgebackener demokratischer Konvertit schrieb Engels, in Wahlen könnten die Sozialisten alle drei Jahre ihre Stärke beweisen; sie würden es der Parteiführung ermöglichen, den Kontakt zu den Arbeitern aufrechtzuerhalten, böten eine Plattform für die Verbreitung sozialistischer Ideen und könnten sogar die Möglichkeit der Machtübernahme eröffnen. Angesichts veränderter Umstände die politische Strategie zu wechseln, davor hatte sich Engels nie gescheut, und so verkündete der einstige selbsternannte Montagnard, der sich selbst als Spieler auf der Guillotine karikiert hatte, jetzt, die »Zeit der Überrumpelungen, der von kleinen bewussten Minoritäten an der Spitze bewusstloser Massen durchgeführten Revolutionen« sei vorbei.[66] Mehr noch, aufgrund der überwältigenden Gewalt, die staatliche Armeen entfalten konnten, waren Rebellionen im Stil von 1848 seiner Ansicht nach nicht mehr zeitgemäß: »Die Ära der Barrikaden und Straßenschlachten ist für immer vorüber.«[67] Im Gegensatz zu Lenins späterer Behauptung war Engels kein Verfechter des Vorhutkampfs. Er lehnte sogar den Gedanken ab, beim Ausbruch eines europäischen Krieges den Generalstreik auszurufen, weil dies die bürgerlichen Autoritäten unnötig provozieren und zu militärischer Verfolgung veranlassen würde. »Wir, die ›Revolutionäre‹, die ›Umstürzler‹«, erklärte er, »wir gedeihen weit besser bei den gesetzlichen Mitteln als bei den ungesetzlichen und dem Umsturz. Die Ordnungsparteien, wie sie sich nennen, gehen zugrunde an dem von ihnen selbst geschaffenen gesetzlichen Zustand.«[68]

Bei der Orientierung in der neuen politischen Landschaft mit ihrer erweiterten Wählerschaft gelangte Engels zu einer unerwarteten Analogie. Anfang der 1880er Jahre hatte er sich bei seinem unermüdlichen Studium auch mit der Geschichte der frühen christlichen Kirche in der Spätzeit des Römischen Reichs beschäftigt. Auf die Bibelkritik seiner junghegelianischen Jugendzeit gestützt, hatte er einen kurzen Artikel über das Buch der Offenbarung verfasst und dabei festgestellt: »Das Christentum ergriff die Massen genauso, wie es der moderne Sozialismus tut ...«[69] Ein Jahrzehnt später, als ihm erneut die Ähnlichkeit zwischen dem triumphalen Vormarsch des Sozialismus in ganz Europa und der unaufhaltsamen Verbreitung des Christentums im Römischen Reich auffiel, griff er diesen Gedanken wieder auf. Der kämpferische Atheist, der als Jugendlicher die gläubigen Brüder Graeber mit seinen Zweifeln gepiesackt hatte, war auf seine alten Tage eher bereit, der sozialen Botschaft Jesu Gerechtigkeit widerfahren zu lassen. »Die Geschichte des Urchristentums«, schrieb er in einem historischen Aufsatz über das Urchristentum, »bietet merkwürdige Berührungspunkte mit der modernen Arbeiterbewegung. Wie diese war das Christentum im Ursprung eine Bewegung Unterdrückter: es trat zuerst auf als Religion der Sklaven und Freigelassenen, der Armen und Rechtlosen, der von Rom unterjochten oder zersprengten Völker.« Und obgleich das Christentum Erlösung im Jenseits und die Arbeiterbewegung gesellschaftliche Umgestaltung hier auf Erden versprach, verfügten beide über einen unerschütterlichen Kampfgeist und eine blutige Geschichte des Märtyrertums. »Beide, Christentum wie Arbeitersozialismus, ... werden verfolgt und gehetzt ... Und trotz aller Verfolgungen, ja sogar direkt gefördert durch sie, dringen beide siegreich, unaufhaltsam vor.«[70]

Im Gegensatz zum Christentum waren Marx und Engels jedoch nie geneigt, wie Letzterer es ausdrückte, »als guter Quäker die linke Backe auch hinzuhalten«.[71] Trotz der Einsicht, dass die Barrikadenkämpfe zu Ende und bewaffnete Aufstände zwecklos seien, weigerte er sich entschieden, sich »mit Leib und Seele der absoluten Gesetzlichkeit« zu verschreiben,[72] und verteidigte stets das moralische Recht des Sozialisten, Gewalt anzuwenden. Legalität war nach seinem Verständnis kein absoluter ethischer Wert, sondern eine politische Taktik, die für die SPD im damaligen politischen Klima angemessen war. »Diese Taktik aber predige ich nur für das *heutige Deutschland,* und dann noch *mit erheblichen Vorbehalten*«, betonte er gegenüber Paul Lafargue, nachdem einige SPD-Führer seine Ansichten als grundsätzliche Festlegung auf friedliche Mittel missverstanden hatten. »Für Frankreich, Belgien, Italien, Österreich eignet sich diese Taktik in ihrer Gesamtheit nicht, und für Deutschland kann sie schon morgen unanwendbar werden.«[73] Zu Engels' Missfallen wurden diese Einschränkungen übersehen, und dank Eduard Bernsteins späterem Revisionismus sollte ihm in Zukunft – neben den militanten Exzessen des Marxismus-Leninismus – auch der als

Verbrechen angesehene Reformismus der SPD mit seiner Politik der kleinen Schritte zur Last gelegt werden. Engels war indes nie ein Fabier gewesen: Wenn der Sozialismus am schnellsten durch eine in Wahlen an die Macht gelangte proletarische Massenpartei zu erreichen war, dann sollte es so sein. Andernfalls stand der pensionierte Jäger aus Cheshire immer noch Gewehr bei Fuß, um sich der Kavallerie-Attacke anzuschließen.

Engels wollte sich mit eigenen Augen davon überzeugen, wie sich der Sozialismus der Zweiten Internationale in Europa verbreitete. Gelegenheit dazu erhielt er im August 1893 auf einem Internationalen Sozialistischen Arbeiterkongress in Zürich, zu dem er – zusammen mit Louise – in gespannter Erwartung über Köln, das Rheinland, Mainz und Straßburg reiste. In Zürich lernte er die neue Generation sozialistischer Führer persönlich kennen – Filippo Turati aus Italien, Pawel Axelrod aus Russland, Stanislaw Mendelson aus Polen – und traf alte Freunde wie August Bebel und Victor Adler wieder. Er zeigte sich tief beeindruckt von der Entschlossenheit der Aktivisten. Aber was ihm wirklich den Atem verschlug, war die Schönheit der weiblichen Delegierten. »Die Frauen waren ausgezeichnet vertreten«, berichtete er Laura Lafargue. »Außer Louise sandte Österreich die kleine [Adelheid] Dworak, ein in jeder Hinsicht charmantes junges Mädchen; ich habe mich ganz und gar in sie verliebt ... Diese Viennoises sont des Parisiennes nées, mais des Parisiennes d'il y a 50 ans [Wienerinnen sind geborene Pariserinnen, aber Pariserinnen von vor 50 Jahren]. Richtige Grisetten. Und die russischen Frauen! Es waren vier oder fünf da, mit wunderschönen leuchtenden Augen, und außerdem auch Vera Sassulitsch und Anna Kulischowa.«[74] Dagegen langweilte ihn der sozialistische Alltag der Diskussionen auf dem Kongress zu Tode, und so entschuldigte er sich von den Beratungen der Sammelanträge und fuhr nach Graubünden, um seinen Bruder Hermann zu besuchen. Obwohl der 1848 gegenrevolutionäre Truppen befehligt hatte, hatte Engels im vorangegangenen

Jahrzehnt einen immer herzlicher werdenden Briefwechsel mit ihm geführt, in dem die Brüder sich über Krankheiten, Steuersätze und quälende wollüstige Gedanken austauschten.

Am 12. August kehrte Engels nach Zürich zurück, um die Schlussrede auf dem Kongress zu halten. »Man wollte schließen; in fieberhafter Eile spielten sich die letzten Abstimmungen ab«, erzählte der junge belgische sozialistische Parteiführer und spätere Vorsitzende der Zweiten Internationale Émile Vandervelde über den letzten Kongresstag. »Da schwebte ein Name auf aller Lippen. Friedrich Engels war in den Saal getreten; unter einem Sturm von Zurufen kam er zur Tribüne.«[75] Dies war sein Augenblick, in dem er aus Marx' Schatten hervortrat und der sozialistischen Bewegung, für deren Gründung, Entfaltung und Finanzierung er so viel getan hatte, seinen Stempel aufdrückte. Aber selbst in diesem Augenblick wollte er sich das Verdienst nicht anheften. »Der unerwartet glänzende Empfang, den Sie mir bereitet haben und den ich nur mit tiefer Rührung entgegennehmen konnte, ich nehme ihn an nicht für meine Person, sondern als Mitarbeiter des großen Mannes, dessen Bild dort oben hängt«, erklärte er den 400 Delegierten, indem er nach oben auf ein Porträt von Marx zeigte. Vor fünfzig Jahren hätten Marx und er begonnen, ihre Artikel in den *Deutsch-Französischen Jahrbüchern* zu veröffentlichen; seither habe sich der Sozialismus von einer kleinen Sekte »zu einer gewaltigen Partei entwickelt, welche die ganze offizielle Welt erzittern lässt. Marx ist gestorben, aber wenn er jetzt noch lebte, so wäre nicht ein Mann in Europa und Amerika, der mit solchem gerechten Stolz zurückblicken könnte auf seine Lebensarbeit.« Dann setzte er sich für das Prinzip der freien Diskussion innerhalb der sozialistischen Bewegung ein, »um nicht zur Sekte zu werden«, und verließ unter dem Jubel der Delegierten, die schließlich die Marseillaise anstimmten, den Saal.[76]

Diese Botschaft von Bescheidenheit und Stolz wiederholte Engels ein ums andere Mal auf seiner Reise, oder besser gesagt: seinem Triumphzug durch den Kontinent. In Wien – wo

»[b]esonders die Frauen … entzückend und begeistert« waren – sprach er vor einer jubelnden Menge von 6000 Menschen. »Wenn man aus England mit seiner zersplitterten und uneinigen Arbeiterklasse kommt, wenn man aus Frankreich, Italien, Amerika jahrelang nichts als Zank und Streit gehört hat und dann unter diese Menschen kommt … und das einheitliche Ziel, die ausgezeichnete Organisation sieht, die Begeisterung erlebt«, schrieb er überschwänglich an Laura Lafargue, »muss man mitgerissen werden und sagen: hier ist der Schwerpunkt der Arbeiterbewegung.«[77]

Höhepunkt der Reise war ein Aufenthalt in Berlin, der Stadt, in der er zum Offizier ausgebildet worden war und die er und Marx mehr als alle anderen Städte verabscheut hatten. »Wenn Friedrich Engels mit seinen 73 Jahren heute die Reichshauptstadt erblickt«, hieß ihn der sozialdemokratische *Vorwärts* willkommen, »so mag es ihm ein frohes und erhebendes Gefühl sein, dass aus der verknöcherten und verzopften Residenz des Königs von Preußen aus dem Jahre 1842 jenes gewaltige Proletarierheim geworden ist, welches ihn heute begrüßt als – das *sozialdemokratische Berlin.*«[78] Rund 3000 Sozialisten füllten die Concordia-Halle bis auf den letzten Platz, um zu hören, wie Liebknecht die Dienste und Opfer, welche Engels der Partei gebracht hatte, würdigte. »Sie wissen, ich bin kein Volksredner und kein Parlamentarier, meine Arbeit liegt auf einem anderen Feld, ich arbeite meist in der Studierstube und mit der Feder«, erwiderte er bescheiden, bevor er seine Freude darüber ausdrückte, dass sich Berlin von einer Junkerspielwiese in eine sozialistische Hochburg verwandelt hatte.[79] Anschließend zollte er der Wahldisziplin der SPD und ihrem Erfolg seine Anerkennung. Er war sicher, dass die Sozialdemokraten aufgrund der fortdauernden Industrialisierung und Proletarisierung weitere Siege feiern würden. Wenn die Reise durch den Kontinent – mit all den Massenversammlungen, glühenden Zeitungsberichten und hochmotivierten Funktionären – ihm eines vor Augen geführt hatte, dann die Richtigkeit der Wahlrechtsstrategie: Der

Stimmenanteil der Arbeiter wuchs mit unumkehrbarer Dynamik und erlaubte es den Sozialisten, immer mehr politische Forderungen zu stellen, bis es zur notwendigen Konfrontation mit dem bürgerlichen Staat kommen würde. Sie mussten nur die Nerven behalten, Provokationen vermeiden und auf Kurs bleiben.

Es gab nur ein Ereignis, das Engels wirklich fürchtete. »Einen europäischen Krieg würde ich für ein Unglück halten«, hatte er 1882 an Bebel geschrieben, »diesmal würde er furchtbar ernst werden, überall den Chauvinismus entflammen auf Jahre hinaus, da jedes Volk um die Existenz kämpfen würde.« Ein solcher Krieg würde die Revolution »um 10 Jahre aufschieben, nachher würde sie freilich umso gründlicher«.[80] Auch hinter einem anderen Meinungswandel stand die Furcht vor den antirevolutionären Auswirkungen eines europäischen Krieges. Bis in die frühen 1870er Jahre waren Marx und Engels überzeugt gewesen, dass ein Krieg auf dem Kontinent die sozialistische Sache voranbringen würde, da er das große reaktionäre Hindernis des zaristischen Russland aus dem Weg räumen würde. Wie die Revolutionskriege der 1790er Jahre den revolutionären Elan gestärkt hatten, so würde ein neuer Großmachtkonflikt, wie die Kommunisten annahmen, die europäische Arbeiterklasse einen und radikalisieren. Aber nach der Annexion Elsass-Lothringens durch das Deutsche Reich und angesichts des wachsenden nationalen Antagonismus zwischen diesem und Frankreich gelangte Engels zu dem Schluss, dass im Gegenteil die Arbeiterbewegungen beider Länder im Fall eines Krieges von einer Welle des Chauvinismus erfasst werden würden. »[E]ben weil alles so brillant geht, dort [in Frankreich] wie in Deutschland«, erklärte er Bebel 1886, »kann ich einen Weltkrieg nicht grade wünschen«.[81] Selbst wenn aus der Asche eines Weltkrieges eine Arbeiterrevolution entstünde, würde ein solcher Weg zum Kommunismus aufgrund der modernen technischen Fortschritte und der Umgestaltung der europäischen Heere in industrialisierte Tötungsmaschinen einen zu hohen Blutzoll fordern. »Acht bis zehn

Millionen Soldaten werden sich untereinander abwürgen und dabei ganz Europa so kahlfressen, wie noch nie ein Heuschreckenschwarm«, schrieb Engels 1887 vorausschauend. »Die Verwüstungen des Dreißigjährigen Kriegs zusammengedrängt in drei bis vier Jahre und über den ganzen Kontinent verbreitet; Hungersnot, Seuchen, allgemeine, durch akute Not hervorgerufene Verwilderung der Heere wie der Volksmassen ...«[82]

Um einen Krieg zu vermeiden und die Chancen einer weniger blutigen Revolution zu wahren, empfahl Engels, die von der Partei in Wahlen verfolgte politische Strategie in die militärische Sphäre zu übertragen. »Mindestens die Hälfte – vielleicht sogar mehr – dieser fünfundzwanzigjährigen Männer (das ist das Mindestalter), die für uns gestimmt haben«, vermutete er nach dem Erfolg der SPD in der Reichstagswahl von 1877, »haben zwei oder drei Jahre unter den Waffen gestanden, verstehen sehr gut mit Zündnadelgewehr und gezogener Kanone umzugehen ...«[83] Da der Sozialismus immer mehr Anhänger fand, war es nach Engels' Ansicht von entscheidender Bedeutung, dass er auch in die Kasernen Eingang fand – wo die Soldaten dann bald die Befehle ihrer reaktionären, kriegslüsternen Kommandeure in Frage stellen würden. »[...] da jeder taugliche Mann durch die Armee geht, [führt dies dazu, dass] diese Armee mehr und mehr die Gefühle und Ansichten des Volkes widerspiegelt, dass diese Armee, das Hauptwerkzeug der Unterdrückung, von Tag zu Tag unzuverlässiger wird. Schon sehen die Männer an der Spitze aller großen Staaten mit Schrecken den Tag nahen, an dem die unter Waffen stehenden Soldaten sich weigern werden, ihre Brüder und ihre Väter zu massakrieren.«[84]

Engels, der dem Milizsystem einst skeptisch gegenübergestanden hatte, befürwortete jetzt also die Massenwehrpflicht als ein noch wirksameres demokratisches Instrument als das Wahlrecht. Die unaufhaltsame Mathematik des sozialistischen Fortschritts würde das Heer mit sich reißen, und wenn die Streitkräfte erst sozialistisch geworden waren, wären chauvinistische Kriege, wie sie die Führer von Frankreich, Russland und

Deutschland planten, unmöglich, da die traditionelle gegenrevolutionäre Funktion der Truppen – die sie in der Pariser Kommune auf so blutige Weise erfüllt hatten – ausgeschaltet wäre. »Ich habe ihn mehr als einmal sagen hören«, erinnerte sich der SDF-Aktivist Ernest Belfort Bax, »man müsse zur revolutionären Aktion übergehen, sobald die Parteiführung sicher sein könne, dass ihr wenigstens jeder dritte Wehrpflichtige Gehör schenke.«[85]

Dies also war Engels im Alter von 73 Jahren: Förderer des Marxismus, Stütze der Gläubigen, Herausgeber des letzten Bandes des *Kapitals*, Analytiker des russisch-chinesischen Verhältnisses, der Bauernfrage in Frankreich und Deutschland sowie der russischen Obschtschina – eines dringenden Themas angesichts der dortigen Hungersnot von 1891/92 –, Ratgeber der britischen ILP und der deutschen SPD. Er blieb der rastlose, wissbegierige, produktive, leidenschaftliche Architekt des wissenschaftlichen Sozialismus, der er seit den 1840er Jahren war. Dogmen und Plattitüden gleichermaßen umschiffend, waren seine politischen Wortmeldungen weder allzu bestimmend noch nichtssagend vage. Er scheute sich nie, seinen sozialistischen Mitstreitern in klaren Worten zu sagen, was sie falsch machten und wo sie sich irrten. Gesundheitlich war er in guter Verfassung, und er feierte seine Geburtstage so opulent wie eh und je. »[W]ir hielten durch bis halb vier Uhr morgens«, berichtete er Laura Lafargue stolz über die Feier zu seinem siebzigsten Geburtstag, »und tranken außer Claret 16 Flaschen Champagner – am Morgen hatten wir 12 Dutzend Austern verzehrt. Du siehst also, ich habe mein Bestes getan, um zu beweisen, dass ich immer noch munter und fidel bin.«[86] Ein Besucher der Regent's Park Road beschrieb Engels 1891 als »bärtigen, rüstigen, helläugigen, freundlichen Siebzigjährigen«, der sich als »großzügiger und reizender Gastgeber« erwies.[87] Tussy Marx bezeichnete ihn als den »jüngsten Mann«, den sie kenne. »Und soweit ich mich erinnern kann«, fügte sie hinzu, »ist er in den letzten zwanzig schweren Jahren nicht älter geworden.«[88] Er unternahm weiterhin täglich einen Spaziergang in Hampstead Heath – »Londons Chimborazo« –, aber aufgrund wiederkehrender Leistenprobleme, die von einem Sturz bei der Fuchsjagd herrührten, hatte er das Rauchen aufgegeben und seinen Pilsnerkonsum eingeschränkt. Außerdem litt er unter einer immer heftiger werdenden Bronchitis, Magenschmerzen und Rheuma in den Beinen. Wirklich beunruhigt war er jedoch über die »um sich greifende Glatzenkrone«.[89]

Im Haus führte Louise Kautsky das Regiment; Pumps war auf die Isle of Wight verbannt. »Du weißt ja«, schrieb Tussy an ihre Schwester Laura, »der General steht immer unter dem Pantoffel der ›Hausherrin‹. Als Pumps mit ihm zusammen war, Gott, was hat er nicht alles in sie reingesehen; jetzt ist Pumps entthront, und Louise ist die Königin, die über jeden Fehler erhaben ist.« Weniger erbaut war Tussy davon, dass Louise in Gestalt ihres neuen Ehemanns, des österreichischen Arztes Ludwig Freyberger, eines Mitglieds des National Liberal Club, einen weiteren Fremden in Engels' Haushalt einführte. Sie hielt ihn für einen Antisemiten und Widerling mit dubiosen politischen Verbindungen, der das Haus Regent's Park Road 122 von einem heiteren sozialistischen Zufluchtsort des erweiterten Marx-Klans in eine unbehagliche Wiener Ménage-à-trois verwandelte. »Nicht einmal eine Fliege würde ich seiner liebreichen Güte anvertrauen«, schrieb sie erbost an Laura. »Er ist ein Abenteurer reinsten Wassers, und Louise tut mir von Herzen leid.«[90] Noch wütender wurde sie, als Freyberger den 74-jährigen Engels im Herbst 1894 zu einem Umzug überredete.

Der Heirat von Louise war die Geburt eines Kindes gefolgt, und man befand das Haus Nummer 122 als zu klein für die familiären Bedürfnisse der Freybergers. Deshalb wurde für 25 Pfund im Jahr ein anderes gemietet, und das Quartett zog 500 Meter weiter in das Haus Nummer 41 um. Auf den ersten Blick schien Engels dieser Wohnungswechsel nicht zu stören. »Wir haben unten die gemeinsamen Wohnräume«, beschrieb er Sorge die neue Wohnsituation, »im 1. Stock mein Arbeits- und Schlafzimmer, 2. Stock Louise, ihr Mann und das … kleine Mädchen mit Kindermädel, 3. Stock die beiden Hausmädchen, Rumpelkammer und Fremdenzimmer. Mein Arbeitszimmer vorn heraus, 3 Fenster, so groß, dass ich fast alle Bücher … drin unterbringen kann, und trotz Größe sehr gut und leicht heizbar. Kurz, wir haben uns sehr verbessert.«[91]

Engels, der die Kinder von Pumps, Laura und Jenny allesamt abgöttisch liebte, fiel es nicht schwer, das Haus mit einem Baby zu teilen. Er blieb Louise ergeben und duldete sogar, von Freyberger wegen seiner verschiedenen physischen Leiden »so viel medizinisch geschurigelt« zu werden, wie noch nie in seinem Leben.[92] Aber die zerbrechliche, emotionale Tussy, die mit ihren eigenen unzähligen Aveling-Krisen fertig werden musste, hatte das Gefühl, dass man ihr den »General« weggenommen hatte. Sie beschrieb ihn immer mehr als infantilisierten, eingeschüchterten und ängstlichen alten Mann, den die Freybergers gegen seinen Willen in ihren bösen Klauen festhielten. »[O]bwohl ich nicht annehme, dass der arme alte General überhaupt ganz mitbekommt, wozu man ihn da verleitet«, schrieb sie an Laura, »so ist er mittlerweile doch nicht mehr als ein Kind in den Händen dieses monströsen Paars.«[93] Besonders besorgt war sie wegen der Manuskripte ihres Vaters, die womöglich den Freybergers in die Hände fallen würden, obwohl Engels wiederholt bekräftigt hatte – wie sein Testament bestätigen sollte –, dass nach seinem Tod sämtliche von Marx stammenden Papiere Tussy übergeben werden sollten.

Der Kampf zwischen Tussy und Louise – in dem Erstere Letzterer vorwarf, sie würde Gerüchte über sie und Aveling in die Welt setzen und sich ganz allgemein in den marxistischen Kreis in London einmischen – muss für den alten Engels eine ständige Quelle der Besorgnis gewesen sein. Zu Tussys Verteidigung ist zu sagen, dass die habgierigen Freybergers tatsächlich den Zutritt der üblichen Sonntagsgäste zu Engels unnötig streng kontrollierten und mit einem Auge auf seinen Nachlass schielten. Da aber sowohl das Ehepaar Lafargue als auch die Avelings in den vorangegangenen Jahren auf zahlreiche inständige Einladungen des einsamen Engels, mit ihm gemeinsam Weihnachten zu feiern oder den Sommerurlaub zu verbringen, nicht eingegangen waren, dürfte sich Tussys Unmut auf mehr als die Lebensumstände in der Regent's Park Road 41 bezogen haben. Ihre übertriebenen Berichte über Engels' angeblich verwirrten Zustand und ihre Paranoia wegen der Marxschen Manuskripte – die Weihnachten 1894 zu einem heftigen Streit zwischen Engels und den Avelings führte – waren Ausdruck der tieferliegenden Furcht, »Onkel Angel« und mit ihm die untergründige, lebendige Verbindung zu ihrem angebeteten »Mohr« zu verlieren. Vielleicht spürte Tussy, was Dr. Freyberger bisher entgangen war – dass Engels' Uhr abgelaufen war.

Engels' Leben, das im Schmelztiegel der industriellen Revolution in Deutschland begonnen hatte, inmitten der Garnbleichen und Textilfabriken im Wuppertal, endete im viktorianisch eleganten Ambiente von Eastbourne, dem zutiefst englischen Urlaubsort des Herzogs von Devonshire. In den 1880er Jahren war dieser vornehme Badeort zu Engels' bevorzugtem Feriendomizil geworden, wo er ein gutgelegenes Haus am Cavendish Place zu mieten pflegte, das Platz genug bot für Nim, Schorlemmer, Pumps und ihre Kinder sowie, wenn er Glück hatte, Laura oder Tussy. Dort saß er, der Liebhaber der guten Dinge und der schönen Zeiten des Lebens, während Pumps' Kinder um seine Füße herumkrabbelten, mit einer Flasche Bier neben sich, schrieb Briefe und trotzte dem nebligen, regnerischen Augustwetter. Im Sommer 1894 scheint er einen leichten Schlaganfall erlitten zu haben, weshalb er fürchtete, dass ihm der ersehnte Blick ins neue Jahrhundert nicht vergönnt sein würde. »Das 75ste [Lebensjahr] lässt sich, unter uns, nicht ganz so stramm mehr an wie die früheren«, vertraute er Sorge an.[94] Im folgenden Frühjahr trat eine unerfreuliche Komplikation ein. »Vor einiger Zeit bekam ich eine Schwellung an der rechten Seite des Halses, die sich nach einiger Zeit in ein tiefsitzendes Lymphdrüsenpaket umwandelte, das aus irgendeiner Ursache infiltriert war«, teilte er Laura in dem nüchternen Ton mit, den er in medizinischen Fragen gern annahm. »Die Schmerzen entstanden durch den direkten Druck dieser Geschwulst auf den Nerv und werden natürlich erst verschwinden, wenn dieser Druck aufhört.«[95] Um den Heilungsprozess zu unterstützen, begab sich Engels im Juni 1895 früher als gewöhnlich nach Eastbourne, wo er an einer Neuausgabe seines *Deutschen Bauernkriegs* arbeiten und das Manuskript von Kautskys neuem Buch *Die Vorläufer des neueren Sozialismus* durchsehen wollte.

Der sonst so aufmerksame Physiologe Engels hatte nicht erkannt, dass er an einem aggressiven Speiseröhren- und Kehlkopfkrebs litt. Freyberger hatte den Tumor im März 1895 schließlich entdeckt, doch gemeinsam mit Victor Adler, der ebenfalls Arzt war, beschlossen, dass es das Beste sei, den Patienten über seine Krankheit im Dunkeln zu lassen. Und so sind aus den folgenden Wochen herzergreifende Briefe erhalten, in denen Engels sich an jedem vermeintlichen Anzeichen der Genesung festhielt. »Dank für Deinen Brief – es geht besser, aber nach den Grundsätzen der Dialektik: die positive und die negative Seite erfahren beide Steigerung«, erklärte er Bernstein Mitte Juni 1895 in angemessen wissenschaftlichem Tonfall. »Ich bin kräftiger, esse mehr und mit mehr Appetit, sehe sehr gut aus, sagt man; Allgemeinbefinden also besser.«[96] Er hatte bereits Schluckbeschwerden, aber auch, wie er Tussy schrieb, »einige schwache Seiten« seines »launischen Appetits« herausgefunden und nahm jetzt »lait de poule [geschlagenes Eigelb] mit Brandy, Eierrahmspeise mit Kompott, Austern bis zu neun täglich« zu sich.[97]

Bis zum 21. Juli war sein Zustand jedoch ernst geworden. Samuel Moore, Engels' alter Freund aus der Zeit in Manchester, der Ludwig Freyberger vom Zug aus Eastbourne abgeholt hatte, teilte Tussy mit: »Ich … muss leider sagen, dass sein Bericht alles andere als ermutigend ist; er meinte, das Leiden habe einen Grad erreicht, dass – bei dem Alter des Generals – sein Zustand bedenklich ist. Abgesehen von den erkrankten Lymphdrüsen am

Hals besteht die Gefahr, dass entweder Herzschwäche oder Lungenentzündung hinzukommt – und in beiden Fällen würde es ganz plötzlich zu Ende gehen.«[98] Aufgrund seines Gesundheitszustandes sollte Engels nach London zurückkommen. »Morgen kehren wir nach London zurück«, kündigte er Laura an, die in der Regent's Park Road auf ihn wartete. »Es scheint sich in dem Kartoffelfeld auf meinem Hals endlich eine Krisis anzubahnen, so dass die Schwellungen geöffnet werden können und Erleichterung eintritt. Endlich! Es besteht also Hoffnung, dass diese lange Geschichte eine Wendung nimmt.« Anschließend machte er sich in diesem letzten bekannten Brief, den er geschrieben hat, über die jüngsten Wahlschlappen sowohl der SDF als auch der ILP lustig, bevor er in typisch Engelsscher Manier mit dem Gruß schloss: »Ich trinke auf Deine Gesundheit einen Humpen lait de poule, dem ein Schuss cognac vieux [alter Kognak] zugesetzt ist.«[99]

Trotz der Bonhomie spürte Engels den Tod nahen und fügte seinem Testament von 1893 eine letzte Verfügung hinzu. Wie von ihm nicht anders zu erwarten, waren beide Dokumente geschäftsmäßig, pragmatisch und außerordentlich großzügig gegenüber der geliebten Clique, die ihn umgab. Sein Nachlass sollte in acht Teile aufgeteilt werden, von denen Laura Lafargue und Tussy jeweils drei und Louise Freyberger zwei erhalten sollte. Da sich der Nachlass nach Abzug der Erbschaftssteuern auf 20 378 Pfund belief, erhielten Laura und Tussy jeweils beachtliche 5000 Pfund – von ihren Anteilen wurde allerdings jeweils ein Drittel für die Kinder von Jenny Longuet abgezogen –, und Louise strich knapp 5100 Pfund ein.* Darüber hinaus sollten Tussy, Laura und Jennys Kindern die künftigen Tantiemen

* Außerdem hinterließ Engels in seinem Keller »Weine und andere Spirituosen« im Wert von 227 Pfund. Dazu kamen 142 Dutzend Flaschen, die als sein Eigentum bei seinem Weinhändler, Twigg & Brett, eingelagert waren – unter anderem 77 Dutzend Flaschen Claret, 48 Dutzend Flaschen Portwein und 13 Dutzend Flaschen Champagner.

für das *Kapital* zufließen. Pumps erhielt 2230 Pfund – mit denen sie in die Vereinigten Staaten auswanderte –, Ludwig Freyberger 210 Pfund für die medizinische Behandlung, die er Engels angedeihen ließ, und Louise zusätzlich den Hausstand des Hauses in der Regent's Park Road sowie das Recht, den Mietvertrag zu übernehmen. Alle Pumps und Percy Rosher, Laura und Paul Lafargue sowie Edward Aveling gewährten Darlehen sollten als Geschenke betrachtet werden. Am wichtigsten war jedoch, dass Engels dem Wunsch der Marx-Töchter nachkam und Tussy als literarischer Nachlassverwalterin nicht nur die Manuskripte und Familienbriefe von Marx hinterließ, sondern auch verfügte, dass ihr sämtliche Briefe *an* Marx zu übergeben seien. Briefe bekannter Absender an ihn selbst sollten an diese zurückgegeben werden, und die restlichen sollten die beiden literarischen Nachlassverwalter August Bebel und Eduard Bernstein erhalten. Darüber hinaus vermachte er Bebel und Paul Singer 1000 Pfund als Wahlkampffonds für SPD-Kandidaten. Die Partei, Pumps, Louise, Marx' Töchter und der ideologische Nachlass seines alten Freundes wurden also allesamt bedacht. Engels' leiblicher Bruder Hermann erhielt ein Porträt des Vaters.

Die Verlesung des letzten Willens ließ nicht lange auf sich warten. Anfang August konnte der einst herkulische »General« nur noch flüssige Nahrung zu sich nehmen, wurde ständig bewusstlos und konnte nicht mehr sprechen. Laut Adler machte er gleichwohl »noch auf der Schreibtafel schlechte Witze«.[100] Auf dem Totenbett konnte er auch endlich einer verzweifelten Tussy die Identität von Freddy Demuths wahrem Vater preisgeben und sich von dieser besonderen Schuld befreien. Am 5. August 1895 nach zehn Uhr abends ließ Louise Freyberger Engels kurz allein, um sich für die Nachtwache umzuziehen. Als sie zurückkam, »war alles vorbei«.[101] Nachdem er an den vorangegangenen zwei Tagen an Bronchopneumonie gelitten hatte, verstarb Engels allein in seinem Bett. »Nun war er gefällt«, schrieb Wilhelm Liebknecht später,

> der mächtige Geistesheld, der mit Marx zusammen den wissenschaftlichen Sozialismus gelehrt, der uns als 24-jähriger schon das klassische Werk *Die Lage der arbeitenden Klasse in England* gegeben, der Mitverfasser des *Kommunistischen Manifestes,* das zweite Ich von Karl Marx, dem er geholfen, die Internationale Arbeiterassoziation ins Leben zu rufen, der Verfasser des *Anti-Dühring,* dieser kristallisch durchsichtigen, jedem Denkfähigen verständlichen Enzyklopädie des Wissens – der Verfasser des *Ursprungs der Familie* und so vieler anderer Schriften, Aufsätze und Zeitungsartikel – der Freund, Berater, Führer und Streiter – er war tot.[102]

Die Beisetzung verlief anders, als es Engels gewünscht hätte. Aber die Nachricht über das Ereignis verbreitete sich rasch, und so war eine intime, private Trauerfeier ohne Beteiligung der Öffentlichkeit ausgeschlossen. Stattdessen drängten sich fast achtzig Menschen in den Räumen der Necropolis Company am Bahnhof Westminster Bridge Road der London and Southwestern Railway. Außer den Avelings, Lafargues, Roshers, den Kindern der Longuets, den Freybergers und einigen Cousins von Engels waren von der SPD Liebknecht, Singer, Kautsky, Leßner und Bernstein, für die Österreicher August Bebel, für die Russen Vera Sassulitsch und von der Socialist League der bewunderte Will Thorne erschienen. Die belgischen, italienischen, niederländischen, bulgarischen und französischen Sozialisten hatten Kränze geschickt. Ansprachen hielten unter ande-

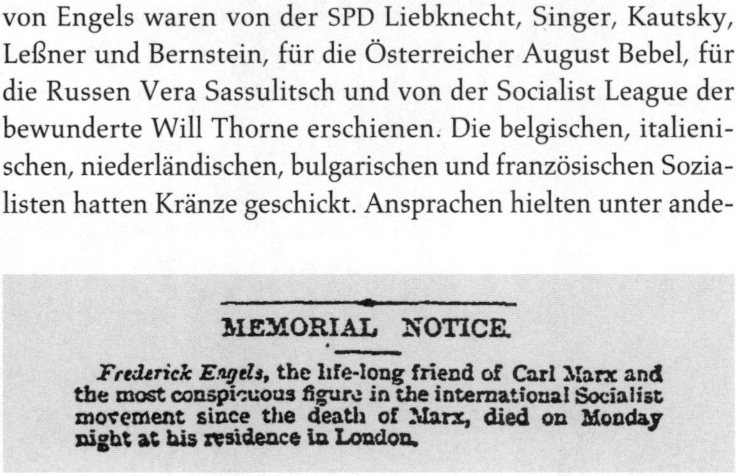
MEMORIAL NOTICE.

Frederick Engels, the life-long friend of Carl Marx and the most conspicuous figure in the international Socialist movement since the death of Marx, died on Monday night at his residence in London.

Der *Manchester Guardian* vom 7. August 1895 vermeldet beiläufig den Tod von Friedrich Engels.

ren Engels' Neffe Gustav Schlechtendahl und Samuel Moore, und dann verließ nach einigen säkularen Abschiedsworten der Eisenbahnzug mit Engels' Leichnam London, um ihn auf der eingleisigen Strecke zum Krematorium von Woking zu bringen.

»Westlich von Eastbourne steigen die See entlang Klippen allmählich zu dem über 500 Fuß hohen mächtigen Kreidefelsen Beachy Head empor, der oben bewachsen ist, sich erst sanft neigt und dann nach dem Wasser zu plötzlich steil abfällt und unten allerhand Buchten und Ansätze zu Höhlen aufweist.« In diese typisch englische Landschaft begaben sich »an einem recht stürmischen Herbsttage« Eduard Bernstein, Tussy und Edward Aveling sowie Friedrich Leßner. Die vier Sozialisten, die kaum ins vornehme Eastbourne passten, mieteten ein kleines Boot und ruderten auf den Ärmelkanal hinaus. »Ungefähr fünf bis sechs Seemeilen vor Beachy Head« wandten sie sich der dramatischen Küstenlandschaft der South Downs zu und versenkten die Urne mit der Asche von Friedrich Engels, seinem letzten Willen gemäß, im Meer.[103] Im Tod wie im Leben sollte nichts vom Ruhm seines Freundes Marx ablenken, kein Grabstein oder Familiengrab in Highgate, kein öffentliches Gedenken an diesen Mann von faszinierender Widersprüchlichkeit und grenzenloser Opferbereitschaft. Nach den wenigen letzten Jahren als »erste Violine« war Engels wieder ins Orchester zurückgetreten.

EPILOG

Kehren wir in die Stadt Engels an der Wolga zurück. Angesichts ihrer alltäglichen, grausigen Modernität vergisst man leicht ihre bemerkenswerten Ursprünge in der Mitte des 18. Jahrhunderts. Damals siedelte die aus Deutschland stammende russische Kaiserin Katharina die Große in dem Bestreben, etwas westliche Kultur nach Russland zu bringen und die Produktivität der russischen Wirtschaft zu erhöhen, verlässliche, arbeitsame Siedler in der gesetzlosen Wolgaregion an. Dazu wurden Tausende von hessischen Bauern, Handwerkern und Kaufleuten dazu gebracht, ihre Heimat zu verlassen und in die fruchtbaren Ebenen von Südrussland zu ziehen. Im Lauf der 1760er Jahre wurden insgesamt rund 30 000 Deutsche angeworben, die sich dafür entschieden, in einem Gebiet, das sich 400 Kilometer auf beiden Seiten der Wolga erstreckte, ein neues Leben zu beginnen.[1] Zu den beliebtesten Zielen gehörten die Umgebung von Saratow, wo die Erde bekanntermaßen besonders fruchtbar war, und die kleine Siedlung Pokrowskaja sloboda auf der anderen Flussseite, einem lukrativen Handels- und Umschlagplatz auf der Salztransportroute. Durch harte Arbeit über Generationen hinweg verwandelten die Wolgadeutschen ihre Region in eines der wohlhabendsten und friedlichsten Gebiete des russischen Reichs. 1914 wurde das eigenständige Pokrowskaja sloboda offiziell zu Ehren der Heiligen Jungfrau Maria Pokrowsk getauft – *pokrow* (eigentlich Obdach oder Schutz) ist die Kurzbezeichnung für *pokrow preswjatoi bogoroduzy*, den Feiertag zu Schutz und Fürbitte der Heiligen Mutter Gottes –, und nach der Oktoberrevolution von 1917 gehörte es ebenso wie Saratow zur Autonomen Sozialistischen Sowjetrepublik der Wolgadeutschen (ASSRdWD).

Die nächste Namensänderung im Jahr 1931 fand weniger Zustimmung. Denn das Sowjetregime hatte die Wolgarepublik nicht sehr freundlich behandelt. In der ersten Hälfte der 1920er Jahre, nach dem russischen Bürgerkrieg, hatte sie aufgrund von Requirierungen des Militärs und Missernten eine verheerende Hungersnot erlebt, während der in dem einst gutversorgten Gebiet Gras, Wurzeln, Baumrinde, Haut und Stroh zu Hauptzutaten der Nahrung wurden. Die Bevölkerung schrumpfte aufgrund der in die Höhe schießenden Sterblichkeitsrate, und weil die Menschen in Massen auswanderten, um ein Drittel. Gerade als der Boden sich wieder erholte und die Ernten besser wurden, fand 1927 die 15. Moskauer Gouvernementsparteikonferenz statt, auf der Stalin seine mörderische Bauernpolitik verkündete: Um den industriellen Umbau der sowjetischen Wirtschaft zu ermöglichen, verlangte er den Transfer von Lebensmitteln in die Städte, ein hartes Durchgreifen gegen ländliche Getreidelagerung und die Massenkollektivierung der Landwirtschaft. Verwirklicht wurde diese agrarindustrielle Revolution durch einen gnadenlosen Krieg gegen die angeblich konterrevolutionären Kulaken, jene kleinen Landbesitzer, die auf vielleicht zweieinhalb Hektar und mit einigen Tieren mit Hilfe von Landarbeitern ein etwas über dem Durchschnitt liegendes Einkommen erzielten. »Das bedeutet«, brüstete sich Stalin 1929 in einer Rede vor Agrarwissenschaftlern, »dass wir von der Politik der *Einschränkung* der Ausbeutertendenzen des Kulakentums übergegangen sind zur Politik der Liquidierung des Kulakentums als Klasse.«[2] Den Strafsteuern, Getreideabgaben und Zwangsumverteilungen von Land folgten nun nächtliche Besuche von Geheimpolizisten, die den Gulag mit Menschen zu füllen begannen. Bis 1930 wurden im Wolgagebiet fast achtzig Prozent des Privatbesitzes zwangsweise in Kollektivwirtschaften eingebracht und im Zuge des gegen Kulaken gerichteten Terrors nahezu eine halbe Million Menschen von dort sowie aus dem Kaukasus und Südrussland deportiert.

Aber Stalin erzielte mit dem Fünfjahrplan auch nicht zu übersehende Erfolge. Saratow und Pokrowsk erlebten eine rasche Industrialisierung. Neben Eisenbahnwerkstätten entstanden Ziegeleien, Großbäckereien, Klebstofffabriken und eine Flugzeugmontageanlage. Stoßbrigaden in den Fabriken und Stachanowiten an den Eisenbahnknotenpunkten verpflichteten sich zu immer höheren Leistungen, um den von Moskau vorgegebenen »Produktions- und Finanzplan« zu erfüllen. Sowohl um diese Fortschritte zu feiern als auch zu Ehren des stolzen deutschen Erbes des Wolgagebiets beschloss das Zentrale Exekutivkomitee der Russischen Sozialistischen Föderativen Sowjetrepublik (RSFSR) im Oktober 1931, Pokrowsk den Namen des zweitgrößten Sozialisten, Engels, zu geben – das nahe gelegene Jekaterinenstadt war bereits in Marx (deutsch auch Marxstadt) umbenannt worden. Laut einer amtlichen Erklärung war die alte Benennung von Pokrowsk »vergilbt und ausgedorrt, wie ihre Mutter – das Märchen von der ›Jungfrau Maria‹«.[3] In der wissenschaftlichen Sowjetära stellte der alte Name ein peinliches Überbleibsel aus der feudalen, abergläubischen Vergangenheit dar, das an die »zaristische Gräuelherrschaft« erinnerte, »die die staatliche Religion als Deckmantel für die unerhörte Versklavung der werktätigen Volksmassen« benutzte.[4]

Darüber hinaus bot die Umbenennung eine weitere Gelegenheit, die grandiosen Fortschritte der Sowjetunion mit einem der Gründungsväter des Marxismus in Verbindung zu bringen. Denn wurde Stalins Politik – die Ausschaltung von Kulaken, Menschewiken und »bourgeoisen Nationalisten«, die Kollektivierung der Landwirtschaft, die Rationalisierung der Produktion, die »riesigen Schritte« hin zu einer modernen, industriellen Zukunft – nicht im Namen Friedrich Engels' ausgeführt? Die sowjetische Propagandamaschine ließ keinen Zweifel daran: »Engels«, schrieb eine wolgadeutsche Zeitschrift, das sei ein Name, »der würdig ist dem, was wir geleistet haben und leisten werden in der sozialistischen Umgestaltung der Landwirtschaft auf der Grundlage der kompakten Kollektivierung und der Liquidierung des Kulakentums als Klasse …«[5] Die Stadt Engels, hieß es in einem anderen Blatt, »das Zentrum der ersten nationalen Republik der kompakten Kollektivierung, das Zentrum, das mit seinem Industrieaufbau zur Schmiede mächtiger nationaler proletarischer Kader geworden ist, wird unter den proletarischen Zentren des Landes des sozialistischen Aufbaus einen Platz einnehmen, der des Namens des Mitkämpfers und Freundes Karl Marx würdig ist.«[6]

Der prestigeträchtige Name brachte freilich auch eine gewisse Verantwortung mit sich: »Sie verlangt von uns«, schrieb die Jugendzeitung der Wolgadeutschen, »die restlose Erfüllung aller uns auf dem Gebiet des sozialistischen Aufbaus gestellten Aufgaben. Unsere wolgadeutsche Komsomolorganisation muss darauf antworten mit der Durchführung eines wirklichen Sturms für die Erfüllung und Übererfüllung der Getreidebeschaffungs- und Schwarzackerpläne, für die Lösung des sozialistischen Viehzuchtproblems, … für die restlose Liquidierung des Analphabetentums bis zum Jahrestag der Oktoberrevolution.« Solch selbstloser Fleiß sei die einzig richtige Antwort auf das inspirierende Leben des neuen Stadtheiligen.[7] Denn »Marxens Sieg war nur durch die große Aufopferungsbereitschaft Engels' möglich … Er blieb … beim ›verfluchten Kommerz‹, um für Marx genügend Geldmittel zu schaffen, damit dieser ungestört an seinem großen Lebenswerk arbeiten konnte.«[8] Die Einwohner von Engels würden sich bemühen, diesem hohen Beispiel sozialistischen Opfergeists zu folgen. »Komsomol, an die Arbeit!«, rief die *Rote Jugend* ihre jungen Leser auf. »Zeige, dass wir würdig sind, den Namen dieses Revolutionärs, der für das internationale Proletariat so ungeheuer viel geleistet hat, auf das Zentrum unserer Wolgadeutschen Republik zu übertragen!«[9]

Zehn Jahre später konnte man auch bei solcher ideologischen Unterwürfigkeit keine Gnade mehr erwarten, denn Stalin sah sich durch den deutschen Überfall auf die Sowjetunion in seiner Paranoia bestätigt. Am 28. August 1941 erließ das Präsidium des Obersten Sowjets eine Verordnung »Über die Umsiedlung der in den Wolgarayons lebenden Deutschen«. Sie begann mit den ominösen Worten, laut »glaubwürdiger Nachrichten« militärischer Stellen gebe es

> unter der in den Wolgarayons lebenden deutschen Bevölkerung Tausende und Zehntausende von Diversanten und Spionen, die nach einem aus Deutschland gegebenen Signal in den von den Wolgadeutschen besiedelten Rayons Sprenganschläge verüben sollen. Die Anwesenheit einer so großen Zahl von Diversanten und Spionen unter den Wolgadeutschen hat den Sowjetbehörden keiner der in den Wolgarayons ansässigen Deutschen gemeldet, folglich verbirgt die deutsche Bevölkerung der Wolgarayons in ihrer Mitte Feinde des Sowjetvolkes und der Sowjetmacht.

Das »Unternehmen Barbarossa«, Hitlers verbrecherischer Angriff auf die Sowjetunion im Juni 1941, sollte die Einwohner von Engels hart treffen. Während die Wehrmacht durch die Ukraine auf die Krim und nach Südrussland vorrückte, ordnete Stalin an, die loyalen, fleißigen Wolgadeutschen en masse zu vertreiben. Da sie es versäumt hatten, vermeintliche Naziverräter aus ihren Reihen auszuliefern, waren sie nach Sowjetlogik allesamt schuldig und mussten dafür büßen. »Im Fall von Diversionsakten, die auf Weisung aus Deutschland durch deutsche Diversanten und Spione in der Republik der Wolgadeutschen oder in den angrenzenden Rayons ausgeführt werden sollen«, hieß es in dem Erlass weiter, »wird die Sowjetregierung entsprechend den zur Kriegszeit geltenden Gesetzen gezwungen sein, Strafmaßnahmen zu ergreifen.«[10] Nachdem die Wolgadeutschen die Schrecken der Kollektivierung, die große Hungersnot und den Großen Terror überstanden hatten, traf sie jetzt die Auflösung ihrer autonomen Republik und ihre Deportation von der Wolga. Die Einwohner deutscher Siedlungen, die 200 Jahre zuvor unter Katharina der Großen gegründet worden waren, kamen auf Stalins immer länger werdende Liste der Unerwünschten – zu Rechtsabweichlern, Trotzkisten, Saboteuren, Volksschädlingen, Kollaborateuren und »fünften Kolonnen« – und wurden mitten in der Nacht von Geheimpolizisten aus ihren Häusern geholt und ins östliche Sibirien abtransportiert. Und so wie der Schutz der Heiligen Jungfrau die Einwohner von Pokrowsk nicht vor den Gräueln der Sowjetherrschaft geschützt hatten, so bot Engels' kommunistischer Heiligenschein jetzt keinen Schutz vor der Deportation. Zu Zehntausenden wurden die Wolgadeutschen zu einem weiteren statistischen Zeugnis der tiefen Unmenschlichkeit von Stalins marxistisch-leninistischem Regime.

Als Biograph von Friedrich Engels steht man unweigerlich vor der Frage, inwieweit er für das Schicksal der Stadt, die seinen Namen trägt, verantwortlich zu machen ist. Gehörte seine Philosophie, wie die Propagandablätter des Wolgagebiets behaupteten, zu den prägenden Faktoren von Stalins Sowjetunion? Ideologische Gegner von Marx und Engels pflegen ihrer Philosophie seit langem den Gulag anzulasten: Ein kurzer Verweis auf die Diktatur des Proletariats und auf Gewalt als Hebamme jeder neuen Gesellschaft, die mit einer neuen schwanger gehe, und schon befindet man sich als Leser auf dem Weg zu den Lagern von Krasnojarsk. »Auf seine eigene spezielle Weise hätte [Lenin] sich in der Tat nicht treuer an die Lehren und Taten von Marx und Engels halten können«, stellt Robert Service in seiner Geschichte des Kommunismus fest. »Die Begründer des Marxismus hatten gewaltsame Revolution, Diktatur und Terror gebilligt … Viele Annahmen des Leninismus entsprangen direkt dem Marxismus aus der Mitte des 19. Jahrhunderts.«[11] Darüber hinaus lernten viele politische Führer der Sowjetunion, des Ostblocks und der antikolonialen kommunistischen Bewegung den Kommunismus durch Engels' Schriften kennen. Der *Anti-Dühring* und dessen Kurzfassung, *Die Entwicklung des Sozialismus von der Utopie zur Wissenschaft* boten einen leichtverständlichen Zugang zur komplexen Welt des *Kapitals*. Und dies galt insbesondere für Russland.

Wie wir gesehen haben, äußerten sich Marx und Engels stets vorsichtig über die Chancen oder auch nur die Wünschbarkeit einer proletarischen Revolution in Russland. Endlose Überlegungen über die Rolle der Obschtschina, die Sorge über die orientalische Neigung zum Despotismus, Diskussionen über das Tempo der Industrialisierung und die Rolle des Bauerntums brachten Marx zu dem Schluss, dass Russland den Weg zum Sozialismus nur einschlagen könne, wenn gleichzeitig im fortgeschrittenen Westen eine proletarische Revolution stattfände. Engels gestand nicht einmal dies zu; in seinen letzten Jahren vertrat er unbeirrbar die Meinung, dass der immer noch feudale zaristische Staat alle Zwischenstadien der umfassenden Industrialisierung, Verelendung der Arbeiterklasse und bürgerlichen Herrschaft würde durchlaufen müssen, bevor Aussicht auf eine Revolution bestehe.

Doch die Geschichte nahm einen anderen Verlauf. 1917 nutzten Lenins Bolschewiken eine Volksrevolution, um ein außergewöhnliches ideologisches Experiment zu beginnen. Der erste Vorsitzende des Rats der Volkskommissare kannte sicherlich seinen Marx, schien häufig aber Engels vorzuziehen. Jedenfalls konnte man nach seiner Auffassung »den Marxismus nicht verstehen und nicht in sich geschlossen darlegen, ohne *sämtliche* Werke von Engels heranzuziehen«.[12] Lenins erster und vermutlich einflussreichster Lehrer der marxistischen Doktrin war der exilierte Anführer der Gruppe »Befreiung der Arbeit«, Georgi Plechanow. Von seinem Außenposten in Genf aus hatte sich Plechanow ein ums andere Mal an Engels gewandt, um in Bezug auf eine wirkungsvolle Umsetzung des Marxismus in Russland seinen philosophischen und strategischen Rat einzuholen. »Zunächst einmal verschonen Sie mich mit dem ›Meister‹ – ich heiße ganz kurz Engels«, erwiderte das »große Lama« auf eine besonders überschwängliche Anfrage.[13]

Plechanow entnahm Engels' Schriften die Auffassung des Marxismus als eines vollständigen philosophischen Systems, das in der Lage sei, Geschichte, Naturwissenschaft, Wirtschaft und vor allem das politische Handeln zu erklären. Er war es, der dem Marxismus das Etikett des »dialektischen Materialismus«

anheftete. Damit meinte er eine verallgemeinernde philosophische Weltsicht, die auf der Anwendung der Hegelschen Dialektik auf die Naturwissenschaften und den gesellschaftlichen Wandel durch Marx und Engels beruhte. Mit seinen Etappen der Widersprüche, des Umschlagens von Quantität in Qualität und der Negation der Negation war der dialektische Materialismus in den Augen der russischen Revolutionäre ein unumstößlicher politischer Wegweiser. Doch Plechanow achtete stets auf intellektuelle Reinheit und wich nie von Engels' Überzeugung ab, dass der Sozialismus in Russland nicht über Nacht, sondern erst nach einer Periode bürgerlich-demokratischer Herrschaft und anhaltenden industriellen Wachstums eingeführt werden könne. Dies waren sowohl die Voraussetzungen als auch die Widersprüche der kapitalistischen Gesellschaft, die den Keim der Transformation zum Kommunismus in sich trugen. Leninistische Aufstandspläne einer elitären Vorhut, die aus dem Kreml heraus eine sozialistische Revolution von oben anstoßen wollte, lehnte Plechanow ab. Das Ergebnis eines solchen hektischen Putschs, fürchtete er zu Recht, wäre »eine politische Missgeburt nach dem Muster des alten chinesischen oder persischen Reichs, also ein Wiederaufguss des zaristischen Despotismus auf kommunistischer Grundlage«.[14]

Während der machtversessene Lenin solche Vorbehalte ignorierte, übernahm er von Plechanow – vor ihrer politischen Trennung – dessen *Interpretation* von Engels' *Kodifizierung* des Marxismus. Bei dieser Aneignung verlor der Marxismus Engels' bescheidene Vorsicht und Offenheit für Korrekturen und verwandelte sich in ein unumstößliches Dogma. In einer Art philosophischer stiller Post verinnerlichte Lenin Plechanows Version des dialektischen Materialismus als Ganzes. »Dialektik«, erklärte er, »*ist eben* die Erkenntnistheorie (Hegels und) des Marxismus …«[15] Daher war der Marxismus für ihn ein vollständiger Theoriekorpus, eine »aus einem Guss geformte Philosophie«, aus der man »nicht eine einzige grundlegende These, nicht einen einzigen wesentlichen Teil wegnehmen [kann], ohne sich von der objektiven Wahrheit zu entfernen, ohne der bürgerlich-reaktionären Lüge in die Fänge zu geraten«.[16] Nach den unveränderlichen Naturgesetzen der Dialektik war der Aufstieg des Sozialismus unvermeidbar und erfolgte mit wissenschaftlicher Notwendigkeit. Sie erklärten die fließende, zerstörerische Entwicklung der Widersprüche und enthielten, richtig verstanden, ein komplettes Programm der kommunistischen Herrschaft. »Diese nachdrückliche Betonung des integralen Charakters der Lehre übernahm Lenin und nach ihm die sowjetische Staatsideologie von Plechanow«, wie Leszek Kołakowski feststellt.[17] Und der Revolutionär Lenin gewann aus der Dialektik ein tiefes intellektuelles Selbstvertrauen und eine furchterregende ideologische Strenge. In einer hochtrabenden Passage seines biographischen Abrisses über Karl Marx verglich er die Mysterien des dialektischen Materialismus mit der Darwinschen Evolution und konstatierte ihre Überlegenheit:

> Eine Entwicklung, die die bereits durchlaufenen Stadien gleichsam noch einmal durchmacht, aber anders, auf höherer Stufe (»Negation der Negation«), eine Entwicklung, die nicht geradlinig, sondern sozusagen in der Spirale vor sich geht; eine sprunghafte, mit Katastrophen verbundene, revolutionäre Entwicklung; »Abbrechen der Allmählichkeit«; Umschlagen der Quantität in Qualität; innere Entwicklungsantriebe, ausgelöst durch den Widerspruch, durch den Zusammenprall der verschiedenen Kräfte und Tendenzen, die auf einen gegebenen Körper einwirken oder in den Grenzen einer gegebenen Erscheinung oder innerhalb einer gegebenen Gesellschaft wirksam sind; gegenseitige Abhängigkeit und engster, unzertrennlicher Zusammenhang *aller* Seiten jeder Erscheinung (wobei die Geschichte immer neue Seiten einschließt), ein Zusammenhang, der einen einheitlichen, gesetzmäßigen Weltprozess in Bewegung ergibt – das sind einige Züge der Dialektik als der (im Vergleich zur üblichen) inhaltsreicheren Entwicklungslehre.[18]

Stalin führte die praktische Umsetzung des dialektischen Materialismus in noch größere Höhen. Denn je weiter sich das Sowjetregime von Marx' und Engels' Idealen entfernte, desto vollmundiger behauptete die offizielle Propaganda seine Treue zur Orthodoxie. »Der Marxismus«, erklärte der künftige rote Zar 1906, »ist nicht nur die Theorie des Sozialismus, sondern eine in sich geschlossene Weltanschauung, ein philosophisches System, aus dem sich der proletarische Sozialismus von Marx logisch ergibt. Dieses philosophische System heißt dialektischer Materialismus.«[19] Was er damit gemeint hatte, führte er dreißig Jahre später in seinem persönlichen Beitrag zu einer der wichtigsten Publikationen der Sowjetära aus, der 1938 erschienenen *Geschichte der Kommunistischen Partei der Sowjetunion (Bolschewiki). Kurzer Lehrgang.* Sein Kapitel, »Über dialektischen und historischen Materialismus«, in dem er die marxistischen Fundamente des Sowjetsystems darlegte, begann mit der Feststellung: »Der dialektische Materialismus ist die Weltanschauung der marxistisch-leninistischen Partei.« Anschließend illustrierte er diese Aussage mit verschiedenen naturwissenschaftlichen Beispielen – dem Verdampfen von Wasser, der Erhitzung von Platindraht, der Umwandlung von Sauerstoff in Ozon –, die er direkt Engels' *Dialektik der Natur* entnommen hatte. Diese Zustandswechsel, versicherte Stalin, würden Engels' These bestätigen, dass die Natur ein in sich verbundenes, integriertes Ganzes darstelle, dessen Phänomene nicht für sich allein verstanden werden könnten, das sich in ständiger Bewegung befinde und dabei schnelle und plötzliche Veränderungen durchmache, die von den inneren Widersprüchen, die allen Naturerscheinungen eigen seien, vorangetrieben würden. Dann sprach Stalin wesentlich direkter als Engels und Lenin die politischen Folgerungen des dialektischen Materialismus aus, wobei er jede reformistische oder sozialdemokratische Interpretation grundsätzlich ausschloss: »Wenn das Umschlagen langsamer quantitativer Veränderungen in rasche und plötzliche qualitative Veränderungen ein Entwicklungsgesetz darstellt, so ist es klar, dass die von unterdrückten Klassen vollzogenen revolutionären Umwälzungen eine völlig natürliche und unvermeidliche Erscheinung darstellen.« Deshalb könnten »der Übergang vom Kapitalismus zum Sozialismus und die Befreiung der Arbeiterklasse vom kapitalistischen Joch nicht auf dem Wege langsamer Veränderungen, nicht auf dem Wege von Reformen, sondern einzig und allein auf dem Wege qualitativer Veränderung der kapitalistischen Ordnung, auf dem Wege der Revolution verwirklicht werden«.[20]

Auf ideologischer Legitimität beharrend, verknüpfte Stalin das Handeln des Sowjetstaats unauflöslich mit den wissenschaftlichen Prinzipien des Marxismus-Leninismus: »Also muss die Verbindung von Wissenschaft und praktischer Tätigkeit, die Verbindung von Theorie und Praxis, ihre Einheit zum Leitstern der Partei des Proletariats werden.«[21] Und da die Kommunistische Partei, also letztlich Stalins Wille, notwendigerweise die wahren Interessen des Proletariats verkörperte, erhielt ihr politisches Handeln, ganz gleich welcher Art, den Charakter marxistischer Heiligkeit. »Wenn es nun also eine wahre Theorie der Geschichte gibt und in den Dingen eine Vernunft am Werke ist«, erläutert Cornelius Castoriadis die sowjetische Rechtfertigung, »dann muss die Lenkung dieser Entwicklung natürlich Spezialisten anvertraut werden, die sich mit dieser Theorie auskennen, mit anderen Worten: den Technikern dieser Vernunft. Die absolute Macht der Partei ... besitzt philosophischen Status. Sie hat ihren Grund in der ›materialistischen Geschichtsauffassung‹ ... Wenn diese Geschichtsauffassung wahr ist, *muss* die Macht der Partei absolut sein.«[22] Der eiserne Käfig des Sowjetsystems bestand darin, dass alles, was die Partei dekretierte, augenblicklich den Rang einer naturwissenschaftlichen Wahrheit erhielt.

Vor dem Hintergrund von Einschüchterung und Liquidierungen verwandelte der stalinistische Staat die nuancierte, komplexe marxistische Philosophie in eine rigide, Allgemeingültigkeit beanspruchende Orthodoxie, die fast jeden Aspekt des kulturellen, wissenschaftlichen, politischen und sogar privaten

Lebens in der Sowjetunion durchdrang.[23] Während Engels die Verbreitung des Sozialismus mit dem Aufstieg des Frühchristentums verglichen hatte, ähnelte er in der Sowjetunion der schlimmsten Form der von der Jagd auf Hexen und Häretiker geprägten mittelalterlichen und frühneuzeitlichen Kirche, mitsamt Liturgie, Ritualen und (kommunistischen) Heiligen. Zweifel gab es nicht, nur das Heil im Glauben, der den Weg wies, die Wahrheit offenbarte und das Leben gab. Und Stalins *Kurzer Lehrgang* (nach dem Zweiten Weltkrieg wurde ihm kurzerhand die Autorschaft des gesamten Werks zugeschrieben) war der heilige Text dieses Glaubens, eine unangreifbare Ausdeutung des Marxismus-Leninismus, welche die korrekte Parteilinie in allen Bereichen des sozialistischen Denkens vorgab. »Überall wurde [der *Kurze Lehrgang*] unablässig erläutert«, erinnert sich Leszek Kołakowski. »In den höheren Klassen der Oberschule, an allen Hochschulen, bei allen möglichen Parteilehrgängen und sonstigen Kursen; wo auch immer irgendetwas unterrichtet wurde, der *Kurze Lehrgang* war unwandelbar das Hauptgericht der geistigen Ernährung der sowjetischen Bürger …«[24]

Mit der Ausdehnung der geopolitischen Einflusssphäre der Sowjetunion verbreitete sich auch der *Kurze Lehrgang* in zigmillionen Exemplaren mit schicken Einbänden und im Moskauer Qualitätsdruck rund um die Welt. Auf diese Weise wurde der dialektische Materialismus zu einer der einflussreichsten Philosophien des 20. Jahrhunderts, der in kommunistischen Kreisen von Phnom Penh bis Paris memoriert und zitiert wurde. So auch in St. Pancras in Nordlondon, wo ein junger Historiker namens Raphael Samuel in seinen eisigen Gewissheiten schwelgte. »Als Wissenschaft der Gesellschaft empfahl er sich als allumfassender Determinismus, in dem Zufälle als Notwendigkeiten enthüllt wurden und auf Ursachen unweigerlich Wirkungen folgten«, schrieb er später in seinen Erinnerungen an das vielbeschworene Londoner Milieu der Kommunistischen Partei Großbritanniens. »Als Denkweise bot er uns A-priori-Einsichten und universelle Regeln – Gesetze des Denkens, die sowohl Richtschnur des Handelns als auch eine Quelle prophetischer Autorität waren.« Kern der marxistischen Philosophie war aber weiterhin die Absicht, die Welt zu verändern. »Stalins Diktum ›Theorie ohne Praxis ist leer, Praxis ohne Theorie ist blind‹ war Generationen von Kommunisten ebenso vertraut, wie Engels' Kochtopf [als Beispiel für den Umschlag von Quantität in Qualität (Wasser in Dampf)] es in Dialektikkursen war.«[25] Im *Kurzen Lehrgang* zitierte Stalin ausgiebig aus dem *Anti-Dühring*, ebenso, wie sich Plechanow und Lenin eher auf Engels' als auf Marx' Schriften bezogen und weniger die Werttheorie als vielmehr der dialektische Materialismus zur treibenden philosophischen Kraft der sowjetisch gelenkten kommunistischen Weltbewegung wurde. Gerade die *Dialektik der Natur*, stellte in den 1950er Jahren Herbert Marcuse fest, sei »zur ständig zitierten autoritativen Quelle für die Darlegung der Dialektik im Sowjetmarxismus« geworden.[26]

War also, um es zu wiederholen, Engels für die furchtbaren Untaten verantwortlich, die unter dem Banner des Marxismus-Leninismus begangen worden sind? Die Antwort muss selbst in unserem modernen Zeitalter der historischen Rechtfertigungen Nein lauten. Weder Engels noch Marx kann man vernünftigerweise die Schuld an Verbrechen geben, die Generationen nach ihnen verübt wurden, auch wenn sich die Täter auf sie beriefen. So wie Adam Smith nicht an den Ungerechtigkeiten des westlichen freien Markts, Martin Luther nicht für die Erscheinung des modernen Evangelikalismus und der Prophet Mohammed nicht für die Grausamkeiten von Osama bin Laden verantwortlich ist, so sind die Millionen Menschen, die dem Stalinismus zum Opfer fielen – oder jene, die in Maos China, Pol Pots Kambodscha und Mengistus Äthiopien getötet wurden –, nicht zwei Londoner Philosophen aus dem 19. Jahrhundert anzulasten, und das nicht nur wegen des schlichten Anachronismus eines solchen Vorwurfs.

Im Gegensatz zu der Art, wie kommunistische Parteien im 20. Jahrhundert an die Macht gelangten, stand Engels nach 1848 von einer Avantgarde geführten, hierarchisch organisierten Revolutionen skeptisch gegenüber. Nach seiner Ansicht sollte die Arbeiterpartei von der Arbeiterklasse selbst geführt werden – und nicht von professionellen, intellektuellen Revolutionären –, und er beharrte darauf, dass das Proletariat den Sozialismus durch die Widersprüche des kapitalistischen Systems und die Entwicklung eines politischen Bewusstseins erreichen werde. Dies musste ihm nicht durch eine selbsternannte kommunistische Junta aufgezwungen werden. »Die Social Democratic Federation hier teilt mit euren Deutschamerikanischen Sozialisten die Auszeichnung«, beklagte sich Engels im Mai 1894 bei Sorge, »die einzigen Parteien zu sein, die es fertiggebracht haben, die Marxsche Theorie der Entwicklung auf eine starre Orthodoxie heruntergebracht zu haben, zu der die Arbeiter sich nicht aus ihrem eignen Klassengefühl heraus emporarbeiten sollen, sondern die sie als Glaubensartikel sofort und ohne Entwicklung herunterzuwürgen haben.«[27]

Nach Engels' Ansicht konnte die Emanzipation der Massen nicht das Produkt einer von außen einwirkenden Kraft sein. Dafür bedurfte es keines Deus ex Machina – auch nicht, wenn er in Gestalt von W. I. Lenin auftrat. Darüber hinaus scheint Engels, wie seinen Ratschlägen an die deutsche Sozialdemokratie zu entnehmen ist, am Ende seines Lebens den friedlichen, demokratischen Weg zum Sozialismus über die Wahlurnen der Errichtung von Barrikaden vorgezogen zu haben, auch wenn er das Aufstandsrecht stets verteidigte. Im russischen Kontext hätte sich Plechanow mit der nach 1917 erhobenen, jetzt menschewistischen Forderung nach einer Periode bürgerlicher Herrschaft und kapitalistischer Entwicklung vor dem Übergang zu einem sozialistischen Staat wahrscheinlich mehr im Einklang mit Engels befunden als der bolschewistische Wille zur Macht.

Trotz des Zerrbildes, das sowohl Antikommunisten als auch Marx-Apologeten leicht bei der Hand haben, war Engels nicht der engstirnige, mechanistische Architekt des dialektischen Materialismus, als den ihn die sowjetische Propaganda im 20. Jahrhundert feierte. »Engelsismus« und Stalinismus sind durch eine gewaltige philosophische Kluft getrennt, derjenigen zwischen einer offenen, kritischen und humanen Vision eines wissenschaftlichen Sozialismus und einem szientistischen Sozialismus ohne jedes ethische Prinzip. Laut John O'Neill besteht zwischen Engels' Sozialismus und dem Marxismus des 20. Jahrhunderts keine notwendige Verbindung, da sie nur zustande käme, wenn Engels ein dogmatisches Wissenschaftsverständnis vertreten hätte, das auf »methodologischer Gewissheit« und »doktrinärer Orthodoxie« beruhte – die er beide in Bezug auf wissenschaftliche Forschung und historischen Materialismus zurückgewiesen hat.[28] Die geschlossene Logik von Stalins *Kurzem Lehrgang* hätte den stets wissbegierigen Engels abgestoßen, denn trotz seines forschen Auftretens war er an provozierenden Ideen interessiert, verfolgte neue Trends und überdachte häufig seine eigenen Standpunkte. »Die sogenannte ›sozialistische Gesellschaft‹ ist nach meiner Ansicht nicht ein ein für alle Mal fertiges Ding«, schrieb er 1890, »sondern, wie alle andern Gesellschaftszustände, als in fortwährender Veränderung und Umbildung begriffen zu fassen ... Diese Umwälzung morgen am Tage durchzuführen – d. h. graduell – sehe ich gar keine Schwierigkeiten.«[29]

Engels' Denken war in vieler Hinsicht weit heuristischer und beweglicher als dasjenige von Marx. Im *Anti-Dühring* bezeichnete er es als wertvollstes Ergebnis naturwissenschaftlicher Forschung, »uns gegen unsre heutige Erkenntnis äußerst misstrauisch zu machen, da wir ja aller Wahrscheinlichkeit nach so ziemlich am Anfang der Menschheitsgeschichte stehn«. Was die Fehlbarkeit wissenschaftlicher Aussagen anging, nahm er geradezu einen proto-popperschen Standpunkt ein: »[D]ie Souveränität des Denkens verwirklicht sich in einer Reihe höchst unsouverän denkender Menschen; die Erkenntnis, welche unbedingten Anspruch auf Wahrheit hat, [verwirklicht sich] in einer Reihe von relativen Irrtümern; weder die eine noch die andre kann anders als durch eine unendliche Lebensdauer der Menschheit vollständig verwirklicht werden.«[30] In Bezug auf den historischen Materialismus mahnte er einen Briefpartner im gleichen

Sinn, seine Worte »nicht auf die Goldwaage zu legen, sondern den Zusammenhang im Auge zu behalten«,[31] und einem anderen erklärte er, die marxistische Geschichtsauffassung sei »vor allem eine Anleitung beim Studium, kein Hebel der Konstruktion à la Hegelianertum«.[32]

Nur wenige Monate vor seinem Tod erklärte Engels dem Nationalökonomen Werner Sombart unmissverständlich: »Aber die ganze Auffassungsweise von Marx ist nicht eine Doktrin, sondern eine Methode. Sie gibt keine fertigen Dogmen, sondern Anhaltspunkte zu weiterer Untersuchung und die Methode *für* diese Untersuchung.«[33] Das ist nicht die Sprache eines politischen Philosophen mit einem geschlossenen, Allgemeingültigkeit beanspruchenden System, der einen neuen Leviathan schaffen möchte. Darüber hinaus kritisierte Engels wiederholt jene marxistischen Parteien, die – wie Hyndmans SDF, die Gruppe der »Jungen« in der SPD und die Socialist Labor Party in den USA – den Marxismus hermetisch von allen weiteren Debatten abzuschirmen versuchten und es fertiggebracht hatten, Marx' Theorie in »das starre Dogma einer rechtgläubigen Sekte zu verwandeln«.[34] Engels betrachtete sich ebenso wenig wie Marx als Marxist im engen, parteiischen Sinn, vielmehr verstand er den Marxismus als größere Wahrheit, die jene paranoide, vorauseilende Kniefälligkeit nicht nötig hatte, die manche Parteifunktionäre damals bereits an den Tag zu legen begannen.

Der entscheidende Unterschied zwischen Engels und seinen illegitimen Anhängern in der Sowjetunion und anderswo war ihr Ausgangspunkt. Marx und er waren in den 1860er und 1870er Jahren zu einer wissenschaftlichen Bewertung ihrer politischen Philosophie gelangt, als sie den historischen Materialismus im Licht des Darwinismus und anderer naturwissenschaftlicher Fortschritte neu ausrichteten. Ein großer Teil ihres geistigen Bezugssystems, dessen Wurzeln bis zu ihrer ersten Hegellektüre zurückreichten, war von der Zeit geprägt, in der sie ihre Ideen mit der aufkommenden Wissenschaftsmode in Einklang zu bringen versuchten. Dagegen gelangte die nachfolgende Generation auf völlig anderem ideologischen Weg zum Marxismus; um mit Kautsky zu sprechen: »Sie waren von Hegel ausgegangen, ich ging von Darwin aus.«[35] Kautsky, Bernstein, Adler, Aveling, Plechanow, Lenin und die Führung der Zweiten Internationale, deren ideologische Selbstfindung mit dem Studium der Werke von Darwin, Spencer und Comte begann, lasen Marx und Engels aus offensichtlich organischer, evolutionärer Perspektive.[36] Enrico Ferris *Socialismus und moderne Wissenschaft* (1894), Ludwig Woltmanns *Die Darwinsche Theorie und der Sozialismus* (1899), Kautskys überaus einflussreiches Buch *Ethik und materialistische Geschichtsauffassung* (1906) und die oben zitierte Passage aus Lenins Artikel über Marx sind nur einige wenige Beispiele aus einer Vielzahl kommunistischer Schriften, die Darwinismus und Marxismus miteinander verknüpften. Dies war die entscheidende geistige Brücke vom Marxismus des späten 19. Jahrhunderts zum dialektischen Materialismus der sowjetischen Orthodoxie. Errichtet wurde sie nach Engels' Tod, und wie eine nachfolgende Generation, die mit anderen philosophischen und naturwissenschaftlichen Prämissen groß geworden war, seine Schriften verstand, hat wenig mit dessen ursprünglichen Absichten zu tun und kann ihm nicht zur Last gelegt werden.

Ebenso wichtig ist, dass Engels' Persönlichkeit – die in seinen Texten nur zu deutlich durchscheint – in krassem Gegensatz zur schamlosen Unmenschlichkeit des Marxismus-Leninismus steht. Er war nicht nur zu seinen Hunden gut. Trotz aller Begeisterung für die Naturwissenschaften, trotz des Glaubens an rationalen Fortschritt und der Leidenschaft für technische Entwicklungen behielt er zeitlebens Züge der utopisch-sozialistischen Tradition, von der er den von ihm und Marx vertretenen Ansatz so selbstbewusst abgesetzt hatte, und der protestantisch-eschatologischen Herkunft, der er in jungen Jahren abgeschworen hatte. Sein Telos war der dialektische Höhepunkt des weltweiten Klassenkampfs und zugleich dessen Ende: das Absterben des Staates, die Befreiung der Menschheit und ein Arbeiterparadies der menschlichen Erfüllung und sexuellen Freizügigkeit – kurz, der Sprung aus dem Reich der Notwendigkeit ins Reich der Freiheit. Den sowjetischen Kommunismus des 20. Jahrhunderts hätte dieser Liebhaber des guten Lebens nie gebilligt, sosehr ihn der Stalinismus auch als geistigen Vater beschwor. Denn er war weder Gleichmacher noch Etatist, sondern leidenschaftlicher Verfechter der Individualität und des offenen Kampfs von Ideen in Literatur, Kultur, Kunst und Musik.

Aber genauso wenig hätte er das gegenwärtige Arrangement akzeptiert. Wenn man, wie es heute möglich ist, die Ablagerungen des Marxismus-Leninismus des 20. Jahrhunderts, jene »diktatorische Abweichung«, welche die Quelle der sozialen Gerechtigkeit vergiftete, entfernt und den authentischen Engels des 19. Jahrhunderts zum Vorschein bringt, begegnet man einer anderen, erstaunlich gegenwärtigen Gestalt. Auf seinem Beobachtungsposten in der Baumwollindustrie von Manchester hatte Engels einen Einblick in die wahre Natur des ungezügelten Kapitalismus wie kaum ein anderer Sozialist. Und während unser liberales Utopia von Freihandel und westlicher Demokratie der Periode nach 1989 unter dem Ansturm von religiöser Orthodoxie und Marktfundamentalismus ins Wanken gerät, hört sich seine Kritik recht zeitgemäß an. Wir kennen die Erscheinungen, die er anspricht: traute Einigkeit von Staat und Kapital, Kapitalflucht auf der Suche nach billiger Arbeit und geringer Qualifikation, Umgestaltung des Familienlebens gemäß den Markterfordernissen, unvermeidliches Zurückweichen der Tradition vor der Modernität, der Zusammenhang von Kapitalismus und Kolonialismus, das Militär als Teil des industriellen Komplexes und sogar die Anlage unserer Städte nach dem Diktat des Kapitals. Aber erst die jüngsten Ereignisse an den Börsen und auf dem Bankensektor der Welt haben Engels' Kritik in ein grelles Licht getaucht. »Die gegenwärtige Weltfinanzkrise«, bemerkte Eric Hobsbawm 2008, »führt das Scheitern der Theologie des unkontrollierten freien Weltmarkts vor Augen und zwingt sogar die Regierung der Vereinigten Staaten dazu, staatliche Maßnahmen in Erwägung zu ziehen, die seit den 1930er Jahren in Vergessenheit geraten waren.« Endlich schienen Engels' Hinweis auf die Gefahren von Monopolkapitalismus und konzentrierter Finanzwelt sowie die umsichtige Herausgabe des dritten Bandes des *Kapitals,* in dem die Tendenz zum »Zusammenbruch« hervorgehoben wird, Früchte zu tragen. Nach Hobsbawms Ansicht bedeutet eine Wiederbelebung des marxistischen Denkens im gegenwärtigen Klima die Rückkehr zu einer »Analyse der zentralen Instabilität der kapitalistischen Entwicklung, die durch selbsterzeugte periodische Wirtschaftskrisen mit politischen und sozialen Dimensionen voranschreitet«.[37]

Engels' unermüdliche Anklagen gegen die verheerenden Entwicklungen im Kapitalismus treffen insbesondere auf den unregulierten globalen Markt zu. »Die wohlfeilen Preise ihrer [der Bourgeoisie] Waren sind die schwere Artillerie, mit der sie alle chinesischen Mauern in den Grund schießt«, heißt es im *Kommunistischen Manifest.* »Sie zwingt alle Nationen, die Produktionsweise der Bourgeoisie sich anzueignen, wenn sie nicht zugrunde gehen wollen; sie zwingt sie, die sogenannte Zivilisation bei sich selbst einzuführen, d. h. Bourgeois zu werden.«[38] Die heutige Ablehnung der Globalisierung hätten Marx und Engels sicherlich als unlogisch zurückgewiesen, doch Engels' Kritik an den menschlichen Kosten des Kapitalismus ist nirgendwo zutreffender als in den Ländern, die sich an vorderster Front der Weltwirtschaft befinden – vor allem in den aufstrebenden »BRIC-Staaten« Brasilien, Russland, Indien und China. Denn dort sind mit der gleichen Brutalität wie im Europa des 19. Jahrhunderts sämtliche Schrecken einer halsbrecherischen Industrialisierung zu sehen – eines Raubtierkapitalismus, der die sozialen Beziehungen verändert, alte Sitten und Bräuche zerstört, Dörfer in Städte und Werkstätten in Fabriken verwandelt. Während sich China heute zur »Werkstatt der Welt« erklärt, erinnern Umweltverschmutzung, Gesundheitsschäden, politischer Widerstand und soziale Unruhe in den Sonderwirtschaftszonen in der Provinz Guangdong und Schanghai auf unheimliche Weise an

Engels' Darstellung der Zustände in Manchester und Glasgow. Man vergleiche, wie es Ching Kwan Lee getan hat, Engels' Beschreibung der Arbeitsbedingungen in einer Baumwollspinnerei in den 1840er Jahren mit der Aussage eines chinesischen Wanderarbeiters in Shenzhen im Jahr 2000. Hier zuerst der Auszug aus Engels' *Lage der arbeitenden Klasse in England:*

> In vielen Zimmern der Baumwoll- und Flachsspinnereien fliegt eine Menge faseriger Staub umher ... Aber der Arbeiter hat keine Wahl ... Die gewöhnlichsten Folgen dieses eingeatmeten Staubes sind Blutspeien, schwerer, pfeifender Atem, Schmerzen in der Brust, Husten, Schlaflosigkeit ... Die Arbeit zwischen den Maschinen veranlasst eine Menge Unglücksfälle ... Am häufigsten kommt es vor, dass ein einzelnes Glied von einem Finger abgequetscht wird ... Man sieht in Manchester außer den vielen Krüppeln auch eine große Anzahl Verstümmelter umhergehen; dem einen fehlt der ganze oder halbe Arm, dem andern der Fuß, dem dritten das halbe Bein ...[39]

Und jetzt der Bericht des chinesischen Wanderarbeiters:

> Es gibt keine feste Arbeitszeit. Das Minimum ist ein Zwölfstundentag. Bei Eilaufträgen müssen wir dreißig oder mehr Stunden hintereinander arbeiten. Tag und Nacht ... die längste Schicht, die wir hatten, dauerte ohne Pause vierzig Stunden ... Es ist sehr anstrengend, weil wir die ganze Zeit stehen müssen, um den Jeansstoff glattzuziehen. Wir haben ständig Schmerzen in den Beinen. Es ist nicht genug Platz da, um sich auf den Fabrikboden zu setzen. In den Essenspausen laufen die Maschinen weiter. Drei Arbeiter in einer Gruppe wechseln sich ab, so dass immer nur einer isst ... Der Fabrikboden ist mit einer dicken Staubschicht bedeckt. Da wir Tag und Nacht drinnen arbeiten, werden unsere Körper schwarz. Wenn ich von der Arbeit komme und ausspucke, ist es ganz schwarz.[40]

Die zusätzliche Ironie an dieser ungezügelten Ausbeutung ist, dass sie von der Kommunistischen Partei Chinas gebilligt wird. Dies war nie Engels' Vorstellung von der zukünftigen Gesellschaft. Seit seiner Kindheit und Jugend im Spannungsfeld von Reichtum und Armut der Barmener Bleichen, in Nachbarschaft von Not und Erniedrigung, war er überzeugt, dass es einen würdevolleren Platz für die Menschheit im modernen Zeitalter gebe. Wie Marx war er der Ansicht, dass der vom Kapitalismus produzierte Überfluss durch ein gerechteres System verteilt werden müsse, und für Millionen von Menschen überall auf der Welt ist diese Hoffnung immer noch lebendig. Heute, gut zwei Jahrzehnte nach dem Fall der Berliner Mauer und dem weltweiten Zusammenbruch des Staatskommunismus, würde Friedrich Engels, dieser bedeutende Viktorianer voller Opfergeist und Widersprüche, erneut die Negation der Negation und die Erfüllung des Versprechens voraussagen, das sein Freund Karl Marx einst gab.

DANKSAGUNG

Für ihre großzügige Unterstützung bei der Recherche für dieses Buch sowie der Arbeit an ihm und seiner Herstellung dankt der Autor Alice Austin, Sara Bershtel, Phillip Birch, Beorgina Capel, Michael V. Carlisle, Barney Cokeliss, Bela Cunha, Andrew und Theresa Curtis, Dermot Daly und dem Cheshire Hunt, Virginia Davis und der Historischen Abteilung des Queen Mary College der Universität von London, Thomas Dixon, Orlando Figes, Giles Foden, Tom Graves, Michael Herbert, Eric Hobsbawm, Julian und Marylla Hunt, Stephen Kingston, Nick Mansfield, Ed Miliband, Seumas Milne, Liudmila Novikova, Alastair Owens, Stuart Proffitt, Caroline Read, Stephen Rigby, Donald Sassoon, Sophie Schlondorff, Bill Smyth, Gareth Stedman Jones, Juliet Thornback, Benjamin und Yulia Wegg-Prosser, Francis Wheen, Bee Wilson, Michael Yehuda. Ferner gilt sein Dank den Mitarbeitern der British Library, des Engels-Hauses in Wuppertal, des International Institute for Social History in Amsterdam, der London Library, der Marx Memorial Library in London, des People's History Museum in Manchester und der Working Class Movement Library in Salford.

ABKÜRZUNGEN

akg London	The Arts and History Picture Library, London (akg = Archiv für Kunst und Geschichte)
ASSR	Autonome Sozialistische Sowjetrepublik
ASSRdWD	Autonome Sozialistische Sowjetrepublik der Wolgadeutschen
GK	Gebietskomitee
ICI	Imperial Chemical Industries
ILP	Independent Labour Party
IRB	Irish Republican Brotherhood (Irisch Republikanische Bruderschaft)
Komsomol	(Wsesojusny Leninski) Kommunistitscheski Sojus Molodjoschi ([Gesamtsowjetischer Leninscher] Kommunistischer Jugendverband)
LKJVSU	Leninscher Kommunistischer Jugendverband der Sowjetunion (Komsomol)
MECW	Marx, Karl/Engels, Friedrich: *Collected Works*
MEW	Marx, Karl/Engels, Friedrich: *Werke*
RIA Novosti	Russische Informations- und Nachrichtenagentur Novosti
RSFSR	Russische Sozialistische Föderative Sowjetrepublik
SAP	Sozialistische Arbeiterpartei Deutschlands
SDF	Social Democratic Federation (Sozialdemokratische Föderation)
SLP	Socialist Labor Party
TUC	Trades Union Congress

ANMERKUNGEN

Einführung

1 Eleanor Marx-Aveling, »Friedrich Engels«, in: *Mohr und General,* S. 447.
2 Gemkow u. a., *Friedrich Engels,* S. 10.
3 Paul Lewis, »Marx's Stock Resurges on a 150-Year Tip«, in: *New York Times,* 27. Juni 1998.
4 *The Times,* 20. Oktober 2008.
5 Marx/Engels, *Manifest der Kommunistischen Partei,* in: *MEW,* Bd. 4, S. 464–466.
6 Attali, *Karl Marx ou l'esprit du monde.*
7 »Marx after Communism«, in: *The Economist,* Bd. 265, Nr. 8304, 21. Dezember 2002.
8 Siehe Mayer, *Friedrich Engels;* Carlton, *Friedrich Engels;* Gemkow u. a., *Friedrich Engels;* McLellan, *Engels;* Carver, *Engels;* ders., *Friedrich Engels;* Hunley, *The Life and Thought of Friedrich Engels.*
9 Thompson, *Das Elend der Theorie,* S. 116.
10 R. N. Hunt, *The Political Ideas of Marx and Engels,* S. 93.
11 Levine, »Marxism and Engelism«, S. 239.
12 Engels, *Ludwig Feuerbach und der Ausgang der klassischen deutschen Philosophie,* in: *MEW,* Bd. 21, S. 291 f.
13 Judt, *Reappraisals,* S. 125.
14 Engels, *Ludwig Feuerbach und der Ausgang der klassischen deutschen Philosophie,* in: *MEW,* Bd. 21, S. 297.

Siegfried in Zion

1 Friedrich Engels sen. an Karl Snethlage, 1. Dezember 1820, in Knieriem (Hg.), *Die Herkunft des Friedrich Engels,* S. 455.
2 Eleanor Marx-Aveling, »Friedrich Engels«, in: *Mohr und General,* S. 443.
3 Zit. Knieriem (Hg.), *Die Herkunft des Friedrich Engels,* S. 39 f.
4 Gemkow u. a., *Friedrich Engels,* S. 16.
5 Banfield, *Industry of the Rhine,* S. 122.
6 Ebd., S. 122 f.
7 Engels, »Briefe aus dem Wuppertal«, in: *MEW,* Bd. 1, S. 413.
8 Banfield, *Industry of the Rhine,* S. 142.
9 Engels, »Briefe aus dem Wuppertal«, in: *MEW,* Bd. 1, S. 413.
10 Clark, *Preußen,* S. 155.
11 Friedrich Engels sen. an Elise Engels, 23. August 1835, 1. September 1845, in: Knieriem (Hg.), *Die Herkunft des Friedrich Engels,* S. 555, 600.
12 Old, *The Reading and Preaching of the Scriptures in the Worship of the Christian Church,* Bd. 5, S. 104.
13 Engels, »Herr Jesu Christe, Gottes Sohn«, in: *MEW,* Bd. 41, S. 507.
14 Zit. Knieriem (Hg.), *Die Herkunft des Friedrich Engels,* S. 21.
15 Mayer, *Friedrich Engels,* Bd. 1, S. 2 f.
16 Zit. in Kliem, *Friedrich Engels,* S. 37.
17 Engels an Theodor Cuno, 10. Juni 1872, in: *MEW,* Bd. 33, S. 485.
18 Engels, »Briefe aus dem Wuppertal«, in: *MEW,* Bd. 1, S. 422.
19 Friedrich Engels sen. an Elise Engels, 24. Mai 1821, in: Knieriem (Hg.), *Die Herkunft des Friedrich Engels,* S. 463.
20 Vgl. J. J. Sheehan, *Der Ausklang des alten Reiches,* 1763–1850.
21 Friedrich Engels sen. an Elise Engels, 24. Mai und 17. Juni 1821, in: Knieriem (Hg.), *Die Herkunft des Friedrich Engels,* S. 463 f., 470.
22 Engels, »Briefe aus dem Wuppertal«, in: *MEW,* Bd. 1, S. 426.
23 Engels, »Deutscher Sozialismus in Versen und Prosa«, in: *MEW,* Bd. 4, S. 232.
24 Engels, »An meinen Großvater«, in: *MEW,* Bd. 41, S. 507.
25 Goethe, *Zahme Xenien,* in ders., *Berliner Ausgabe,* Bd. 2, S. 366.

26 Engels an Marx, 17. März 1845, in: *MEW*, Bd. 27, S. 27.
27 Friedrich Engels sen. an Elise Engels, 27. August 1835, in Kliem, *Friedrich Engels*, S. 56 f.
28 Vgl. Wittmütz, Volkmar: »Friedrich Engels in der Barmer Stadtschule 1829–1834«.
29 Engels, »Briefe aus dem Wuppertal«, in: *MEW*, Bd. 1, S. 427 f.
30 Kliem, *Friedrich Engels*, S. 60.
31 Siehe Berlin, »Die Gegenaufklärung«, in ders., *Wider das Geläufige*, S. 63–92.
32 Burke, *Betrachtungen über die Französische Revolution*, S. 130 f., 158, 177, 324.
33 Trevor-Roper, *The Romantic Movement and the Study of History*, S. 2.
34 Vgl. Applegate, »Culture and the Arts«.
35 De Staël, *Über Deutschland*, S. 18.
36 Herder, *Postscenien zur Geschichte der Menschheit*, S. 94.
37 Vgl. J. J. Sheehan, *Der Ausklang des alten Reiches*, 1763–1850, S. 546–607.
38 »Zirkular, die Sammlung der Volkspoesie betreffend«, in Grimm, *Kleinere Schriften*, Bd. 7, S. 593.
39 Zipes, *The Brothers Grimm*, S. 26.
40 Siehe Clark, *Preußen*, S. 437–445.
41 Engels, »Gedicht aus dem Jahr 1836«, in: *MEW*, Bd. 41, S. 508.
42 Engels, »Die deutschen Volksbücher«, in: *MEW*, Bd. 41, S. 21.
43 Engels, »Landschaften«, in: *MEW*, Bd. 41, S. 63.
44 Kliem, *Friedrich Engels*, S. 61.
45 Eduard Beurmann, zit. in Mayer, *Friedrich Engels*, Bd. 1, S. 21.
46 Engels an Marie Engels, 9./10. Oktober 1838, in: *MEW*, Bd. 41, S. 340.
47 George Julian Harney, »Über Engels«, in: *Mohr und General*, S. 475.
48 Engels, »Eine Fahrt nach Bremerhaven«, in: *MEW*, Bd. 41, S. 87.
49 Engels an Marie Engels, 7. Juli und 20.–25. August 1840, in: *MEW*, Bd. 41, S. 450, 454.
50 Engels an Friedrich Graeber, 22. Februar 1841, in: *MEW*, Bd. 41, S. 480.
51 Wilhelm Liebknecht, »Friedrich Engels«, in: *Mohr und Gene-*

ral, S. 420; Friedrich Leßner, »Erinnerungen eines Arbeiters an Friedrich Engels«, in ebd., S. 460; George Julian Harney, »Über Engels«, in ebd., S. 473.

52 Ebd., S. 488.

53 Engels an Marie Engels, 29. Oktober 1840, in: *MEW,* Bd. 41, S. 463.

54 Engels an Marie Engels, 21.–28. Dezember 1840 und 8.–11. März 1841, in: *MEW,* Bd. 41, S. 474, 482 f.

55 Engels an Friedrich Graeber, 20. Januar 1839, in: MEW, Bd. 41, S. 354.

56 Börne, *Aus meinem Tagebuche,* in ders., *Sämtliche Schriften,* Bd. 2, S. 820.

57 Engels an Friedrich Graeber, 8./9. April 1839, in: MEW, Bd. 41, S. 366.

58 Engels, *Die Lage der arbeitenden Klasse in England,* in: *MEW,* Bd. 2, S. 455.

59 Siehe Holmes, *Shelley.*

60 Shelley, *Königin Mab,* in ders.: *Ausgewählte Dichtungen,* S. 36, 48.

61 Engels, »Ein Abend«, in: *MEW,* Bd. 41, S. 89, 91.

62 Siehe Brophy, »The Public Sphere«.

63 Engels, »Eine Seeräubergeschichte«, in: *MEW,* Bd. 41, S. 511.

64 Zit. in Foot, *Red Shelley,* S. 228. Eleanor Marx sollte später zusammen mit ihrem Geliebten Edward Aveling in ihrem gemeinsamen Buch *Shelley and Socialism* (1888) an diese Shelleyverehrung anknüpfen.

65 Heine, *Ludwig Börne. Eine Denkschrift,* in ders., *Werke und Briefe,* Bd. 6, S. 130, 132.

66 Engels an Friedrich Graeber, 8./9. April 1839, in: MEW, Bd. 41, S. 367.

67 Engels an Friedrich und Wilhelm Graeber (mit dem Gedicht »Die Beduinen«), 17./18. September 1838, in: MEW, Bd. 41, S. 336.

68 Engels an Friedrich Graeber, 23. April–1. Mai 1839 (mit dem Fragment »Der gehörnte Siegfried«), in: *MEW,* Bd. 41, S. 373, 375.

69 Mayer, *Friedrich Engels,* Bd. 1, S. 17.

70 Engels an Friedrich und Wilhelm Graeber, 17./18. September 1838, in: *MEW,* Bd. 41, S. 333.

71 Engels, »Siegfrieds Heimat«, in: *MEW,* Bd. 41, S. 106, 108.

72 J. J. Sheehan, *Der Ausklang des alten Reiches, 1763–1850*, S. 600 f.
73 Engels, »Briefe aus dem Wuppertal«, in: *MEW*, Bd. 1, S. 417.
74 Ebd., S. 413, 417 f.
75 Engels, »Preußischer Schnaps im deutschen Reichstag«, in: *MEW*, Bd. 19, S. 40.
76 Gemkow u. a., *Friedrich Engels*, S. 33.
77 Engels, »Briefe aus dem Wuppertal«, in: *MEW*, Bd. 1, S. 414, 428.
78 Ebd., S. 432.
79 Engels an Friedrich Graeber, um den 23. April–1. Mai 1839, in: *MEW*, Bd. 41, S. 372.
80 Engels an Friedrich Graeber, 8./9. April 1839, in: *MEW*, Bd. 41, S. 368.
81 Engels an Friedrich Graeber, 15. Juni 1839, in: *MEW*, Bd. 41, S. 400–402.
82 Engels an Wilhelm Graeber, um den 28.–30. April 1839, in: *MEW*, Bd. 41, S. 393.
83 Engels an Friedrich Graeber, 12.–27. Juli 1839, in: *MEW*, Bd. 41, S. 403, 408.
84 McLellan, *Die Junghegelianer und Karl Marx*, S. 11.
85 Engels an Friedrich Graeber, 23. April–1. Mai 1839, in: *MEW*, Bd. 41, S. 371.
86 Engels an Friedrich Graeber, 12.–27. Juli 1839, in: *MEW*, Bd. 41, S. 407 f.
87 Engels an Wilhelm Graeber, 8. Oktober 1839, in: *MEW*, Bd. 41, S. 419.
88 Engels an Friedrich Graeber, 29. Oktober 1839 und 22. Februar 1841, in: *MEW*, Bd. 41, S. 429, 478.
89 Engels an Wilhelm Graeber, 13.–20. November 1839, in: *MEW*, Bd. 41, S. 435.
90 Siehe Brazill, *The Young Hegelians.*
91 Engels an Wilhelm Graeber, 13.–20. November 1839, in: *MEW*, Bd. 41, S. 436.
92 Engels, »Karl Marx, ›Zur Kritik der Politischen Ökonomie‹«, in: *MEW*, Bd. 13, S. 473.
93 Hegel, *Vorlesungen zur Philosophie der Geschichte*, in ders., *Werke*, Bd. 12, S. 32.

94 Vgl. Toews, *Hegelianism*, S. 65 f.
95 Engels an Friedrich Graeber, 9. Dezember 1839–5. Februar 1840, in: *MEW*, Bd. 41, S. 438.
96 Engels, »Landschaften«, in: *MEW*, Bd. 41, S. 72.
97 Stedman Jones, »Engels und die Geschichte des Marxismus«, S. 244.
98 Engels, »Immermanns ›Memorabilien‹«, in: *MEW*, Bd. 41, S. 148.
99 Engels an Marie Engels, 8.–11. März 1841, in: *MEW*, Bd. 41, S. 481 f.

Die Drachensaat

1 Engels, »Schelling über Hegel«, in: *MEW*, Bd. 41, S. 163.
2 Engels an Arnold Ruge, 26. Juli 1842, in: *MEW*, Bd. 27, S. 408.
3 Carr, *Michael Bakunin*, S. 95; Hannay, *Kierkegaard*, S. 162 f.
4 Engels, »Schelling über Hegel«, in: *MEW*, Bd. 41, S. 163, 169.
5 Engels, »Marx und die ›Neue Rheinische Zeitung‹ 1848–49«, in: *MEW*, Bd. 21, S. 19.
6 Vgl. Read/Fisher, *Berlin*; Hellman, *Berlin – the Red Room and White Beer*; Richie, *Faust's Metropolis*.
7 Heine, »Friedrike«, in ders., *Werke und Briefe*, Bd. 1, S. 269.
8 Engels, »The Situation in Prussia«, in: *MEGA*, I. Abt., Bd. 3, S. 595.
9 Zit. in Kirchhoff, *Friedrich Wilhelm Joseph von Schelling in Selbstzeugnissen und Bilddokumenten*, S. 54.
10 Engels, *Ludwig Feuerbach und der Ausgang der klassischen deutschen Philosophie*, in: *MEW*, Bd. 21, S. 265, 270.
11 Hegel, *Grundlinien der Philosophie des Rechts*, in ders., *Werke*, Bd. 7, S. 24 f.
12 Ebd., S. 297 f.
13 Ebd., S. 406 f.
14 Hegel, *Vorlesungen zur Philosophie der Geschichte*, in ders., *Werke*, Bd. 12, S. 57; vgl. Kołakowski, *Die Hauptströmungen des Marxismus*, Bd. 1, S. 88 f.
15 Toews, *Hegelianism*, S. 60.
16 Clark, *Preußen*, S. 497 f.

17 Engels, *Ludwig Feuerbach und der Ausgang der klassischen deutschen Philosophie,* in: *MEW,* Bd. 21, S. 271.

18 Ebd., S. 270 f.

19 Marx, *Das Elend der Philosophie,* in: *MEW,* Bd. 4, S. 127.

20 Engels, *Ludwig Feuerbach und der Ausgang der klassischen deutschen Philosophie,* in: *MEW,* Bd. 21, S. 267.

21 Engels, *Schelling und die Offenbarung,* in: *MEW,* Bd. 41, S. 177.

22 Engels, *Ludwig Feuerbach und der Ausgang der klassischen deutschen Philosophie,* in: *MEW,* Bd. 21, S. 272.

23 Feuerbach, *Das Wesen des Christentums,* in ders., *Gesammelte Werke,* Bd. 5, S. 71.

24 Engels, »Die Lage Englands. ›Past and Present‹ by Thomas Carlyle«, in: *MEW,* Bd. 1, S. 543.

25 Marx, »Zur Kritik der Hegelschen Rechtsphilosophie. Einleitung«, in: *MEW,* Bd. 1, S. 378.

26 Feuerbach, »Zur Kritik der Hegelschen Philosophie«, in ders., *Gesammelte Werke,* Bd. 9, S. 53.

27 Feuerbach, »Vorläufige Thesen zur Reformation der Philosophie«, in ders., *Gesammelte Werke,* Bd. 9, S. 243.

28 Ebd., S. 258.

29 Engels an Marie Engels, 5./6. Januar 1842, in: *MEW,* Bd. 41, S. 490 f.

30 Engels an Marie Engels, 2.–8. August 1842, in: *MEW,* Bd. S. 504.

31 Engels an Max Hildebrand, 22. Oktober 1889, in: *MEW,* Bd. 37, S. 292.

32 Siehe Brazill, *The Young Hegelians.*

33 Born, *Erinnerungen eines Achtundvierzigers,* S. 19.

34 Zum Bruch mit dem Jungen Deutschland siehe Engels, »Alexander Jung. Vorlesungen über die moderne Literatur der Deutschen«, in: *MEW,* Bd. 1, S. 433–445.

35 Arnold Ruge an Prutz, 18. November 1842, in Ruge, *Briefwechsel und Tagebuchblätter,* Bd. 1, S. 286.

36 Engels/E. Bauer, »Der Triumph des Glaubens«, in: *MEW,* Bd. 41, S. 287, 289, 300 f.

37 Moses Heß an Berthold Auerbach, 2. September 1841, in Heß, *Briefwechsel,* S. 80.

38 Zit. in Wheen, *Karl Marx,* S. 53.

39 Die folgende Darstellung von Marx' frühem Leben stützt sich weitgehend auf McLellan, *Karl Marx,* S. 9–113; Wheen, *Karl Marx,* S. 17–65; Hobsbawm, »Karl Marx«.

40 Born, *Erinnerungen eines Achtundvierzigers,* S. 39.

41 Heinrich Marx an Karl Marx, Mai/Juni 1836, in: *MEGA,* III. Abt., Bd. 1, S. 297.

42 Heinrich Marx an Karl Marx, 18.–29. November 1835, in: *MEW,* Bd. 40, S. 616, 618.

43 Engels an Joseph Wedemeyer, 23. Januar 1852, in: *MEW,* Bd. 28, S. 480.

44 Heinrich Marx an Karl Marx, 9. Dezember 1837, in: *MEW,* Bd. 40, S. 638.

45 Ebd., S. 637.

46 Francis Wheen, »Ink in His Blood. Karl Marx and the New York Daily Tribune«, in: *Times Literary Supplement,* 23. März 2007, S. 14.

47 »Ruges und Herweghs Verhältnis zu den Freien«, Brief von Georg Herwegh, redigiert von Marx, in: *MEGA,* I. Abt., Bd. 1, S. 372.

48 Marx an Arnold Ruge, 30. November 1842, in: *MEW,* Bd. 27, S. 411 f.

49 Engels an Franz Mehring, Ende April 1895, in: *MEW,* Bd. 39, S. 473.

50 »Führungsattest«, in Kliem, *Friedrich Engels,* S. 93.

51 Friedrich Engels sen. an Karl Snethlage, 5./6. Oktober 1842, in: Knieriem (Hg.), *Die Herkunft des Friedrich Engels,* S. 590 f.

52 Siehe Hobsbawm, »Marx, Engels and Pre-Marxian Socialism«. Leszek Kołakowski drückt es so aus: »Als Marx seine Tätigkeit als Theoretiker der proletarischen Revolution begann, hatten die sozialistischen Ideen bereits eine lange Entwicklung hinter sich« (*Die Hauptströmungen des Marxismus,* Bd. 1, S. 209).

53 Ein gutes Beispiel für diese Tradition ist Benn, *Arguments for Socialism,* S. 21–44.

54 Claude-Henri de Saint-Simon, *Briefe eines Genfer Einwohners an seine Zeitgenossen,* in ders., *Ausgewählte Schriften,* S. 22.

55 Zit. in Ionescu (Hg.), *The Political Thought of Saint-Simon,* S. 10.

56 Saint-Simon, *Briefe eines Genfer Einwohners an seine Zeitgenossen,* in ders., *Ausgewählte Schriften,* S. 32.

57 Ebd., S. 3.

58 Saint-Simon, *Das Wesen des Christentums,* in ders., *Ausgewählte Schriften,* S. 403–409.

59 Zit. in Beecher/Bienvenu, *The Utopian Vision of Charles Fourier,* S. 119.

60 Stedman Jones, »Introduction« (zu Fourier, *The Four Movements).*

61 Zit. in Beecher/Bienvenu, *The Utopian Vision of Charles Fourier,* S. 24.

62 Nach Frank Manuels Auffassung verdanken sich einige von Fouriers verstiegenen Visionen der unterkühlten Banalität seines eigenen Lebens: »Der Junggeselle Fourier lebte allein in einer Dachkammer und aß in billigen Lyoner Restaurants *table d'hôte,* er hasste Kinder und Spinnen und liebte Blumen und Katzen … Nach allen Erzählungen war er ein Sonderling … Manchmal fragt man sich, ob der Erfinder des Systems der leidenschaftlichen Anziehung solche jemals erlebt hat« (*The Prophets of Paris,* S. 198).

63 Engels, *Die Entwicklung des Sozialismus von der Utopie zur Wissenschaft,* in: *MEW,* Bd. 19, S. 194.

64 Engels, »Ein Fragment Fouriers über den Handel«, in: *MEW,* Bd. 2, S. 608.

65 Engels, *Die Entwicklung des Sozialismus von der Utopie zur Wissenschaft,* in: *MEW,* Bd. 19, S. 194. Engels' Haltung zu den utopischen Sozialisten schwankte im Lauf der Jahre. 1875 äußerte er sich entschieden großmütiger über ihren Beitrag zum Kommunismus. Jetzt schrieb er, der »deutsche theoretische Sozialismus [werde] nie vergessen …, dass er auf den Schultern Saint-Simons, Fouriers und Owens steht, dreier Männer, die bei aller Phantasterei und bei allem Utopismus zu den bedeutendsten Köpfen aller Zeiten gehören und zahllose Dinge genial antizipierten, deren Richtigkeit wir jetzt wissenschaftlich nachweisen« (»Ergänzung der Vorbemerkung von 1870 zu *Der deutsche Bauernkrieg*«, in: *MEW,* Bd. 18, S. 516).

66 Cabet, *Reise nach Ikarien,* S. 34.

67 Gracchus Babeuf, »Entwurf eines ökonomischen Dekrets«, in

Buonarroti, *Babeuf und die Verschwörung für die Gleichheit,* S. 327 f.

68 Engels, »Fortschritte der Sozialreform auf dem Kontinent«, in: *MEW,* Bd. 1, S. 494.

69 Berlin, »Das Leben und die Ansichten von Moses Heß«, in ders., *Wider das Geläufige,* S. 322.

70 Heß, *Rom und Jerusalem, die letzte Nationalitätsfrage,* in ders., *Ausgewählte Schriften,* S. 237 f.

71 Moses Heß, »Notiz- und Tagebücher«, in Mönke (Hg.), *Neue Quellen zur Heß-Forschung,* S. 40.

72 Berlin, »Das Leben und die Ansichten von Moses Heß«, in ders., *Wider das Geläufige,* S. 328.

73 Siehe Liebich, »August Cieszkowski«.

74 Zit. in McLellan, *Die Junghegelianer und Marx,* S. 19.

75 Heß, »Philosophie der Tat«, in ders., *Ausgewählte Schriften,* S. 140.

76 Heß, »Über die sozialistische Bewegung in Deutschland«, in ders., *Ausgewählte Schriften,* S. 175.

77 Siehe Stedman Jones, »Introduction« (zu Marx/Engels, *The Communist Manifesto*).

78 Heß, *Die europäische Triarchie,* in ders., *Ausgewählte Schriften,* S. 120.

79 Heß, »Über eine in England bevorstehende Katastrophe«, in ders., *Philosophische und sozialistische Schriften,* 1837–1850, S. 184 f.

80 Engels, »Fortschritte der Sozialreform auf dem Kontinent«, in: *MEW,* Bd. 1, S. 495.

81 Heß, *Die europäische Triarchie,* in ders., *Philosophische und sozialistische Schriften,* S. 117.

82 Heß an Berthold Auerbach, 19. Juni 1843, in ders., *Briefwechsel,* S. 103.

Manchester in Schwarzweiß

1 *The Manchester Guardian,* 27. August 1842.

2 *The Manchester Times,* 7. Juli 1842.

3 Engels, *Die Lage der arbeitenden Klasse in England,* in: *MEW,* Bd. 2, S. 448.
4 Vgl. Kidd, *Manchester.*
5 Cooper, *The Life of Thomas Cooper,* S. 207.
6 Engels, *Die Lage der arbeitenden Klasse in England,* in: *MEW,* Bd. 2, S. 273, 359.
7 Engels, »Fortschritte der Sozialreform auf dem Kontinent«, in: *MEW,* Bd. 1, S. 480 f.
8 Engels, »Zur Geschichte des Bundes der Kommunisten«, in: *MEW,* Bd. 21, S. 211.
9 *The Reasoner,* V, S. 92.
10 Siehe Kidd, *Manchester;* Rubinstein, »The Victorian Middle Classes. Wealth, Occupation, and Geography«.
11 Tocqueville, *Journeys to England and Ireland,* S. 94, 107.
12 »Bericht des Fabriken-Kommissarius May über seine Reise in England«, in Kuczynski, *Die Geschichte der Lage der Arbeiter unter dem Kapitalismus,* Bd. 23, S. 178.
13 Faucher, *Manchester in* 1844, S. 16.
14 Carlyle, »Der Chartismus«, in ders., *Socialpolitische Schriften,* Bd. 1, S. 75.
15 Southey, *Letters from England by Don Manuel Alvarez Espriella,* S. 83.
16 Kohl, *Reisen in England und Wales,* Bd. 2, S. 401.
17 Taine, *Notes on England,* S. 219.
18 Kay, *The Moral and Physical Condition of the Working Class Employed in the Cotton Manufacture in Manchester,* S. 8.
19 Chadwick, *Report on the Sanitary Conditions of the Labouring Population of Great Britain,* S. 78.
20 Ebd., S. 111.
21 Jones, *Gimcrackiana,* S. 156 f.
22 *The Manchester Guardian,* 6. Mai 1857.
23 Schopenhauer, *Reise nach England,* S. 309.
24 Parkinson, *On the Present Condition of the Labouring Poor in Manchester,* S. 85.
25 Faucher, *Manchester in* 1844, S. 69.
26 Disraeli, *Sybil,* S. 34 f.
27 Engels, »Die inneren Krisen«, in: *MEW,* Bd. 1, S. 456.

28 Engels, *Die Lage der arbeitenden Klasse in England,* in: *MEW,* Bd. 2, S. 256.

29 Engels, »Die inneren Krisen«, in: *MEW,* Bd. 1, S. 459; ders., »Lage der arbeitenden Klasse in England«, in ebd., S. 464.

30 Engels, *Die Lage der arbeitenden Klasse in England,* in: *MEW,* Bd. 2, S. 386, 442.

31 Johnston, *Eccles,* S. 88.

32 Im November 2007 befragte der *Salford Star* Bewohner des Engels House nach ihren Gedanken über den Mann, dessen Namen ihr Haus trug. Einer von ihnen, Gordon Langlands, schimpfte über die Feuchtigkeit. »Der Stadtrat stellt sich einfach taub«, erklärte er. »Das ist nur eine Bande von Komikern. Aber langsam ist es kein Witz mehr. Man hat mir gesagt, ich solle ausziehen. Aber ich habe das hier aufgebaut. Dieser Engels, der hätte für Ordnung gesorgt« (*Salford Star,* 6. November 2007).

33 Ich danke Colin Farlow für diese Information. Zu Ermen & Engels allgemein siehe Smethhurst, »Ermen and Engel«; Whitfield, *Frederick Engels in Manchester;* W. O. Henderson, *The Life of Friedrich Engels.*

34 Engels an Marx, 20. Januar 1845, in: *MEW,* Bd. 27, S. 18. Die Fabrik, auf die sich Engels hier bezieht, ist zwar jene in Engelskirchen, aber er wird sich in Manchester entsprechend gefühlt haben.

35 Engels, *Die Lage der arbeitenden Klasse in England,* in: *MEW,* Bd. 2, S. 229.

36 Owen, *Das Buch der neuen moralischen Welt,* S. 1.

37 Engels, »Beschreibung der in neuerer Zeit entstandenen und noch bestehenden kommunistischen Ansiedlungen«, in: *MEW,* Bd. 2, S. 534.

38 Faucher, *Manchester in* 1844, S. 25.

39 Engels, »Briefe aus London«, in: *MEW,* Bd. 1, S. 475.

40 Engels, *Die Lage der arbeitenden Klasse in England,* in: *MEW,* Bd. 2, S. 454.

41 Engels, »Briefe aus London«, in: *MEW,* Bd. 1, S. 469.

42 Ebd., S. 476.

43 Engels, *Dialektik der Natur,* in: *MEW,* Bd. 20, S. 338 f.

44 Engels, »Briefe aus London«, in: *MEW,* Bd. 1, S. 474.

45 Watts, *The Facts and Fictions of Political Economists,* S. 13, 28, 35 f.
46 *The Manchester Guardian,* 26. September 1838.
47 Engels, *Die Lage der arbeitenden Klasse in England,* in: *MEW,* Bd. 2, S. 444–452; ders., »Stellung der politischen Parteien«, in: *MEW,* Bd. 1, S. 461 f.
48 Siehe Cole, »George Julian Harney«, in ders., *Chartist Portraits.*
49 George Julian Harney, »Über Engels«, in: *Mohr und General,* S. 473.
50 George Julian Harney an Engels, 16. Dezember 1850, in: *MEGA,* III. Abt., Bd. 3, S. 701.
51 Engels, *Die Lage der arbeitenden Klasse in England,* in: *MEW,* Bd. 2, S. 361.
52 Anonym, *Stubborn Facts from the Factories by a Manchester Operative,* S. 40.
53 Marx/Engels, *Manifest der Kommunistischen Partei,* in: *MEW,* Bd. 4, S. 464.
54 Engels, *Die Lage der arbeitenden Klasse in England,* in: *MEW,* Bd. 2, S. 451.
55 Engels, »Die Lage Englands. ›Past and Present‹ by Thomas Carlyle«, in: *MEW,* Bd. 1, S. 531.
56 Carlyle, »Sign of the Times«, in ders., *Selected Writings,* S. 77.
57 Carlyle, *Einst und Jetzt,* in ders., *Socialpolitische Schriften,* Bd. 3, S. 175.
58 Engels, »Die Lage Englands. ›Past and Present‹ by Thomas Carlyle«, in: *MEW,* Bd. 1, S. 544 f.
59 Engels, »Rezensionen aus der *Neuen Rheinischen Zeitung. Politisch-ökonomische Revue.* Viertes Heft, April 1850«, in: *MEW,* Bd. 7, S. 255 f.
60 Engels, *Die Lage der arbeitenden Klasse in England,* in: *MEW,* Bd. 2, S. 487.
61 Georg Weerth an seinen Bruder Ferdinand, 10. Januar 1844, und an seine Mutter, 6. Juli 1844, in Weerth, *Sämtliche Werke,* Bd. 5, S. 111, 128. Weerths Urteil über Bradford ist vielleicht etwas ungerecht. Der eher bürgerlich gesinnte J. B. Priestley beschrieb das Bradford der Zeit vor dem Ersten Weltkrieg später als »eine der provinziellsten und zugleich kosmopolitischsten

Städte unter den englischen Provinzstädten« mit vielen ausländischen Einwohnern. »Ich kann mich noch erinnern«, erzählt Priestley, »dass einer der bekanntesten Klubs in Bradford der Schillerverein war und dass in jenen Tagen ein Londoner bei uns mehr auffiel als ein Deutscher ... Ein Spritzer vom Rhein und von der Oder fand seinen Weg in unser trübes Bächlein« (*Englische Reise,* S. 87).

62 Eleanor Marx an Karl Kautsky, 15. März 1898, in: Karl Kautsky Papers, International Institute of Social History, Amsterdam, DXVI, Bl. 489.

63 Whitfield, *Engels in Manchester,* S. 70.

64 Wilson, *Der Weg nach Petersburg,* S. 116. W. O. Henderson beschreibt Mary Burns ebenfalls als »irische Fabrikarbeiterin, die in Ancoats in der Cotton Street 18, einer Nebenstraße der George Leigh Street, im Fabrikviertel lebte« (*Marx and Engels and the English Workers,* S. 45).

65 Beer, *Fifty Years of International Socialism,* S. 77.

66 Gemkow, »Fünf Frauen an Engels' Seite«, S. 48.

67 Engels, *Die Lage der arbeitenden Klasse in England,* in: *MEW,* Bd. 2, S. 386.

68 Frow/Frow, *The New Moral World.*

69 Weerth, *Sämtliche Werke,* Bd. 1, S. 209.

70 Engels, *Die Lage der arbeitenden Klasse in England,* in: *MEW,* Bd. 2, S. 373.

71 Whitfield, *Frederick Engels in Manchester,* S. 21.

72 Engels, *Die Lage der arbeitenden Klasse in England,* in: *MEW,* Bd. 2, S. 233.

73 Engels, »Umrisse zu einer Kritik der Nationalökonomie«, in: *MEW,* Bd. 1, S. 499.

74 Marx/Engels, *Manifest der Kommunistischen Partei,* in: *MEW,* Bd. 4, S. 465.

75 Engels, »Umrisse zu einer Kritik der Nationalökonomie«, in: *MEW,* Bd. 1, S. 504, 522.

76 Ebd., S. 520.

77 Engels, »Fortschritte der Sozialreform auf dem Kontinent«, in: *MEW,* Bd. 1, S. 488.

78 Marx/Engels, *Die heilige Familie,* in: *MEW,* Bd. 2, S. 33.

79 Engels, »Umrisse zu einer Kritik der Nationalökonomie«, in: *MEW*, Bd. 1, S. 505, 512; vgl. auch Claeys, »Engels' *Outlines of a Critique of Political Economy* (1843) and the Origins of the Marxist Critique of Capitalism«.

80 Marx, *Zur Kritik der Politischen Ökonomie*, in: *MEW*, Bd. 13, S. 10. Viele Gedanken aus Engels »Umrissen« tauchen in Marx' *Ökonomisch-philosophischen Manuskripten aus dem Jahre 1844* wieder auf, in denen der Artikel neben einigen Aufsätzen von Heß zu den Beiträgen gezählt wird, auf die sich die »inhaltsvollen und *originalen* deutschen Arbeiten für diese Wissenschaft reduzieren« (*MEW*, Bd. 40, S. 468). Anzumerken ist, dass Marx den Begriff der Entfremdung anschließend auf die Arbeit selbst ausdehnte.

81 Marx an Engels, 9. April 1863, in: *MEW*, Bd. 30, S. 343.

82 Engels an Marx, 19. November 1844, in: *MEW*, Bd. 27, S. 10.

83 Engels, *Die Lage der arbeitenden Klasse in England*, in: *MEW*, Bd. 2, S. 234.

84 Wilhelm Liebknecht, »Friedrich Engels«, in: *Mohr und General*, S. 419 f.

85 Engels an Marx, 19. November 1844, in: *MEW*, Bd. 27, S. 12.

86 Engels, *Die Lage der arbeitenden Klasse in England*, in: *MEW*, Bd. 2, S. 232.

87 Engels an Marx, 19. November 1844, in: *MEW*, Bd. 27, S. 10.

88 Engels, *Die Lage der arbeitenden Klasse in England*, in: *MEW*, Bd. 2, S. 233.

89 Ebd., S. 281 f., 285.

90 Ebd., S. 292.

91 Engels, »Briefe aus London«, in: *MEW*, Bd. 1, S. 478.

92 Engels, *Die Lage der arbeitenden Klasse in England*, in: *MEW*, Bd. 2, S. 322.

93 Ebd., S. 377, 400, 460.

94 Ebd., S. 388.

95 Ebd., S. 422 f.

96 Ebd., S. 257.

97 Ebd., S. 487.

98 Ebd., S. 284.

99 Marx, *Das Kapital*, Bd. 1, in: *MEW*, Bd. 23, S. 189.

100 Engels, *Die Lage der arbeitenden Klasse in England,* in: *MEW,* Bd. 2, S. 278.

101 Ebd., S. 278–280.

102 Engels, »Zur Wohnungsfrage«, in: *MEW,* Bd. 18, S. 261.

103 Siehe Katznelson, *Marxism and the City;* Krishnamurthy, »›More Than Abstract Knowledge‹«. Heute ist Mike Davis einer der herausragenden Vertreter dieses modischen akademischen Tropus. Wie Engels der Schwarzweißsicht verhaftet, untersucht er in seinem Essay *Planet der Slums* von 2006 die Klassenstruktur der globalen Stadt des 21. Jahrhunderts. Auf drastische Weise Engels' *Lage der arbeitenden Klasse in England* aktualisierend, beschreibt er die sanitären Zustände der modernen Ballungsgebiete – »Die heutigen armen Megastädte – Nairobi, Lagos, Bombay, Dhaka usw. – sind stinkende Kotberge, die selbst die hartgesottensten Zeitgenossen Königin Viktorias abstoßen würden« (S. 145) – und verweist auf die Machtbeziehungen, die der räumlichen Ungleichheit der Städte zugrunde liegen. Das Kapitel mit dem Titel »Haussmann in den Tropen«, das sich mit Haus- und Landbesetzungen sowie Vertreibungen von Arbeitern aus bestimmten Wohngebieten im heutigen Afrika, in China und in Mittelamerika beschäftigt, ist reinster Engels: »Urbane Segregation ist kein starrer Zustand, sondern ein endloser sozialer Krieg, in den der Staat regelmäßig im Namen von ›Fortschritt‹, ›Stadtverschönerung‹ und sogar ›sozialer Gerechtigkeit für die Armen‹ eingreift, um die räumlichen Grenzen zugunsten der Grundeigentümer, ausländischer Investoren, Hausbesitzereliten und Mittelklassependler neu zu ziehen. Wie im Paris der 1860er Jahre, wo es unter der fanatischen Regentschaft von Baron Haussmann bei der Stadterneuerung darum ging, den privaten Profit und die soziale Kontrolle zugleich zu maximieren« (S. 105).

104 Marcus, *Engels, Manchester and the Working Class,* S. 145.

105 Gunn, *The Public Culture of the Victorian Middle Class,* S. 36; vgl. auch Blanchard, *In Search of the City,* S. 21.

106 *The Guardian,* 4. Februar 2006. Asa Brigg pflichtet Gunn bei: »Hätte Engels nicht in Manchester, sondern in Birmingham gelebt, hätten sein Begriff der ›Klasse‹ und seine Theorie der

Klassengeschichte möglicherweise einen völlig anderen Charakter gehabt« (*Victorian Cities,* S. 116). W. O. Henderson und W. H. Chaloner unterstellen Engels dagegen andere Motive. Ihnen zufolge war er »ein junger Mann mit schlechter Laune, der seine Verstimmung in eine leidenschaftliche Anklage gegen das Fabriksystem ummünzte«. Die »ungezügelte Gewalttätigkeit seiner Sprache und die vollständige Weigerung, einen anderen als den eigenen Standpunkt anzuerkennen … mögen sich daraus erklären, dass er unter einer tiefen Frustration litt« (Henderson/Chaloner, »Introduction«).

107 Engels, *Die Lage der arbeitenden Klasse in England,* in: *MEW,* Bd. 2, S. 249 f.

108 Ebd., S. 344. Für Lenin war es das Hauptverdienst von Engels' Buch: Es zeigte, dass das Proletariat nicht nur eine »leidende Klasse« sei, sondern »dass gerade die schmachvolle wirtschaftliche Lage, in der sich das Proletariat befindet, es unaufhaltsam vorwärtstreibt und es zwingt, für seine endgültige Befreiung zu kämpfen« (»Friedrich Engels«, in Lenin, *Werke,* Bd. 2, S. 9).

109 Engels, *Die Lage der arbeitenden Klasse in England,* in: *MEW,* Bd. 2, S. 239.

110 Stedman Jones, »The First Industrial City?«, S. 7.

111 Engels, *Die Lage der arbeitenden Klasse in England,* in: *MEW,* Bd. 2, S. 295.

112 Tocqueville, *Journeys to England and Ireland,* S. 108.

113 Engels, »Zur Wohnungsfrage«, in: *MEW,* Bd. 18, S. 220.

114 Engels, *Die Lage der arbeitenden Klasse in England,* in: *MEW,* Bd. 2, S. 252.

115 Ebd., S. 452.

116 Ebd., S. 505.

117 Engels, »Zur Wohnungsfrage«, in: *MEW,* Bd. 18, S. 243.

118 Engels, *Herrn Eugen Dührings Umwälzung der Wissenschaft (Anti-Dühring),* in: *MEW,* Bd. 20, S. 276 f.

119 Engels, »Zur Wohnungsfrage«, in: *MEW,* Bd. 18, S. 284 f.

120 Rundschreiben von Gustav Adolph Köttgen in Elberfeld, 24. Mai 1846, in: *Der Bund der Kommunisten,* Bd. 1, S. 343.

121 Kuczynski, *Die Geschichte der Lage der Arbeiter unter dem Kapitalismus,* Teil I, Bd. 8, S. 168 f.

122 Marx, *Das Kapital,* Bd. 1, in: *MEW,* Bd. 23, S. 254, Anm. 48.
123 Wilhelm Liebknecht, »Karl Marx zum Gedächtnis«, in: *Mohr und General,* S. 20.
124 Engels, *Die Lage der arbeitenden Klasse in England,* in: *MEW,* Bd. 2, S. 229.
125 Zu einer angemessenen Würdigung der Bedeutung von Engels' Buch siehe Rigby, *Engels and the Formation of Marxism,* S. 63.

»Einige Geduld und etwas Terrorismus«

1 Balzac, *Vater Goriot,* S. 368. Engels war wie auch Marx ein großer Bewunderer Balzacs, den er noch über Zola stellte. Er gebe uns, schrieb er im April 1888 an Margaret Harkness, »in *La Comédie humaine* eine wunderbar realistische Geschichte der französischen ›Gesellschaft‹, indem er in der Art einer Chronik fast Jahr für Jahr von 1816 bis 1848 die fortschreitenden Einbrüche der aufsteigenden Bourgeoisie in die Gesellschaft der Adligen schildert, die sich nach 1815 rekonstituierte und, soweit sie es vermochte, den Standard der vieille politesse française [alten französischen Lebensart] wieder herstellte. Er schildert, wie die letzten Überreste dieser für ihn musterhaften Gesellschaft allmählich dem Eindringen des vulgären, reichen Emporkömmlings nachgaben oder von ihm zersetzt wurden« (*MEW,* Bd. 37, S. 43).
2 Engels, »Von Paris nach Bern«, in: *MEW,* Bd. 5, S. 464.
3 Balzac, *Vater Goriot,* S. 20.
4 Zit. in McLellan, *Karl Marx,* S. 69.
5 Marx, »Die revolutionäre Bewegung«, in: *MEW,* Bd. 6, S. 149.
6 Arnold Ruge an Ludwig Feuerbach, 15. Mai 1844, in Ruge, *Briefwechsel und Tagebuchblätter,* Bd. 1, S. 343.
7 Marx an Ludwig Feuerbach, 11. August 1844, in: *MEW,* Bd. 27, S. 426.
8 Berlin, *Karl Marx,* S. 93.
9 Marx, *Ökonomisch-philosophische Manuskripte aus dem Jahre* 1844, in: *MEW,* Bd. 40, S. 536.

10 Engels, »Zur Geschichte des Bundes der Kommunisten«, in: *MEW*, Bd. 21, S. 212.
11 Lenin, »Friedrich Engels«, in ders., *Werke*, Bd. 2, S. 12.
12 Wilson, *Der Weg nach Petersburg*, S. 127.
13 Wheen, *Karl Marx*, S. 106.
14 Mayer, *Friedrich Engels*, Bd. 1, S. 175.
15 Paul Lafargue, »Persönliche Erinnerungen an Friedrich Engels«, in: *Mohr und General*, S. 485.
16 Ebd., S. 484.
17 Engels, *Ludwig Feuerbach und der Ausgang der klassischen deutschen Philosophie*, in: *MEW*, Bd. 21, S. 291.
18 Engels an Johann Philipp Becker, 15. Oktober 1884, in: *MEW*, Bd. 36, S. 218.
19 Engels an Eduard Bernstein, 25. Oktober 1881, in: *MEW*, Bd. 35, S. 230.
20 Marx, *Zur Kritik der Politischen Ökonomie*, in: *MEW*, Bd. 13, S. 10.
21 Engels, *Ludwig Feuerbach und der Ausgang der klassischen deutschen Philosophie*, in: *MEW*, Bd. 21, S. 291.
22 Marx/Engels, *Die heilige Familie*, in: *MEW*, Bd. 2, S. 19.
23 Engels, »Rascher Fortschritt des Kommunismus in Deutschland«, in: *MEW*, Bd. 2, S. 519.
24 Marx/Engels, *Die heilige Familie*, in: *MEW*, Bd. 2, S. 7, 19, 98.
25 Engels an Marx, Anfang Oktober 1844, in: *MEW*, Bd. 27, S. 8.
26 Engels an Marx, 20. Januar sowie 7. und 17. März 1845, in: *MEW*, Bd. 27, S. 16, 22, 26.
27 Engels an Marx, 17. März 1845, in: *MEW*, Bd. 27, S. 27.
28 Engels an Marx, Anfang Oktober 1844, in: *MEW*, Bd. 27, S. 5.
29 Ebd., S. 6 f.
30 Engels, »Rascher Fortschritt des Kommunismus in Deutschland«, in: *MEW*, Bd. 2, S. 509–511.
31 Engels an Marx, Anfang Oktober 1844, in: *MEW*, Bd. 27, S. 6.
32 Engels, »Rascher Fortschritt des Kommunismus in Deutschland«, in: *MEW*, Bd. 2, S. 512 f. Die hier zitierte und auch in den *MEW* abgedruckte fünfte Strophe von Heines Gedicht fügte der Dichter erst 1847 in einer auch ansonsten veränderten Neufassung hinzu. In der am 10. Juli 1844 im *Vorwärts!* unter

dem Titel »Die armen Weber« erschienenen Version bestand das Gedicht aus vier Strophen. Engels übersetzte es zudem nach einer früheren Fassung, in der die erste Strophe eine zusätzliche Zeile enthielt.

33 Engels an Marx, 22.–26. Februar 1845, in: *MEW*, Bd. 27, S. 20.
34 Mayer, *Friedrich Engels*, Bd. 1, S. 210.
35 Engels an Marx, 22.–26. Februar 1845, in: *MEW*, Bd. 27, S. 21.
36 Engels, »Zwei Reden in Elberfeld«, in: *MEW*, Bd. 2, S. 536, 545, 556.
37 Zit. in Kliem, *Friedrich Engels*, S. 142.
38 Zit. in ebd., S. 148.
39 Zit. in Knieriem (Hg.), *Über Friedrich Engels*, S. 8.
40 Engels an Marx, 17. März 1845, in: *MEW*, Bd. 27, S. 26.
41 Georg Weerth an seine Mutter, 19. Juli 1845, in Weerth, *Sämtliche Werke*, Bd. 5, S. 172.
42 Engels an Marx, 17. März 1845, in: *MEW*, Bd. 27, S. 24, 27 f.
43 Engels an Marie Engels, 31. Mai 1845, in: *MEW*, Bd. 27, S. 438.
44 Engels an Marx, 15. Mai 1870, in: *MEW*, Bd. 32, S. 510.
45 *The Guardian*, 4. Februar 2006.
46 George Julian Harney an Engels, 30. März 1846, in: *MEGA*, III. Abt., Bd. 1, S. 523.
47 Michail Bakunin an Georg Herwegh, 1847, in: *Gespräche mit Marx und Engels*, S. 69 f.
48 Georg Weerth an seine Mutter, 13. Juni 1846, in Weerth, *Sämtliche Werke*, Bd. 5, S. 215.
49 Born, *Erinnerungen eines Achtundvierzigers*, S. 41.
50 Beer, *Fifty Years of International Socialism*, S. 78.
51 Born, *Erinnerungen eines Achtundvierzigers*, S. 41.
52 Eleanor Marx an Karl Kautsky, 15. März 1898, Karl Kautsky Papers, DXVI, 489.
53 Engels, *Ludwig Feuerbach und der Ausgang der klassischen deutschen Philosophie*, in: *MEW*, Bd. 21, S. 263.
54 Stirner, *Der Einzige und sein Eigentum*, S. 192 und passim.
55 Ebd., S. 411.
56 Engels an Marx, 19. November 1844, in: *MEW*, Bd. 27, S. 12.
57 Marx, *Das Elend der Philosophie*, in: *MEW*, Bd. 4, S. 130.
58 Marx/Engels, *Die deutsche Ideologie*, in: *MEW*, Bd. 3, S. 26 f., 62.

59 Ebd., S. 70.
60 Ebd., S. 33, 35.
61 Marx, »Thesen über Feuerbach«, in: *MEW*, Bd. 3, S. 7.
62 Engels, »Zur Geschichte des Bundes der Kommunisten«, in: *MEW*, Bd. 21, S. 207
63 Engels, »Das Fest der Nationen in London«, in: *MEW*, Bd. 2, S. 613.
64 Born, *Erinnerungen eines Achtundvierzigers*, S. 41.
65 Engels, »[Der Status quo in Deutschland]«, in: *MEW*, Bd. 4, S. 44.
66 Marx/Engels, »[Brief des Brüsseler kommunistischen Korrespondenz-Komitees an G. A. Köttgen]«, in: *MEW*, Bd. 4, S. 22.
67 Engels, »Die Bewegungen von 1847«, in: *MEW*, Bd. 4, S. 502 f.
68 Engels, »Zur Geschichte des Bundes der Kommunisten«, in: *MEW*, Bd. 21, S. 213.
69 Pawel Annenkow, »Über eine Sitzung des Kommunistischen Korrespondenz-Komitees in Brüssel, 30. März 1846«, in: *Der Bund der Kommunisten*, Bd. 1, S. 303–305.
70 Engels, »Zur Geschichte des Bundes der Kommunisten«, in: *MEW*, Bd. 21, S. 213.
71 Engels, »[Zirkular gegen Kriege]«, in: *MEW*, Bd. 4, S. 4, 7.
72 Engels, »Zur Geschichte des Bundes der Kommunisten«, in: *MEW*, Bd. 21, S. 213.
73 Marx an Pierre-Joseph Proudhon, 5. Mai 1846, in: *MEW*, Bd. 27, S. 443 f.
74 Zit. in Wheen, *Karl Marx*, S. 131 f.
75 Marx/Engels, *Manifest der Kommunistischen Partei*, in: *MEW*, Bd. 4, S. 487.
76 Born, *Erinnerungen eines Achtundvierzigers*, S. 28.
77 Sue, *Die Geheimnisse von Paris*, S. 7.
78 Zit. in Jones, *Paris*, S. 349.
79 Sue, *Die Geheimnisse von Paris*, S. 5.
80 Balzac, *Vater Goriot*, S. 145.
81 Engels, »Zur Geschichte des Bundes der Kommunisten«, in: *MEW*, Bd. 21, S. 209; vgl. Pinkney, *Decisive Years in France 1840–1847*; Mansel, *Paris between Empires*.
82 Engels an Marx, 18. und 23. Oktober 1846, in: *MEW*, Bd. 27, S. 59, 66.

83 Engels an das Kommunistische Korrespondenz-Komitee, 23. Oktober 1846, in: *MEW*, Bd. 27, S. 60 f.

84 Engels an Marx, Dezember 1846, in: *MEW*, Bd. 27, S. 69.

85 Engels an Marx, 19. November 1844 und 20. Januar 1845, in: *MEW*, Bd. 27, S. 9, 14 f.

86 Born, *Erinnerungen eines Achtundvierzigers*, S. 30.

87 Engels an Marx, 15. Januar 1847, in: *MEW*, Bd. 27, S. 74.

88 Engels, »Die wahren Sozialisten«, in: *MEW*, Bd. 4, S. 267.

89 Engels an Marx, 9. März 1847, in: *MEW*, Bd. 27, S. 80.

90 Berlin, *Wider das Geläufige*, S. 328 f.

91 Engels an Marx, 19. August und 16. September 1846, 15. Januar 1847, in: *MEW*, Bd. 27, S. 35, 44, 74.

92 Engels an Marx, 14. Januar 1848, in: *MEW*, Bd. 27, S. 110.

93 Eleanor Marx an Karl Kautsky, 15. März 1898, in: Karl Kautsky Papers, International Institute of Social History, Amsterdam, DXVI, Bl. 489. Um die Verwirrung vollkommen zu machen, schreibt Stephan Born in seinen Erinnerungen, Engels habe Paris infolge einer chevaleresken Auseinandersetzung mit einem französischen Grafen verlassen müssen, der seine Geliebte abserviert hatte, ohne für sie zu sorgen. Der Graf habe sich an die Regierung gewandt, die Engels' Ausweisung aus Frankreich verfügt habe (*Erinnerungen eines Achtundvierzigers*, S. 40).

94 Born, *Erinnerungen eines Achtundvierzigers*, S. 29.

95 »Entwurf eines kommunistischen Glaubensbekenntnisses«, in: *Der Bund der Kommunisten*, Bd. 1, S. 470.

96 Ebd., S. 474.

97 Engels, »Grundsätze des Kommunismus«, in: *Der Bund der Kommunisten*, Bd. 1, S. 594, 597.

98 Ebd., S. 601, 604.

99 Engels an Marx, 23./24. November 1847, in: *MEW*, Bd. 27, S. 104, 107.

100 Friedrich Leßner, »Erinnerungen an den zweiten Kongress des Bundes der Kommunisten«, in: *Der Bund der Kommunisten*, Bd. 1, S. 625.

101 Engels, »Zur Geschichte des Bundes der Kommunisten«, in: *MEW*, Bd. 21, S. 215 f.

102 Hobsbawm, »Karl Marx«, S. 60.
103 Wilhelm Liebknecht, »Karl Marx zum Gedächtnis«, in: *Mohr und General*, S. 23.
104 Marx/Engels, *Manifest der Kommunistischen Partei*, in: *MEW*, Bd. 4, S. 468.
105 Zu den Übereinstimmungen und Unterschieden zwischen *Die Lage der arbeitenden Klasse in England* und dem *Kommunistischen Manifest* siehe Carver, *Friedrich Engels*.
106 Marx/Engels, *Manifest der Kommunistischen Partei*, in: *MEW*, Bd. 4, S. 462.
107 Zu einer umfassenden Darstellung der intellektuellen Genealogie des *Manifests* siehe Stedman Jones, »Introduction« (zu Marx/Engels, *The Communist Manifesto*).
108 Marx/Engels, *Manifest der Kommunistischen Partei*, in: *MEW*, Bd. 4, S. 464 f., 474.
109 Vgl. Engels, *Die Entwicklung des Sozialismus von der Utopie zur Wissenschaft*, in: *MEW*, Bd. 19, S. 200.
110 Engels, »Revolution in Paris«, in: *MEW*, Bd. 4, S. 530.

Die unendlich reiche Ernte von '48

1 Engels, »[Brief an den Redakteur des *Northern Star*]«, in: *MEW*, Bd. 4, S. 531.
2 Komitee der Demokratischen Gesellschaft, Brüssel, an Julian Harney, 28. Februar 1848, in: *MEW*, Bd. 4, S. 604.
3 Engels an Emil Blank, 28. März 1848, in: *MEW*, Bd. 27, S. 477 f.
4 Engels an Marx, 9. März 1848, in: *MEW*, Bd. 27, S. 116.
5 J. J. Sheehan, *German History*, 1770–1866, S. 658; vgl. Clark, *Preußen*.
6 Wolff, *Berliner Revolutions-Chronik*, Bd. 1, S. 249; Minkels, *Zwischen Schloss und Alexanderplatz*, S. 242.
7 Engels, »Marx und die *Neue Rheinische Zeitung* 1848–49«, in: *MEW*, Bd. 21, S. 19.
8 Zit. McLellan, *Karl Marx*, S. 229.
9 Grün, »Politik und Sozialismus«, in ders., *Ausgewählte Schriften in zwei Bänden*, Bd. 2, S. 449.

10 Siehe Sperber, *Rhineland Radicals.*
11 Hammen, *Die roten 48er,* S. 265.
12 Engels, »Marx und die *Neue Rheinische Zeitung* 1848/49«, in: *MEW,* Bd. 21, S. 18.
13 Engels an Emil Blank, 15. April 1848, in: *MEW,* Bd. 27, S. 481.
14 Engels an Marx, 25. April 1848, in: *MEW,* Bd. 27, S. 125.
15 Engels, »Marx und die *Neue Rheinische Zeitung* 1848/49«, in: *MEW,* Bd. 21, S. 19.
16 Ebd., S. 21.
17 Engels, »Revolution und Konterrevolution in Deutschland«, in: *MEW,* Bd. 8, S. 46.
18 Siehe Mansel, *Paris between Empires;* Hammen, *Die roten 48er.*
19 Engels, »Details über den 23. Juni«, in: *MEW,* Bd. 5, S. 112.
20 Engels, »Der 23. Juni«, in: *MEW,* Bd. 5, S. 118.
21 Engels, »Nachricht aus Paris«, in: *MEW,* Bd. 5, S. 116.
22 Marx, »Der Juniaufstand«, in: *MEW,* Bd. 5, S. 134.
23 Engels, »Der 23. Juni«, in: *MEW,* Bd. 5, S. 119 f.
24 »Gerichtliche Untersuchung gegen die *Neue Rheinische Zeitung*«; »Gerichtliche Verfolgung der *Neuen Rheinischen Zeitung*«; »[Die standrechtliche Beseitigung der *Neuen Rheinischen Zeitung*]« in: *MEW,* Bd. 5, S. 484, 492; Bd. 6, S. 503.
25 Engels, »Volksversammlung in Worringen«, in: *MEW,* Bd. 5, S. 497.
26 »[Steckbrief gegen Friedrich Engels und Heinrich Bürger]«, in: *MEW,* Bd. 5, S. 500.
27 Elisabeth Engels an Engels, 4. Oktober 1848, in: *MEGA,* III. Abt., Bd. 2, S. 476.
28 *La Nation* [Brüssel], 7. Oktober 1848, zit. in: *Neue Rheinische Zeitung,* Nr. 114, 12. Oktober 1848, Beilage.
29 Marx, »Sieg der Konterrevolution zu Wien«, in: *MEW,* Bd. 5, S. 457.
30 Engels, »Von Paris nach Bern«, in: *MEW,* Bd. 5, S. 465 f.
31 Ebd., S. 469–471.
32 Ebd., S. 463 f., 471, 477, 480.
33 Siehe Deak, *Die rechtmäßige Revolution;* Cummings, *Marx, Engels and National Movements.*
34 Engels, »Der magyarische Kampf«, in: *MEW,* Bd. 6, S. 165.

35 Engels, »Der dänisch-preußische Waffenstillstand«, in: *MEW*, Bd. 5, S. 394 f.
36 Zit. in Rosdolsky, *Zur nationalen Frage*, S. 122.
37 Engels, »Der magyarische Kampf«, in: *MEW*, Bd. 6, S. 172.
38 Engels, »Der demokratische Panslawismus«, in: *MEW*, Bd. 6, S. 273 f.
39 Engels an Eduard Bernstein, 22.–25. Februar 1882, in: *MEW*, Bd. 35, S. 281 f.
40 Engels, »Der magyarische Kampf«, in: *MEW*, Bd. 6, S. 176.
41 Engels an Marx, 28. Dezember 1848 und Anfang Januar 1849, in: *MEW*, Bd. 27, S. 132 f.
42 Engels, »Marx und die *Neue Rheinische Zeitung* 1848–49«, in: MEW, Bd. 21, S. 23.
43 *Neue Rheinische Zeitung*, Nr. 232, 27. Februar 1849.
44 Engels, »Die Niederlage der Piemontesen«, in: *MEW*, Bd. 6, S. 387.
45 Friedrich Wilhelm IV. von Preußen an Ernst August von Hannover, 3. April 1849, in Jessen, *Die Deutsche Revolution* 1848/49 *in Augenzeugenberichten*, S. 311.
46 *Neue Rheinische Zeitung*, Nr. 289, 4. Mai 1849, Beilage.
47 Engels, »[Elberfeld]«, in: *MEW*, Bd. 6, S. 500.
48 Siehe Sperber, *Rhineland Radicals*.
49 Pagenstecher, *Lebenserinnerungen von Dr. med. C. H. Alexander Pagenstecher*, Bd. 3, S. 63.
50 Engels, »[Elberfeld]«, in: *MEW*, Bd. 6, S. 500 f.
51 *Westdeutsche Zeitung*, 19. und 21. April 1850.
52 Pagenstecher, *Lebenserinnerungen von Dr. med. C. H. Alexander Pagenstecher*, Bd. 3, S. 66.
53 Hecker, *Der Aufstand zu Elberfeld im Mai* 1849 *und mein Verhältnis zu demselben*, S. 38 f.
54 *Elberfelder Zeitung*, 3. Juni 1849, abgedruckt in Hirsch, *Friedrich Engels in Selbstzeugnissen und Bilddokumenten*, S. 61.
55 Quelle dieser Episode ist eine kurze Passage in einer biographischen Skizze des Barmener Fabrikanten Ernst von Eynern über seinen Vater: »Friedrich von Eynern, ein bergisches Lebensbild«, S. 33.
56 Pagenstecher, *Lebenserinnerungen von Dr. med. C. H. Alexander Pagenstecher*, Bd. 3, S. 66 f.

57 Körner, *Lebenskämpfe in der Alten und Neuen Welt,* Bd. 2, S. 137.
58 Engels, »[Elberfeld]«, in: *MEW,* Bd. 6, S. 501.
59 Ebd., S. 501 f.
60 Adolf von Griesheim an Engels, Mai 1849, in Kliem, *Friedrich Engels,* S. 280.
61 Kliem, *Friedrich Engels,* S. 251.
62 Engels, »Die deutsche Reichsverfassungskampagne«, in: *MEW,* Bd. 7, S. 133.
63 Ebd., S. 152, 159–161.
64 Engels an Jenny Marx, 25. Juli 1849, in: *MEW,* Bd. 27, S. 501 f.
65 Zit. in Boswell, *Dr. Samuel Johnson,* S. 458.
66 Engels an Jenny Marx, 25. Juli 1849, in: *MEW,* Bd. 27, S. 501.
67 Engels, »Die deutsche Reichsverfassungskampagne«, in: *MEW,* Bd. 7, S. 169.
68 Ebd., S. 182.
69 Engels an Jenny Marx, 25. Juli 1849, in: *MEW,* Bd. 27, S. 501.
70 Siehe Berger, *Engels, Armies and Revolution,* S. 37; Kliem, *Friedrich Engels,* S. 258.
71 Engels, »Die deutsche Reichsverfassungskampagne«, in: *MEW,* Bd. 7, S. 195.
72 Engels an Jenny Marx, 25. Juli 1849, in: *MEW,* Bd. 27, S. 501.
73 Marx an Engels, 1. August 1849, in: *MEW,* Bd. 27, S. 139.
74 Engels, »Die deutsche Reichsverfassungskampagne«, in: *MEW,* Bd. 7, S. 112 f.
75 Marx an Engels, 23. August 1849, in: *MEW,* Bd. 27, S. 142.

Manchester grau in grau

1 Engels an Marx, 31. Dezember 1857, in: *MEW,* Bd. 29, S. 245.
2 Nachschrift von Jenny Marx in: Marx an Engels, 2. Dezember 1850, in: *MEW,* Bd. 27, S. 152.
3 Marx an Engels, 31. Juli 1865, in: *MEW,* Bd. 31, S. 131.
4 Herzen, *Erlebtes und Gedachtes,* S. 351.
5 Marx/Engels, »Preußische Spione in London«, in: *MEW,* Bd. 7, S. 316 f.

6 Engels an Jakob Schabelitz, 22. Dezember 1849, in: *MEW*, Bd. 27, S. 519.
7 Engels, »Flüchtlingsliteratur«, in: *MEW*, Bd. 18, S. 528.
8 Engels, »Letter from France III«, in: *MEGA*, I. Abt., Bd. 10, S. 234.
9 Marx/Engels, »Ansprache der Zentralbehörde an den Bund vom März«, in: *MEW*, Bd. 7, S. 250.
10 Engels an Marx, 13. Februar 1851, in: *MEW*, Bd. 27, S. 189 f.
11 Jenny Marx, »Kurze Umrisse eines bewegten Lebens«, in: *Mohr und General*, S. 214.
12 Jenny Marx an Joseph Weydemeyer, 20. Mai 1850, in: *Mohr und General*, S. 240.
13 Marx an Engels, 19. November 1850, in: *MEW*, Bd. 27, S. 143.
14 Elise Engels an Engels, 11. April 1850, in: *MEGA*, III. Abt., Bd. 3, S. 513 f.
15 Marie Blank an Engels, 17. August 1850, in: *MEGA*, III. Abt., Bd. 3, S. 617.
16 Friedrich Engels sen. an Engels, 22. Januar 1851, in: *MEGA*, III. Abt., Bd. 4, S. 293.
17 Engels an Marx, 6. Juli 1851, in: *MEW*, Bd. 27, S. 276.
18 A. J. P. Taylor, »Manchester«, in: *Encounter*, 8 (1957), 3, S. 9.
19 *The Manchester Guardian*, 11. Oktober 1851.
20 Engels an Marx, 17. Dezember 1850, in: *MEW*, Bd. 27, S. 154 f.
21 Engels an Marx, 5. Februar 1851, in: *MEW*, Bd. 27, S. 180.
22 Cooper, *The Life of Thomas Cooper, Written by Himself*, S. 393.
23 Engels an Marx, 7. Oktober 1858, in: *MEW*, Bd. 29, S. 358.
24 Engels an Marx, 8. Januar 1851, in: *MEW*, Bd. 27, S. 164.
25 Engels an Marx, 8. April 1853, in: *MEW*, Bd. 30, S. 338.
26 Zit. in Kliem, *Friedrich Engels*, S. 114.
27 Engels an Marx, 17. Dezember 1850, in: *MEW*, Bd. 27, S. 155.
28 Nachschrift von Jenny Marx in: Marx an Engels, 2. Dezember 1850, in: *MEW*, Bd. 27, S. 152.
29 Engels an Marx, 26. Februar 1851, in: *MEW*, Bd. 27, S. 204 f.
30 Elise Engels an Engels, 27. Juni 1851, in: *MEGA*, III. Abt., Bd. 4, S. 409.
31 Engels an Marx, um den 6. Juli 1851, in: *MEW*, Bd. 27, S. 276 f.
32 Engels an Marx, 17. November 1856, in: *MEW*, Bd. 29, S. 85; 17. Februar 1852, in: *MEW*, Bd. 28, S. 23.

33 Engels an Ernst Dronke, 9. Juli 1851, in: *MEW*, Bd. 27, S. 564.
34 Engels an Marx, um den 1. August 1851, in: *MEW*, Bd. 27, S. 295.
35 Engels an Marx, 13. Februar 1865, in: *MEW*, Bd. 31, S. 69.
36 Von Eynern, »Friedrich von Eynern, ein bergisches Lebensbild«, S. 34 f.
37 Engels an Marx, 4. Oktober 1865, in: *MEW*, Bd. 31, S. 149.
38 Engels an Marx, 13. November 1865, in: *MEW*, Bd. 31, S. 153.
39 Zit. in Smethhurst, »Ermen and Engels«, S. 10.
40 Siehe Perkin, *The Origins of Modern English Society.*
41 Gemkow u. a., *Friedrich Engels*, S. 361.
42 Marx an Engels, 31. Juli 1865, in: *MEW*, Bd. 31, S. 131.
43 Marx an Engels, 9. Dezember 1861, in: *MEW*, Bd. 30, S. 206.
44 Jenny Marx an Engels, 27. April 1853, in: *MEW*, Bd. 28, S. 645.
45 McLellan, *Karl Marx*, S. 280.
46 Marx an Engels, 21. Januar 1859, in: *MEW*, Bd. 29, S. 385.
47 Marx an Engels, 31. Juli 1865, in: *MEW*, Bd. 31, S. 131 f.
48 Jenny Marx, »Kurze Umrisse eines bewegten Lebens«, in: *Mohr und General*, S. 223.
49 Jenny Marx an Engels, 23. Mai 1854, in: *MEW*, Bd. 28, S. 656.
50 Marx an Jenny Marx, 17. September 1878, in: *MEW*, Bd. 34, S. 344.
51 Wheen, *Karl Marx*, S. 105.
52 Eleanor Marx-Aveling, »Friedrich Engels«, in: *Mohr und General*, S. 446.
53 Engels an Marx, 19. März, 30. Juli und 1. September 1851, in: *MEW*, Bd. 27, S. 223, 290, 335.
54 Engels an Marx, 2. März 1852, in: *MEW*, Bd. 28, S. 35.
55 Engels an Marx, nicht vor dem 27. September 1856, in: *MEW*, Bd. 29, S. 78.
56 Engels an Marx, 29. Oktober 1857, in: *MEW*, Bd. 29, S. 204.
57 Engels an Marx, 15. November 1857, in: *MEW*, Bd. 29, S. 211 f.
58 Engels an Marx, 17. Dezember 1857, in: *MEW*, Bd. 29, S. 231.
59 Engels an Marx, 12. April 1865, in: *MEW*, Bd. 31, S. 107.
60 Engels an Marx, 5. November 1862, in: *MEW*, Bd. 30, S. 295.
61 Arnold, *The History of the Cotton Famine*, S. 113.
62 Zit. in W. O. Henderson, *The Lancashire Cotton Famine*, S. 107.

63 Watts, *The Facts of the Cotton Famine.*
64 Marx an Engels, 8. August 1851, in: *MEW*, Bd. 27, S. 296.
65 Engels an Marx, um den 10. August 1851, in: *MEW*, Bd. 27, S. 307.
66 Marx an Adolf Cluß, 15. September 1853, in: *MEW*, Bd. 28, S. 592.
67 Marx an Adolf Cluß, 18. Oktober 1853, in: *MEGA*, III. Abt., Bd. 7, S. 38.
68 Engels an Marx, 24. August 1852, in: *MEW*, Bd. 28, S. 117.
69 Engels an Marx, 18. Oktober 1852, in: *MEW*, Bd. 28, S. 158;
70 Marx an Engels, 27. Mai 1859, in: *MEW*, Bd. 29, S. 444.
71 Jenny Marx an Engels, 17. Dezember 1851, in: *MEGA*, III. Abt., Bd. 4, S. 540.
72 Engels an Marx, 27. November 1851, in: *MEW*, Bd. 27, S. 374.
73 Engels an Marx, 31. Januar 1860, in: *MEW*, Bd. 30, S. 15.
74 Marx an Engels, 29. Januar und 5. März 1858, in: MEW, Bd. 29, S. 269, 296.
75 Marx an Engels, 6. März 1862, in: *MEW*, Bd. 30, S. 223 f.
76 Marx an Engels, 14. November 1868, in: *MEW*, Bd. 32, S. 204.
77 Marx an Engels, 2. August 1862, in: *MEW*, Bd. 30, S. 263–267.
78 Engels an Marx, 26. Juni 1867, in: *MEW*, Bd. 31, S. 310.
79 Marx an Engels, 27. Juni 1867, in: *MEW*, Bd. 31, S. 312.
80 Marx an Engels, 20. August 1862, in: *MEW*, Bd. 30, S. 280.
81 Engels an Marx, 9. September 1862, in: *MEW*, Bd. 30, S. 284.
82 Jenny Marx, »Kurze Umrisse eines bewegten Lebens«, in: *Mohr und General*, S. 216.
83 Zit. in Wheen, *Karl Marx*, S. 210.
84 Louise Kautsky-Freyberger an August Bebel, 2./4. September 1898, in: *Gespräche mit Marx und Engels*, S. 704.
85 Zu ausführlicheren Darstellungen dieser Episode und der historiographischen Debatte über sie siehe McLellan, *Karl Marx*, S. 290 f.; Wheen, *Karl Marx*, S. 206–213; Carver, *Friedrich Engels*, S. 166–169; Kapp, *Eleanor Marx*, Bd. 2, S. 430–440; dies., »Frederick Demuth«.
86 Siehe Kliem, *Friedrich Engels*, S. 488.
87 Engels an Marx, 29. Januar 1851, in: *MEW*, Bd. 27, S. 170.
88 Siehe Whitfield, *Frederick Engels in Manchester.*

89 Engels an Marx, 21. April und 1. Mai 1854, in: *MEW*, Bd. 28, S. 344, 351.
90 Im Archiv der Working Class Movement Library in Salford befindet sich ein Brief des Stadtbaurats John Millar an Ruth Frow von 1970, in dem er deren Vorschlag beantwortete, dort eine Gedenktafel anzubringen. Er hielt ihn mit Blick auf den Abriss des Hauses für »wenig sinnvoll« (Box »Engels in M/CR«).
91 Engels an Marx, 28. Februar und 15. November 1862, in: *MEW*, Bd. 30, S. 215, 298.
92 Engels, »Wilhelm Wolff«, in: *MEW*, Bd. 19, S. 88.
93 Engels, »Carl Schorlemmer«, in: *MEW*, Bd. 22, S. 314; zu Schorlemmers Leben siehe Heinig, *Carl Schorlemmer.*
94 Siehe W. O. Henderson, »Friends in Exile«, in ders., *The Life of Friedrich Engels*, Bd. 1, S. 243–306.
95 Engels an Marx, 22. September 1859, in: *MEW*, Bd. 29, S. 481.
96 Siehe Greaves, *Foxhunting in Cheshire;* Ferguson, *The Green Collars.*
97 Marx-Engels-Archiv, International Institute of Social History, Amsterdam, R49.
98 Engels an Marx, 22. Januar 1857, in: *MEW*, Bd. 29, S. 100.
99 Paul Lafargue, »Persönliche Erinnerungen an Friedrich Engels«, in: *Mohr und General*, S. 478.
100 *Hansard*, Bd. 665, Nr. 133 (12. Oktober 2004), Sp. 174.
101 Engels an Marx, 15. November 1857, in: *MEW*, Bd. 29, S. 212.
102 Engels, »Die Armeen Europas«, in: *MEW*, Bd. 11, S. 431.
103 Engels an Marx, 31. Dezember 1857, in: *MEW*, Bd. 29, S. 245.
104 Paul Lafargue, »Persönliche Erinnerungen an Friedrich Engels«, in: *Mohr und General*, S. 478.
105 Engels an Marx, 11. Februar 1858, in: *MEW*, Bd. 29, S. 278 f.
106 Engels an Marx, 20. Mai 1857, in: *MEW*, Bd. 29, S. 135.
107 Siehe Kidd, *Manchester.*
108 Engels an das Direktorium der Schiller-Anstalt, 3. Mai 1861, in: *MEW*, Bd. 30, S. 596.
109 Marx-Engels-Archiv, International Institute of Social History, Amsterdam, M17.
110 Engels an Marx, 29. März 1868, in: *MEW*, Bd. 32, S. 54.
111 *The Sphinx*, Bd. 2, Nr. 38, 1. Mai 1869.

112 Marx an Engels, 2. September 1854, in: *MEW*, Bd. 28, S. 389.

113 Engels an Marie Blank, 22. November 1852, in: *MEGA*, III. Abt., Bd. 4, S. 92. Engels Teilnahme am gesellschaftlichen Leben von Manchester ist indes nicht ohne Ironie. Wie Geoff Eley in einem Aufsatz über Jürgen Habermas' Verhältnis zum 19. Jahrhundert schreibt, bildeten freiwillige Vereinigungen in den europäischen Städten das theatralische Gerüst des bürgerlichen Dramas (»Nations, Publics, and Political Cultures«, S. 298). Durch die gesellschaftliche Führungsrolle solcher Klubs wie dem Albert, dem Brazenose und der Schiller-Anstalt etablierte das Bürgertum eine kulturelle Vorherrschaft in der Öffentlichkeit der urbanen Welt, die sowohl die Beziehungen zwischen den Klassen kodifizierte als auch die von Engels so verabscheute mittelviktorianische Stabilität festigte. Die zahlreichen bürgerlichen Vereine, von denen es in Manchester wimmelte, trugen, um einen Begriff des Historikers Martin Hewitt zu verwenden, zur Herausbildung eines »moralischen Imperialismus« bei, der die Arbeiterklasse subtil, aber wirkungsvoll im Zaum hielt. Als Gesamtheit entwickelten sie eine Strategie der sozialen Kontrolle und kulturellen Entproletarisierung: Anstatt ein Klassenbewusstsein auszubilden und die Bourgeoisie als ihren Klassenfeind zu betrachten, begann die Arbeiterklasse die bürgerliche Ethik von vernünftiger Erholung und nützlicher Bildung zu übernehmen. Nach und nach traten bürgerliche Vorstellungen von Freizeit und Geselligkeit – in Konzerthallen, Herrenklubs, Wohltätigkeitsinitiativen und Bildungseinrichtungen – an die Stelle der radikalen Ambitionen des Proletariats. Und ob es ihm nun bewusst war oder nicht, Engels gehörte mit zu den Trägern jener kulturellen Hegemonie, unter der sich Manchester vom Schmelztiegel des gewalttätigen Chartismus zum Schauplatz gemütlicher Hallé-Soireen wandelte.

114 Engels an Marx, 17. November 1856 und 11. März 1857, in: *MEW*, Bd. 29, S. 85, 109.

115 Engels an Marx, 22. April, 20. Mai und 30. Juli 1857, in: *MEW*, Bd. 29, S. 127, 135, 158.

116 Marx an Engels, 6. und 11. Juli 1857, in: *MEW*, Bd. 29, S. 148, 153.

117 Marx an Engels, 9. August 1857, in: *MEW*, Bd. 29, S. 159.

118 Marx an Engels, 20. Februar 1866, in: *MEW*, Bd. 31, S. 182.
119 Engels an Marx, 10. Februar 1866, in: *MEW*, Bd. 31, S. 176.
120 Engels an Marx, 15. November 1857, in: *MEW*, Bd. 29, S. 210.
121 Engels an Charlotte Engels, 1. Dezember 1884, in: *MEW*, Bd. 36, S. 248.
122 Engels an Marx, 11. Mai 1860, in: *MEW*, Bd. 30, S. 57.
123 Engels an Elise Engels, 13. und 27. Februar 1861, in: *MEW*, Bd. 30, S. 582, 585 f.
124 Engels, »Vorrede zur dritten Auflage [(1885) *Der achtzehnte Brumaire des Louis Bonaparte* von Karl Marx]«, in: *MEW*, Bd. 21, S. 249.
125 Engels, »Karl Marx«, in: *MEW*, Bd. 19, S. 102 f.
126 Marx, *Zur Kritik der Politischen Ökonomie*, in: *MEW*, Bd. 13, S. 8 f.
127 Engels, »Ludwig Feuerbach und der Ausgang der klassischen deutschen Philosophie«, in: *MEW*, Bd. 21, S. 297.
128 Marx, *Der achtzehnte Brumaire des Louis Bonaparte*, in: *MEW*, Bd. 8, S. 115. Es ist vielleicht erwähnenswert, dass Marx' berühmtes Vorwort zum *Achtzehnten Brumaire* – »Hegel bemerkte irgendwo, dass alle großen weltgeschichtlichen Tatsachen und Personen sich sozusagen zweimal ereignen. Er hat vergessen, hinzuzufügen: das eine Mal als Tragödie, das andere Mal als Farce« (ebd.) – höchstwahrscheinlich auf einen Brief von Engels zurückgeht, den Marx im Dezember 1851 erhielt, während er an dem Buch arbeitete. Darin bemerkte Engels über Bonapartes Staatsstreich: »Nach dem aber, was wir gestern gesehn haben, ist auf den peuple gar nichts zu geben, und es scheint wirklich, als ob der alte Hegel in seinem Grabe die Geschichte als Weltgeist leitete und mit der größten Gewissenhaftigkeit alles sich zweimal abspielen ließe, einmal als Tragödie und das zweite Mal als lausige Farce« (Engels an Marx, 3. Dezember 1851, in: *MEW*, Bd. 17, S. 381).
129 Engels an Walter Borgius, 25. Januar 1894, in: *MEW*, Bd. 39, S. 206.
130 Engels an Joseph Bloch, in: *MEW*, Bd. 37, S. 463–465.
131 Engels, »Vorbemerkung [zum Zweiten Abdruck (1870) *Der deutsche Bauernkrieg*]«, in: *MEW*, Bd. 16, S. 394.

132 Engels, *Der deutsche Bauernkrieg*, in: *MEW*, Bd. 7, S. 329.
133 Ebd., S. 339.
134 Ebd., S. 343.
135 Ebd., 353 f., 400.
136 Engels an Joseph Weydemeyer, 19. Juni 1851, in: *MEW*, Bd. 27, S. 554.
137 Engels an Marx, 11. April 1851, in: *MEW*, Bd. 27, S. 235.
138 Engels an H. J. Lincoln, 30. März 1854, in: *MEW*, Bd. 28, S. 600, 602.
139 Engels an Marx, 20. April 1854, in: *MEW*, Bd. 28, S. 342.
140 Engels, »Der Krieg im Osten«, in: *MEW*, Bd. 10, S. 559.
141 Marx an Engels, 10. März 1859, in: *MEW*, Bd. 29, S. 409.
142 Marx an Engels, 7. Mai 1861, in: *MEW*, Bd. 30, S. 162.
143 Siehe W. O. Henderson/Chaloner (Hg.), *Engels on Military Critic.*
144 Engels, »England«, in: *MEW*, Bd. 8, S. 213.
145 Engels, »Könnten die Franzosen London erstürmen?«, in: *MEW*, Bd. 15, S. 106.
146 Engels, »Eine englische Freiwilligen-Inspektion«, in: *MEW*, Bd. 15, S. 540.
147 Engels an Marx, 11. August 1867, in: *MEW*, Bd. 31, S. 320.
148 Siehe Bull, »*Volunteer!*«.
149 Ein gutes Beispiel für eine andere zeitgenössische Perspektive auf die Freiwilligenkorps ist *The Sack, or Volunteers' Testimonial to the Militia.*
150 Engels an Marx, 22. und 31. Juli 1870, in: *MEW*, Bd. 33, S. 9, 15 f.
151 Marx an Engels, 3. August 1870, in: *MEW*, Bd. 33, S. 27.
152 Engels, »Revolution und Konterrevolution in Deutschland«, in: *MEW*, Bd. 8, S. 95.
153 Engels, *Herrn Eugen Dührings Umwälzung der Wissenschaft (Anti-Dühring)*, in: *MEW*, Bd. 20, S. 155, 160.
154 Engels, »Die Armeen Europas«, in: *MEW*, Bd. 11, S. 425–432, Zitat auf S. 425.
155 Marx/Engels, »Die Berichte der Generale Simpson, Pélissier und Niel«, in: *MEW*, Bd. 11, S. 544.
156 Engels, »Extraordinary Revelations – Abd-El-Kader – Guizot's Foreign Policy«, in: *MECW*, Bd. 6, S. 472.

157 Marx/Engels, *Manifest der Kommunistischen Partei*, in: *MEW*, Bd. 4, S. 466.
158 Marx, »Die künftigen Ergebnisse der britischen Herrschaft in Indien«, in: *MEW*, Bd. 9, S. 220 f.
159 Engels an Marx, 20. April 1852, in: *MEW*, Bd. 28, S. 52.
160 Marx, »Der indische Aufstand«, in: *MEW*, Bd. 12, S. 285.
161 Engels, »Flüchtlingsliteratur«, in: *MEW*, Bd. 18, S. 527.
162 Engels an Marx, 1. Dezember 1865, in: *MEW*, Bd. 31, S. 159.
163 Engels an Eduard Bernstein, 13. September 1884, in: *MEW*, Bd. 36, S. 207.
164 Engels, »Algerien«, in: *MEW*, Bd. 14, S. 102.
165 Engels an Karl Kautsky, 12. September 1882, in: *MEW*, Bd. 35, S. 357.
166 Farnie, *The English Cotton Industry and the World Market 1815–1896*, S. 105.
167 Engels an Karl Kautsky, 12. September 1882, in: *MEW*, Bd. 35, S. 357.
168 Engels an Marx, 7. Januar 1863, in: *MEW*, Bd. 30, S. 309.
169 Engels an Marx, 26. Januar 1863, in: *MEW*, Bd. 30, S. 317.
170 Marx an Engels, 8. Januar 1863, in: *MEW*, Bd. 30, S. 310 f.
171 Engels an Marx, 13. Januar 1863, in: *MEW*, Bd. 30, S. 312.
172 Marx an Engels, 24. Januar 1863, in: *MEW*, Bd. 30, S. 314.
173 Engels an Marx, 26. Januar 1863, in: *MEW*, Bd. 30, S. 317.
174 Eleanor Marx an Karl Kautsky, 15. März 1898, in: Karl Kautsky Papers, International Institute of Social History, Amsterdam, DXVI, Bl. 489.
175 Engels an Julie Bebel, 8. März 1892, in: *MEW*, Bd. 38, S. 298.
176 Kapp, *Eleanor Marx*, Bd. 1, S. 107.
177 Engels an Jenny Marx, 9. Juli 1869, in: *Friedrich Engels 1820–1970*, S. 320.
178 Eleanor Marx an Jenny Marx (Tochter), 20. Juli 1869, in: *Die Töchter von Karl Marx*, S. 71.
179 Engels, »Bekenntnisse«, in: *Mohr und General*, S. 609.
180 Engels an Jenny Marx, 9. Juli 1869, in: *Friedrich Engels 1820–1970*, S. 320.
181 Engels, »[Die Geschichte Irlands]«, in: *MEW*, Bd. 16, S. 475.
182 Engels an Marx, 23. Mai 1856, in: *MEW*, Bd. 29, S. 56 f.

183 Engels, »[Bemerkungen für das Vorwort zu einer Sammlung irischer Lieder]«, in: *MEW*, Bd. 16, S. 501.
184 Engels an Marx, 23. Mai 1856, in: *MEW*, Bd. 29, S. 57.
185 Ebd., S. 56.
186 Marx an Sigfrid Meyer und August Vogt, 9. April 1870, in: *MEW*, Bd. 32, S. 667–669.
187 Foster, Modern Ireland, 1600–1972, S. 391.
188 Engels an Natalie Liebknecht, 13. Januar 1871, in: *MEW*, Bd. 33, S. 169.
189 Paul Lafargue, »Persönliche Erinnerungen an Friedrich Engels«, in: *Mohr und General*, S. 477 f.
190 Beer, *Fifty Years of International Socialism*, S. 78.
191 Engels an Laura Marx, 23. September 1867, in: *MEW*, Bd. 31, S. 559.
192 Engels an Marx, 24. November 1867, in: *MEW*, Bd. 31, S. 387.
193 Marx an Engels, 28. November 1867, in: *MEW*, Bd. 31, S. 392.
194 Engels an Marx, 29. November 1867, in: *MEW*, Bd. 31, S. 396.
195 Engels an Marx, 18. November 1868, in: *MEW*, Bd. 32, S. 207.
196 Engels an Marx, 7. August 1865, in: *MEW*, Bd. 31, S. 137.
197 Engels an Marx, 2. April 1851, in: *MEW*, Bd. 27, S. 228.
198 Engels an Marx, 27. April 1867, in: *MEW*, Bd. 31, S. 293.
199 Marx an Engels, 7. Mai 1867, in: *MEW*, Bd. 31, S. 296 f.
200 Engels an Marx, 23. August 1867, in: *MEW*, Bd. 31, S. 324.
201 Engels an Marx, 1. September 1867, in: *MEW*, Bd. 31, S. 334.
202 Engels an Marx, 27. Juni 1867, in: *MEW*, Bd. 31, S. 305.
203 Skidelsky, »What's Left of Marx«.
204 Marx, *Das Kapital*, Bd. 1, in: *MEW*, Bd. 23, S. 790 f.
205 Ebd., S. 674.
206 Engels an Marx, 27. April 1867, in: *MEW*, Bd. 31, S. 293.
207 Engels an Hermann Meyer, 18. Oktober 1867, in: *MEW*, Bd. 31, S. 566.
208 Engels an Ludwig Kugelmann, 8. und 20. November 1867, in: *MEW*, Bd. 31, S. 567 f.
209 Engels an Marx, 11. September 1867, in: *MEW*, Bd. 31, S. 345.
210 Engels an Marx, 5. November 1867, in: *MEW*, Bd. 31, S. 377 f.
211 Engels, »[Rezension des Ersten Bandes *Das Kapital* für die *Zukunft*]«, in: *MEW*, Bd. 16, S. 208.

212 Engels, »[Rezension des Ersten Bandes *Das Kapital* für den *Staats-Anzeiger für Württemberg*]«, in: *MEW*, Bd. 16, S. 230.
213 Engels, »[Rezension des Ersten Bandes *Das Kapital* für den *Beobachter*]«, in: *MEW*, Bd. 16, S. 226.
214 Engels, »[Rezension des Ersten Bandes *Das Kapital* für das *Demokratische Wochenblatt*]«, in: *MEW*, Bd. 16, S. 235.
215 Engels an Marx, 29. November 1869, in: *MEW*, Bd. 32, S. 215.
216 Engels an Marx, 13. Dezember 1868, in: *MEW*, Bd. 32, S. 231.
217 Engels an Hermann Engels, 18. Dezember 1868, in: *MEW*, Bd. 32, S. 585.
218 Eleanor Marx-Aveling, »Friedrich Engels«, in: *Mohr und General*, S. 447.
219 Engels an Marx, 1. Juli 1869, in: *MEW*, Bd. 32, S. 329.
220 Engels an Elise Engels, 1. Juli 1869, in: *MEW*, Bd. 32, S. 615, 617.
221 Marx-Engels-Archiv, International Institute of Social History, Amsterdam, L167.
222 Engels an Friedrich Leßner, 4. April 1969, in: *MEW*, Bd. 32, S. 599.

»Das große Lama aus der Regent's Park Road«

1 Engels an Minna Kautsky, 26. November 1885, in: *MEW*, Bd. 36, S. 392.
2 Jenny Marx an Engels, 12. Juli 1870, in: *MEW*, Bd. 32, S. 714 f.
3 Edward Aveling, »Friedrich Engels zu Hause«, in: *Mohr und General*, S. 550 f.; vgl. Paul Lafargue an Nikolai Franzewitsch Danielson, 14. Dezember 1889, in: *MEW*, Bd. 37, S. 537; Paul Lafargue, »Persönliche Erinnerungen an Friedrich Engels«, in: *Mohr und General*, S. 485 f.
4 Olsen, *The Growth of Victorian London*, S. 246.
5 Siehe Webster, *The Regent's Park and Primrose Hill; Primrose Hill Remembered, by Residents Past and Present.*
6 Paul Lafargue, »Persönliche Erinnerungen an Friedrich Engels«, in: *Mohr und General*, S. 488.
7 Eduard Bernstein, »Erinnerungen an Karl Marx und Friedrich Engels«, in: *Mohr und General*, S. 497.

8 Eleanor Marx-Aveling, »Friedrich Engels«, in: *Mohr und General*, S. 448.

9 Engels an Ludwig Kugelmann, 28. April 1871, in: *MEW*, Bd. 33, S. 219.

10 August Bebel, »Der Kanossagang nach London«, in: *Mohr und General*, S 494.

11 Fanni Krawtschinskaja, »Aus Erinnerungen«, in: *Mohr und General*, S 565.

12 Edward Aveling, »Friedrich Engels zu Hause«, in: *Mohr und General*, S. 561.

13 Eduard Bernstein, »Erinnerungen an Karl Marx und Friedrich Engels«, in: *Mohr und General*, S. 511.

14 Marx-Engels-Archiv, International Institute of Social History, Amsterdam, M33.

15 Engels an Laura Lafargue, 11. April 1883, in: *MEW*, Bd. 36, S. 6.

16 Engels an Marx, 15. August und 7. September 1870, in: *MEW*, Bd. 33, S. 40, 56.

17 Engels an Rudolf Engels, 10. März 1871, in: *MEW*, Bd. 33, S. 191.

18 Marx an Ludwig Kugelmann, 12. April 1871, in: *MEW*, Bd. 33, S. 205 f.

19 Siehe Tombs, *The Paris Commune, 1871.*

20 Engels, »Einleitung [zu *Der Bürgerkrieg in Frankreich* von Karl Marx (Ausgabe 1891)]«, in: *MEW*, Bd. 22, S. 194.

21 Ebd., S. 195.

22 Engels an Elise Engels, 21. Oktober 1871, in: *MEW*, Bd. 33, S. 299 f.

23 Zit. in Wheen, *Karl Marx*, S. 396.

24 Marx an L. Kugelmann, 18. Juni 1871, in: *MEW*, Bd. 33, S. 238.

25 Marx, *Der Bürgerkrieg in Frankreich*, in: *MEW*, Bd. 17, S. 362.

26 Engels an Marx, 7. November 1864 und 12. Mai 1865, in: *MEW*, Bd. 31, S. 17, 118.

27 Engels, *Die Lage der arbeitenden Klasse in England*, in: *MEW*, Bd. 2, S. 230.

28 Siehe Wilson, *Der lange Weg nach Petersburg*, S. 228–232.

29 Kołakowski, *Hauptströmungen des Marxismus*, Bd. 1, S. 284.

30 Michail Bakunin, Rede auf dem Kongress der Liga für Frieden und Freiheit in Bern 1868, zit. in Joll, *Die Anarchisten*, S. 77.

31 Engels an Marx, 18. Dezember 1868 und 30. Juli 1869, in: *MEW*, Bd. 32, S. 235–237, 354.
32 Engels, »Der Kongress von Sonvillier und die Internationale«, in: *MEW*, Bd. 17, S. 475–480; Marx, »Die angeblichen Spaltungen in der Internationale«, in: *MEW*, Bd. 18, S. 36, 41.
33 Engels, »Von der Autorität«, in: *MEW*, Bd. 18, S. 308.
34 Engels an Paul Lafargue, 30. Dezember 1871, in: *MEW*, Bd. 33, S. 366.
35 Engels, »Der Kongress von Sonvillier und die Internationale«, in: *MEW*, Bd. 17, S. 477.
36 *The General Council of the First International*, 1871–1872, S. 444.
37 Theodor Cuno, in: *Gespräche mit Marx und Engels*, S. 414.
38 Engels an Marx, 7. März 1856, in: *MEW*, Bd. 29, S. 31.
39 Engels an Marx, 4. September 1864, in: *MEW*, Bd. 30, S. 429.
40 Engels an Marx, 2. und 5. Oktober 1866, in: *MEW*, Bd. 31, S. 256, 259; Marx an Engels, 3. Oktober 1866, in ebd., S. 257 f.; vgl. auch Paul, »›In the Interests of Civilization‹«.
41 Engels, »Über den Antisemitismus«, in: *MEW*, Bd. 22, S. 50; vgl. auch Keßler, »Engels' Haltung zum Antisemitismus im Kontext der zeitgenössischen sozialistischen Diskussion«.
42 Engels an Marx, 13. Februar 1865, in: *MEW*, Bd. 31, S. 69.
43 Engels, »Zur Wohnungsfrage«, in: *MEW*, Bd. 18, S. 258.
44 Engels an August Bebel, 18./28. März 1875, in: *MEW*, Bd. 34, S. 129.
45 Engels an Wilhelm Bracke, 11. Oktober 1875, in: *MEW*, Bd. 34, S. 155.
46 »Gesetz gegen die gemeingefährlichen Bestrebungen der Sozialdemokratie (Sozialistengesetz)«, § 1, in: Wikisource.
47 Engels an Pjotr Lawrow, 10. August 1878, in: *MEW*, Bd. 34, S. 337 f.
48 Engels an August Bebel, Anfang Mai 1880, in: *MEW*, Bd. 34, S. 445.
49 Engels an Eduard Bernstein, 30. November 1881, in: *MEW*, Bd. 35, S. 237.
50 Engels an Eduard Bernstein, 25.–31. Januar 1882, in: *MEW*, Bd. 35, S. 265.

51 Marx/Engels, »Zirkularbrief an Bebel, Liebknecht, Bracke u. a.«, in: *MEW*, Bd. 19, S. 163, 165.

52 Engels, »[Über den Gründungsschwindel in England]«, in: *MEW*, Bd. 17, S. 458.

53 Engels, »Notwendige und überflüssige Gesellschaftsklassen«, in: *MEW*, Bd. 19, S. 289.

54 Hobsbawm, *Industrie und Empire*, Bd. 2, S. 28 f.

55 Engels an Eduard Bernstein, 18. Januar 1883, in: *MEW*, Bd. 35, S. 425.

56 »Engels, Frederick« (IR 59/166), The National Archives, Kew.

57 Engels an Eduard Bernstein, 8. und 10. Februar sowie 27. Februar–1. März 1883, in: *MEW*, Bd. 35, S. 428, 430, 444 f.

58 Engels an Hermann Engels, 4. Februar 1892, in: *MEW*, Bd. 38, S. 271.

59 Engels/Lafargue/Lafargue, *Correspondence*, Bd. 1, S. 21, 51, 54, 110; Bd. 2, S. 91.

60 Engels an Marx, 7. Juli 1881, in: *MEW*, Bd. 35, S. 5.

61 Engels an Marx, 25. August 1876, in: *MEW*, Bd. 34, S. 26.

62 Engels an Philipp Pauli, 30. Juli 1878, in: *MEW*, Bd. 34, S. 336.

63 Kliem, *Friedrich Engels*, S. 492.

64 Marx an Jenny Marx, 17. September 1878, in: *MEW*, Bd. 34, S. 344.

65 Gemkow, »Fünf Frauen an Engels' Seite«, S. 51 f.

66 Marx an Jenny Longuet, 16. September 1878, in: *MEW*, Bd. 34, S. 343.

67 Marx an Jenny Longuet, 29. April und 6. Juni 1881, in: *MEW*, Bd. 35, S. 137, 194 f.

68 Engels an Marx, 26. August 1879, in: *MEW*, Bd. 34, S. 99.

69 So führt beispielsweise Nairn in »History's Postman« aus: »Die von der [militärischen] Niederlage hervorgebrachte verkürzte Strategie führte zu einem Bedürfnis nach überlebensgroßen Ideen und Bewegungen, Parteiarmeen von Zeloten unter dem Befehl von Supermännern. Nur Riesen oder Engel konnten den Kampf mit dem Magier aufnehmen und den kapitalistischen Gang der Geschichte erfolgreich umgestalten. Solche in den Zentren der Industrialisierung marginalisierten Tendenzen fanden in den peripheren – oder ›zurückgebliebenen‹ – Ländern

Ausdruck, wo die traditionellen Eliten zusammengebrochen oder diskreditiert waren. Damit hatten reale Monster wie Lenin und Mao freie Bahn: Projektionen eines körperlosen Willens, Politik nicht als Verwirklichung, sondern als Ersatz von Demokratie. Eine Zeitlang schien Staatsmacht zu ermöglichen, was Demokratie und Wirtschaftswachstum nicht zustande gebracht hatten. Diese Führer behaupteten natürlich, sie hätten den Postboten der Geschichte abgefangen und auf den richtigen Weg gesetzt und die fehlgeleitete Post im Namen sowohl ihres eigenen Proletariats als auch der jetzt unangreifbaren Paten Marx und Engels beschlagnahmt.«

70 Engels, »Flüchtlingsliteratur«, in: *MEW*, Bd. 18, S. 527, 560.

71 Engels an Vera Sassulitsch, 23. April 1885, in: *MEW*, Bd. 36, S. 304.

72 Engels, »Flüchtlingsliteratur«, in: *MEW*, Bd. 18, S. 565.

73 Marx/Engels, »[Vorrede zur zweiten russischen Ausgabe des *Manifests der Kommunistischen Partei*]«, in: *MEW*, Bd. 19, S. 296.

74 Marx, »Premier projet de la lettre à Vera Ivanovna Zassoulitch«, März 1881, in: *MEGA*, I. Abt., Bd. 25, S. 226.

75 Engels an Nikolai Danielson, 15. März 1892, in: *MEW*, Bd. 38, S. 305.

76 Engels, »Nachwort (1894) [zu ›Soziales aus Russland‹]«, in: *MEW*, Bd. 22, S. 422, 428.

77 Ebd., S. 428.

78 Engels an Nikolai Danielson, 24. Februar 1893, in: *MEW*, Bd. 39, S. 38.

79 Engels, »Rede am Grabe von Jenny Marx«, in: *MECW*, Bd. 24, S. 420; *MEW*, Bd. 19, S. 294.

80 Marx an Jenny Longuet, 27. März 1882, in: *MEW*, Bd. 35, S. 295 f.

81 Engels an Friedrich Adolph Sorge, 15. März 1883, in: *MEW*, Bd. 35, S. 460.

82 Julian Harney an Engels, 17. März 1883, in Kliem, *Friedrich Engels*, S. 532.

83 Engels an Friedrich Adolph Sorge, 15. März 1883, in: *MEW*, Bd. 35, S. 460.

84 Engels an Wilhelm Liebknecht, 14. März 1883, in: *MEW*, Bd. 35, S. 457.
85 Engels an Friedrich Adolph Sorge, 15. März 1883, in: *MEW*, Bd. 35, S. 461.

Marx' Bulldogge

1 Engels, »Das Begräbnis von Karl Marx«, in: *MEW*, Bd. 19. S. 335.
2 Ebd., S. 335–337.
3 Engels an Achille Loria, 20. Mai 1883, in: *MECW*, Bd. 47, S. 25.
4 Harold Laski, in: *The Manchester Guardian*, 4. August 1945.
5 Disraeli, *Coningsby*, S. 193.
6 Gaskell, *Mary Barton*, S. 39; zu einer ausführlicheren Darstellung der Wissenschaftskultur in Manchester siehe Kargon, *Science in Victorian Manchester;* Thackray, »Natural Knowledge in Cultural Context«.
7 Engels an Marx, 6. März 1865, in: *MEW*, Bd. 31, S. 92.
8 Roscoe, *Ein Leben der Arbeit*, S. 100.
9 Engels an Marx, 8. April 1863, in: *MEW*, Bd. 30, S. 338.
10 Engels an Marx, 16. Juni 1867, in: *MEW*, Bd. 31, S. 304.
11 Engels an Friedrich Adolph Sorge, 15. März 1883, in: *MEW*, Bd. 35, S. 460.
12 Engels an Ludwig Schorlemmer, 5. Juni 1892, in: *MEW*, Bd. 38, S. 356.
13 Engels an Marx, 12. Dezember 1859, in: *MEW*, Bd. 29, S. 524.
14 Marx an Engels, 18. Juni 1862, in: *MEW*, Bd. 30, S. 249.
15 Zit. in Stack, *The First Darwinian Left*, S. 2.
16 Engels an Pjotr Lawrow, 12.–17. November 1875, in: *MEW*, Bd. 34, S. 170 f.
17 Engels an Marx, 14. Juli 1858, in: *MEW*, Bd. 29, S. 337 f.; Marx an Engels, 3. Februar 1851, in: *MEW*, Bd. 27, S. 173.
18 Marx, *Das Elend der Philosophie*, in: MEW, Bd. 4, S. 163.
19 Engels, *Herrn Eugen Dührings Umwälzung der Wissenschaft (Anti-Dühring)*, in: *MEW*, Bd. 20, S. 55.
20 Engels an Friedrich Albert Lange, 29. März 1865, in: *MEW*, Bd. 31, S. 468.

21 Engels an Marx, 21. September 1874, in: *MEW*, Bd. 33, S. 119 f.

22 Marx an Engels, 30. Mai 1873, in: *MEW*, Bd. 33, S. 81.

23 Engels, *Herrn Eugen Dührings Umwälzung der Wissenschaft (Anti-Dühring)*, in: *MEW*, Bd. 20, S. 10 f.

24 Siehe *The Philosophical Quarterly*, II (6) (1952), S. 89.

25 Engels, *Dialektik der Natur*, in: *MEW*, Bd. 20, S. 548.

26 Engels, *Herrn Eugen Dührings Umwälzung der Wissenschaft (Anti-Dühring)*, in: *MEW*, Bd. 20, S. 11.

27 Engels, *Die Entwicklung des Sozialismus von der Utopie zur Wissenschaft*, in: *MEW*, Bd. 19, S. 206.

28 Engels, *Dialektik der Natur*, in: *MEW*, Bd. 20, S. 348.

29 Ebd., S. 348; ders., *Die Entwicklung des Sozialismus von der Utopie zur Wissenschaft*, in: *MEW*, Bd. 19, S. 204.

30 Engels, *Herrn Eugen Dührings Umwälzung der Wissenschaft (Anti-Dühring)*, in: *MEW*, Bd. 20, S. 127.

31 Gould, *Darwin nach Darwin*, S. 177–179.

32 Engels, »Anteil der Arbeit an der Menschwerdung des Affen«, in: *MEW*, Bd. 20, S. 444.

33 Marx, *Das Kapital*, Bd. 1, in: *MEW*, Bd. 23, S. 193.

34 Engels, »Anteil der Arbeit an der Menschwerdung des Affen«, in: *MEW*, Bd. 20, S. 444–455, Zitate auf S. 444, 446.

35 Peter Singer hat im Zusammenhang mit dem von Engels angeführten Unterscheidungsmerkmal der Kontrolle über die natürliche Umwelt, das den Menschen gegenüber der Tierwelt auszeichne, auf das Beispiel von Ameisen hingewiesen, die besondere Pilze ziehen und fressen, die ohne ihre Tätigkeit nicht vorhanden wären (*A Darwinian Left*, S. 21–24).

36 Engels, »Anteil der Arbeit an der Menschwerdung des Affen«, in: *MEW*, Bd. 20, S. 452.

37 Engels, *Herrn Eugen Dührings Umwälzung der Wissenschaft (Anti-Dühring)*, in: *MEW*, Bd. 20, S. 35 f.

38 Ebd., S. 127.

39 Van Heijenoort, »Friedrich Engels and Mathematics«.

40 Engels, *Dialektik der Natur*, in: *MEW*, Bd. 20, S. 346.

41 Eric Hobsbawm im privaten Gespräch, November 2007. Ein Beispiel für dieses Phänomen war der Physiker John Desmond Bernal (1901–1971), der Bahnbrechendes auf dem Gebiet der

Röntgenkristallographie leistete und überzeugt war, Wissenschaft sei »in ihrem Streben Kommunismus«.

42 Gemkow u. a., *Friedrich Engels,* S. 431.

43 Haldane, »Preface«, S. VII.

44 Siehe Pringle, *The Murder of Nikolai Vavilov.*

45 Siehe: »Report on Engels Society – June 1949«; »Transactions of the Physics Group«; »Transactions of the Engels Society, No. 4, Spring 1950«; »To the Central Committee of the C. P. S. U. (B), to Comrade Stalin. Youri Zhdanov«, in: Archives of the People's History Museum, Manchester, CP/CENT/CULT/5/9.

46 Engels an Marx, 28. Mai 1876, in: *MEW,* Bd. 34, S. 17.

47 Siehe Adamiak, »Marx, Engels and Dühring«.

48 Engels an Marx, 25. Juli 1876, in: *MEW,* Bd. 34, S. 20.

49 Zit. in Mayer, *Friedrich Engels,* Bd. 2, S. 282.

50 Dühring, *Kritische Geschichte der Nationalökonomie und des Socialismus,* S. 547.

51 Engels an Johann Philipp Becker, 20. November 1876, in: *MEW,* Bd. 34, S. 228.

52 Engels, *Herrn Eugen Dührings Umwälzung der Wissenschaft (Anti-Dühring),* in: *MEW,* Bd. 20, S. 8. 303.

53 Engels, »Karl Marx, *Zur Kritik der Politischen Ökonomie*«, in: *MEW,* Bd. 13, S. 474.

54 Marx, »Nachwort zur zweiten Auflage« [des *Kapitals*], in: *MEW,* Bd. 23, S. 27.

55 Engels, *Herrn Eugen Dührings Umwälzung der Wissenschaft (Anti-Dühring),* in: *MEW,* Bd. 20, S. 10.

56 Ebd., S. 146 f.

57 Moss, *The Origins of the French Labour Movement,* 1830–1914, S. 116.

58 Zit. in: Engels an Conrad Schmidt, 5. August 1890, in: *MEW,* Bd. 37, S. 436; vgl.: Engels an Eduard Bernstein, 2./3. November 1882, in: *MEW,* Bd. 35, S. 388.

59 Engels, *Die Entwicklung des Sozialismus von der Utopie zur Wissenschaft,* in: *MEW,* Bd. 19, S. 194.

60 Ebd., S. 201

61 Ebd., S. 222–224, 226.

62 Engels an Eduard Bernstein, 9. August 1882, und an Friedrich

Adolph Sorge, 9. November 1882, in: *MEW*, Bd. 35, S. 348, 396.
63 Engels/Lafargue/Lafargue, *Correspondence*, Bd. 3, S. 335.
64 Rjazanov, *Marx und Engels nicht nur für Anfänger*, S. 167 f.
65 Karl Kautsky, »Einleitung«, in Engels/Kautsky, *Friedrich Engels' Briefwechsel mit Karl Kautsky*, S. 4.
66 Lukács, *Geschichte und Klassenbewusstsein*, S. 63.
67 Levine, »Marxism and Engelsism«, S. 239. Terrell Carver vertritt in *Marx and Engels*, wenn auch feiner ausgeführt, den gleichen Standpunkt.
68 Marx an Moritz Kaufmann, 3. Oktober 1878, in: *MEW*, Bd. 34, S. 346.
69 Wilhelm Liebknecht, »Karl Marx zum Gedächtnis«, in: *Mohr und General*, S. 81.
70 Die überzeugendste und detaillierteste Erklärung dieser Auffassung findet sich in Rigby, *Engels and the Formation of Marxism*.
71 Engels an August Bebel, 30. August 1883, in: *MEW*, Bd. 36, S. 56.
72 Engels an August Bebel, 30. April 1883, in: *MEW*, Bd. 36, S. 21 f.
73 Engels/Lafargue/Lafargue, *Correspondence*, Bd. 1, S. 142.
74 Engels an Laura Lafargue, 24. Juni 1883, in: *MEW*, Bd. 36, S. 44.
75 Engels an August Bebel, 30. August 1883, in: *MEW*, Bd. 36, S. 56.
76 Engels an Friedrich Adolph Sorge, 29. Juni 1883, in: *MEW*, Bd. 36, S. 46.
77 Engels an Paul Lafargue, 11.–15. März 1884, in: *MEW*, Bd. 36, S. 126.
78 Engels an Laura Lafargue, 8. März 1885, in: *MEW*, Bd. 36, S. 287.
79 Paul Lafargue an Nikolai Danielson, 14. Dezember 1889, in: *MEW*, Bd. 37, S. 537.
80 Engels an Nikolai Danielson, 4. Juli 1889, in: *MEW*, Bd. 37, S. 244.
81 Engels an Ludwig Kugelmann, 30. Dezember 1889, in: *MEW*, Bd. 37, S. 331.
82 Engels an Johann Philipp Becker, 15. Juni 1885, in: *MEW*, Bd. 36, S. 328.
83 Engels, »Vorwort«, in: *Das Kapital*, Bd. 2, in: *MEW*, Bd. 24, S. 22 f.
84 Ebd., S. 26.

85 Engels an August Bebel, 4. April 1885, in: *MEW*, Bd. 36, S. 293 f.
86 Engels an Nikolai Danielson, 4. Juli 1889, in: *MEW*, Bd. 37, S. 244.
87 Siehe Desai, *Marx's Revenge*, S. 74–83.
88 Vollgraf/Jungnickel, »›Marx in Marx' Worten‹?«, S. 45, 52.
89 Harney, *The Harney Papers*, S. 351.
90 Engels an Paul Lafargue, 4. Dezember 1888, in: *MEW*, Bd. 37, S. 124.
91 Engels an Laura Marx, 29. Oktober 1889, in: *MEW*, Bd. 37, S. 297.
92 Engels/Lafargue/Lafargue, *Correspondence*, Bd. 3, S. 344.
93 Marx-Engels-Archiv, International Institute of Social History, Amsterdam, L5461.
94 Ebd., L5473.
95 Eleanor Marx an Laura Lafargue, 12. August 1891, in: *Die Töchter von Karl Marx*, S. 266.
96 Engels an Laura Lafargue, 28. Juli 1894, in: *MEW*, Bd. 39, S. 278 f.
97 Engels an Marx, 8. Dezember 1882, in: *MEW*, Bd. 35, S. 125.
98 Eduard Bernstein, »Erinnerungen an Karl Marx und Friedrich Engels«, in: *Mohr und General*, S. 505.
99 Engels, *Der Ursprung der Familie, des Privateigentums und des Staats*, in: *MEW*, Bd. 21, S. 27.
100 Ebd.
101 Ebd., S. 50, 53, 57.
102 Ebd., S. 61, 68.
103 Ebd., S. 65, 73 f.
104 Engels, *Die Lage der arbeitenden Klasse in England*, in: *MEW*, Bd. 2, S. 369 f.
105 Ebd., S. 371.
106 Engels, *Der Ursprung der Familie, des Privateigentums und des Staats*, in: *MEW*, Bd. 21, S. 74.
107 Engels an Gertrud Guillaume-Schack, um den 5. Juli 1885, in: *MEW*, Bd. 36, S. 341.
108 Engels, *Der Ursprung der Familie, des Privateigentums und des Staats*, in: *MEW*, Bd. 21, S. 77, 83.
109 Engels an Marx, 22. Juni 1869, in: *MEW*, Bd. 32, S. 324 f.
110 Carpenter, *Die homogene Liebe und deren Bedeutung in der freien Gesellschaft;* vgl. Rowbotham, *Edward Carpenter*.
111 Millett, *Sexus und Herrschaft*, S. 164.

112 Siehe Vogel, »Engels's Origin«.
113 Barrett, »Introduction«, S. 28; vgl. auch Trat, »Engels and the Emancipation of Women«; Redclift, »Rights in Women«; Carver, »Engels's Feminism«.
114 Engels an August Bebel, 22. Dezember 1892, in: *MEW*, Bd. 38, S. 553.
115 Engels an Louise Kautsky, 11. Oktober 1888, in: *MEW*, Bd. 37, S. 106.
116 Engels an Karl Kautsky, 17. Oktober 1888, in: *MEW*, Bd. 37, S. 114 f.
117 Engels an Julie Bebel, 8. März 1892, in: *MEW*, Bd. 38, S. 298.
118 Siehe beispielsweise: Engels an Minna Kautsky, 26. November 1885, in: *MEW*, Bd. 36, S. 392.
119 Engels an Friedrich Adolph Sorge, 12. Januar 1889, in: *MEW*, Bd. 37, S. 137.
120 Engels an Gertrud Guillaume-Schack, um den 5. Juli 1885, in: *MEW*, Bd. 36, S. 341.
121 Engels an Ida Pauli, 14. Februar 1877, in: *MEW*, Bd. 34, S. 253.
122 Engels, »Anhang [zur amerikanischen Ausgabe der *Lage der arbeitenden Klasse in England*]«, in: *MEW*, Bd. 21, S. 253.
123 Siehe Arnesen, »American Workers and the Labor Movement in the Late Nineteenth Century«.
124 Engels, »Anhang [zur amerikanischen Ausgabe der *Lage der arbeitenden Klasse in England*]«, in: *MEW*, Bd. 21, S. 254.
125 Engels an Florence Kelley-Wischnewetzky, 3. Juni 1886, in: *MEW*, Bd. 36, S. 490 f.
126 Engels an Friedrich Adolph Sorge, 29. April 1886, in: *MEW*, Bd. 36, S. 478.
127 Engels an Florence Kelley-Wischnewetzky, 3. Juni 1886, in: *MEW*, Bd. 36, S. 490.
128 Engels, »Die Arbeiterbewegung in Amerika [Vorwort zur amerikanischen Ausgabe der *Lage der arbeitenden Klasse in England*]«, in: *MEW*, Bd. 21, S. 337.
129 Engels an Laura Lafargue, 24. November 1886, in: *MEW*, Bd. 36, S. 570.
130 Eleanor Marx-Aveling, »Friedrich Engels«, in: *Mohr und General*, S. 451.

131 Engels an Laura Lafargue, 5. September 1888, in: *MECW*, Bd. 48, S. 210.

132 Engels, »[Aus den Reiseeindrücken über Amerika]«, in: *MEW*, Bd. 21, S. 467.

133 Engels an Friedrich Adolph Sorge, 31. August 1888, in: *MEW*, Bd. 37, S. 87.

134 Engels an Friedrich Adolph Sorge, 28. und 31. August 1888, in: *MEW*, Bd. 37, S. 86 f.

135 Engels, »Notizen über de Reise durch die USA und Kanada«, in: *MEGA*, I. Abt., Bd. 31, S. 160.

136 Siehe Davis, *City of Quartz*, S. 67–75. Tatsächlich ist Jean Baudrillards Beschreibung von Los Angeles eine fast exakte Aktualisierung von Engels' Schilderung New Yorks: »Nichts ist so, wie nachts über Los Angeles zu fliegen. Nur Hieronymus Boschs Hölle kann sich mit dem Infernoeffekt messen« (zit. in ebd., S. 75).

137 Engels an Laura Lafargue, 5. September 1888, in: *MECW*, Bd. 48, S. 211.

138 Engels an Hermann Engels, 27. September 1888, in: *MEW*, Bd. 37, S. 100.

Erste Violine

1 Engels, »Der 4. Mai in London«, in: *MEW*, Bd. 22, S. 60.

2 Engels an August Bebel, 9. Mai 1890, in: *MEW*, Bd. 37, S. 400–402.

3 Wilhelm Liebknecht, »Friedrich Engels«, in: *Mohr und General*, S. 436.

4 Eleanor Marx-Aveling, »Friedrich Engels«, in: *Mohr und General*, S. 449.

5 Engels, »Die Trade-Unions«, in: *MEW*, Bd. 19, S. 260.

6 Engels an George Shipton, 15. August 1881, in: *MEW*, Bd. 35, S. 212.

7 Engels an Johann Philipp Becker, 10. Februar 1882, in: *MEW*, Bd. 35, S. 275.

8 Engels an August Bebel, 30. August 1883, in: *MEW*, Bd. 36, S. 58.

9 Engels, »Vorwort [zur englischen Ausgabe (1892) der *Lage der arbeitenden Klasse in England*]«, in: *MEW*, Bd. 22, S. 277.
10 Zit. in P. Henderson, *William Morris*, S. 308.
11 Webb, *Meine Lehrjahre*, S. 225.
12 Hyndman, *The Recod of an Adventurous Life*, S. 279.
13 Henry Hyndman, »A Disruptive Personality«, in: *Justice*, 21. Februar 1891.
14 Engels an Karl Kautsky, 21./22. Juni 1884, in: *MEW*, Bd. 36, S. 166.
15 Engels an Karl Kautsky, 12. August 1892, in: *MEW*, Bd. 38, S. 422.
16 Engels an August Bebel, 18. März 1886, in: *MEW*, Bd. 36, S. 464.
17 Engels an August Bebel, 15. Februar 1886, in: *MEW*, Bd. 36, S. 446.
18 Zit. in Glasier, *William Morris and the Early Days of the Socialist Movement*, S. 32.
19 Engels an Karl Kautsky, 21./22. Juni 1884, in: *MEW*, Bd. 36, S. 166.
20 Engels an August Bebel, 18. August 1886, in: *MEW*, Bd. 36, S. 510.
21 Engels an Laura Lafargue, 13. September 1886, in: *MEW*, Bd. 36, S. 531.
22 Engels an Laura Lafargue, 11. Oktober 1887, in: *MEW*, Bd. 36, S. 709 f.
23 Eleanor Marx an Laura Lafargue, 18. Juni 1884, zit. in Kapp, *Eleanor Marx*, Bd. 2, S. 15.
24 Siehe Paylor, »Edward B. Aveling«.
25 Zit. in W. O. Henderson, *The Life of Friedrich Engels*, Bd. 2, S. 685 f., 744.
26 Shaw, *Sechzehn selbstbiographische Skizzen*, S. 156.
27 Engels an Eduard Bernstein, 6. August 1884, in: *MEW*, Bd. 36, S. 192.
28 Zit. in Kapp, *Eleanor Marx*, Bd. 2, S. 171–173.
29 Engels an Florence Kelley-Wischnewetzky, 9. Februar 1887, in: *MEW*, Bd. 36, S. 606 f.
30 Engels an Victor Adler, 12. Dezember 1890, in: *MEW*, Bd. 37, S. 519.

31 Engels an Friedrich Adolph Sorge, 8. August 1887, in: *MEW*, Bd. 36, S. 639.
32 Aveling, *The Student's Marx*, VIII f., XI.
33 Engels an Paul Lafargue, 16. November 1887, in: *MEW*, Bd. 36, S. 716.
34 Mayhew, *The* Morning Chronicle *Survey of Labour and the Poor*, Bd. 1, S. 71 f.
35 Engels an Karl Kautsky, 15. September 1889, in: *MEW*, Bd. 37, S. 275.
36 Engels an Eduard Bernstein, 22. August 1889, in: *MEW*, Bd. 37, S. 260.
37 Engels, »[Der Streik der Londoner Dockarbeiter]«, in: *MEW*, Bd. 21, S. 382.
38 Engels an Laura Lafargue, 17. Oktober 1889, in: *MEW*, Bd. 37, S. 288.
39 Edward Aveling, »Friedrich Engels zu Hause«, in: *Mohr und General*, S. 555.
40 Engels an Friedrich Adolph Sorge, 18. Januar 1893, in: *MEW*, Bd. 39, S. 7.
41 Engels an Victor Adler, 28. Januar 1895, in: *MEW*, Bd. 39, S. 39.
42 Siehe: *The Labour Leader*, 24. Dezember 1898.
43 Siehe Bax, *Reminiscences and Reflections of a Mid and Late Victorian*, S. 54.
44 Auf klassische Weise formuliert wird diese Frage in McKibben, *The Ideologies of Class*.
45 Engels an Laura Lafargue, 17. Dezember 1894, in: *MEW*, Bd. 39, S. 346.
46 Engels an Laura Lafargue, 2. Januar 1889, in: *MEW*, Bd. 37, S. 127.
47 Engels an Friedrich Adolph Sorge, 5. November 1890, in: *MEW*, Bd. 37, S. 498.
48 Engels an Adolf Riefer, 12. November 1890, in: *MECW*, Bd. 49, S. 70.
49 Engels an Louise Kautsky, 9. November 1890, in: *MEW*, Bd. 37, S. 500.
50 Engels an Friedrich Adolph Sorge, 3. Januar 1891, in: *MEW*, Bd. 38, S. 3.

51 Engels an August Bebel, 2. Februar 1892, in: *MEW*, Bd. 38, S. 264.
52 Engels an Karl Kautsky, 17. Mai 1892, in: *MEW*, Bd. 38, S. 339.
53 Eleanor Marx an Laura Lafargue, 19. Dezember 1890, in: *Die Töchter von Karl Marx*, S. 258.
54 Engels an Laura Lafargue, 1. Dezember 1890, in: *MEW*, Bd. 37, S. 508.
55 Engels an Wilhelm Liebknecht, 5. April 1889, in: *MEW*, Bd. 37, S. 179.
56 Engels/Lafargue/Lafargue, *Correspondence*, Bd. 2, S. 220.
57 Zit. in Engels an Paul Lafargue, 16. Mai 1889, in: *MEW*, Bd. 37, S. 210 f.
58 Engels an Friedrich Adolph Sorge, 17. Juli 1889, in: *MEW*, Bd. 37, S. 250.
59 Engels an Laura Lafargue, 26. Februar 1890, in: *MEW*, Bd. 37, S. 359.
60 Engels, »Zur Kritik des sozialdemokratischen Programmentwurfs 1891«, in: *MEW*, Bd. 22, S. 235.
61 Engels an Friedrich Adolph Sorge, 24. Oktober 1891, in: *MEW*, Bd. 38, S. 183.
62 Kołakowski, *Hauptströmungen des Marxismus*, Bd. 2, S. 12.
63 Siehe Hobsbawm, »Marx, Engels and Politics«.
64 Engels an August Bebel, 24.–26. Oktober 1891, in: *MEW*, Bd. 38, S. 189.
65 Engels an Julie Bebel, 12. März 1887, in: *MEW*, Bd. 36, S. 627.
66 Engels, »Einleitung [zu Karl Marx' *Klassenkämpfe in Frankreich* 1848 *bis* 1850 (1895)]«, in: *MEW*, Bd. 22, S. 523.
67 Engels an Paul Lafargue, 3. November 1892, in: *MEW*, Bd. 38, S. 505.
68 Engels, »Einleitung [zu Karl Marx' *Klassenkämpfe in Frankreich* 1848 *bis* 1850 (1895)]«, in: *MEW*, Bd. 22, S. 525.
69 Engels, »Das Buch der Offenbarung«, in: *MEW*, Bd. 21, S. 9.
70 Engels, »Zur Geschichte des Urchristentums«, in: *MEW*, Bd. 22, S. 449. Im 20. Jahrhundert war der Gedanke, dass der Kommunismus ein säkulares Glaubensbekenntnis darstelle, natürlich bekannt und ein häufig benutzter Tropus. »Wenn Verzweiflung und Einsamkeit die Hauptmotive für eine Bekehrung zum

Kommunismus waren«, schreibt Richard Crossman im Vorwort zu *Ein Gott, der keiner war,* »so wurden sie wesentlich verstärkt durch das christliche Gewissen ... Der Appell des Kommunismus an das Gefühl ging Hand in Hand mit den Opfern, die er sowohl in materieller wie geistiger Beziehung von dem Bekehrten verlangte ... die Anziehungskraft des Kommunismus lag darin, dass er nichts bot und alles verlangte, einschließlich der Preisgabe der geistigen Freiheit« (S. 11). Der einst zu den Bekehrten gehörende Historiker Raphael Samuel fasst es so zusammen: »Als Theorie des Kampfs beruhte der Kommunismus auf einem Erlösungsversprechen. Der Sozialismus war ein erhabenes Wesen, ein Zustand moralischer Vollkommenheit, ein transzendentes Objekt und Ziel. Er stellte die höchste Form menschlicher Entwicklung dar, einen Höhepunkt der Moralität, die Vollendung des Fortschritts, die Enthüllung der Größe des Menschen« (*The Lost World of the British Communism,* S. 51).

71 Engels an Wilhelm Liebknecht, 9. März 1890, in: *MEW,* Bd. 37, S. 366.

72 Engels an Richard Fischer, 8. März 1895, in: *MEW,* Bd. 39, S. 424.

73 Engels an Paul Lafargue, 3. April 1895, in: *MEW,* Bd. 39, S. 458.

74 Engels an Laura Lafargue, 21. August 1893, in: *MEW,* Bd. 39, S. 117.

75 Zit. in Mayer, *Friedrich Engels,* Bd. 2, S. 529 f.

76 Engels, »[Schlussrede auf dem Internationalen Sozialistischen Arbeiterkongress in Zürich]«, in: *MEW,* Bd. 22, S. 408 f.

77 Engels an Laura Lafargue, 18. und 30. September 1893, in: *MEW,* Bd. 39, S. 121, 124 f.

78 Zit. in Gemkow u. a., *Friedrich Engels,* S. 596.

79 Engels, »[Rede auf einer sozialdemokratischen Versammlung in Berlin am 22. September 1893]«, in: *MEW,* Bd. 22, S. 412.

80 Engels an August Bebel, 22. Dezember 1882, in: *MEW,* Bd. 35, S. 416.

81 Engels an August Bebel, 13./14. September 1886, in: *MEW,* Bd. 36, S. 527.

82 Engels, »Einleitung [zu Sigismund Borkheims Broschüre *Zur Erinnerung für die deutschen Mordspatrioten.* 1806–1807]«, in: *MEW,* Bd. 21, S. 350 f.

83 Engels, »[Brief an Bignami über die deutschen Wahlen von 1877]«, in: *MEW*, Bd. 19, S. 90.

84 Engels »[Grußadresse an die französischen Arbeiter zum 20. Jahrestag der Pariser Kommune]«, in: *MEW*, Bd. 22, S. 186 f.

85 Ernest Belfort Bax, in: *Gespräche mit Marx und Engels*, S. 586.

86 Engels an Laura Lafargue, 1. Dezember 1890, in: *MEW*, Bd. 37, S. 507.

87 Saunders, *Early Socialist Days*, S. 80 f.

88 Eleanor Marx-Aveling, »Friedrich Engels«, in: *Mohr und General*, S. 450.

89 Engels an Hermann Engels, 12. Januar 1895, in: *MEW*, Bd. 39, S. 381.

90 Eleanor Marx an Laura Lafargue, 22. Februar und 22. März 1894, in: *Die Töchter von Karl Marx*, S. 284, 287.

91 Engels an Friedrich Adolph Sorge, 10. November 1894, in: *MEW*, Bd. 39, S. 307.

92 Engels an Friedrich Adolph Sorge, 12. Mai 1894, in: *MEW*, Bd. 39, S. 244.

93 Eleanor Marx an Laura Lafargue, 5. November 1894, in: *Die Töchter von Karl Marx*, S. 290.

94 Engels an Friedrich Adolph Sorge, 4. Dezember 1894, in: *MEW*, Bd. 39, S. 334.

95 Engels an Laura Lafargue, 14. Mai 1895, in: *MEW*, Bd. 39, S. 477.

96 Engels an Eduard Bernstein, 18. Juni 1895, in: *MEW*, Bd. 39, S. 489.

97 Engels an Eleanor Marx-Aveling, 9. Juli 1895, in: *MEW*, Bd. 39, S. 499.

98 Samuel Moore an Eleanor Marx-Aveling, 21. Juli 1895, in: *MEW*, Bd. 39, S. 543.

99 Engels an Laura Lafargue, 23. Juli 1895, in: *MEW*, Bd. 39, S. 500.

100 Zit. in Gemkow u. a., *Friedrich Engels*, S. 630.

101 Louise Freyberger an Eleanor Marx, 5. August 1895, in: *Die Töchter von Karl Marx*, S. 351; vgl. Kapp, *Friedrich Engels*, Bd. 2, S. 597–599.

102 Wilhelm Liebknecht, »Friedrich Engels«, in: *Mohr und General*, S. 438.

103 Bernstein, *Erinnerungen eines Sozialisten*, Bd. 1, S. 207 f.

Epilog

1 Siehe Koch, *The Volga Germans.*
2 Stalin, »Zu Fragen der Agrarpolitik in der UdSSR«, in ders., *Werke,* Bd. 12, S. 147.
3 »Engels«, in: *Nachrichten des Gebietskomitees der KPdSU (B) und des Zentralkomitees der ASSR der Wolgadeutschen,* Bd. 14, Nr. 225, 21. Oktober 1931, S. 1.
4 »›Engels‹ zum Gruß«, in: *Die Rote Jugend. Organ des GK [Gebietskomitees] des LKJVSU [Komsomol] der ASSRdWD,* Bd. 8, Nr. 97 (452), 24. Oktober 1921, S. 3.
5 Ebd.
6 »Engels«, in: *Nachrichten des Gebietskomitees der KPdSU (B) und des Zentralkomitees der ASSR der Wolgadeutschen,* Bd. 14, Nr. 225, 21. Oktober 1931, S. 1.
7 »›Engels‹ zum Gruß«, in: *Die Rote Jugend.* Organ des *GK des LKJVSU der ASSRdWD,* Bd. 8, Nr. 97 (452), 24. Oktober 1921, S. 3.
8 »Zur Umbenennung der Stadt Pokrowks in Engels«, in: *Nachrichten des Gebietskomitees der KPdSU (B) und des Zentralkomitees der ASSR der Wolgadeutschen,* Bd. 14, Nr. 225, 21. Oktober 1931, S. 1.
9 »›Engels‹ zum Gruß«, in: *Die Rote Jugend.* Organ des *GK des LKJVSU der ASSRdWD,* Bd. 8, Nr. 97 (452), 24. Oktober 1921, S. 3.
10 Zit. in Koch, *The Volga Germans,* S. 284.
11 Service, *Comrades,* S. 52 f.
12 Lenin, »Karl Marx«, in ders., *Werke,* Bd. 21, S. 80.
13 Engels an Georgi Plechanow, 21. Mai 1894, in: *MEW,* Bd. 39, S. 247.
14 Zit. in Kołakowski, *Hauptströmungen des Marxismus,* Bd. 2, S. 375.
15 Lenin, »Zur Frage der Dialektik«, in ders., *Werke,* Bd. 38, S. 343.
16 Lenin, *Materialismus und Empiriokritizismus,* in ders., *Werke,* Bd. 14, S. 329.
17 Kołakowski, *Hauptströmungen des Marxismus,* Bd. 2, S. 381.
18 Lenin, »Karl Marx«, in ders., *Werke,* Bd. 21, S. 42 f.
19 Stalin, »Anarchie oder Sozialismus«, in ders., *Werke,* Bd. 1, S. 260.
20 Stalin, »Über dialektischen und historischen Materialismus«, S. 131, 138 f.

21 Ebd., S. 144.
22 Castoriadis, *Gesellschaft als imaginäre Institution,* S. 101.
23 Siehe Figes, *Die Flüsterer,* S. 246 f.
24 Kołakowski, *Hauptströmungen des Marxismus,* Bd. 3, S. 108.
25 Samuel, *The Lost World of British Communism,* S. 49, 94.
26 Marcuse, *Die Gesellschaftslehre des sowjetischen Marxismus,* S. 142 f.
27 Engels an Friedrich Adolph Sorge, 12. Mai 1894, in: *MEW,* Bd. 39, S. 245.
28 O'Neill, »Engels without Dogmatism«.
29 Engels an Otto von Boenigk, 21. August 1890, in: *MEW,* Bd. 37, S. 447.
30 Engels, *Herrn Eugen Dührings Umwälzung der Wissenschaft (Anti-Dühring),* in: *MEW,* Bd. 20, S. 80.
31 Engels an W. Borgius, 25. Januar 1894, in: *MEW,* Bd. 39, S. 207.
32 Engels an Conrad Schmidt, 5. August 1890, in: *MEW,* Bd. 37, S. 436.
33 Engels an Werner Sombart, 11. März 1895, in: *MEW,* Bd. 39, S. 428.
34 Engels an Friedrich Adolph Sorge, 10. November 1894, in: *MEW,* Bd. 39, S. 308.
35 Zit. in Mayer, *Friedrich Engels,* Bd. 2, S. 448.
36 »[D]er Sozialismus und die sozialistische Bewegung, die im nächsten halben Jahrhundert entstanden, waren in einer Ära geformt worden und gereift, in welcher der Darwinismus zur ›geistigen Grundausstattung‹ gehörte« (Stack, *The First Darwinian Left,* S. 2). Vgl. auch Stedman Jones, »Engels und die Geschichte des Marxismus«.
37 http://www.zcommunications.org/the-current-importance-of-marx-150-years-after-the-grundrisse-by-eric-hobsbawm.
38 Marx/Engels, *Manifest der Kommunistischen Partei,* in: *MEW,* Bd. 4, S. 466.
39 Engels, *Die Lage der arbeitenden Klasse in England,* in: *MEW,* Bd. 2, S. 385 f.
40 Ching Kwan Lee, *Against the Law: Labour Protests in China's Rustbelt and Sunbelt,* Berkely 2007, S. 235.

BIBLIOGRAPHIE

Zeitgenössische Quellen

Marx, Karl/Engels, Friedrich:
—: *Collected Works,* 50 Bde., Moskau/New York/London 1975–2004 *[MECW]*
—: *Gesamtausgabe (MEGA),* hg. vom Institut für Marxismus-Leninismus beim ZK der KPdSU und vom Institut für Marxismus-Leninismus beim ZK der SED, seit 1990 von der Internationalen Marx-Engels-Stiftung (IMES) in Amsterdam, Berlin 1975 ff. *[MEGA]*
—: *Werke,* hg. vom Institut für Marxismus-Leninismus beim ZK der SED, 43 Bde. (Bde. 40 und 41 = *Ergänzungsband. Schriften bis* 1844, 2 Tle.), Berlin 1956–1990 *[MEW]*
Arnold, R. Arthur: *The History of the Cotton Famine. From the Fall of Summer to the Passing of the Public Works Act,* London 1864
Aveling, Edward: *The Student's Marx. An Introduction to the Study of Karl Marx' Capital,* London 1907
Bakunin, Michail: *Staatlichkeit und Anarchie und andere Schriften,* hg. von Horst Stuke, Berlin 1972
Balzac, Honoré de: *Vater Goriot,* Zürich 1977
Banfield, Thomas Charles: *Industry of the Rhine* [1846], New York 1969
Bax, Ernest Belfort: *Reminiscences and Reflections of a Mid and Late Victorian,* London 1918
Beer, Max: *Fifty Years of International Socialism,* London 1935
Bernstein, Eduard: *Erinnerungen eines Sozialisten,* Bd. 1: *Aus den Jahren meines Exils,* Berlin 1918
Born, Stephan: *Erinnerungen eines Achtundvierzigers* [1898], hg. von Hans J. Schütz, Berlin/Bonn 1978

Börne, Ludwig: *Sämtliche Schriften,* 5 Bde., hg. von Inge und Peter Rippmann, Düsseldorf 1964–1968
Der Bund der Kommunisten. Dokumente und Materialien, 3 Bde., hg. vom Institut für Marxismus-Leninismus beim ZK der KPdSU und vom Institut für Marxismus-Leninismus beim ZK der SED, Berlin 1970–1984
Burke, Edmund: *Betrachtungen über die Französische Revolution* [1790], in ders./Gentz, Friedrich, *Über die Französische Revolution. Betrachtungen und Abhandlungen,* hg. von Hermann Klenner, Berlin 1992, S. 47–392
Cabet, Étienne: *Reise nach Ikarien. Materialien zum Verständnis von Cabet,* zusammengestellt von Alexander Brandenburg und Ahlrich Meyer, Berlin 1979 [Nachdruck der Ausgabe Paris 1848]
Carlyle, Thomas: *Selected Writings,* Harmondsworth 1986
—: *Socialpolitische Schriften,* hg. von P. Hensel, Bde. 1–3, Göttingen 1895–1899
Carpenter, Edward: *Die homogene Liebe und deren Bedeutung in der freien Gesellschaft oder Die gleichgeschlechtliche Liebe* [1894], Berlin 1979
—: *Selected Writings,* Harmondsworth 1986
Chadwick, Edwin: *Report on the Sanitary Conditions of the Labouring Population of Great Britain* [1842], Edinburgh 1965
Cieszkowski, August: *Selected Writings of August Cieszkowski,* hg. von Andre Liebich, Cambridge 1979
Cooper, Thomas: *The Life of Thomas Cooper, Written by Himself,* London ⁴1873
Die Töchter von Karl Marx. Unveröffentlichte Briefe, hg. von Olga Meier, Frankfurt am Main 1983
Disraeli, Benjamin: *Coningsby oder Die neue Generation,* Zürich 1992
—: *Sybil. Sozialpolitischer Roman,* Berlin o. J. [um 1882]
Dronke, Ernst: *Berlin,* Frankfurt am Main 1846
Dühring, Karl Eugen: *Kritische Geschichte der Nationalökonomie und des Socialismus,* Leipzig 1879
Engels, Friedrich/Kautsky, Karl: *Friedrich Engels' Briefwechsel mit Karl Kautsky,* hg. von Benedikt Kautsky, Wien ²1955

Engels, Friedrich/Lafargue, Paul/Lafargue, Laura: *Correspondence*, 3 Bde., London 1959–1963

Eynern, Ernst von: »Friedrich von Eynern, ein bergisches Lebensbild, zugleich ein Beitrag zur Geschichte der Stadt Barmen«, in: *Zeitschrift des Bergischen Geschichtsvereins*, Bd. 35 (1900/01), S. 1–103

Faucher, Léon: *Manchester in 1844. Its Present Condition and Future Prospects*, Manchester 1844

Feuerbach, Ludwig: *Gesammelte Werke*, hg. von Werner Schuffenhauer, 22 Bde., Berlin 1967 ff., Bd. 5: *Das Wesen des Christentums* [1841], ²1984; Bd. 9: *Kleinere Schriften II (1839–1846)*, ²1982

Fourier, Charles: *Theorie der vier Bewegungen und der allgemeinen Bestimmungen* [1808], hg. von Theodor W. Adorno, Frankfurt am Main 1966

Gaskell, Elizabeth: *Mary Barton. A Tale of Manchester Life* [1848], Harmondsworth 1996

The General Council of the First International, 1871–1872. Minutes, hg. vom Institut für Marxismus-Leninismus beim ZK der KPdSU, Moskau 1974

Gespräche mit Marx und Engels, hg. von Hans Magnus Enzensberger, Frankfurt am Main 1981

Goethe, Johann Wolfgang von: *Poetische Werke, Kunsttheoretische Schriften und Übersetzungen. Berliner Ausgabe*, hg. von Siegfried Seidel u. a., 22 Bde., Berlin/Weimar 1960–1978

Grimm, Jacob: *Kleinere Schriften*, 8 Bde., Hildesheim 1966

Grün, Karl: *Ausgewählte Schriften in zwei Bänden*, hg. von Manuela Köppe, 2 Bde., Berlin 2005

Harney, George Julian: *The Harney Papers*, hg. von Frank G. und Renee M. Black, Assen 1969

Hecker, Carl: *Der Aufstand zu Elberfeld im Mai 1849 und mein Verhältnis zu demselben*, Elberfeld 1849

Hegel, Georg Wilhelm Friedrich: *Werke*, 20 Bde., hg. von Eva Moldenhauer und Karl Markus Michel, Frankfurt am Main 1986, Bd. 7: *Grundlinien der Philosophie des Rechts* [1820]; Bd. 12: *Vorlesungen zur Philosophie der Geschichte* [1822–1831]

Heine, Heinrich: *Werke und Briefe in zehn Bänden*, hg. von Hans Kaufmann, Berlin/Weimar 1961

Herder, Johann Gottfried: *Postscenien zur Geschichte der Menschheit. Nebst einem Anhang,* hg. von Johann von Müller, Tübingen 1807
Herzen, Alexander: *Erlebtes und Gedachtes,* Weimar 1953
Heß, Moses: *Ausgewählte Schriften,* hg. von Horst Lademacher, Köln 1962
—: *Briefwechsel,* hg. von Edmund Silberner, Den Haag 1959
—: *Philosophische und sozialistische Schriften,* 1837–1850. *Eine Auswahl,* hg. von Auguste Cornu und Wolfgang Mönke, Berlin 1961
Hyndman, Henry M.: *The Record of an Adventurous Life* [1911], New York 1984
Jantke, Carl/Hilger, Dietrich (Hg.): *Die Eigentumslosen. Der deutsche Pauperismus und die Emanzipationskrise in Darstellungen und Deutungen der zeitgenössischen Literatur,* München 1965
Jessen, Hans: *Die Deutsche Revolution* 1848/49 *in Augenzeugenberichten,* Düsseldorf 1968
Jones, Wilmot Henry (Geoffrey Gimcrack): *Gimcrackiana, or Fugitive Pieces on Manchester Men and Manners,* Manchester 1833
Kautsky, Karl: Karl Kautsky Papers, International Institute of Social History, Amsterdam
Kay-Shuttleworth, James P.: *The Moral and Physical Condition of the Working Classes Employed in the Cotton Manufacture in Manchester* [1832], Manchester 1969
Kliem, Manfred: *Friedrich Engels. Dokumente seines Lebens,* Leipzig 1977
Knieriem, Michael (Hg.): *Die Herkunft des Friedrich Engels. Briefe aus der Verwandtschaft,* 1791–1847, Trier 1991
—: *Über Friedrich Engels. Privates, Öffentliches und Amtliches. Aussagen und Zeugnisse von Zeitgenossen.* 1846–1849, *mit einem Nachtrag* 1840–1844, Wuppertal 1986
Kohl, Johann Georg: *Reisen in England und Wales,* 2 Bde., LaVergne, Tennessee, 2010 [Reprint der Ausgabe Dresden/Leipzig 1844]
Körner, Hermann Joseph Aloys: *Lebenskämpfe in der Alten und Neuen Welt. Eine Selbstbiographie,* 2 Bde., Zürich 1865/66
Leach, James: *Stubborn Facts from the Factories by a Manchester Operative,* London 1844

Lenin, Wladimir I.: *Werke,* 40 Bde., 2 Ergänzungsbde., hg. vom Institut für Marxismus-Leninismus beim ZK der SED, Berlin 1957–1975

Liebknecht, Wilhelm: »Karl Marx zum Gedächtnis. Ein Lebensabriss und Erinnerungen« [1896], in: *Mohr und General,* S. 5–179

Mayhew, Henry: *The* Morning Chronicle *Survey of Labour and the Poor. The Metropolitan Districts,* Bd. 1, London 1980

Mohr und General. Erinnerungen an Marx und Engels, hg. vom Institut für Marxismus-Leninismus beim ZK der SED, Berlin [3]1970

Mönke, Wolfgang (Hg.): *Neue Quellen zur Heß-Forschung,* Berlin 1964

Müller, F. Max: *Aus meinem Leben. Fragmente zu einer Selbstbiographie,* Gotha 1902

Owen, Robert: *Das Buch der neuen moralischen Welt, enthaltend die Grundsätze eines vernünftigen Systems der Gesellschaft,* Nordhausen 1840

Pagenstecher, C. H. Alexander: *Lebenserinnerungen von Dr. med. C. H. Alexander Pagenstecher,* hg. von Alexander Pagenstecher, 3 Bde., Leipzig 1913

Parkinson, Richard: *On the Present Condition of the Labouring Poor in Manchester. With Hints for Improving It,* Manchester 1841

Roscoe, Henry E.: *Ein Leben der Arbeit. Erinnerungen,* Leipzig 1919

Ruge, Arnold: *Briefwechsel und Tagebuchblätter aus den Jahren* 1825–1880, hg. von Paul Nerrlich, Bd. 1, Berlin 1886

The Sack, or Volunteers' Testimonial to the Militia, London 1862

Saunders, William Stephen: *Early Socialist Days,* London 1917

Schopenhauer, Johanna: *Reise nach England* [1813/14], hg. von Konrad Paul, Berlin 1973

Shaw, George Bernard: *Sechzehn selbstbiographische Skizzen,* Frankfurt am Main 1971

Shelley, Percy Bysshe: *Ausgewählte Dichtungen,* übertragen von Adolf Strodtmann, Leipzig 1890

Southey, Robert: *Letters from England by Don Manuel Alvarez Espriella,* London 1808

Staël, Anne Louise Germaine de: *Über Deutschland* [1813], hg. von Monika Bosse, Frankfurt am Main 1985

Stalin, Josef W.: »Über dialektischen und historischen Materialismus«, in ders., *Geschichte der Kommunistischen Partei der Sowjetunion (Bolschewiki). Kurzer Lehrgang* [1938], Berlin 1951
—: *Werke,* 13 Bde., hg. vom Marx-Engels-Lenin-Institut beim ZK der KPdSU, Berlin 1951–1955; Bde. 14–15, Dortmund 1976
Stirner, Max: *Der Einzige und sein Eigentum* [1845], hg. von Ahlrich Meyer, Stuttgart 1972
Sue, Eugène: *Die Geheimnisse von Paris* [1843], München 1970
Taine, Hippolyte: *Notes on England,* London 1957
Tocqueville, Alexis de: *Journeys to England and Ireland,* London 1958
Watts, John: *The Facts and Fictions of Political Economists,* Manchester 1841
—: *The Facts of the Cotton Famine,* London 1866
Webb, Beatrice: *Meine Lehrjahre,* Frankfurt am Main 1988
Weerth, Georg: *Sämtliche Werke in fünf Bänden,* hg. von Bruno Kaiser, Berlin 1957

Archive

Engels-Haus, Wuppertal
International Institute of Social History, Amsterdam
Marx Memorial Library, London
The National Archives, Kew
People's History Museum, Manchester
Staatsarchiv der Russischen Föderation, Moskau
Staatsarchiv, Wuppertal
Working Class Movement Library, Salford

Periodika

The Economist
Elberfelder Zeitung
Encounter

Endeavour
Hansard
Irish Democrat
Justice
Labour Leader
London Review of Books
The Manchester Guardian
Manchester Times
Nachrichten des Gebietskomitees der KPdSU(B) und des Zentralkomitees der ASSR der Wolgadeutschen
Neue Rheinische Zeitung
New York Review of Books
The New York Times
Philosophical Quarterly
The Reasoner
Die Rote Jugend. Organ des Gebietskomitees des LKJVSU der ASSR der Wolgadeutschen
Salford Star
Sphinx
Trudowaja Prawda. Jeschednewnaja gaseta Obkoma WKP(B), ZIK i Sowprofa ASSRNP

Sekundärliteratur

Bücher

Angermann, Erich: *Robert von Mohl, 1799–1875. Leben und Werk eines altliberalen Staatsgelehrten,* Neuwied 1962
Arthur, Christopher J. (Hg.): *Engels Today. A Centenary Appreciation,* London 1996
Attali, Jacques: *Karl Marx ou l'esprit du monde,* Paris 2005
Avineri, Shlomo: *Moses Hess. Prophet of Communism and Zionism,* New York/London 1985
—: *The Social and Political Thought of Karl Marx,* Cambridge 1968
Ball, Terence/Farr, James: *After Marx,* Cambridge 1984
Beecher, Jonathan/Bienvenu, Richard: *The Utopian Vision of Charles Fourier,* London 1975

Beiser, Frederick C.: *The Cambridge Companion to Hegel,* Cambridge 1993
Benn, Tony: *Arguments for Socialism,* London 1979
Berger, Martin: *Engels, Armies and Revolution. The Revolutionary Tactics of Classical Marxism,* Hamden, Connecticut, 1977
Berger, Stefan: *Social Democracy and the Working Class in 19th and 20th Century Germany,* Harlow 2000
Berlin, Isaiah: *Karl Marx. Sein Leben und sein Werk,* München 1959
—: *The Life and Opinions of Moses Hess. The Lucien Wolf Memorial Lecture, Delivered in London, December* 1957, Cambridge 1959
—: *Wider das Geläufige. Aufsätze zur Ideengeschichte,* hg. von Henry Hardy, Frankfurt am Main 1994
Bigler, Robert M.: *The Politics of German Protestantism. The Rise of the Protestant Church Elite in Prussia,* 1815–1848, Berkeley, Kalifornien/London 1972
Blackbourn, David: *The Fontana History of Germany. The long nineteenth century,* 1780–1918, London 1997
Blanchard, Marc Eli: *In Search of the City. Engels, Baudelaire, Rimbaud,* Saratoga, Kalifornien, 1985
Blyth, H. E.: *Through the Eye of a Needle. The Story of the English Sewing Cotton Company,* Manchester 1947
Boswell, James: *Dr. Samuel Johnson. Leben und Meinungen. Mit dem Tagebuch einer Reise nach den Hebriden,* hg. von Fritz Güttinger, Zürich 2008
Bradshaw, L. D. (Hg.): *Visitors to Manchester,* Manchester 1987
Brazill, William J.: *The Young Hegelians,* London 1970
Briggs, Asa: *Chartist Studies,* London 1959
—: *Victorian Cities,* London 1990
Bull, Stephen: »*Volunteer!*« *The Lancashire Rifle Volunteers* 1859–85, Lancashire 1993
Buonarroti, Philipp: *Babeuf und die Verschwörung für die Gleichheit,* Stuttgart 1909
Calhoun, Charles William (Hg.): *The Gilded Age. Essays on the Origins of Modern America,* Wilmington, Delaware, 1996
Carlton, Grace: *Friedrich Engels. The Shadow Prophet,* London 1965
Carr, Edward H.: *Michael Bakunin,* London 1975

Carver, Terrell: *The Cambridge Companion to Marx,* Cambridge 1991
—: *Engels,* Oxford 1981
—: *Friedrich Engels. His Life and Thought,* London 1991
—: *Marx and Engels. The Intellectual Relationship,* Brighton 1983
Castoriadis, Cornelius: *Gesellschaft als imaginäre Institution. Entwurf einer politischen Philosophie,* Frankfurt am Main 1984
Claeys, Gregory: *Citizens and Saints. Politics and Anti-Politics in Early British Socialism,* Cambridge 1989
Clark, Christopher: *Preußen. Aufstieg und Niedergang, 1600–1947,* München 2007
Cole, G. D. H.: *Chartist Portraits,* London 1941
Cummins, Ian: *Marx, Engels and National Movements,* London 1980
Davis, Mike: *City of Quartz. Ausgrabungen der Zukunft in Los Angeles,* Berlin/Hamburg ⁴2006
—: *Planet der Slums,* Berlin/Hamburg 2007
Deak, Istvan: *Die rechtmäßige Revolution. Lajos Kossuth und die Ungarn* 1848–1849, Wien/Köln/Graz 1989
Desai, Meghnad: *Marx's Revenge. The Resurgence of Capitalism and the Death of Statist Socialism,* London 2002
Ein Gott, der keiner war. Arthur Koestler, Ignazio Silone, André Gide, Louis Fischer, Richard Wright, Stephen Spender schildern ihren Weg zum Kommunismus und ihre Abkehr, Köln 1952
Evans, Robert/Pogge von Strandmann, Hartmut (Hg.): *The Revolutions in Europe* 1848–1849. *From Reform to Reaction,* Oxford 2000
Farnie, Douglas A.: *The English Cotton Industry and the World Market* 1815–1896, Oxford 1979
Fergusson, Gordon: *The Green Collars. The Tarporley Hunt Club and Cheshire Hunting History,* London 1993
Figes, Orlando: *Die Flüsterer. Leben in Stalins Russland,* Berlin 2008
Firestone, Shulamith: *Frauenbefreiung und sexuelle Revolution,* Frankfurt am Main 1975
Foot, Paul: *Red Shelley,* London 1984
Fortescue, William: *France and* 1848. *The End of Monarchy,* Oxford 2005

Foster, Robert F.: *Modern Ireland, 1600–1972*, London 1989
Frow, Edmund/Frow, Ruth: *Frederick Engels in Manchester. Two Tours with Maps*, Salford o. J.
—: *The New Moral World. Robert Owen and Owenism in Manchester and Salford*, Salford 1986
Gallie, Walter B.: *Philosophers of Peace and War. Kant, Clausewitz, Marx, Engels and Tolstoy (The Wiles Lectures)*, Cambridge 1978
Gemkow, Heinrich, u. a.: *Friedrich Engels. Eine Biographie*, Berlin 1970
Glasier, John Bruce: *William Morris and the Early Days of the Socialist Movement*, London 1921
Gould, Stephen Jay: *Darwin nach Darwin. Naturgeschichtliche Reflexionen*, Frankfurt am Main/Berlin/Wien 1984
Greaves, Ralph: *Foxhunting in Cheshire*, Tunbridge Wells 1964
Gunn, Simon: *The Public Culture of the Victorian Middle Class. Ritual and Authority and the English Industrial City 1840–1914*, Manchester 2000
Hahn, Hans Joachim: *The 1848 Revolutions in German-Speaking Europe*, London 2001
Hammen, Oscar J.: *Die roten 48er. Karl Marx und Friedrich Engels*, Frankfurt am Main 1972
Hannay, Alastair: *Kierkegaard. A Biography*, Cambridge 2001
Hayek, Friedrich A. von: *Missbrauch und Verfall der Vernunft. Ein Fragment*, hg. von Viktor Vanberg, Frankfurt am Main [3]2004
Heinig, Karl: *Carl Schorlemmer. Chemiker und Kommunist Ersten Ranges*, Leipzig 1974
Hellman, Robert J.: *Berlin – the Red Room and White Beer. The »Free« Hegelian Radicals in the* 1840 s, Washington, D. C., 1990
Henderson, Philip: *William Morris. His Life, Work and Friends*, London 1973
Henderson, William Otto: *Engels as Military Critic*, Manchester 1959
—: *The Lancashire Cotton Famine* 1861–1865, Manchester 1969
—: *The Life of Friedrich Engels*, 2 Bde., London 1976
—: *Marx and Engels and the English Workers, and Other Essays*, London 1989

Hirsch, Helmut: *Friedrich Engels in Selbstzeugnissen und Bilddokumenten*, Reinbek 1968
Hobsbawm, Eric: *Industrie und Empire. Britische Wirtschaftsgeschichte seit 1750*, 2 Bde., Frankfurt am Main 1969
—: (Hg.): *The History of Marxism*, Brighton 1982
Holmes, Richard: *Shelley. The Pursuit*, London 1987
Howe, Anthony: *The Cotton Masters, 1830–1860*, Oxford 1984
Hunley, John D.: *The Life and Thought of Friedrich Engels. A Reinterpretation*, London 1991
Hunt, Richard N.: *The Political Ideas of Marx and Engels*, Pittsburgh, Pennsylvania, 1974
Hunt, Tristram: *Building Jerusalem. The Rise and Fall of the Victorian City*, London 2004
Jenkins, Mick: *Frederick Engels in Manchester*, Manchester 1951
Johnston, Francis R.: *Eccles. The Growth of a Lancashire Town*, Eccles 1967
Joll, James: *Die Anarchisten*, Frankfurt am Main/Berlin/Wien 1971
Jones, Colin: *Paris. Biography of a City*, London 2004
Judt, Tony: *Reappraisals. Reflections on the Forgotten Twentieth Century*, London 2008
Kapp, Yvonne: *Eleanor Marx*, 2 Bde., London 1972/76
Kargon, Robert Hugh: *Science in Victorian Manchester. Enterprise and Expertise*, Manchester 1977
Katznelson, Ira: *Marxism and the City*, Oxford 1992
Kidd, Alan: *Manchester*, Keele [2]1996
Kiernan, Victor Gordon: *Marxism and Imperialism. Studies*, London 1974
Kirchhoff, Jochen: *Friedrich Wilhelm Joseph von Schelling mit Selbstzeugnissen und Bilddokumenten*, Reinbek 1982
Koch, Fred C.: *The Volga Germans. In Russia and the Americas, from 1763 to the present*, University Park, Pennsylvania, 1977
Kołakowski, Leszek: *Hauptströmungen des Marxismus*, 3 Bde., München 1977–1979
Kuczynski, Jürgen: *Die Geschichte der Lage der Arbeiter unter dem Kapitalismus*, Teil I, Dokumente und Studien A zu Bd. 1, Bd. 8: *Hardenbergs Umfrage über die Lage der Kinder in den Fabriken und andere Dokumente aus der Frühgeschichte der Lage*

der Arbeiter, Berlin 1960; Teil II, Bd. 23: *Darstellung der Lage der Arbeiter in England von 1760 bis 1832*, Berlin 1964
Kunina, V. E. (Hg.): *Frederick Engels. His Life and Work. Documents and Photographs*, Moskau 1987
Kupisch, Karl: *Vom Pietismus zum Kommunismus. Historische Gestalten, Szenen und Probleme*, Berlin 1953
Lee, Ching Kwan: *Against the Law. Labour Protests in China's Rustbelt and Sunbelt*, Berkeley, Kalifornien, 2007
Levin, Michael: *Marx, Engels and Liberal Democracy*, Basingstoke/ London 1989
Lukács, Georg: *Geschichte und Klassenbewusstsein. Studien über marxistische Dialektik*, Darmstadt/Neuwied 1970
Mann, Golo: *Deutsche Geschichte des 19. und 20. Jahrhunderts*, Frankfurt am Main 2009
Mansel, Philip: *Paris between Empires. 1814–1852*, London 2001
Manuel, Frank E.: *The Prophets of Paris*, Cambridge, Massachusetts, 1962
Marcus, Steven: *Engels, Manchester and the Working Class*, London 1974
Marcuse, Herbert: *Die Gesellschaftslehre des sowjetischen Marxismus*, Neuwied/Berlin 1964
Mayer, Gustav: *Friedrich Engels. Eine Biographie*, 2 Bde., Frankfurt am Main/Berlin/Wien 1975
McKibben, Ross: *The Ideologies of Class*, Oxford 1994
McLellan, David: *Engels*, Hassocks 1977
—: *Karl Marx. Leben und Werk*, München 1974
—: *Die Junghegelianer und Karl Marx*, München 1974
—: (Hg.): *Karl Marx. Interviews and Recollections*, London 1981
Messinger, Gary S.: *Manchester in the Victorian Age. The Half-known City*, Manchester 1985
Miller, Susanne/Potthoff, Heinrich: *Kleine Geschichte der SPD, 1848–2002*, Bonn 2002
Millett, Kate: *Sexus und Herrschaft. Die Tyrannei des Mannes in unserer Gesellschaft*, München 1971
Minkels, Dorothea: *Zwischen Schloss und Alexanderplatz. 33 bedeutende Stunden in der deutschen Geschichte*, Norderstedt 2008

Moggach, Douglas (Hg.): *The New Hegelians. Politics and Philosophy in the Hegelian School,* Cambridge 2006

Moss, Bernard H.: *Origins of the French Labour Movement, 1830–1914*, Berkeley, Kalifornien, 1976

Nova, Fritz: *Friedrich Engels. His Contribution to Political Theory,* London 1968

Noyes, Paul H.: *Organization and Revolution. Working-Class Associations in the German Revolution of* 1848–49, Princeton, New Jersey, 1966

Old, Hugh O.: *The Reading and Preaching of the Scriptures in the Worship of the Christian Church,* 6 Bde., Cambridge 1998–2007

Olsen, Donald J.: *The Growth of Victorian London,* London 1976

Payne, Robert (Hg.): *The Unknown Karl Marx. Documents Concerning Karl Marx,* London 1972

Pelling, Henry: *Origins of the Labour Party,* Oxford 1965

Perkin, Harold James: *The Origins of Modern English Society,* London 1991

Pickering, Paul A.: *Chartism and the Chartists in Manchester and Salford,* London 1995

Pinkney, David H.: *Decisive Years in France* 1840–1847, Princeton, New Jersey, 1986

Prawer, Siegbert Salomon: *Karl Marx und die Weltliteratur,* München 1983

Priestley, J. B.: *Englische Reise. Ein zwangsloser, aber wahrheitsgetreuer Bericht darüber, was ein Mann auf einer Reise durch England im Herbst des Jahres 1933 sah und hörte, fühlte und dachte,* Berlin 1934

Primrose Hill Remembered, by Residents Past and Present, London 2001

Pringle, Peter: *The Story of Stalin's Persecution of One of the Great Scientists of the Twentieth Century,* New York 2008

Read, Anthony/Fisher, David: *Berlin. The Biography of a City,* London 1994

Richie, Alexandra: *Faust's Metropolis. A History of Berlin,* London 1999

Rigby, Stephen Henry: *Engels and the Formation of Marxism,* Manchester 1992

Rjazanov, David: *Marx and Engels nicht nur für Anfänger,* Berlin 1973

Rosdolsky, Roman: *Zur nationalen Frage. Friedrich Engels und das Problem der »geschichtslosen« Völker*, Berlin 1979

Rowbotham, Sheila: *Edward Carpenter. A Life of Liberty and Love*, London 2008

Saint-Simon, Claude-Henri de: *The Political Thought of Saint-Simon*, hg. von Ghita Ionescu, Oxford 1976

Samuel, Raphael: *The Lost World of British Communism*, London 2007

Sassoon, Donald: *One Hundred Years of Socialism. The West European Left in the Twentieth Century*, London 1996

Sayers, Janet/Evans, Mary/Redclift, Nanneke (Hg.): *Engels Revisited. New Feminist Essays*, London 1987

Service, Robert: *Comrades. A World History of Communism*, London 2007

Sheehan, Helena: *Marxism and the Philosophy of Science. A Critical History*, Atlantic Highlands, New Jersey, 1993

Sheehan, James J.: *German History, 1770–1866*, Oxford 1989 [dt.: *Der Ausgang des alten Reiches, 1763–1850* (*Propyläen Geschichte Deutschlands*, hg. von Dieter Groh, Bd. 6), Berlin 1994]

Singer, Peter: *Hegel*, Oxford 1983

—: *A Darwinian Left. Politics, Evolution and Cooperation*, London 1999

Sperber, Jonathan: *Rhineland Radicals. The Democratic Movement and the Revolution of* 1848–1849, Princeton, New Jersey, 1991

—: (Hg.): *Germany* 1800–1870, Oxford 2004

Stack, David: *The First Darwinian Left. Socialism and Darwinism* 1859–1914, Cheltenham 2003

Steger, Manfred B./Carver, Terrell (Hg.): *Engels after Marx*, Manchester 1999

Stepelevich, Lawrence S. (Hg.): *The Young Hegelians. An Anthology*, Cambridge 1983

Stokes, John (Hg.): *Eleanor Marx (*1855–1898*). Life, Work, Contacts*, Aldershot 2000

Taylor, Ronald: *Berlin and Its Culture. A Historical Portrait*, London 1997

Thompson, Edward P.: *Das Elend der Theorie. Zur Produktion geschichtlicher Erfahrung*, Frankfurt am Main/New York 1980

—: *William Morris. Romantic to Revolutionary,* London 1977
Tombs, Robert: *The Paris Commune, 1871*, London 1999
Toews, John Edward: *Hegelianism. The Path Toward Dialectical Humanism, 1805–1841*, Cambridge 1980
Trachtenberg, Alan: *The Incorporation of America. Culture and Society in the Gilded Age,* New York 1982
Trevor-Roper, Hugh: *The Romantic Movement and the Study of History,* London 1969
Ullrich, Horst: *Der junge Engels. Eine historisch-biographische Studie seiner weltanschaulichen Entwicklung in den Jahren 1834–1845*, 2 Tle., Berlin 1961/66
Webster, Angus D.: *The Regent's Park and Primrose Hill,* London 1911
Wheen, Francis: *Karl Marx,* München 2001
Whitfield, Roy: *Frederick Engels in Manchester. The Search for a Shadow,* Salford 1988
Williams, Raymond: *Keywords. A Vocabulary of Culture and Society,* London 1988
Wilson, Edmund: *Der Weg nach Petersburg. Europas revolutionäre Tradition und die Entstehung des Sozialismus,* München 1963
Wolff, Adolf: *Berliner Revolutions-Chronik. Darstellung der Berliner Bewegung im Jahre 1848 nach politischen, sozialen und literarischen Beziehungen,* Bd. 1, Berlin 1851
Zipes, Jack David: *The Brothers Grimm. From Enchanted Forests to the Modern World,* London 2002

Aufsätze

Adamiak, Richard: »Marx, Engels and Dühring«, in: *The Journal of the History of Ideas,* 35, 1 (1974), S. 98–112
Applegate, Celia: »Culture and the Arts«, in Sperber (Hg.), Germany 1800–1870, S. 115–136
Arnesen, Eric: »American Workers and the Labor Movement in the Late Nineteenth Century«, in Calhoun (Hg.), *The Gilded Age,* S. 37–57
Barrett, Michele, »Introduction«, in Friedrich Engels, *The Origin of the Family, Private Property and the State,* Harmondsworth 1986

Brophy, James M.: »The Public Sphere«, in Sperber (Hg.), Germany 1800–1870, S. 185–208

Cadogan, Peter: »Harney and Engels«, in: *International Review of Social History,* 10 (1965), S. 66–104

Carver, Terrell: »Engels's Feminism«, in: *History of Political Thought,* 6, 3 (1985), S. 479–489

Claeys, Gregory: »The Political Ideas of the Young Engels, 1842–1845. Owenism, Chartism, and the Question of Violent Revolution in the Transition from ›Utopian‹ to ›Scientific‹ Socialism«, in: *History of Political Thought,* 6, 3 (1985), S. 455–478

—: »Engels' *Outlines of a Critique of Political Economy* (1843) and the Origins of the Marxist Critique of Capitalism«, in: *History of Political Economy,* 16, 2 (1984), S. 207–232

Cohen-Almagor, Raphael: »Foundations of Violence, Terror and War in the Writings of Marx, Engels and Lenin«, in: *Terrorism and Political Violence* 3, 2 (1991), S. 1–24

Crossman, Richard: »Vorwort«, in: *Ein Gott, der keiner war,* S. 7–16

Eley, Geoff: »Nations, Publics, and Political Cultures. Placing Habermas in the Nineteenth Century«, in Craig J. Calhoun (Hg.), *Habermas and the Public Sphere,* Cambridge, Massachusetts/London 1992

Gemkow, Heinrich: »Fünf Frauen an Engels' Seite«, in: *Beiträge zur Geschichte der Arbeiterbewegung,* 37, 4 (1995), S. 47–58

Haldane, John Burdon Sanderson: »Preface«, in Friedrich Engels, *Dialectics of Nature,* London 1940

Heijenoort, Jean van: »Friedrich Engels and Mathematics«, in ders., *Selected Essays,* Neapel 1985, S. 123–151

Henderson, William Otto/Chaloner, William Henry: »Introduction«, in Engels, *The Condition of the Working Class in England,* hg. von W. O. Henderson und W. H. Chaloner, Oxford 1958, S. XI–XXXI

Hobsbawm, Eric: »Karl Marx«, in: *Oxford Dictionary of National Biography. From the Earliest Times to the Year* 2000, hg. von H. C. G. Matthew und Brian Harrison, Bd. 37, Oxford 2004, S. 57–66

—: »Marx, Engels and Politics«, in ders. (Hg.), *The History of Marxism,* Bd. 1, S. 227–264

—: »Marx, Engels and Pre-Marxian Socialism«, in ders. (Hg.), *The History of Marxism,* Bd. 1, S. 1–28

Kapp, Yvonne: »Frederick Demuth. New Evidence from Old Sources«, in: *Socialist History*, 6 (1994)

Keßler, Mario: »Engels' Haltung zum Antisemitismus im Kontext der zeitgenössischen sozialistischen Diskussion«, in Theodor Bergmann (Hg.), *Zwischen Utopie und Kritik. Friedrich Engels – ein »Klassiker« nach* 100 *Jahren*, Hamburg 1996, S. 103–117

Kitchen, M.: »Friedrich Engels' Theory of War«, in: *Military Affairs*, 41, 3 (1977), S. 119–124

Krishnamurthy, Aruna: »›More Than Abstract Knowledge‹. Friedrich Engels in Industrial Manchester«, in: *Victorian Literature and Culture*, 28, 2 (2000), S. 427–448

Levine, Norman: »The Engelsian Inversion«, in: *Studies in Soviet Thought*, 25 (1983), S. 307–321

—: »Marxism and Engelism. Two Differing Views of History«, in: *Journal of the History of the Behavioural Sciences*, 9, 3 (1973), S. 217–239

Liebich, André: »August Cieszkowski. Praxis and Messianism as Reform«, in Cieszkowski, *Selected Writings of August Cieszkowski*, S. 1–48

McGarr, Paul: »Engels and Natural Science«, in: *International Socialism*, 65, 2 (1994), S. 143–176

Nairn, Tom: »History's Postman«, in: *London Review of Books*, Bd. 28, Nr. 2 (Januar 2006)

Neimanis, George J.: »Militia vs. the Standing Army in the History of Economic Thought from Adam Smith to Friedrich Engels«, in: *Military Affairs*, 44, 1 (1980), S. 28–32

O'Boyle, Lenore: »The Problem of an Excess of Educated Men in Western Europe, 1800–1850«, in: *Journal of Modern History*, 42, 4 (1970), S. 471–491

O'Neill, John: »Engels without Dogmatism«, in Arthur (Hg.), *Engels Today*, S. 47–66

Paul, Diane: »›In the Interests of Civilization‹. Marxist Views of Race and Culture in the Nineteenth *Century*«, in: *Journal of the History of Ideas*, 42, 1 (1981), S. 115–138

Paylor, Suzanne: »Edward B. Aveling. The People's Darwin«, in: Endeavour, 29, 2 (2005), S. 66–71

Redclift, Nanneke: »Rights in Women. Kinship, Culture, and Ma-

terialism«, in Sayers/Evans/Redclift (Hg.), *Engels Revisited,* S. 113–144
Rubinstein, William D.: »The Victorian Middle Classes. Wealth, Occupation, and Geography«, in: *Economic History Review,* 30, 4 (1977), S. 602–623
Skidelsky, Robert: »What's Left of Marx«, in: *New York Review of Books* 47, 18 (2000)
Smethhurst, John B.: »Ermen and Engels«, in: *Marx Memorial Library Quarterly Bulletin,* 41 (1967), S. 5–11
Stedman Jones, Gareth: »Engels and the End of Classical German Philosophy«, in: *New Left Review,* 79, 1 (1973), S. 17–36
—: »Engels und die Geschichte des Marxismus«, in ders., *Klassen, Politik und Sprache. Für eine theorieorientierte Sozialgeschichte,* Münster 1988, S. 231–275
—: »The First Industrial City? Engels' Account of Manchester in 1844« (unveröffentlicht)
—: »Introduction«, in Charles Fourier, *The Theory of the Four Movements,* Cambridge 1996, S. VII-XXVI
—: »Introduction«, in Karl Marx/Friedrich Engels, *The Communist Manifesto,* Harmondsworth 2002
Stepelevich, Lawrence S.: »The Revival of Max Stirner«, in: *The Journal of the History of Ideas,* 35, 2 (1974), S. 323–328
Thackray, Arnold W.: »Natural Knowledge in Cultural Context. The Manchester Model«, in: *The American Historical Review,* 69 (1974), S. 672–709
Trat, Josette: »Engels and the Emancipation of Women«, in: *Science and Society,* 61, 1 (1998), S. 88–105
Vogel, Lise: »Engels's *Origin*. Legacy, Burden and Vision«, in Christopher J. Arthur (Hg.), *Engels Today,* London 1996, S. 129–151
Vollgraf, Carl-Erich/Jungnickel, Jürgen: »›Marx in Marx' Worten‹? Zu Engels' Edition des Hauptmanuskripts zum dritten Buch des Kapital«, in: *MEGA-Studien* 2 (1994)
Wittmütz, Volkmar: »Friedrich Engels in der Barmer Stadtschule 1829–1834«, in: *Nachrichten aus dem Engels-Haus,* 3 (1980), S. 7–51

REGISTER

Da neben Friedrich Engels auch Karl Marx durchgängig im Buch vorkommt, wurde er nicht ins Personenregister aufgenommen.

BILDNACHWEIS

akg, London 3, 4
Art Archive, London 11
Barney Cokeliss 24
Bridgeman Art Library, London 7, 15, 16, 20, 25–30, 31 (Françoise Demulder)
Chetham's Library, Manchester 14
David King Collection, London 23
Engels-Haus Wuppertal 1, 2
Jewish Chronicle Archive London/HIP/Topfoto 22
Manchester City Council(Mike Pilkington) 18
Mary Evans Picture Library, London 12
People's History Museum, Manchester 8, 10
RIA Novosti 5
Tatton Park/Cheshire County Council/The National Trust 17
Topfoto 6, 19
Working Class Movement Library, Salford 9, 13, 21

Abbildungen im Text

S. 40, 42 f., 80	Marx/Engels, *Collected Works,* Bd. 2
S. 112 f., 142	Friedrich Engels, *Die Lage der arbeitenden Klasse in England,* Marx/Engels, *Collected Works,* Bd. 4
S. 201	Marx/Engels, *Collected Works,* Bd. 6
S. 326 f.	Londoner Straßenkarte von 1888
S. 371	London Borough of Camden, Local Studies and Archives Centre
S. 467	*Manchester Guardian*

Eugene Rogan
Die Araber

Eine Geschichte von Unterdrückung und Aufbruch

736 Seiten mit 24 Seiten Farbabbildungen
Gebunden mit Schutzumschlag
ISBN 978-3-549-07425-1

Mehr als 200 Millionen Araber zwischen Persischem Golf und Atlantik sind dabei, das Joch ihrer despotischen Regime abzuschütteln und Anschluss zu finden an die freiheitliche, moderne Welt des Westens. Eugene Rogan, einer der besten Kenner der arabischen Welt, bietet mit seiner großen Geschichte der Araber eine exzellente Grundlage zum Verständnis der aktuellen Ereignisse in Nordafrika und Nahost. Zugleich lässt er eine Region lebendig werden, die seit jeher eng mit dem Schicksal Europas verbunden war.

»Ein beeindruckendes Werk zur arabischen Geschichte und Gegenwart.«
Peter Scholl-Latour

»Großartig erzählt, voller unbekannter Details, ein Meilenstein...«
Financial Times

PROPYLÄEN VERLAG
www.propylaeen-verlag.de